인천안목국역

인천안목 국역

人天眼目

회암 지소 편찬
임청원 국역

도서출판 향내나는 오솔길

목차

1. 머리말 ·· 14
2. 해제 ·· 16
   1) 『인천안목』 저자와 찬술연대 ······················· 16
   2) 『인천안목』 구성과 내용 ······························· 17
3. 『인천안목』 序 ··· 30

『인천안목』 제1권 ································· 33

Ⅰ. 임제종 ··· 35
  1 사료간 ·· 37
    1) <극부송> 2) <취암송> 3) <불감송> 4) <총송>
  2. 삼구 ·· 53
  3. 삼현삼요 ··· 59
    1) <분양선소송병총> 2) <자명송>
  4. 사할 ·· 66
    1) <적음존자송> 2) <분양송> 3) <지해보융송>
  5. 빈주구 ·· 70
    1) <자명송> 2) <죽암송>
  6. 사빈주 ·· 73
    1) <빈주문답> 2) <부산송> 3) <취암송> 4) <설두송> 5) <화엄송>

7. 사조용 ·· 84
   1) 〈조용문답〉 2) 〈자명송병총송〉 3) 〈흥화험인〉
8. 분양십지동진 ·· 95
8-1. 고숙십지동진문답 ·· 99
8-2. 송원악십지문답 ··· 106
   1) 〈흑암송〉 2) 〈적음송〉 3) 〈죽암송〉 4) 〈대혜송〉 5) 〈고덕십수병총〉
   6) 〈고덕〉

『인천안목』 제2권 ·· 113

9. 분양사구 ·· 115
10. 삼종사자 ··· 117
11. 분양삼결 ··· 119
   1) <자명송> 2) <법창우송> 3) <동산간송> 4) <안주경송>
12. 분양삼구 ··· 123
   1) <취암진답>
13. 분양십팔문 ·· 125
   1) <청익> 2) <정해> 3) <찰변> 4) <투기> 5) <편벽> 6) <심행>
   7) <탐발> 8) <불회> 9) <경담> 10) <치> 11) <고> 12) <차>
   13) <실> 14) <가> 15) <심> 16) <징> 17) <명> 18) <묵>
14. 구대 ·· 133
14-1. 불정법안장대 ·· 134
   1) <대원지송> 2) <대혜고송>
14-2. 불법장대 ·· 138
   1) <대원송> 2) <대혜송>
14-3. 이관대 ··· 142

1) <대원송>　2) <대혜송>
14-4. 사관대 ··· 145
　　1) <대원송>　2) <대혜송>
14-5. 이사종횡대 ·· 146
　　1) <대원송>　2) <대혜송>
14-6. 굴곡수대 ··· 148
　　1) <대원송>　2) <대혜송>
14-7. 묘협겸대 ··· 152
　　1) <대원송>　2) <대혜송>
14-8. 금침쌍쇄대 ·· 154
　　1) <대원송>　2) <대혜송>
14-9. 평회상실대 ·· 156
　　1) <대원송>　2) <대혜송>
15. 황룡삼관 ··· 160
　　1) <진정문송>　2) <경복순송>　3) <남당정송>　4) <원오근송>
　　5) <담당준송>　6) <해인신송>　7) <만암송>
16. 남당변험십문 ··· 169
17. 임제문정 ··· 172
　　1) <요결>　2) <고덕강종송>

Ⅱ. 운문종 ·· 181
 1. 삼구 ··· 182
　　1) <보안도송삼구>　2) <취암진송>
 2. 문답 ··· 185
 3. 추고 ··· 187
　　1) <북탑조송>　2) <진정문송>　3) <우관려자>
 4. 일자관 ··· 189
 5. 강종게 ··· 191

6. 기연 ·· 193
7. 파릉삼구 ··· 195
   1) <설두송제파종> 2) <우송취모검> 3) <담당준송조의교의>
8. 운문문정 ··· 198
   1) <요결> 2) <고덕강종송>

『인천안목』 제3권 ··· 205

Ⅲ. 조동종 ··· 207
1. 오위군신 ··· 208
 1-1. 대양송 ·· 213
   1) 〈군〉 2) 〈신〉 3) 〈군시신〉 4) 〈신향군〉 5) 〈군신도합〉 6) 〈총송〉
2. 문답 ·· 215
   1) <적음정오위지와> 2) <오위서> 3) <오위송> 4) <극부도자송>
   5) <분상소송> 6) <총송> 7) <지명총송> 8) <부산인송>
   9) <초당청송> 10) <굉지각송> 11) <자득휘송>
3. 명안오위빈주 ··· 233
4. 동산공훈오위(병송) ·· 234
   1) <향> 2) <봉> 3) <공> 4) <공공> 5) <공공> 6) <공훈문답>
5. 조산오위군신도송병서 ·· 242
 5-1. 오위공훈도 ··· 246
6. 석상답오위왕자 ··· 248
 6-1. 오위왕자송 ··· 251
   1) <탄생> 2) <조생> 3) <말생> 4) <화생> 5) <내생>
 6-2. 선권지오위왕자송 ··· 257
   1) <탄생> 2) <조생> 3) <말생> 4) <화생> 5) <내생>

6-3. 영가흠공훈오위 ………………………………………… 258
   1) <향> 2) <봉> 3) <공> 4) <공공> 5) <공공>
6-4 적음설왕종내소외소 …………………………………… 261
7. 조산삼종타 ……………………………………………… 262
  7-1. 정명식 ……………………………………………… 267
  7-2. 부단성색타수타존귀타 …………………………… 271
  7-3. 적음삼타송 ………………………………………… 273
   1) <누> 2) <수> 3) <존귀>
  7-4. 백장단 (삼타송병총) …………………………… 274
   1) <누> 2) <수> 3) <존귀> 4) <총> 5) <일 피모대각수루자재>
   6) <이 견색문성수처자재> 7) <삼 예절백료존귀자재> 8) <총송>
8. 삼종삼루 ………………………………………………… 277
   1) <일견참루> 2) <이정참루> 3) <삼어참루>
  8-1. 늑담조삼삼루송 …………………………………… 280
   1) <견> 2) <정> 3) <어>
9. 동산삼로접인 …………………………………………… 281
10. 조산삼종강요송 ……………………………………… 282
   1) 고창쌍행 2) 금쇄현로 3) 불타범행
11. 명안삼구 ……………………………………………… 286
  11-1. 낭야각답삼구 …………………………………… 287
12. 조산사금어 …………………………………………… 289
13. 문풍게 ………………………………………………… 290
   1) <묘창불간설> 2) <사사경출초> 3) <해침고골음>
   4) <철거무삼대> 5) <고금무간>
  13-1 오전위 …………………………………………… 295
   1) <갑내청사후> 2) <금침거부래> 3) <진궁조담한> 4) <오천은촉휘>
   5) <심암장백액> 6) <조동기> 7) <종지>
14. 고덕분삼종공훈 ……………………………………… 299

1) <정위일색>　2) <대공일색>　3) <금시일색>
　15. 굉지사차송 ·· 300
　　　1) <차공명위>　2) <차위명공>　3) <차차불차차>　4) <전초불차차>
　16. 조동문정 ·· 302
　　　1) <요결>　2) <고덕강종송>
　17. 보경삼매 ·· 309

『인천안목』 제4권 ······································· 315

Ⅳ. 위앙종 ··· 317
　1. 삼종생 ·· 318
　　　1) <상생송>　2) <상생>　3) <유주생>
　2. 원상인기 ·· 321
　　　1) <암기>　2) <의해>
　3. 오관료오화상여앙산립현문현답 ······························ 330
　4. 변제팔식 ·· 333
　　　1) <육조대사계운>
　5. 앙산임종부법게 ·· 339
　　　1) <용담지연위사송>
　6. 삼연등 ·· 341
　6-1. 고덕송 ·· 343
　　　1) <연등전>　2) <정연등>　3) <연등후>
　7. 삼조어 ·· 344
　　　1) <본래조>　2) <적조>　3) <상조>
　8. 위앙문정 ·· 345
　　　1) <요결>　2) <고덕강종송>

V. 법안종 ·· 353

1. 화엄육상의 ································· 354
   1-1. 육상의송 ······························ 355
   1-2. 논화엄육상의 ························ 356
      1) <즉물계신송> 2) <시기> 3) <비로정상> 4) <가엽문전>
      5) <삼계유심> 6) <만법유식> 7) <총송>
2. 소국사종풍 ································· 364
3. 소국사사료간 (고덕, 백장단송) ········· 364
   1) <문문> 2) <문불문> 3) <불문문> 4) <불문불문>
4. 법안문정 ····································· 367
   1) <요결> 2) <고덕강종송>

『인천안목』 제5권 ························ 371

I. 종문잡록 ··································· 373

1. 염화 ·· 373
2. 삼신 ·· 375
3. 사지 ·· 378
   3-1. 오식전성소작지 ··················· 383
   3-2. 제칠말나식전평등성지 ········· 385
   3-3. 팔아뢰야식전대원경지 ········· 389
   3-4. 제구아타나식 ······················· 393
4. 석두참동계 ································· 396
5. 오문 ·· 402
6. 각몽당중교오가종파서 ················ 415

『인천안목』 제6권 ·· 421

Ⅱ. 종문잡록 ··· 423

1. 암두삼구 ··· 423
2. 분양오문구 ·· 426
3. 조론사불천 ·· 428
4. 암두사장봉 ·· 429
  4-1. 고덕송부달관영 ································ 430
    1), 2) <취사> 3), 4) <취리> 5), 6) <입취> 7), 8) <출취>
5. 종문삼인 ··· 432
    1) <설두현송> 2) <황벽초> 3) <운봉열>
6. 삼조왕자 ··· 436
    1) <분양송>
7. 남명신화상사자화 ····································· 437
    1) <남명송>
8. 장로조인복보검화 ····································· 439
9. 지문조련화어 ··· 440
    1) <설두송>
10. 풍혈소고경화 ··· 442
11. 오조연선타바화 ······································ 442
12. 경청문풍혈육괄 ······································ 443
13. 오종문답 ··· 446
    1) <임제종> 2) <운문종> 3) <위앙종> 4) <조동종> 5) <법안종>
  13-1. 보봉자감송 ······································ 449
    1) <임제> 2) <운문> 3) <위앙> 4) <조동> 5) <법안>
  13-2. 원오오가종요 ··································· 451
    1) <임제> 2) <운문> 3) <조동> 4) <위앙> 5) <법안>
  13-3. 양무위송 ··· 454

1) <임제> 2) <운문> 3) <위앙> 4) <조동> 5) <법안>
14. 삼종법계 …………………………………………………… 456
15. 오안 ………………………………………………………… 456
16. 삼보 ………………………………………………………… 457
17. 주장화 ……………………………………………………… 458
18. 구의 ………………………………………………………… 458
19. 육조문답 …………………………………………………… 459
20. 십무문답 …………………………………………………… 461
21. 일할분오교 ………………………………………………… 463
22. 선림방어 …………………………………………………… 468
23. 진성계 ……………………………………………………… 508

Ⅲ. 부록 ………………………………………………………… 511
1. 대원연우중간인천안목후서 ………………………………… 511
2. 용담고 ………………………………………………………… 513
3. 중수인천안목집후서 ………………………………………… 520
4. 총송 …………………………………………………………… 523
　　1) <초조> 2) <이조> 3) <삼조> 4) <사조> 5) <오조>
　　6) <육조> 7) <북종> 8) <재송도자> 9) <우두> 10) <영가>
　　11) <운문> 12) <설두> 13) <천의> 14) <대양> 15) <투자>
　　16) <운봉> 17) <황룡> 18) <백운>
5. 고산규십무송 ………………………………………………… 532
　　1) <무영수> 2) <무공추> 3) <무공적> 4) <무봉탑> 5) <무저람>
　　6) <무수쇄> 7) <무성칭> 8) <무저발> 9) <무현금> 10) <무저선>
6. 오가요괄 ……………………………………………………… 538
　　1) <임제> 2) <위앙> 3) <조동> 4) <운문> 5) <법안>

참고문헌 ·· 541

후기 ··· 550

개정판 후기 ··· 552

1. 머리말

영산회상에서 염화미소로 정법안장과 열반묘심의 불법은 대가섭에게 전해지고 계족산에서 무심의 선정에 들어 자씨미륵보살의 하생을 기다리며 틔운 싹은 소림에서 꽃을 피웠다. 그 염화는 2조혜가에게 전해지고 다시 시골 나무꾼 육조혜능에 와서 꽃을 피웠으니 그 꽃망울은 걸출한 제자 하택신회와 남악회양과 청원행사가 있다. 하택신회는 20여 년 잠든 돈선(頓禪)을 제창하여 스승을 드높이고, 남악회양의 문하로는 내려와 위앙종과 임제종이 일어났으며, 청원행사 문하에서는 내려와 조동종과 운문종과 법안종이 일어났다. 임제종은 다시 북송 초기에 황룡산의 혜남선사와 양기산의 방회선사에 의해서 임제의 종풍이 크게 떨쳤다.

이 선종오가엔 스승과 제자 사이에 화살 끝이 서로 버티고 불꽃 튀는 문답과 흰 눈 위에서 춤을 추는 흰 암소의 자취와 심오한 불법 대의를 한데 모아 인천(人天)에 큰 이익을 준 한 권의 책이 바로 남송 회암지소(晦巖智昭. 생몰미상)선사가 편찬한 『인천안목』여섯 권이다. 선사는 서문에서 이르되 "오종에서 사용되는 불법의 대의인 언구도 오히려 그 명사를 이해하지 못하거늘 하물며 그 깊은 뜻 들추기를 바라겠는가?" 이 문구에서 숨이 막혔고, 굉지정각(1091~1157)선사의 사차송(四借頌)에서 "수행을 철저히 하든지, 교리 공부를 철저히 하든지"라는 의미에서 가슴이 뛰어 천지를 진동케 하였으며, 부산법원(991~1067)선사의 굴곡수대(屈曲垂帶)에서 "수행자의 본분은 중생구제에 있다"라는 언구에서 발이 얼어붙었다.

불교는 세 글자로 표현하면 자, 지, 행(慈, 智, 行)이다. 즉 자비와 지혜와 실천이다. 부처님 가사자락을 덮고 안일했던 세월이 길었고 시주의 은혜 또한 깊어 진 빚이 허공과 같다. 아, 남은 시간은 뼈를 부숴 가루 내고 붉은 피를 뽑아 국역하면서 짓누르는 허공의 무게를 조금이나마 덜어내고 천명을 기다리려 한다. 누구나 시공을 누리는 시간은 부족하다.

맹산(孟山)선생님에게 고맙게 여기며 동국대학교 교수 법산스님 회하에 함께 공부한 대학원생 덕산 · 돈각 · 명본 · 목진 · 묘적 · 범허 · 보경 · 선정 · 성묵 · 신해 · 원상 · 인경 · 재은 · 지수 · 지원 · 지현 · 진관 · 진광 · 철우 · 탄탄 · 탄호 · 해봉 · 현각 · 현도 · 형운스님과 김규리, 김민희, 김은주, 박동춘, 오태섭, 임인향, 장은화, 정영희, 최동락님과 석사과정을 지도해준 중어중문과 교수 오태석님에게도 감사하다.

추호지말(秋毫之末)의 짠맛을 느끼게 한 이 첫 출간 국역은 위의 고마운 분들에게 회향한다. 국역하면서 사전 등 공구서에 대하여 고마움을 금할 수 없다. 끝으로 자비의 집 불자님에게 공양하고 효 한번 받아보시 못하고 돌아가신 부모님 영전에 삼가 올린다. 그리고 서둘러 출간하게 된 동기는 후기에서 밝혔다. 본 국역은 『대정장』 제48책을 저본 삼았다.

본 국역은 대학원에서 함께 수학한 내용을 참고하였음을 밝힌다.

계사년(2013) 7월 1일 청곡서실에서 청원 쓰다.

2. 해제

1)『인천안목』저자와 찬술연대

『인천안목』은 남송 회암지소(晦巖智昭. 생몰미상)선사에 의해 모두 3책으로 만들어졌다. 이 책은 당시에 임제종, 운문종, 조동종, 위앙종, 법안종 등 선종오가의 각 종 조사의 유편(遺篇)과 잔게(殘偈), 수시(垂示) 및 오종강요(五宗綱要)로서 오종의 요의(要義)를 수집하여 각 종의 특징을 밝힌 것이다. 서명(書名)은 인류와 천계의 일체중생의 안목이라는 뜻이다. 이 책은『대정장』제48책에 수록되어 있으며, 법안문익선사의 〈종문십규론〉과 같이 선림에서는 선객의 걸망 속에서 사랑받던 책이다. 출간은 서문에서 밝히고 있듯이 남송 효종 순희년간(1174~1189) 무신년(1188)에 서문을 지은 것으로 유추하여 보면 강요에 뜻을 둔 지가 거의 20여 년이라고 하였으니 수집한 시기는 아마도 1168년 즈음으로 유추하여 본다.

이 책은 지소선사가 편찬한 후에 남송 이종 보우6년(1258), 물초대관(物初大觀. 생몰미상)선사가 중수하고 뒤에 서문을 남겼다. 물초대관선사는 대혜종고(1089~1163)선사의 제4세인 物初는 자(字)이고 속성은 육씨(陸氏)이다. 처음은 경율을 익히고 외전에도 통달하였으나 선도를 흠모하여 남병산 북간거간(1164~1246)선사의 법을 받았다. 원나라 연우4년(1317) 무주 천봉비구(撫州 天峰比丘 致祐. 생몰미상)가 다시 교정하여 임제종, 위앙종, 조동종, 운문종, 법안종의 순서로 다시 간행하고 뒤에 서문을 남겼다.

우리나라의『인천안목』이 가장 오래된 책은 고려 공민왕 6년(1357)에 원나라에서 활동하던 강금강(姜金剛)이 간행한 책을 원본으로 삼아 조선

태조 4년(1395) 무학대사가 회암사에서 간행한 것이다. 옥전(玉田)의 서문과 1395년에 지은 이색(李穡)의 발문이 있다(아단문고 소장). 보물 640호인 『인천안목』 천지인 3책은 한 권으로 되어 있다. 이 책은 조선 숙종 때에 지안(志安. 1664~1729)선사가 지은 선문오종강요의 저본이 되었을 정도로 우리나라 선가(禪家)에서도 많이 읽혔던 선서(禪書)의 하나이다.

2) 『인천안목』 구성과 내용

『인천안목』은 모두 6권이다. 구성은 먼저 오가를 나눠서 임제종을 앞에 두고 뒤에 운문종, 다음으로 조동종, 위앙종, 법안종으로 두어서 제1권에서 제4권에 이르러 수록되었고, 제5·6권은 종문잡록이다. 제일 성하게 발전하여 내려온 종이 임제종이기에 앞에 둔 듯하다. 실은 제일 먼저 일어난 종은 오가종 가운데 위앙종(815)이다. 그러나 위앙종은 약 150년 뒤에 서서히 쇠멸하였다. 위앙종은 남악회양 아래 제2세 백장회해(749~814)선사의 제자 위산영우(771~853)선사에서 일어났고, 임제종(849)은 백장회해선사의 제자 황벽희운(?~850)선사의 법을 받은 임제의현(?~849)선사에서 일어났다.

다음으로 조동종(841)은 청원행사 아래 제3세 운암담성(782~841)선사의 제자 동산양개(807~869)선사에서 일어났고, 운문종(909)은 청원행사 아래 제5세 설봉의존(882~908)선사의 제자 운문문언(864~949)선사에서 일어났으며, 법안종(928)은 청원행사 아래 제7세 나한계침(867~928)선사의 제자 법안문익(885~958)선사에서 일어났다. 황룡파와 양기파는 임제의현선사의 아래 제6세 석상초원(986~1040)선사의 제자 황룡산에 혜남(1002~1069)선사와 양기산의 방회(992~1049)선사에 의해 임제종은 다시 발전하였다. 이것이 선종의 오가칠종이다. 그러면 다시 『인천안목』에 기재된 오가종에 대한 구성과 내용을 살펴보자.

임제종은 〈사료간〉〈삼구〉〈삼현삼요〉〈사할〉〈사빈주〉〈사조용〉〈십지동진〉〈분양사구〉〈분양삼결〉〈분양십팔문〉〈구대〉〈황룡삼관〉〈변험십문〉〈임제문정〉〈요결〉로 구성되어 있다. 내용을 간략히 살펴보면, 산당순선사가 기록한 요결에서 부처님을 바르게 이은 임제의현선사의 불법의 대의는 황벽희운선사에게 불법이 서쪽에서 온 연유를 질문하였다가 등나무 지팡이로 세 번을 아프게 맞았다.

그 뒤에 임제선사는 대우선사의 도움으로 각오한다. 하여 황벽선사의 노파심을 읽었을 뿐만 아니라, 황벽선사의 불법이 간단함을 알게 된다. 때문에 천둥 같은 할에 흔들려 달아나고 사나운 호랑이의 수염을 뽑으니 붉은 살점이 터진다. 하였고, 학인의 핵심을 찔러 자신과 경계를 모두 부정하고 간파와 지도를 함께 행하여 상대가 당당한 태도로 다가오면 같은 태도로 상대하고, 다른 태도로 오면 같이 다른 태도로 응하니 부처님도 죽이고 조사도 죽인다고 하였다. 수행자의 분상을 부수고 번뇌가 일어나지 않도록 근기마다 전해지게 한 것이다.

임제종은 대기대용(큰 마음의 큰 작용)이니 사상과 진리를 벗어버리고 고정된 틀에서 벗어나도록 인도한다. 사료간은 중하근기 사람이 오면 경계는 부정하고 만법은 부정하지 않는다. 하였고, 사빈주에선 스승이 본래 면목이 없으면 주인 가운데 손님이라 하였고, 삼현(현중현, 체중현, 구중현)은 일현(一玄) 가운데 삼요(三要)가 갖춰 있으며, 한 할로 분상을 깨뜨리고 간파와 지도를 일시에 행한다고 하였다.

운문종은 〈삼구〉〈문답〉〈추고〉〈일자관〉〈강종게〉〈파릉삼전어〉〈요결〉로 구성되어 있다. 내용을 간략히 살펴보면, 〈삼구〉는 운문문언(864~949)선사의 삼구어로서 선의 종지를 간결하게 나타낸 것으로 함개건곤구(函蓋乾坤句), 절단중류구(截斷衆流句), 수파축랑구(隨波逐浪句)이다.

함개건곤은 함과 뚜껑이 꼭 맞아 서로 상응하여 둘이 아님을 나타낸다. 절단중류는 잡념과 망념을 끊어버리는 것을 뜻한다. 수파축랑은 학인의 근기에 따라 지도하는 것을 의미한다. 삼구 가운데 가장 유명한 것은 운문선사의 이 삼구어로 선적(禪籍)에서 제일 많이 인용된다.

〈문답〉은 삼구어에 대한 문답이다. 예로 "무엇이 함개건곤구입니까?" 귀종통선사는 "해가 동쪽에서 뜨고 밤은 서쪽으로 진다." 삼조회선사는 "바다가 편안하니 강물이 맑다." 운거경선사는 "합함이다." 수산념선사는 "대지가 깜깜하고 아득하다." 천주정선사는 "단지 바람이 불어 천지의 울림만 듣고 천간(千竿)이 얼마인지 아느냐?"라고 하였다.

이처럼 한 질문에 다섯 선사의 해답을 볼 수 있다. 〈추고〉는 운문문언선사의 삼자선(三字禪)으로 학인에게 깨우치도록 인도할 적에 늘 고감이(顧鑑咦)의 세 글자로서 선지(禪旨)를 감파하였다. 나중에 원명연밀(생몰미상)선사가 고(顧)의 글자를 뺐다하여 제방에선 추고(抽顧)라고 이른다.

〈일자관〉은 한 글자의 답이다. "무엇이 운문종의 검입니까?" 운문선사가 "祖(조)." "무엇이 현중(玄中)에 바른 것입니까?" 운문선사는 "塞(새)"라고 한 것이 이것이다. 〈파릉삼전어〉는 한 스님이 파릉선사에게 "무엇이 제바종입니까?" 파릉선사는 "은 발우 속에 담긴 눈" "무엇이 반야의 검입니까?" 파릉선사는 "산호의 가지마다 달이 걸려있다."고 하였다. 은 발우 속에 담긴 눈은 반야정(般若淨)을 의미하고, 산호의 가지마다 걸린 달은 반야검을 의미한다. 이처럼 상징적인 시어로 학인을 지도하였다.

조동종은 〈오위군신〉〈오위정편문답〉〈동산오위공훈〉〈조산오위군신도〉〈석상오위왕자〉〈조산삼종타〉〈삼종삼루〉〈동산삼로접인〉〈조산삼종강요〉〈문풍송〉〈오전위〉〈삼종일색〉〈굉지사차송〉〈요결〉〈보경삼매〉 등으로 구성되어 있다.

내용을 간략히 살펴보면 편위(偏位)는 현상세계이고 정위(正位)는 공계이다. 이처럼 조동종에서의 정편(正偏)은 체와 용이다. 그 위에 편정오위, 사빈주, 오위공훈, 군신오위, 왕자오위, 내외소 등의 일에서 〈동산오위공훈〉은 향, 봉, 공, 공공, 공공(向, 奉, 功, 共功, 功功)이다. '向'은 자식이 친부모를 향하듯이 본래 갖춘 주인공에 향함이고, '奉'은 자식이 부모의 명을 순봉(順奉)하듯이 주인공에 순종하고 받듦이다.

'功'은 받들고 순종하는 功에 의해 부자유친(父子相親)의 간격이 없듯이 주인공을 상견함으로 견성을 나타낸다. '共功'은 부자 상호간에 그 지위를 지키지만 그 상념에서 벗어날 수 없기에 자연 그대로 수행함이다. '功功'은 군신부자의 도(道)를 합하여 일념으로 무공용(無功用)의 경지에 도달함으로 완전히 허심(虛心. 비운마음)이다.

그리고 〈조산삼종타〉는 사문타, 존귀타, 수류타(沙門墮, 尊貴咤, 隨類墮)이다. 이는 깨달은 뒤에 자유자재한 경지에서 본래면목도 잃어버리고, 담담히 일상생활을 하는 경지를 말하며, 〈삼종삼루〉는 오도상(悟道上)에서, 미혹의 견삼루는 나의 견해로 하여 아직 막혀 있는 것이다. 정삼루는 버리고 취하는 생각이 아직 남아 있는 것이다. 이는 식견이 파도처럼 일어나 유전하는 것이다. 어삼루는 언어에 걸림이 있는 것이다.

〈동산삼로접인〉은 학인을 지도하는 세 가지 수단으로 조도(鳥道)는 새가 날아가듯이 수행자는 자재해야 한다. 조도는 어렵고 험하며 허공과도 같다. 현로(玄路)는 道의 대립을 초월한 오묘한 경지라는 것이다. 전수(展手)는 수행자를 인도하기 위해 여러 가지 수단을 자유자재 사용함이다. 〈조산삼종강요〉는 고창구행, 금쇄현관, 불타범성으로 금쇄현관은 보리와 열반에 매이면 오히려 뢰옥(牢獄)이 되고 속박이 된다.

다시 〈요결〉에서 신풍 지방의 동산양개(807~869)선사가 개창한 조동종 한 파는 하옥 땅 조산본적(840~901)선사에서 크게 일어났다. 처음 인연은 물을 건너다 자신을 만남이고 묘한 만남은 무정설법이라 하였다. 〈보경삼매〉는 동산선사가 만든 노래로서 마음을 명경에 비유한 것이다. 마치 "이와 같은 불법이 불조에서 비밀히 부촉하고 너희가 이제 얻었으니 마땅히 잘 보호해야 한다.

또 은쟁반에 눈 담으니 명월에 해오라기가 숨고, 홀로 처해서 함께 아니하고 섞이면 곧 아는 처이다." 은쟁반에 눈 담은 것은 반야정(般若淨)을 의미한다. 내문에 수상행식정(受想行識淨)이고 그래서 색성(色淨)이며 냉월에 해오라기 숨는다는 것은 다 보호하는 일이다. 또 "보경(寶鏡)에 임하면 형상과 그림자가 서로 보는데, 그가 바로 너이니 자타가 어찌 나눠지랴?" 이처럼 대략 체용, 편정, 빈주로써 향상일로를 밝히고 있다.

위앙종은 〈삼종생〉〈원상인기〉〈암기〉〈의해〉〈오관료오화상여앙산립현문현답〉〈변제팔식〉〈삼연등〉〈위앙문정〉〈요결〉로 구성되어 있다. 내용을 간략히 살펴보면, 〈삼종생〉은 위산영우(771~853)선사가 처음 주창한 교설로 상생(想生)과 상생(相生)과 유주생(流注生)이다. 想生은 심의식(心意識)이 어지러운 것이고, 相生은 의식이 목적물에 끄달리는 것이고, 유주생(流注生)은 사소한 사념(邪念)이 아직 남아 있는 것이다. 〈원상인기〉는 위앙종에서 내세우고 있는 원상으로 남양혜충(?~775)선사에서 시작하여 탐원선사와 앙산선사로 전한 원상에 대해서 설명하였다.

〈암기〉에서 앙산혜적(803~887)선사가 탐원응진(생몰미상)선사의 처소에서 얻은 97종의 ○相에서 자신은 탐원선사에서 체를 얻고 위산선사에서 용을 얻었다고 하여 스승과 학인 사이에 마음이 무언중에 일체불이(一切不二)의 상태가 되는 것을 설명한다.

〈의해〉에선 재미있는 고사가 나온다. 한 스님이 앙산선사에게 와서 "글자를 아느냐?" 묻고는 스님은 앉아 있는 선사를 오른쪽으로 한 바퀴 돌고서 "무슨 글자요?" 왼쪽으로 돌고서 "무슨 글자요?" 암호 같은 글자와 모양을 지으면서 서로의 심기가 통하는 심오하고 깊은 바다와 같은 뜻을 나타내었다. 다음의 〈오관료오화상여앙산립현문현답〉에선 좀 더 원상의 변화에 대해서 설명하였다.

〈변제팔식〉은 제팔식에 대해서 논하였다. 〈삼연등〉은 조산본적(840~901)선사의 교설로 연등전(燃燈前)과 연등후(燃燈後)와 정연등(正燃燈)을 세워서 학인을 인도하는 위앙종의 종지다. 위앙종에서 부자자효를 내세우듯이 스승과 제자 사이에 스승이 제자를 인도하고 제자가 스승을 대하는 공경심이 조각조각 떨어지는 모습을 볼 수 있다.

마치 차밭에서 위산선사가 앙산선사에게 종일토록 목소리만 들리고 형체를 보여주지 않는다고 하니, 앙산선사가 차나무를 흔들어 대어 빙긋이 웃음 짓게 하는 차밭에서의 부자의 정을 보여준 것과 같다. 그리고 위앙종의 대의는 정병을 차버리듯이 분상을 없애고 오래도록 누운 병상에서 목침을 밀어내고 툭 털고 일어나 칼날 위에서 큰 작용을 보였다.

법안종은 〈화엄육상의〉〈삼계유심게〉〈소국사종풍게〉〈사료간송〉〈법안문정〉〈요결〉로 구성되어 있다. 내용을 간략히 살펴보면, 〈화엄육상의〉에선 육상(六相)에 대해서 설명하고 있다. 범부와 성인의 눈으로 보는 현상계가 다르다. 범부는 분상에서 각각 바라보지만 성인은 자위(自位)에서 머물러 각자의 작용하는 그대로 하나로 바라보는 것이다. 즉 일진법계(一眞法界)가 이 육상의 원융에 의해서 증득함을 설명한다.

〈소국사종풍게〉에선 덕소국사(890~922)가 세운 사료간에 대해서 고덕선사와 백장단선사의 게송이 있으며, 〈사료간〉은 일체의 음성을 아는 문문(聞聞)이요, 음성이 일어나는 일체를 부정하는 문불문(聞不聞)이요, 음성이 일어나기 전의 것을 듣는 不聞聞이요, 음성이 일어나기 전의 모습까지도 듣지 않고 초연히 무애자재하는 不聞不聞이다.

법안종의 종지는 병자에게 약을 주고 신체를 보아서 신체에 맞게 옷을 마름하듯이 그 기량에 알맞도록 인도하여 정식의 망견을 없애며, 법안종의 대의는 만상을 부정해도 만상을 부정할 수 없고 해골이 항상 세계를 긴여하고 콧구멍을 민지는 가풍이다. 바람이 나뭇가지에 불고 딜비추는 물가에서 진실한 마음을 드러낸다. 자연은 정직하다. 있는 그대로의 참모습을 늘 보여주고 있다.

제5권은 〈종문잡록〉으로 〈염화〉〈삼신〉〈사지〉〈오식전성소작지〉〈제칠말나식전평등성지〉〈팔아뢰야식전대원경지〉〈제구아타나식〉〈석두참동계〉〈오문〉〈각몽당중교오가종파서〉로 구성되어 있다.

내용을 간략히 살펴보면, 〈염화〉는 북송 때에 왕안석(생몰미상)과 불혜법천(생몰미상)선사가 염화에 대해서 논하였다. 왕안석이 "염화는 어느 경전에 기록이 있습니까?"라는 질문과 동시에 자신이 『대범천왕문불결의

경』전3권에서 본 기록으로 대담의 요지를 삼았다.

〈사지〉는 대원경지, 평등성지, 묘관찰지, 성소작지에 대해서 논한다. 대원경지는 자성이 청정하고 평등성지는 마음에 병이 없으며 묘관찰지는 드러나는 공(功)이 아니며 성소작지는 둥근 거울과 같다. 대원경지는 제팔식이 변한 것이고 평등성지는 제칠식이 변한 것이고 묘관찰지는 제육식이 변한 것이고 성소작지는 전오식이 변한 것이다. 그러나 이 연구는 실성이 없다. 자세한 설명은 다음의 〈오식전성소작지〉〈제칠말나식전평등성지〉〈팔아뢰야식전대원경지〉에서 논하였다.

〈제구아타나식〉은 제구식 순정식이다. 이는 집지의 의미로서 제5·6·7·8식은 항상 정식(淨識. 순정식)을 의지한다. 범부나 이승은 오래도록 생사의 업보의 종자에서 제6·7·8식은 무섭고 두려우므로 믿기 어려움을 두려워해서 방편으로 생사업종의 밖에 별도로 백정식을 세웠으며 식(識)을 통달해서 지혜를 이루게 한 것이다.『심밀경』의 게송에서 이 식은 "아주 미세하고 일체 종자는 폭포수 흐름과 같다."고 하였다.

〈석두참동계〉는 석두희천(700~790)선사가 지은 참동계에 설두선사가 착어를 붙였다. 참동계(參同契)는 오언 四四句로 지은 220字의 장편 고시이다. 조동종에서는 이를 중히 여겨서 아침마다 불전에서 독송하였다고 전한다. 參은 현상이고, 同은 본체이고, 契는 차별이 곧 평등이요, 평등이 곧 차별이란 묘한 작용을 설명한 것이다.

〈오문〉은 자총(생몰미상)선사가 스승 달관담영(989~1060)선사에게 다섯 가지를 질문한 것이다. 하나는 가섭존자에서 내려온 법계는 제24조 사자존자에서 끊어진 실상에 대한 질문이고, 둘은 달마대사가 가지고 온『능가경』4권에 대한 진정성에 대한 질문이다. 셋은 전법게가 번역이 없는 것에 대한 질문이고, 넷은 천태존자의 일심삼관의 법문과 조사의 뜻에 대한 질문이며, 다섯은 달마대사가 이 땅에 오고 모든 조사의 언교와 서천의 모든 조사와 육조이상에 이르러 왜 다른가의 질문이다.

〈각몽당중교오가종파서〉는 각몽선사가 거듭 오가종파에 대해서 서술하였다. 같은 시대 천황도오(748~807)선사와 천왕도오(738~819)선사에 대한 혼선으로 법안종과 운문종 두 종을 거두어서 석두희천선사 아래로 귀속시키느냐 아니면 마조선사아래로 귀속시키느냐에 대하여 논하였다. 선사는 전등록에서 두 종을 석두선사 아래로 돌린 것은 착오라 여긴다.

제6권은 〈종문잡록〉으로, 〈암두삼구〉〈분양오문구〉〈조론사불천〉〈암두사장봉〉〈종문삼인〉〈남명신화상사자화〉〈장로조인복보검화〉〈지문조연화어〉〈풍혈소고경화〉〈오조연선타바화〉〈경청문풍혈육괄〉〈오종문답〉〈삼종법계〉〈오안〉〈삼보〉〈주장화〉〈구의〉〈육조문답〉〈십무문답〉〈일할분오교〉〈선림방어〉〈진성게〉와, 부록에서 〈대원연우중간인천안목후서〉〈용담고〉〈중수인천안목집후서〉〈총송〉 등으로 구성되어 있다.

내용을 간략히 보면, 〈암두삼구〉는 암두선활(828~887)선사의 삼구로 교거교주(咬去咬住. 거주에서의 집착), 욕거불거 욕주부주(欲去不去 欲住不住. 거주에서 벗어나고자 하면서 여전히 거주에서의 집착), 혹시일향불거 혹시일향부주(或時一向不去 或時一向不住. 완전히 거주에서 해탈)로서 학인을 인도한다.

〈분양오문구〉는 분양선사의 교설로 문에 들어와서, 문 안에서, 문에 당두해서, 문을 나서서, 문 밖에서의 언구이다. 문에 들어와서의 언구는 불도에 처음 들어온 자는 타향에서 벗을 만남이고, 문 안에서의 언구는 불도의 수행에 철저히 함이고, 문에 당두해서의 언구는 앉아서 천리의 길을 절단함이고, 문에 나서서의 언구는 하화중생의 뜻을 가지며, 문 밖에서의 언구는 무위무작으로서 중생을 제도함이다.

〈조론사불천〉은 승조선사가 자신이 논한 물불천론(物不遷論. 본체는 외물에 의해 옮기지 않는다)에 대해서 논술하였고, 〈암두사장봉〉은 암두선사가 사(事)와 이(理)로서 수행자의 경지를 검토하는데 사용한 표준을 세운 것으로 취사, 이장, 입취, 출취(就事, 理藏, 入就, 出就)이다. 즉 개별적 경지에서 검토하고 원융일여의 경지에서 검토하고 현상과 본체의 경지에서 검토하고 현상과 본체를 세우지 않고서 검토함이다.

〈종문삼인〉은 선종에서 불법평등의 3항을 나타내서 비유한 인공, 인수, 인니(印空, 印水, 印泥)이다. 인공은 불법평등의 무차별이고 인수는 평등일여이고 인니는 절대 유일한 본체이다. 〈남명신화상사자화〉는 남명신(생몰미상)선사의 사자화로 사자가 굴에서 나오고, 나온 뒤와 나오려다 나오지 아니할 때의 경계를 문하였고, 다음은 조인복(생몰미상)선사에게 보검이 칼집에서 나오지 않고 나온 뒤의 경계를, 지문광조(생몰미상)선사에게 연꽃이 물에서 나오지 않고 나온 뒤와 핀 뒤의 경계를 질문하고, 풍혈연소(896~793)선사에게 고경을 닦지 않고 닦은 뒤의 경계를 질문하였다.

〈오조연선타바화〉는 오조법연(1024~1104)선사에게 선타바에 대해 질문과 대답이다. 〈경청문풍혈육괄〉은 경청도부(864~937)선사가 풍혈연소(896~973)선사에게 질문한 여섯 가지의 깎아버림에 대한 답으로 털에 근거하여 티끌을 깎아버리고, 피부에 근거하여 털을 깎아버리고, 살에 근거하여 피부를 깎아버리고, 뼈에 근거하여 살을 깎아버리고, 골수에 근거하여 뼈를 깎아버리고, 골수에 나아가 골수를 깎아버림이다. 이는 깎아버리듯이 망상과 집착을 버리게 하는 것이다.

〈오종문답〉은 오종에 대한 질문으로 "무엇이 임제종 아래 일입니까?"

이에 오조연선사, 화산선사, 정당변선사, 호국원선사, 설당행선사 다섯 분의 대답으로 이해하는 데 도움이 많다. 〈삼종법계〉는 부처님이 세상에 출현하지 않을 때와 출현한 뒤와 출현과 출현하지 않을 때의 일을 질문하고, 법신의 체와 작용과 법신에 대한 질문에 고덕선사가 답한다.

〈오안〉에선 육안, 천안, 혜안, 법안, 불안에 대한 문답이고, 〈삼보〉는 불법승에 대한 문답이다. 〈주장화〉는 주장자에 대해서의 문답이고, 〈구의〉는 사구분별(四句分別)을 논하였다. 〈육조문답〉은 고덕선사의 자문자답으로 동토 육조(六祖)대사에 대해서 간략히 설명하였다.

〈십무문답〉은 무자(無字)로 열 단어를 만들어 무사상(無思想)을 알게 한 고덕선사의 자문자답으로 무위국(진리의 나라), 무성칭(눈금 없는 저울), 무근수(뿌리 없는 나무), 무저발(밑 없는 발우), 무현금(현 없는 거문고), 무저선(밑 없는 배), 무생곡(생멸 없는 곡조), 무공적(구멍 없는 피리), 무수쇄(장식 없는 자물통), 무저람(밑 없는 광주리)이다. 본래부터 가진 형상은 없다. 인연에 의해 가합으로 이뤄지고 다시 사라지는 것이 현상계의 모습이다.

〈일할분오교〉는 화엄을 공부한 선(善)스님의 질문에 한 할(一喝)이 화엄종에서 설한 오교에 배대하여 만암계성(생몰미상)선사가 시원하게 대답한 것이다. 시공을 초월하여 다시 들을만한 법어이다. 〈선림방어〉는 三言이 1句, 四言이 78句, 五言이 67句, 六言이 9句, 七言이 9句로 모두 164句의 방언으로 속어이다. 이해하는 데 쉽지 않다. 지금도 미심쩍은 곳이 없지 않다. 이에 대해서 이해한 만큼 역자의 말을 붙였다.

〈진성게〉는 후세에 불교를 지극히 아끼고 법을 위하는 사람이 만든 것으로 추측하며 달마대사가 지은 것은 아니다. 이는 필자의 말이다. 오언절구로 된 시어를 돌리고 또 뒤에서 돌리고 하여 40운, 즉 오언절구

40수가 되도록 만들어낸 흥미로운 시어이다. 아무튼 공들여 만든 이에게는 머리가 숙여진다. 그러나 도는 여기에 있지 않다고 여긴다.

여기서『인천안목』여섯 권의 구성과 내용은 끝이 난다.

다음은 부록으로 〈대원연우중간인천안목후서〉의 내용을 간략히 살펴보면, 원나라 연우 4년(1317)에『인천안목』을 중간하고 강서 무주 천봉사 비구 치우(致祐)선사가 뒤에 쓴 서문이다. 제5권에 〈각몽당중교오가종파서〉에서 운문법안 두 종을 청원행사 문하에 둔 전등록의 기재를 불신하고 마조선사 문하에서 나왔다는 이 논에 대한 반론이다.

〈용담고〉에서도 같은 주장으로 내용이 보다 자세하다. 같은 시대에 두 분의 도오선사 즉 천황도오선사와 천왕도오선사가 있음을 알지 못함이라 꼬집는다. 용담숭신선사가 법을 이은 천황도오선사와의 만난 인연 설화 등을 들어 증거로 삼고 있다. 결국은 천왕도오선사는 마조도일선사의 제자이고, 천황도오선사는 석두희천선사의 제자이기에 운문법안 두 종은 석두선사 문하라는 것을 밝혔다.

〈중수인천안목집후서〉는 남송 이종보우년간(1253~1258) 세차 무오년(1258)에 인천안목을 재차 교정하고 하안거를 마친 뒤, 오일이 되어 자운산에서 물초대관선사가 쓴 서문이다. 물초선사는 "필사본이 전하여 오면서 더하고 덜고 뒤섞여 처음에 나온 원본이 과연 어떠한 것인지 모른다"고 하였다. 그리고 원나라 때에 노인 경림(瓊林)이 판에 새기게 하여 오래 전하도록 한 정지도인(淨智道人. 미상)을 언급한 내용이 있다.

〈총송〉은 모두 18명의 조사에 대한 읊은 게송으로 달마대사부터 황룡선사 등이다.『대장경』에 총송이란 제명은 없고 편의상 붙인 것이다.

〈고산규십무송〉은 고산사규(鼓山士珪. 1083~1146)선사의 십무송으로 그림자 없는 나무, 구멍 없는 철퇴, 현 없는 거문고 등에 대한 게송이다.

〈오가요괄〉은 선종오가에서 이어온 법계를 칠언사구로 읊은 시어다.

이상 위에서 살펴본 구성의 내용이 『인천안목』 여섯 권이다. 다만 물초대관선사가 후서에서 "덜고 더하고 뒤섞여 처음에 나온 원본은 과연 어떠한 것인지 아직 모른다." 밝혔고 또 신증(新增)이란 단어에서 이해할 수 있는 것은 시대를 거치면서 후인에 의해 첨가 되었음을 알 수 있다. 아마도 원본은 처음 편집한 회암지소선사만이 알 수 있을 것이다.

『인천안목』에서 나오는 시어는 상징적인 암시를 나타내고 있어 이해하기가 쉽지 않다. 그러나 그 시어 속에서 상징함을 통해 당시의 스승이 학인의 까막눈을 밝은 눈으로 열어주기 위해 간절하고 정성이 담긴 노파심을 보게 한다. 다시 말하면 식정(識情)을 내려놓고 밖에서 구하지 말며 철저한 무상을 느끼고 자신의 마음을 들여다본 후에 자연과 합일된 생활 속에서 자비를 실천하게 하는 가르침이다.

오가종을 하나로 묶어서 전체를 비교하여 각 종의 특징을 파악하고 이해할 수 있도록 찬술한 이 『인천안목』은 그대로 불법 대의를 전하고 있는 시어 하나하나의 의미가 깊다. 가장 중요한 것은 문답에서 가져오는 의미의 척도는 각자가 다를 수밖에 없다. 이를 하나하나 풀어내서 문답을 풀어간다면 모두를 눈먼 봉사로 만들 것이다. 문답을 읽고 또 읽고 읽어서 음미하게 되면 깊은 뜻이 다가온다. 청정한 마음이 부처님이라 하였고 진정한 도인은 한결같다고 하였다. 이를 모르는 사람이 있겠는가? 하지만 머리는 따라가는데 실천은 천리이다. 이것이 중생심이다. 이를 부수고 두드리고 달래고 내치고 당기고 방과 할을 자유자재로 사용하는 것이 불조의 간절한 노파심이고 선사상이다.

3. 『인천안목』 서(序)

予遊方時, 所至盡誠, 咨扣尊宿五宗綱要, 其間件目, 往往亦所未知者, 因慨念, 旣據師位而綱宗語句, 尙不知其名, 況旨訣乎. 將何以啓迪後昆, 剔抉疑膜邪. 於是有意於綱要, 幾二十年矣. 或見於遺編, 或得於斷碣, 或聞尊宿稱提, 或獲老衲垂頌, 凡是五宗綱要者, 卽筆而藏諸. 雖成巨軸 第未暇詳定, 晚抵天台萬年山寺, 始償其志, 編次類例, 分爲五宗, 名之曰人天眼目. 其辭皆一一依前輩所作, 弗敢增損, 然是集也. 乃從上諸大老利物施爲, 旣非予胸臆之論, 俾行於世有何誚焉. 若其執拂柄據師位者, 外是則無以辯證邪正也, 有識博聞者, 必垂印可.

宋淳熙戊申季冬, 越山晦巖智昭序.

내가 행각할 적에 이른 곳에서 정성을 다하여 덕 있는 존숙들에게 오가종의 요점을 자문하고, 그 동안 조목을 나누면서 때때로 또한 아직 알지 못하는 것인지라, 때문에 개탄하여 생각하기를 이미 스승에 근거하여 불법의 핵심인 언구에 오히려 그 명사를 알지 못하거든 하물며 심오한 뜻이겠는가? 장차 어떻게 후배들을 가르치고 인도하며 의심의 꺼풀을 들춰내고 없애는가? 이에 뜻을 요점에 둔 지 거의 20년이다.

혹은 사후에 남긴 시나 문장을 살피고 혹은 장애를 절단함에서 얻고 혹은 덕이 많은 존숙의 설명함도 듣고 혹은 노선사가 남긴 게송을 얻으니 대체로 오가종의 대요인 것이라 곧 필기하여 모두 소장하였다. 비록 큰 축을 이루었다 해도 다만 자세히 정할 틈이 없다가 늦으막 천태산 만년사(萬年寺)에 이르러 비로소 그 뜻에 보상하고 차례로 유별로 편집하여 오가종으로 분류하게 되니 이를 『인천안목』이라고 하였다.

그 말은 다 하나하나 선배를 의지해서 지은 것이며 감히 첨삭하지 않았다. 그러나 이 문집은 이에 위로부터 모든 대덕 존숙들이 중생을 구제하여 이익되게 베풀고 행함이 되어서 이미 내 가슴으로 논한 것은 아니니 세상에 행하게 한들 무슨 비난이 있을 것인가? 만일 불자(拂子)를 들고 스승을 근거로 둔 자가 이를 제외한다면, 곧 사(邪)와 정(正)을 변증할 수 없는 것이며 널리 듣고 식견이 있는 자는 반드시 인가를 내리리라.

남송 효종 순희 무신년(1188) 늦겨울에 월산에서 회암지소가 쓰다.

인천안목

◉

제1권

임제종[1]

師諱義玄, 曹州南華人也, 俗姓邢. 幼而穎異, 長以孝聞. 及落髮受具, 居於講肆, 精究毘尼, 博賾經論, 俄歎曰 此濟世醫方也, 非教外別傳之旨. 卽更衣遊方. 首參黃蘗, 次謁大愚, 其機緣語句, 載於行錄. 旣受黃蘗印可, 尋抵河北鎭州城東南, 隅臨滹沱河側小院住持, 其臨濟因地得名. 唐咸通八年丁亥四月十日, 攝衣據坐與三聖問答畢, 寂然而逝. 門人以師全身, 建塔於大名府西北隅. 勅諡慧照禪師, 塔號澄靈.

임제선사의 이름은 의현이고 조주 남화현(지금 산동성 동명현)의 사람이며, 속성은 형씨이다. 어려서 남달리 총명하고 성장해선 효행으로 칭찬받았다. (출가하여) 삭발하고 구족계를 받고 강사(講肆, 강의하는 곳 또는 직접

---

[1] 臨濟宗: 임제종은 육조혜능의 제6세손인 임제의현(?~867)선사에 의해 선종 대중3년(宣宗大中三年 849)에 오가종에서 세번째로 일어났다. 백장회해(749~814)선사의 제자 황벽희운(?~850)선사의 법을 이은 임제선사의 제6세손인 석상초원(986~1040)선사의 제자 황룡혜남선사와 양기방회선사에서 두 파가 일어나 종풍을 크게 떨쳤다. 이 두 파를 더하여 선종오가는 오가칠종이다. 송나라 때의 종풍이 대성하여 원나라와 명나라에 이르기까지 상당한 세력을 자랑한다. 임제선사는 황벽희운선사의 문하에서 3년이 되어도 가르침이 없기에 수좌의 말을 듣고 "어떤 것이 불법의 대의입니까?"라는 질문을 하자마자 주장자로 맞았다. 그러기를 세 번 묻고 세 번 맞고서야 대우선사에게 가서 맞은 이야기를 하니 선사가 이르되 "허허, 황벽선사가 그처럼 자네를 위해 애썼는데 허물을 찾고 있느냐? 하였다. 이에 임제선사가 각오한 시절연이 된다. 제자는 삼성혜연, 흥화존장선사 등 22명이다.

경전을 강의도 함)에 머물면서 비니(毘尼. 계율)를 자세히 궁구하고, 널리 경론을 탐구하다가 갑자기 찬탄하여 말하였다. "이는 세상을 구제하고 마음을 치료하는 처방이지 교외별전(教外別傳. 언어문자를 여의고 마음에서 마음으로 전함)의 뜻이 아니다." 하여 곧 옷을 단정히 고쳐 입고 유방(遊方. 사방을 두루 다니며 스승을 찾아 자신을 위해 불도수행 함)에 나섰다.

먼저 [2]황벽희운선사에게 참문하였고, 다음은 [3]고안대우선사의 처소에 이르러 뵈니 그 서로 만난 시절인연의 언구는 행장에 기록되었다. 이미 황벽선사의 인가를 받고서 얼마 후에 하북 진주성(지금 하북성 정정현) 동남쪽에 이르러 호타하(滹沱河. 하북성 서부에 子牙河자아하)이고 도시는 석가장이다) 강가에 가까운 소원(小院. 임제원)의 주지 직을 맡았다. 임제는 그 장소 때문에 이름을 얻었다. [4]당나라 함통8년(867) 정해년 4월10일, (임제의현선사는) 옷을 단정히 하고 좌구에 의지하여 제자 [5]삼성원 혜연선사와 문답을 마치고 고요히 (본래 고향을 찾아 먼 길을) 떠났다. 문인들이 임제선사의 전신으로 대명부(지금 하북성 대명현) 서북쪽에 탑을 세웠다. (당나라 의종이) 칙서

---

2 황벽희운(黃檗希運. ?~850) : 선사는 복주 황벽산에 출가하여 강서 백장산 회해선사의 법을 받았다. 몸은 아주 왜소하고 이마는 툭 나와 육주(肉珠)라고 불렸다. 재상 배휴(裵休)가 흠모하였고, 선종(847~859)이 즉위하기 전에 염관사(鹽官寺)에서 선사에게 불법을 묻고 뺨을 세번이나 맞은 일화는 유명하다. 임제의현선사가 황벽선사의 제자이다.
3 대우(大愚. 생몰미상) : 귀종지상(歸宗智常. 마조의 제자)선사의 제자 홍주 고안대우선사이다.
4 『전등록』, 『송고승전』에선 당나라 함통7년이 병술년 4월10일이다.
5 삼성혜연(三聖慧然. 생몰미상) : 임제선사에게 법을 받은 뒤에 진주 삼성원에 거주하였다. 참고로 『鎭州臨濟慧照禪師語錄진주임제혜조선사어록』에 임종 때 문답에서 임제선사가 "내가 죽은 뒤에 나의 정법안장이 소멸하게 하지 마라." "어찌 감히 스님의 정법안장을 소멸하겠습니까?." "나중에 어떤 사람이 너에게 질문하면 무어라 말하느냐?" 삼성이 '할'을 하니, 임제선사가 "누가 나의 정법안장이 저 눈먼 나귀에게서 소멸할 줄 알겠는가(吾滅後, 不得滅却吾正法眼藏. 三聖出云 爭敢滅却和尙正法眼藏. 師云.已後有人問爾, 向他道什麽. 三聖便喝. 師云 誰知吾正法眼藏, 向這瞎驢邊滅却)?"라고 하였다. 말을 마치고 임제선사는 열반하였다.

로 내린 시호는 혜조(慧照)선사이고 탑호는 징령(澄靈)이다.

1. 사료간(四料揀)[6]

師初至河北住院, 見普化克符二上座, 乃謂曰 我欲於此建立黃蘗宗旨, 汝可成褫我. 二人珍重下去. 三日後, 普化卻上來問云 和尙三日前說甚麼. 師便打. 三日後, 克符上來問 和尙昨日打普化作甚麼. 師亦打.

임제선사는 처음 하북성 진주부에 이르러 임제원을 주지할 적에 [7]보화스님과 극부스님 두 상좌를 보고 말하였다. "내가 여기에서 황벽선사의 불법을 세우고자 하니 너희는 [8]내가 이룰 수 있도록 도와야 한다." 두

---

[6] 사료간(四料揀): 임제선사가 학인을 깨달음의 경지로 인도하기 위해 세운 네 가지 수단이다. 이는 탈인불탈경(奪人不奪境), 탈경불탈인(奪境不奪人), 인경구탈(人境俱奪), 인경구불탈(人境俱不奪)이다. 탈(奪)은 부정의 의미로 빼앗다. 없애다. 작용하지 않다. 인(人)은 주체로서의 자신이다. 당체작용, 분별, 주관이다. 불탈(不奪)은 긍정이다. 경(境)은 대상, 만법의 의미로 경계, 객관에 속한다. 탈인불탈경은 사람을 빼앗고 경계를 빼앗지 않음이다. 탈경불탈인은 경계를 빼앗고 사람을 빼앗지 않음이다. 인경구탈은 사람과 경계를 다 빼앗음이다. 인경구불탈은 사람과 경계를 다 빼앗지 않음이다. 다시 말하면 아집과 법집을 내려놓게 하는 것이다. 사종료간(四種料揀)에서 '料'는 재료이고, '揀'은 골라가지다. '料揀'은 요점을 분간하고 선악시비 등을 골라가짐이다. 그리고 괄호안에 대혜종고선사가 착어를 두어 이해에 많은 도움이 된다. 『한국불교대사전』, 『선학사전』 참고.
[7] 보화극부(普化克符): 보화선사의 스승은 반산보적선사이고 임제선사에게 가르침을 받았다. 그의 기이한 행위는 당나라 함통((860~874)초에 스스로 관속에 들어가 죽음이다. 극부선사는 임제선사의 제자로 극부도자, 지의화상으로도 칭한다.
[8] 가성치(可成褫)에서 '褫'는 옷을 빼앗다. 벗다. 솜으로 짠 옷(衣架編也의서편야). 욕의(褥衣. 저고리). 여기서는 후자의 의미에서 '돕는다'로, '가성'은 가히 이루다. 이룰 수 있다. 참

상좌는 인사하고 물러갔다. 삼 일 뒤에 보화스님이 잠시 와서 질문하였다. "스님께서 삼 일 전에 무어라고 말하셨습니까?" 임제선사는 곧 때렸다. 삼 일 뒤에 극부스님이 와서 질문하였다. "스님께서 어제 보화스님을 때린 것은 왜 하셨습니까?" 선사는 또 때렸다. (때리는 것은 집착심을 내려놓고 스스로 반조하게 하는 것이다)

至晚小參云 我有時奪人不奪境, 有時奪境不奪人, 有時人境俱奪, 有時人境俱不奪.

임제선사가 저녁 소참(小參. 아침저녁 수시로 설법은 소참, 상당 법문은 대참)에 법문하였다. "내가 때로는 주체를 부정하고 만법은 부정하지 아니하며, 때로는 만법을 부정하고 주체는 부정하지 아니하며, 때로는 주체와 만법을 모두 부정하고, 때로는 주체와 만법을 모두 부정하지 않는다." (이는 임제선사가 학인의 다른 근기에 따라 네 가지 수단으로 인도하였다)

僧問 如何是奪人不奪境. 師云 煦日發生鋪地錦, 嬰兒垂髮白如絲.

스님이 질문하였다. "무엇이 자신을 부정하고 경계를 부정하지 않습니까?" (마음을 비우면 밖의 경계는 문제되지 않는다). 임제선사가 대답하였다. "따뜻한 햇볕에 생명이 일어나니 비단을 대지에 편 듯하고, 아이가 늘어뜨린 머리는 하얀 실과 같다." (어린아이의 머리는 자신에게 해당한다)

고로 소화5년에 동경 동방서원에서 출간한 『소화신찬 · 국역대장경』 종전부 제22권에서 '성치(成褫)'는 성취(成就)이다. 뒤에선 모두 생략하고 『국역대장경』으로 표기한다.

(大慧云 此二句, 一句存境, 一句奪人)

(대혜종고선사가 이르되 "이 두 구에서 한 구는 경계가 존재하고, 한 구는 사람을 빼앗음이다."라고 하였다.)

僧問 如何是奪境不奪人. 師云 王令已行天下遍, 將軍塞外絶煙塵.

스님이 질문하였다. "무엇이 경계를 부정하고 자신을 부정하지 않습니까?"(경계에 빼앗기지 않으면 마음은 저절로 비춘다). 임제선사가 대답하였다. "왕의 칙령이 이미 행하니 천하에 두루하고, 장군은 변방에서 전쟁의 기미를 없앴다."(사람에 근거하여 경계를 빼앗다).

(大慧云 上句奪境, 下句存人)

(대혜종고신사가 이르되 "위의 인구는 경계를 빼앗고, 아래 언구는 자신에 두었다."고 하였다) (괄호안은 대혜선사의 착어로 이해에 도움이 된다)

僧問 如何是人境俱奪. 師云 幷汾絶信, 獨處一方.

스님이 질문하였다. "무엇이 자신과 만법을 모두 부정하는 것입니까?"(마음과 경계 다 비우면 무엇에 걸리랴). 임제선사가 말하였다. "병주 지방과 분주 지방은 서로 소식이 끊어지니 홀로 한 곳에 처하였다."(소식이 끊어지니 나만 홀로 뚜렷하구나)

(大慧云 便有人境俱奪面目. 又云 吾初讀諸家禪錄, 見幷汾紀信之語, 深以爲疑. 雖詰諸老, 皆含糊不辨. 旣閱臨濟語, 則知絶信二字, 蓋幷汾二州名. 僧問 人境兩俱奪, 答云獨處一方. 其旨曉然, 方悟諸師之集, 皆有烏焉之誤)

(대혜종고선사가 이르되 "자신과 경계 모두 빼앗는 본래의 면목에 두었다." 또 "내가 처음 제가의 선어록을 읽다가 [9]병분기신'의 언어를 보고 깊이 의심하게 되었다. 비록 여러 노숙께 질문해도 다 모호하고 분명하지 못하였다. 나중에 임제어록을 열람하다가 곧 '絶信절신'의 두 글자는 저 병주와 분주, 두 고을의 이름임을 알게 되었다. 스님이 '사람도 경계도 둘 다 빼앗지 않는 질문'에 '홀로 한 곳에 처한다'는 대답에서 그 뜻이 분명해지고, 바로 다 선사의 문집엔 [10]焉언과 烏오의 誤字오자가 있음을 깨달았다."고 하였다)

僧問 如何是人境俱不奪. 師云 王登寶殿, 野老謳歌.

스님이 질문하였다. "무엇이 사람과 경계를 모두 부정하지 않는 것입니까?"(마음은 마음에 경계는 경계에 있다). 임제선사가 말하였다. "왕은 훌륭한 궁전에 오르고 촌 늙은이 노래 부른다." (각자가 스스로를 수용한다).

(大慧云 此是人境俱不奪也)

---

9 병분기신(幷汾紀信): 다른 본은 기신(紀信)이 절신(絶信)이다. '기신'은 절신의 오자이다. '절신'은 서신이 단절되다. 또는 신념이 단절되다. 라는 의미이다. '병주'는 두 고을의 이름으로 병주와 분주는 떨어져 있다. 이는 경계도 사람도 없음을 나타낸 것이다.
10 焉과 烏: '까마귀 오자와 어찌 언자'는 비슷하여 틀리기 쉬운 글자라고 하는 것이다.

(대혜선사가 이르되 "이것은 사람과 경계 모두 빼앗지 아니함이다." 하다)

1) 극부송(克符頌)[11]

奪人不奪境,	사람을 빼앗고 경계를 빼앗지 않으니
緣自帶誵訛,[12]	스스로 장황한 궤변을 띠기 때문이요
擬欲求玄旨,	현묘한 종지를 구하려고 헤아리니
思量反責麼.[13]	생각으로 도리어 무엇을 구하는가.
驪珠光燦爛,[14]	검은 용 여의주의 빛이 찬란하고
蟾桂影婆娑.[15]	달 속의 검은 그림자 어른거리네.
覿面無回互,	맞대면하여 서로 섞이지 못하고
還應滯網羅.	도리어 집착에 막혀서 대응하네.

(大慧云 此頌, 大槪在驪珠光燦爛, 蟾桂影婆娑之上, 蓋此二句是境也. 學人問奪人不奪境, 擬欲求玄旨, 思量反責麼, 大意只是个미思量擬議. 思

---

11 극부(생몰미상)선사가 사료간에 대하여 게송을 읊어 설법하고, 대혜선사가 괄호 안에 착어를 더하여 이해를 돕고 있다. 극부선사는 임제의현선사의 제자로 호는 탁주(涿州)이고, 별호는 지의도자(紙衣道者), 지의화상(紙衣和尙)이다.
12 효와(誵訛): 두루 궁리하여 생각을 짜낸 발상, 표현이기 때문에 때로는 궤변이라 해도 잘못 보고 다른 것으로 오인할 정도로 난해하다. 특히 어렵게 비비꼬아서 장황하게 늘어놓은 말이다. 오와(謷訛)로도 쓴다. 정유진 역, 『선어사전』, 경서원, 2010. 참고. 뒤에선 모두 생략하고 『선어사전』으로 표기한다.
13 '책(責)'은 구하다. 요구하다. 힐문하다. 꾸짖다.
14 '려주(驪珠)'는 검은 용의 턱 밑에 있는 구슬이다.
15 섬계파사(蟾桂婆娑): 섬계(蟾桂)는 달 속에 있는 계수나무이다. 파사(婆娑)는 춤추는 모습과 분산의 모양과 누워서 휴식의 의미가 있다. 여기선 전자의 의미로 어른거린다로 하다.

量擬議, 學人蹉却覿面相呈一著, 則被語言羅網矣.)

(대혜종고선사가 이르되 "이 게송은 대개 '검은 용 여의주의 빛이 찬란하고, 달 속의 검은 그림자 어른거린다.'는 위에서 이 두 구는 경계이다. 학인이 '사람을 빼앗고 경계를 빼앗지 않음'의 질문에 '현묘한 종지를 구하려고 헤아리니 생각으로 도리어 무엇을 구하는가.'하여 큰 뜻은 단지 이것이니 생각하고 우물쭈물해서는 안 된다. 생각하고 우물쭈물하여 학인이 맞대면한데 서로 보인 한 수를 지나쳐버리면 언어문자에 구속된다.")

奪境不奪人,	경계를 빼앗고 사람을 빼앗지 않으니
尋言何處眞,	언구로 찾아 어느 곳이 참인가
問禪禪是妄,	선을 질문하니 선은 허망이요
究理理非親.	이치를 궁구하니 이치도 와닿지 않네.
日照寒光澹,[16]	해가 비추니 찬 달빛이 맑고
山遙翠色新,	산은 멀어 비취색이 신선하니
直饒玄會得,	설사 심오함 깨닫는다 해도
也是眼中塵.	역시 눈 속에 티끌일세.

(大慧云 要會日照寒光澹, 山遙翠色新麼, 此二句是境. 直饒玄會得, 也是眼中塵, 便奪了也.)

(대혜종고선사가 이르되 "'해가 비추니 찬 달빛이 맑고 산은 멀어 비취색

---

16 한광(寒光): 맑고 찬 달빛이다(淸冷的月光).

은 새롭다.' 함을 이해하려고 하느냐? 이 두 구는 경계이다. '설사 심오함을 깨닫는다 해도 역시 눈 속에 티끌일세.' 이를 곧 빼앗아 버린 것이다.")

人境兩俱奪,	사람과 경계 둘 다 빼앗으니
從來正令行,	이전부터 정령은 행해지고
不論佛與祖,	부처와 조사도 논하지 아니한데
那說聖凡情.	어찌 성인과 범부의 심정 말하랴.
擬犯吹毛劍,	지혜검 날카로움 범하려고 하니
還如值目盲,	도리어 눈먼 자 만남 같고
進前求解會,	전진하여 이해를 구하려하나
特地斬精靈.[17]	특히 죽은 혼령 참수함일세.

(大慧云 正令旣行, 不留佛祖. 到這裏, 進之退之, 性命總在師家手裏, 如吹毛劍, 不可犯其鋒也.)

(대혜종고선사가 이르되 "정령〔선가에서 본분의 명령으로 방할의 외에는 한 법도 세우지 않음〕은 이미 행해지니 부처와 조사에 머물지 않는다. 여기에 이르러 나아가고 물러서고 목숨은 언제나 스승의 손안에 있으니, 취모검〔반야검. 지혜검이다〕과 같이 그 날카로움을 범할 수 없는 것이다." 하였다)

人境俱不奪,	사람과 경계 모두 빼앗지 않으니

---

17 정령(精靈): 정령의 기운으로 고인의 인식은 만물을 형성하는 본원이다(精靈之氣. 古人認爲是形成萬物的本原). 또 정신(精神), 영혼(靈魂), 신선(神仙) 등의 뜻이 있다. 여기서는 영혼으로 해석하여 죽은 혼령을 참수함이란 쓸모없는 일을 하다 이다.

思量意不偏,	생각하는 뜻은 치우치지 않고
主賓言不異,	주인과 손님이 같다고 말하며
問答理俱全.	문답하는 이치 모두 온전하네.
踏破澄潭月,	맑은 못에 달을 밟아 부수고
穿開碧落天,	푸른 하늘을 뚫고 여니
不能明妙用,	묘한 작용을 밝힐 수 없다면
淪溺在無緣.	반연 없는데 푹 빠져 있네.

(大慧云 若要分明理會得臨濟意, 但向當時垂示處看.)

(대혜종고선사가 이르되 "만일 임제선사의 뜻을 분명히 이해하려면, 다만 당시에 훈시하던 곳을 향해서 보라." 하였다)

師示衆云 如諸方學人來, 山僧此問, 作三種根器斷. 如中下根器來, 我便奪其境, 而不除其法. 或中上根器來, 我便境法俱奪.

임제선사가 대중에게 설법하되 "제방에서 학인이 올 것 같으면, 나는 [18]여기서 이 세 가지의 근기로 하여 판단할 것이다. 만일 중하근기의 학인이 올 것 같으면, 나는 곧 그의 외경에 대한 집착은 빼앗고 그의 법아(法我. 법집. 객관적인 것에 실재로 있다고 고집함)에 대한 집착은 빼앗지 않는다. 만일 중상근기의 학인이 오면, 나는 곧 외경에 대한 집착과 법에 대한 집착 모두를 빼앗지 않는다.

---

18 '차문(此問)'이 다른 본은 차간(此間)이다. 후자로 해석하다.

如上上根器來, 我便境法人俱不奪. 如有出格見解人來, 山僧此間便全體作用, 不歷根器.

만일 상상근기의 학인이 올 것 같으면, 나는 곧 경계와 법과 인아(人我. 아집. 내몸이 있다고 하는 강한 집착임. 육조단경에서 人我인아, 貢高공고, 貪愛탐애, 執著집착이 없으면 욕을 여읜 부처님이다. 하였다)에 대한 집착을 모두 빼앗지 않는다. 만일 출중한 견해를 가진 자가 올 것 같으면, 나는 여기서 곧 전체적인 작용을 발휘하여 깨닫게 하니 타고난 근기에 지나지 않다.

大德到這裏, 學人著力處不通風, 石火電光即蹉過了也. 學人若眼目定動, 即沒交涉. (凡五家宗主垂示處稱師, 後皆倣此).

수행을 많이 한 대덕이 여기에 이르면, 학인이 수행에 힘쓴 곳은 바람도 통하지 않고 번개처럼 순간에 곧 이미 [19]돌연 각오하였다. 학인이 만일 인목이 [20]바르게 움직인다면 곧 교섭힐 필요가 없다." (신종 오가종의 종주가 대중에게 설법하는 부분은 師사로 지칭하니 뒤에서도 이와 같다)

南院顒問風穴昭云 汝道四料揀, 料揀何法. 穴云 凡語不滯凡情, 旣墮聖解, 學者大病. 先聖哀之, 爲施方便, 如楔出楔.

---

19 차과료야(蹉過了也)에서 '차과'는 스치듯 지나가다. '차과료야'는 스치듯 지나쳐 끝났다. 여기서는 다르게 이해하였다. '차과'는 돈(頓)으로 '료(了)'는 각오의 의미로 보았다.
20 정동(定動): 정(定)을 정(正)으로 번역하였다. 참고로『국역대장경』에선 정동(定動)의 의미가 우두커니 생각하는 모양(佇思之狀)이다.

²¹남원혜옹(860~930)선사가 제자인 ²²풍혈연소(896~973)선사에게 질문하였다. "네가 말하는 네 가지로 학인을 구별하고 재는 방법은 무슨 법칙으로 구별하고 재느냐?" 풍혈연소선사가 말하였다. "무릇 언어가 범인의 심정에서 막히지 않으면, ²³곧 성인의 성해(聖解. 성스러운 깨달음)에 떨어지니 이것이 학자의 큰 병입니다. ²⁴임제의현선사가 이를 마음 아파 하여 방편을 베풀게 되니 ²⁵쐐기는 쐐기로 나옴과 같습니다."

院問 如何是奪人不奪境. (首山等答皆附). 穴云 新出紅爐金彈子, 簎破闍黎鐵面門. 首山云 人前把出, 遠送千峯. 法華擧云 白菊乍開 重日暖, 百年公子不逢春.

남원혜옹선사가 질문하였다. "무엇이 사람을 빼앗고 경계를 빼앗지 않는 것이냐?"(수산성념선사 등의 대답을 다 붙였다) 대답하여 풍혈연소선사는 "막 붉은 화로에서 쇠 탄환(방과 할)이 나오니 ²⁶스승의 엄중한 관문에 나아가 깨 부숩니다." 수산성념선사는 "사람들이 앞에 가지고 나오면 멀리 천산 밖 고봉으로 보내버립니다." 법화거(분양선소선사의 법을 받음)선사는

---

21 남원혜옹(南院慧顒)선사는 흥화존장선사에게 법을 받았다. 임제종 제3세이다.
22 풍혈연소(風穴延昭)선사는 남원혜옹(860~930)선사의 제자이고 임제종 제4세이다.
23 기(旣)가 다른 본은 즉(卽)이다.
24 선성(先聖)은 옛 성인이다. 또는 선문(禪門)에서 성(聖)은 고승의 뜻으로 불조(佛祖)를 말한다. 그래서 여기서의 선성은 사료간을 제시한 임제의현선사로 해석한 것이다.
25 여설출설(如楔出楔) : 쐐기는 쐐기를 이용해 뽑아야 하듯이 근기에 따라 상응하는 방편을 취해서 아집과 법집을 없애게 하는 것이다. 바로 병의 증상에 맞게 약을 투여함이다. 또 역설하면 이열치열의 언구처럼 망상은 망상으로 제어하는 의미도 담겨 있다.
26 추파사리(簎破闍黎) : 추파에서 '추(簎)'는 버금. 섞이다. 가지런하다. 나아가다(簎就也 추는 취야라). '사리'는 아사리의 약칭이고 스승이다. 그러나 늘 사용되는 존칭어이다.

"흰 국화 꽃이 잠시 피움은 중양절 따뜻함이요, 백년의 공자는 봄을 만나지 못하네." (스스로 변화하는 것을 말하다)

慈明圓云 神會曾磨普寂碑. 道吾眞云 庵中閑打坐, 白雲起峯頂. 圓悟勤云 老僧有眼不曾見. 達觀穎云 家裏已無回日信, 路遙空有望鄕牌. 石門聰云 山河大地.

자명초원(분양선소선사의 법을 받음)선사는 [27]"신회가 일찍이 보적(신수대사의 법을 받음)의 비석을 다듬은 적이 있다." 도오오진선사는 "암자에서 한가히 좌선하니 백운이 천천히 산봉우리에서 일어나는구나." (경계가운데 사람은 없다) 원오극근선사는 "노승이 눈 뜨고도 일찍이 보지 못했습니다." 달관영(석문총선사의 법을 받음)선사는 "집에선 이미 돌아오는 편지 얻을 수 없고, 길은 멀어 공연히 고향의 표지판만 바라본다." (경계는 있고 사람은 없다) 석문총(수산성념선사의 법을 받음)선사는 "산하대지. 즉 자연과 하나 되어 함께하니 자신의 존재를 잊어버린다."고 하였다.

如何是奪境不奪人. 穴云 芻草乍分頭腦裂, 亂雲初綻影猶存. 山云 打了不曾嗔, 冤家難解免. 華云 大地絶消息, 脩然獨任眞. 明云 須信壺中別有天.

---

27 하택신회(荷澤神會. 686~760): 육조혜능의 제자. 후한서를 읽다가 불교의 오묘한 이치에 심취하고 14세에 출가하여 경전을 연구하였다. 어사 노혁(盧奕)의 무고로 귀양살이하였고, 안록산 난에 군수품을 거두어 나라에 바치다. 육조가 입멸한 후에 20여 년간 조계의 돈지(頓旨)가 침몰되고 숭악의 점문(漸門)이 성행함에 현종천보4년(745) 장안에서 남돈북점의 양종을 정하고 현종기(顯宗記)를 지어 조계의 원돈종지(圓頓宗旨)를 만회하기 위해 지(知)의 한 글자가 중묘(衆妙)의 문이라고 제창하다. 하택종은 150년간 큰 세력을 떨쳤다.

남원선사가 질문하였다. "무엇이 경계를 빼앗고 사람은 빼앗지 않는 것이냐?" 대답하여 풍혈선사는 "꿀풀이 막 발아하여 포기가 나뉘니 머리가 없고, 어지러운 구름 막 흩어지니 오히려 그림자가 존재하네."(그 경계를 비우나 여전히 사람은 있다) 수산성념(풍혈연소선사의 법을 받음)선사는 "때려도 일찍이 성내지 않더니 원수의 원한은 벗어나기 어렵네." 법화거(분양선소선사의 법을 받음)선사는 "대지에 소식 끊기니 홀연히 단지 진실한 존재 있을 뿐이네." 자명원(분양선소선사의 법을 받음)선사는 "반드시 호리병 속에 달리 천지가 있음을 믿네."(경계를 비우니 理體이체를 터득하다)

吾云 閃爍紅旗散, 仙童指路親. 圓悟云 闍黎問得自然親. 觀云 滄海盡教枯到底, 靑山直得碾爲塵. 門云 番人失氈帳.

도오오진(자명초원선사의 법을 받음)선사는 "빛나는 저녁 노을(紅旗홍기는 紅霞홍하)이 흩어지니 선동(仙童. 신선을 섬기는 동자)이 길을 친절하게 가르치네." 원오극근(오조법연선사의 법을 받음)선사는 "스승의 질문에 스스로 그러함의 그러함(미망이 없음)을 친절히 얻네." 달관영(석문총선사의 법을 받음)선사는 "창해의 흐름이 다하여 밑바닥까지 마르고, 청산은 곧장 맷돌에 갈려 먼지가 되네." 석문총(수산성념선사의 법을 받음)선사는 "서역에 번인(番人. 소수민족으로 유목민)이 첩장(氈帳. 천막)을 잃어버림과 같네." 하였다.

如何是人境俱奪. 穴云 躡足進前須急急, 促鞭當轍莫遲遲. 山云 萬人作一塚, 時人盡帶悲. 華云 草荒人變色, 凡聖兩俱忘. 明云 寰中天子勅, 塞外將軍令.

남원선사가 질문하였다. "무엇이 사람과 경계 모두 빼앗는 것이냐?" 대답하였다. 풍혈선사는 ²⁸"살금살금 앞으로 나아가도 반드시 빨리 가야 하고, 채찍을 더하고 고삐를 당겨 지체할 수 없네." 수산선사는 "모두가 한 무덤을 만들고, (모두가 한 무덤 속으로 돌아가는데 살아 있는) 당시의 사람들은 다 슬픔을 띠네." 법화거선사는 ²⁹"대지가 황폐하니 사람들은 얼굴색이 변하고, 범부이니 성인이니 둘 다 잊네." 자명원선사는 "천하는 천자의 칙령이요, 변방은 장수의 명령이다."

吾云 剛骨盡隨紅影沒, 苕苗總逐白雲消. 悟云 收. 觀云 天地尙空秦日月, 山河不見漢君臣. 門云 有何佛祖.

도오오진(자명초원선사의 법을 받음)선사는 "강한 기개는 다 홍영(紅影. 붉은 태양의 빛 또는 紅顔홍안)에서 소멸되고, 초묘(苕苗. 이삭과 싹)는 모두 흰 구름 쫓아서 사라지네." 원오근선사는 "거둬들이다."(집착을 없애는 것은 자신의 의지에서다) 달관영선사는 "천지는 아직도 허공에 진나라 때 일월이요, 산하는 의구한데 한나라 때 군신은 보이지 않네."(시절도 空공, 경계도 空공, 사람도 空공이다) 석문총선사는 "석가모니 부처님이 어디에 있지."(본성에 이르러선 불조도 존재하지 않다. 그래서 나와 법 또한 실재로 있는 것이 아니다)

如何是人境俱不奪. 穴云 帝憶江南三月裏, 鷓鴣啼處百花香. 山云 問處分明答處親. 華云 淸風伴明月, 野老笑相親. 明云 明月淸風任

---

28 섭족(躡足)은 뒤를 밟다. 미행하다.
29 초황(草荒)은 풀이 온통 우거져 농작물이 성장할 수 없이 해가 됨이다.

往來. 吾云 久旱逢初雨, 他鄕遇故知. 悟云 放. 觀云 鶯囀上林花滿地, 客遊三月草侵天. 門云 問答甚分明.

　남원선사가 질문하였다. "무엇이 사람과 경계 모두 빼앗지 않는 것이냐?" 대답하였다. 풍혈선사는 [30]"언제나 강남의 삼월을 생각하니 자고새 우는 곳, 온갖 꽃 향기에 취하네."(시절도 경계도 사람도 그대로 있다) 수산선사는 "질문할 때 분명히 이해하면 답할 때 친절하네." 법화거선사는 "청풍이 명월과 짝하는 밤에 시골 노인들 웃음소리 서로 친절하네." 자명원선사는 "명월에 맑은 바람 스치듯 오고감이 자유롭네."

　도오진선사는 "오랜 가뭄에 비를 처음 만나니 타향에서 옛 친구 만남일세." 원오근선사는 "(인아견에 집착하지 않는 사람이 오면) 내버려둔다." 달관영선사는 "상림원(上林苑. 진나라때의 동산을 한무제가 넓혔다)에 앵무새 노래하니 꽃은 지상에 가득하고, 객들이 구경하는 삼월에 초목은 자라 하늘 미치네." 석문총선사는 "일문일답의 (뜻이) 매우 분명하다."

　(참고로 남원혜옹선사는 여주 보응원에서, 풍혈연소선사는 여주 풍혈사에서, 수산성념선사는 보응원, 광교원에서, 분양선소선사는 분양 태자원에서 법을 크게 폈다. 분양선사는 저서가 많다. 모두 서로 이어진 사제관계이다)

2) 취암송(翠巖頌) (名可眞興化莆田人嗣慈明)[31]

---

30 제(帝)가 『속전등록』, 『속장경』 등에선 상(常)이다.
31 취암(翠巖. 생몰미상)선사의 사료간에 대한 게송이다. 이름은 가진(可眞)이고 흥화 보전 지방의 사람이다. 자명 석상초원(986~1040)선사에게 법을 받았다.

奪人不奪境,　　사람을 빼앗고 경계를 빼앗지 않으니
日月自流遷,　　해와 달은 자연 흘러 옮기고
山河及大地,　　산과 강과 및 넓은 대지에
片雨過蠻天.　　작은 빗줄기가 오랑캐 하늘 지나네.

奪境不奪人,　　경계를 빼앗고 사람을 빼앗지 않으니
問禪何處親,　　참선을 질문하여 어느 곳이 친절하나
相逢不祇揖,　　서로 만나 다만 읍하지 않을 뿐
曉夜渡關津.　　새벽에 관문과 나루를 건너네.

人境兩俱奪,　　사람과 경계 둘 다 빼앗으니
聲鼓墜紅樓,　　북소리가 홍루에서 떨어지고
縱橫施巨闕,　　자유자재 대궐에서 시행하니
誰敢立當頭.　　누가 감히 맨 앞에 서겠는가.

人境俱不奪,　　사람과 경계 모두 빼앗지 않으니
閻浮轉幾遭,[32]　염부제가 변하여 몇 번 만남인가
面南看北斗,　　남면하여 북두성을 살피니
爭得合伊曹.　　어찌 능히 너희 무리와 합할 고.

3) 불감송(佛鑑頌. 불감혜근선사의 사료간에 대한 게송)[33]

---

32 염부(閻浮)는 나무 이름이다. 번역하여 섬부(贍部)이다. 이 주(洲) 중심이 염부수(閻浮樹)가 있다. 이 염부수로 인하여 섬부주라 하며 현재 우리가 살고 있는 지구를 말한다.
33 불감혜근(佛鑑慧懃. 1059~1117)선사는 오조법연(1024~1104)선사에게 법을 받았다.

甕頭酒熟人皆醉,　　옹기에 술 익어 사람들이 다 취하고
林上烟濃花正紅.　　수풀에 안개 짙어 꽃은 정히 붉도다.
夜半無燈香閣靜,　　밤중에 등불 없는 사원은 고요하고
鞦韆垂在月明中.　　그네가 밝은 달빛 속에 드리워 있네.
(탈인불탈경에 대해 읊은 게송이다)

鶯逢春暖歌聲滑,　　꾀꼬리 봄을 만나 노래가 매끄러워
人遇時平笑臉開.　　사람들 태평세 만나 뺨에 웃음 피네.
幾片落花隨水去,　　몇 잎 떨어진 꽃잎은 물따라 흐르고
一聲長笛出雲來.　　한마디 피리소리 구름밖에 들리네.
(탈경불탈인에 대해 읊은 게송이다)

堂堂意氣走雷霆,　　당당한 의기는 우레처럼 달리고
凜凜威風掬霜雪.　　늠름한 위풍은 깨끗함을 쥐었네.
將軍令下斬荊蠻,　　장수의 명령에 형만의 오랑캐 베고
神劍一揮千里血.　　신검을 한번 휘둘러 천리가 붉도다.
(인경양구탈에 대해 읊은 게송이다)

聖朝天子坐明堂,　　조정에 천자가 궁궐에 앉았으니
四海生靈盡安枕.　　천하의 백성은 다 잠자리 편안타.
風流年少倒金樽,　　멋스러운 젊은이 금잔을 기울이고
滿院桃花紅似錦.　　사원에 핀 도화는 비단처럼 붉도다.
(인경불구탈에 대해 읊은 게송이다)

4) 총송(總頌. [34]불감혜근선사의 사료간에 대한 총체적인 게송)

千溪萬壑歸滄海,　　온 내와 구렁의 물은 창해로 흐르고
四塞八蠻朝帝都.[35]　사방 여덟 오랑캐 수도에서 조회하네.
凡聖從來無二路,　　범부와 성인은 종래로 두 길이 없어
莫將狂見逐多途.　　미친 견해로서 여러 길을 쫓지 마라.

2. 삼구(三句)[36]

師因僧問 如何是眞佛眞法眞道. 乞垂開示. 師云 佛者心淸淨是, 法者心光明是, 道者處處無礙淨光是. 三卽一, 皆空而無實有, 如眞正道人, 念念不間斷.

임제선사에게 한 스님이 질문하였다. "무엇이 진불(眞佛)이며, 진법(眞

---

34 불감혜근(佛鑑慧懃. 1059~1117)선사는 오조법연(1024~1104) 선사에게 법을 받았다.
35 '사색팔만(四塞八蠻)'에서 '색(塞)'이 다른 본에선 해(海)이다. '사색'은 사방 산과 내가 있어서 외적의 침입이 힘든 요새로 중신(重臣)을 비유한다. 또 사방에 현명하지 못한 자들이다. '팔만'은 남방에 여덟 오랑캐, 팔방의 미개화 민족을 말한다.『중문대사전』참고.
36 삼구(三句): 임제선사의 삼구어로써 선의 종지를 간명하게 나타낸 것이다. 스승이 학인을 지도할 적에 사용하는 방편이다. 전삼구와 후삼구로 구분되는데, 전자는 불자심청정시(佛者心淸淨是), 법자심광명시(法者心光明是), 도자처처무애정광시(道者處處無礙淨光是)이다. 후자는 삼요인개주점착, 미용의의주빈분(三要印開朱點窄, 未容擬議主賓分). 묘해기용무착문, 구화쟁부절류기(妙解豈容無著問, 漚和爭負截流機). 간취붕두롱괴뢰, 추견원시이두인(看取棚頭弄傀儡, 抽牽元是裏頭人)이다. 삼구어는 임제의현, 분양선소, 운문경현, 대양경현, 파릉호감, 현사사비선사의 삼구어가 있다. 이 중에 운문선사의 삼구어가 유명하다.

法)이며, 진도(眞道)입니까? 가르침을 구합니다." 임제선사가 말하였다. "불(佛)은 마음의 청정이 부처요, 법(法)은 마음의 광명이 법이요, 도(道)는 처처마다 걸림이 없는 청정광명이 도이다. 셋의 명칭은 곧 하나이니 다 공이요, 또 실체가 없다. 만일 진정한 도인이면 찰나찰나 끊어짐이 없다. (일체가 다 공임을 알기 때문이다. 그렇지 않으면 분상과 착심이 일어난다).

達磨大師從西土來, 只是覓箇不受惑底人. 後遇二祖, 一言便了, 始知從前虛用工夫. 山僧今日見處, 與佛祖不別, 若第一句中薦得, 堪與佛祖爲師. 若第二句中薦得, 堪與人天爲師, 若第三句中薦得, 自救不了.

달마(동토에 선종의 초조)대사가 서역으로부터 동토에 와서 (불법을 전하려고) 오로지 미혹을 받지 않는 사람을 찾았다. 나중에 2조 혜가대사를 만나니 (혜가대사는 달마대사의) 말 한마디에 곧 (선지를) 깨닫고, 비로소 이전에 수행은 시간을 헛되게 하였음을 알았다. 내가 오늘 [37]견처(見處. 자신있게 말할 수 있는 것)는 석가모니 부처님과 다르지 않다. 만일 제일구에서 (마음의 청정이 부처님의 도리임을) [38]파악한다면 석가모니 부처님을 [39]위해서 스승이 될만 하며, 만일 제이구에서 (마음의 광명이 법의 도리임) 파악한다면 인천(人天)을 위해서 스승이 될만 하며, 만일 제삼구에서 (처처마다 걸림이

---

37 '견처(見處)'는 스스로 파악한 것. 스스로 깨달은 것.『선어사전』,『선학사전』참고.
38 '천득(薦得)'은 몽땅 가져간다는 뜻이다. '천(薦)'은 돗자리이다. 중국인은 돗자리 위에서 노름하다가 이기는 사람이 돗자리체로 가져간다는 말에서 나온 것이다. '천취(薦取)'도 같다. 나아가 받아들이다. 주체적으로 파악하다.『불교대사전』,『선어사전』참고.
39 '여(與)'는 '위(爲)'의 글자로 해석하다(猶爲也유위야). 아래도 같다.『중문대사전』참고.

없는 청정광명이 도의 도리임을) 파악한다면 자신도 구제하지 못한다."

僧問 如何是第一句. 師云 三要印開朱點窄, 未容擬議主賓分. 風穴云 隨聲便喝. 道吾眞云 直下衝雲際, 東山絶往來. 海印信云 那吒忿怒. 雲峯悅云垂手過膝

한 스님이 질문하였다. "어떤 것이 제일구입니까?" 대답하였다. (후삼구는 전삼구에 대해서 보다 자세한 설명이다) 임제선사는 [40]"삼요의 도장을 찍고 여니 붉은 점이 협착되어 나타나고, 머뭇거림을 허용치 않으니 주인(스승)과 빈객(제자)이 분명하다." 풍혈선사는 "질문하는 소리에 따라 곧장 방할이다." 도오진선사는 "(청정함은) 곧바로 하늘을 찌르고 동산에 오고감이 끊어졌다." (홀로 처함이다) 해인신(낭야각선사의 법을 받음)선사는 "비사문천왕의 나타태자(얼굴 셋, 팔이 여덟인 귀왕으로 불법을 호지함)가 성냄과 같다." (알기도 어렵고 접근하기도 어렵다) 운봉열선사는 "양손을 내리니 팔이 길어 무릎을 지난다." (현사를 나타낸다. 화엄송의 4조인 정량국사가 신장은 구척에 손이 무릎을 지났다고 전한다)

如何是第二句. 師云 妙解豈容無著問, 漚和爭負截流機. 穴云 未開口前錯. 吾云 面前渠不見, 背後稱冤苦. 印云 衲僧罔措. 峯云 萬里崖州.

---

[40] '삼요(三要)'는 임제의현선사가 학인을 인도하기 위해 설정한 것으로 "일구어에 반드시 삼현문이 갖춰 있고, 일현문에 반드시 삼요가 갖춰 있다(一句語, 須具三玄門, 一玄門, 須具三要)."고 한 삼요를 말한다. '玄'은 심원한 불교를 말하고, '三要'는 세가지 주요한 요점으로 체·상·용(體相用)이다. 인(印)과 주점(朱點)은 도장과 인주로 마음을 상징하여 이심전심으로 스승의 체상용이 제자에게 그대로 전달됨의 표현이다. 스승과 제자의 주빈관계는 분명이 드러나지만 또한 간격이 없고 하나이다.

질문하였다. "어떤 것이 제이구입니까?" 대답하였다. 임제선사는 "수승한 깨달음(妙解묘해)이 어찌 질문 없는 것을 허용하며, 방편(漚和구화)이 어찌 [41]일체의 망상과 번뇌를 끊는 기회를 거역하랴?"(깨달음엔 방편이 필요하다) 풍혈선사는 "입을 열기 전에 그르쳤다." 도오진선사는 "면전에서 그를 보지 못하고 뒤에서 헛되이 아픔을 일으킨다." 해인신선사는 "선승이 수족을 둘 곳이 없다." 운봉열선사는 "만리밖에 하늘 끝 바다 끝과 같다." (이미 한 생각이 일어나면 거리는 멀다)

如何是第三句. 師云 看取棚頭弄傀儡, 抽牽元是裏頭人. 穴云 明破則不堪. 吾云 頭上一堆塵, 脚下三尺土. 印云 西天此土. 峯云 糞箕掃帚.

질문하였다. "어떤 것이 제삼구입니까?" 대답하였다. 임제선사는 "무대 위에 꼭두각시 놀이를 잘 보라, 밀고 당기고 원래 이것은 안에 사람이 있어서이다." 풍혈선사는 "분명히 집착을 없애려고 하면 곧 할 수 없다." 도오진선사는 "머리위에 한 무더기 티끌이요, 발밑에 삼척토(三尺土. 무덤)일 뿐이다." 해인신선사는 "서역이 중토이고 중토가 서역이다." 운봉열선사는 "(세간에 명리와 성색은) 쓰레받기(糞箕분기)와 비와 같다."

(참고로 다시 언급하면 임제선사의 삼구어는 ①三要印開朱點窄삼요인개주점착하고 未容擬議主賓分미용의의주빈분이라. ②妙解豈容無著問묘해

---

41 절류기(截流機)에서 '절류'는 절단중류(截斷衆流). 즉 일체의 번뇌와 망상을 끊음이다. '류(流)'는 번뇌, '기(機)'는 기회. 행위. 번뇌를 끊을 수 있는 기회이다.『불교대사전』,

기용무착문이며 漚和爭負截流機구화쟁부절류기리오. ③看取棚頭弄傀儡 간취붕두롱괴뢰하라 抽牽元是裏頭人추견원시리우인이라. 이는 진불, 진 법, 진도의 삼구어에 뿌리하고 있다. ①구는 체를 말하여 진불이고 ②구는 상을 말하여 진법이고 ③구는 용을 말하여 진도로 이해한다. 끝구에 抽牽 元是裏頭人이 임제선사 어록에선 抽牽都來裏有人추견도래리유인이다. 의미는 밀고 당기고 모두 하는 것이 안에 사람이 있어서이다)

慈明示眾云 先寶應曰 第一句薦得, 堪與佛祖爲師, 第二句薦得, 堪 與人天爲師, 第三句薦得, 自救不了. 山僧卽不然, 第一句薦得, 和 泥合水. 第二句薦得, 無繩自縛. 第三句薦得, 四稜著地.

자명원선사가 대중에게 말하였다. "선대 보응선사(임제종3세. 여주 보응 원에서 종풍을 선양한 남원혜옹선사)가 '제일구에서 파악한다면 석가모니 부처 님을 위해 스승이 될만 하며, 제이구에서 파악한다면 인천을 위해 스승 이 될만 하며, 제삼구에서 파악한다면 자신도 구제하지 못한다."고 하였 다. (그러나) 나는 바로 그렇게 여기지 않는다. 제일구에서 파악한다면 [42]

---

[42] 화니합수(和泥合水): 끈적끈적한 진흙투성이가 된다. 물에 빠지기도 하고 진흙과 하나가 되기도 한다. 존귀함을 낮추고 천인과 함께 하면서 중생을 교화함이다. '타니대수(拖泥帶水)'와 같은 의미로 깨달은 사람이 상대의 수준에서 지도함이다. 또 선가에서 구두선을 배척하는 말이기도 하다. 여기서는 후자의 의미로서 진흙투성이인체로 스스로도 처리하지 못하는 상태를 말한 것으로 이해한다. 『선어사전』, 『선학사전』, 『불교대사전』. 다시 참고하면 2015년10월에 상해고적출판사에서 출관한 尙之煜의 釋讀, 『人天眼目釋讀인천안목석독』에선 '화니합수(和泥合水)'는 "해탈할 수 없다(不得解脫)." '무승자박(無繩自縛)'은 "능소(能능은 어떤 동작 행위 등에서 能동능동이고 所소는 동작을 받는 것을 말한다)와 습성에 구속되다(爲能所智氣所縛)." '사릉착지(四稜著地)'는 "오히려 자립할 수 없다(尙不能自立)."이다. 뒤에선 상지욱의 석독을 간단히 〈석독〉으로만 표기 한다.

진흙과 물이 합함이며, (진흙투성이인체로 스스로도 처리하지 못하다) 제이구에서 파악한다면 무승자박(無繩自縛. 줄 없이 스스로 결박의 의미로 미혹한 자는 미혹에, 각오한 자는 각오에 결박되어 자유롭지 못함)이며, 제삼구에서 파악한다면 [43]네 모서리가 땅에 낳음과 같다. (뻥퍼짐하게 퍼져있어 스스로도 구제하지 못하다)

(참고로 자명초원선사의 설법은 임제의현선사의 법문과 의미가 상반됨을 보여준다. 역설적인가? 도대체 그 참 뜻은 어디에 있는 것인가?)

所以道, 起也海晏河淸, 行人避路. 住也乾坤黯黑, 日月無光. 汝等諸人向何處出氣. 如今還有出氣者麽. 有卽出來對衆出氣看, 若無山僧今日與爾出氣去也. 乃噓一聲, 卓拄杖下座.

그래서 말하는데, 처음 움직일 때 바다가 잔잔하면 황하도 맑고 장애하던 행인이 길을 피한다. 멈출 때는 천지가 온통 암흑이요, 일월이 빛도 없다. 너희 모두는 어느 곳을 향해서 [44]날숨을 쉰다고 생각하느냐? 지금 또 숨을 내쉬고 있느냐? 있다면 바로 나와서 대중을 향해 날숨을 내쉬어 보라. 만일 없다면, 내가 오늘 너희들을 [45]위해서 날숨을 내쉬겠다." 이내 길게 "후우" 하고, "탁" 주장자로 한번 법상을 치고 법좌에서 내려왔다.

---

43 사릉착지(四稜著地): 네 모서리가 땅에 붙음이니 마치 내팽개쳐 펑퍼짐 퍼져있는 상태로 스스로도 구제 못함을 말한 듯하다. 참고로 『가산불교대사림』에 "의자의 네 다리가 바닥에 확고히 붙어 안정된 상태로 어떤 동요도 없는 부동의 경지에 도달한 것을 비유한다. 또는 잘못된 근거에 집착하고 있는 상태나 어떤 대응도 하지 못하고 경직된 지경을 나타낸다. 사릉착지(四㧻著地), 사릉탑지(四稜塌地)도 같은 의미이다." 하였다.
44 '출기(出氣)'는 날숨. 숨 토해 내다. 말을 하다. 화를 내다. 여기서는 전자로 해석하다.
45 '여(與)'는 '위(爲)'의 글자로 해석하다(猶爲也유위야). 『중문대사전』 참고.

石門聰云 第一句薦得, 石裏迸出. 第二句薦得, 挨拶將來. 第三句
薦得, 自救不了.

석문온총선사가 이르되 "제일구에서 파악하면 돌 속에서 솟아나옴과
같으며, 제이구에서 파악하면 [46]장래 따져 물을 수 있으며, 제삼구에서
파악하면 자신도 구제하지 못한다."고 하였다.

3. 삼현삼요(三玄三要)[47]

師云 大凡演唱宗乘, 一語須具三玄門, 一玄門須具三要. 有權有實,
有照有用. 汝等諸人作麼生會. 後來汾陽昭和尙, 因擧前話乃云 那
箇是三玄三要底句.

임제선사가 이르되 "대체로 내 기풍(宗乘종승. 각 종파가 자신의 교진과 종의

---

46 애찰(挨拶): '挨'는 밀치다. '拶'은 핍박하다. 상대방의 주장을 날카롭게 추궁하여 따지
다. 예리하게 따져 묻다. 선가에선 문답과 응수로 지식을 교환하고 각오의 심천을 시험
에 사용되고 뒤에 응대와 응답으로 사용되다. 『선어사전』, 『선학사전』, 『불교대사전』 참고.
47 삼현삼요: 임제선사가 학인을 지도하는 교설로 제일현, 제이현, 제삼현과 제일요, 제이
요, 제삼요를 말한다. 삼요에서 '제일요'는 분별 조작되지 않은 언어이고, '제이요'는 있는
그대로 현요(玄要)에 들어감이고, '제삼요'는 언어를 여읨이다. 삼현은 체중현(體中玄), 구
중현(句中玄), 현중현(玄中玄)이다. '체중현'은 실천 중에 나타나는 진실이고, '구중현'은 인
식상에서 나타나는 진실이고, '현중현'은 있는 그대로의 진실이다. 현(玄)은 심오한 불교
의 이법(理法)을 의미한다. '삼요'는 세가지 주요한 요점이다. 본질, 현상, 작용으로 체상용
(體相用)이다. 임제선사는 한 구에 삼현문이 갖추어져 있고 일현문에 삼요가 갖추어져서
방편과 진실과 간파와 지도하는 행위가 다 있다고 하였다. 『한국불교대사전』 참고.

를 선전함)을 말하면 일구어에 반드시 삼현문이 갖춰 있고, 일현문에 반드시 삼요가 갖춰 있다. 또 [48]권(權. 방편)이 있고 실(實. 체)이 있고 조(照. 비추다. 지혜의 작용)가 있고 용(用. 작용. 학인의 근기에 맞게 지도함)이 있다. 너희 모두는 어떻게 이해하느냐?" 하였다. 나중에 분양선소화상이 앞에 말을 제시하기 때문에 곧 이르되 "그것은 삼현삼요의 언구이다."라고 하였다.

僧問 如何是第一玄. 汾陽云 親囑飮光前. 吾云 釋尊光射阿難肩. 如何是第二玄. 汾云 絶相離言詮. 吾云 孤輪衆象攢. 如何是第三玄. 汾云 明鏡照無偏. 吾云 泣向枯桑淚漣漣.

한 스님이 질문하였다. "무엇이 삼현가운데 제일현입니까?" 대답하였다. 분양선사는 "부처님께서 친히 가섭존자(飮光음광)에게 부촉하기 전이다."(생멸이 있기 전에 불성의 경계를 깨닫게 한다) 도오선사는 [49]"세존께서 제자 아난의 어깨에 빛을 비추었다." 질문하였다. "무엇이 삼현가운데 제이현입니까?" 대답하였다. 분양선사는 "(마음에 비친) 사물의 모양을 마음에서 없애고 언어의 장애를 여의어야 한다."(경계는 빼앗고 사람은 빼앗지 아니 한다) 도오선사는 "불교 진리의 고륜(孤輪. 月輪월륜. 一輪일륜. 법륜으로 부

---

[48] 권실조용(權實照用) : '권'은 방편이고 상이고 일체 적합한 대책의 경우는 법이며, '실'은 불변의 법이고 체이다. '조'는 수행자를 간파하는 지혜이고, '용'은 수행자를 지도하는 행위의 작용이다. 또 제법은 권(權)과 실(實)의 두 법이 있다. 권법의 차별에 이르면 여래의 권지(權智. 차별상을 통달하여 막힘이 없는 지혜)가 되고, 그 실상의 한 이치에 이르면 여래의 실지(實智. 진리를 깊이 깨달은 지혜)가 된다. 또 차별의 사상(事相)은 권법이고 불변의 진리는 실법이다. 다시 말하면 실지(實智)는 본체이고 권지(權智)는 작용이다.『불교대사전』.
[49] 아난(阿難) : 아난은 부처님의 종제(從弟)이다. 부처님이 성도하는 날 밤에 태어났다. 그의 나이 25세가 되어 출가하여 부처님을 25년이나 시봉한 제자로 다문제일이다.

처님의 설법)은 여러 형상 가운데 존재한다." 질문하였다. "무엇이 삼현가운데 제삼현입니까?" 대답하였다. 분양선사는 "밝은 거울이 비추되 치우침이 없다." 도오선사는 [50]"시들은 뽕나무를 마주하여 하염없이 운다."

如何是第一要. 汾云 言中無作造. 吾云 最好精麤照. 如何是第二要. 汾云 千聖入玄奥. 吾云 閃爍乾坤光晃耀. 如何是第三要. 汾云 四句百非外, 盡踏寒山道. 吾云 夾路青松老.

질문하였다. "무엇이 삼요가운데 제일요입니까?" 대답하였다. 분양선사는 "언구 가운데 조작함이 없다." 도오선사는 "가장 좋은 것은 정미와 거침의 비춤이다." 질문하였다. "무엇이 삼요가운데 제이요입니까?" 대답하였다. 분양선사는 "모든 성인이 현묘한 경지에 들어간다." 도오선사는 "번쩍거리는 우주의 빛이 찬란하다." 질문하였다. "무엇이 삼요가운데 제삼요입니까?" 대답하였다. 분양선사는 [51]"사구백비(四句百非. 부정을 거듭해도 사물의 진상을 알기 어려울 적에 인용된다)는 제외하고 나 한산선사가 걸어간 길을 밟는다." 도오선사는 "길 양쪽에 푸른 소나무가 여전하다."

1) 분양선소송병총(汾陽善召頌幷總. 분양선소선사의 게송과 총송)

---

50 읍향고상루련련(泣向枯桑淚漣漣)에서 '泣'은 흐느껴 울다. '淚漣漣'은 눈물이 멈추지 않다. '枯桑'은 시들은 뽕나무이다(枯萎之桑木). 〈고악부시〉에 "시들은 뽕나무 천지의 바람을 알고, 바다 물은 천지의 찬 기운을 안다(枯桑知天風, 海水知天寒)."고 하였다. 『중문대사전』

51 사구백비(四句百非) : 유(有)와 공(空)으로 만유의 제법을 판정할 적에 제1구는 유문(有門)이고, 제2구는 공문(空門)이며, 제3구는 유문(有門)이고 공문(空門)이며, 제사구는 유문(有門)도 아니고 공문(空門)도 아니다. 百非에서 百은 대수이고 非는 비유(非有)와 비무(非無) 등의 부인을 말한다. 유무의 견해에 걸리지 않게 함이다. 『불교대사전』 참고.

第一玄,　　　　　제일현은
照用一時全,　　　비춤과 작용이 일시에 온전하니
七星光燦爛,　　　북두칠성의 빛이 찬란하고
萬里絶塵煙.　　　만 리에 먼지와 연기가 없네.

第二玄,　　　　　제이현은
鉤錐利便尖,　　　갈고리와 송곳이 날카롭고 뾰족하여
擬議穿腮過,　　　머뭇거리다 뺨을 뚫고 지나니
裂面倚雙肩.　　　얼굴이 찢어져 두 어깨에 의지하네.

第三玄,　　　　　제삼현은
妙用具方圓,　　　묘한 작용이 장소에 따라 갖추고
隨機明事理,　　　기연에 따라 일의 도리를 밝히니
萬法體中全.　　　만법은 체성 가운데 온전하네.

第一要,　　　　　제일요는
根境俱忘絶朕兆,[52]　육근 육경 모두 잊으니 조짐도 없고
山崩海竭灑飄塵,　산과 바다 마르고 무너져 날리는 먼지
蕩盡寒灰始得妙.　찬 재가 다하니 비로소 미묘함 얻네.

第二要,　　　　　제이요는

---

[52] 근경(根境): '근'은 육근(안이비설신의근)이고 '경'은 육경(색성향미촉법)이다.

鉤錐察辨呈巧妙,⁵³　　자유자재 분별하여 교묘함 드러내니
縱去奪來掣電機,　　놓아주고 빼앗고 발전기처럼 빠르며
透匣七星光晃耀.　　상자에 통과한 북두성 빛이 빛나네.

第三要,　　　　　　제삼요는
不用垂鈎幷下釣,　　갈고리 질과 또 낚시 사용치 않고
臨機一曲楚歌聲,　　임시로 한 곡조 초나라 노래 소리에
聞者盡教來反照.　　듣는 자 다 와서 반조하게 하네.
　⁵⁴(一作聞了悉皆忘反照)

三玄三要事難分,　　삼현삼요의 일은 분간하기 어려우나
得意忘言道易親.　　득의하면 말을 잊고 불도가 친철하여 쉽네.
一句明明該萬象,　　한 구절에 분명히 만상을 갖추고
重陽九日菊花新.　　중양절 구월구일에 국화 꽃이 새롭구나.

2) 자명(慈明. 자명초원선사의 삼현삼요에 대한 게송과 총송)

第一玄,　　　　　　제일현은
三世諸佛擬何宣,　　삼세제불이 왜 말하여 헤아리게 하나
垂慈夢裏生輕薄,　　자비 베풀어 꿈속에 경박심 일어나니

---

53 구추(鉤錐) : '구'는 쇠갈고리, '추'는 송곳. 당기고 내미는 것으로 자유자재의 의미이다.
54 괄호 안의 내용은 다른 본이 '聞者盡教來反照'가 '聞了悉皆忘反照'이다라는 내용이다. 의미는 '듣고서 모두 다 반조함을 잊었다.' 이다.

端坐還成落斷邊.⁵⁵　　단정히 앉아서야 단변견 버리게 되네.

第二玄,　　　　　제이현은
靈利衲僧眼未明,　영리한 선승이 눈이 밝지 못하면
石火電光猶是鈍,　순식간에 도리어 무디어지니
揚眉瞬目涉關山.⁵⁶　양미순목 빌미로 고향에 이르네.

第三玄,　　　　　제삼현은
萬象森羅宇宙寬,　삼라만상은 우주의 관대함이요
雲散洞空山嶽靜,　구름 흩어져 텅 빈 산악 고요해
落花流水滿長川.⁵⁷　늦봄에 꽃잎은 긴 내에 가득하네.

第一要,　　제일요는
豈話聖賢妙,　어찌 성현의 미묘함 말하랴
擬議涉長途,　머뭇거리다 장거리에 이르고
擡頭已顚倒.　머리 들 적에 이미 잘못되었네.

第二要,　　제이요는
峯頂敲椴召,　정상에서 빗장 두드리고 부르니

---

55 단변(斷邊): 단견과 변견. 어느 한편에 치우친 잘못된 견해로 사람이 죽으면 몸과 마음이 모두 없어져서 공무에 돌아간다고 고집하는 잘못된 소견을 말한다.
56 '양미순목(揚眉瞬目關山)'에서 '양미'는 눈썹 끝을 치켜 올리고 '순목'은 눈을 깜박거림이다. 이는 수행자에게 빌미를 주는 행위로 각오하도록 하는 것이다. '관산(關山)'은 고향.
57 낙화유수(落花流水): 떨어진 꽃과 흐르는 물로 늦봄의 경치이다.

神通自在來,　　신통하고 자유자재하여
多聞門外叫.　　다문 자가 문밖에서 소리치네.

第三要,　　　　제삼요는
起倒令人笑,　　일어섰다 넘어져 남들에게 웃음거리
掌內握乾坤,　　손바닥 안에 천지를 꽉 쥐니
千差都一照.　　천차만별 모두 하나로 비추네.

報汝通玄士,　　이치를 깨달은 보살에게 보답하니
棒喝要臨時,　　방과 할은 임시로 필요하고
若明端的旨,　　만일 바로 불법의 뜻을 밝히면
半夜太陽輝.　　한밤중에 태양빛이 빛나네.

竹庵 (名士珪成都史氏子嗣佛眼) 示眾云 臨濟道, 一句中須具三玄門, 一玄門須具三要. 大眾事因叮囑起, 展轉見譎訛. 聽取一頌,

[58]죽암(?~1146)선사가 대중에게 설법하였다. "임제선사가 말하기를 '일구어 가운데 반드시 삼현문을 갖추었고, 일현문은 반드시 삼요를 갖추었다.'"고 하였다. 대중의 일을 신신당부하고 일어나기 때문에 전전하면서 잘못된 [59]궤변을 보았다. 한 게송을 들어라.

---

58 죽암은 용상사규(龍翔士珪. ?~1146)선사이다. 속명은 사규이고 사천성 성도 사씨(史氏)의 자손이다. 죽암선사는 불안청원(佛眼淸遠. ?~867)선사에게 법을 받았다.
59 '효와(譎訛)'는 두루 궁리하여 생각을 짜낸 발상, 표현이기에 때로는 궤변이라 하더라도 잘못 보고 다른 것으로 오인할 정도로 난해하다. 『선어사전』 참고.

句中難透是三玄,	언구에 알기 어려운 것은 삼현이요
一句該通空劫前,	일구어에 공겁전을 갖추어 통하니
臨濟命根元不斷,	임제의 명줄이 원래 끊어지지 않고
一條紅線手中牽.	하나의 붉은 선이 손 안에서 당기네.

4. 사할(四喝)[60]

師問僧 有時一喝如金剛王寶劍, 有時一喝如踞地師子, 有時一喝如探竿影草, 有時一喝不作一喝用. 汝作麼生會. 僧擬議, 師便喝.

임제선사가 학인들에게 질문하였다. "어느 때 일할(一喝)은 금강왕의 보검(金剛王寶劍. 일체 정해를 절단함)처럼 날카롭고, 어느 때 일할은 쭈구리고 앉은 거지사자(踞地師子. 당당한 위풍)처럼 사납고, 어느 때 일할은 [61]탐간영초(探竿影草. 제자의 역량을 탐색함)처럼 하늘거리고, 어느 때 일할은 일할의 작용도 되지 않는다. 너희들은 어떻게 이해하느냐?" 학인들이 머뭇거리고 주저하자, 임제선사가 곧 "악" 할을 하였다.

---

60 사할(四喝) : 임제선사의 교설로 어떤 때의 일할은 금강왕보검과 같고, 어떤 때의 일할은 대지에 웅크리고 앉은 금모사자와 같고, 어떤 때의 일할은 어부가 고기를 잡기 위해 사용하는 장대와 풀단 묶음과 같고, 어떤 때의 일할은 한 할의 작용도 하지 않는다는 네 가지의 형태이다. 그때마다 효용을 달리한다. 바로 일할의 위력에 학인의 분상을 부숴버리고 구름 속에서 빙그레 웃으면서 나오는 둥근 달을 스스로 보게 한 것이다.

61 탐간영초(探竿影草) : '탐간'은 두견새 깃을 엮어서 고기를 탐색하고, '영초'는 풀을 물속에 띄워 고기가 모이게 하는 방편이다. 선지식이 학인에게도 이같은 방편으로 지도한다.

1) 적음존자송(寂音尊者頌. 적음존자의 사할에 대한 게송)⁶²

金剛王劍, 覿露堂堂,　금강왕의 보검 당당하게 드러내니
纔涉唇吻, 即犯鋒鋩.⁶³　겨우 입술을 지나 곧 칼끝을 범하네.

踞地師子, 本無窠臼,　거지사자 본래 안주함이 없으니
顧佇停機, 即成滲漏.⁶⁴　우두커니 서서 보는 기연 번뇌가 되네.

探竿影草, 不入陰界,　탐간영초가 물속에 들어가지 않으니
一點不來, 賊身自敗.　한 점 오지 않고 도적은 자연 패하네.

有時一喝, 不作喝用,　때로는 일할도 할의 작용이 안 되니
佛法大有, 只是牙痛.⁶⁵　불법은 대단하여 단지 입만 아프다.

首山示衆云 老僧尋常問汝道, 這裏　喝不作一喝用, 有時一喝作問行, 有時一喝作探竿影草, 有時一喝作踞地師子, 有時一喝作金剛王寶劍. 若作問行來時, 急著眼看始得. 若作探竿影草, 爾諸人合作麽生. 若作踞地師子, 野干須屎尿出始得. 若作金剛王寶劍用時,

---

62 적음존자(寂音尊者): 강서 서주(江西瑞州) 청량(淸凉. 1071~1146)선사이다. 이름은 혜홍(慧洪), 자는 각범(覺範)이다. 진정극문(眞淨克文. 1025~1102)선사의 법을 받았다.
63 '진문(唇吻)'은 입술이다. 비유하여 변설, 언사, 말재주, 말의 의미로 사용된다.
64 '삼루(滲漏)'에서 '삼'은 멈추지 않는 물이고, '루'는 담을 수 없는 물이다. 물은 본래 흘러가지만 '삼루'는 약간은 머물러 막힘이다. 마치 수행자가 아는 지식이나 집착과 취사에서 막혀 원만하지 못하고 한쪽에 치우치는 병폐와 같다. 즉 번뇌이다.
65 대유(大有): 상하가 응함이다. 또 성대하고 풍성한 의미로 불법이 우주에 참을 이른다.

天王也須腦裂. 只與麼橫喝堅喝, 總喚作道理商量.

　수산성념선사가 대중에게 설법하였다. "내가 평소 너희들에게 질문하기를 여기서 때로는 한 할이 한 할의 작용이 되지 못하며, 때로는 한 할이 질문이 되기도 하며, 때로는 한 할이 [66]탐간영초가 되기도 하며, 때로는 한 할이 쭈그리고 앉은 거지사자의 위엄이 되며, 때로는 한 할이 금강왕 보검의 날카로움이 된다. 만일 (너희에게 한 할의) 질문이 되어 닥칠 때 신속하게 금세 보아서야 비로소 얻는다. 만일 탐간의 그림자가 풀위에서 비추게 되면 너희 모두는 어떻게 생각하느냐? 만일 쭈그리고 앉은 거지사자라면 (사자의 포효에) 여우는 반드시 똥오줌을 질질거리고 혼비백산한다. 만일 금강왕 보검의 날카로움이 작용할 때라면 천왕도 반드시 머리 골이 터진다. 다만 이와 같이 자유롭게 할을 하면 모두 도리의 상량도 지어서 부르게 된다. (즉시하는 작용은 언어로서 도리를 표현하는 것은 옳지 않다)

　2) 분양송(汾陽頌. 분양선소선사의 사할에 대한 게송)

　　　金剛寶劍最威雄,　　금강왕 보검이 가장 힘 있고 걸출해
　　　一喝能摧萬仞峰,　　한 할은 능히 만 길 봉우리 무너뜨리고
　　　遍界乾坤皆失色,　　삼천세계의 천지가 다 빛을 잃으니
　　　須彌倒卓半空中.　　수미산 거꾸로 공중에 반쯤 서 있네.

---

[66] 탐간영초(探竿影草): '탐간'은 두견새 깃을 엮어서 고기를 탐색하고, '영초'는 풀을 물속에 띄워 고기가 모이게 하는 방편이다. 선지식이 학인에게도 이같은 방편으로 지도한다.

金毛踞地衆威全,　　금모 거지사자의 모든 위엄 온전해
一喝能令喪膽魂,　　한 할은 능히 간담과 혼을 잃게 하고
嶽頂峯高人不見,　　큰 산 높은 봉우리에 사람은 없는데
猿啼白日又黃昏.　　원숭이 울음에 백주는 또 황혼일세.

詞鋒探草辨當人,　　필봉과 탐간영초로 당사자를 분별해
一喝須知僞與眞,　　한 할은 반드시 거짓과 진실을 알고
大海淵澄涵萬象,　　큰 바다 깊고 맑아 만상이 잠기지만
休將牛迹比功深.[67]　부처님의 자취를 공 보다 깊다 마라.

一喝當陽勢自彰,　　한 할은 정면으로 기세 자연 드러내
諸方眞有好商量,　　제방에 진실로 좋아하는 선문답 두어
盈衢溢路歌謠者,　　노래 부르는 자 길거리에 넘치듯이
古往今來不變常.　　예부터 지금까지 불변의 진리일세.

3) 지해보융송(智海普融頌. 지해보융선사의 사할에 대한 게송)

一喝金剛劍用時,　　한 할은 금강왕의 보검 작용할 때
寒光爍爍射坤維,[68]　찬 빛이 번쩍 천지 사이를 비추고
言語擬議傷鋒刃,　　언어에 머뭇대다 칼날에 손상하니
遍界髑髏知不知.　　온 세상 천지에 해골들은 아는지.

---

67 우적(牛迹): 소가 지나간 자취로 비유하여 부처님의 가르침을 우적으로 표현한다. 참고로 『국역대장경』에서 우적은 성문(聲聞)으로 비교하였다.
68 곤유(坤維): 지유(地維), 땅의 사각이다. 고대는 땅이 네모지다하여 이르게 된다.

一喝金毛輕踞地,　　한 할은 금모사자 살그머니 땅에 앉아
檀林襲襲香風起,　　사원에 겹겹이 향기로운 바람이 일고
雖然爪踞不曾施,　　비록 발톱 웅크리고 행한 적 없어도
萬里妖狐皆遠避.　　만 리에 요사한 여우 다 멀리 피하네.

一喝將爲探竿草,　　한 할은 장차 탐간영초가 되어
南北東西無不到,　　동서남북에 이르지 않음이 없고
短長輕重定錙銖,[69]　장단과 경중은 치수가 정해지니
平地茫茫須靠倒.　　평지에 아득히 거꾸로 의지하네.

一喝不作一喝用,　　한 할은 한 할의 작용이 되지 못해
三世古今無別共,　　삼세고금에 차별 없이 한가지요
落花三月睡初醒,　　꽃 지는 삼월에 졸다 처음 깨니
碧眼黃頭皆作夢.[70]　달마대사도 부처님도 다 꿈일세.

5. 빈주구(賓主句)[71]

---

[69] 치수(錙銖): 무게의 단위. 매우 사소한 일.
[70] 벽안황두(碧眼黃頭): '벽안'은 푸른 눈을 가진 외국 스님의 달마대사이고, '황두'는 세존이 태어난 가비라성에 황두선인이 살았다. 그와 연관지어 선록에선 세존으로 인용된다.
[71] 빈주구(賓主句): 임제선사가 제창한 빈간주(賓看主), 주간빈(主看賓), 주간주(主看主), 빈간빈(賓看賓)이다. '빈간주'는 역량 있는 제자가 스승을 간파함이고, '주간빈'은 역량 있는 스승이 역량 없는 제자를 간파함이며, '주간주'는 역량 있는 스승이 역량 있는 제자의 자질을 간파함이고, '빈간빈'은 학인이나 스승이 눈먼 자이니 함께 지옥에 떨어진다. '빈주'에서 '빈'은 학인 혹은 선리를 알지 못하는 사람이고, '주'는 선사 혹은 스승의 선리를 이해하는 사람이다. 일반적으로 스승이 主이고, 학인이 賓. 또 주동이 主, 피동이 賓이다.

師上堂, 有僧出禮拜, 師便喝. 僧云 老和尚, 莫探頭好. 師云 落在什麼處. 僧便喝, 師便打.

임제선사가 상당(이는 법문을 위해 법당에 오름과 식사를 위해 승당에 오름인데 여기서는 전자이다)하자, 어느 스님이 나와서 절하였고 임제선사가 곧바로 '악' 할을 하여 스님이 말하였다. "노스님께선 탐색하기를 좋아하지 마십시오." 임제선사가 질문하였다. "어느 곳(요지)에 떨어졌느냐?" 스님이 곧 '악' 할을 하니 임제선사는 곧 때렸다.

又有僧問 如何是佛法大意. 師便喝, 僧禮拜. 師云 汝道好喝也無. 僧云 草賊大敗. 師云 過在什麼處. 僧云 再犯不容. 師便喝.

또 한 스님이 질문하였다. "무엇이 불법의 대의입니까?" 임제선사가 곧바로 할을 하고 스님은 절을 하였다. 임제선사가 이르되 "너는 말하라, 내가 한 할이 좋았느냐?" "좀 도둑이 대패했습니다." "허물은 어디에 있느냐?" "재범은 용서하지 않습니다." 임제선사가 곧바로 '악' 할 하였다.

是日兩堂首座相見, 同時下喝. 僧問師還有賓主也無. 師云 賓主歷然. 師云 大衆要會臨濟賓主句, 問取堂中二首座.

당시에 임제선사의 회상에서 동당과 서당의 수좌들이 서로 마주하여 일제히 "악" 하고 할을 하였다고 한다. 재미있지 않는가. 대중이 서로 마주하여 일제히 할을 하는 모습을 상상하게 된다. 서로 마주하여 눈을 부라리며 얼굴 근육에 힘을 주고 두 주먹을 쥐고서 입을 크게 벌리고 모두가 한 소리로 "악" 하는 할의 소리가 메아리쳐 들려오고 있어서다. 해 그림자가 내려오면서 많은 선승들이 이 할을 모방하여 눈이 멀고 눈이 열린 자가 있었을 것이다. 선사들의 문답에서 진정한 할의 의미를 유추해야 할 것이다.

이날 동당과 서당의 수좌들이 서로 마주보고 동시에 '악' 할을 하였다. 한 스님이 임제선사에게 질문하였다. "또한 빈과 주가 있습니까?" "빈과 주는 분명하다." 다시 임제선사가 이르되 "대중이 나의 빈주구를 이해하려면, 동당과 서당 양당의 두 수좌에게 질문하라."고 하였다.

1) 자명송(慈明頌. 자명초원선사의 빈주구에 대한 게송)

啐啄之機箭拄鋒,[72]	줄탁의 기미는 칼끝에 화살 고임이요
瞥然賓主當時分.	순간 빈과 주가 바로 그 때 분명하네.
宗師愍物垂緇素,	종사가 애민하여 승속에게 베푸니
北地黃河徹底渾.	북쪽 황하는 맑은 밑에서 합수하네.

2) 죽암송(竹庵頌. 죽암사규선사의 빈주구에 대한 게송)

作家相見終不錯,	선승이 서로 만나 마침 훌륭해
兩兩同時齊啐啄.	둘 다 동시에 쪼고 핥음 같더라.
喝下雖然賓主分,	할하여 비록 빈과 주가 나뉘나
爭如普化搖鈴鐸.[73]	어찌 보화가 요령 흔듦 같으랴.

---

[72] 줄탁(啐啄) : 병아리가 나오려고 부리로 핥는 소리는 '줄', 어미 닭이 알을 쪼는 것은 '탁'이다. 병아리와 어미 닭이 동시에 서로 쪼는 것을 '줄탁동시'라고 한다. 본 발음은 췌탁.

[73] 보화(普化) : 보화종을 열은 선승으로 성품이 기이하여 다니면서 요령을 흔들었다. 사람을 만나면 귀에 대고 요령을 흔들어 돌아보면 손을 내밀며 한푼 달라고 하였다. 보화종은 실제로 없고 존숭하여 불렀다. 한 때 임제원에 가서 임제의현선사와 교우하였다. 그는 당나라 의종함통(860~874)초에 스스로 관속에 들어가 죽었다. 『한국불교대사전』 참고.

6. 사빈주(四賓主)[74]

師一日示衆云 參學人大須仔細, 如賓主相見, 便有言說往來. 或應物現形, 或全體作用, 或把機權喜怒, 或現半身, 或乘師子, 或乘象王.

임제선사가 어느 날 대중에게 설법하였다. "참선하고 불도를 배우는 수행인은 아주 반드시 자세해야 하니 마치 빈이 주인을 만남처럼 곧 (불도를 묻거나 불법에 대한) 말이 오감이 있다. 혹은 [75]학인에 응하여 모양을 나타내기도 하고, 혹은 전체가 작용하기도 하고, 혹은 기봉과 방편·희노애락을 장악하기도 하며, 혹은 본래의 본모습에서 절반 쯤 드러내기도 하며, 혹은 사나운 사자(스승)를 올라타기도 하며, 혹은 상왕(부처님)을 올라타기도 한다. (참고로 사자는 문수보살이 타고, 코키리는 보현보살이 탄다)

如有眞正學人便喝, 先拈出一箇膠盆子, 善知識不辨是境, 便上他境上, 做模做樣. 學人乂喝, 前人不肯放, 此是膏盲之病, 不勘醫治, 喚作賓看主.

---

74 사빈주(四賓主): 임제와 조동의 두 종에서 각각 사빈주를 세웠다. 뜻은 다르다. 임제의 빈주는 스승과 제자를 나타내고, 조동의 빈주는 체와 용의 다른 이름이다. 임제에서 주중주는 스승의 밝은 눈을 말하며, 빈중주는 학인의 밝은 눈을 말하며, 주중빈은 스승이 밝은 눈이 아니며, 빈중빈은 학인이 밝은 눈이 아니다. 조동에서 주중빈은 체 가운데 용이며, 빈중주는 용 가운데 체이며, 빈중빈은 용 가운데 용이며, 주중주는 체 가운데 체이고 사물과 나가 없어지고 사람과 법이 함께 멸함이다. 빈주가운데 주어는 앞에 놓인 글자다.
75 응물(應物): 응기접물(應機接物) 이다. 상대에 따라 응대를 하는 것. 기물(機物)은 중생 또는 수행자를 가리킨다. 즉 상대에 따라 지도하는 것을 말한다.『한국불교대사전』참고.

만일 진정한 학인이 있을 것 같으면 와서 곧바로 할을 하여 먼저 끈적
끈적한 아교를 담은 단지(膠盆子교분자. 언어문자의 갈등)를 제시하면, 선지
식은 이 경계를 분별하지 못하고, 곧 다른 경계위에서 그럴싸하게 허세
를 부린다. 학인이 또 할을 하면, 앞에 선지식은 기꺼이 집착을 버리지
못하니, 이것은 [76]고황의 병이라 의사도 고칠 방법이 없다. 빈객(제자)이
주인(스승)을 시험한다하여 빈간주(賓看主)라고 부른다. (선리를 이해하는 학
인이 모르는 선지식의 허세 부림을 간파함이다).

或是善知識, 不拈出物, 隨學人問處即奪, 學人被奪, 抵死不放, 此
是主看賓.

혹은 선지식이 한 물건(속마음)을 끄집어내지 아니하고 학인의 질문하
는 곳에 따라 곧 빼앗아버리면, 학인은 빼앗김을 당하고 죽음에 닥쳐서
도 잘못된 집착을 내려놓지 못하니, 이것은 주인이 빈객을 시험한다하
여 주간빈(主看賓)이다. (선리를 이해하는 선지식이 모르는 학인을 간파함이다).

或有學人, 應一箇淸淨境界, 出善知識前, 善知識辨得是境, 把得住
抛向坑裏. 學人言大好. 善知識即云, 咄哉不識好惡. 學人便禮拜,
此喚作主看主.

혹은 학인이 하나의 청정한 허공의 경계에 응하여 선지식의 면전에

---

76 '고황(膏肓)'에서 '고'는 가슴밑의 작은 비게, '황'은 가슴위 얇은 막. 병이 여기에 이르면
고치기 어렵다. 이를 고황질이라 말한다.

제시하면, 선지식은 이 경계를 알아차리고 꽉 움켜쥐고 구덩이 속에 던져버린다. 학인이 "아주 멋지다."고 말한다. 선지식은 곧 "쯔쯔! 너는 좋아하고 싫어함은 모르지."라고 말한다. 학인이 곧 예배하니 이것은 주인이 주인을 시험한다하여 주간주(主看主)라고 부른다. (주간주는 선지식과 학인이 선리를 이해하고 서로 마음이 통함이다).

或有學人披枷帶鎖, 出善知識前, 善知識更與安一重枷鎖, 學人歡喜, 彼此不辨, 喚作賓看賓.

혹은 학인이 피가대쇄(披枷帶鎖. 칼을 쓰고 쇠사슬로 묶다. 즉 집착에 속박되어 자유롭지 못함이다)가 되어서 선지식 앞에 이르면, 선지식은 (선지식 또한 집착에 속박된 분이라) 다시 피가대쇄의 한 겹을 더해 주니 학인은 (참으로 얻은 줄 알고) 기뻐하는지라. 학인과 선지식 모두 (각자 스스로의 집착을) 분별하지 못하니 이것은 빈객이 빈객을 시험한다하여 빈간빈(賓看賓)이라 부른다. (빈간빈은 선지식과 학인이 선리를 모르면서도 스스로 안다고 여기고 있는 것이다).

大德, 山僧所擧, 皆是辨魔揀異, 知其邪正.

대덕이여, 내가 (이 같이) 열거한 것은 다 [77]마장을 분별하고 이단을 구별하여 그 정도와 사도를 알게 한 것이다."

---

77 마(魔): 음역은 마라(魔羅)이다. 뜻은 신심을 어지럽히고 좋은 일을 파괴하고 선법(善法)을 방애하는 것이다. 바로 일체 번뇌와 의혹과 미련 등이 수행하는 심리활동을 방애하는 것이 마장이다. 구역의 경론에선 마(磨)라 하였으나 양무제때부터 마(魔)로 쓰다.

1) 빈주문답(賓主問答)[78]

僧問風穴 如何是賓中賓. 穴云 攢眉坐白雲. 克符云 倚門傍戶猶如醉, 出言吐氣不慚惶. 汾陽云 終日走紅塵, 不識自家珍. 又云 合掌庵前問世尊. 慈明云 禮拜更慇懃. 石門云 禮拜甚分明. 雪竇云 滿目是埃塵. 又云 噫.

한 스님이 풍혈선사에게 질문하였다. "무엇이 빈중빈입니까?" 대답하였다. 풍혈선사는 "눈쌀을 찌푸리고 백운에 앉았다." 극부선사는 "문호에 의지하여 오히려 취한듯 혼미하고, 말하고 토해내는 기운은 부끄러움이 없다." 분양선사는 "종일 세속의 먼지 속에 달리고 자신의 불성을 알지 못한다." 또 "사원 앞에서 합장하고 부처님을 질문한다." 자명선사는 "예배는 더욱 정성스럽다." 석문선사는 "예배는 아주 분명하다." 설두선사는 "눈에 가득한 것은 속세의 먼지다." 또 "에이!" (말로 표현할 수 없다)

如何是賓中主. 穴云 入市雙瞳瞽. 符云 口念彌陀雙拄杖, 目瞽瞳人不出頭. 汾云 識得衣中寶, 端坐解區分. 又云 對面無儔侶. 明云 拄杖長在手. 門云 覷地無回顧. 竇云 兆分其五. 又云引.

"무엇이 빈중주입니까?" 대답하였다. 풍혈선사는 "(시끄러운) 저자에 들어가 눈 먼 맹인과 같다. (마음의 청정은 허공과 같은데 외경에 스스로 빼앗긴다)" 극부선사는 "아미타불 염불하며 쌍수로 지팡이 짚으니, 눈 먼 사람은 표

---

[78] 빈주에 대한 문답으로 풍혈, 극부, 분양, 자명, 석문, 설두선사의 대답이 함께 한다.

면에 나서지 못한다." 분양선사는 "옷 속에 있는 보배를 알아차리고, 단정히 앉아 정도와 사도를 구별할 줄 안다." 또 "얼굴을 마주하여 짝할 누구도 없다." 자명선사는 "지팡이는 언제나 손 안에 있다." 석문선사는 "앞만 보고 돌아봄이 없다." 설두선사는 "예시에 근거하여 그 오취(五趣. 지옥·아귀·축생·인·천)를 분별한다." 또 "바른길로 인도한다."

如何是主中賓. 穴云 回鸞兩曜新. 符云 高提祖印當機用, 利物應知語帶悲. 汾云 金鉤抛四海, 玉燭續明燈. 又云 陣雲橫海上, 拔劍攪龍門. 明云 橫擔榔栗撥乾坤. 門云 往復問前程. 竇云 月帶重輪. 又云收.

"무엇이 주중빈입니까?" 대답하였다. 풍혈선사는 "천자의 수레가 돌아오니 주와 빈이 빛나고 새롭다." 극부선사는 "높이 조사의 인가를 치켜드니 [79]기용에 해당하고, 중생(物物)에 이익됨을 알아서 응하니 말에 자비심을 띤다." 분양선사는 "금 갈고리를 사해에 던지니, [80]옥촉이 등광의 비춤을 잇는다." 또 "뭉게 구름이 해상에 횡으로 펼치니, 칼을 뽑아 용문을 휘젓는다." 자명선사는 [81]"지팡이로 천지를 움직인다." 석문선사는 "왕복하고서 앞 로정을 묻는다." 설두스님은 "달빛이 달무리를 띤다." 또 "거두어 심신을 단속한다."(외경에 쫓는 마음을 거두어 스스로 마음 밝히다)

如何是主中主. 穴云 磨礱三尺劍, 待斬不平人. 符云 橫按鏌鎁全正

---

[79] 기용(機用) : 스승이 언어로써 미치지 못할 기미를 각오하여 학인에게 베푸는 것이다.
[80] 옥촉(玉燭) : '사시(四時)의 기운의 화합이다. 또 임금의 덕의 아름다움이 옥과 같고 밝은 등촉과 같다.' 하였다. 『중문대사전』 참고.
[81] 횡담즐률(橫擔榔栗) : 지팡이다. '栗'의 글자는 木변에 쓴 글자이다. '즐률'은 나무 이름.

슈, 太平寶宇斬癡頑. 僧云 旣是太平寶宇, 爲甚却斬癡頑. 符云 不許夜行剛把火, 直須當道與人看.

"무엇이 주중주입니까?" 대답하였다. 풍혈선사는 "석 자의 검(지혜검)을 숫돌에 갈고, 부정한 사람 베기를 기다린다." 극부선사는 "막야보검을 옆에 차고 정령((正令. 선문에선 교외별전이 본분의 명령이 된다)을 온전히 하며 태평성세에 완악하고 어리석은 이들을 벤다." 한 스님이 질문하였다. "이미 태평성세인데 무엇 때문에 도리어 완악하고 어리석은 이들을 벱니까?" 대답하였다. 극부선사는 "밤길을 허용하지 않아 막 횃불에 점화하고, 바로 길에 두어서 사람들이 볼 수 있게 한다."

汾云 高提日月光寶宇, 大闡洪音唱楚歌. 又云 三頭六臂擎天地, 忿怒那吒撲帝鍾. 明云 劍握甌人手. 門云 萬里絶同侶. 寶云 大千捏聚. 又云揭.

분양선사는 "달과 해가 높이 들어 온 세계를 밝게 비추고, [82]큰 소리를 크게 열어 초나라 노래를 부른다." 또 "머리 셋에 여섯인 팔로 천지를 떠받치고, 성난 [83]나타태자가 제종(帝鍾은 대종, 제석천의 종)을 친다." 자명선

---

82 대천홍음창초가(大闡洪音唱楚歌) : 참고로 『사기』 항우본기에 "항우의 군대가 해하(垓下)에서 주둔하니 병사도 적고 식량도 떨어졌다. 사면을 포위한 한나라 군사와 제후의 병사가 밤중에 모두 초나라 노래를 부른다. 적막하고 고요한 밤중에 들려오는 노래소리로 항우의 모든 병사가 그리운 고향생각에 전의를 잃게 하였다." 이처럼 중생의 고통과 재난에서 건지려면 위없는 불법의 뜻이 이와 같다고 위 고사를 인용하여 비유한 것이다.
83 나타태자(那吒太子) : 북방 비사문천왕의 태자로 얼굴이 셋에 팔이 여덟이다. 불법을 수호하는 선신으로 늘 금강장을 들고 악인을 찾아 다닌다. 『한국불교대사전』 참고.

사는 "막야검은 [84]증인의 손에 있다." 석문선사는 "만 리에 함께 할 짝이 없다." 설두선사는 "[85]삼천대천세계가 모두 허구다." 또 "게시(揭示)이다."

2) 부산송(浮山頌. 부산선사의 사빈주에 대한 게송)[86]

賓中賓,	빈 가운데 빈
雙眉不展眼無筋,	양 눈썹 펴지 않고 눈에 힘이 없어
他方役役投知己,[87]	다른 쪽에 애써서 벗과 투합하니
失却衣中無價珍.	옷 속에 값이 없는 보배 잃어버리네.

---

[84] 증인(甑人): 참고로 『조정사원』 제3권에 "초왕(楚王)의 부인이 철 기둥을 안고서 잉태하여 하나의 철 덩이를 낳았다. 초왕은 간장(干將)에게 검을 만들도록 명하고 삼년이 되어 자웅(雌雄)의 쌍검을 만들었다. 그는 웅검은 남겨두고 자검을 초왕에게 진상하였다. 검을 넣어둔 상자에서 늘 비명소리가 들렸다. 군신들에게 질문하니 검은 자웅인데 우는 것은 웅검을 생각해서라고 하였다. 왕은 노하여 간장을 죽였다. 이미 그것을 알고 웅검을 감추고 아내인 막야(莫耶)에게 부탁하였다. 막야가 낳은 아들이 미한척(眉閒尺)이다. 처이 15살에 아버지의 일을 듣고서 웅검을 찾은 후에 아버지의 원수를 갚고자 하였다. 초왕도 웅검을 가지려고 척을 쫓았다. 척이 도망 다니다가 만난 객(客)이 말하였다. '나는 증산인(甑山人)이다. 그대 아버지의 원수를 갚을 수 있다. 그대의 머리와 검이 필요하다.' 척은 검과 자신의 머리를 주었다. 객은 그것을 가지고 초왕에게 진상하니 왕은 크게 기뻐하였다. 객은 척의 머리를 솥에 삶기를 원했다. 왕이 솥에 던지니 객은 왕을 속이고 말하였다. '머리가 문드러지지 않습니다.' 왕이 접근하여 살피니 객은 뒤에서 가져온 검으로 왕의 머리를 베어 솥 속에 떨어졌다. 두 머리가 서로 이를 갈고 있다. 객은 척이 이기지 못할 가하여 자신의 머리도 베었다. 솥에서 세 머리는 서로 이를 갈았다. 얼마 있다가 모두 문드러졌다. 효자전에 보인다." 시어에 '증인'은 여기서 말하는 '증산인'을 말한다.
[85] 대천열취(大千捏聚): '대천'은 삼천대천세계이다. '열취'는 허구이다.
[86] 부산법원(浮山法遠. 991~1067): 섭현귀성선사의 법을 받았다. 조동종 대양경현선사의 법을 받아 제자인 투자의청선사에게 이어가게 하였다.
[87] 역역(役役): 고생하고 애쓰는 모양이다. 『장자』 제물론에 '평생고생하고 애쓰면서도 성공하지 못하다(終身役役而不見其成功).' 박일봉 역저의 『장자』 참고.

賓中主,　　　　　　빈 가운데 주인
盡力追尋無處所,　　힘껏 더듬어 찾아도 처할 곳이 없고
昔年猶自見些些,　　옛적 오히려 스스로 조금 보았으나
今日誰知目雙瞽.　　오늘 누가 두 눈 먼 것을 알리요.

主中賓,　　　　　　주인 가운데 빈
我家廣大實難論,　　내 집 넓거서 실로 논하기 어렵고
所求不悋無高下,　　구한 바 아낌 없어 고하가 없으니
貴賤同途一路平.　　귀천이 도중에 함께 평안을 비네.

主中主,　　　　　　주인 가운데 주인
七寶無虧金殿宇,[88]　칠보 장식이 손상없는 부처님 도량
千子常圍繞聖顔,　　일천의 제자 늘 중심에 계신 부처님
諸天不順飛輪擧.[89]　제천에 따르지 않는 해가 오르네.

3) 취암송(翠巖頌. 취암선사의 사빈주에 대한 게송)

賓中賓,　　　　　　빈 가운데 빈
出語不相因,　　　　말을 해도 서로 인연이 없어
未諦審思惟,[90]　　　체심하고 사유하지 않으며
騎牛過孟津.　　　　소 타고 맹진 나루터를 지나네.

---

[88] 금전우(金殿宇): '금전'은 금으로 장식한 사원. 또는 큰 집, 궁궐. '전우'는 불각(佛閣)이다.
[89] 비륜(飛輪): 태양의 다른 이름.
[90] 체심(諦審): '체'는 똑똑히 분별하는 것이고, '심'은 공을 들이는 것이다.

賓中主,　　　　빈 가운데 주인
相牽日卓午,　　서로 당겨 해는 높이 정오이고
展拓自無能,　　펴고 밀치고 스스로 능함 없으니
且歷他門戶.　　잠시 그 문호에 들어 경험하네.

主中賓,　　　　주인 가운데 빈
南越望西秦,　　남월 땅에서 서진 땅을 바라보고
寒山逢拾得,　　한산자가 국청사 습득을 만나
擬議乙卯寅.　　을묘인지 을인인지 머뭇거리네.

主中主,　　　　주인 가운데 주인
當頭坐須怖,[91]　갑자기 앉기가 반드시 두려워
萬里涉流沙,[92]　만 리길 대사막을 건너서
誰云佛與祖.　　누가 부처님과 조사를 말하랴.

4) 설두송(雪竇頌. 설두선사의 사빈주에 대한 게송)[93]

賓中之賓, 少喜多嗔,　빈 가운데 빈, 기쁨 적고 성냄 많아
丈夫壯志, 當付何人.　장부의 큰 뜻 누구에게 당부하나.

---

91 당두(當頭): 눈앞의 것. 일제히. 홀연히. 갑자기. 순식간에. 즉석에서. 그즉시. 대립하다. 충돌하다.『선어사전』,『선학사전』참고.
92 유사(流沙): 몽고의 대사막이다.『서역기』에 여기서 동으로 가면 대유사가 있는데 모래가 너무 유동이 많아 바람따라 모였다 흩어졌다 하여 사람이 다니는 발자국이 없어져서 방황하기 쉽다. 여행자의 기록엔 많은 유골 보았다고 기록되어 있다.『불교대사전』참고.
93 설두중현(雪竇重顯. 980~1052): 지문광조선사에게 법을 받다. 저서는『송고백칙』전함.

賓中之主, 玄沙猛虎,[94]　　빈 가운데 주인, 현사사비와 맹호요
半合半開, 惟自相許.　　　절반이 합열려 자연 서로 허락하네.

主中之賓, 溫故知新,[95]　　주인 가운데 빈, 온고하고 지신해서야
互換相照, 師子嚬呻.　　　서로 바꿔 비추니 사자가 기지개 펴네.

主中之主, 正令齊擧,　　　주 가운데 주, 방과 할을 일시에 들고
長劍倚天, 誰敢當禦.　　　긴 칼 하늘 의지해 뉘 감히 대적하랴.

賓主分不分,　　　　빈과 주인을 분별할 수 있을지
瞞頇絶異聞.[96]　　속여서 희귀한 소문 없애네.

---

94 현사(玄沙): 현사사비(835~908)선사이다. 설봉의존(822~908)선사의 법을 받았다. 위 시어에서 '현사맹호(玄沙猛虎)'에 대해 참고로 『조정사원』 제4권에 "현사사비선사와 천룡선사가 산에 들어갔는데 호랑이가 나타났다. 천룡선사가 말하였다. '앞에 호랑이다.' 현사선사가 말하였다. '바로 너이다.'(玄沙備與天龍入山, 見虎. 龍云前面是虎. 沙云是汝)."

95 온고지신(溫故知新): 옛것을 궁구하여 새로운 도를 알다. 과거를 돌이켜 현재를 알다.

96 만안(瞞頇): '만(瞞)'은 속이다. '안(頇)'은 얼굴이 큰 모양이다. 뒤에 〈임제문정〉 끝에 산당순선사의 비평하는 문구에서도 보이는데(付諸瞞盰而已), 만간(瞞盰)은 만안(瞞頇)이다 하였다. '만안(瞞頇)'은 '큰 얼굴 만, 큰 얼굴 안'에 대면(大面)이다. 중국 전통극에서 악인 역의 가면이다. 이는 북제시에 란릉왕 장공(蘭陵王長恭)이 재능과 무용이 있었는데, 고운 용모 때문에 늘 가면을 쓰고 적을 대하였다(才武而貌美, 常着假面以對敵). 이를 근거하여 '속이다'로 해석하였다. 『중문대사전』 참고. 참고로 『태화선학대사전』에 만안(瞞頇), 만간(瞞盰), 만안(瞞頇)은 동의어로 호도(糊塗)이다. 가산 이지관 편저, 『가산불교대사림』 제5권, 가산불교문화연구원, 2003에 '만안(瞞頇)'은 멍청해 지는 것. 또는 그러한 모습. 사실을 흐리멍텅하게 하거나 왜곡시키는 것. 애매모호하게 만드는 것. 예로 『교외별전』에 "이제 그대를 위하여 거듭 들어주었으니 분명하고 뚜렷하여 흐리멍텅한 점이 없구나(今日爲君重擧過, 明明歷歷不瞞頇)." 또 『정법안장』에 "동요와 고요를 모두 거두어들이면 불성을 애매모호하게 만드는 것이다(動靜雙收, 瞞頇佛性)." 하였다.

解布勞生手,　　펴고 풀면 수고가 손에 일고
寄言來白雲.　　말을 전하니 흰 구름이 인다.

5) 화엄(華嚴. 東京名孜. 화엄보자선사의 사빈주에 대한 문답)[97]

僧問 如何是賓中賓. 孜云 客路如天遠. 如何是賓中主. 云侯門似海深. 如何是主中主. 云寰中天子勅. 如何是主中賓. 云塞外將軍令.

한 스님이 화엄보자선사에게 질문하였다. "무엇이 빈중빈입니까?" "나그네의 로정이 하늘 끝처럼 멀다." "무엇이 빈중주입니까?" "제후의 문이 바다처럼 깊다." "무엇이 주중주입니까?" "천하에 천자의 칙령이다." "무엇이 주중빈입니까?" "변방은 장군의 명령이다."

孜云 賓中問主, 互換之機. 主中問賓, 同生同死. 主中辨主, 飮氣吞聲. 賓中覓賓, 白雲萬里. 故句中無意, 意在句中.

화엄보자선사가 다시 설명하였다. "빈 가운데 주인에 질문은 서로 교환하는 날카로운 심기이다. 주인 가운데 빈에 질문은 빈과 주인 두 사람이 같이 살고 같이 죽는다. 주인 가운데 주인을 시험하는 것은 [98]도무지 대답할 수 없다. 빈 가운데 빈을 찾는 것은 백운이 만 리와 같다. 그래서

---

97 화엄(華嚴): 동경(낙양)에 이름은 자(孜)이다. 참고로 『宗統編年종통편년』 제21권에 "보자선사는 태평사로부터 동경 화엄사로 옮겼다(禪師普孜自太平遷東京華嚴)."고 하였다. 선사는 건양(建陽) 지방의 사씨(謝氏)이다. 부산법원(991~1067) 선사에게 법을 받았다.
98 음기탄성(飮氣吞聲): 도무지 대답할 수 없는 것. 말로는 증명할 수 없는 것. 『불교대사전』

언구에 뜻이 없고, 뜻은 언구 가운데 있다.

　　於斯明得, 一雙孤雁, 撲地高飛. 於斯不明, 一對鴛鴦, 池中獨立. 知音禪客, 相與證明. 影響之流, 切須子細.

　　여기서 분명히 체득하면 한 쌍의 외로운 기러기가 땅을 차고 높이 나는 거와 같다. 여기서 분명히 알지 못하면 한 쌍의 원앙이 연못에서 홀로 일어섬과 같다. 부처님 법음을 아는 선승이면 서로 더불어 증명할 수 있다. 영향이 미치는 후학에겐 간절히 반드시 자세히 해야한다."

　　良久云 若是陶淵明, 攢眉便歸去.

　　화엄보자선사는 잠시 있다가 말하였다. "만일 [99]도연명이라면, 눈살을 찌푸리고 곧 돌아가서 전원에 은거하였다."

7. 사조용(四照用)[100]

---

99 도연명(陶淵明. 365~427): 동진시대 시인. 이름은 잠(潛), 자는 원량(元亮)이다. 그의 작품 가운데 '귀거래사'가 유명하다. 한 구절 소개하면 다음과 같다. "돌아가자. 고향 전원이 황폐해지려는데 어찌 돌아가지 않으랴. 이미 스스로 마음을 육신의 노예로 만들어 버렸지. 어찌 슬퍼하며 다만 서러워만 할 것인가. … 깨달은 지금이 옳고 어제가 잘못되었네(歸去來兮, 田園將蕪胡不歸. 旣自以心爲形役, 奚惆悵而獨悲. … 覺今是而昨非)." 박일봉, 『고문진보·문편』
100 사조용: 임제선사가 학인을 지도하는 방편으로 설한 네 가지이다. 선조후용(先照後用), 선용후조(先用後照), 조용동시(照用同時), 조용부동시(照用不同時)이다. '선조후용'은 먼저 간파하고 뒤에 지도함이고, '선용후조'는 먼저 지도하고 뒤에 간파함이며, '조용동시'는 간파

師一日示衆云 我有時先照後用, 有時先用後照, 有時照用同時, 有時照用不同時. 先照後用有人在, 先用後照有法在.

임제선사가 어느 날 대중에게 설법하였다. "나는 (학인을 인도할 적에) 때로는 먼저 비추고(照조는 스승이 학인을 살펴봄) 나중에 작용하며, 때로는 먼저 작용(用용은 학인에게 방할을 행하여 살펴봄)하고 나중에 비추며, 때로는 비춤과 작용을 동시에 하며, 때로는 비춤과 작용을 동시에 하지 않는다. (비춤과 작용은 스승이 제자의 역량을 파악하고 지도하는 것이다). 먼저 비추고 나중에 작용은 인아(人我執인아집. 我아의 실체가 있다고 고집함)에 집착이 있는 학인에게 두었고, 먼저 작용하고 나중에 비춤은 법아(法我執법아집. 객관의 제법에 체성이 있다고 집착함)에 집착이 있는 학인에게 두었다.

照用同時, 驅耕夫之牛, 奪饑人之食, 敲骨取髓, 痛下針錐. 照用不同時, 有問有答, 立主立賓, 合水和泥, 應機接物. 若是過量人, 向未擧時, 撩起便行, 猶較些了.

비춤과 작용을 동시에 할 때는 농부의 소를 몰기도 하고, 굶주린 사람의 음식을 빼앗기도 하며, 뼈를 두드려서 골수를 취하기도 하고, 아프게 송곳과 바늘로 찌름과 같다. 비춤과 작용을 동시에 하지 않을 때는 질문

와 지도를 동시에 사용함이고, '조용부동시'는 간파와 지도를 동시에 사용하지 않음이다. '照'는 스승이 학인의 소질, 역량 등을 관찰하는 것이고, '用'은 학인의 역량과 태도에 맞추어서 지도하는 스승의 언동이다. 바로 '照'는 점검으로 스승이 학인에게 던지는 질문이다. '用'은 활용으로 방과 할을 행하여 학인의 반응을 살핀다. 다시 말하면 '照'는 공법(空法. 아공, 법공, 유위법, 무위법 등 공의 이치를 관찰하는 법)이고 경계를 빼앗음이다. '用'은 공아(空我. 가합으로 이뤄진 心身심신의 공한 '我아'에 집착해선 안 됨)이고 사람을 빼앗음이다.

이 있고 답이 있으며, 주인을 세우고 객을 세우며, [101]물에 합하고 진흙에 합하며, (이처럼) [102]기연에 응하여 중생과 학인을 인도한다. 만일 역량이 뛰어난 사람이면 공안을 제시하지 아니할 때에 (이미 각오하여) 옷을 걸어 부치고 [103]곧 (자신의 길을) 갈 것이니 아직은 비교적 적은 것 같다."

時有僧出問佛法大意. 師云 汝試道看. 僧便喝, 師亦喝. 僧又喝, 師便打. (先照後用). 問如何是佛法大意. 師便喝, 復云 汝道好喝麼. 僧便喝, 師亦喝, 僧又喝, 師便打. (先用後照).

때에 어느 스님이 나와서 "불법의 대의"를 질문하였다. 임제선사가 말하였다. "네가 시험 삼아 말해보라." 스님이 '악' 할을 하자, 임제선사도 할을 하고 답하였다. 스님이 또 할을 하자, 임제선사는 곧 때렸다. (이는 먼저 간파하고 뒤에 지도함이다). (이를 보고) 한 스님이 질문하였다. "무엇이 불법의 대의입니까?" 선사는 곧바로 할을 하고 다시 이르되 "너는 말하라. 내가 한 할이 좋았느냐?" 스님이 곧바로 할을 하자, 선사도 할을 하여 답하였다. 스님이 또 할을 하자, 선사는 곧바로 때렸다. (이는 먼저 지도하고 뒤에 간파함이다).

僧入門, 師便喝, 僧亦喝, 師便打, 云好打只有先鋒, 且無殿後. (照用

---

101 합수화니(合水和泥) : 물에 빠진 자를 구하려면 자신도 물에 젖고 흙탕이 묻는 다는 뜻이다. 바로 자신을 잊고 타인을 구하는데 전념을 한다는 뜻이다. 『불교대사전』 참고.
102 응기접물(應機接物) : 상대에 따라 바른 응대를 하는 것이다. '기물(機物)'은 중생이나 수행자를 가리키며, '응접(應接)'은 상대에 따라 지도하는 것을 말한다. 『불교대사전』 참고.
103 편행(便行) : 곧 자신의 길을 가다.

同時). 僧來參, 師便喝, 僧亦喝. 師又喝, 僧亦喝, 師便打, 云好打爲伊作主, 不到頭, 無用處. 主家須奪而用之, 千人萬人到此出手不得, 直須急著眼看始得.(照用不同時)

어느 스님이 문에 들어서자, 임제선사가 곧바로 할을 하니 스님도 할을 하자, 임제선사가 곧 때리고 말하였다. "잘 때리려면 단지 선봉(先鋒. 선방)에 있고 또한 전후(殿後. 최후)는 없다."(이는 간파와 지도를 동시에 함이다).
한 스님이 와서 절하자, 임제선사가 곧바로 할을 하니 스님 또한 할을 하였다. 임제선사가 또 할을 하니 스님 또한 할로 답하자, 임제선사는 곧 때리고 말하였다. "때리는 것을 좋아함은 네가 주인이 되기 위해서이고 만일 선두에 이르지 못하면 쓸수 있는 곳이 없다. 주인은 반드시 집착을 없애서야 이를 작용할 수 있고, 천만사람 모두 여기에 이르러 손을 쓸 수 없으니 즉시 신속하게 금세 보아서야 비로소 얻는다." (이는 간파와 지도를 동시에 하지 않음이다).

古德云 主一喝驗賓, 賓一喝驗主. 主再喝驗賓, 賓再喝驗主. 四喝後無賓主也. 到這裏主家便奪却, 更不容他. 慈明示衆云 有時先照後用, 有時先用後照, 有時照用同時, 有時照用不同時. 所以道有明有暗, 有起有倒. 乃喝. 一喝云 且道是照是用. 還有緇素得出底麽. 若有, 試出來呈醜拙看. 若無, 山僧失利.

고덕(고승)선사가 이르되 "스승(주인)이 한 번 할하여 학인(빈객)의 수행을 시험하고, 학인은 한 번 할하여 스승의 식견을 시험한다. 스승은 재차 할하여 학인을 시험하고 학인도 재차 할하여 스승을 시험한다. 이 네 번의 할을 한 뒤엔 빈객과 주인이 없는 것이다. 여기에 이르러 스승은 곧 (집착심을) 빼앗아 없애버리고 또 기타 상량은 허용치 않는다."고 하였다.

자명선사가 대중에게 말하였다. "때로는 먼저 비추고 뒤에 작용하며, 때로는 먼저 작용하고 뒤에 비추며, 때로는 비춤과 작용을 동시에 하고, 때로는 비춤과 작용을 동시에 하지 않는다. 그래서 밝음이 있으면 어둠이 있고, 일어남이 있으면 거꾸러짐이 있다고 말한다. 말을 마친 자명선사가 '악' 할을 하고 이르기를 '자! 말하라, 비춤인가 또 작용인가? 또한 [104]흑과 백을 분별해낼 수 있느냐? 만일 있다면 나와서 시험 삼아 추졸(醜拙. 표현. 지저분하고 졸렬함)을 드러내 보여라. 만일 없다면 나는 여기서 끝낸다."

1) 조용문답(照用問答)[105]

問如何是先照後用. 首山云 南嶽嶺頭雲, 太行山下賊. 佛陀遜云 紅旗曜日催征騎, 駿馬嘶風卷陣雲. 道吾眞云 語路分明說, 投針不回避. 黃龍新云 淸風拂明月. 五祖演云 王言如絲.

질문하였다. "무엇이 먼저 비추고 뒤에 작용하는 것입니까?" 대답하였다. 수산선사는 "남악산 정상에 구름이요, 태행산 아래 좀도둑이다." (남악선사의 선풍이 도리어 태행산아래 도적에게 시험 당하고 있다) 불타손(황룡혜남선사의 법을 받음)선사는 "붉은 깃발이 빛나는 날 출정하는 기병은 재촉하고, 준마

---

104 치소(緇素) : '치'는 검은 색, '소'는 흰색. 수행자는 검은 옷, 속인은 흰옷을 입어 승속임.
105 사조용에 대한 문답으로 수산성념, 불타손, 도오진, 황룡신, 오조법연선사 답이 있다.

가 바람 향해 울어 뭉게구름 말아 올리네." (스승과 학인이 서로 응하여 함께 체득하다) 도오진선사는 "언어의 길은 설명이 분명해야 하고, [106]바늘을 던지니 피하지 못한다." 황룡사심(황룡조심선사의 법을 받음)선사는 "맑은 바람이 (가볍게) 밝은 달을 스친다." 오조법연선사는 "군왕의 말은 실과 같다."

如何是先用後照. 首山云 太行山下賊, 南嶽嶺頭雲. 陀云 斬得匈奴首, 還歸細柳營. 吾云 金剛覿面親分付, 語道分明好好陳. 龍云 明月拂淸風. 祖云 其出如綸.

질문하였다. "무엇이 먼저 작용하고 뒤에 비추는 것입니까?" 대답하였다. 수산성념선사는 "태행산 아래 좀도둑이요, 남악산 정상에 구름이다." (사람은 빼앗고 경계는 빼앗지 않다) 불타손선사는 "흉노(호인)의 머리를 참수하고 [107]세류영(군영)에 돌아온다." 도오진선사는 "금강력사(금강저 쥐고 불법을 수호하는 신)가 대면하여 친히 분부하니 언어가 분명하고 잘도 진술한다." 황룡신선사는 "명월에 맑은 바람이 스친다." 오조연선사는 "그것은 사륜(絲綸. 군왕의 조칙)처럼 나온다."

如何是照用同時. 山云 收下南嶽嶺頭雲, 捉得太行山下賊. 陀云 太

---

106 투침불회피(投針不回避): 이 시어에서 '투침'은 입문의 제자가 스승의 마음에 맞는 것이다. 이는 제바가 처음 용수를 뵈었을 적에 용수가 발우에 물을 가득 담아 보이니 제바는 그 속에 바늘을 던져 입문의 뜻을 표시하여 용수의 뜻에 맞았다고 하는 고사가 있다. 이를 염두에 두고 지은 시어로 여긴다. 스승이 먼저 비추어 살피고 뒤에 작용하여 인도한다. 여기서는 피할수 없는 사제의 관계를 말해주는 것으로 이해한다.『불교대사전』참고.
107 세류영(細柳營): '세류'는 지금 협서성 함양시 서남 위하수 북쪽 언덕에 있었던 군영이다. 서기전 158년 한나라 장수 주아부(周亞夫)가 군사와 주둔하여 호인들을 막았다.

제1권 89

行招手, 子夏揚眉. 吾云 佛祖道中行異路, 森羅影裏不留身. 龍云 淸風明月. 祖云 擧起軒轅鏡, 蚩尤失却威.

질문하였다. "무엇이 비춤과 작용을 동시에 하는 것입니까?" 대답하였다. 수산성념선사는 "남악산 정상에 구름이 거치고, 태행산 아래 좀도둑을 잡는다." 불타손선사는 [108]"태공이 손짓하여 부르고, [109]자하가 눈썹을 치켜 세운다."(시공을 초월함이다) 도오진선사는 "불조의 길 가운데 이단의 길을 열고, 삼라만상의 현상 속에 머물 수 없는 몸이다." 황룡신선사는 "청풍명월이다." 오조연(부산법원선사의 법을 받음)선사는 "황제(헌원)가 신비한 거울을 들어올리니 치우(전설상의 인물로 황제와 전쟁하여 패함)가 위의를 잃어버린다."

如何是照用不同時. 山云 昨日晴, 今日雨. 陀云 午後打齋鐘. 吾云 淸涼金色光先照, 峨眉銀界一時鋪. 龍云 非淸風非明月. 祖云 金將火試.

질문하였다. "무엇이 비춤과 작용을 동시에 하지 않는 것입니까?" 대답하였다. 수산선사는 "어제는 비가 개고, 오늘은 비가 내린다." 불타손선사는 "오후에 [110]재종을 친다." 도오진선사는 "[111]청량산에 금색의 햇

---

108 태행(太行)에서 行이 다른 본은 公이다. 태공은 呂望이다. 즉 태공망 여상(呂尙)이다..
109 자하(子夏. 서기전 507~?): 공자의 제자이다. 성은 복(卜)씨이고, 이름은 상(商)이다.
110 재종(齋鐘): 재시를 알리는 대종이다. 정오 이전은 정시라 하여 음식을 먹을 수 있고, 정오 이후는 비시라 하여 음식을 먹지 않는다. 정식으론 오후에 대종을 치지 않는다.
111 청량(淸涼): 청량산은 오대산이다. 청량징관(738~839)법사는 화엄종의 제4조이며 오대산과 아미산에 거주한 적이 있다. 법사는 신장이 9척이며 손이 무릎을 지났다고 한다.

빛이 먼저 비추고, 아미산도 은색의 달빛이 일시에 비춘다." 황룡신선사는 "청풍도 아니요, 명월도 아니다." 오조연선사는 "금을 불로 시험하는 구나."(진금은 불속에 들어가도 불변이다)

汾陽云 凡一句語, 須具三玄門. 每一玄門, 須具三要路. 有照有用, 或先照後用, 或先用後照, 或照用同時, 或照用不同時. 先照後用, 且共汝商量. 先用後照, 汝也是箇人始得. 照用同時, 汝作麽生當抵. 照用不同時, 汝作麽生湊泊.

분양선사가 말하였다. "대저 일구어에 반드시 삼현문이 갖춰 있고, 일현문마다 반드시 삼요로(三要路. 세 가지의 주요한 길. 要路는 要道요도이다)가 갖춰졌다. 선심(禪心)의 비춤(간파)도 있고 방할의 작용(지도)도 있으니 때로는 먼저 간파하고 뒤에 지도하며, 때로는 먼저 지도하고 뒤에 간파하며, 때로는 간파와 지도를 동시에 하며, 때로는 간파와 지도를 동시에 하지 않는다. 먼저 비추고(간파) 뒤에 작용하는(지도) 것은 잠시 너와 함께 문답함이며, 먼저 작용하고 뒤에 비추는 것은 너 또한 (능력있는) 개인이 돼서야 비로소 터득함이 있다. 간파와 지도를 동시에 할 때 너는 어떻게 직면하느냐? 간파와 지도를 동시에 하지 않을 때 너는 어떻게 접근하느냐?"(분양선사는 문제를 던지고 스스로 대처하도록 스스로 능력을 키우게 한다)

瑯琊覺云 先照後用, 露師子之爪牙. 先用後照, 縱象王之威猛. 照用同時, 如龍得水, 致雨騰雲. 照用不同時, 提獎嬰兒, 撫憐赤子. 此古人建立法門. 爲合如是, 不合如是. 若合如是, 紀信乘九龍之輦.

不合如是, 項羽失千里之騅. 還有爲瑯琊出氣底麼. 如無, 山僧自道去也. 卓拄杖下座.

낭야혜각(생몰미상. 분양선소선사의 법을 받음. 당시에 설두중현선사와 2대감로문으로 칭함)선사가 이르되 "선조후용은 사자가 발톱을 들어냄과 같고, 선용후조는 부처님의 위엄과 용맹을 마음대로 함과 같다. 조용동시는 용이 물을 얻고 구름이 일어 비를 내리는 거와 같고, 조용부동시는 갓난아이를 어르고 아이를 사랑함과 같다. 이것은 옛 고승들이 세운 법문이다. 이와 같이 합하느냐? 이와 같이 합하지 못하느냐? 만일 이와 같이 합한다면 [112]기신이 아홉 용의 수레에 오름과 같다. 이와 같이 합하지 못한다면 항우가 천리마 오추를 잃음과 같다. 또한 나를 위해서 말을 할 것이 있느냐? 만일 없다면 나 스스로 길을 갈 것이다." (선사가 말을 마치고)
'탁' 주장자로 법상을 한번 친 뒤에 법좌에서 내려왔다.

2) 자명송병총송(慈明頌幷總頌. 자명초원선사의 게송과 총송)

照時把斷乾坤路,　　비출 때 천지의 길을 꽉 잡아 끊고
驗彼賢愚喪膽魂,　　어짊과 어리석음 시험하여 넋을 잃으니
饒君解佩蘇秦印,[113]　설사 그대가 소진인을 차고 푼다해도

---

[112] 기신(紀信): 한나라의 충신이다. 초나라와 한나라가 영양(榮陽)에서 전쟁시에 위험에 처한 유방을 엄호하기 위해 유방으로 분장하고 항복하여 그 사이 유방은 피하였고, 그는 항우의 군대에게 서기전 204년에 피살되었다. 이를 '기신사제(紀信詐帝)'로 표현한다.
[113] 소진인(蘇秦印): 위 시어는 선조후용에 대한 게송으로 전국시대 진나라를 대항하기 위해 합종책을 성공시켜 육국의 재상이 된 소진의 전고를 가져왔다. 『사기』 제69권에 "내가 어찌 육국의 재상의 도장을 찰 수 있겠는가(吾豈能佩六國相印乎)?"라는 문구가 보인다.

也須歸款候皇恩.　　또한 돌아와 정성껏 황은을 기다리네.

用便生擒到命殂,　　작용에 곧 사로잡혀서 죽음에 이르고
却令蘇醒盡殘軀,　　도리어 소생해도 육신이 허물어지니
歸款已彰天下報,　　돌아와 정성껏 드러내 천하에 알리고
放汝殘年解也無.　　너의 남은 여생 놓아 자유롭겠느냐.

照用同時棒下玄,　　조용을 동시에 하니 방할 아래 현묘요
不容擬議驗愚賢,　　머뭇거림 허용 않고 현우를 시험하고
輪劍直衝龍虎陣,[114]　윤검으로 곧바로 용호 진영을 향하니
馬喪人亡血滿田.　　말과 사람 죽은 피가 들에 가득하네.

照用不同時,　　비춤과 작용 동시에 아니하니
時人會者稀,　　당시의 사람들 아는 자가 드물고
秋空黃葉墜,　　가을 하늘에 낙엽이 떨어지니
春盡落花飛.　　봄이 다해 지는 꽃이 날리더라.

一喝分賓主,　　한 할에 빈과 주가 나뉘고
照用一時行,　　비춤과 작용 일시에 행하니
會得箇中意,　　저 가운데 뜻을 깨달으면
日午打三更.　　정오에 삼경을 알리더라.

---

114 윤검(輪劍): 참고로 『오등회원』 제3권에 대동광징(大同廣澄)선사에게 학인이 질문하여 "무엇이 육근의 사라짐입니까?" "윤검을 허공에 던지니 물건은 상하지 않는다(僧問 如何得 六根滅去, 師曰 輪劍擲空, 無傷於物)."고 하였다. 윤검은 팔방으로 향하는 특별한 검이다.

3) 흥화험인(興化驗人. 흥화선사가 학인을 점검하는 사완. 사타. 사할)[115]

莫熱盌鳴聲, (中下二機用) 끓는 물속에서 덜거덕거리며 의미 없는 소리, (중하의 두 근기가 드러내는 작용)

盌脫丘, (無底語)[116] 밑이 빠진 그릇, (끝없이 쏟아내는 말)

盌脫曲, (無縫績語)[117] 가장자리가 떨어져 나간 그릇

(언어나 문자 등의 틀에 얽매이지 않고 던지는 말)

盌. (向上明他) 완전한 그릇.

(향상일로의 이치를 다른 사람에게 밝혀주는 말)

---

115 흥화험인(興化驗人): 흥화존장(830~888)선사가 학인을 점검한 사완(四盌), 사타(四唾), 사할(四瞎)이다. 사완(四盌)은 학인의 그릇에 비유하여 네 가지로 나눈 것이다. 끓는 물속에서 덜그럭거리며 소리만 내고 있는 그릇처럼 단지 말로만 불법을 논하는 학인이고, 밑이 빠진 그릇처럼 오직 깨달음의 경계를 받아들이기만 하는 학인이며, 가장자리가 떨어져 나간 그릇처럼 문자나 언어의 틀에서 벗어난 학인이고, 깨지거나 흠 간데 없이 온전한 그릇처럼 깨달은 후에 수행에서 벗어난 학인 등을 말한다. 사타(四唾)는 네 방향으로 침을 뱉어서 점검하는 것이다. 사할(四瞎)은 학인의 눈이 멀었는지 아닌지를 네 가지로 분류한 것이다. 겉보기에는 눈이 먼것처럼 보이지 않지만 진실한 안목을 갖추지 못하여 눈이 먼 상태이다. 남의 말을 기억하고 있을 뿐 주체적으로 활용하지 못하는 학인을 비판한다.『가산불교대사림』참고.

116 완탈구(盌脫丘): 참고로『국역대장경』에선 무용지물이다(無用長物). 즉 쓸모없는 물건이다. 참고로『태화선학대사전』에선 완탈구(盌脫丘)는 완탈구(椀脫丘)이다. 주발을 만드는 거푸집(모형)이다. 주발이 거푸집에서 나오니 수량이 많음을 형용하고 거푸집을 이용하여 만드는 토배(土坯. 질그릇)는 작은 물건이기에 경멸의 의미도 포함된다.

117 권궤(綣績): 참고로『가산불교대사림』에 권궤(圈繢), 권괴(棬襀), 권궤자(圈繢子) 등이다. 올가미, 덫, 함정의 뜻이다. 스승이 말이나 몸 동작 등을 수단으로 제자를 점검 · 시험해 보는 것이다.『선관책진』천목고봉묘선사시중(天目高峯妙禪師示眾)에 "네가 만약 잠깐 동안 마음을 일으켜 조금이라도 그 마음에 집착하면 마구니의 함정에 떨어질 것이다(汝若瞥起毫釐著心, 便墮他圈繢)." 하였다. 참고로『태화선학대사전』에서 올가미(套索투삭)이다.

當面唾, (鬼語)　　　정면에 침을 뱉고, (귀신의 말)

望空唾, (精魂語)　　허공에다 침을 뱉고, (혼령의 말)

背面唾, (魍魎語)　　등 뒤에서 침을 뱉고, (도깨비의 말)

直下唾. (速滅語)　　바닥에다 침을 뱉다. (신속하게 소멸시키는 말)

不似瞎,　　　　　　눈이 먼 것 같지 않고,

　(記得語不作主) (남의 말을 기억하고 있을 뿐 스스로 주인이 되지 못함)

恰似瞎, (不見前後語) 눈이 먼 듯하고,

　(앞뒤의 말이 어떻게 연결되는지도 보지 못함)

瞎漢, (定在前人分上) 눈먼 사람이니,

　(반드시 앞서간 사람들의 경계에 확고하게 제한되어 있음)

瞎. (不見語之來處)　소경이다. (말의 근원을 보지 못함)

8. 분양십지동진(汾陽十智同眞) (佛海遠著語)[118]

汾陽示衆云 夫說法者, (滿口嚼冰霜) 須具十智同眞. (今古罕聞) 若不

---

118 십지동진(十智同眞): 분양선소선사가 학인을 인도하기 위해 세운 십동진지(十同眞智)로 동일질, 동대사, 총동참, 동진지, 동편보, 동구족, 동득실, 동생살, 동음후, 동득입이다. 법을 설하는 스승된 자는 반드시 십지동진을 갖추어야 하고, 만약 이를 갖추지 않으면 사와 정(邪正)을 분별하지 못하고 흑과 백을 가리지 못하여 인천의 안목이 되어 시비를 판단할 수 없다고 하였다. 그리고, 아래 고숙(古宿)의 십지동진 문답에서 분양선사 외에 나머지 대답한 선사의 이름을 나타내지 않고 단지 답만을 기재하였다. 이를 숙지하고 문답편을 보게 되면 한 구절 한 구절 다른 답에서 흥미로움을 더한다. 또 괄호 안의 불해원(佛海遠. 오조법연선사의 법을 받음)선사의 착어(著語)는 비평 즉 긍정과 부정을 같이 하면서 때로는 비틀기도 하는 언구가 이해하는 데 많은 도움이 될 것이다. 『불교대사전』 참고.

具十智同眞, 邪正不辨, 緇素不分, (焦磚打著連底凍) 不能爲人天眼目, (鐵作面皮) 決斷是非. (一人傳虛萬人傳實)

분양선소선사가 대중에게 설법하였다. "대저 설법하는 스승된 자는 (입에 가득 얼음을 씹는 것이지) 반드시 십지동진을 갖추어야 한다. (고금에 들을 수 없지). 만일 십지동진을 갖추지 못하면 정도와 사도를 분별하지 못하고, 백과 흑을 구분하지 못하며 (구운벽돌로 쳐서 밑까지 얼게하네), 인천의 안목이 되어 (철로 면피를 만드네), 결코 시시비비를 판단할 수 없다. (한 사람이 허를 전하고, 만인이 실을 전하네).

如鳥飛空而折翼, (未擧以前底) 如箭射的而斷絃. (著力處不消一剳) 斷絃, 故射不中的. (我要那射不中底) 翼折, 故空不能飛. (盡卻爾神通妙用. 又云向什麼處去) 絃壯翼牢, (遠水不救近火) 空的俱徹. (瓦解冰消)

마치 허공을 날던 새의 날개가 부러짐과 같고 (이전엔 제시하지 않은 것이네), 과녁을 향해 쏘려던 활시위가 끊어짐과 같다. (진력하는 곳에 한 번엔 소멸되지 않지). 활시위가 끊어진지라, 그래서 화살이 과녁에 명중치 못하며 (나도 그것을 요구하면 적중하지 못하지), 날개가 부러진지라, 그래서 하늘을 날 수 없다. (도리어 너의 신통묘용을 다한다. 또 어느 곳을 향해 가지). 활시위가 단단하고 날개가 튼튼하면 (먼 물은 가까운 불을 구하지 못하지), 하늘과 과녁에 모두 철저하다. (기와가 부서지듯이 얼음이 녹듯이).

作麼生是十智同眞. (又是從頭起) 與諸人二點出, 一同一質, 二同大事, 三總同參, 四同眞智, 五同遍普, 六同具足, 七同得失, 八同生殺, 九同音吼, 十同得入.

무엇이 십지동진인가. (또 처음부터 시작이네). [119]너희 모두를 위하여 다시 별목을 지적하면, 하나 동일질(스승과 학인이 일체가 되어 본분을 다함), 둘 동대사(스승은 언제나 불법대사를 염두에 두고 학인의 의심을 풀어줌), 셋 총동참(스승은 삼라만상의 일체가 다 불법에 귀의하도록 역량을 가짐), 넷 동진지(스승은 진실한 지혜를 가짐), 다섯 동편보(스승은 반드시 철저히 알고 불도의 하나의 일을 깨달아야 함), 여섯 동구족(스승은 사람마다 본래 갖춘 불성을 분명히 알아야 함), 일곱 동득실(스승은 득실의 관계를 분명히 분별해야 함), 여덟 동생살(학인과 스승은 나고 죽음처럼 함께 밀접한 관계를 가짐), 아홉 동음후(스승과 학인의 설법이 한결같아야 함), 열 동득입(학인과 스승의 관계는 산문이 불전을 탄 것처럼 다다 성불함)이다.

還有點得出底麼. 不吝慈悲, 試出來道看. 若點不出, 未具參學眼在, 卻須辨取. 要識是非, 面目見在. 喝一喝下座.

또한 지적할 수 있는 것은 무엇인가? 자비심에 인색하지 말고 시험 삼아 나와서 말해 보라. 만일 지적하지 못한다면, 아직 수행자의 안목을 갖추고 있지 않으니 도리어 반드시 소리나 내용을 들어서 분별하고 받아드려야 한다. 꼭 옳고 그름을 인식하려면 본래 면목은 지금 여기다." '악' 할을 하고 법좌에서 내려오다.

---

119 '여제인이점출(與諸人二點出)'에서 '人二'가 다른 본은 '上座'이다. 뜻은 "모든 상좌를 위해서 별목을 지적하여 주다." 또 참고로 『속장경』에선 '인일일(人一一)'이다. 이 역시 다른 본은 '上座'이다. 참고로 『국역대장경』에서 점출(點出)은 별목(別目)이다. 이를 참고하다.

大慧云 汾陽老子末後, 若無箇面目現在, 一場敗闕. 雖然未免喪我兒孫. 喝一喝.

대혜종고선사가 말하였다. "분양 노스님이 최후에 만일 '면목현재(面目現在)'라는 말이 없었다면, 한 차례 실패와 허물이 되었다. 비록 그렇기는 해도 우리 후손들에게 상실은 면치 못한다." '악' 할을 하였다.

寂音曰 今此法門, 叢林怕怖, 不欲聞其聲. 何以言之. 諸方但要平實見解, 執之不移, 只欲傳受, 不信有悟. 假使汾陽復生, 親爲剖析, 亦以爲非.

적음선사가 말하였다. "지금 이 법문은 총림에서 두려워하고 그 소리를 듣고자 아니한다. 어떻게 이를 말할 수 있는가? 제방에선 다만 소박한 견해를 요구할 뿐, 집착하여 바꾸려 하지 않으며 단지 전수한 것(문자)을 하고자 할 뿐, 돈오가 있는 것은 믿지 않는다. 설사 분양선사가 다시 태어나 친히 위해서 분석하고 해석한다 해도 또한 그르다고 여길 것이다.

昔阿難夜經行次, 聞童子誦佛偈, 若人生百歲, 不善水潦鶴, 未若生一日, 而得決了之. 阿難敎之曰 不善諸佛機, 非水潦鶴也. 童子歸, 白其師, 師笑曰 阿難老昏矣, 當以我語爲是.
今學者之前, 語三玄三要, 十智同眞旨趣, 何以異此.

옛적 부처님의 제자 아난존자가 야간 경행할 적에 동자가 부처님의 게송 암송하는 것을 들었다. "만일 사람이 백세를 살아도 [120]수료학보다 좋지 않고, 하루를 살아도 깨달음을 결정할 기회 얻느니만 못하다." 아난 존자가 (이 게송을 듣고) 동자를 가르쳤다. "불선제불기(不善諸佛機. 모든 부처님의 기봉보다 좋지 못하다)이지, 불선수료학(不善水潦鶴)이 아니다." 동자가 돌아가서 그의 스승에게 말하였다. 스승이 웃으면서 말하였다. "아난이 늙어서 망령이니, 마땅히 내가 말한 것으로 바름을 삼아라."고 하였다.

요즘 수행자들이 면전에서 삼현삼요와 십지동진의 뜻을 설명하지만 어찌 이와 같지 않으랴?"

8-1. 고숙십지동진문답(古宿十智同眞問答)[121] (標汾陽外餘不著名)

一同一質. 汾陽云 綿州附子漢州薑. 又云 鬼爭漆桶. 總不出渠. 賊不打貧家. 鬼窟裏頭出頭沒. 百草頭邊任遊戲. 一毛頭上定乾坤. 八字打開人不識. 盌脫丘.

하나 동일질(同一質)은?
분양선사가 말하였다. "금주(지금 사천성 성도부 면양현) 지방에 부자(한약재로 독성이 있음)이고, 한주(지금 사천성 성도부 광한현) 지방에 생강이다." 또 말하였다. "귀신과 칠통을 다투다." "모두 그것을 벗어나지 못한다." "도

---

[120] 수료학(水潦鶴)에서 '수료'는 고인 물, 흐르는 물이다. '수료학'은 흐르는 물에 노는 학.
[121] 고숙십지동진문답(古宿十智同眞問答): 고숙의 십지동지의 문답. (標汾陽外餘不著名) 괄호 안은 문답에서 분양선사는 명확하지만 나머지는 표시하지 않았다는 내용이다.

적이 가난한 집은 훔치지 않는다." [122]"귀신 굴에서 허우적거린다." "온갖 풀 끝에 유희하게 하고, 한 터럭 위에 천지를 정한다." [123]"설산팔자를 열어도 사람들은 모른다." "주발이 틀에서 벗어나 해탈이다."

二同大事. 汾云 火官頭上風車子. 嘉州大像, 陝府鐵牛. 當甚破草鞋. 少賣弄. 兩肩擔不起, 不直半分文. 識得木上座也未. 燈籠入露柱. 杖挑日月, 手握乾坤.

둘 동대사(同大事)는?
분양선사가 말하였다. [124]"화관의 머리 위에 풍차." "가주(지금 사천성 미산현) 지방에 큰 미륵불상이요, 섬주(지금 하남성 섬현) 지방에 큰 철우(하나라 우왕이 철로 소를 만들어 황하의 재앙을 다스렸다. 소의 머리는 하남에, 꼬리는 하북에 있다고 한다)이다." "헤진 짚신을 무엇으로 생각하느냐?" "약간 뽐내다." "두 어깨에 짊어질 수 없으니, 반푼의 가치도 없다." "지팡이(목상좌)를 알 수 있느냐?" "등롱의 빛이 [125]노주에 들어간다." "지팡이로 일월을 후비고, 손으로 천지를 쥔다." (대사를 이루기 위해선 함께 협력이다)

---

122 두출두몰(頭出頭沒): 물에 빠져서 허우적거리며 나올 수 없는 상태.
123 팔자(八字): 설산대사가 수행시에 '제행이 무상하니 이것이 생멸법이다(諸行無常, 是生滅法)'. 다음 구절을 얻기 위해 나찰에게 몸을 던지고 얻은 반게가 '생멸이 멸한 뒤에 적멸이 즐거움이 되리라(生滅滅已, 寂滅爲樂).' 이것이 설산팔자 또는 설산반게라고 한다.
124 화관두상풍차자(火官頭上風車子): 참고로 『국역대장경』에서 '화관(火官)'은 화신(火神)이고 '풍차(風車)'는 연통, 굴뚝이다. 참고로 〈석독〉에선 "불은 풍력을 빌리고 바람은 불의 위력을 빌리니 불과 바람은 같이 작용하여 함께 대사를 이룬다(火借風力, 風借火威, 風火同功, 共成大事)"고 하다. 또 '풍차(風車)'는 농촌에서 사용되는 풍구. 풍차. 바람개비이다.
125 노주(露柱): 불당 밖의 정면에 세운 두 기둥이다. 이는 무정 또는 비정의 뜻이 있다.

三總同參. 汾云 萬象森羅齊稽首. 莫怪不相識. 撞著露柱. 呼神喚鬼. 倚欄惆悵望江南. 胡人持呪口喃喃.

셋 총동참(總同參)은?

분양선사가 말하였다. "삼라만상은 일제히 머리를 숙이다." "서로 알지 못함을 괴이 여기지 말라." "불당 밖의 두 기둥이 맞부딪치다." "신을 부르고 귀를 부르다." "난간을 의지하여 쓸쓸히 강남을 바라보다." "호인이 주문을 가지고 중얼거리다."

四同眞智. 汾云 鬼家活計. 八十翁翁入場屋. 彼此不著便. 天地懸殊. 佛眼覰不見. 認著依然還不是. 黑山鬼窟. 毛呑巨海, 芥納須彌. 波斯鼻孔長.

넷 동진지(同眞智)는?

분양선사가 말하였다. "귀신의 살림살이." "팔십세 노인들이 과거 시험장에 들어가다." "피차 편리하지 않다." "천지의 차이이다." "부처님의 눈에도 보이지 않다." "인식한 것이 여전히 또한 아니다." [126]"흑 산에 귀신굴." "터럭 끝이 큰 바다를 삼키고, 초개에 수미산이 들어간다." [127]"파사인은 콧구멍(鼻孔. 코, 얼굴의 핵심은 코이다)이 길다."

五同遍普. 汾云 石頭土塊. 南嶽天台, 西天此土, 是什麽境界. 魚行

---

126 흑산귀굴(黑山鬼窟): 묵조 또는 혼침. 어리석은 학인의 소견이 없는 경계를 비유함.
127 파사(波斯): 나라 이름으로 페르시아. 지금은 이란.

水濁. 打著南邊動北邊. 可惜許, 坐却千千萬萬, 如何折合. 狸奴白牯放毫光. 笑他禾山解打鼓. 踏開生死海, 跳出是非門.

다섯 동편보(同遍普)는?

분양선사가 말하였다. "돌과 흙덩이." "남악(호남성 형산의 남쪽)과 천태산(절강성 천태현), 서천축과 중토는 무엇이 경계이냐?" "고기가 헤엄치니 물이 탁하다." "남쪽을 두드리니 북쪽이 움직이다." "애석하다! 모든 것을 앉아서 다 물리치니, 어떻게 딱 맞을 수 있느냐?" [128]"살쾡이와 암소가 지혜의 빛을 발한다." "저 화산선사가 [129]해타고로 답한 것에 웃는다." "생사 바다를 밟고서 시비문에서 뛰쳐나오다."

六同具是. 汾云 乞兒籮易滿. 等閑吹入胡笳曲. 寒時終不熱. 信手拈來著著親. 師子嚬呻象王蹴踏.

여섯 동구족(同具足)은?

분양선사가 말하였다. "걸인의 소쿠리가 쉽게 가득하다." [130]"호가곡(피리로 부는 곡으로 한나라 때 서역에서 유행함)이 전해와도 등한이 하다." "추울 때 마침 열기가 없다." "닥치는대로 가져와도 하나하나 친절하다." "사자

---

128 '호광(毫光)'은 부처님 지혜의 빛인 미간에 있는 백호광이다.
129 해타고(解打鼓): 북을 칠 수 있다. 북을 잘 치다. 참고로 『불조강목』 제34권에 질문하기를 "무엇이 진과(眞過)입니까?" "무엇이 진제(眞諦, 참 진리)입니까?" "무엇이 비심비불(非心非佛)입니까?" "무엇이 향상사(向上事)입니까?" 이 질문에 화산선사는 '해타고'로 답한다. 이것이 화산선사의 '사타고(四打鼓)'이다. '眞過'는 학무학의 지위를 뛰어 넘은 경계이다.
130 호가곡(胡笳曲): '호가'는 고대 북방에서 불던 피리로 하나의 악기 이름이다. '호가곡'은 호가를 사용하여 불어서 연주하는 음악이다. 한나라 때 서역에서 유행하였다.

가 으르렁거려 상왕(부처님)이 밟고 있다."

七同得失. 汾云 披毛戴角, 銜鐵負鞍. 一言勘破維摩詰. 甕裏不走鱉, 也不放爾在. 不落明暗, 作麼生道. 賣扇老婆手遮日.

일곱 동득실(同得失)은?

분양선사가 말하였다. "축생처럼 털을 걸치고 뿔을 이고 재갈을 물고 안장이 있다." "한마디에 유마힐경의 도리를 감파하다." "독 속에 자라는 달아나지 못하고, 또한 놓아주지 않음은 너에 있다." [131]"명암에 떨어지지 않으니, 어떻게 이해하나?" "부채 파는 노파가 손으로 해를 가린다."

八同生殺. 汾云 放汝命, 通汝氣. 死蛇解弄也活. 願觀盛作. 迅雷不及掩耳. 禍不單行. 眉間寶劍, 袖裏金槌. 灌稻水車鳴戛戛.

여덟 동생살(同生殺)은?

분양선사가 말하였다. "너의 명줄을 놓아주니, 너의 기운이 통하다." "죽은 뱀을 풀어놓으니 또한 살아나다." "흥성함 보기를 원하다." "빠른 번개도 귀 막음에 미치지 못한다." "재앙은 홀로 오지 않는다." "미간에 보검이요 소매 속에 철퇴다." "벼에 물을 대니 물수레가 삐거덕 삐거덕."

九同音吼. 汾云 驢鳴犬吠啓圓通. 師子嚬呻, 群狐退後. 徒勞側耳.

---

[131] 명암(明暗): 밝음과 어둠, 빛과 그림자 등을 말한다. '명'은 지혜의 다른 이름이다. 또는 진언이다. 밝음은 어둠을 없앨 수 있듯이 진언은 번뇌의 어두움을 없앨 수 있다. '암'은 암흑의 의미이지만 일체를 관통하는 절대의 진리를 가리킨다. 위 시어는 분별상이다.

好語不出門. 小出大遇. 風吹石臼念摩訶. 夜叉空裏走.

아홉 동음후(同音吼)는?

분양선사가 말하였다. "나귀가 울고 개가 짖으니 원통지혜가 열린다." "사자가 으르렁대니, 여우 무리들이 놀라서 도망친다." "한갓 귀 기울여 수고롭게 듣는다." "좋은 말은 문을 벗어나지 않는다." "작은 것을 내고 큰 것을 만나다." [132]"돌절구에 바람 불어 마하반야바라밀을 염송하다." "야차(사람 해하는 귀)가 허공 속으로 달아나다."

十同得入. 汾云 且居門外. 耐重打金剛, 山門騎佛殿. 弓折箭盡也未. 布袋裏老鴉. 金剛圈栗棘蓬, 作麼生吞透. 含元殿裏問長安. 胡餠呷汁. 鯨飮海水盡, 露出珊瑚枝.

열 동득입(同得入)은?

분양선사가 말하였다. "잠시 문 밖에 서 있다." [133]"내중은 금강신이 하고, 산문은 불전에 걸터앉다." "활이 부러져 화살이 다 하느냐?" "포대 속에 까마귀." [134]"금강권과 율극봉을 어떻게 벗어나고 삼키느냐?" [135]"궁

---

132 풍석구념마하(風石臼念摩訶): 바람이 돌절구에서 부니 마하반야바라밀을 념송한다. 여기서 돌절구는 혜능대사, 마하는 가섭을 말한것으로도 이해할 수 있다.
133 내중타금강(耐重打金剛): '내중'은 무게를 견디고 있는 물건으로 지붕이나 석가래 밑에 또는 기둥위 등에 웅크리고 앉아서 위를 떠 받치고 있는 야차나 금강신의 형상이다. '금강'은 금강신이다. 또 뒤의 문구에 '산문(山門)'은 사원 밖에 문 또는 사원 전체를 칭한다.
134 금강권율극봉(金剛圈栗棘蓬): '금강권'은 다이아몬드로 만든 우리(감옥)로 벗어날 수 없고, 율극봉에서 '율'은 밤송이이고 '극'은 가시나무이고 '봉'은 더부룩한 쑥으로 삼킬수도 없다.
135 함원전리문장안(含元殿裏問長安): '함원전'은 당나라 궁전으로 이화(李華, 자는 遐叔하숙)가 지었다. 그는 황족으로 개원(開元)시에 진사를 하여 천보(天寶)시에 감찰어사를 지냈다.

전 속에서 장안을 묻다." "호떡과 음료수." "고래가 바다 물을 마셔 다하니 산호 가지가 드러나다."

與甚麽人同得入. 汾云 鬼爭漆桶. 胡張三黑李四. 與誰同音吼. 汾云 風吹石臼念摩訶. 木人雖不語, 石女引回頭.

질문하였다. "어떤 사람과 동득입합니까?" 분양선사가 말하였다. "귀신과 칠통을 다툰다." "보통 사람들이다." "누구와 동음후합니까?" 분양선사가 말하였다. "바람이 돌절구에서 불어 마하반야바라밀을 염송한다." "목인이 비록 말을 안 해도 석녀는 머리를 돌려 길게 뺀다."

作麽生同生殺. 汾云 猛虎入羊群. 此間無老僧. 甚麽物同得失. 汾云 牛頭沒馬頭回. 目前無闍黎. 阿那箇同具足. 汾云 上座更欠箇甚麽. 矮子看戱.

무엇이 동생살입니까?" 분양선사가 말하였다. "호랑이가 양 떼에 들어가다." "여기에 나는 없다." "무슨 물건을 동득실입니까?" 분양선사가 말하였다. "소가 없으면 말이 돌아온다." "눈 앞에 스승은 없다." "무엇이 동구족입니까?" 분양선사가 말하였다. "상좌는 다시 부족함이 무엇이냐?" "난쟁이가 연극을 보는구나."

是甚麽同遍普. 汾云 狸奴白牯放毫光. 且緩緩卜度. 何人同眞智.

시어는 궁전에서 장안을 질문하는 것으로 이는 어리석음을 의미한다. 『중문대사전』 참고.

汾云 認著依然還不是. 相識滿天下, 知心能幾人.

"무엇이 동편보입니까?" 분양선사가 말하였다. "살쾡이와 암소가 지혜의 광명을 놓는다." "잠시 천천히 지낼 곳을 점친다." "어느 사람이 동진지입니까?" 분양선사가 말하였다. "인식한 것이 여전히 또한 아니다." "서로 아는 이는 천하에 가득하지만, 마음을 아는 이는 몇 사람 없다."

孰與總同參. 汾云 識得木上座也未. 據虎頭收虎尾, 第一句下明宗旨. 那箇同大事. 汾云 穿過髑髏. 知音者少. 何物同一質. 汾云 舍元殿裏問長安. 桑樹猪揩背, 長江鴨洗頭.

"누구와 총동참입니까?" 분양선사가 말하였다. "지팡이(목상좌)를 알 수 있느냐?" "호랑이는 머리를 점거해야 호랑이의 꼬리를 거두고, 제일구에서 종지를 밝힐 수 있다."

"어떤 것이 동대사입니까?" 분양선사가 말하였다. "해골을 뚫고 지난다." "마음을 알아주는 이 적다." 무엇이 동일질입니까? 분양선사가 말하였다. "함원전에서 장안을 묻는다." "뽕나무에 돼지가 등을 문지르고, 장강에 오리는 머리 감는다."

8-2. 송원악십지문답(松源嶽十智問答)[136]

---

[136] 송원숭악(1139~1203)선사는 영은숭악선사이다. 숭원은 호이다. 임제종 양기파다. 십지의 질문에 대한 답으로 괄호 안에 선사가 답한 것이다. 밀암함걸선사의 법을 받다.

如何是十智同眞. (提水放火). 一同一質. (裂破). 二同大事. (一毛頭上定乾坤). 三總同參. (蝦蟇蚯蚓跛鱉盲龜). 四同眞智. (一不成二不是). 五同遍普. (大地撮來無寸土). 六同具足. (猶缺一著). 七同得失. (入泥入水). 八同生殺. (自救不了). 九同音吼. (八角磨盤空裏走). 十同得入. (寒山逢拾得).

질문하였다. "무엇이 십지동진입니까?"(물 긷고 불 붙이다) 하나는 동일질 (갈라지고 깨짐이다). 둘은 동대사 (한 터럭 끝에 건곤을 정한다). 셋은 총동참 (두꺼비와 지렁이, 절룸발이 거북과 눈먼 거북). 넷은 동진지 (하나를 이루지 못하면 둘은 옳지 않다). 다섯은 동편보 (대지가 모이니 좁은 땅은 없다). 여섯은 동구족 (여전히 한 수가 부족하다). 일곱은 동득실 (진흙에 들어가고 물에 들어간다). 여덟은 동생살 (스스로 구하지 못한다). 아홉은 동음후 (팔각의 맷돌이 허공 속으로 달아나는구나). 열은 동득입이다. (한산자가 습득을 만남이다).

與甚麼人同得入. (胡張三黑李四). 與誰同音吼. (狸奴白牯). 作麼生同生殺. (德山棒臨濟喝). 何物同得失. (草裏輥). 那箇同具是. (信手拈來著著親). 何物同遍普. (針鋒影裏騎大鵬, 等閑挨落天邊月). 何人同眞智. (黑山鬼窟). 孰能總同參. (燈籠入露柱). 那箇同大事. (嘉州大像陝府鐵牛). 何物同一質. (盔脫丘)

어떤 사람과 같이 들어갈 수 있습니까? (보통 사람들이다). 누구와 함께 같은 소리를 지릅니까? (살쾡이와 암소). 어떻게 같이 죽고 살고 합니까? (덕산선사의 방이요, 임제선사의 할이다). 무슨 물건이 득실을 같이 합니까? (풀 속에 수레바퀴가 구른다). 어느 것이 같이 구족한 것입니까? (마음대로 집어도 하나하나 친절하다). 어떠한 물건이 같이 널리 두루합니까? (바늘 끝의 그림자 속에 큰 붕새를 타고, 하늘 가에 달이 져도 예사로 여긴다). 어떤 사람이 진지(진여 실상의 지혜)를 같이 합니까? (흑 산에 귀신 굴이다. 완공과 단멸에 빠지지 말라). 어느 누가 능히 모두 동참합니까? (등롱이 법당 앞 두 기둥에 들어가는 것이다). 누구와 중대한 일을 같이 합니까? (가주 땅에 큰 부처님이요, 섬부 땅에 철우이다). 무슨 물건이 동일질입니까? (주발이 틀에서 벗어나다).

1) 혹암송(或菴頌. 혹암선사의 십지동진에 대한 게송)[137]

陽春白雪非難和,　　봄에 흰 눈 조화하기 어렵지 않으나
藻鑑氷壺豈足觀.[138] 분명히 살펴도 맑은 마음을 어찌 보랴.
一把柳絲收不得,　　한 다발 실버들가지 거둘 수 없으니
和煙搭在玉闌干.　　조화로운 연기 옥난간에 실려 있네.

2) 적음송(寂音頌. 적음존자의 십지동진에 대한 게송)

十智同眞面目全,　　십지동진에 본래면목 온전하니
於中一智是根源.[139] 저 가운데 한 마음이 근원이네.
如今要見汾陽老,　　지금 꼭 분양선사 만나려거든

---

[137] 혹암(或菴): 혹암사체(1108~1179)선사이다. 호국경원(護國景元)선사의 법을 받았다.
[138] 조감(藻鑑): 선비를 선발하는데 분명히 살펴서 조사함이다. '조경(藻鏡)'도 같은 의미다.
[139] 일지(一智): 참고로 『華嚴經隨疏演義鈔화엄경수소연의초』 제4권에 "시방에 모든 여래가 동일한 법신이요, 한 마음이요, 한 지혜(十方諸如來, 同共一法身, 一心一智慧)"라고 하였다.

擘破三玄作兩邊.　　양변 지음을 삼현으로 없애라.

3) 죽암송(竹庵頌. 죽암사규선사의 십지동진에 대한 게송)

十智同眞選佛科,　　십지동진은 부처님 선발하는 과장
汾陽佛法苦無多.　　분양선사의 불법은 애씀 많이 없네.
愛心竭盡尋眞智,　　아끼는 마음을 다해 진지를 찾으니
面目分明見也麼.　　본래면목이 분명한데 볼 수 있느냐.

4) 대혜송(大慧頌. 대혜종고선사의 십지동진에 대한 게송)

兎角龜毛眼裏栽,[140]　토끼 뿔 거북 털 눈 속에 재단해
鐵山當面勢崔嵬,　　철산에 당면하여 기세가 드높고
東西南北無門入,　　동서남북 문이 없는데 들어가니
曠劫無明當下灰.　　광겁에 무명업 당장 재가 되네.

5) 고덕십수병총(古德十首幷總. 고덕의 십수와 총송)

是何物兮同一質,　　무슨 물건이 같은 본질인가
萬象之中同等匹,[141]　만상 가운데 같은 짝은 없으니
休將心識謾參尋,[142]　심식을 헛되이 물어 찾지 마라

---

140 시어에 '재(栽)'가 다른 본은 '재(裁)'이다.
141 시어에 '동(同)'이 다른 본은 '무(無)'이다.
142 시어에 '참심(參尋)'은 스승에 나아가서 질문하여 구하는 것이다.

毘嵐猛風吹海立.¹⁴³　폭풍이 불어 바다가 솟구치네.

那箇與君同大事,　어느 것이 그대와 같은 큰 일인가
這裏敢言他與自,　여기서 감히 자와 타를 말하니
一身堅密現諸塵,¹⁴⁴　일신에 긴밀히 오진을 나타내고
寂滅光中無漸次.　열반의 빛 가운데 순서도 없네.

孰能與我總同參,　누가 나와 더불어 모두 동참하는가
知識徒勞五十三,¹⁴⁵　헛수고한 선지식이 오십삼인이요
樓閣門前意何限,　누각의 문 앞에 뜻은 어찌 한정해
故鄕猶在海門南.¹⁴⁶　고향은 여전히 해문 남쪽에 있네.

何人同此一眞智,　어느 사람이 이 일진지와 함께 하나
見得分明還不是,　볼수 있는 것은 분명 여전히 아니오
山自高兮水自深,　산은 절로 높고 물은 절로 깊으니
一理齊平不容易.¹⁴⁷　한 이치가 일제히 평평하나 쉽지 않네.

---

143 시어에 '비람(毘嵐)'은 폭풍이다.
144 시어에 '제진(諸塵)'은 '오진(五塵)'으로 색성향미촉법의 '오경(五境)'이다.
145 시어에 '오십삼(五十三)'은 선재동자가 남방에서 참문한 오십삼선지식을 말한다.
146 시어에 '해문남(海門南)'에서 해문은 남방 해문국으로 오십삼선지식 가운데 해운비구(海雲比丘)가 주처한 곳이다. 선재동자가 남방해문국에서 해운비구를 뵈었다.
147 시어에 '일리제평(一理齊平)'에서 '일리'는 동일한 이성이다. 참고로 『華嚴經疏화엄경소』 제2권에 "하나의 이치가 가지런하고 평평하기 때문에 생계(生界)와 불계(佛界)에 증감이 없음을 설한다(一理齊平。故說生界佛界不增不減).”고 하였다.

是什麼物同遍普,　무슨 물건이 보편적으로 같은 것인가
曠大劫來今日覩,　끝없는 시간에 와서 오늘에사 봄이오
一波纔動萬波隨,　한 물결 막 일어 일만의 물결 따르니
何異嬰兒得慈母.　아이가 어머니 얻음과 무엇이 다르랴.

阿那箇是同具足,　어떤 것이 함께 구족함인가
細草含烟滿山綠,　작은 풀 내 품어 온 산이 푸르고
他鄕看似故鄕看,　타향에서 떠난 고향 보듯이 보니
添得籬根花繞屋.　울타리 밑 꽃이 집에 둘러 더하네.

甚麼物兮同得失,　무슨 물건이 득실이 같은 것인가
圓明如晝紅如日,　원명은 낮과 같고 붉은 해와 같아
三箇胡孫夜播錢,　세 원숭이가 밤새 돈치기를 하고
天明走盡空狼籍.　날 밝아 달아나니 빈곳이 어지럽네.

作麼生兮同生殺,　어떻게 같이 살고 죽는 것인가
桃花紅兮李花白,　복숭아꽃 붉고 오얏 꽃은 희고
今年呑却大還丹,[148]　금년에 선약 대환단 삼켜버리니
到處相逢李八伯.[149]　도처에서 신선 이팔백을 만나네.

---

148 시어에 '대환단(大還丹李八伯)'은 도가의 선약이다.
149 시어에 '이팔백(李八伯)'은 신선이다. 이팔백은 모든 설이 서로 다르다. 그 가운데 예를 들면, 『신선전』에 이팔백은 촉나라 사람이고 이름은 알 수 없으며 당시 사람들이 그의 나이 팔백세라 하여 부르게 되었다. 『중문대사전』 참고.

與誰說法同音吼,　누구와 함께 여일한 법을 설하는가
飲食語言皆用口,　음식과 언어는 다 입으로써 하고
燕語鶯啼迥不同,　제비와 앵무새의 노래 훨씬 다르니
芳樹雕梁却知有.[150]　꽃과 나무는 들보에 새겨 곧 알고 있네.

與甚麼人同得入,　어떤 사람과 같이 들어갈 수 있는가
田父耕鋤女機織,　농부가 밭을 갈고 여자는 베를 짜고
冷眼看他家事忙,　가사에 바쁜 저들을 냉정히 살피니
問渠且道承誰力.　그에 묻노니 또 누구 힘 받았다 하리.

由來十智本同眞,　원래 십지는 근본이 같은 진여요
語直心精妙入神,　곧은 말에 마음 정성 묘해 입신하고
長憶江南三月裏,　오랜 기억은 강남에 삼월 풍광이요
春風微動水生鱗.　봄 미풍에 물결은 비늘처럼 일렁이네.

6) 고덕송(古德頌. 고덕의 십지동진에 대한 총체적인 게송)

十年海上覓冤讎,[151]　십년을 천하에서 원수를 찾았지만
不得冤讎不肯休.　원수를 얻지 못해 그만두지 못하네.
芍藥花開菩薩面,　함박꽃이 피니 보살의 얼굴이요
棕櫚葉長夜叉頭.　종려 잎은 길어 야차귀신 머릴세.

---

150 시어에 '방수(芳樹)'는 화목(花木)으로 꽃과 나무이다.
151 시어에 '원수(冤讎)'는 원수 또는 상대, 호적수이다. 주인공에 대한 상징적인 표현이다.

인천안목

제2권

9. 분양사구(汾陽四句. 東山空 東林總 慈明圓語附)[1]

僧問 如何是接初機句. 汾云 汝是行脚僧. 空云 金剛杵打鐵山摧. 總云 無底鉢盂光炬赫. 圓云 一刀兩段.

어느 스님이 질문하였다. "무엇이 초심자를 대하는 언구입니까?" 대답하였다. 분양선소선사는 "그대는 행각하는 스님이다." 동산혜공(초당선청선사의 법을 받음)선사는 "금강저로 철산을 쳐서 무너뜨린다." 동림상총(황룡혜남선사의 법을 받음)선사는 "밑 없는 발우가 밝은 빛을 낸다." 자명초원(분양선소선사의 법을 받음)선사는 "단 칼에 두 동강을 낸다."

如何是辨衲僧句. 汾云 西方日出卯. 空云 嶽陽船子洞庭波. 總云 天台榔栗黑獜獜. 圓云 寒山拾得.

"무엇이 납승을 분별하는 언구입니까?" 대답하였다. 분양선소선사는 "서쪽에선 해가 묘시에 뜬다." 동산혜공선사는 "악양의 뱃사공이 동정호

---

1 분양사구(汾陽四句): 분양선소선사 사구어의 질문에 분양선소, 동산혜공, 동림상총, 자명초원선사의 답도 함께 한다. 분양선사가 학인을 지도하는 방편의 교설로 세운 접초기구(接初機句), 변납승구(辨衲僧句), 정령행구(正令行句), 정건곤구(定乾坤句)이다. '접초기구'는 초심 또는 초학으로 심오함을 감내하지 못하는 학인에 맞게 지도하는 것이다. '변납승구'는 이제 선승의 티를 내고 있는 학인에 맞게 지도하는 것이다. 질문에 분양선사는 '서쪽에서 묘시에 해가 뜬다' 하였다. 상식적인 인식에서는 동쪽에서 묘시에 해가 뜬다. 이는 무엇인가? 서쪽에 지는 해가 떠오른 동쪽을 보는 것을 반조라고 한다. 바로 분상을 내려놓고 자신을 반조하게 하는 것이다. '정령행구'는 교외별전을 본분으로 삼고 있는 선문에서 방할 외에는 한 법도 세우지 않는다. 분상을 내려놓게 하는 것이다. '정건곤구'는 천지가 개벽하기 이전을 엿보게 하여 한 기미가 움직이기 이전을 알아차리게 하는 것이다.

의 물결을 가른다." 동림상총선사는 "천태산에 즐률나무(지팡이를 만듦)가 맑고 검은 빛을 낸다." 자명초원선사는 "한산선사와 습득선사이다."

如何是正令行句. 汾云 千里特來呈舊面. 空云 夜叉屈膝眼睛黑. 總云 戴盆屧履三千里. 圓云 來千去萬.

"무엇이 ²정령(正令)을 시행하는 언구입니까?" 대답하였다. 분양선소선사는 "천 리길 특별히 와서 구면을 보인다." 동산혜공선사는 "무릎 꿇은 야차의 눈동자가 검다." 동림상총선사는 "머리에 물동이 이고 나막신 신고 삼천 리를 간다." 자명초원선사는 "오는 길 천 리, 가는 길 만리다."

如何是定乾坤句. 汾云 北俱盧洲長粳米, 食者無嗔亦無喜. (一作無貪亦無嗔) 空云 經來白馬寺, 僧到赤烏年. 總云 人間天上一般春. 圓云 天高海濶.

"무엇이 건곤을 정하는 언구입니까?" 대답하였다. 분양선소선사는 ³"북구로주에서 멥쌀이 자라는데, 이를 먹는 이는 성냄도 기쁨도 없다." (다른 본은 無貪亦無嗔무탐역무진이다. 탐욕도 성냄도 없다) 동산혜공선사는 ⁴"불

---

2 정령(正令): 참고로 『국역대장경』에선 차 마시고 밥 먹는 것이다(喫茶喫飯). 『불교대사전』에선 선문에서 교외별전을 본분의 명령으로 삼는데 방할의 외에는 한 법도 세우지 않는 것을 정령이라 하였다. 또 올바른 법령이다. 〈석독〉에선 향상하는 경계이다(向上之境).
3 북구로주(北俱盧洲)는 수미산 북에 있다. 사람들은 평등하고 안락하며 수명은 천년이다.
4 백마사는 하남성 낙양시에 있다. 동한 명제 영평10년(67)에 가섭마등과 축법란이 『사십이장경』등을 번역한 곳으로 중국에 불법이 처음 들어왔다. 절에 두 스님의 부도가 있다.

경이 처음 백마사에 이르고, 스님은 오나라 [5]적오년에 왔다." 동림상총선사는 "인간과 천상 세계가 같은 봄이다." 자명초원선사는 "하늘은 높고 바다는 넓다."(마음은 허공과 같다. 부처님 경계도 그러하다)

乃云 將此四句語, 驗天下衲僧.

이에 분양선소(947~1024)선사가 말하였다. "이 사구어로 천하의 선승들을 시험할 수 있다."

(大愚云 仔細思量將此四句驗天下衲僧, 却被天下衲僧勘破. 大慧云諸人要識大愚麼. 三年無改於父之道, 可謂孝矣)

(대우수지선사가 말하였다. "자세히 생각하면 이 사구어로 천하의 선승을 시험한다고 하니, 도리어 천하의 선승에게 점검을 당한다." 대혜종고선사가 이르되 "여러분 대우수지선사를 알려고 하느냐? 십년동안 아버지의 도를 고침이 없으니 가히 孝효라 이를만하다.") (대우수지선사는 분양선소선사의 법을 받았다)

10. 삼종사자(三種師子. 분양선소선사의 삼종사자)[6]

---

[5] 적오년(赤烏年): 오나라 손권의 년호이다. 강거국 사문 강승회가 적오10년(247)에 중국 건업 땅에 이르렀다. 사리의 방광에 감동하여 손권이 신복하고 그를 위해 처음 건초사를 지었다. (丁卯 康僧會, 感得舍利放光, 孫權信伏, 即爲造建初寺). 『역대삼보기』 제3권에 보인다. 사전상에서의 적오4년(241)은 신유년이고 정묘년은 적오10년이다.

[6] 삼종사자(三種師子): 분양선소선사의 삼종사자어는 세 종류의 사자를 비유로 들어 학인의 우열을 판별하는 기준으로 제시한 것이다. 부산법원선사에 의하여 알려졌다. 하나는

浮山圓鑑示衆云 汾陽有師子句, 其師子有三種, 一超宗異目, 二齊眉
共躅, 三影響音聞. 若超宗異目, 見過於師, 可爲種草, 方堪傳授.

부산원감선사가 대중에게 설법하였다. "분양선사에게 (비유로 든) 사자
언구가 있는데, 그 사자언구는 삼종이 있다. 하나는 초종이목(超宗異目.
진여 불성 등의 수단을 세우지 않고 견해가 특별한 제자)이요, 둘은 제미공축(齊眉
共躅. 눈썹을 가지런히 하고 같이 걸어가는 제자)이요, 셋은 영향음문(影響音聞. 영
향이 미치고 법음을 전달하는 제자)이다. 만일 '진여 불성 등의 수단을 세우지
않고 견해가 특별한 제자'라면, 제자의 식견이 스승보다 뛰어나서 종초
(種草. 초목에 종자가 있듯이 사람에게 불성이 있음을 말한다. 제자)로 삼을 만하니
비로소 충분히 전수할 수 있다.

若齊眉共躅, 見與師齊, 減師半德. 若影響音聞, 野干倚勢, 異類何
分. 所以先德付囑云 若當相見, 切須子細窮勘, 不得鹵莽. 恐誤後人
之印可也.

만일 '눈썹을 가지런히 하고 같이 걸어가는 제자'라면, 제자의 식견이
스승과 같아서 스승의 덕을 절반이 감한다. (이 같은 제자는 스승의 절반의 수
평선에 도달하여 더 이상 발전이 없기에 이르는 말이다) 만일 '영향음문'이라면 [7]여

초종이목(超宗異目. 종지도 넘어서는 남다른 눈을 가진 제자이다), 둘은 제미공축(齊眉共躅. 눈썹을
나란히 하고 길을 같이 걸어가는 제자이다), 셋은 영향음문(影響音聞. 스승을 모방하여 그 가르침을 그
대로 전달하는 제자이다)이다. 『가산불교대사림』 참고.
7 야간의세이루(野干倚勢異體): 다른 본은 호랑외집이류(狐狼猥執異類)이다. 여우와 이리가
섞여서 행동하는 이류를 어떻게 구분하는가. 호랑(狐狼)은 나쁜 사람이나 소인 또는 간사
하고 흉악한 사람을 비유한다. 야간은 또 사간(射干)이라 하며 범어로 실가라(悉伽羅)이다.

우가 외세를 의지하듯이 ⁸이류(異類)와 섞이면 어떻게 구분할 것인가? 그래서 선덕이 부촉하여 이르되 '만일 학인을 만난다면 반드시 자세히 살피고 조사해서 소홀히 할 수 없다'고 하니 아마도 후인의 인가에 그르칠까 두려워서일 것이다."

11. 분양삼결 (汾陽三訣)⁹

汾陽示衆云 汾陽有三訣, 衲僧難辨別. 擬議問如何, 拄杖驀頭楔. 僧問 如何是三訣. 師便打, 僧禮拜. 汾云 與汝頌出.

분양선소(947~1024)선사가 대중에게 말하였다. "나에게 세 가지 요령이 있는데 선승들이 판별하기 어렵다. 무엇을 물으려 머뭇거린다면, 지팡이로 곧장 머리에 쐐기를 박겠다." 한 스님이 질문하였다. "무엇이 세가지 요령 입니까?" 분양선사는 곧바로 때리고, 스님은 예배하였다. 이에 분양

사간은 여우와 비슷하고 나무에 잘 오른다(射干似狐, 能緣木). 또 야간은 여우와 비슷하면서 작고 색은 청황색이며 개만하고, 떼를 지어 다니고 밤에 우는데 이리와 같다(野干似狐而小, 形色靑黃如狗, 羣行, 夜鳴如狼).『한어대사전』참고.
8 이류(異類): 서로 다른 종류. 이류중생. 범부. 축생. 불과위(佛果位)를 제외한 보살, 중생은 다 이류이다. 또 보살이 중생을 교화하기 위해 인간 이외의 몸을 나투기도 한다.
9 분양삼결(汾陽三訣): 분양선사가 학인을 인도할 적에 비유한 교설로 세가지 요령이다. '제1결'은 수행이 경론을 고구하는데 있지 않고 오로지 실천이며, '제2결'은 스승의 지도는 제자를 각오로 인도하는 방편이며, '제3결'은 참 깨달음은 각오도 의식하지 않는 절대경지이다.『선학사전』참고. 참고로『조정사원』제4권에 노자가 이르되 "학문을 닦는 것은 날로 더하고 도를 닦는 것은 날로 덜어낸다(老氏曰 爲學日益, 爲道日損)."라고 하듯이 스승은 언제나 학인에게 진공묘유(眞空妙有)의 도체를 깨닫도록 심혈을 기울이고 있는 것이다.

제2권 119

선사가 이르되, 너희를 위해 게송으로 읊어 주겠다.

第一訣,　　　제일결은
接引無時節,　학인을 인도하는 데 정해진 때 없고
巧語不能詮,　교묘한 말로 설명할 수도 없으며
雲綻靑天月.　구름이 흩어지니 하늘에 달빛이 비추네.

第二訣,　　　제이결은
舒光辨賢哲,　빛이 펼쳐 현명한 사람 분별하고
問答利生心,　일문일답에 이로운 마음을 내니
拔出眼中楔.　눈 속에 쐐기를 뽑아내어라.

第三訣,　　　제삼결은
西國胡人說,[10]　서천축국에서 이른 호인의 설법
濟水過新羅,　물을 건너 신라국에 이르니
北地用邪鋮.[11]　북쪽지역은 정련된 강철을 사용하네.

1) 자명송(慈明頌. 자명초원선사의 삼결에 대한 게송)

第一訣,　　　제일결은
大地山河泄,　산하대지가 누설하니

---

10 호인(胡人)은 중화(中華) 이외의 사람을 업신여기는 말이다. 위 시어는 달마대사이다.
11 비유의 상징이지만 북쪽지역은 아마 고구려로 이미 정련된 강철을 사용한 듯 싶다.

維摩纔點頭,　　유마거사 잠시 끄덕이고
文殊便饒舌.　　문수보살은 곧 말이 많네.

第二訣,　　　제이결은
展拓看時節,[12]　잡고 놓아주고 시절을 살피니
語默豈相干,　　말하고 안하고 어찌 간섭하나
夜半秋天月.　　한밤중에 가을 달이 밝더라.

第三訣,　　　제삼결은
山遠路難涉,　　산 멀고 길 다니기 어려워
陸地弄舟船,　　육지에서 선박을 희롱하고
眼中挑日月.[13]　눈 속에 해와 달을 감추네.

2) 법창우송(法昌遇頌. 법창의우선사의 삼결에 대한 게송)

第一訣,　　　제일결은
袖裏三斤鐵,　　소매 속에 세 근의 철퇴
忽遇病維摩,　　홀연 병중의 유마거사 만나
提起驀頭楔.　　제시해 정면으로 쐐기 박네.

第二訣,　　　제이결은

---

12 전탁(展拓): '전'은 파주(把住)이고, '탁'은 방행(放行)이다. 전자는 화두를 잡아 안주하도록 스승이 인도함이고, 후자는 스스로 자주적으로 수행하도록 시키는 것이다.
13 시어에 '도(挑)'가 다른 본은 '장(藏)'이다. 후자로 해석하였다.

六月滿天雪,　　유월에 온 하늘에 눈이요
無處避炎蒸,　　찌는 더위 피할 곳 없어
渾身冷似鋜.　　온 몸이 쇠처럼 차구나.

第三訣,　　　　제삼결은
八字無兩丿,　　여덟 팔 자에 두 삐침 없고
胡僧笑點頭,　　달마는 웃으며 끄덕이니
眼中重著楔.　　눈 속에 거듭 쐐기 박네.

3) 동산간송(東山簡頌. 동산간선사의 삼결에 대한 게송) (간선사 미상)

第一訣, 眞卓絶,　　제일결은 진실로 탁월하여
手把黃金槌,　　　손에 황금의 망치를 잡고서
敲落天邊月.　　　하늘 가 지는 달을 두드리네.

第二訣, 難辨別,　　제이결은 분별하기 어려워
琉璃枕上凹,　　　유리베개 위는 오목하고
瑪瑙盤中凸.　　　마노쟁반 속은 볼록하네.

第三訣, 最超絶,　　제삼결은 최고로 탁월해
花木四時春,　　　화목이 사시사철 봄이요
庭臺千古月.[14]　　정대에 천고의 달빛이네.

---

14 정대(庭臺): 뜰 가운데의 대이다. '대'는 사방을 볼 수 있는 건조물이나 둔덕이다.

4) 안주경송(安住京頌. 안주경선사의 삼결에 대한 게송) (경선사 미상)

第一訣, 針頭削鐵,　　제일결은 침 끝이 쇠를 깎으니
穿耳胡人, 面門齒缺.　귀 뚫은 호인이 앞니가 빠졌네.

第二訣, 殺人見血,　　제이결은 살인하여 피를 보니
啞子忍痛, 無處分雪.　벙어리 참지만 설욕할 곳 없네.

第三訣, 陽春白雪,　　제삼결은 양춘에 흰 눈 내리니
水底桃花, 山頭明月.　물 밑에 도화요 산에 달 비추네.

如何是第一訣. 古德云 珊瑚枝枝撐著月. 如何是第二訣. 古德云 萬里一條鐵. 如何是第三訣. 古德云 百草頭邊俱漏泄.

질문하였다. "무엇이 제일결입니까?" 고덕이 말하였다. [15]"산호의 가지마다 달이 걸려 있다." "무엇이 제이결입니까?" "만리가 한 줄기의 강철이다." "무엇이 제삼결입니까?" "온갖 풀끝에서 모두 누설한다."

12. 분양삼구(汾陽三句. 분양선소선사의 삼구어)[16]

---

15 정성본의 역해, 『벽암록 · 100칙』 참고.
16 분양삼구: 분양선소선사가 학인을 인도하기 위해 세운 삼구어로 착력구(著力句. 학인의 역량은 반드시 갖추어야 하는 언구다), 전신구(轉身句. 학인이 기미의 작용으로써 굳게 본분을 지켜야 하는 언구다), 친절구(親切句. 학인이 불법에 들어가 계합할 적에 신속하고 긴밀해야 하는 언구다)이다.

汾陽上堂, 僧出問 如何是學人著力句. 汾云 嘉州打大像. 如何是 學人轉身句. 汾云 陝府灌銕牛. 如何是學人親切句. 汾云 西河弄師 子. 又云 若人會得此三句, 已辨三玄. 更有三要語在, 切須薦取.

분양선사가 상당하자, 한 스님이 나와서 질문하였다. "무엇이 학인이 힘써야 하는 언구입니까?" [17]"가주 지방에 큰 미륵불상을 세운다." "무엇이 학인이 미망에서 깨달음의 경지로 변화하는 언구입니까?" "섬부 지방에 철우(銕牛)를 물을 대어 씻는다." "무엇이 학인이 친절히 하는 언구입니까?" [18]"서하에서 서하선사가 사자를 희롱한다." 또 "만일 학인이 (힘을 들여야 하고 깨달음의 경지로 변화해야 하고 친절히 하는) 이 삼구어를 이해할 수 있다면 이미 삼현문을 분별할 수 있다. 다시 삼요어를 두어 있으니 간절히 반드시 진지하게 파악해야 한다."

1) 취암진답(翠巖眞答. 취암가진선사의 삼구어 대한 문답)

僧問 如何是學人著力句. 巖云 千日斫柴一日燒. 如何是學人轉身句. 巖云 一堵牆, 百堵調. 如何是學人親切句. 巖云 渾家送上渡頭船.

---

17 가주대상(嘉州大像): 당나라 현종 때 해통스님이 가주의 큰 강변에 높이 삼십육 척의 미륵불석상을 조성하고 이를 가주대상으로 부른다. 옛 말에 "가주의 대상이요, 섬부의 철우이다."라고 한다. 철우는 하나라 우왕이 철로 소를 만들어 황하의 재앙을 다스렸다. 참고로 『국역대장경』에 가주(嘉州)와 섬부(陝府)는 직시(直示)이다. 곧바로 보라. 잘 응시해서 보라는 의미로 해석하고 있다.

18 서하(西河): 참고로 『분양무덕선사어록』 상권에 '분양문하에 서하사자가 있다(汾陽門下有西河師子).'고 하였다. 『한국불교대사전』에 도작(562~645)선사가 정관19(645)년 서하의 문수에 있는 현중사에서 열반하여 후세에 그를 서하선사라 하였다는 언구가 보인다.

한 스님이 취암가진선사에게 질문하였다. "무엇이 학인이 힘써야 하는 언구입니까?" "천일 간 나무를 패서 하루 태우기 위해서다." "무엇이 학인이 미망에서 깨달음으로 변화하는 언구입니까?" "한 담장이 온 담장과 조화한다." "무엇이 학인이 친절히 하는 언구입니까?" "온 가족이 나루터 배에 올라서 전송한다."

13. 분양십팔문(汾陽十八問)[19]

汾陽云 大意除實問默問難辨, 須識來意, 餘者總有時節, 言說淺深, 相度祗應. 不得妄生穿鑿, 彼此無利益. 雖是善因, 而招惡果, 切須子細.

분양선사가 말하였다. "십팔문에서 대략 실문문(實問問)과 묵문문(默問

---

[19] 분양십팔문(汾陽十八問): 분양선사의 18문은 수행자가 묻는 상태를 열여덟 가지로 열거한 것이다. 스승이 늘 학인을 지도하기 전에 먼저 그 학인의 도를 묻는 상태를 분별하여 그 때와 기회가 적합한가를 답해서 교화하였다. 그렇지 않으면 서로가 효력을 얻지 못하기 때문이다. 열여덟 가지의 질문은 ①청익문(학인이 스승에게 집접 가르침을 구하는 질문), ②정해문(학인이 자신의 견해를 질문함), ③찰변문(학인이 어려운 점을 제시하여 스승의 勘辨감변을 청하는 질문), ④투기문(학인이 자신의 경계를 가지고 질문함), ⑤편벽문(학인이 편벽된 견해로서 긴박하게 질문함. 偏편은 한 쪽에 치우침이고, 僻벽은 긴박함이다), ⑥심행문(학인이 수행한 일을 제시하여 질문함), ⑦탐발문(학인이 다른 이의 견해를 深淺심천을 질문함), ⑧불회문(학인이 이해하지 못한 것을 질문함). ⑨경담문(학인이 관계없는 일을 들어서 스승을 우롱하는 질문), ⑩치문문(학인이 고인의 문답한 언구로서 질문함), ⑪고문문(학인이 경론의 고사로서 질문함), ⑫차사문(학인이 비유와 사례를 빌어서 질문함), ⑬실문문(학인이 사실상에서 질문함), ⑭가문문(학인이 가설적 어투로서 질문함), ⑮심문문(학인이 상세히 알지 못함을 질문함), ⑯징문문(학인이 따지듯이 질문함), ⑰명문문(학인이 하나의 일을 알고 다른 일을 질문함), ⑱묵문문(학인이 표현 못하는 언어에 동작으로 질문함)이 이것이다. 『불광대사전』.

問)의 분별하기 어려운 것을 제외하고, 반드시 학인이 온 뜻을 알아야 하며 나머지는 모두 시절이 있으니, 언설의 깊이를 관찰하고 장악해서야 실재와 서로 다만 적응한다. 견강부회하여 허망함을 내서 할 수는 없으니 피차가 이익이 없다. 비록 좋은 인연이라도 나쁜 결과가 초래할 수 있으니 간절히 반드시 자세히 하여야 한다."

1) 청익문(請益問. 학인이 스승에게 직접 가르침을 구하는 질문)

僧問馬祖 如何是佛. 祖云 卽心是佛. 趙州云 殿裏底.

한 스님이 마조도일선사에게 질문하였다. "무엇이 부처님입니까?" 답하였다. 선사는 "마음이 부처님이다." 조주종심선사는 "법당안에 있다."

2) 정해문(呈解問. 학인이 자신의 견해를 질문함)

問龍牙 天不能蓋, 地不能載時如何. 牙云 道者合如是.

한 스님이 용아거둔(835~923. 동산양개선사의 법을 받음)선사에게 질문하였다. "하늘이 덮을 수 없고 땅이 실을 수 없을 때 어떻게 합니까?" "그대가 응당 이와 같이 해야 한다."

3) 찰변문(察辨問. 학인이 어려운 점을 제시하여 감변을 청하는 질문)

問臨濟 學人有一問, 在和尙處時如何. 濟云 速道速道. 僧擬議 濟便打.

임제의현선사에게 질문하였다. "학인이 한 질문이 있는데 스님께서 (그 의문이) 처했을 때는 어떻게 합니까?" 임제선사가 "빨리 말해, 빨리 말해." (다그치니) 스님이 머뭇거리자, 곧바로 때렸다.

4) 투기문(投機問. 학인이 자신의 경계를 가지고 질문함)

問天皇 疑情未息時如何. 皇云 守一非眞.

천황도오(748~807. 석두희천선사의 법을 받음) 선사에게 질문하였다. "의심하는 마음이 멈추지 아니할 때 어떻게 합니까?" 답하였다. "일심을 지키되 참은 아니다."

5) 편벽문(偏僻問. 학인이 편벽된 견해로서 질문함)

問芭蕉 盡大地是箇眼睛, 乞師指示. 蕉云 貧兒遇餿飯.

파초혜청(생몰미상. 석상경제선사의 법을 받음) 선사에게 질문하였다. "온 대지는 하나의 눈에 불과한데 어떻게 이해해야 할지, 선사께 가르침을 청합니다." "가난한 아이가 먹다 남은 쉰 밥을 만났구나."

6) 심행문(心行問. 학인이 수행한 일을 제시하여 질문함)

問興化 學人皂白未分, 乞師方便. 化隨聲便打.

흥화존장선사에게 질문하였다. "학인이 흑백을 분간하지 못하니 어떻게 분별해야 할지, 선사께 가르침을 청합니다." 흥화선사가 소리를 지르고 곧바로 때렸다.

7) 탐발문(探拔問. 학인이 다른 이의 견해의 심천을 질문함)

問風穴 不會底人, 爲甚麼不疑. 穴云 靈龜行陸地, 爭免曳泥蹤.

풍혈연소(896~973)선사에게 질문하였다. "도리를 알지 못하는 사람은 왜, 의심하지 않습니까?" "신령스런 거북이가 육지로 가니 어찌 진흙에 끌린 흔적을 면할 수 있으랴?"

8) 불회문(不會問. 학인이 이해하지 못한 것을 질문함)

問玄沙 學人乍入叢林, 乞師指示. 沙云 汝聞偃溪水聲麼. 僧云 聞. 沙云 從這裏入.

현사사비(835~908. 설봉의존선사의 법을 받음)선사에게 질문하였다. "제가 방금 총림에 들어왔는데, 선사께 가르침을 청합니다." 현사사비선사가 질문하였다. "너는 언계의 시내 물소리가 들리느냐?" "듣습니다." "여기서부터 들어가라."

9) 경담문(擎擔問. 학인이 관계없는 일을 들어서 스승을 우롱하는 질문)

問老宿 世智辨聰, 總不要拈出, 還我話頭來. 宿便打.

한 스님이 덕망 높은 존숙에게 질문하였다. [20]"세속의 지혜와 분별하는 총명은 모두 집어낼 필요가 없으니, 화두를 저에게 돌려주세요." 존숙이 곧바로 때렸다.

10) 치문문(置問問. 학인이 고인의 문답한 언구로서 질문함)

問雲門 瞪目不見邊際時如何. 門云 鑒.

운문문언선사에게 질문하였다. "눈뜨고 보려고 해도 변제(邊際. 궁극처)를 보지 못할 때는 어떻게 합니까?" 운문선사가 답하였다. "살펴보라."

11) 고문문(故問問. 학인이 경론의 고사로서 질문함)

問首山 一切衆生皆有佛性, 爲甚麽不識. 山云 識.

---

[20] 세지(世智): 세속지로 범부지혜. 세간의 사물을 대상으로 하여 분별 인식하는 지혜이다.

수산성념선사에게 질문하였다. "일체중생이 다 불성이 있는데, 무엇 때문에 알지 못합니까?" 수산선사가 답하였다. "인식하여라."

12) 차문문(借問問. 학인이 비유와 사례를 빌어서 질문함)

問風穴 大海有珠, 如何取得. 穴云 罔象到時光燦爛, 離婁行處浪滔天.

풍혈연소선사에게 질문하였다. "큰 바다에 진주가 있는데, 어떻게 취할 수 있습니까?" [21]"망상이 이를 때는 빛이 찬란하고, 눈 밝은 [22]이루가 가는 곳은 파도가 하늘에 솟구친다."

13) 실문문(實問問. 학인이 사실상에서 질문함)

問三聖 學人只見和尙是僧, 如何是佛是法. 聖云 是佛是法, 汝知之乎.

삼성혜연(임제선사의 법을 받음)선사에게 질문하였다. "저는 다만 스님을 스님으로 뵐 뿐인데, 무엇이 부처님이고 무엇이 법입니까?" 삼성선사가 질문하였다. "부처님이고 법인지, 너는 그것을 아느냐?"

14) 가문문(假問問. 학인이 가설적 어투로서 질문함)

---

21 망상(罔象): 고대 전설에서 말하는 물에 사는 수중괴물로 물의 유령이다(古代傳說中的水怪). 물의 정령은 용이고 망상이다(水之怪曰龍, 罔象). 『한어대사전』 참고.
22 이루(離婁): 고대 황제 때 눈이 밝아 백보 밖을 보는 전설의 인물로 『맹자』에 보인다.

問徑山 這箇是殿裏底, 那箇是佛. 山云 這箇是殿裏底.

스님이 경산(대혜종고)선사에게 질문하였다. "이것은 법당 안의 부처님인데, 그것은 진불입니까?" 경산선사가 이르되 "이것은 법당 안이다."

15) 심문문(審問問. 학인이 상세히 알지 못함을 질문함)

問祖師 一切諸法本來是有, 那箇是無. 答云 汝問甚分明, 何勞更問吾.

한 스님이 조사에게 질문하였다. "일체의 제법은 본래 실유(實有)인데, 어느 것이 없습니까?" "네가 질문한 질문이 아주 분명한데, 어찌 수고롭게 다시 나에게 묻느냐?"

16) 징문문(徵問問. 학인이 따지듯이 질문함)

問睦州 祖師西來, 當爲何事. 州云 爾道爲何事. 僧無語, 州便打.

스님이 진존숙 목주도명(황벽희운선사의 법을 받음)선사에게 질문하였다. "달마조사가 서쪽에서 중국에 온 것은 무슨 일을 위해서 입니까?" "네가 말하라, 무슨 일을 위해서인지?" 스님이 대답이 없자, 목주선사는 곧바로 때렸다.

17) 명문문(明問問. 학인이 하나의 일을 알고 다른 일을 질문함)

外道問佛 不問有言無言. 世尊良久. 道云 世尊大慈大悲, 開我迷雲, 令我得入.

외도가 부처님께 질문하였다. "유언으로도 무언으로도 질문하지 않습니다." 세존께서 양구(良久, 침묵)로 대하였다. 외도가 말하였다. "대자대비하신 세존이시여, 저의 미혹한 구름을 열어주어 [23]저로 하여금 깨달을 수 있게 하였습니다."

18) 묵문문(默問問. 학인이 표현 못하는 언어에 동작으로 질문함)

外道到佛處, 無言而立. 佛云 甚多. 外道道云 世尊大慈大悲, 令我得入. 凡有學人偏僻言句, 或蓋覆將來, 辨師家眼目. 或呈知見, 擎頭戴角. 一一試之, 盡皆打得. 只爲當面識破, 或貶或褒, 明鏡臨臺, 是何精魅之可現, 何有妖狐能隱本形者也.

외도가 부처님 처소에 이르러 말없이 서 있다. 부처님이 말씀하셨다. "심히 많구나." 외도가 말하였다. "대자대비하신 세존이시여, 저로 하여금 깨달을 수 있게 하였습니다."
(분양선사가 요약해서 말하였다)
"무릇 학인은 편벽된 언구가 있어서 혹자는 덮어 가리고 곧 와서 스승의 안목을 분별하고 시험하며, 혹자는 자신의 지견을 드러내서 머리에 우뚝 뿔이 자라고 있다. (이상 열여덟 가지의 질문을) 하나하나 시험하여 모두

---

23 '령아득입(令我得入)'에서 '입'은 각, '득입'은 능히 각오하다, 각오할 수 있다로 이해하다.

다 (방망이로) 쳐낼 수 있다. 다만 당면한 식정의 집착을 깨부수어야 하기 때문에 혹은 깎아 내리고 혹은 칭찬해서 밝은 거울이 대(臺)에 임한 듯이 바로 어떠한 정령(精靈. 도깨비)과 귀매(鬼魅. 유령)도 다 드러내니, 어찌 요망한 여우가 능히 본래의 모습을 숨기는 놈이 있으랴?"

14. 구대(九帶)[24]

浮山每於示徒之際, 遍擧宗門語句, 而學者編集, 乞師名之. 師因其類聚, 目之曰佛禪宗敎義九帶集, 蓋擬班固九流之作也.

부산법원선사가 매번 제자들에게 설법할 적에 두루 종문의 어록의 언구에서 제시하여 수행하는 학인들이 법문을 문집으로 편집하고 부산선사에게 책 제목을 부탁하였다. 부산선사는 그 내용이 같은 종류를 모았기 때문에 그 것을 제목하여 『불선종교의구대집』이라 하였으니, 대개 [25]

---

[24] 구대(九帶): 임제종 부산법원(991~1067)선사가 학인에게 제시한 언구를 학인이 편집한 『불선종교의구대집』의 구대선(事浮山九帶禪)이다. ①불정법안장대, ②불법장대, ③이관대, ④사관대, ⑤이사종횡대, ⑥굴곡수대, ⑦묘협겸대, ⑧금침쌍쇄대, ⑨평회상실대 이다. ①, ②는 불교의 역사를 나타낸 항목으로 ①은 가섭존자만이 석존의 불법을 사자상승하고 있는 선종이라 하였고, ②는 삼승이나 오승 또는 교외별전인 선종 등, 불법에 많은 분파가 있다고 설명하였고, ③, ④, ⑤는 선사상의 요체를 서술한 것인데, ③은 이(理. 본체), ④는 사(事. 현상), ⑤는 이사불이(理事不二)를 설명하였다. ⑥은 수행자의 본분은 중생구제에 있음을 설하고, ⑦, ⑧, ⑨는 깨달음을 3단계로 나누어 설명한 것인데, ⑦은 깨달음에 투철한 경지이고, ⑧은 깨달음에 매여 있는 경지이고, ⑨는 깨달음도 불법도 잊고 빈 마음으로 세속과 어울리는 경지를 말하였다. 대(帶)는 겸대(兼帶)이다. 『선학사전』 참고.
[25] 반고구류(班固九流): 반고(32~93))는 동한 초기 때 인물로 자는 맹견이다. 그는 아홉살에 이미 문장에 능한 역사가, 문학가이다. 『한서 · 예문지』에 제자략(弟子略)을 두어서 구

반고가 지은 『한서 예문지』 구류(九流, 九家구가)의 작품을 모방한 것이다.

14-1. 불정법안장대(佛正法眼藏帶)[26]

夫眞實之理, 證成法身, 照用之功, 作爲報土. 諸佛之本因旣爾, 諸祖之洪範亦然. 五部分宗, 萬派之精藍碁布. 一燈分焰, 十方之法席鱗差.

무릇 진실한 진리는 (이심전심으로) 법신(法身. 불의 진신)을 완성함이요, (언어로써 서로 비추고 방할로써 용을 삼는) 간파와 지도(조용)의 작용은 불정토(報土.보토)를 만들기 위해서이다. 제불의 본래 인연은 이미 이와 같고 임제종 모든 조사의 홍범(洪範. 세간에 모범. 교화하는 교의) 또한 그러하다. [27]오부로 분종한 후로 만 가닥의 정람(精藍. 사원)은 바둑돌처럼 많아졌다. (분종 이후로 불교는 점점 파벌이 일어나) 어둠을 밝히는 지혜의 한 등(禪心선심)의 불꽃이 나뉘어 시방의 법석에 비늘처럼 늘어섰다.

류십가로 나누었다. 구류(九流)는 전국시대 아홉 학파로 유가, 도가, 음양가, 법가, 명가, 묵가, 종횡가, 잡가, 농가이다. 『한서』는 반고의 부친 반표(班彪)가 짓기 시작하여 반고에 와서 대성하고 그가 죽자 화제(和帝. 89~105))가 여동생 반소(班昭)에게 명하여 교정과 미완성된 부분을 완성하였다. 『한서』는 고조부터 왕망까지 239년 역사서이다.

26 불정법안장대(佛正法眼藏帶)는 일체 이치의 맥, 즉 부처님이 가섭에게 전한 교외별전을 관통하면 바로 부처님의 정법의 안목이라는 의미이다.

27 오부(五部): 부처님이 열반한 후 백년에 일어난 소승의 다섯 파벌이다. 마하가섭이 부촉한 법장이 아난-상나화수-말전지-제5세 우바국다에 이르러 다섯 제자가 율장에 대한 의견차로 나뉘짐. ①담무덕부 ②살발다부 ③미사새부 ④가섭유부 ⑤파추부라부.

又華嚴經云如來不出世, 亦無有涅槃. 昔靈山會上, 世尊以靑蓮目瞬示四衆, 無能領其密意, 惟大迦葉, 獨領解佛旨. 經云佛告大迦葉云吾有正法眼藏, 涅槃妙心, 付囑與汝, 汝當流布, 勿令斷絶.

또 『화엄경』에 "여래가 세상에 오지 아니하였다면 또한 열반도 없다" 하였고, 옛적 영산회상(영축산)에 세존께서 ²⁸청련화를 잠시 사부대중에게 보이니, (대중은) 부처님의 비밀한 뜻을 알 수 없었으나 오직 마하가섭 혼자만이 부처님의 뜻을 이해하였다. 경에 이르되 "부처님이 마하가섭에게 말하기를 나에게 정법안장(불지견)과 열반묘심(불심)이 있는데, 너에게 부촉하니 너는 응당 널리 유포하고 단절되게 하지 말라." 하였다.

又臨涅槃, 告阿難言十二部經, 汝當流通. 告優波離言一切戒律, 汝當奉持. (一作受持) 付大迦葉偈云

法本法無法, 無法法亦法.
今付無法時, 法法何曾法.

또 열반에 임해서는 아난에게 [29]"십이부경은 네가 마땅히 세상에 널

---

28 청련목(靑蓮目): 청색의 연꽃으로 그 잎이 길쭉하고 넓으며 청색과 백색이 분명하여 대인의 눈 모양이 있어서 부처님의 눈에 비유하기도 한다.
29 십이부경(十二部經): 일체경을 성질과 형식으로 구분하여 12가지 종류로 나누었다. 이는 ①수다라(경전가운데 법의를 직설한 장행문) ②기야(장행문에 운문으로 지은 송) ③우타나(질문자 없이 부처님 스스로 설법한 경문) ④가타(오칠언으로 읊은 게송) ⑤아파타나(경중에 비유한 설법) ⑥니타나(제경의 서품으로 인연경) ⑦이제목다가(제자의 과거세를 설법한 경문) ⑧사타가(부처님 과거세의 인연을 설법한 경문) ⑨화가라나(보살에게 내려 준 수기와 예언) ⑩비불략(부처님이 설법한 광대한 경

리 전하라." 하였고, 우바리(처음 결집시에 율장을 암송함)에겐 "일체 계율은 네가 마땅히 실천하고 받들어 지니라." 하였다. (다른 본은 奉持봉지가 受持수지이다) 부처님은 마하가섭에게 부촉하고 게송을 읊었다.

　　불법은 본래 법이란 법칙은 없고(색즉시공)
　　법칙이 없는 법 또한 법칙이다(공즉시색).
　　이제 법칙 없는 것을 전해 주노니
　　법칙과 법칙이 언제 법칙이라 한 적이 있었느냐.

於是大迦葉, 持佛袈裟, 於雞足山中, 入寂滅定, 待慈氏下生, 兩手分付.

이에 마하가섭은 부처님의 가사를 지니고 계족산(雞足山. 랑적산으로 마갈타국에 있음)에서 고요히 무심의 적멸정(寂滅定. 일체상을 여읜 선정)에 들어 ³⁰자씨미륵보살의 하생을 기다리며 두손으로 분부를 받들었다.

(古德著語云 鳥棲無影樹, 花發不萌枝. 四海波濤闊, 一輪明月天)

(고덕의 착어에 "새가 그림자 없는 나무에 깃들고, 꽃은 싹이 나지 않은 가지에서 피네. 사해의 파도가 고요하고, 둥근 달이 천지를 비추네." 하였다)

문) ⑪아부다달마(부처님 신통력을 나타낸 일을 기술한 경문) ⑫우바제사(문답과 의론제법의 경문).
30 자씨(慈氏): 미륵보살의 성, 이름은 아일다. 혹은 아일다가 성, 이름이 미륵의 설도 있다. 도솔천 내원궁에서 56억7천만년을 지난 뒤에 하생하여 용화수에서 정각을 이룬다.

1) 대원지송(大圓智頌. 대원지선사의 불정법안장대에 대한 게송)³¹

佛正法眼,　　부처님의 정법안장
迦葉親聞,　　대가섭이 친히 듣고
祖禰不了,　　조사와 스승이 깨닫지 못하면
殃及兒孫.　　재앙은 법손에 미치네.

2) 대혜고송(大慧杲頌. 대혜종고선사의 불정법안장대에 대한 게송)

沼沼空劫不能拘,　　아득한 공겁도 구속할 수 없거늘
佛眼何曾識得渠.　　불안이 언제 그것을 인식한 적 있었더냐.
妙體本來無位次,　　미묘한 체성은 본래 순서가 없거늘
正因那得有規模.³²　정인에 어찌 능히 형태가 있으랴.
太虛寥廓塵埃淨,　　태허는 끝없고 먼지가 청정하며
智鑒圓明物象殊,　　지혜거울 원명하여 물상이 다르고
從此華山千古秀,³³　이로부터 화산은 천고에 빼어나니
任他潘閬倒騎驢.³⁴　마음대로 반랑은 거꾸로 나귀 타네.

---

31 대원지송(大圓智頌): 대원지선사의 불정법안장대에 대한 게송이다. 대위대원지(생몰미상)선사이다. 도림일(道林一. 생몰미상)선사의 법을 받았다. 황룡혜남선사의 四世이다.
32 정인(正因): 능생(能生)의 힘을 '정인'이라 하고 자조(資助)의 힘을 '연인緣因'이라 한다.
33 화산(華山): 오악의 하나로 서악(西嶽)이다. 중봉은 연화봉, 동봉은 선인장, 남봉은 낙안봉, 세상에서 '화악삼봉'으로 칭한다. 섬서성 화음현 남쪽에 있는 일명 태화산이다.
34 반랑도기려(潘閬倒騎驢): '반랑'은 북송 때 인물로 자호는 소요자. 낙양에서 약을 팔아 생활하고 시에 능하였다. '도기려'는 거꾸로 나귀를 타다. 달인의 자유자재한 모습이다.

14-2. 불법장대(佛法藏帶)[35]

夫三乘敎外, 諸祖別傳. 萬象之中, 迥然獨露. 纖塵未泯, 阻隔關山. 擬議差殊, 千生萬劫. 三賢未曉, 十聖那知. 截斷衆流, 如何湊泊. 聖人曲成萬物而不已, 刻雕衆形而無功, 而況如來藏乎.

삼승(三乘. 성문 연각 보살)의 교리 외에 모든 조사의 별전이 따로 있다. 삼라만상 가운데 (불법은) 현저히 독자적으로 한 파를 세웠다. (마음 가운데) 자디잔 진연(塵緣. 색성향미촉법의 육진에 의해 심성이 오염됨)을 없애지 못한다면 관문과 산악에 막힘처럼 곤란하다. 머뭇거리다 차이와 구별이 있게 되면 끝없이 윤회하게 된다. 대승의 삼현(三賢. 십주 십행 십회향보살)을 알지 못하니 십성(十聖. 초지부터 십지보살)을 어찌 알랴? 모든 망상을 끊어 없애면 어떻게 집중하여 모여들 것인가? 성인이 정성들여 만물을 이루되 그침이 없고, 여러 형상을 조각하되 공에 머물지 않거늘, 하물며 (한량없는 공덕을 감추고 있는) 여래장이겠는가?

所謂藏者, 該括三世, 過現未來諸佛法藏. 其間有大小乘, 小乘爲聲聞緣覺, 大乘謂菩薩. 於中支分爲八, 謂三藏五乘. 其三藏謂經律論, 五乘謂聲聞緣覺菩薩而兼攝人天.

이른바 장(藏)이란 곧 삼세를 포함하여 과거 현재 미래 모두 불법장

---

[35] 불법장대(佛法藏帶)는 불법은 곧 교외별전이고 방편이 되기 때문에 성인이 이로써 보인 뜻이다. 『불광대사전』참고. 아래도 같다.

(佛法藏. 여래장)을 갖추었다. 그 가운데 대승과 소승이 있으니 소승은 성문 연각이 되고 대승은 보살을 말한다. 그 가운데 가지가 나뉘어 여덟이 되니 삼장오승(三藏五乘)이라 이른다. 그 삼장은 경장·율장·논장을 말하고, 오승은 성문·연각·보살을 말하며 그리고 인승·천승도 겸하여 포함된다.

然則敎分名數, 依根所立, 而不離一乘. 法華經曰於一乘道, 分別說三. 又曰尙無二乘, 何況有三. 又曰惟此一事實, 餘二則非眞. 此明依根立權. 如華嚴說如來藏以法界爲體, 如來藏無前後際, 無成壞法, 無修證位, 絶對待義.

그렇다면 교의가 명수(名數. 삼장과 오승. 명목과 법수)로 나뉘나 근본에 의거하여 세운 것은 (일체중생을 교화하여 성불로 인도하는 유일한 길은) 곧 일승(一乘. 유일한 성불의 교법으로 불승·일불승·일승교·일승구경교·일승법·일승도이다)을 여의지 않는다. 『법화경』에 "일불승도에서 분별하여 삼승을 실명한다." 하였고, 또 아직 "이승(二乘. 성문 연각)이 없거든 어찌 하물며 삼승이 있으랴?" 하였으며, 또 "오직 이 일불승이 진실한 사실이고, 나머지 이승은 곧 진실이 아니다." 하였다. 이것은 (일불승의) 근본에 의거하여 (삼승과 오승의) 방편 세움을 밝혔다. 또 『화엄경』에 "여래장은 법계로서 본체를 삼고 여래장은 전제(前際. 과거)와 후제(後際. 미래)가 없으며 생성하고 소멸하는 법도 없으며 수행하여 이치를 증오(각오)하는 자리도 없으니 절대적 [36]필요한 의리이다."

---

36 대의(待義): 의상(義相)이다. 의리와 모양. 경문의 의리를 밝히는 것을 능전, 밝혀진 의리

所以文殊偈曰

一念普觀無量劫,
無去無來亦無住.
如是了知三世事,
超諸方便成十力.

그래서 문수보살이 게송을 읊었다.

한 순간 37보상관 선정에서의 무량겁은
과거도 없고 미래도 없고 또 현재도 없네.
이와 같이 삼세(과거 현재 미래)의 일을 깨달아 알면
모든 방편 뛰어넘어 여래의 38십력을 이루네.

는 소전이다. 위 본문에서 예를 들어 설명한 교의는 절대적 필요한 의리이다,
37 보관(普觀): 무량수불과 극락세계의 선정으로 『관무량수경』에서 보이는 십륙관 가운데 제십이관 보상관이며, 이 선정에서 무량겁을 관하는 것이다. 『불교대사전』 참고.
38 십력(十力): 여래의 열가지 지력으로 발심의 견고함 등을 나타낸다. ①사물의 이치와 이치가 아닌 도리를 아는 지력(智力.) ②일체중생의 삼세인과의 업보를 아는 智力, ③모든 선정과 팔해탈(八解脫)과 삼삼매(三三昧)를 아는 지력, ④중생의 능력과 성질의 우열을 아는 智力, ⑤중생의 여러 가지 지해(知解)를 아는 智力, ⑥중생의 바탕과 경계를 아는 智力, ⑦인천에 태어남과 열반 등에 이르는 인과를 아는 智力, ⑧천안으로 중생의 생사 및 선악업연을 아는 智力, ⑨중생의 숙명과 무루열반을 아는 지력, ⑩영원히 번뇌와 혹업을 끊고 다시 생사윤회에 유전하지 않음을 아는 智力이다. 三三昧는 공삼매(空三昧. 我아와 我所아소가 공임을 관함), 무상삼매(無相三昧. 공이므로 차별상이 없음을 관함), 무원삼매(無願三昧. 상이 없으므로 아무것도 구할 것이 없음을 관함)이다. 삼매는 유루(有漏)와 무루(無漏)의 두 종이 있는데, 유루선정은 삼삼매라 하고 무루선정은 삼해탈문이다. 해탈은 열반이다. 유루를 팔배사(八背捨. 오욕의 경계를 버리고 고집하는 마음을 여의는 것으로 팔해탈이다)라 하며 무루를 팔해탈(八解脫)이라 한다. 『불교대사전』 참고.

聖人說了義不了義, 並是依根安立. 諸佛隨宜說法, 意趣難辨. 三藏五乘各有宗旨, 於一乘論, 圓頓半滿, 並是權立. 惟華嚴一經, 以法界爲體量, 佛與眾生同一體性, 本無修證, 本無得失, 無煩惱可斷, 無菩提可求, 人與非人, 性相平等.

그러므로 성인이 [39]료의와 불료의를 설명하였고, 아울러 일불승의 근본에 의거하여 수립하였다. 모든 부처님의 수의설법(隨宜說法. 독자적인 가르침)은 의취(意趣. 心과 意가 향하여 가는 것)가 분별하고 파악하기 어렵다. 그리고 삼장과 오승이 각각 종지를 두었고, 일승론에서 [40]원과 돈(圓頓은 법화경과 화엄경)의 불완전한 것과 완전한 것에 모두 방편의 논을 세웠다.

오직 『화엄경』만이 법계로서 체량으로 삼고, 부처님과 중생이 동일한 체성이며 본래 수행해서 증득할 것도 없으며 본래 득과 실도 없으며 끊어야 할 번뇌도 없으며 구하여야 할 보리도 없으며 사람과 비인의 [41]성상은 평등하다.

(古德著語云 掬水月在手, 弄花香滿衣. 古澗寒泉涌, 青松雪後蒼)

---

39 요의(了義)와 불요의(不了義): 간단히 '요의'는 뜻을 이해하고, '불요의'는 뜻을 이해하지 못함이다. 또 생사를 싫어하고 열반을 즐기는 것은 '불요의'라 하고, 생사와 열반의 차별이 없으면 이는 '료의'라 한 것이다. 『불교대사전』 참고.

40 원돈반만(圓頓半滿): '원'은 원융, '돈'은 즉각. 모든 법이 본래 원융하여 한 법이 일체법을 원만히 하고 한 생각에 깨달아 족히 부처님이 만행을 이룬 바 하는 것을 원돈이라 한다. '반만'은 불완전한 것과 완전한 것이다. 범어에서 완전한 글자를 만자, 불완전한 것은 반자라 한다. 하여 소승을 반자교, 대승을 만자교라 이른다. 전자는 의리가 원만하지 못한 것에, 후자는 의리가 원만한 것으로 완성을 말한다. 『불교대사전』 참고.

41 성상(性相): '성'은 법의 자체로 안에 있으면서 고치지 못한다. '상'은 모양이므로 밖에 나타나 분별된다. 유위와 무위에서 무위법은 성이고, 유위법은 인식할 수 있어 상이다.

(고덕이 착어에 "한 움큼 물을 쥐니 달은 손에 있고, 꽃을 희롱하니 향기는 옷에 가득하네. 옛 시내에 찬 샘물이 솟아오르고, 청송은 눈이 내린 뒤에 더욱 푸르네." 하였다)

1) 대원송(大圓頌. 대원선사의 불법장대에 대한 게송)

吾佛法藏, 撈摝衆生,　　우리의 여래장은 중생을 건져내고
百千三昧, 彈指圓成.　　온갖 삼매도 찰나에 원만성취하네.

2) 대혜송(大慧頌. 대혜종고선사의 불법장대에 대한 게송)

十方通攝了無遺,　　시방을 통섭하니 남김없이 마치고
三際全超在此時.　　삼세에 완전 초월은 이때에 있네.
聖號凡名同一舌,　　성인과 범부는 동일한 혀에서이고
劣形殊相謾多岐.　　작은 형상 다르나 헛되이 갈래 많네.
家家門外長安道,　　집집마다 문 밖에 장안의 길이요
處處窟中師子兒.　　가는 곳마다 굴속에 사자새끼이다.
打破淨瓶無一事,[42]　정수와 촉수 타파하니 한 일도 없고
杜鵑啼在落花枝.　　두견새 지는 꽃가지에서 울고 있네.

14-3. 이관대(理貫帶)[43]

---

[42] 정병(淨甁): '정(淨)'과 '촉(觸)'의 두 병이 있다. '정병'은 깨끗한 손(淨手)을 씻고, '촉병(觸甁)'은 물체를 잡아서 더러워진 손(觸手)을 씻는다. 시어에선 분별상을 내려놓게 한다.
[43] 이관대(理貫帶)는 지극한 이치의 불법은 언어의 설명에 미치지 못하고, 양미순목(揚眉瞬

夫聲色不到, 語路難詮, 今古歷然, 從來無間. 以言顯道, 曲爲今時. 堅拂揚眉, 周遮示誨. 天然上士, 豈受提撕. 中下之機, 鉤頭取則. 投機不妙, 過在何人. 更或躊躇, 轉加鈍置.

무릇 성과 색은 (진리에) 이르지 아니하니 언어로 설명하기 어렵고, 고금에 분명하여 지금까지 틈이 없다. 언어로서 (진여의) 도를 드러내고 지금 정성들여 불자를 세우고 눈썹 끝을 치켜 올려서 두루 숨기고 가르침을 보였다. 하늘서 낸 상상근기는 어찌 타인의 인도를 받으랴? 중하의 근기는 낚시 바늘 끝에서 법칙을 취한다. 스승의 심기와 제자의 심기가 맞아도 묘하게 여기지 않으니 허물은 누구에게 있는가? 다시 혹은 망설여 주저하고 오히려 우둔만 더한다.

理貫帶者, 理卽正位也, 其正位中, 而無一法空同實際. 其實際理地, 不受一塵.

이관대는 (진여의) 이치로서 정위를 삼고 그 정위 가운데 한 법도 없으니 텅 빈 실제와 같다. 그 실제이지(實際理地. 진여)는 한 티끌에도 오염되지 않는다.

(古德著語云 衆角雖多, 一麟足矣. 動容揚古路, 不墮悄然機)

(고덕의 착어에 "여러 뿔이 비록 많다 해도 한 기린으로 충분하다. 거동과 표정이 옛길

目)하는 사이가 다 불법이라는 뜻이다. 진여의 이치로서 정위를 삼으니 허공과 같다.

에 드날리니 ⁴⁴고요한 기미에도 떨어지지 않네."라고 하였다)

1) 대원송(大圓頌. 대원선사의 이관대에 대한 게송)

理貫全收,	이관대 온전히 수습하니
萬派同流,	만 가닥이 같이 흐르고
毘盧華藏,	비로자나불의 화장세계
物物頭頭.	두두물물이 이치에 닿네.

2) 대혜송(大慧頌. 대혜종고선사의 이관대에 대한 게송)

眞理何曾立一塵,	진리가 언제 한 티끌 세운 적 있고
呼爲正位早疎親.	정위라 불러 진작부터 친소이더냐.
烏雞半夜鳴何處,	검은 닭 한밤중에 어디서 우는가
枯木花開劫外春.	고목에 꽃이 피니 겁 밖에 봄일세.
信手垂慈常利物,	손 가는대로 자비로 늘 만물에 이익이
擬心執著已乖眞.	헤아려 집착하면 이미 참에 어긋나네.
君看鶴樹泥洹日,⁴⁵	그대는 보라. 열반하는 날에 학수요
曾擧雙趺示眾人.	일찍 두 다리 들어 대중에게 보였네.

---

44 초연기(悄然機): 초연(悄然)은 초연한 모양. 고요한 모양이다. 초연기는 참고로 『국역대장경』에선 좌선공부(坐禪工夫)이다.

45 학수(鶴樹): 학림(鶴林)이다. 세존이 사라쌍수 사이에서 2월15일 열반에 들자 쌍수가 모두 백색으로 변하여 붙여진 이름이다.

14-4. 사관대(事貫帶)[46]

夫日月照臨不到, 天地覆載不著, 劫火壞時彼常安, 萬法泯時全體露. 隨緣不變, 處鬧常寧. 一道恩光, 阿誰無分. 華嚴經云刹說衆生說三世國土一時說.

무릇 해와 달도 비추지 못하고 하늘이 덮어주고 땅이 실어주어도 드러내지 아니하며, 겁화로 소멸할 때도 그것은 늘 안전하니 만법이 없어질 때 전체를 드러낸다. 기연따라 변하지도 않고 시끄러운 곳에 처해도 늘 고요하다. 한 줄기 은혜로운 빛을 어느 누가 나눔이 없는가.『화엄경』에 "국토가 설법하고 중생이 설법하고 삼세국토가 일시에 설법한다."고 하였다.

(古德著語云 覓火和烟得, 檐泉帶月歸, 石長無根樹, 山含不動雲)

(고덕의 착어에 "연기와 불을 찾아 얻으니, 추녀 끝에 샘물이 달을 가지고 돌아오네. 돌에서 뿌리 없는 나무 자라고, 산은 움직이지 않는 구름을 품었네." 하였다.)

(참고로 理事이사에서 불과 샘 그리고 無根무근과 不動부동은 理이이고, 연기와 달빛 그리고 돌과 산은 事사이다)

1) 대원송(大圓頌. 대원선사의 사관대에 대한 게송)

---

[46] 사관대(事貫帶)는 산하대지와 국토와 중생과 만사가 다 불법 아님이 없다는 뜻이다.

事貫萬有,	사관은 우주에 삼라만상
纖塵不漏,	자디잔 진연(육진)에 번뇌 없고
萬象森羅,	천지 사이에 모든 현상
全機無咎.	온전한 작용에 허물 없네.

2) 대혜송(大慧. 대혜종고선사의 사관대에 대한 게송)

轉處孤危萬事休,	옮기는 곳 홀로 바르니 만사가 그치고
隨緣得旨復何求.	인연 따라 뜻을 얻어 또 무엇을 구하랴.
群生造化乘斯力,	만물이 자연의 조화에 이 힘을 타고
一道靈光觸處周.	한 줄기 신령한 빛 닿는 곳에 두루 하네.
即事即空無剩法,	공계가 즉 현상계이니 남은 법이 없고
全心全佛有來繇.	온 마음에 온 부처님 내려온 까닭 있네.
塡溝塞壑無人會,	도랑과 구렁 메워도 아는 사람 없고
可笑騎牛更覓牛.	소 타고 다시 소를 찾으니 가소롭네.

14-5. 이사종횡대(理事縱橫帶)[47]

夫觸目是道. 佛事門中, 絶跡無私, 通貫實際, 圓融事理, 運用雙行. 器量堪任, 隨機赴感. 門風露布, 各在當人. 建立宗乘, 强生枝節. 出門問路, 指東劃西. 歷劫頑嚚, 如何扣發.

---

47 이사종횡대(理事縱橫帶)는 이사(理事. 이체와 현상)에 원융하여 부처님세계에서 실천이다.

대저 눈에 들어오는 것이 다 도이다. 불교의 문중에서 일체 흔적을 없애고(無心무심) 집착을 없애서야 실제에서 관통하고 현상(事사)과 본체(理이)에 원융하여 조용(照用. 간파와 지도)의 두 법을 운용한다. 만일 기량이 감당해낼 수 있다면 기연에 따라서 각오에 이른다. 가풍을 드러내 전파하는 것은 각각 당사자에게 있다. 만일 종승(宗乘. 자기 종파)을 건립하면 억지에 사소한 일들이 나올 것이다. 문을 나서서 길을 물으면 동을 가리키고 서를 가리킨다. (스승과 학인의 관계다) [48]긴 세월의 완악하고 어리석음인데 어떻게 인도하고 개발하나?

(古德著語云 針鋒頭上翻筋斗, 紅爐焰裏碧波生. 猿抱子歸靑嶂裏, 鳥啣花落碧巖前)

(고덕의 착어에 "침봉 끝에서 곤두박질치고, 붉은 화로의 화염 속에서 푸른 파도가 인다. 원숭이가 새끼를 안고 푸른 봉우리 속으로 돌아가고, 새는 꽃잎 물고 푸른 바위 앞에 있네." 하였다.)

(참고로 앞에 두 문구는 理事이사에 원융하여 자유자재이다. 다음 두 문구는 理事이사에서 새끼를 안은 것과 새는 事사이고 청장과 벽암은 理이이다)

1) 대원송(大圓頌. 대원선사의 이사종횡대에 대한 게송)

理事縱橫,   이(理)와 사(事)가 자유자재

---

48 역겁(歷劫數): 겁수(劫數)를 경과함을 말한다. 이 세계가 한번 이루고 소멸이 일겁이다.

照用齊行,　　비춤과 작용을 일제히 행하니
這邊那邊,　　이쪽이든 저쪽이든
日午三更.　　해는 정오 삼경이다.

2) 대혜송(大慧頌. 대혜종고선사의 이사종횡대에 대한 게송)

塵塵實際本和融,　　일미진중에 진여법성 본래 융화하니
擧體全該事理同.　　전체 모두 갖춰 현상과 체가 하나네.
應物行權無定法,　　사물 응해 방편 행하니 정한 법 없고
隨緣立理絶羅籠.　　기연 따라 이치를 세워 망상을 끊네.
竿頭有路通車馬,　　백척간두 길이 있어 우마차 오가고
棒下無生觸祖翁.　　방할 아래 무생법이 조사에 닿았네.
出沒縱橫全體用,　　출몰하고 자재하니 체용이 온전하고
夕陽西去水流東.　　석양빛 서로 지고 물은 동으로 흐르네.

14-6. 굴곡수대(屈曲垂帶)[49]

夫垂者, 聖人垂機接物也. 屈曲者, 脫珍御服, 著弊垢衣也. 同安云 權掛垢衣云是佛, 却裝珍御復名誰. 珍御名不出世, 垢衣名出世.

---

[49] 굴곡수대(屈曲垂帶)는 진어복을 벗어버리고 더러운 옷을 입고 수행하여 설사 각오한다 해도 불위(佛位)에 안주하지 않고 기꺼이 보살이 되어 중생제도에 힘을 다하는 뜻이다.

대저 수(垂)는 성인이 기연에 수시(垂示. 垂語示衆수어시중. 스승이 상당하여 교훈하는 것)하여 중생을 인도하는 것이다. 굴곡(屈曲)이란 진어복(珍御復. 천자의 옷)을 벗어버리고 더럽고 해진 옷을 입는 것이다. ⁵⁰동안상찰(구봉건선사의 법을 받음)선사가 말하였다. "잠시 더러운 옷을 걸치면 부처님으로 이르는데, 만일 진어복으로 치장하면 또 무어라 부를 것인가? 진어복은 세상을 벗어나지 못했다하고 해진 옷은 세상을 벗어났다고 한다."

僧問石門徹和尙 雲光法師爲甚麽却作牛去. 徹云 陋巷不騎金色馬, 回途却著破襴衫. 聖人成佛後, 却爲菩薩, 導利衆生, 是名不住無爲不盡有爲矣.

한 스님이 석문혜철(청림사건선사의 법을 받음)선사에게 질문하였다. ⁵¹"운

---

50 동안(同安): 참고로 『조정사원』 제6권에 "선사의 이름은 상찰이고, 구강 봉루의 동안원에 거주하였으며 구봉건선사의 법을 이었다(師名常察, 居九江鳳棲之同安院, 嗣九峯虔)"하다.
51 운광법사(雲光法師): 법화경 강의에 하늘이 감동하여 꽃비가 내렸다고 한다. 그러나 업보로 소가 되었다가 지공(417~514)선사에 의해 축생의 몸을 벗었다는 고사가 있다. 참고로 『영각원현선사광록』 제30권에 "살도음(殺盜婬. 살생 도둑 음행)의 삼업이 바로 윤회의 근본이다. 이 삼업을 끊지 못하면 비록 선정의 지혜에 있더라도 언제나 마구니와 외도가 될 따름이다. 혹자는 말하기를 업성(業性)이 본래 공이라 하여 무엇이 끊어지고 무엇이 이어지냐? 업성은 본래 공임을 알지 못한다고 한다. 그러나 아집이 실체가 되면 업이 되어 결과를 부른다. 어찌 없다 하는가. 옛적 양나라 때 운광법사는 강론을 잘하였으나 계율을 받들지 아니하였다. 하여 지공선사가 꾸짖으니 그가 말하기를 '나는 재계를 지키지 아니하고 지켰다 여기고, 음식도 때를 가리지 않지만 제때가 아니면 먹지 않는다고 여긴다'고 하였다. 뒤에 과보로 소가 되어 진흙에서 수레를 끌고 나가지 못해 채찍이 가해진다. 지공선사가 지나다 그것을 보고 소리쳤다. "운광아," 소가 머리를 들자. "너는 오늘 어찌 수레를 끌지 않는다 여기고 수레를 끈다고 말하지 않느냐?" 소가 눈물을 흘리며 울부짖다가 죽었다. 이로써 살펴보면 과장되고 미친 알음알이인가. 어찌 윤회와 대적하랴? 남을 속이고자하면 자신부터 속이게 된다. 아, 슬프다(殺盜婬三業, 正輪廻之根本. 此業不斷, 雖有禪

광법사가 어째서 도리어 소가 되어 갑니까?" 석문혜철선사가 말하였다. "뒷골목엔 금색의 준마를 타지 않고, 돌아오는 길에 오히려 떨어진 난삼(襴衫. 상하가 붙은 옷)의 옷을 입는다." 하여 성인은 성불한 뒤에 도리어 보살이 되어서 중생을 (불교에 들어와 불법을 배우도록) 이익 되게 인도하니 이것은 [52]부주무위부진유위(不住無爲不盡有爲. 무위에 머물지 않고 유위에 다하지 않는다)라고 부른다.

文殊師利問維摩詰云 菩薩云何通達佛道. 摩詰云 菩薩行於非道, 是名通達佛道.

문수보살이 유마거사에게 질문하였다. "보살이 어찌하여야 불도에 통달함이라 이릅니까?" 유마거사가 말하였다. "보살은 [53]비도(非道. 도 아닌

定智慧, 總成魔外而已. 或者多謂業性本空, 何斷何續, 不知業性固本空, 而人執之爲實, 則起業招果, 安得言空. 昔梁有雲光法師, 善講經論, 而不奉戒律. 誌公呵之, 彼日 吾不齋而齋, 食而非食, 後招報爲牛, 拽車泥中, 力不能前, 鞭笞復急. 誌公過而見之, 召日雲光. 牛擧首, 誌公日 汝今日何不道不拽而拽. 牛蹩㝹號咷而逝. 以此觀之, 虛頭狂解, 何敵輪廻. 雖欲欺人, 還成自欺也. 哀哉)." 예를 든 운광법사는 이것이다.

[52] 무위(無爲): '무위'는 인연의 조작함이 없고, '유위'는 인연의 조작함이 있다.
[53] 비도(非道): 마랑부(馬郎婦)의 고사이다. 관세음보살이 화현하여 마랑의 부인이 된 이야기이다. 참고로 『석씨계고략』 제3권에 마랑부는 관세음보살이다. 원화12(817)년 보살이 협우에 미녀로 시현하였다. 곧 그 곳에 가서 사람들은 그 자태를 보고 짝하기를 원했다. "나도 시집갈 생각이 있으나 다만 하루저녁에 능히 보문품 암송하는 자라야만 섬기겠습니다." 새벽이 되자 암송한 자가 20인이다. "여자가 한 몸으로 어찌 여러 사람과 짝 지을 수 있나요. 다만 금강경 암송하는 자에게 응하겠습니다." 아침에 암송하는 자가 수십인이다. 여자는 다시 법화경 7권을 주면서 삼일을 약속하니 기한이 되어 홀로 마씨의 아들이 암송하였다. 여자는 예를 갖추어 혼인하고 마씨는 맞이하였다. 여자가 이르되 "몸이 편치 않으니 조금 뒤에 뵙겠습니다." 여자는 손님이 파하기 전에 죽어서 이내 썩어 문드러져 장사지냈다. 장사한지 수일 만에 한 노승이 찾아와서 여자가 간 곳을 질문하여 마씨가 장지로 안내하였다. 노승이 석장으로 그 곳을 헤치니 시신은 화하여 없고 오직 황

데서, 마랑부)에서 (정도를) 실천하면 이것이 불도에 통달한 것이라 한다."

(古德著語云 慈雲普覆無邊際, 枯木無花爭奈何. 宛轉是非從曲直, 箇時消息解通風)

(고덕의 착어에 "자비 구름이 널리 끝없이 덮이니, 고목에 꽃이 없음을 어찌하랴? 시비에 변화하고 시비에 따르니 저 때 소식은 바람을 통해서 아네." 하였다)

1) 대원송(大圓頌. 대원선사의 굴곡수대에 대한 게송)

屈曲垂慈,　굴곡수대는 자비심을 내려
棒喝齊施,　방과 할을 일제히 행하고
覆藏密旨,　비밀한 뜻을 덮어 감추니
少室靈枝.[54]　달마대사 신령한 가지네.

2) 대혜송(大慧頌. 대혜종고선사의 굴곡수대에 대한 게송)

금쇄자골만 있다. 노승은 석장에 쇄자골을 메고 나와 이르되 "이분은 성인이다. 너희들이 업장이 중하여 애민이 여기고 방편으로 너희들을 교화한 것이다(馬郎婦觀世音也. 元和十二年, 菩薩大慈悲力欲化陝右, 示現爲美女子. 乃之其所, 人見其姿貌風韻欲求爲配. 女曰 我亦欲有歸, 但一夕能誦普門品者事之. 黎明徹誦者二十輩. 女曰 女子一身豈能配衆. 可誦金剛經, 至旦通者猶十數人. 女復不然, 其請更授以法華經七卷, 約三日通至期, 獨馬氏子能通經. 女令具禮成姻, 馬氏迎之. 女曰 適體中不佳, 俟少安相見. 客未散而女死, 乃即壞爛葬之. 數日有老僧, 仗錫謁馬氏, 問女所由, 馬氏引之葬所, 僧以錫撥之, 尸已化唯黃金鎖子之骨存焉. 僧錫挑骨謂衆曰 此聖也. 憫汝等障重故垂方便化汝耳)." 하다.
54 시어에서 소실(少室)은 하남성 서남쪽에 있는 숭산의 뾰족한 세 봉우리 중 동봉은 대실, 소실은 서봉이다. 소림사도 있다. 위나라 효문이 숭산별봉에 불타선사를 위해 소림사를 세웠다고 전한다. 이곳에서 면벽구년하여 선법을 세운 달마대사를 상징하기도 한다.

제2권　151

不裝珍御示初機,	화려한 옷 입지 않고 초심을 보이니
出世權披弊垢衣.	출세에 잠시 더럽고 해진 옷 걸치네.
細路曲盤連夜過,	구불구불 좁은 길 밤새워 지나니
故鄕迢遞幾時歸.	고향은 아득하여 언제 돌아가나.
垂絲千尺鉤還曲,	긴 낚싯줄 드리우고 당겼다 또 굽히니
利物多方語帶悲.	중생에 이익 많아서야 말에 자비 띠네.
休論長安風物好,	장안에 풍물이 좋다고 논하지 마오
得便宜是落便宜.	편의 얻으면 바로 편의에 떨어지네.

14-7. 묘협겸대(妙叶兼帶)[55]

汝州風穴和尙示衆云 夫參學眼目, 臨機直須大用現前, 莫自拘於小節. 設使言前薦得, 猶是滯殼迷封. 縱饒句下精通, 未免觸途狂見.

여주(현재 하남성 임여현)에 [56]풍혈연소선사가 대중에게 설법하였다. "대저 수행자의 안목은 어떤 시기에 임해서 즉시 큰 작용이 앞에 나타나야 하고 스스로 사소한 일에 구속되지 말아야 한다. 설사 말하기 전에 파악한다 해도 오히려 표면에 걸리고 현혹에 미혹된다. 가령 언구아래 정통하다 해도 여전히 어디를 가더라도 허망한 견해를 면치 못한다.

---

55 묘협겸대(妙叶兼帶)는 스승의 인도와 학인의 참학은 반드시 협조가 일치해야 교묘하게 배합한다는 뜻이다. 바로 걸리지 않고 집착하지 않으면 큰 작용이 눈 앞에 나타난다.
56 풍혈연소(風穴延昭. 896~973)선사는 진사 시험에 실패한 후 출가하여 남원혜옹선사의 법을 받았다. 여주 지방에 풍혈사를 개당하여 많은 학인이 운집하여 임제종을 떨치다.

勸汝諸人, 應是從前依他作解, 明昧兩岐, 凡聖疑情一時掃却, 直教箇箇如師子兒哮吼一聲. 壁立萬仞, 誰敢正眼覷著. 覷著則瞎却渠眼.

너희 모두에게 권고하노니 응당 종전에 타인을 의지하여 이해된 것은 밝음과 어둠의 두 갈래이니, 범부와 성인의 의심하는 마음을 일시에 모두 쓸어버려야 즉시 개개인으로 하여금 사자처럼 으르렁 한 소리를 하게 된다. 만 길의 절벽에 서서 누가 감히 바른 눈으로 응시할 것인가? 만일 응시하면 곧 그의 눈은 멀어버릴 것이다."

(古德著語云 一句曲含千古韻, 萬重雲散月來初. 垂絲千尺, 意在深潭.)

(고덕의 착어에 "한 곡조가 천고, 묘협겸대의 운율을 포함하고, 일만 겹의 구름이 흩어지니 달은 원래 처음일세. 천척의 낚시 줄 드리우니, 뜻은 깊은 연못에 있네." 하였다)

1) 대원송(大圓頌. 내원선사의 묘협검내에 대한 게송)

妙叶眞機,　　묘협겸대 진실한 작용
境物如如,　　경계와 사물에 여여해
是凡是聖,　　범부이건 성인이건
無欠無餘.　　부족함도 없고 남음도 없네.

2) 대혜송(大慧頌. 대혜종고선사의 묘협겸대에 대한 게송)

擡搦鏃來作者知,	들고 누르고 까닭은 작자만 알고
箇中一字兩頭垂.	저 속에 한 글자 두 끝을 내리네.
同生同死何時曉,	같이 살고 같이 죽고 언제 깨달지
雙放雙收擧世疑.[57]	부정과 긍정에 온 세상 의심되네.
照膽蟾光沈碧漢,	달빛에 간담을 비추니 하늘에 잠기고
拍天滄海浸須彌.	하늘 두드리니 창해에 수미산 잠기네.
聞韶忘味有餘樂,[58]	소악에 맛을 잊으니 남은 음악이 있고
方識詩人句外奇.	비로소 시인의 언구 밖 기이함 알겠네.

14-8. 금침쌍쇄대(金鍼雙鎖帶)[59]

夫雞足分燈之後, 少林傳芳以來, 各闡玄風, 互興佛事. 若憑言詮爲據, 斷滅法門, 更成造作修功, (一作更或功行修持) 平沈先聖. 頭頭顯露, 物物明眞, 不用躊躇, 直截便道.

대저 계족산(가섭존자)에서 분등한 이후에 소림사(달마대사)에서 (보리달마가 세운 구년면벽의 선법이) 선향(禪香. 芳방을 선의 향기로 한 것이다)을 전한 이래로 각각 현풍(玄風. 보편적 노장자의 학설을 의미하나 여기서는 禪風선풍이다)을

---

[57] 쌍방쌍수(雙放雙收): 스승이 학인을 지도할 적에 학인의 견해를 완전히 '부정(收)'하거나 '긍정(放)'하거나 할때 교묘히 지도하여 가는 것이다. 빈주의 관계이다. 『불교대사전』.
[58] 문소망미(聞韶忘味): 공자가 순임금의 음악을 듣고 삼개월이나 고기 맛을 몰랐다(孔子聞韶三月不知肉味)고 하는 언구에서 가져온 시어이다. 『천계각랑성선사전록』 제33권 참고.
[59] 금침쌍쇄대는 이사종횡대에서 진일보하여 불세계도 집착하지 않고 자유자재함이다.

밝히니 불사(佛事. 불법교화)가 왕성하게 일어났다. 만일 언전(언어로 의리를 설명함)에 의지하여 근거로 삼았다면, (선종의 이심전심과 불립문자의) 법문이 끊어져 없어지고, 다시 조작(허위)의 수증(修證)의 공부가 되어서 [60](更成造作修功) 선성(불조)의 가르침은 침몰 되었을 것이다. 낱낱이 명백하게 드러내고 사물마다 진실을 밝히고 있으니 머뭇거려 주저주저하지 말고 [61] 즉시 곧바로 말을 해야 한다.

(古德著語云 風吹南岸柳, 雨折北池蓮. 白鷺下田千點雪, 黃鶯上樹一枝花)

(고덕의 착어에 "바람은 남쪽 언덕 버들가지에서 불고, 비는 북쪽 연못의 연을 꺾네. 백로가 들에 내려오니 천 점의 눈이요, 꾀꼬리가 나무에 오르니 한 가지에 꽃이네." 하다)

1) 대원송(大圓頌. 대원선사의 금침쌍쇄대에 대한 게송)

金鍼雙鎖,[62]　　금침쌍쇄의 융통무애
全心印可,　　온 마음으로 인가하여
有句無句,　　언구가 있건 언구가 없건

---

60 다른 본은 更成造作修功갱성조작수공이 更或功行修持갱혹공행수지이다. 의미는 다시 혹은 공덕과 행실을 닦아 지니다.
61 다른 본은 直截便道에서 절(截)이 수(須)이다. 번역에 이를 따랐다.
62 금침쌍쇄: ①금침쌍쇄(金針雙鎖)는 만다라 가운데 금강침과 금강쇄 두 보살로 금강침보살은 굳고 예리한 지혜로서 제법을 관통하여 통하지 않는바가 없고, 금강쇄보살은 지인(智印)으로 일체 중생을 변화시켜 무상보리에서 물러나지 않게 한다. ②금침쌍쇄(金鍼雙鎖)는 사(事. 현상)와 이(理. 본체), 차별과 평등을 비유하며, 곧 상즉(相卽)하여 하나이다. 침(針)은 두조각 천을 봉합에 사용되어 이사무애(理事無碍)한 경지에서 또 진일보해서 불세계도 집착하지 않는 자유자재함이다. 또 표리(表裏)의 융통무애한 뜻도 통한다.

千花萬朶.　　천송이 꽃 만송이 꽃이네.

2) 대혜송(大慧頌. 대혜종고선사의 금침쌍쇄대에 대한 게송)

突出全機理事玄,[63]　온 마음 갑자기 들어내 理와 事가 묘하고
東村王老夜燒錢.[64]　동촌 왕노인 섣달 그믐날밤 돈 태우네.
等閑得路明如日,[65]　등한히 길을 얻어 밝기가 해와 같고
擧步回頭直似弦.　　걷다가 머리 돌리니 곧음이 현 같네.
玄要並行無別語,　　삼현삼요 병행하니 별도의 말이 없고
機緣纔兆不堪傳.　　기연이 겨우 조짐을 차마 전할 수 없네.
從來大道無拘束,　　지금까지 대도는 구속함이 없었으니
信手拈來百事全.　　손 가는대로 집어도 만사가 온전하다.

14-9. 평회상실대(平懷常實帶)[66]

洛浦和尙示衆云 末後一句, 始到牢關, 把斷要津, 不通凡聖. 尋常 向汝諸人道 任從天下樂忻忻, 我獨不肯.

---

63 돌출(突出): 돌연출현(突然出現), 융기(隆起), 출중하게 드러내는 것을 의마한다..
64 야소전(夜燒錢): 중국 고대 풍속의 하나로 섣달 그믐날 밤 선조에게 제사하면서 망자를 위해 지전(紙錢)을 태웠다. 이는 한 해를 의미있게 마무리 잘 했는가라는 의미가 있다.
65 등한(等閑): 마음에 두지 않고 대수롭지 않게 생각하다. 부사로 까닭없이, 이유없이.
66 평회상실대(平懷常實帶)는 불법은 특별함이 없고 바로 옷 입고 밥 먹는 일상의 생활이 모두 진실한 불법이다. 남전선사가 언급한 평소에 사심이 없고 도와 상응하는 뜻이다.

낙포(협산선회선사의 법을 받음)스님이 대중에게 설법하였다. "최후의 일구에 비로소 마지막 뢰관(牢關. 관문. 迷悟미오의 경계가 견고한 관문 또는 진실불변의 핵심처)에 이르니 요진(要津. 생사의 바다를 건너는 주요한 길목. 나들이)을 끊어 없애면 범인도 성인도 통하지 못한다. 나는 평소 너희 모두를 향해서 말하였다. 마음대로 세상 사람들이 즐거워서 싱글벙글하지만, 나는 홀로 기꺼이 즐기지 않는다.

何故. 靈龜負圖, 自取喪身之兆. 鳳縈金網, 擬趣霄漢以何期. 尋常向汝諸人道 須於旨外明宗, 莫向言中取則.

어째서인가? 신령한 거북이 도면을 지고 스스로 목숨을 잃는 조짐을 취함과 같다. 만일 봉황이 금빛 그물을 두르고 푸른 하늘을 날려고 생각한다면 어느 시기에 하겠는가? 평상시 너희 모두를 향해서 말하였다. 반드시 종지(宗旨) 밖에서 종을 (세운 근본을) 밝혀야 하고, 언전(言詮. 언어로 의리를 설명함)의 가운데를 향해서 법(法. 깨달음)을 취하지 말라.

所以道石人機似汝, 也解唱巴歌. 汝若似石人, 雪曲也應和.

그래서 말한다. 감각 없는 돌사람의 근기가 너희와 같다면 또한 파인의 노래 부름(巴歌파가는 춘추시대 초나라 민간에서 부른 통속적인 노래다)을 이해할 수 있다. 너희가 만일 돌사람과 근기가 같다면 설곡(雪曲은 옛 가곡 명으로 양춘백설곡이다) 또한 호응하여 화답할 수 있다."

僧問南泉 如何是道. 泉云 平常心是道. 如達平常道也, 見山即是山, 見水即是水, 信手拈來, 草無可無不可. 設使風來樹動, 浪起船高, 春生夏長, 秋收冬藏, 有何差異. 但得風調雨順, 國泰民安, 邊方寧靜, 君臣道合, 豈在麒麟出現, 鳳凰來儀, 方顯祥瑞哉.

한 스님이 남전보원선사에게 질문하였다. "무엇이 도입니까?" 남전선사가 대답하였다. "평상심이 도이다." 만일 평상심의 도를 통달하면 산을 보면 곧 산이요 물을 보면 곧 물이요, 마음대로 가져와도 세속(번뇌)에 가할 것도 없고 불가할 것도 없다. 설사 바람이 불어 나무가 움직이고 파도가 일어 배가 높아지며 봄에 싹이 나고 여름에 자라며 가을에 거두고 겨울에 감춘다 해도 무슨 차이가 있는가? 다만 능히 기후가 순조롭고 나라가 태평하여 백성의 생활이 안정되고, 변방이 편안하고 군신의 도가 합을 얻어야하거늘, 어찌 기린이 출현하고 봉황이 와서 춤을 추어서야 비로소 상서로움이 나타나는 것인가?

但得理歸其道, 事乃平實, 無聖可求, 無凡可捨, 內外平懷, 泯然自盡. 所以諸聖語言, 不離世諦, 隨順世間. 會則途中受用, 不會則世諦流布.

다만 능히 이치(理)는 그 도에 돌아가고 현상(事)은 곧 소박해서야 구할 성인도 없고 버려야 할 범부도 없으며, 안팎으로 차별없는 평소의 마음이니 고요하여 스스로 다한다. 그래서 모든 성인의 언어는 세속의 도리를 여의지 않고 세간의 순리를 따르는 것이다. 이해하면 곧 도중에서

(바른 도를) 수용할 것이고, 알지 못하면 곧 세속의 도리로 유전될 것이다.

(古德著語云 長因送客處, 憶得別家時)

(고덕의 착어에 "늘 객을 배웅하는 곳이기에 기억하는 것은 집과 이별한 때이다."하다)

1) 대원송(大圓頌. 대원선사의 평회상실대에 대한 게송)

平懷常實,　　평소의 마음 항상 진실하니
事圓理畢,　　현상은 원만하고 이치는 다해
露柱燈籠,　　불전에 기둥과 등촉의 무정물
無得無失.　　득도 없고 실도 없네.

2) 대혜송(大慧頌. 대혜종고선사의 평회상실대에 대한 게송)

更無回互本圓成,[67]　다시 섞임 없이 본래 원만히 이루고
覿面無私一體平.　　눈앞에 사심 없어 일체가 공평하다.
水上東山行不住,　　물위에 동산은 머물지 않고 흐르고
火中木馬夜嘶鳴.　　불속의 목마가 밤중에 소리쳐 우네.
人間但見浮雲白,　　사람들은 단지 뜬 흰 구름만 보고
天外常看列岫橫.　　하늘 밖에 늘 횡으로 늘어선 산을 보네.
若爲平常心是道,　　만일 평상심이 도라고 하면

---

67 회호(回互): 서로 맞물림이다. 이것과 저것이 서로 번갈아 섞이어 전환운동이다.

擬心已在鐵圍城.   마음을 헤아려 이미 철위성에 있네.

浮山云 據圓極法門, 本具十數. 今此九帶, 已爲諸人說了也, 更有一帶, 諸人還見麼. 若也見得親切分明, 却請出來說看. 說得相應, 則通前九帶, 圓明道眼. 若也見不親切, 說不相應, 但依吾語言. 以爲已解, 則名謗法, 無有是處. 諸人到此合作麼生. 衆皆罔措, 師遂叱散.

부산법원선사가 말하였다. "원만하고 궁극적인 법문을 근거하면 본래 십의 수를 갖추었다. 지금 이 구대선은 이미 여러분을 위해서 설명을 마쳤지만, 다시 한 대(一帶)가 있으니 여러분은 또한 알겠느냐? 만일 알은 것이 적절하고 분명하다면, 곧 부탁하니 나와서 말해보라. 설명한 것이 서로 호응하면 앞의 구대(九帶)와 통하고 (십의 수를 이루게 되어) 밝은 도안(道眼. 대도를 체득한 안목)이 원만하다. 만일 알은 것이 적절하지 못하고 설명이 서로 호응하지 못하면 오로지 내가 설명한 말에 의지함이다. 이로써 자신의 견해로 여긴다면, 곧 방법(謗法. 정법을 비방함)이라 이름하니 옳은 곳이 없다. 여러분은 여기에 이르러 응당 어떻게 생각하느냐?" [68]대중이 모두 알지 못하는 모양을 짓자, 선사는 드디어 질타하며 흩어지게 하였다.

15. 황룡삼관(黃龍三關)

---

[68] 衆皆罔措에서 망조(罔措)는 뭔지 몰라서 자기 자신을 어떻게 해야 할지 수족을 둘만한 곳이 없는 모양이다. 『선어사전』 참고.

南禪師問隆慶閑禪師云 人人有箇生緣, 上座生緣在什麽處. 閑云 早晨喫白粥, 至晚又覺饑. (一轉語)

69황룡혜남선사가 융경한(황룡혜남선사의 제자)선사에게 질문하였다. "사람마다 태어나는 인연이 있다하니 상좌는 태어나는 인연이 어디에 있느냐?" 경한선사가 대답하였다. "이른 아침에 흰 죽을 먹고, 저녁에 이르러 또 허기를 느낍니다." (일전어)

又問 我手何似佛手. 閑云 月下弄琵琶. (二轉語)

또 질문하였다. "내 손이 어찌 부처님 손과 같으냐?" "달빛 아래 비파를 탑니다." (이전어)

又問 我脚何似驢脚. 閑云 鷺鷥立雪非同色. (三轉語)

또 질문하였다. "내 다리가 어째서 나귀의 다리와 같으냐?" "백로와 난새가 눈 위에 서 있어도 같은 색이 아닙니다." (삼전어)

---

69 황룡삼관(黃龍三關): 황룡혜남(1002~1069)선사의 삼관이다. 임제종 황룡파를 세운 북송시 혜남선사가 처음 제창한 교설로 학인을 대하면 늘 세 가지를 질문하였다. 이는 생연(生緣), 불수(佛手), 여각(驢脚)이다. '생연'은 '사람마다 모두 태어나는 인연이 있는데 너는 태어난 인연이 어떤 것이냐?'라는 일전어와 '불수'는 '내 손이 어찌 부처님 손과 같다고 하느냐?'라는 이전어와 '여각'은 '내 다리가 어째서 나귀의 다리와 같으냐?'라는 삼전어이다. 이 질문에 계합하는 사람이 없어서 천하 총림에선 이것을 삼관사(三關事)라고 부른다. 늘 대립적인 편견을 버리고 수행에 철저히 정진할 적에 깨달음의 문은 열린다고 한다.

黃龍每以此三轉語, 垂問學者, 多不契其旨. 而南州居士潘興嗣延之, 常問其故, 龍云 已過關者, 掉臂徑去, 安知有關吏. 從關吏問可否, 此未過關者. 復自頌云,

황룡선사가 매번 이 삼전어(세 번 돌려서 질문하여 깨우치게 함)로서 참선하는 학인에게 질문을 제시하였으나 대부분 그 뜻에 계합하지 못하였다. 그러나 남주 땅 거사 반흥 사연지(생몰미상. 황룡선사의 법을 받은 거사)가 평소 그 까닭을 질문하여 황룡선사가 말하였다. "이미 삼관의 뜻을 통과한 자는 팔을 흔들며 곧장 가버리니 어찌 관문 지키는 관리가 있는 것을 알겠느냐? 만일 관리를 따라가서 (통과할 수 있는지 없는지) 가부를 묻는다면, 이는 아직 관문을 통과하지 못한 자이다." 다시 친히 게송으로 읊었다.

我手何似佛手,　　내 손 무엇이 부처님 손과 같으냐
禪人直下薦取,　　참선하는 수행인 곧바로 파악하고
不動干戈道出,　　병기를 움직이지 않고 말을 꺼내니
當處超佛越祖.　　즉시 그 자리서 불조를 뛰어넘네.

我脚驢脚竝行,　　내 다리와 나귀 다리가 함께 가니
步步踏著無生,[70]　걸음마다 밟는 것은 다 무생이요
會得雲收月皎,　　구름 걷히고 달빛 교교함 터득하여

---

[70] 무생(無生): 진리는 생멸이 없다. 때문에 이를 살펴서 생멸의 번뇌를 깨부순다. 참고로 『金光明最勝王經금광명최승왕경』 제1권에 "무생은 진실이 되고 생은 허망하니 어리석은 이들은 생사에 깊이 빠져서 표류하고 여래는 진실을 체득하여 허망함이 없기에 열반이라 한다(無生是實, 生是虛妄, 愚癡之人漂溺生死, 如來體實, 無有虛妄, 名爲涅槃)."고 하였다.

方知此道縱橫.　　바로 이 불도가 자재함을 알겠네.

生緣有路人皆委,　　생연의 길이 있어 사람 다 위탁하고
水母何曾離得蝦.　　해파리가 언제 새우 여읜 적 있느냐.
但得日頭東畔出,　　다만 붉은 태양이 동쪽에 오르고
誰能更喫趙州茶.　　누가 다시 조주선사 차를 마시랴.

1) 진정문송(眞淨文頌. 진정극문선사의 삼관에 대한 게송)

我手何似佛手,　　내 손이 어찌 부처님 손과 같으냐
翻覆誰辨好醜,　　번복해 누가 좋고 추함을 분별하니
若是師子之兒,　　이와 같은 사자의 새끼라면
野干謾爲開口.　　여우가 헛되이 입을 열게 되네.

我脚何似驢脚,　　내 발이 어찌 나귀 발과 같으냐
隱顯千差萬錯,　　숨었다 나타났다 천차만별이니
豁開金剛眼睛,　　금강의 눈동자 활연히 열고서야
看取目前善惡.　　곰곰히 눈앞에 선과 악을 살피네.

人人有箇生緣處,　　사람마다 태어나는 인연 있으니
認著依然還失路,　　아는 것에 여전히 또 길을 잃고
長空雲破月華明,　　장공에 구름 흩어져 달빛이 밝아
東西南北從君去.　　동서남북 그대 가는대로 따르네.

2) 경복순송(景福順頌) (蜀人嗣南禪師)[71]

長江雲散水滔滔,　장강에 안개 흩어져 물은 도도히 흘러
忽爾狂風浪便高,　홀연히 저 광풍에 파도가 곧 높아지니
不識漁家玄妙意,　어부는 현묘한 뜻을 알지 못해
卻於浪裏颭風濤.　도리어 물결에 바람과 큰 물결 이네.

南海波斯入大唐,[72]　남방 오랑캐가 당나라에 들어오고
有人別寶便商量,　남이 가진 보배를 나눠 곧 흥정하며
或時遇賤或時貴,　어쩌다 천함도 어쩌다 귀함 만나니
日到西峰影漸長.　해는 서산에 그림자 점차 길어지네.

(黃龍老和尙, 有箇生緣語, 山僧承嗣伊, 今日爲君擧, 爲君擧貓兒, 偏解捉老鼠.)

(황룡혜남 노스님이 태어난 인연의 언구가 있었기에 내가 이어서 저를 받들어 오늘 그대 위해 제시하고, 그대 위해 고양이를 제시하니 공교롭게도 쥐 잡을 줄 안다.)

3) 남당정송(南堂靜頌) (名道興蜀人嗣五祖)[73]

我手何似佛手.　내 손이 어찌 부처님 손과 같으냐.

---

[71] 경복순선사의 삼관에 대한 게송. 선사는 촉 땅의 사람, 황룡혜남선사의 법을 받음.
[72] 시어에 파사(波斯)는 국명. 보물이 풍부하다. 사람은 성질이 포악하고 예의가 없다.
[73] 남당정선사의 삼관에 대한 게송. 이름은 도흥이고 촉 땅의 사람, 법연선사 법을 받음.

爐鞴鉗鎚掃帚,⁷⁴　화로와 풀무 집게와 망치 쓰는 비
曾烹紫磨金身,⁷⁵　일찍이 최상의 금 삶은 금신이니
光射七星牛斗.　　빛은 북두칠성과 견우성에 쏘네.

我脚何似驢脚.　　내 다리가 어찌 나귀 다리와 같으냐.
白刃紅旗閃爍,　　흰 날과 붉은 깃발이 번쩍번쩍
坐斷百戰場中,　　많은 전쟁터를 앉아서 없애니
妙用六韜三略.⁷⁶　묘한 작용은 육도와 삼략이다.

人人有箇生緣,　　사람마다 태어나는 인연 있으니
視聽俯仰折旋,⁷⁷　어묵동정과 행주좌와요
頂戴寰中日月,　　우주의 일월을 정수리에 이고
懷藏閫外威權.　　마음은 성 밖에 권위를 감추었네.

4) 원오근송(圓悟勤頌. 원옥극근선사의 삼관에 대한 게송)

我手何似佛手.　　내 손이 어찌 부처님 손과 같으냐.
隨分拈花折柳,　　분수에 따라 꽃을 들고 버들 꺾어
忽然撞著頭蛇,　　홀연히 뱀의 머리와 맞부딪치면

---

74 노비겸추소추(爐鞴鉗鎚掃帚): '노비'는 바람을 내는 풀무이고, '겸추'는 집게와 쇠망치로 스승이 학인을 단련시키는 엄한 수단에 비유하는 말이며, '소추'는 빗자루이다.
75 자마(紫磨): 최상품의 금이다.
76 육도삼략(六韜三略): '육도'는 태공망이 지은 6권, '삼략'은 황석공이 지은 3권의 병서다.
77 시청부앙절선(視聽俯仰折旋): '시청'은 보고 듣고, '부앙'은 머리를 들고 숙임. '절선'은 절도 있게 가고 돌고 하는 것이다. 이는 다 마음에서 일어나는 어묵동정과 행주좌와이다.

未免遭他一口.	저 한 입 물림을 면치 못하리라.

我脚何似驢脚.	내 다리가 어찌 나귀 다리와 같으냐.
趙州石橋略彴,78	조주의 돌다리는 외나무다리
忽然築起皮毬,	홀연 가죽 공을 쌓기 시작하니
崩倒三山五嶽.79	삼산과 오악이 거꾸러지네.

人人有箇生緣,	사람마다 태어나는 인연 있으니
蹲身無地鑽研,	몸을 웅그려 깊이 탐구할 곳도 없고
若也眼皮迸綻,	만일 눈꺼풀이 갈라지거든
累他桶底踢穿.	거듭 저 통 밑을 걷어차 뚫어라.

5) 담당준송(湛堂準頌. 담당문준선사의 삼관에 대한 게송)80

我手佛手,	내 손과 부처님 손
十八十九,	거기서 거기요
雲散月圓,	구름 개니 둥근 달이 비추고
癡人夜走.	어리석은 사람이 밤에 간다.

---

78 시어 '략박(略彴)'에서 '략(略)'이 다른 본은 '략(掠)'이다. '략박(掠彴)'은 외나무다리이다.
79 '삼산오악(三山五嶽)'에서 '삼산'은 강소성 강녕현 남쪽에 있는 산명이고, '오악'은 태산, 형산, 화산, 항산, 숭산이다. 시어에선 삼독(탐진치)심과 오욕으로 색성향미촉을 비유한 것이다. 삼독심과 오욕은 진리를 오염시킬 뿐만 아니라, 본성에 접근하는데 장애가 된다.
80 담당문준(1061~1115)선사의 삼관에 대한 게송. 진정극문(1025~1102)선사 법을 받음.

我脚驢脚,	내 다리와 나귀의 다리
放過一著,[81]	그대로 바둑의 한 수
龐公笊籬,[82]	방거사의 조릿대요
淸平木杓.[83]	청평선사 표주박일세.

人人生緣,	사람마다 태어난 인연
北律南禪,	북방은 율이요 남방은 선
道吾舞笏,[84]	도오선사가 춤을 추고
華亭撑船.[85]	화정선사 배를 젓더라.

---

81 방과일착(放過一著): 바둑처럼 스승이 학인을 위해 노파심에서 한 수를 양보해 줌이다.
82 방공조리(龐公笊籬): '방공'은 방온(龐蘊. ?~808)거사이다. 본래 자신의 재산을 강물에 버리고 부에서 빈의 생활로 '조리'를 팔아 생계를 유지하였다. 거사는 마조도일선사의 법을 받았다. 그는 단하, 약산, 석림, 백령, 제봉, 앙산선사 등과의 많은 선문답이 전한다.
83 청평목표(淸平木杓): '청평'은 청평영준(845~919)선사이다. '목표'는 기존에서 표주박, 국자로 해석한다. 참고로 『오등회원』제5권에 학인이 청평선사에게 질문하였다. "무엇이 유루(有漏)입니까?" "조리이다." "무엇이 무루(無漏)입니까?" "표주박이다."(如何是有漏. 師曰笊籬. 如何是無漏. 師曰木杓)하였고, 『종문념고휘집』제40권에 묘봉지선(생몰미상)선사의 게송에서 "방거사가 조리를 팔고 청평선사가 표주박을 말한다."(龐公賣笊籬,淸平道木杓)고 하였다. 청평선사는 단하천연(739~824)선사의 제자 취미무학(생몰미상)선사의 법을 받았다.
84 도오무홀(道吾舞笏): '도오'는 관남도오(생몰미상)선사이다. '무홀'은 춤추다. 참고로 『오등회원』 제4권에 선사가 어느 때 목검을 어깨 위에 메고 춤을 추었다. 제자가 질문하였다. "검은 어디서 얻었습니까?" 선사가 바닥에 던지자, 제자가 도리어 주우다 선사의 손에 주었다. "어디서 얻었느냐?" 대답이 없자, "너는 3일내에 일전어로 대답을 허용한다." 또한 대답이 없자, 선사가 대신하여 검을 어깨에 메고 춤을 추면서 말했다. "반드시 이와 같이 했어야지(有時執木劍, 橫肩上作舞. 僧問手中劍甚處得來. 師擲於地, 僧却置師手中. 師曰甚處得來. 僧無對. 師曰容汝三日內, 下取一轉語. 其僧亦無對. 師自代拈劍橫肩上, 作舞曰須恁麽始得)."하였다. 도오선사는 관남도상(생몰미상)선사의 제자이고, 마조도일선사의 손자이다.
85 화정탱선(華亭撑船): '화정'은 선자덕성(생몰미상)선사로 화정 오강(吳江)에서 작은 배 사공으로 생활하였다. 약산유엄(751~834)선사의 제자다. '탱선'은 배를 끌다. 저어 나가다.

6) 해인신송(海印信頌. 해인신선사의 삼관에 대한 게송)

我手佛手,　　내 손과 부처님 손
誰人不有,　　누구인들 있지 않는가
直下分明,　　곧바로 분명한데
何須狂走.　　광분할 필요가 없네.

我脚驢脚,　　내 다리와 나귀 다리
高低踏著,　　높낮이로 밟고 서서
雨過苔靑,　　비 지나 이끼가 푸르고
雲開日爍.　　구름 개니 해가 비추네.

問爾生緣,　　묻노니 태어난 인연
處處不疑,　　처처에 의심치 않고
直語心無病,　정직한 말은 마음에 병이 없으니
誰論是與非.　누가 옳고 그름을 논하랴.

7) 만암송(萬庵頌. 만암선사의 삼관에 대한 게송) (대혜고선사 법 받음)

我手何似佛手.　내 손이 어찌 부처님 손과 같으냐.
不用思前算後,　앞 생각하고 뒤 계산하지 마라
世間多少癡人,　세간에 다소 어리석은 사람들이
只是隨人背走.　오로지 남의 뒤를 따라 가는구나.

我脚何似驢脚.	내 다리 어찌 나귀 다리와 같으냐.
擬議遭他毒藥,	우물쭈물하다 저 독약 만나고
又見白衣拜相,	또 평민이 재상에 임명됨을 보니
從前更無官爵.	종전엔 또한 관작이 없었네.

人人有箇生緣,	사람마다 태어나는 인연 있으니
桑梓人物騈闐,	고향에 사람과 물건 모여서 잇고
借問東隣西舍,	동쪽 이웃에 서쪽 집을 문하니
西天十萬八千.	서천은 십만 팔천리라 하더라.

16. 남당변험십문(南堂辨驗十問)[86]

南堂示衆云 夫參學至要, 不出箇最初與末後句. 透得過者, 平生事畢. 其或未然, 更與爾分作十門, 各用印證自心, 看得穩當也未.

남당원정(오조법연선사의 법을 받음)선사가 대중에게 설법하였다. "참선 수행자에게 가장 중요한 것은 [87]최초구와 말후구에서 벗어나지 않는다.

---

[86] 남당변험십문(南堂辨驗十問)(問은 門): 이는 남당원정(1065~1135)선사가 최초구와 말후구에서 깨닫지 못하는 학인에게 열 가지 門(문. 법. 방법)을 제시하여 이 십문의 대요를 철저히 수행하고 깨달은 뒤에 천하 모두에게 공경 받으며 불조의 스승이 되게 한 것이다. 다시 말하면 선사의 십문은 불법에 입문하여 철저히 각오의 필수적은 정견과 정행이다.

[87] 최초구와 말후구: '최초구'는 천지가 나눠지기 전의 언구, 부모미생전의 언구이다. '말후구'는 각오한 극처로 구경의 언구, 지극의 언구이다. 참고로 선문답을 통해서 살펴보기로 한다. 박산해선사가 자광선사와 최초구와 말후구에 대해서 논하였다. 자광선

만일 이것을 뚫고 통과한 자라면 평생 할 일을 마쳤지만 혹은 아직 통과하지 못하였다면, 다시 너희를 위해서 열 가지 문(門. 법. 방법)을 나누게 되니 너희 각자가 (이 십문으로써) 자신의 심지(心智. 心심은 체, 智지는 용이다)를 인증하여 (정도를) 타당하게 살필 수 있겠느냐?

一須信有敎外別傳, 二須知有敎外別傳, 三須會無情說法與有情說法無二, 四須見性如觀掌上, 了了分明, 一一田地穩密.

(이 열가지 문에) 하나는 반드시 교외별전이 있는 것을 믿어야 하고, 둘은 반드시 교외별전의 도리가 있는 것을 알아야하고, 셋은 반드시 무정설법과 유정설법은 둘이 아님을 이해하며, 넷은 반드시 견성은 손바닥 보듯이 분명하고 뚜렷하니 낱낱이 경계가 정확하고 치밀하여야 한다.

五須具擇法眼, 六須行鳥道玄路, 七須文武兼濟, 八須摧邪顯正, 九須大機大用, 十須向異類中行.

다섯은 반드시 법안(法眼. 正法眼藏정법안장이다. 이로써 교외별전의 심인을 삼

사가 질문하였다. "무엇이 최초구입니까?" "문을 열면 먼저 일곱 가지 일이 중요하다." "무엇이 말후구입니까?" "복건 땅에 예지이고 청주 땅에 호떡이다."(師與慈光論最初末後句. 慈曰如何是最初句. 師曰開門先要七件事. 慈曰如何是末後句. 師曰福建荔枝靑州餠)『박산해선사어록』제4권에 보인다. 선문답에서 최초구는 처음 출가한 본분을 잊지 않고 의젓한 출가수행에 임함으로 표현하였고, 취후구는 눈앞에 일어난 현상으로 나타냈다. 일곱가지 일이란 수행자가 늘 소지해야 하는 세벌의 옷, 발우, 향합, 불자, 좌구, 덮개, 세면도구를 말한다.

는다. 바로 바른 법을 깨달은 지혜의 눈이다)을 구비해야 하고, 여섯은 반드시 [88] 조도와 현로를 걸어가서 새로운 길을 열어야 하며, 일곱은 반드시 문무를 겸해서 이루어야 하고, 여덟은 반드시 사도는 저지하고 정도는 드러내야 하며, 아홉은 반드시 대기대용(大機大用. 기미와 작용을 크게 활동하여 전 인격의 역량을 드러냄이다. 바로 큰 작용이다)을 해야 하고, 열은 반드시 이류(異類. 다른 종류. 범부) 가운데를 향해서 실천해야 한다.

此十門, 諸人還一一得穩當也未. 若只是閉門作活, 獨了自身, 不在此限. 若要荷負正宗, 紹隆聖種, 須盡此綱要十門, 方坐得曲彔木床, 當得天下人禮拜, 可與佛祖爲師.

이 십문을 너희 모두가 또한 하나하나 타당하게 이해할 수 있겠느냐? 만일 다만 문을 닫고 생활하면서 혼자 자신만이 깨달으려 한다면, 이 경내에선 존재하지 않는다. 만일 정종(正宗. 정통으로 내려온 정도)을 짊어지고 계승하여 성인의 전통을 이으시 높이고 싶다면, 반드시 이 십문의 강요를 다 실천해서야 비로소 [89]곡록과 목상에 앉을 수 있으며, 천하 사람의 예배를 받을 수 있고 불조를 위해서 스승이 될 수 있다.

若不到與麽田地, 一向虛頭, 他時異日, 閻家老子未放爾在. 有麽大家出來證據, 若無不用久立.

---

[88] 조도현로(鳥道玄路): '조도(허공)'는 지명으로 험하고 높아서 새만이 넘을 수 있다. 선수행은 지극히 어렵고 험한 것이 새의 길에 비유한 것이다. '현로'는 현묘한 길, 즉 진리이다.
[89] 곡록목상(曲彔木床): '곡록'은 의자, '목상'은 선상이다. 즉 승려들이 사용하는 의자이다.

만일 이와 같은 경지에 이르지 못하고 한결같이 터무니 없이하면, 다른 날에 염라대왕이 너희를 놓아두지 않는다. (할말이) 있느냐? 여러분은 나와서 증거를 보여라. 만일 없다면 오래 서 있지 말고 돌아가라."

17. 임제문정(臨濟門庭. 임제종의 종지)

臨濟宗者, 大機大用, 脫羅籠出窠臼, 虎驟龍奔, 星馳電激. 轉天關斡地軸, 負衝天意氣, 用格外提持, 卷舒擒縱, 殺活自在. 是故示三玄三要, 四賓主, 四料揀, 金剛王寶劍, 踞地師子, 探竿影草, 一喝不作一喝用, 一喝分賓主, 照用一時行.

임제종은 (학인을 인도할 적에) 대기대용(大機大用. 기미와 작용을 크게 활동하여 전인격의 역량을 드러냄이다. 바로 큰 작용이다)이 번뇌의 속박에서 해탈하고, 집착에서 벗어남을 범과 용이 질주하듯이 유성이 흐르고 천둥치듯이 하였다. 하늘과 대지가 회전하듯이 하늘을 찌르는 기개를 가졌다. [90]평소에 사용하지 않던 문제를 들이대는 방법을 사용하여 (학인의 근기에 따라) 쥐었다 폈다하고 꼼짝 못하게 잡아두기도 하고 놓아주기도 하며 죽이고 살리기를 자유자재하다. 그래서 [91]삼현삼요, 사빈주, 사료간, 금강왕보

---

90 제지(提持): 선림(禪林)에서 스승이 학인을 인도하는 방법이다. 스승이 학인을 친히 인도할 적에 학인 본래 가지고 있는 견해를 없애고, 향상의 계기를 제시하여 주어서 꼼짝 못하게 하는 수법으로 학인의 아견(我見)을 부정하는 것이다.『불광대사전』참고.
91 삼현삼요(三玄三要)는 임제선사가 학인을 인도하는 방법으로 일구어에 삼현이 있고 일현에 삼요가 있다하여 삼현구요이다. 모두 내 마음에 있다. 일현삼요를 얻으면 자신도 구제하지 못하고, 이현육요를 얻으면 인천에 스승이 되고 삼현삼요를 얻어야 불조를 위한

검, 거지사자, 탐간영초, 일할부작일할용, 일할분빈주, 조용동시행 등의 설법을 제시하였다.

四料揀者, 中下根人來, 奪境不奪法. 中上根人來, 奪境奪法不奪人. (一作奪法不奪境非) 上上根人來, 人境兩俱奪. 出格人來, 人境俱不奪.

사료간은 중하근기의 학인이 오면, 경계에 대한 집착은 빼앗고, 법아(法我. 객관의 제법에 체성이 있다고 고집함)에 대한 집착은 빼앗지 않는다. 중상근기의 학인이 오면, 외경과 법에 대한 집착은 빼앗고, 인아(人我. 我아의 실체가 있다고 집착함)에 대한 집착은 빼앗지 않는다. [92](一作奪法不奪境非) 상상근기의 학인이 오면, 인아와 외경에 대한 집착 모두를 부정하였다. 특출한 학인이 오면, 인아와 외경에 대한 집착 모두를 부정하지 않는다.

四賓主者, 師家有鼻孔, 名主中主. 學人有鼻孔, 名賓中主. 師家無

스승이 될 수 있다. 사빈주(四賓主)는 임제종과 조동종이 사빈주를 세웠으나 뜻은 다르다. 임제종의 빈주는 스승과 제자, 조동종의 빈주는 체와 용이다. 사료간(四料揀)은 임제선사가 세운 네가지 간별법으로 주관을 부정하고 객관은 두거나, 아집과 법집 모두를 부정하기도 하고 주관과 객관의 존재를 다 긍정하기도 한다. 또 사할(四喝)은 정해(情解)를 없애는 작용으로 학인의 분상을 부숴버려 구속의 틀에서 벗어나 해탈의 노래를 부르게 한다. 다시 말하면 어느 때 일할은 금강왕보검(일체 정해를 절단함)처럼 날카롭고, 어느 때 일할은 쭈구리고 앉은 거지사자(당당한 위풍)처럼 사납고, 어느 때 일할은 탐간영초(제자의 역량을 탐색함)처럼 하늘거리고, 어느 때 일할은 일할의 작용도 되지 않는다. 여여한 경지의 일할은 분명히 스승과 제자가 드러난다. 또 비춤과 작용을 동시에 하여 학인을 인도한다.
[92] 다른 본은 '탈법불탈경(奪法不奪境)'인데, 이는 아니다.

鼻孔, 名主中賓. 學人無鼻孔, 名賓中賓. 與曹洞賓主不同.

사빈주란 스승이 비공(鼻孔. 코, 얼굴의 핵심은 코이다. 본분사. 본래면목. 깨달음)이 있으면 주인 가운데 주인이요, 학인이 비공이 있으면 빈 가운데 주인이며, 스승이 깨달음이 없으면 주인 가운데 빈이요, 학인이 깨달음이 없으면 빈 가운데 빈이다. 조동종의 빈주와는 다르다. (임제종에서 말하는 빈주는 스승과 제자의 별명이고, 조동종에서 말하는 빈주는 체와 용의 다른 이름이다)

三玄者, 玄中玄, 體中玄, 句中玄. 三要者, 一玄中具三要. 自是一喝中, 體攝三玄三要也. 金剛王寶劍者, 一刀揮盡一切情解. 踞地師子者, 發言吐氣, 威勢振立, 百獸恐悚, 衆魔腦裂. 探竿者, 探爾有師承無師承, 有鼻孔無鼻孔. 影草者, 欺瞞做賊, 看爾見也不見.

삼현은 현중현, 체중현, 구중현이다. 삼요는 일현 가운데 삼요가 갖추어졌다. 물론 '한번 할(一喝)' 하는 중에 완전히 삼현삼요 전체가 포섭된다. 금강왕보검은 단 칼에 휘둘러 일체의 정식을 없앤다. 거지사자는 입을 열고 기를 토하여 그 떨치는 위세에 뭇짐승이 두려워하고, 모든 마구니의 머리통이 터진다. 탐간은 학인이 스승으로부터 교법을 받았는지 아닌지와 비공(鼻空)의 식견이 있는지 없는지를 탐색한다. 영초는 속이고 도적이 되어서 학인이 보고 있는지 또는 보고 있지 않는지를 살피는 것이다.

一喝分賓主者, 一喝中自有賓有主也. 照用一時行者, 一喝中自有照有用. 一喝不作一喝用者, 一喝中具如是三玄三要, 四賓主,四料揀之類. 大約臨濟宗風, 不過如此. 要識臨濟麽. 靑天轟霹靂, 陸地起波濤.

일할분빈주(一喝分賓主)는 여여한 경지에서 '악' 할(一喝)을 하는 가운데 분명히 스승도 있고 제자도 있다. 조용동시행(照用一時行)은 '악' 할(一喝)'을 하는 가운데 자연 간파와 지도를 동시에 행한다. 일할부작일할용(一喝不作一喝用)은 '악' 할(一喝)'을 하는 가운데 이 삼현삼요와 사빈주와 사료간과 같은 류가 다 갖춰졌다.
대략 임제종의 종풍은 이와 같음에 지나지 않다. 꼭 임제종을 알려고 하느냐? 푸른 하늘에 벼락 천둥치고, 육지에서 큰 파도가 일어남과 같다.

(山堂淳辨三玄門, 臨濟曰 一句語, 須具三玄門. 一玄門, 須具三要. 大機大用, 其容以句義名數, 劈析之邪. 諸方問答玄要, 亦只言如何是第一, 第二, 第三. 汾陽偈曰 三玄三要事難分, 得意忘言道易親. 一句明明該萬像, 重陽九日菊花新. 至古塔主始裂爲, 體中玄, 句中玄, 玄中玄, 而三要, 則說之不行, 付諸瞞旰而已. 此篇說臨濟門頭戶底, 則且從, 至三玄三要, 則又墮塔主之覆轍矣, 不可不辨)

(산당순선사가 삼현문에 대해 분별하되 임제선사가 말하기를 "일구어에 반드시 삼현문이 갖춰 있고 일현문에 반드시 삼요가 갖춰 있다."고 하니 대기대용이 그 언구의 의리와 법수로서 쪼개고 분석하는 것을 허용하는가? 제방에서 답하는 현요에 질문은 또한 단지 "무엇이 제일구, 제이구, 제삼구입니까?"를 말한 것 뿐이다. 분양선사의 게송에 "삼현삼요의 일은 분간하기 어

려우나, 득의하면 말을 잊고 불도가 친절하여 쉽네. 한 구절이 분명히 만상을 갖추었고, 중양절 구월구일에 국화 꽃이 새롭구나."라고 하였다. [93]고탑주에 이르러 처음 벌려서 체중현, 구중현, 현중현을 만들었으니, 그리고 삼요는 곧 그 설명하지 않고 [94]모두에게 붙여서 속였을 뿐이다. 이편은 임제종의 문정을 설명하고 따라서 삼현삼요에 이른다면 또 탑주의 잘못된 방식에 떨어질 것이니 분별하지 아니할 수 없다)

[95](참고로 임제선사가 상당하자, 한 스님이 질문하였다. "무엇이 제일구입니까?" "삼요의 도장을 찍고 여니 붉은 점이 협착되어 나타나고, 머뭇거림을 허용치 않으니 주와 빈이 분명하다." 제이구의 대답은 "수승한 깨달음이 어찌 질문 없는 것을 허용하며, 방편이 어찌 일체의 번뇌 망상을 끊는 기회를 거역하랴." 또 제삼구의 대답은 "무대 위에 꼭두각시 놀이를 잘 보라, 밀고 당기고 모두 하는 것이 안에 사람이 있어서이다."하였다. 이것이 임제선사의 삼구어이다. 이어서 "일구어에 반드시 삼현문이 갖춰 있고 일현문에 반드시 삼요가 갖춰 있으니 권도 있고 용도 있다. 너희들은 어떻게 이해하느냐?" 임제선사의 법어는 단지 이것이다. 더 이상 말은 없었다. 그런데 후인

---

93 고탑주(古塔主)는 천복승고(?~1045) 선사이다. 남악량아선사에게 법을 받았다.
94 부제만간이이(付諸瞞旰而已)에서 만간(瞞旰): '만(瞞)'은 속이다. '간(旰)'은 눈 부릅뜨다. 다른 본에선 만안(顢頇)이다. '만안(顢頇)'은 '큰 얼굴 만, 큰 얼굴 안'에 대면(大面)이다. 중국 전통극에서 악인 역의 가면이다. 이는 북제 시에 란릉왕 장공(蘭陵王 長恭)이 재능과 무용이 있었는데, 고운 용모 때문에 늘 가면을 쓰고 적을 대하였다(才武而貌美, 常着假面以對敵). 이를 근거하여 '만간(瞞旰)'은 '속이다.'로 해석하였다. 『중문대사전』 참고.
95 참고로 위의 내용이 앞에서도 살펴보았듯이 『鎭州臨濟慧照禪師語錄진주임제혜조선사어록』에 실려있다(上堂, 僧問 如何是第一句. 師云 三要印開朱點側, 未容擬議主賓分. 問 如何是第二句. 師云 妙解豈容無著問, 漚和爭負截流機. 問 如何是第三句. 師云 看取棚頭弄傀儡, 抽牽都來裏有人. 師又云 一句語須具三玄門, 一玄門須具三要, 有權有用, 汝等諸人, 作麽生會).

에 의해 체중현, 구중현, 현중현으로 나누게 된다. 이에 대하여 훌륭한 선사의 크나큰 활동이 전면적으로 뚜렷이 나타나는 것이 대기대용인데, 언구의 의리와 법수로서 쪼개고 분석하는 것을 허용하는 것인가? 라고 하면서 산당순선사가 비판한 것이다)

1) 요결(要訣. 山堂淳. 산당순선사가 임제종의 불법 대의를 논함)

大雄正續, 臨濟綱宗, 因問黃檗西來, 痛與烏藤三頓, 遂往大愚打發, 親揮肋下三拳, 言下便見老婆心, 懸知佛法無多子.

[96]부처님의 정법을 대웅산에서 이은 임제종의 불법대의는 (임제선사가 출가한 이후 황벽사에 이르러) [97]황벽희운선사에게 조사가 서쪽에서 온 뜻을 세 번을 질문한 연유로 (황벽선사가) 검은 등나무 막대기로 세 번을 아프게 때려주었다. (황벽선사가 떠나려는 임제선사에게 대우선사 처소로 인도한다) [98]임제

---

96 대웅정속(大雄正續): '대웅'은 강서성 홍주 신오현의 대웅산이다. 백장회해선사가 주석하여 백장산 또는 백장봉으로도 칭한다. 법계는 백장회해-황벽희운-임제선사이다. 이를 근거하여 대웅산에 불법을 이은 임제선사를 표현하고 있다. 또 '대웅'은 사마(煩惱魔번뇌마, 陰魔음마, 死魔사마, 他化自在天魔타화자재천마)를 항복 받은 부처님을 칭하기도 한다. 하여 부처님을 모셔진 법당이 대웅전이다. 여기서는 둘 다 의미가 포함 된 것으로 이해한다..
97 참고로『임제선사어록』에 질문하였다. "선사께선 어느 집의 노래를 부르고 종풍은 누구를 이었습니까?" 나는 황벽선사 처소에서 세번 묻고 세번 맞았다(問師唱誰家曲, 宗風嗣阿誰. 師云我在黃蘗處, 三度發問三度被打)."고 하였다.
98 참고로『임제선사어록』에 임제선사가 대우선사 처소에 이르자 질문하였다. "어디서 오느냐?" "황벽선사 처소에서 왔습니다." "무슨 말씀을 하시던가? 세번 묻고 세번 맞기만 하였습니다. 저는 알지 못합니다. 저에게 허물이 있습니까?" "황벽선사가 그토록 노파심이 간절하였는데 여기 와서 허물이 있느니 없느니 하느냐?" 임제선사는 그 말에 각오하였다. 그리곤 말하였다. "황벽의 불법도 간단하구나." 대우선사가 임제선사의 멱살을 쥐

선사가 드디어 대우선사의 처소에 가서 대우선사가 이끌어주어 깨닫고, 친히 대우선사의 옆구리에 세 번 주먹을 내지르곤 언하에 곧 황벽선사의 노파심을 보았으며, 황벽선사의 불법도 [99]간단하구나 돌연 깨달았다.

奮奔雷喝, 捋猛虎鬚, 迸開於赤肉團邊, 到處用白拈手段. 飛星爆竹, 裂石崩崖, 冰稜上行, 劍刃上走. 全機電卷, 大用天旋, 赤手殺人, 單刀直入, 人境俱奪, 照用並行.

하여 벽력같은 할을 떨치고 [100]사나운 범의 수염을 뽑았으며 [101]적육단(赤肉團. 肉團心. 마음)이 열리고 [102]도처에서 흔적없이 훔치는 수법을 사용하였다. 별똥이 쏟아지듯 폭죽이 터지듯 바위가 갈라지듯 벼랑이 무너지듯 하였으며, 얼음 모서리에서 가고 칼날 위에서 산보하였다. 온 인격은 번개처럼 빠르고 큰 작용은 천지가 돌듯이 하였으며 빈손으로 사람을 죽이기도 하고, 단도직입적으로 꾸미지도 않았으며 인아와 외경에 대한 집착을 모두 빼앗고, 간파와 지도(조와 용)를 동시에 병행하였다.

明頭來, 暗頭來, 佛也殺, 祖也殺. 辨古今於三玄三要, 驗龍蛇於一

고 "이 오줌싸개야. 황벽의 불법이 간단하다 하느냐?" 임제선사는 대우선사의 옆구리에 주먹으로 세 번을 주었다. 무비스님의 『임제록강설』 참고.
[99] 무다자(無多子): 아들이 많지 않다는 뜻인데, 별일 없다 또는 대단하지 않다로 변함.
[100] 랄맹호수(捋猛虎鬚): 이는 대우선사 도움으로 깨닫고 돌아온 임제선사에게 맞은 황벽스님이 말하였다. "이 미친 놈이 다시 와서 호랑이의 수염을 뽑는구나." 임제선사는 "할"을 하였다(黃蘗云 這風顚漢, 却來這裏捋虎鬚. 師便喝), 무비스님의 『임제록강설』 참고.
[101] 적육단(赤肉團): 붉은 고기덩이로 심장을 말하고 넓은 뜻으로 육체를 말하며 살아있는 인간이다. 또 인간의 마음으로 육단심이다. 여기서는 육단심으로 하였다. 『불교대사전』
[102] 백념(白拈): 백념적(白拈賊). 손가락 끝으로 남의 물건을 훔치고 흔적을 남기지 않는다.

主一賓. 透脫羅籠, 不存玄解. 操金剛王劍, 掃除竹木精靈. 奮師子
全威, 振群狐心膽.

¹⁰³당당하게 오건 감추고 오건 상대에 응하며, 부처님도 죽일 수 있고
조사도 죽일 수 있다. 고금은 삼현과 삼요에서 분별하고, 용과 뱀은 한
주인과 한 빈객에서 점검하였다. 번뇌망상에서 벗어나니 현묘한 깨달음
도 존재하지 않다. 금강왕보검을 쥐고 죽목의 정령(도깨비)도 없애버렸다.
사자가 온 위엄을 떨치니 여우 무리의 심장과 간담을 흔들었다.

下梢正法眼藏, 滅卻這瞎驢邊. 徹骨徹髓而血脈貫通, 透頂透底
而乾坤獨露. 綿綿不漏, 器器相傳, 蓋其宗祖高明, 子孫光大, 此
臨濟宗也.

¹⁰⁴결국은 정법안장(불지견)을 위해 저 눈먼 당나귀들을 없애버린 것
이다. 골수에 사무치도록 철저하게 혈맥(고인의 정신)을 관통하여 ¹⁰⁵일체

---

103 참고로 『임제선사어록』에 보화선사가 늘 요령을 흔들고 거리를 다니면서 "명두래명두
타 암두래암두타(明頭來明頭打, 暗頭來暗頭打)"라고 하였다. 의미는 상대가 당당한 태도로
오면 당당한 태도로 대하고, 다른 태도로 오면 다른 태도로 상대방에 응하는 것이다. 보
화선사는 한 때 임제선사의 교화에 도움을 주었다. 다시 어록에서 "다만 사람들에게 미
혹을 당하지 말고 안으로나 밖으로나 만나면 죽여라. 부처를 만나면 부처를 죽이고 조사
를 만나면 조사를 죽이고 나한을 만나면 나한을 죽이고 부모를 만나면 부모를 죽이고 친
권속을 만나면 친권속 죽여서야 비로소 해탈할 수 있다(但莫受人惑, 向裏向外逢著便殺. 逢
佛殺佛, 逢祖殺祖, 逢羅漢殺羅漢, 逢父母殺父母, 逢親眷殺親眷, 始得解脫)."고 하였다. 봉착(逢著)은
집착이다. 이 집착을 버리게 하는 것이다.
104 하초(下梢): 결말, 종국, 결국 또는 말미의 의미다.
105 막야(鏌鎁): 고대 명검의 이름이다. 또 막야(莫邪)이다.

의 속박에서 벗어나 절대의 경지를 체득하니 천지가 그대로 뚜렷하다. (임제종의 법문은) 면면히 이어져 빠짐없이 법기마다 서로가 전하며, 대개 그 종조가 훌륭하여 자손이 (불어나) 빛나고 성대한 이것이 임제종이다.

2) 고덕강종송(古德綱宗頌. 고덕선사의 임제종에 대한 총체적 게송)

橫按鏌鎁烜赫光,[106]	비스듬 검을 만져 명성이 떨쳐 빛나니
八方全敵謾茫茫.	팔방에 모든 적들은 끝없이 속네.
龍蛇並隱肌鱗脫,	용과 뱀이 나란히 숨어 허물을 벗고
雷雨全施計略荒.	천둥 비 모두 베풀어 계략이 왕성하네.
佛祖點爲涓滴響,	불조가 끄덕이니 작은 물방울 울림
江山結抹並芬芳.[107]	세상에서 마무리 나란히 향기롭네.
回途索莫郊垧遠,[108]	돌아오는 길 삭막한 교외라 멀고
失舶波斯落楚鄕.[109]	배 잃어버린 파사인 초나라 있네.

---

[106] '결말(結抹)'은 '결말(結末)'이다. '말(抹)'은 '말(末)'과 통한다. 『불광대사전』 참고.
[107] '결말(結抹)'은 '결말(結末)'이다. '말(抹)'은 '말(末)'과 통한다. 『불광대사전』 참고.
[108] '교경(郊垧)'은 '경림(垧林)'의 외지로 '교외(郊外)'이다. '垧'은 '경(垧)'의 속자다. 읍(邑) 밖에 교(郊)라하고 교 밖에 야(野)라하고 야 밖에 림(林)이라 한다. 『불광대사전』 참고.
[109] 파사(波斯): 페르시아, 지금은 이란. 선록에선 일반적으로 서쪽에서 온 외국인을 가리킨다. 『서역기』에 "파사인은 조폭하고 예의가 없으며 혼인은 난잡하다."고 하였다.

운문종[1]

師諱文偃, 嘉興張氏子. 受具遊方, 初參睦州陳尊宿, 發明心要. 州指見雪峯存禪師, 再蒙印可. 初至靈樹開法嗣雪峯. 後遷雲門光泰寺, 其道大振, 天下學者望風而至, 號雲門宗.

운문선사의 이름은 문언이고 가흥(지금 절강성) 땅 장씨의 자손이다. (출가 후에) 구족계를 받고 행각할 적에 처음 목주(지금 절강성 건덕현, 용흥사)에 이르러 진손숙(780~877)을 뵙고, 심요(心要. 이심전심의 선문법요)를 이해하였다. (나중에) 목주선사의 인도로 (설봉산 광복선원) 설봉의존(860~873)선사를 찾아 뵙고, 다시 인가를 받았다. (각오한 후에) 처음은 [2] 영수사에 이르리 설봉선사의 신법을 계승하여 열있다. 뒤에 운문산 광태사(지금 광동성 소관)로 옮겨 불법을 크게 떨치자 천하의 학인들이 멀리서 존경하고 이르니 운문종(당 천우6년, 양 개평3년(909)에 오가종에서 네 번째

---

1 雲門宗은 당말 오대 때 운문문언(864~949)선사가 열었다. 선사는 어려서 가흥 공왕사 지징스님에게 출가하여 모든 경전을 열람하고 사분율을 탐구하였다. 나중에 목주선사 진존숙에게 참학하였고, 다시 설봉의존선사에게 삼년을 수학하고 인가를 받았다. 후양 건화원년(911)에 영수여민선사 문하에서 수좌가 되었고, 정명4년(918)에 여민선사가 열반한 후에 영수사 주지가 되었다. 동광원년(923) 운문산에서 광태선원을 창건하여 불법을 크게 떨쳤다. 시호는 대자운광진홍명선사. 제자는 실성, 원명, 명교, 도겸 등 61인.
2 영수사(靈樹寺)는 오대 때 영수여민(?~920)선사가 주석한 곳이다. 운문문언선사가 설봉선사에게 법을 받은 후, 여기에서 꽃을 피웠다. 여민선사는 장경대안선사의 법을 받았다.

로 선종에서 一家일가가 일어났다)으로 불렸다.

1. 삼구(三句. 운문선사의 삼구어)³

師示衆云 函蓋乾坤, 目機銖兩, 不涉萬緣, 作麼生承當. 衆無對. 自代云 一鏃破三關. 後來德山圓明密禪師, 遂離其語爲三句 曰函蓋乾坤句, 截斷衆流句, 隨波逐浪句.

운문선사가 대중에게 설법하였다. "상자와 덮개가 천지(函蓋乾坤함개건곤의 평등일색)와 같고, 한번보고 미세한 양도 중량도 분별해 알며, 모든 인연에 간섭되지 않으니 어떻게 이해하느냐?" 대중의 대답이 없자, 스스로 대신하여 말하였다. ⁴"한 개의 화살촉으로 세 관문을 뚫는 것이다." 나중에 ⁵덕산원 원명연밀(생몰미상)선사가 마침내 운문선사의 말을

---

3 삼구(三句): 운문선사의 삼구어로 선의 종지를 간결하게 나타낸 것이다. 이 삼구어는 임제의현, 분양선소, 대양경현, 운문문언, 파릉호감, 현사사비선사 등이 있다. 운문선사의 삼구어는 '함개건곤구,' '절단중류구,' '수파축랑구'이다. '함개건곤'은 상자와 덮개가 꼭 맞아 서로 상응하여 둘이 아님을 나타낸다. 마치 천지를 푹 덮은 것처럼 천지만물은 다 진여가 드러난 것이다. '절단중류'는 언어문자로서는 진여를 파악할 수 없다. 잡념과 망념을 끊어버리고 내심에서 각오해서야 진여에 응할 수 있다. '수파축랑'은 물결따라 물결을 쫓는 것처럼 학인의 근기에 따라 지도하는 것을 의미한다. 운문선사의 삼구어는 기신론에 의한 것이다. 제1구는 일심문, 제2구는 진여문, 제3구는 생멸문이다.
4 일족파삼관(一鏃破三關): 참고로 〈석독〉에서 "화살 전후(前后)의 길이 다 공(空)이 되니 이미 철저히 근본을 깨달음이다(意爲前后路皆空, 已徹悟根本)."
5 덕산원명밀(德山圓明密): '덕산'은 덕산선감(782~865)선사이고 그가 주석한 덕산에 덕산원이며, '원명밀'은 덕산연밀(생몰미상)선사이다. 덕산선감선사는 설봉의존(822~908)선사의 스승이고 운문문언선사의 할아버지가 된다. 원명연밀선사는 운문선사의 제자이다.

분리해서 삼구어를 만들었으니 "함개건곤구(函蓋乾坤句), 절단중류구(截斷衆流句), 수파축랑구(隨波逐浪句)"이다.

(圓悟曰本眞本空, 一色一味, 非無妙體, 不在躊躇, 洞然明白, 則函蓋乾坤也. 又云非解會, 排疊將來, 不消一字, 萬機頓息, 則截斷衆流也. 又云若許他相見, 從苗辦地, 因語識人, 卽隨波逐浪也.)

(원오선사가 말하였다. "본래 진이고 본래 공이며 일색이고 일미이다. 묘한 실체가 없는 것이 아니나 주저함에 있지 않고, 명백하고 분명하니 곧 상자와 덮개가 딱 맞는 천지와 같다." 또 말하였다. "이해하여 아는 것이 아니고 겹쳐서 오는 것을 물리치며, 한 글자도 미치지 않고 모든 기미가 단번에 멈춘다면 곧 모든 번뇌를 끊어 없애는 것이다." 다시 말하였다. "많은 사람과 대면하여 싹으로부터 지위를 분별하듯이 언어로 인하여 사람을 안다면 곧 물결따라 물결을 쫓음이다." 즉 수행자의 그릇에 따라 지도하는 것이다)

1) 보안도송삼구(普安道頌三句)[6]

乾坤幷萬象,	천지와 만상
地獄及天堂,	지옥과 천당
物物皆眞現,	물물이 다 참 현상이요
頭頭總不傷.	낱낱이 손상되지 않네.

---

6 보안도(普安道): 정주 보안도(鼎州普安道. 생몰미상)선사이다. 참고로 『조정사원』에 위 게송은 운문선사가 지었다고 하나 상세하지 않으며 선사는 덕산연밀선사의 법을 받았다. 선사의 어록은 남아 있지 않고 게송만 남아 있다. 보안도선사의 삼구어에 대한 게송이다.

堆山積嶽來,	포개어지는 산악이라도
一一盡塵埃,	하나하나 먼지가 다하고
更擬論玄妙,	다시 현묘함 논하려하니
氷消瓦解摧.	구름안개 사라지듯 하네.

辨口利詞問,	구변 좋아 날카로운 질문
高低總不虧,	높낮이 다 이지러짐 없고
還如應病藥,	병에 맞게 약 줌과 같으니
診候在臨時,	진찰은 제때 임함에 있네.

2) 취암진송(翠嚴眞頌. 취암가진선사의 삼구어에 대한 게송)

函蓋乾坤事皎然,	상자와 덮개의 천지 일이 밝으니
何須特地起狼烟.	특별히 봉화 불을 피울 필요 없네.
遒人舞鐸東君至,[7]	주인이 목탁에 춤추니 봄이 이르고
不令花枝在處姸.	때 아닌데 꽃가지 처처에 곱구나.

截斷衆流爲更論,	모든 번뇌 절단함 다시 논하게 되니
河沙諸佛敢形言.	항하사 모든 부처님 감히 묘사하랴.
星移斗轉乾坤黑,	동이 트려고 하니 천지가 캄캄하고
稍有絲毫實不存.	작은 터럭 끝도 실로 존재하지 않네.

---

7 주인(遒人): '주인'은 명령을 선포하는 관원으로 매년 맹춘에 주인(遒人)이 '목탁을 치면서 도로를 순행하며 혹시라도 공손히 하지 않으면 나라에 떳떳한 법이 있다.' 하였다(遒人宣令之官也. 每歲孟春, 遒人以木鐸, 狥于路, 其或不恭, 邦有常刑). 이는 『상서윤정편』에 보인다.

隨波逐浪任高低,　물결따라 쫓음 높낮이에 내맡기니
放去收來理事齊.　놓고 거둠 자재에 이체와 현상은 하나.
一等垂慈輕末學,　최고의 자비 베풂을 말학에 경시하니
奈緣潦倒帶塵泥.[8]　어찌 함축성의 말씨에 쓸모 없으랴.

2. 문답(問答. 삼구어에 대한 문답)[9]

歸宗通(嗣潙山祐). 三祖會(嗣天衣懷). 雲居慶(嗣雲蓋顒). 首山念(嗣風穴沼). 天柱靜.

如何是函蓋乾坤句. 宗云 日出東方夜落西. 祖云 海晏河淸. 居云 合. 山云 大地黑漫漫. 又云 普天匝地. 又云 海底紅塵起. 柱云 只聞風擊響, 知是幾千竿.

질문하였다. "무엇이 함개건곤의 언구입니까?" 대답하였다. 귀종통(위산영우선사의 법을 받음)선사는 "해가 동쪽에서 뜨고 밤은 서쪽으로 진다."(대도의 체는 본래 이와 같다) 삼조회(천의의회선사의 법을 받음)선사는 "바다가 고요하니 강물도 맑다."(천지가 확연히 맑고 고요하다) 운거경(운개옹선사의

---

8 요도(潦倒): '용지온적(容止蘊藉)'은 말이나 표정 등에 함축성이 있다. 또 늙어서 행동이 부자연스러운 모양이나 실의한 모양이다(容止蘊藉也. 又龍鍾貌).『중문대사전』참고.
9 문답에서 귀종통선사(위산영우선사의 법을 이음)와 삼조회선사(천의의회선사의 법을 이음)와 운거경선사(운개옹선사의 법을 이음)와 수산성념선사(풍혈연소선사의 법을 이음)와 천주정(황룡조심선사의 법을 이음)선사가 운문문언선사의 삼구어, 질문에 대한 대답이다.

법을 받음)선사는 [10]"합하다." 수산성념(풍혈연소선사의 법을 받음)선사는 "대지가 깜깜하고 아득하다." 또 말하였다. "넓은 하늘이 땅을 둘러 쌌다." 또 "바다 밑에서 붉은 먼지가 일어난다." (끊임없이 꿈틀거린다) 천주정(황룡조심선사의 법을 받음)선사는 "단지 바람이 불어 천지의 울림만 듣고 찰간의 길이가 얼마인지 아느냐?"

如何是截斷衆流句. 宗云 銕蛇橫古路. 祖云 水泄不通. 居云窄. 山云 不通凡聖. 又云 泊合放過. 又曰 橫身三界外. 柱云 昨日寒風起, 今朝括地霜.

질문하였다. "어떤 것이 의식에서 일어나는 모든 망념을 절단하는 언구입니까?" 대답하였다. 귀종통선사는 [11]"흑뱀이 옛길을 가로질러 끊었다." 삼조회선사는 "물이 샐 틈이 없다." 운거경선사는 [12]"착(窄. 좁다)." 수산념선사는 "범부와 성인도 통하지 못한다." 또 [13]"그대로 두어 합에 이른다." 또 "몸을 횡으로 하여 삼계(욕계 색계 무색계)를 벗어나다." 천주정선사는 "어제 찬바람 일더니 오늘 아침 지상엔 서리가 내렸다." (시시로 깨우치다)

---

10 합(合): 참고로 『국역대장경』에선 "속어에서 버리거나 떨어진 적이 없다(打曾不捨離)."
11 철사횡고로(銕蛇橫古路): '철'은 흑금이다. 성질은 강하고 차다. 악인의 잔인함을 나타낸다. '철사'는 온 몸의 독기가 가득한 뱀의 상징이다. '고로(古路)'는 불조가 걸어간 대도의 길이다. 이 마저도 독한 마음으로 끊어내야 하는 이것이 중류를 절단하는 것이다. 참고로 〈석독〉에서 "언어의 길이 끊어지고 마음의 길이 끊어지다(意爲言語道斷, 心行路絶)."
12 착(窄): 참고로 『국역대장경』에선 "속어에서 이르는 곳마다 때려 부수다(打破到處)."
13 계합방과(泊合放過): 참고로 〈석독〉에서 "분별하지 못하다(意爲不作分別)."

如何是隨波逐浪句. 宗云 船子下楊州. 祖云 波斯吒落水. 居云 濶. 山云 要道便道. 又云 有問有答. 又云 此去西天十萬八千. 柱云 春煦陽和花織地, 滿林初囀野鶯聲.

질문하였다. "무엇이 물결 따라 물결을 쫓는 언구입니까?" 대답하다. 귀종통선사는 "뱃사공이 노를 저어 양주로 가다." 삼조회선사는 [14]"파사국 사람의 물이 떨어지다." 운거경선사는 [15]"넓다." 수산성념선사는 "말을 하려면 (에둘러서 하지 말고) 즉시 말하라." 또 "질문이 있으면 대답이 있다." (근기에 따라 응하는 것이다) 또 "여기서 서천의 거리는 십만 팔천리." 천주정선사는 "봄기운 화창하니 꽃이 지상에 수를 놓고, 가득 찬 수목엔 처음 꾀꼬리가 노래 한다."

3. 추고(抽顧. 고의 글자를 삭제하다)

師每見僧, 以目顧之, 即曰鑒, 或曰咦, 而錄者曰顧鑑咦. 後來德山圓明密禪師刪去顧字, 但曰鑑咦, 故叢林目之曰抽顧. 因作偈通之, 又謂之擡薦商量. 偈曰

---

14 파사타락수(波斯吒落水): '파사(波斯)'는 나라 이름으로 이란 또는 페르시아이다. 일반적으로 서역에서 온 외국인을 말하기도 한다. '타'의 글자는 실담오십자문의 하나이다. 『열반경』에 "타(吒)'는 염부제에서 반신(半身)을 시현하여 법을 연설하는 것으로 반달의 이름이다." 하였다. 참고로 〈석독〉에서 "그 스스로 얼음에 맡기다(意爲任其自得)."

15 활(濶): 참고로 〈석독〉에서 "눈으로 보고 마음으로 헤아리다(目看心測)." 『국역대장경』에선 "속어에서 헤아림이 끝이 없다(無邊量)." 하였다

운문선사가 매번 학인을 만나면, 주목하여 그를 '돌아보고(顧고)' 살펴서 곧 '감(鑑)'이라 말하고, 혹은 '이(咦)'라고 말하는데 기록하는 자가 [16] '고, 감, 이'라고 하였다. 나중에 덕산원 원명연밀(생몰미상. 운문선사의 제자)선사가 '고'의 글자를 삭제하고, 다만 '감, 이'만을 말하였다. 그래서 총림에선 (고의 글자를 빼버렸다는 의미로) 주목하여 '추고(抽顧)'라고 하였다. 인하여 게송을 지어서 설명하고, 또 대천상량(擡薦商量. 문제의 핵심을 드러내서 따지다)이라 이른다. 이에 게송으로 읊었다.

相見不揚眉,	서로 만나 눈썹을 치키지 아니해도
君東我亦西.	그대는 동쪽이고 나는 또 서쪽일세.
紅霞穿碧落,	붉은 노을이 벽해를 뚫고 떨어지니
白日繞須彌.	밝은 태양은 수미산에 두루 비추네.

1) 북탑조송(北塔祚頌. 북탑조선사의 추고에 대한 게송)

雲門顧鑑笑嘻嘻,	운문선사 고와 감으로 희죽희죽 웃고
擬議遭他顧鑑咦.	우물쭈물하다 저 고, 감, 이를 만나네.
任是張良多智巧,[17]	설령 한나라 장량이 지교가 많다 해도

---

16 '고감이(顧鑑咦)'는 운문선사의 '삼자선(三字禪)'으로 선종의 공안명이다.
17 장량(張良)은 중국 한(漢)나라 건국 공신(?~B.C.168)이다. 자는 자방(子房). 한나라 고조를 도와 천하를 통일하여, 소하, 한신과 함께 한나라 창업의 삼걸이다. 만년엔 도가의 학문을 좋아하여 신선을 배우고 벽곡(생식)을 하였다. 장량은 본래 대대로 한(韓)나라 재상을 지내다 나라가 망하자, 진시황을 시해하려다 실패하고 도망하여 하업(下邳) 지방에 이른다. 그는 황석공을 만나 태공병법을 수학한후에 유방을 돕게 된다.

到頭終是也難施.[18] 결국 여기에 이르러선 또 행하기 어렵네.

2) 진정문송(眞淨文頌. 진정극문선사의 추고에 대한 게송)

雲門抽顧, 自有來由.　　운문의 추고는 자연 온 연유가 있었네.
一點不來, 休休休休.　　좀 이르지 못해 쉬고쉬고 또 쉬고쉬네.

3) 우관려자(又關棙子. 또 핵심의 게송)

雲門關棙子,　　운문선사의 핵심은
消息少人知.　　소식을 아는 사람이 적네.
有時一撥動,　　때로 한번 튕겨 움직이니
大地眼矇矇.　　대지가 눈곱만 하더라.

4. 일자관(一字關. 운문문언선사의 일자관. 한글자로 지도함)

僧問師 如何是雲門劍. 師云 祖. 如何是玄中的. 師云 塞. 如何是 吹毛劍. 師云 骼. 又云 齒. 如何是正法眼. 師云 普. 三身中那身 說法. 師云 要. 如何是啐啄之機. 師云 響. 殺父殺母, 佛前懺悔. 殺佛殺祖, 甚處懺悔. 師云 露.

---

18 시어에서 '종(終)'이 다른 본은 '어(於)'이다. 이를 따랐다.

어느 스님이 운문선사에게 질문하였다. "어떤 것이 운문의 검입니까?" 운문선사가 대답하였다. "조(祖. 조사)." "무엇이 심오한 경지에서 말하는 것입니까?" "새(祝/土. 塞. 요새)." "어떤 것이 취모검 입니까?" "격(骼. 마른 뼈)." 또 "자(胔. 썩은 고기)." "무엇이 정법안입니까?" "보(普. 널리)." "삼신(三身.법신 보신 응신) 가운데 어느 몸이 설법합니까?" [19]"요(要. 바란다)." "무엇이 [20]줄탁동시(어미닭과 병아리가 서로 쪼고 쪼아 동시에 이루어짐)의 기연입니까?" "향(響. 울림)." "부모를 죽이면 부처님 앞에 참회하고, 부처님과 조사를 죽이면 어느 곳에 참회합니까?" "로(露. 드러내라)."

如何是祖師西來意. 師云 師. 靈樹一默處如何上碑. 師云 師. 久雨不晴時如何. 師云 剳. 鑿壁偸光時如何. 師云 恰. 承古有言, 了卽業障本來空, 未了應須還宿債. 未審二祖是了是未了. 師云 確.

"무엇이 조사가 서쪽에서 온 뜻입니까?" "사(師. 스승)." [21]"영수선사가 잠자코 말이 없는 부분을 어떻게 비문에 올립니까?" "사(師. 스승)." "장

---

19 요(要): 참고로 〈석독〉에서 "전체가 이와 같다(全體如此)." 『국역대장경』에선 "유와 무는 불가하다(不可有無)." 하였다.

20 줄탁(啐啄): 병아리가 나오려고 부리로 핥는 소리는 '줄', 어미 닭이 알을 쪼는 것은 '탁'이다. 병아리와 어미 닭이 동시에 서로 쪼는 것을 '줄탁동시'라고 한다. 본 발음은 췌탁.

21 영수일묵처여하상비(靈樹一默處如何上碑): 참고로 『禪林類聚선림류취』 제4권에 영수여민선사에게 학인이 질문하였다. "무엇이 선사가 서쪽에서 온 뜻입니까?" 선사는 잠자코 말이 없다. 뒤에 열반하였다. 비를 세우고자 행장에서 이 말을 선택하여 비석에 새기려 한데, 당시에 운문문언선사가 수좌였다. 그래서 학인이 운문선사에게 질문하였다. "스님께서 잠자코 말없는 부분은 어떻게 비석에 올립니까?" 운문선사가 대신 답하였다 "사(師. 스승)." (靈樹敏禪師, 僧問如何是禪師西來意. 師默然, 後遷化, 欲立行狀碑, 要選此語刻石, 時雲門爲首座. 僧問先師默然處, 如何上碑. 雲門代云師). 위에서의 문답은 이것이다.

마에 날씨가 개지 않으면 어찌 합니까?" "차(剳. 상소)" "벽을 뚫고 다 훔칠 적에는 어찌 합니까?" "흡(恰. 같이 해라)" "예로부터 말이 있는데 '깨달으면 업장이 곧 본래공이요, 깨닫지 못하면 윤회하여 숙세의 진 빚을 갚아야 한다.'고 하였습니다. 알 수 없습니다. 이조 혜가(487~593)대사가 깨달았습니까? 깨닫지 못했습니까?" "확(確. 확실하다)."

一日示衆, 會佛法者, 如恒河沙, 百草頭上, 代將一句來. 自代云 俱. 師凡對機, 往往多用此酬應. 故叢林目之, 曰一字關云.

운문선사가 어느 날 대중에게 설법하였다. "불법을 이해하는 자가 항하사와 같은데, 온갖 풀 끝에서 대신하여 한 구를 가져오라."(이는 풀 끝에 조사가 전한 선의 마음이 있으니 가져오라 함이다. 대중이 대답이 없자) 운문선사 자신이 대신하여 말하였다. "구(俱. 함께)." 운문선사가 대체로 학인의 질문에 대답하여 자주 이 한 글자로서 많이 응수하였다. 그래서 총림에선 이것을 주목하여 "일자관(一字關. 일자선)"이라 이른다.

5. 강종게 (綱宗偈. 新添. 운문선사의 게송으로 새로 첨가하다)

康氏圓形滯不明,[22] 강법사의 원형은 막혀 분명하지 않고

---

[22] 시어에 '강씨(康氏)'는 승회법사이다. 본래 강거국의 왕자인지라. 그래서 강씨로 불린다 (僧會法師, 本康居國王太子, 故稱康氏). 『조정사원』 제1권에 보인다. 강승회는 오나라 적오 4년(280)에 건업 땅에 이르러 손권이 처음으로 건초사(建初寺) 절을 지어 머물게 하였다. 여기에서 그는 불경을 번역하여 오나라에 불교가 크게 일어났다. 『한국불교대사전』.

魔深虛喪擊寒冰.²³　　마가 깊어 헛되이 보내 한빙에 닥치네.
鳳羽展時超碧漢,　　봉황새 깃을 펼 때 푸른 하늘 벗어나고
晉鋒八博擬何憑.²⁴　　서법의 팔법은 어찌 의지해 헤아리나.

是機是對對機迷,²⁵　　기이다 대이다 대와 기에 미혹하고
闢機機遠遠機棲.²⁶　　마음 열어 번뇌 멀고 번뇌 멀어 쉰다.
夕日日中誰有掛,　　저녁 해와 정오 해를 뉘 걸어 두었나
因底底事隔情迷.　　무슨 일로 인하여 망정미혹에 막히네.

喪時光, 藤林荒,　　때를 잃어버려 등나무 숲이 거치니
圖人意, 滯肌疕.²⁷　　다만 사람의 뜻이 큰 병되어 막히네.

咄咄咄, 力韋希,²⁸　　쯔쯔쯔 기력이 위배해 적구나

---

23 시어에서 '허상(虛喪)'은 헛되이 마치다. 헛되이 보내다. '한빙(寒氷)'은 한빙지옥이다.
24 시어의 '진봉팔박(晉鋒八博)'에서 '진봉(晉鋒)'은 진왕 일소의 필봉을 가르친다. '팔박(八博)'은 상세하지 않다. 팔법인가 의심한다. 팔법은 길 영자(永字) 팔획의 서법이다(晉鋒, 蓋指晉王逸少之筆鋒也. 八博未詳, 疑八法. 八法者永字八畫矣). 『조정사원』제1권에 보인다.
25 시어의 '대기(對機)'에서 '대(對)'는 상대하다. 향하다. 대립의 의미가 있고, '기(機)'는 근기. 심기. 기연의 의미가 있다. 참고로 '대기'는 세존께서 중생의 근기에 대하여 그에 상응하는 방편을 베품의 의미와 스승이 학인의 질문에 답하는 의미도 있다. 『한국불교대사전』
26 시어에 제3, 6글자의 '기(機)'는 다른 본에서는 '진(塵. 번뇌)'이다. 이를 따랐다.
27 시어에 '도(圖)'는 다른 본에서는 '도(徒. 다만, 한갓)'이다. '기왕(肌疕)'은 큰 병이다.
28 돌돌돌, 력위희(咄咄咄, 力韋希): '돌돌'은 탄식하는 소리, 혀차는 소리, 꾸짖는 소리, 슬픈 소리 등이다(嗟嘆聲. 驚怪聲). 참고로 『국역대장경』에서 돌(咄)은 몰파비(沒把鼻. 근거가 없다. 까닭이 없다)이다. 『태화선학대사전』에서 력위희(力韋希)의 '위(韋)'는 배리(背離. 등지고 떠나다)와 상배(相背. 서로 등지다)이다. 번역에 인용하다. 『국역대장경』에서 희(希)는 무성(無聲. 소리가 없다)이며, 『중문대사전』에서 희(希)는 정(靜)이다. 소리가 작아서 들으려고 해도 듣지 못하다(希靜也. 聲微聽之不聞也). 여기서 희(希)는 조사로 보았다.

禪子訝, 中眉垂.²⁹　선승이 괴이쩍어 속눈썹 드리우네.

上不見天, 下不見地,　　위 아래 하늘 땅을 보지 못하니
塞却咽喉, 何處出氣.　　목구멍 막혀버려 어디서 숨을 쉬나
笑我者多, 哂我者少.³⁰　비웃는 자 많고 미소짓는 자 적네.

6. 기연 (機緣. 新添)³¹

僧問 十二時中, 如何得不空過. 師云 爾向甚處著此一問. 僧云 學人不會, 請師擧. 師索筆成偈云

擧不顧, 卽差互.
擬思量, 何劫悟. (傳燈)

한 스님이 질문하였다. "하루 십이시 가운데 어찌해야 헛되이 보내지 않습니까?" 운문선사가 말하였다. "너는 어디를 향해서 이 한 질문을 하느냐?" "저는 잘 알지 못합니다. 스님께서 제시하여 주십시오." 이에 운문선사가 붓을 찾아 한 게송을 썼다.

---

29 시어에서 '아(訝)'는 괴이쩍게 여기다. 마중 나가다.
30 시어에 '소아자다. 신아자다(笑我者多, 哂我者少)'의 의미는 '나를 알아주는 자가 적다. 그래서 나는 곧 귀히 여긴다(知我者少, 我則貴矣).'라고 하였다. 『萬松老人評唱天童覺和尙拈古請益錄만송노인평창천동각화상념고청익록』 하권에 보인다.
31 기연(機緣): 기연(機緣)에서 機는 근기, 緣은 인연이다. 중생의 선한 근기가 교법을 받을만한 인연이 된다. '신첨(新添)'은 문답으로 새로 첨가하였다는 의미이다.

제시해도 돌아보지 않으면

곧 서로 어긋난다.

주저하고 생각한다면

어느 세월(大時대시)에 깨닫느냐. 『전등록』제19권에 보인다)

問雪峰 如何是學人自己. 峰云 築著鼻孔. 僧擧似師, 師云 爾作麽生會. 其僧方思惟, 師亦以前頌示之. (雪峰廣錄)

운문선사가 스승 설봉의존선사에게 질문하였다. "무엇이 학인의 본래 자신입니까?" "(숨이 나오지 않도록) 너의 콧구멍을 찍어 눌러라."

한 스님이 이것을 제시하여 운문선사에게 질문하였다. 운문선사가 말하였다. "너는 어떻게 이해하느냐?" 그 스님이 막 생각을 하자, 운문선사는 또한 앞에 게송으로써 보였다. (『설봉광록』에 이 문답은 『조정사원』 제1권에서도 보인다).

福朗上座因僧問 如何是透法身句. 師云 北斗裏藏身. 朗罔測其旨, 遂造焉. 師一見, 便把住云道道. 朗擬議, 師托開, 有偈云,

복랑상좌는 어느 스님이 운문문언선사에게 "어떤 것이 법신을 꿰뚫는 언구입니까?"라는 질문에 운문선사가 "북두칠성 안에 몸을 숨긴다." 라고 하였다. (이는 반조의 의미이다) 복랑상좌는 이 문답에서 (운문선사의) 그 뜻을 이해할 수 없어서 드디어 운문선사를 예방하였다. 운문선사는 복랑상좌를 보자마자 곧 상좌를 단단히 움켜잡고 말하였다. "말해, 말해!"

복랑상좌가 머뭇대자, 운문선사는 밀쳐내고 게송을 읊었다.

雲門聳剔白雲低,³² 운문산 높이 솟아 백운 밑을 뚫고
水急遊魚不敢棲. 급한 물살에 고기 떼 감히 못 붙네.
入戶已知來見解, 문에 들어서자 이미 온 뜻을 아니
何勞再擧轍中泥. 어찌 수고히 바퀴자국 진흙 들추리.

朗大悟. 이 게송에 복랑상좌는 크게 깨달았다.

7. 파릉삼구(巴陵三句. 嗣雲門名顥鑒叢林目爲鑒多口)³³

僧問巴陵 如何是提婆宗. 陵云 銀碗裏盛雪. 問 如何是吹毛劍. 陵云 珊瑚枝枝撐著月. 問 祖意敎意, 是同是別. 陵云 雞寒上機, 鴨寒下水. (雲門聞此語云他日老僧忌辰, 只擧此三轉語供養老僧足矣.)

어느 스님이 파릉호감(생몰미상)선사에게 질문하였다. "무엇이 ³⁴제바

---

32 '용척(聳剔)'이 『오등회원』, 『전등록』 등 다른 본에선 '용준(聳峻)'이다.
33 파릉(생몰미상)선사의 삼구어 문답이다. 파릉선사는 운문문언(864~949)선사의 제자이다. 이름은 호감이고 총림에선 선사의 삼구어에 주목하였다고 전한다.
34 제바종(提婆宗): 용수종으로 삼론종의 공종을 말한다. 즉 용수존자의 제자 제바존자의 학설을 지칭한다. '은주발에 담은 눈'의 의미는 반야정을 나타낸다. 이 문답은 『벽암록』 제13칙에서도 보인다. 서천 제15대 제바존자는 처음 외도의 한 사람이었다. 제14대 용수존자를 친견하고 바늘을 발우 속에 던지자 용수존자는 큰 그릇으로 여기고 제자로 삼아 불법을 전수하였다. 정성본 역주의 『벽암록·一三칙』 참고.

종입니까?" "은주발에 눈을 담는다." "무엇이 반야의 검입니까?" "산호의 가지마다 달이 걸려있다." "이심전심으로 전하는 조사의 뜻과 제가에서 전하는 교리의 뜻은 같습니까? 다릅니까?" "닭이 추우면 횃대에 오르고, 오리가 추우면 물로 내려간다."

(운문선사가 이 말을 듣고 이르되 "다른 날 노승의 제삿날이 되면 단지 이 삼전어를 들어서 노승에게 공양하면 족하다."고 하였다)

1) 설두송제바종(雪竇頌提婆宗. 설두중현선사의 제바종에 대한 게송)

老新開, 端的別,[35]	신개원에 파릉선사 확실히 다르고
解道銀碗裏盛雪.	도리를 알아 은 주발에 눈을 담네.
九十六箇應自知,	구십육 종의 외도 응당 자연 알고
不知卻問天邊月.	알지 못해 도리어 하늘 저편 달에 묻네.
提婆宗, 提婆宗,[36]	제바종이여 제바종이여
赤幡之下起淸風.	붉은 깃발 아래 맑은 바람 일고 있네.

---

35 노신개(老新開): 참고로 〈석독〉에 "이는 파릉선사를 가르치고 신개원은 선원의 이름."
36 제바종(提婆宗): 제바는 용수의 제자이며 용수종이다. 삼론종의 공종이다. 참고로『불조강목』제15권에 "용수보살이 나중에 남인도에 갔다. 저 나라 사람들은 복업을 많이 믿었다. 용수보살이 말하였다. '세간에서 제일은 불성뿐이다. 너희가 불성을 보고자 하면 먼저 반드시 아만심을 없애야 한다.' 저 나라 사람이 질문하였다. '불성은 크냐? 작으냐?' 용수보살이 대답하였다. '크지도 작지도 않으며 넓지도 좁지도 아니하며 생사도 없다.' 일체대중에게는 오직 법음은 들려도 용수보살의 모습을 볼 수 없었다. 저 대중가운데 장자의 아들인 가나제바(迦那提婆)가 대중들에게 말하였다. '이 모습을 인식하느냐?' 눈으로 볼 수 없는데, 어찌 인식하고 판단할 수 있겠는가?' 가나제바가 말하였다. '이분은 존자이시고, 불성의 체상을 나타내서 우리들에게 보이신 것이다(此是尊者, 現佛性相, 以示我等)."

2) 우송취모검(又頌吹毛劍. 또 설두중현선사의 취모검에 대한 게송)

要平不平,	공평함을 요구하느냐
大巧若拙.[37]	큰 재주는 오히려 서툴다.
或指或掌,	손가락이나 손바닥이나
倚天照雪.	하늘 의지해 눈(청정)을 비춘다.
大冶兮磨礲不下,	훌륭한 주철공은 맷돌에 갈 수 없고
良工兮拂拭未歇,	훌륭한 직공은 털어내고 쉬지 않으니
別別珊瑚枝枝撐著月.	그만 그만 산호 가지마다 달이 걸렸네.

3) 담당준송조의교의(湛堂準頌祖意教意)[38]

雞寒上機,	닭이 추우면 횃대에 오르고
鴨寒下水.	오리가 추우면 물로 간다.
時節不相饒,	시설은 서로 용서치 않으니
古今常顯理.	고금에 늘 나타난 이치일세.
寒松十里吼淸風,	찬 소나무 십리에 청풍이 소리내고
流水一溪聲未已.	흐르는 한 시내 물소리 그치지 않네.

---

37 대교약졸(大巧若拙) : 아주 정교한 재주는 겉보기 서툰 것 같다. 『노자』 제45장 참고.
38 담당문준(1061~1115)선사의 조의(祖意)와 교의(教意)를 읊은 게송이다. 선종에선 천태 진언 등의 의리학은 教意이고, 교외별전의 심인은 祖意라 한다. 바로 교법은 教意이고 조사의 뜻은 祖意이다. 담당선사는 임제종 황룡파 늑담극문(1025~1102)선사 제자이다.

8. 운문문정(雲門門庭. 운문종의 종지)

雲門宗旨, 絶斷衆流, 不容擬議, 凡聖無路, 情解不通. 僧問 如何是雪嶺泥牛吼. 師云 天地黑. 如何是雲門木馬嘶. 云 山河走. 如何是學人自己. 云 遊山翫水.

운문종의 종지는 모든 망상을 끊어 없애고 주저주저함은 허락하지 아니하며, 범부와 성인은 길이 없으니 정해(情解. 지적인 이해)는 통하지 않는다. 어느 스님이 운문선사에게 질문하였다. "무엇이 설산에 진흙 소가 소리치는 것입니까?" "천지가 캄캄하다." "무엇이 운문의 목마가 우는 것입니까?" "산하가 달린다." "무엇이 학인의 본래의 모습입니까?" "자연의 풍경에 노닌다."

問 機緣盡時如何. 云 與我拈却佛殿來, 與汝商量. 如何是透法身句. 云 北斗裏藏身. 如何是敎外別傳. 云 對衆問將來.

"기연이 다할 때는 어떻게 합니까?" [39]"나를 위해 불전(佛殿)을 집어버리고 와서 그대와 상량하자." (할 수 없는 일을 제시하여 스스로 반조하게 한다) "어떤 것이 법신을 꿰뚫는 언구입니까?" "북두칠성 안에 몸을 숨긴다."

---

39 여아념각불전래(與我拈却佛殿來): 참고로『전등록』제19권에 운문문언선사 어록에서 선사와 학인의 문답이다. "만가지 사물이 모두 조용해질 때엔 어떠합니까?" "불전을 내게로 들고 오라. 그대들을 위하여 헤아려 주리라(問 萬機俱盡時如何. 師曰 與我拈却佛殿來, 與汝商量)." 이는『한글대장경』의 해석을 가져온 것이다. 필자는 '與我拈却'에서 '與'는 '爲'로 '却'은 '拈'의 동사 뒤에서 '없애 버리다'로 보았다. 필자의 오역일 수도 있기에 살핀 것이다.

(스스로 반조하게 하다) "무엇이 교외의 별전입니까?" "대중을 마주하여 장래를 질문하라."(문답할 수 있는 일이라면 별도로 전하지 않지)

大約雲門宗風, 孤危聳峻, 人難湊泊, 非上上根, 孰能窺其彷彿哉. 詳雲門語句, 雖有截流之機, 且無隨波之意. 法門雖殊, 理歸一致.

대략 운문종의 종풍은 독특하고 매우 엄격하여 학인으로 하여금 모여 파악하기 어려우니, 상상근기가 아니면 누가 능히 그들과 같이 엿볼 수 있을런지? 운문선사의 언구를 자세히 살피면, [40]비록 모든 번뇌 망상을 없애는 절단중류(截斷眾流)의 기봉은 있다 해도 (임제종은) 또한 수파축랑(隨波逐浪)의 수행자 그릇에 따라 지도하는 뜻은 없다. 법문은 비록 다름이 있더라도 이치는 하나로 돌아간다.

要見雲門麼. 拄杖子跨跳上天, 盞子裏諸佛說法.

---

40 참고로 임제선사의 삼구어는 "삼요인개주점착, 미용의의주빈분(三要印開朱點窄, 未容擬議主賓分)". "묘해기용무착문, 구화쟁부절류기(妙解豈容無著問, 漚和爭負截流機)". "간취붕두롱괴뢰, 추견도래리유인(看取棚頭弄傀儡, 抽牽都來裏有人)"이다. 운문선사의 삼구어는 "함개건곤, 절단중류, 수파축랑(函蓋乾坤, 截斷眾流, 隨波逐浪)"이다. 위 〈운문문정〉의 문구 "수유절류지기(雖有截流之機)"에서 "절류지기"는 "절류기(截流機)"의 의미로 일체의 번뇌와 망상을 끊은 자이다. 류(流)는 번뇌, 기(機)는 작용 기회이다. 이는 임제종의 삼구어에서 말하는 것이다. 또 위의 아래의 문구 "무수파지의(無隨波之意)"는 운문의 삼구어에서 "수파축랑(隨波逐浪)"을 언급하여 임제종은 이 언구가 없다고 말한 것이다. 본래 운문선사의 삼구어는 "함개건곤, 목기수량, 불섭만연(函蓋乾坤, 目機銖兩, 不涉萬緣)"인데, 뒤에 원명연밀선사가 다시 분류한 것이 "함개건곤, 절단중류, 수파축랑"이다.

꼭 운문종의 종지를 보려고 하느냐? 주장자가 하늘위로 뛰어오르고, 등잔 속에 제불이 설법한다. (본연의 모습은 말로 생각으로 할 수 없다) (注: 跿, 이 글자는 알 수 없다. 다만 뒤에 글자, 뛸 跳字도자의 의미로 유추한다)

1) 요결(要訣. 산당순선사가 운문종의 불법대의를 논하다)

韶陽一派, 出於德嶠之源. 初見睦州, 推出秦時之鑽. 寄聲象骨, 脫却項上之枷.

운문종(소양 땅은 운문문언선사의 거주지)의 일파는 덕교(용담숭신-덕산선감 설봉의존-법안문익선사로 이어졌음을 말함)의 근원에서 나왔다. 처음은 목주선사 [41]진존숙을 찾아뵈니 쓸모없는 사람이라(진나라 때의 송곳)고 밀쳐냈다. (목주선사가 인도하여) 설봉의존(덕산선감선사의 제자로 상골산에서 수도함)선사에게 몸을 의지하여 목에 형틀을 벗어버렸다.

使南鼈鼻擅向面前, 打東鯉魚, 雨傾盆下. 稱提三句關鍵, 拈掇一

---

41 추출진시지찬(推出秦時之鑽): 참고로 『오등회원』 제15권에 운문문언선사 어록에서 운문선사가 목주선사를 방문하고서의 문답이다. 운문선사가 문을 두드린다. "누구." "접니다." "무얼하려고." "자신의 일을 밝히지 못하여 선사께 가르침을 청합니다." … 목주선사가 문을 열자, 운문선사가 밀치고 들어갔다. 목주선사가 꽉 움켜잡고서는 소리친다. "말해 말해." 운문선사가 우물쭈물하자, 목주선사가 밀치면서 이드뢰 "쓸모없는 놈이군." 문을 닫았다. 운문선사의 한 발이 문틈에 끼어 상처를 입었다. "아야!" 소리를 지르는 찰나 운문선사는 이로부터 각오하였다(師乃扣門, 州曰 誰. 師曰 某甲. 州曰 作甚麽. 師擬議, 便推出曰 秦時[車+度]轢鑽. 遂掩門, 損師一足. 師從此悟入." 진존숙이 쓸모없는 사람이라 하고 밀쳐낸 것이 이것이다. '[車+度]轢鑽'은 진나라 때에 있었다는 큰 송곳으로 사용할 수가 없어서 쓸로없는 물건이 되었다.

字機鋒, 藏身北斗星中, 獨步東山水上. 端明顧鑒, 不犯毫芒.

⁴²(운문선사로 하여금) 남산에 별비사를 (설봉의존선사의) 면전에 던지게 하였고, ⁴³동해의 잉어가 한 방 치면 동이를 기울듯이 비를 쏟아내다. 운문문언선사의 '삼구어의 관건'은 '일자선의 날카로움을 제시함'과 ⁴⁴'몸을 북두성 가운데 숨김'과 ⁴⁵'동산이 물위에 홀로 간다'를 제시하였다. 정히 고감(顧鑒. 돌아보고 살피다)을 밝혀 설명하니 털끝만큼도 범하지 못한다.

格外縱擒, 言前定奪. 直是劍鋒有路, 鐵壁無門. 打翻路布葛藤, 剪却常情見解. 烈焰寧容湊泊, 迅雷不及思量. 蓋其見諦寬通, 自然受用廣大. 花開靈樹, 子結香林, 振佛祖權衡, 開人天眼目.

---

42 사남별비찬향면전(使南鼈鼻攛向面前): 참고로 『벽암록』 제22칙에 설봉의존화상이 대중에게 설법하였다. "남산에 맹독을 가진 독사가 한 마리 있다. 그대들은 조심하라." 이에 운문문언선사는 스승인 설봉의존선사 앞에 주장자를 내던지면서 놀라는 시늉을 하였다 (擧雪峯示眾云 南山有一條鼈鼻蛇. 汝等諸人, 切須好看. 雲門以拄杖, 攛向雪峯面前, 作怕勢).

43 타동이어, 우경분하(打東鯉魚, 雨傾盆下): 참고로 『무문관』 제48칙에 건봉화상에게 한 스님이 질문하였다. "온 세계에 부처님은 하나의 길 열반문을 체득하였다는데, 그 체득한 하나의 길이란 어떤 것입니까?" 건봉화상이 주장자를 들고 공중에 하나의 선을 긋고 "여기에 있다." 하였다. 나중에 그 스님이 운문화상에게 이 문제를 제시하여 질문하였다. 운문선사는 부채를 들고서 "이 부채가 뛰어오르면 33천의 천상에 올라 제석천의 콧구멍에 붙고, 동해에 있는 잉어가 한 방치면 그릇에 담긴 물을 뒤엎은 것처럼 비를 쏟아 붓는다(乾峯和尚因僧問, 十方薄伽梵, 一路涅槃門, 未審路頭在甚麼處. 峯拈起拄杖, 劃一劃云 在者裏. 後僧請益雲門. 門拈起扇子云 扇子[跳一兆+字]跳, 上三十三天, 築著帝釋鼻孔, 東海鯉魚打一棒, 雨似盆傾)."

44 장신북두성중(藏身北斗星中): 참고로 『雲門匡眞禪師廣錄운문광진선사어록』 상권에 운문문언(864~949)선사와 학인의 문답이다. "어떤 것이 법신을 꿰뚫는 언구입니까?" "북두칠성 가운데 몸을 숨기는 것이다(問 如何是透法身句. 師云 北斗裏藏身)." 스스로 반조이다.

45 동산수산행(東山水上行): 참고로 『雲門匡眞禪師廣錄운문광진선사어록』 상권에 운문문언(864~949)선사와 학인의 문답이다. "어떤 것이 제불이 대오(大悟)하고, 그 大悟 위에서 자유로운 경지입니까?" "동산이 물 위로 가는구나(問 如何是諸佛出身處. 師云 東山水上行)."

특별히 사로잡았다가 놓아주고 말하기 전에 반드시 빼앗았다. 곧바로 칼 끝에 길이 있고 철벽에 문이 없다. 길에 펼쳐진 갈등을 때려 눕히고 흔히 있는 견해를 잘라버렸다. 맹렬한 화염 속에 차라리 모여들기 쉽거늘 갑작스런 천둥의 신속함에 생각이 미치지 못하랴. 대개 (운문선사의) 견해가 널리 통해서 자연 수용함이 광대하다. [46]꽃은 영수사 여민선사 처소에서 피우고 열매는 (운문선사의 제자) 향림사 징원선사에서 맺었으니 불조의 불법(권형)을 떨치고 인천의 안목을 열었다.

夫何源淸流濁, 根茂枝枯. 妄立道眼因緣, 謬爲聲色差別, 互相穿鑿, 滯著語言. 取辱先宗, 過在後學. 此雲門宗風也.

다만 왜 황하의 수원은 맑은데 흐름은 혼탁하고, 뿌리는 무성한데 지엽은 마르는가? (운문종이) 허망하게 도안(道眼. 수도하여 얻는 눈)의 인연을 세웠기에 잘못 성색(聲色. 귀로 듣고 눈으로 보고. 즉 나타난 현상이다)의 차별이 되어서 서로가 견강부회하여 언어에서 막히고 장애가 된 것이다. (운문종을 개창한) 선대 종사에게 치욕을 받게 하니 허물은 후학에게 있다. 이것이 운문종의 종풍이다.

---

46 화개영수, 자결향림(花開靈樹.子結香林): 이는 운문문언(864~949)선사가 설봉의존선사에게 법을 받은 후에 영수여민(靈樹如敏. ?~918)선사와의 인연과 제자 향림징원(香林澄遠. 생몰미상)선사에 대해서 말한 것이다. 좀더 설명하면, 운문선사는 목주선사의 인도로 설봉의존선사 문하에서 3년을 수학하고 법을 받았다. 이후로 후량 건화원년(後梁建化元年. 911)에 육조대사 탑을 참배하고 나중에 여민선사 문하에 수좌가 되었다. 정명4년(貞明四年. 918)에 여민선사가 열반하자 영수사 주지를 맡았다. 영수사에서 꽃을 피웠다고 하는 것은 이를 말한다. 열매는 향림사에서 맺었다고 하는 것은 제자 징원선사이다. 운문선사는 동광원년(同光元年. 923), 운문산에 광태선원을 창건하고 불법을 크게 폈다. 후한 은제 건우2년(后漢隱帝建祐二年. 949)에 광진선사(匡眞禪師)라 시호를 내렸다.『불광대사전』참고.

師逢僧必特顧之曰鑑, 僧擬議則曰咦, 門人錄爲顧鑑咦. 後圓明密刪去顧字, 爲之抽顧. 兒孫失其旨, 當接人之際, 以怒目名爲提撕, 名爲不認聲色, 名爲擧處便薦, 相傳以爲道眼.

운문문언선사가 학인을 만나면 반드시 특별히 돌아보고(顧) '감(鑑)'이라 이르고, 학인이 머뭇거리면 곧 '이(咦)'라고 말하니 제자가 기록하여 '고·감·이(顧鑑咦)'가 된다. 나중에 원명연밀선사가 '고(顧)'의 글자를 삭제하고, '顧'의 글자를 빼버렸다 해서 '추고(抽顧)'가 된다. 후학들이 그 근본 뜻은 잃어버리고 늘 학인을 인도할 적에 성난 눈으로 보는 것을 '제시(提撕. 스승이 학인을 지도함)'한다 하고, '불인성색'(不認聲色. 성색을 인식하지 못함)이라 이름하며, '거처편천(擧處便薦. 제시하는 곳에서 곧 추천함)'이라 이름하여 서로 전하고 [47]도안의 인연으로 여긴것이다.

北塔祚嘗笑之, 故作偈, 有任是張良多智巧, 到頭於此也難施之語. 此篇中, 所謂妄立道眼因緣, 謬爲聲色差別者, 指此也(新增).

---

[47] 도안인연(道眼因緣): 수도하여 얻는 눈으로 불법의 진실을 보는 이것이 도안이다. 『大慧普覺禪師書대혜보각선사서』 제29권에 왕교수(王教授)에게 보낸 답서에서 "총명하고 영리한 사람들은 대부분 총명함에 장애가 된다. 이 때문에 오히려 도안이 열리지 않고 각처에서 막히게 된다(聰明靈利人, 多被聰明所障. 以故道眼不開, 觸途成滯)."고 하였다. 인(因)은 한 물건이 일어날 때 강한 힘이 되고, 연(緣)은 약한 힘이 된다. 마치 종자는 인이 되고 싹이 나도록 돕는 주변 환경은 연이 된다. 참고로 『수능엄경』 제2권에 세존께서 "저 외도들은 늘 자연을 설하나 나는 인연을 설한다(彼外道等常說自然, 我說因然)."고 하였다. 일체법은 인연에 의해서 일어나고 인연에 의해서 소멸하는 것이다.

북탑조선사가 비웃고 그래서 게송을 지으니, "설사 장량(張良)이 지교가 많다 해도 처음부터 여기에 이르면 또한 행하기 어렵다."는 시어가 있다. 이 시편 문장 가운데 이른 바 "운문종이 허망하게 도안의 인연을 세워서 성색의 차별이 잘못 된 것임"을 지적한 것이다. (새로 더하다)

2) 고덕강종송(古德綱宗頌. 고덕선사의 운문종의 총체적인 게송)

榔栗橫擔宇宙寬,[48]	즐률지팡이 둘러메니 우주가 관통하고
得盤桓處且盤桓.[49]	머무를 수 있는 곳 얻어 또한 머문다.
水流東澗朝西澗,	물은 동으로 흐르다 서쪽 내로 향하고
雲起南巒下北巒.[50]	구름은 남만에 일고 북만에 비 내리네.
生鐵鄆針挑蜀錦,[51]	운 땅에 무쇠침 촉 땅에 비단 누비고
古松瓊葉落珠盤.	고송의 옥 잎이 보석 쟁반에 떨어지네.
折旋未擬經殘雨,[52]	법도로 걷다 예기치 못한 잔비 지나니
沒足泥塗過欎單.[53]	발이 진흙에 빠져 북구로주를 지나네.

---

48 즐률(榔栗)은 나무 이름이다. 지팡이를 만드는데 사용된다.
49 반환(盤桓): 머무르다. 배회하다. 돌다. 참고로『국역대장경』에선 유희(遊戲)하다.
50 남만(南巒): 지난날에 중국에서 사방의 이민족을 오랑캐로 동이(東夷), 서융(西戎), 남만(南巒), 북적(北狄)을 사이(四夷)로 칭하다. 참고로『국역대장경』에선 유희(遊戲)하다.
51 생철운침도촉금(生鐵鄆針挑蜀錦): 생철도 비단도 서촉에서 난다. 촉나라 사람은 비단을 잘 짰다고 전한다. 금강에서 실을 세탁하여 비단을 짰기에 촉금이란 이름이 붙여졌다. 시어에 운침(鄆針)은 운침(運針)이 아닌가 한다. 촉에서 나는 무쇠 바늘로 촉에서 나는 비단을 바느질하는 것으로 추측된다.『중문대사전』참고.
52 절선(折旋): 꺾거나 되돌아 가는데 절도있는 모양. 잔우(殘雨)는 그칠 무렵에 내리는 비.
53 울단(欎單): 수미산 북쪽에 있는 북구로주. 이 곳에 사는 사람들은 평등안락하여 수명이 천년을 누린다. 참고로 수미산 동쪽에 있는 동승신주는 수명이 250년이고, 서쪽에 있는 서우화주는 500년이다. 다만 남쪽에 있는 남섬부주에 사는 인간은 백년이다.

인천안목

제3권

조동종[1]

洞山和尙, 諱良价, 生會稽兪氏. 禮五洩山默禪師披剃, 得法雲巖曇晟禪師. 初住筠州洞山, 權開五位, 善接三根, 大闡一音, 廣弘萬品. 橫抽寶劍, 剪諸見之稠林. 妙叶弘通, 截異端之穿鑿. 晚得曹山耽章禪師, 深明的旨, 妙唱嘉猷, 道合君臣, 偏正回互, 繇是洞上玄風播於天下. 故諸方宗匠, 咸共推尊之曰曹洞宗.

동산선사의 이름은 양개이며, 회계(지금 절강성 제기현) 지방에서 출생하였고 성은 유씨이다. 오설산의 [2]영묵선사에게 출가하여 삭발염의하고 법은 [3]운암담성선사에게서 받았다. (나중에) 처음은 균주(지금 절강성 고안현)

---

[1] 曹洞宗은 조계 육조혜능의 아래 제5세인 운암담성(782~841)의 법을 이은 동산양개(807~869)선사에 의해 일가가 일어났다. 선사의 제자인 조산본적에 의해 가풍이 크게 융성하였다. 그러나 당나라 때는 돈오무심을 근본으로 하는 육조혜능 계통의 정신을 잘 전수했으나 송나라에 와서는 말류적인 폐단으로 돈오의 정신이 폐색하고 묵조선이 일어났다. 동산선사는 남전보우, 위산영우에게 참학하고 다시 운암담성선사에게서 각오하여 법을 이었다. 동산선사가 어느 날 물을 건너다 자신의 그림자를 보고 "저가 바로 나요 내가 지금 저는 아니다. 응당 이렇게 알아야 비로소 여여함에 계합한다." 하였다. 즉 무정설법에 의해 대오한 선사의 시절인연이다. 제자는 운거도응, 조산본적 등 27인이 있다.

[2] 靈默(747~818): 당나라 선승이다. 출가하여 석두희천선사에게 참학하고 크게 깨닫고서 시봉 20년을 하였다. 정원원년(785)에 천태산 백사도량에 머물다가 2년 뒤에 오설산에 머무니 사방 각지에서 학인이 구름처럼 모였다. 『불광대사전』 참고.

[3] 운암담성(782~841): 백장회해선사 처소에서 20년을 보냈으나 깨닫지 못하고 백장선사가 열반한 후에 약산유엄(745~828)선사의 법을 받았다. 『선학사전』 참고.

의 동산에 주석하였다. 방편으로 오위군신을 열어 상중하의 세 근기가 다른 중생을 잘 인도하고 일음성(一音聲. 여래의 설법)을 크게 떨쳐 널리 모든 불법을 힘껏 폈다. 보검을 뽑아서 모든 정견(情見. 망정의 소견)의 조림(稠林. 번뇌)을 잘라냈다. 미묘하게도 화합해서 널리 통하니 이단의 견강부회를 없앴다.

만년에 [4]조산탐장(840~901. 조산본적선사)선사를 얻어서 깊이 동산선사의 적지(的旨. 불교의 바른 정신. 뜻)를 밝히고 미묘한 가유(嘉猷. 뛰어난 도리)를 제창하여 도가 군신의 자리에서 합하니 편과 정이 서로 맞물리게 되어 이로부터 동산에서 심오한 선풍이 천하에 전파되었다. 그래서 제방의 종장들이 다 함께 존경하여 조동종이라 하였다.

1. 오위군신(五位君臣)[3]

僧問曹山五位君臣旨訣, 山云 正位即屬空界, 本來無物. 偏位即

---

[4] 조산탐장: 처음은 유학을 배우고 19세에 출가하여 25세에 비구계를 받다. 나중에 동산선사에게 법을 받았다. 의흥현(宜興縣. 지금 강소성) 조산(曹山. 구명은 하옥산)에서 법을 폈다.
[5] 오위군신: 이는 동산선사가 학인의 상중하 근기를 널리 지도하고자 해서 오위를 열었다. 그 법은 『역경』의 괘효에서 양효와 음효를 가져왔다. 음효(--)는 정, 체, 군, 공, 진, 리, 흑(正, 體, 君, 空, 眞, 理, 黑)에 해당하고, 양효(—)는 편, 용, 신, 색, 속, 사, 백(偏, 用, 臣, 色, 俗, 事, 白)등에 해당한다. 팔괘에서 이괘(離卦)(☲)를 취해 서로 중첩 변화로 오위를 삼았다. 먼저 離卦를 아래위로 중첩하면 중이괘(重離卦)가 되고, 두 번째로 중이괘의 중간에 두 음효를 취해서 상괘의 하와 하괘의 상에다 두면 풍택중부괘(風澤中孚卦)가 되고, 세 번째로 풍택중부괘의 중간에 있는 두 음효를 상괘의 상과 하괘의 하에 두면 택풍대과괘(澤風大過卦)가 되며, 다시 택풍대과괘의 상하에 있는 두 음효를 상괘와 하괘의 중간에 두면 처음의 重離卦가 된다. 이처럼 세 번 변화하고 그친다. 『인천안목』 제3권에 〈보경삼매가〉에서 '첩이위삼(疊而爲三)'의 의미가 이것이다. 離卦(☲)를 취해서 중간에 음

色界, 有萬形像. 偏中正者, 舍事入理.

한 스님이 조산선사에게 "오위군신에서 가르치는 심오한 뜻"을 질문하였다. 조산선사가 말하였다. "오위군신의 정위는 곧 공계에 속해서 본래 아무 물건도 없다. 편위는 곧 현상의 색계이니 삼라만상의 형상이 있다. 편중정이란 사(事. 현상)를 버리고 이(理. 본체. 이치)에 들어감이다.

正中來者, 背理就事. 兼帶者, 冥應衆緣, 不隨諸有, 非染非淨, 非正非偏. 故曰虛玄大道無著眞宗.

[6]정중편은 理(본체. 이치)를 등지고 事(현상)에 나아가며, [7]겸대는 어듭

효를 아래위로 돌리고 전후로 하면 5괘가 성립된다. 『인천안목』 제3권 끝에 〈보경삼매가〉에서 '변진성오(變盡成五)'의 의미가 이것이다. 이 5괘로 수증의 심천을 판단하여 '공훈오위'라 하고 理와 事의 교섭을 보인 것을 '군신오위'라고 한다. 공훈의 오위는 동산선사의 본의가 되고, 군신의 오위는 조산선사가 발명한 것이다. 동산선사가 발명한 정중편은 오위의 체처(體處)에 편용(偏用)인 사상(事相)의 자리를 갖춤이다. 正은 體, 空, 理 등이고 偏은 用, 色, 事 등이다. 능구(能具)는 체이고 소구(所具)는 용이다. 능구의 체로 군위를 정하고, 소구의 용은 편위이다. 편중정은 편위의 용은 정위로 체를 갖춘 자리이다. 정중래는 君이 臣을 보는 자리이다. 편중지는 事와 用이 완전히 체에 계합하여 무위에 돌아가는 것이다. 겸중도는 군신의 화합함이다. 즉 진리는 정위가 되고, 사물은 편위가 된다. 그 편과 정의 두 자리가 서로 교차하여 학자가 닦아서 증득할 수 있는 바탕이 된다고 한 것이다. 조산선사가 이를 이어서 군(君. 정위)과 신(臣. 편위) 두 자리에 비유하여 그 이치를 밝힌 것이 군신오위로 불교사상의 요체를 君, 臣, 신향군(臣向君), 군시신(君視臣), 군신도합(君臣道合)의 다섯 단계로 나누어 설명하였다. 『한국불교대사전』 참고.
6 정중래(正中來)에서 래(來)가 다른 본은 편(偏)이다. 이를 따랐다.
7 겸대(兼帶): 동산선사의 상겸대래(相兼帶來)이고, 조산선사의 겸중도(兼中到)이다. 이는 정위와 편위가 함께 지니면서 집착하지 않는 것이다. 그래서 아래 문구에 청정도 오염도 정위도 편위도 아닌 심원한 대도와 대립을 초월하여 집착이 없는 진실한 종지라고 하는 것이 이것이다. 바로 허현대도무착진종(虛玄大道無著眞宗)을 말한다. 참고로 『撫州曹山元

고 어두운 가운데(심오하여 알 수 없음) 모든 인연에 감응하나 제유(諸有. 중생의 인과)에 따르지 아니하며, 오염도 아니고 청정도 아니며 정위도 아니고 편위도 아니다. (달리 말하면 없는 것도 아니요 있는 것도 아니다) 그래서 "허현대도무착진종(虛玄大道無著眞宗. 보통 사람으론 상상할 수 없는 심원한 대도와 대립을 초월하여 집착이 없는 진실한 종지)"이라 말한다.

從上先德, 推此一位最妙最玄, 要當詳審辨明. 君爲正位, 臣爲偏位, 臣向君是偏中正, 君視臣是正中偏. 君臣道合, 是兼帶語.

예로부터 이래로 덕이 있는 고승이 모두 이 일위(一位. 하나의 위는 겸대위다)를 추앙하여 가장 미묘하고 가장 심오하다하니 꼭 자세히 살피고 분명히 밝혀야 한다. 임금은 정위가 되고 신하는 편위가 되며, 신하가 임금을 향하는 것은 편중정이고 임금이 신하를 살피는 것은 정중편이다. 군신의 도가 합하는 것이 겸대어이다."

時有僧出問 如何是君. 云 妙德尊寰宇, 高明朗太虛. 如何是臣. 云 靈機弘聖道, 眞智利群生.

이 때에 한 스님이 나와서 조산선사에게 질문하였다. "무엇이 군위입니까?" 조산선사가 말하였다. "미묘한 덕은 우주에서 가장 존귀하고 뛰어난 취지는 태허보다도 또렷하다." "무엇이 신위입니까?" "신령스런

證禪師語錄무주조산원증선사어록」에 "'상겸대래(相兼帶來)'는 어세가 편(偏)도 아니고 정(正)도 아니고 유(有)도 아니고 무(無)도 아님이 되며…말이 있거나 말이 없거나 자유롭다(相兼帶來者, 爲語勢不偏不正不有不無…不落有語無語)."고 하였다. 깊은 경계에 있음을 말한다.

작용(방과 할을 하여 학인을 인도함이다)은 성인의 도를 넓히고, 진정한 지혜
는 중생을 이롭게 한다."

如何是臣向君. 云 不墮諸異趣, 凝情望聖容. 如何是君視臣. 云
妙容雖不動, 光燭本無偏.

"무엇이 신위가 군위를 향하는 것입니까?" "모두 이취(異趣. 다른 범부
세계. 한 생각 망정이 일어나면 이취에 떨어진다. 축생)에 떨어지지 않고 정신을
집중하여 천자의 모습을 바라본다." "무엇이 임금이 신하를 살피는 것
입니까?" "미묘한 용모는 비록 움직인 적이 없으나 광명의 빛은 본래
치우침이 없다."

如何是君臣道合. 云 混然無內外, 和融上下平. 又曰 以君臣偏正
言者, 不欲犯中, 故臣稱君, 不敢斥言是也, 此吾法之宗要也.

"무엇이 군위와 신위의 도가 합하는 것입니까?" "뒤섞여서 안팎이 없
고, 화합하고 융화하여 상하가 태평하다." 또 "군위와 신위, 정위와 편위
로서 말하는 것은 중도를 범하고자 않는지라, 그래서 신하가 임금을 호칭
하여 감히 척언(斥言. 임금의 이름을 직접 호칭하거나 내치는 언사 등을)하지 않는
것이 이것이며, 이것이 내가 말하는 불법의 종요(宗要. 주요한 뜻)이다."

因作偈曰,

學者先須識自宗, 莫將眞際雜頑空.
妙明體盡知傷觸, 力在逢緣不借中.
出語直敎燒不著, 潛行須與古人同.
無身有事超岐路, 無事無身落始終.

인하여 조산선사가 오위군신에 관한 게송을 읊었다.

⁸학인은 먼저 꼭 자신의 종을 알아야 하고
출세간법 진여성을 편공에 섞이지 마라.
⁹묘명의 체는 다 감정에서 해함을 알고
힘써 인연 만남에서 중(中. 중도)을 빌리지 않네.
¹⁰말을 하면 바로 들불로 태우지 못하니

---

8 학자선수식자종, 막장진제잡완공(學者先須識自宗, 莫將眞際雜頑空): 불법을 배우기 위해서는 먼저 자신의 자성불을 밝혀야 하고 진여불성과 완공이 함께하지 말라는 것이다. '진제(眞際)'는 평등의 진성을 말한다. 참고로 『仁王經科疏인왕경과소』 제2권에 "모든 법성은 곧 진실한 연고로 옴도 없고 감도 없으며 생도 없고 멸도 없어서 진제와 같고 법성과 같으며 둘도 없고 다름도 없어서 마치 허공과 같다(以諸法性, 卽眞實故, 無來無去, 無生無滅, 同眞際, 等法性, 無二無別, 猶如虛空)."고 하였다. '완공(頑空)'은 편공(偏空)이다. 공견(空見. 공에 대한 집착을 일으키는 견해이다)에 머무는 것이다. 즉 그 공(空)의 한 끝에 치우치는 것을 말한다.
9 시어에서 '묘명(妙明)'은 진실미묘한 밝은 마음이다. 즉 무루의 진지(眞智), 진여체이다.
10 출어직교소불착(出語直敎燒不著): 뜻은 말을 하면 야화(野火. 초봄에 들이나 둑의 마른 풀을 태우는 들불)로 하여금 태우지 못한다. 들불이 뿌리는 태울 수 없기에 봄바람이 불면 다시 싹이 난다. 끝없는 번뇌망상에 비유한다. 여기서는 훌륭한 법어의 흔적 없음을 의미한다. 참고로『국역대장경』에 '소부착(燒不著)'을 "불도 태울 수 없고 물도 젖게 할 수 없다하여 49년 한 글자도 설하지 않다"라는 의미로 보았다. '소부착(燒不著)'은 불도 태우지 못하다이다. 그러나 필자는 백거이의 〈추사(秋思)〉 시어에 "석양빛이 들불보다 붉다(夕照紅於燒)"라는 시어에 근거하여 '소(燒)'를 야화(野火)로 이해한 것이다. 필자의 확대 해석이 아닌가 하여 살핀 것이다. 백거이의 〈추사(秋思)〉 시어는 『중문대사전』 참고.

집중 수행하여 자증해야 고인과 함께 하네.
¹¹몸이 없고 일이 있는 갈래 길을 초월해야
할 일도 없고 몸도 없어 처음과 마침도 없네.

1-1. 대양송(大陽頌. 대양경현선사가 오위군신에 대한 게송)¹²

1) 군(君. 임금)

不立功勳坐廟堂,	공훈을 세우지 않고도 조정에 앉아
群臣何敢望淸光.	신하들이 어찌 감히 맑은 빛을 보랴.
潭潭禁殿尊嚴甚,	깊고 넓은 궁전에 존엄함이 심하니
寂寞無人夜未央.	아무도 없는 적막한 밤 다하지 않네.

2) 신(臣. 신하)

文經武緯定中華,¹³	문무가 모두 겸비하여 중화가 안정되고
遍歷階梯贊國家.	차례로 곳곳을 다니며 나라를 찬양하네.

---

11 무신유사(無身有事): '무신'은 본래 이 몸은 실체가 없음을 말하고, '유사'는 유위법이다.
12 대양경현(大陽警玄. 943~1027): 조동종. 속가의 숙부 지통(智通)선사에게 출가하여 양산 연관(생몰미상)선사의 법을 받았다. 제자는 투자의청(1032~1083), 홍양청부(생몰미상)선사 등이 있다. 이 선사에 의해 조동종이 조산파(曹山派)에서 운거파(雲居派)로 변화를 가진다.
13 문경무위정중화(文經武緯定中華)는 주나라 윤길보가 선왕의 명을 받아 북벌하고 돌아온 문무를 겸한 신하이다. 아마도 이를 두고 상징적으로 시어를 지은 것은 아닌가 싶다.

功業已隆加九錫,[14]　공이 이미 높아 아홉 가지 하사품 더하고
與君神氣看些些.　　임금과 더불어 신통한 기운 조금 살피네.

3) 군시신(君視臣. 임금이 신하를 살피다)

位尊九五不曾居,[15]　구오에 높은 자리 머문 적이 없으나
常與群臣共一途.　　늘 신하들과 더불어 한 법을 함께 하네.
深隱後宮天下治,　　깊은 후궁에 숨어 천하를 다스려도
免敎夷狄望來蘇.　　소생을 바라는 오랑캐로 하여금 면케하네.

4) 신향군(臣向君. 신하가 임금에 향하다)

念念輸忠不敢欺,　　언제나 충심 보내 감히 속이지 못하고
頭頭奉重丈夫兒.　　낱낱이 받들어 중히 여기니 대장부다.
看君千里長安道,　　생각하는 임금은 천리 장안의 길이요
玉鐙皆趣闕下歸.[16]　옥등자 모두 대궐로 향해 돌아가더라.

5) 군신도합(君臣道合. 군신의 도가 합하다)

---

14 '구석(九錫)'은 천자가 공이 있는 제후에게 내린 하사품. 거마, 의복, 악기, 주호(붉은 문), 납폐(비단), 호분백인(백인의 용사), 부월(도끼), 궁시(활과 화살), 거창(술)이다. 『중문대사전』
15 '구오(九五)'는 예로 『주역』 건괘에서 5효이다. 임금의 자리이다. 신하의 자리는 2효이다. 5효에 양효와 2효에 음효는 정(正)이다. 또 이 두 효는 중(中)이다. 이것이 正中이다.
16 '옥등(玉鐙玉䡾)'은 옥으로 꾸민 등자이다. '등자'는 말을 타고서 발을 거는 기구이다. 또 다른 본은 옥등이 옥로(玉䡾)이다. '옥로'는 천자가 타는 옥으로 꾸민 수레이다.

臣主相忘古殿寒,	신하와 임금 서로가 옛 궁전 시름 잊으니
萬年槐樹雪漫漫.	만 년 된 느티나무 온통 눈 내린 듯하네.
千門坐掩靜如水,[17]	천문이 가리고 있어 물과 같이 고요하고
只有垂楊舞翠烟.	다만 수양버들이 푸른 연기에 너울거리네.

6) 총송(總頌. 오위군신에 대한 총체적인 게송)

無中有路透長安,	없는 가운데 길이 있어 장안에 통하고
劫外靈枝孰敢攀.	겁 밖에 신령한 가지 누가 감히 당기랴.
寶殿苔生尊貴重,	대웅보전에 이끼 돋아 존귀함 더하고
三更紅日黑漫漫.	삼경에 붉은 태양 온통 깜깜하도다.

2. 문답(問答. 오위군신에 대한 문답)

僧問 如何是正中偏. 汾陽昭云 玉兎旣明初夜後, 金雞須唱五更前. 道吾眞云 諸子投來見大仙. 宏智覺云 雲散長空後, 虛堂夜月明. 翠巖宗云 菱花未照前. 華嚴覺云 更深垂却夜明簾.

한 스님이 질문하였다. "무엇이 정중편입니까?"[18](이는 본체를 등지고 현상에 나아감이다. 본체와 현상의 관계가 나눠진다) 대답하였다. 분양선소선사는

---

17 '천문(千門)'은 천개의 문으로 문이 많은 궁성의 문을 말한다.
18 괄호 안에 부분적으로 붙인 일부분의 말은 〈석독〉을 참고 하였다. 아래도 같다.

"달이 이미 밝으니 초저녁 뒤이고, 금계(金雞. 천상의 닭)는 반드시 오경 전에 알린다."(본체에 의해 움직임이다) 도오진선사는 "모두가 투합해 와서 대선(大仙. 부처님)을 뵌다."(본체와는 멀다) 굉지각(단하자순선사의 법을 받음)선사는 "가없는 하늘에 구름 흩어지고 고요한 빈 집에 달이 비춘다."(청정한 허공이 바로 본체이다) 취암종선사는 "맑은 거울(菱花능화는 거울의 모양과 비슷하여 거울에 비유함)이 비추기 전이다."(본체를 알지 못하다) 화엄각(원오극근 선사의 법을 받음)선사는 "밤 깊어 어둠을 물리치는 야명렴(夜明簾. 밤에도 밝게 빛나는 옥으로 만든 발)을 내린다."(때를 놓치다)

如何是偏中正. 汾云 毫末成大樹, 滴水作江湖. 吾云 萬水千山明似鏡. 智云 白髮老婆羞看鏡. 巖云 團欒無少剩. 覺云 天曉賊人投古井.

한 스님이 질문하였다. "무엇이 편중정입니까?"(현상을 버리고 본체에 들어가다) 대답하였다. 분양소선사는 "터럭 끝이 큰 나무가 되고, 물방울이 강호가 된다."(이치는 분명히 이와 같다) 도오진선사는 "온 산수가 거울처럼 밝다."(밝은 본체 가운데 만상이 있다) 굉지각선사는 "백발노파가 거울보기를 부끄러워 한다."(현상을 알지 못하다) 취암종선사는 "둥근 원이 조금도 남음이 없다."(현상이 없으니 이치도 없다) 화엄각선사는 "날 밝으니 도적은 옛 우물에 던진다."(이치가 있은 즉 현상이 있다)

如何是正中來. 汾云 旱地蓮華朶朶開. 僧云 開後如何. 汾云 金蘂銀絲承玉露, 高僧不坐鳳凰臺. 吾云 皎潔乾坤震地雷. 智

云 霜眉雪鬢火中出, 堂堂終不落今時. 嚴云 遍界絶塵埃. 覺云 百卉承春在處開.

한 스님이 질문하였다. "무엇이 정중래입니까?"(본체와 현상은 본래 여일하다) 대답하였다. 분양소선사는 "한지(척박한 땅)에 연꽃이 포기마다 피었다."(아직 스스로 체험이 없다) 다시 스님이 질문하였다. "꽃이 핀 후엔 어떠합니까?" 분양소선사는 "꽃술과 꽃실이 이슬을 받들고 고승은 봉황대에 앉지 않는다."(경사로우나 아직은 안정이 없다) 도오진선사는 "밝고 깨끗한 천지에 우레소리가 진동한다."(청정하나 아직 안정이 없다) 굉지각선사는 "흰 눈썹에 흰 머리 (단련되어) 불속에서 나오니 당당하여 마침내 금시(今時. 속제. 세간법)에 떨어지지 않는다." 취암종선사는 "온 세계에 먼지가 없다." 화엄각선사는 "온갖 화초는 봄기운 받아 처처에 꽃을 피운다."

如何是兼中至(寂音曰 當作偏中至. 其說在後). 汾云 意氣不從天地得, 英雄豈藉四時催. 吾云 施設縱橫無所畏. 智云 大用現前不存軌則. 嚴云 嚙鏃功前戲. 嚴云 雨雪交加無處避.

질문하였다. "무엇이 겸중지입니까?"(정과 편이 그 중도를 얻었으나 아직은 흔적이 남아 있어 유무에 걸린다) (적음선사가 이르되 겸중지는 편중지라고 해야 당연하다고 주장한다. 그 설명은 뒤에 있다). 대답하였다. 분양선소선사는 "의기(意氣. 기개)는 천지로부터 얻어짐이 아니요, 영웅이 어찌 사철의 변화에 의지하여 재촉하겠는가."(스스로 자각하여 바른 길로 가는 것이다) 도오진선사는 "종횡으로 시설해도 두려울 것이 없다."(그 법집을 비우게 한다) 굉지각선사는 "큰 작용이 앞에 나타나는 것은 어떤 법칙이 존재하지 않는다." 취암종선사는 "화살을 씹으며 앞에 세운 공을 희롱한다."(전에 세운 공은 다 결말이 아님을 인식한다) 화엄각선사는 "눈비가 쏟아지니 피할 곳이 없다."(모든 경계는 스스로 다 돌파해야 한다)

如何是兼中到. 汾云 玉女抛梭機軋軋, 石人打鼓韻鼕鼕. 吾云 黑白未分前已過. 智云 夜明簾外排班早, 空王殿上絶知音. 嚴云 十道不通耗. 嚴云 兩頭截斷無依倚, 心法雙忘始得玄.

질문하였다. "무엇이 겸중도입니까?"(중도의 경계에 도달하여 흔적도 없고 유무에 걸리지 않는다) 대답하였다. 분양선소선사는 "옥녀가 북을 던지니 베틀은 철커덕 하고, 돌사람이 북을 두드리니 둥둥 울린다."(공도 아니요 유도 아닌 이치이다) 도오진선사는 "흑백이 나눠지기 전에 이미 지나쳤다."(분별이 없다) 굉지각선사는 "야명렴(밤에도 밝게 빛이 나는 발) 밖에 (대신들이 조회하고자) 일찍부터 순서를 정하니, 공왕(空王. 부처님)의 궁전에 자신을 알아주는 이가 없다."(아집도 법집도 없다) 취암종선사는 "십도(十道. 십계)는 헛되이 허비되지 않는다."(중도를 얻은즉 통하지 아니함이 없다) 화엄각선사는 "양두(兩頭. 시비 등 차별상)를 절단하니 의지할 데 없고, 마음과 법을 둘 다 잊어서야 비로소 심오한 뜻을 얻는다."(법아집이 없으니 자재하다)

1) 적음정오위지와(寂音正五位之訛. 新添)[19]

---

[19] 적음정오위지와(寂音正五位之訛): 적음선사가 오위의 잘못 전함을 바로 하여 새로 첨가하다. 적음(寂音)은 혜홍(慧洪. 1071~1128)선사 또 덕홍이다. 진정극문선사의 법을 받았고 선사는 곡절이 많다. 나쁜 스님의 참소로 세번이나 갇히고 국외로 추방도 당한다. 북

寂音曰 道愈陵遲, 至於列位之名件, 亦訛亂不次. 如正中偏 偏中正, 又正中來 偏中至, 然後以兼中到總成五位. 今乃易偏中至爲兼中至, 不曉其何義耶. 而老師大衲, 亦恬然不知, 怪爲可笑也.
(文字禪題雲居弘覺語)

적음선사가 말하였다. "불도가 더욱 쇠퇴해져서 오위군신의 명칭에 이르러서도 또한 와전되어 어지럽고 순서에 따르지 않았다. 마치 정중편과 편중정, 또 정중래와 편중지는 같고 그런 뒤에 겸중도로서 모두 오위군신이 된다. 지금은 편중지를 바꿔서 겸중지가 되니 (적음선사는 편중지가 타당하다고 여김) 그 무슨 뜻인지 모르겠다? 그리고 유명한 선사와 고승도 또한 태연히 모르니 기이하고 가소로운 일이다."

(문자선은 운거홍각선사의 말을 언급한 것이다. 운거홍각선사는 운거도응(?~902)선사로 동산선사의 적자이다)

2) 오위서(五位序. 丹霞淳. 난하순선사의 오위군신의 서)[20]

夫黑白未分, 難爲彼此. 玄黃之後, 方位自他. 於是借黑權正, 假白示偏. 正不坐正, 夜半虛明. 偏不坐偏, 天曉陰晦. 全體即用, 枯木華開. 全用即眞, 芳叢不艶. 摧殘兼帶, 及盡玄微. 玉鳳金鸞, 分疎不下.

송의 마지막 왕인 흠종이 즉위(1126~1127)하여 칙명으로 사면복귀하게 된다. 저서는 『선림승보전』,『임간록』 등이 있다.
20 단하순은 단하자순(丹霞子淳. 1064~1117)선사이다. 부용도해선사의 법을 받았다.

대저 흑백(선악의 다른 이름)을 나눔이 없었다면 피차 분별하기 어려웠다. 천지현황의 천지가 있은 뒤에 (상하 좌우의) 방위와 자신과 타인이 (각종 대립의 개념이) 있다. 이에 흑을 빌려서 정위를 판단하고, 백을 빌려서 편위를 표시하였다. 만일 정위가 정위에 앉지 않으면 한밤중에 정상이 아닌 빈 밝음이요, 만일 편위가 편위에 앉지 않으면 백주에 어둑 침침함과 같다. 전체가 곧 작용이요 고목에도 꽃이 핀다. 전체 작용이 곧 참이요 화초가 무성해도 화려하지 않다. 겸대(兼帶. 앞에서 허현대도무착진종군신이라 했다. 즉 보통 사람으론 상상할 수 없는 심원한 대도와 대립을 초월하여 집착이 없는 진실한 종지. 군신의 도가 합함)에 손상되면 심오하고 미묘함에도 다 미친다. 옥봉과 금란(玉鳳金鸞. 걸출한 고승을 비유하여 나타냄)도 해명할 수 없다.

是故威音那畔, 休話如何, 曲爲今時由人施設. 略陳管見, 以示方隅, 冀諸同心, 幸毋撫掌.

그래서 위음나반(威音那畔. 위음왕불이 세상에 출현하기 이전의 의미로 천지미분전이란 말과 같다. 최초의 부처님이다) 이전에 어떠하다 말하지 않고(49년 한 글자도 설하지 않음), 소상히(曲곡) 오늘에 이르러 사람으로 말미암아 시설하게 되었다. 대략 (나의) 좁은 견해를 진술하여 이로써 세상에 보이니, 모두가 자비 마음으로 손뼉치며 비웃지 않기를 바라고 희망한다.

3) 오위송(五位頌. 此依僧寶傳作偏中至. 승보전에 의해 편중지로 하다)

正中偏,²¹　　　　정 가운데 편
三更初夜月明前,²²　삼경 초저녁 달이 비추기 전
莫怪相逢不相識,　　서로 만나 알지 못함에 기이하다 말고
隱隱猶懷昔日嫌.　　은은히 오히려 옛적 혐오한 마음일세.

偏中正,²³　　　　　편 가운데 정
失曉老婆尋古鏡,²⁴　늦게 일어난 노파가 옛 거울 마주하고

---

21 정중편(正中偏): 이 한 단계는 증오(證悟. 바른 지혜로 진리를 깨달음)이니 곧 현상계로써 주(主)를 삼고 오직 나타난 바의 현상계가 절대적인 '아(我)'의 경계로 인식하게 된다.『불광대사전』참고. '정'은 이(理. 이치)이고 '편'은 오(悟. 깨달음)이다. 동산선사의 뜻은 '정 가운데 편을 두었으나 정 뒤에 편이 일어나는 것은 아니다(以洞山意, 是正中便有偏, 非正後起偏也).' 하였다.『영각원현선사광록』참고. 아래에서도 두 책을 참고하였다.
22 '삼경초야월명전…은은유회석일혐(三更初夜月明前…隱隱猶懷昔日嫌)'의 시어에서 '삼경초야'는 흑으로 이(理)이고 달이 밝기 전이다. 다시 말하면 '삼경초야'는 정위이고 '월명'은 편위이다. 곧 명암흑백이 나눠지기 전의 자리이다. 다음 구의 시어 '막괴상봉불상식(莫怪相逢不相識)'은 정이 곧 편이니 색즉시공(色卽是空. 현상은 인연따라 일어난 것이기에 공이다)의 이치를 나타냈다. '각오한 자취가 남아시 理가 아직 침이 아니니, 그래시 비록 서로 만나도 서로 알지 못함이다(是悟迹不除, 理尙非眞, 故雖相逢而不相識).' 망각이다. 끝구의 시어는 정과 편이 서로 융합하여 각각 그 본래면목에 돌아가 인연따라 변치않는 이치를 나타냈다.
23 편중정(偏中正): 이 한 단계는 재차 강렬하게 분별견해를 나타내지 않고 현상계의 일체가 점점 은퇴함이다. 편 가운데 곧 정이고 편 뒤에 돌아오는 정이 아니다. 편은 좌우의 사람이고 정은 존귀한 사람이다. 편은 금시(今時. 세간)이고 정은 금시에 떨어지지 않음이다.
24 실효노파봉고경…휴갱미두유인영(失曉老婆逢古鏡…休更迷頭猶認影): 첫구에 '실효노파'는 정중편이 되고, '봉고경'은 편중정이 된다. 바로 천차만별의 현상이 진여평등의 법계를 기리킨다. 다음 구의 시어 '분명적면갱무타(分明覿面更無他)'는 모양이 분명이 나타나지 아니할 때 고경을 향해서 얼굴이 분명하지 못한 거와 같다. 끝구의 시어는 학인을 경계하여 거울 속 유무의 그림자에 미혹되지 말고 인연 따라 변치 않는 이치를 보인 것이다. 시어에 '미두인영(迷頭認影)'은 진리를 잃고 그 그림자만 쫓아감을 말한다. 또 경전등의 자구해석에만 뜻을 빼앗기고 불도를 행하는 것을 잊어버림에도 비유한다. 마치『수능엄경』에 나오는 연야달다 그녀가 아침에 거울을 마주하여 거울 속에 비친 얼굴이 자신의 얼굴 아니다 하여 망상을 일으켜서 미쳐 달아난 이야기의 주인공이 되지 말라고 하는 것이다.

| 分明覰面更無他, | 분명히 친히 본 얼굴 다시 그가 없으니 |
| 休更迷頭猶認影. | 또 미혹하여 그림자를 인식하지 마라. |

正中來,²⁵	정이 가운데 오다
無中有路出塵埃,²⁶	없는 가운데 길이 있어 망상에서 벗어나
但能不觸當今諱,	다만 능히 지금 꺼림에 저촉되지 않으니
也勝前朝斷舌才.	또한 전조에 변사 이지장보다 수승하다.

| 偏中至,²⁷ | 편이 가운데 이르다 |
| 兩刃交鋒要迴避,²⁸ | 양날이 서로 교전하여 회피해야 하고 |

---

25 정중래(正中來): 이 한 단계는 재차 심신의 존재를 느끼지 않고 남김없이 없어져서 본체가 이미 무념의 경계에 도달하고 만상의 차별에 응하여 자재한 미묘한 작용이다.

26 무중유로출진애…야승전조단설재(無中有路出塵埃…也勝前朝斷舌才): 첫 구에서 '무중'은 정위가 되고 '유로'는 와서 편위가 된다. 오히려 범부와 부처의 상에서 벗어남이다. 다음 구의 시어 '단능불촉당금휘(但能不觸當今諱)'는 그 정위가 유와 무를 말하나 다 중(中)이 아니고 배촉(背觸. 背는 등지고 전혀 관계치 않는 부정적이고, 觸은 수긍하고 받아드리는 것이다)과 같은즉 그 본의를 잃는 것이다. 끝구는 저촉되지 않는 공(功)이 천진(天眞)이 되고, 비밀한 작용의 은미한 사이에 말이 있는 가운데 말이 없고 말이 없는 가운데 말이 있는, 즉 시작도 없는 본각(本覺) 불성(佛性) 여래장심(如來藏心)의 뜻을 가리킨다. '전조(前朝)'는 수(隋)나라이다. 참고로 '단설재'는 변사 이지장(李知章)이다. 그가 변론 할 적에는 여러 사람들이 모두 입을 다물고 말을 하지 못하였음으로 그 당시에 사람들이 단설재라고 불렀다고 전한다.

27 편중지(偏中至): 이 한 단계는 현상계 차별의 묘한 작용에 따라서 현상과 본체의 명합(冥合. 暗合암합. 속으로부터 스며들어 합함이다)을 깨달아 무념무상의 경계에 도달하는 것이다.

28 량인교봉요회피…완연자유충천기(兩刃交鋒要迴避…宛然自有衝天氣): 첫 구는 편의 공용(功用. 수행의 작용.功能공능)이 끝없이 변통하고 어묵시비(語默是非. 말하고 말하지 않고 또 대립에서 한 쪽에 집착하거나 옳은가 그른가에 대한 언쟁)하는 사이에 사사건건 논쟁에서 이미 피하여 가지도 못하고 손상하는 바도 되지 않음을 나타낸다. 다음 구의 시어 '호수환동화리연(好手還同火裏蓮)'은 그 수행한 공능이 곳에 따라 희유(希有)하여 마치 연꽃이 불속에 있어서 오히려 성색(聲色. 육경에서 성경과 색경이다. 즉 귀로 들리는 대상과 눈으로 보이는 대상이다)이 자연스

好手還同火裏蓮,　　좋은 솜씨 오히려 불속에 연꽃과 같아
宛然自有衝天氣.　　완연히 자연 하늘을 찌르는 기개 있네.

兼中到,[29]　　　　　겸해서 가운데 이르다
不落有無誰敢和,[30]　유와 무에 자유로우니 뉘 감히 화답하지
人人盡欲出常流,　　사람마다 다 보통사람 벗어나고자 하니
折合終歸炭裏坐.　　결말짓고자 끝내 탄 재 속에 돌아가 앉네.

(참고로 正偏五位정편오위의 설은 닦아서 이룬 것이 아니고 본래 가지고 있는 本覺본각과 깨닫지 못한 不覺불각의 二元이원을 세움에 있다. 본각은 인연을 따라 아래로 향하는 온갖 만물의 차별하는 현상을 나타내니 곧 '靜中有動정중유동' 즉 정 가운데 동이 있음으로써 정중편이 된다. 불각은 위로 향하여 미혹한 생각을 돌이켜서 깨달음으로 향하는 還滅환멸이 되니 순히 진여평등의 이성에 따라서 곧 '動中有靜동중유정' 즉 동 가운데 정이 있음으로써 편중정이 된다. 이 정과 편의 둘의 도가 합하여 하나의 원리인 一元일원에

러운 거와 같음이다. 끝구는 성색과 시비하는 길에 머물러 반드시 돌아갈 바의 곳이 곧 느끼지 못하는 전상(全相. 모양의 전부)의 뜻을 가리킨다. 성색에서 자유로움을 나타낸다.
29 겸중도(兼中到): 이는 곧 원만히 정과 편을 거두어 무애자재한 경계에 이르는 것이다.
30 부락유무수감화…절합종귀탄리좌(不落有無誰敢和…折合終歸炭裏坐): 첫 구는 유(有)에 들어가는 때에 곧 절대적 有가 되고 무(無)는 가히 대하지 못하며, 無에 들어가는 때에 또 절대적 無가 되니 有는 가히 대하지 못한다. 정면에 당두하여 가까움이 없어서 有와 無의 두변의 견해에 떨어지지 않는 것이다. 다음 구의 시어 '인인진욕출상류(人人盡欲出常流)'는 학인을 경계하여 상류(常流. 법속한 무리)에서 일상의 법도를 잃어 미혹하지 말라고 하는 것이다. 끝구는 일상무상(一相無相. 이 일상은 본래부터 형상이 없는 것이다. 바로 법신이다. 금강경의 제9분이다)이요 구경비사량(究竟非思量. 결국은 사량하고 분별하지 않음)에 인도하여 들어가는 귀처(歸處. 돌아가 의지할 곳은 바로 불법승 삼보 뿐이다)는 곧 결국은 크게 깨닫는 수도의 순서의 뜻을 나타낸다. 참고로 '귀탄리좌(歸炭裏坐)'는 환원하여 근본에 합하고 그래서 탄 재 속에 돌아가 앉는다고 한 것이다. 바로 무심을 나타내며 본성에 접근하는 것이라 할 수 있다.

돌아가는 것이 곧 '動靜不二동정불이' 즉 동과 정이 둘이 아님으로로써 겸중도가 된다. 이것은 『대승기신론』에 '本覺본각, 不覺불각, 不變불변, 隨緣수연의 설'과 『주역』의 '음양오행의 설'을 배합하여 이룬 것이다. 『불광대사전』 참고)

4) 극부도자(克符道者. 극부도자의 오위에 대한 게송)

正中偏,   정중편
半夜澄潭月正圓,   한밤중 맑은 못에 달이 바로 둥근데
文殊匣裏靑蛇吼,   문수보살 상자 속에 지혜검 소리치니
驚得毘盧出故園.   비로자나불이 놀라 옛 집에서 나오네.

(一作故關. 다른 본은 고원이 고관이다. 같은 의미다. 고향이다)

偏中正,   편중정
演若玉容迷古鏡,   연야달다가 고경에 비춘 용모 미혹해
可笑騎牛更覓牛,   가소롭다 소 타고 다시 소를 찾으니
寂然不動毘盧印.[31]   적정무사에 동하지 않는 비로인일세.

正中來,   정중래
鳳竹龍絲坐釣臺,[32] 봉미죽과 용의 낚시 줄로 조대에 앉아

---

31 비로인(毘盧印): 비로자나불의 입정인(入定印)으로 법계의 정인(定印)이다. '적연(寂然)'은 모든 상을 멸하였기에 적정무사(寂靜無事)이다. 『한국불교대사전』 참고.
32 봉죽용사(鳳竹龍絲): '봉죽'은 대나무 일종으로 봉미죽(鳳尾竹)이다. '용사(龍絲)'는 기사(氣絲)이다. '기사'는 용왕의 혀 위에 있는데, 아주 미세하여 머리카락과 같으며 온 시방에 온갖 구름을 출납할 수 있다고 하였다. 『釋摩訶衍論記석마하연론기』 제1권 참고.

高僧不觸當今諱,　　고승은 지금 꺼림에 저촉되지 않으니
藏却花冠笑一回.　　도리어 화관을 감추고서 한번 웃는다.

兼中至,　　　　　　겸중지
鰲怒龍奔九江沸,³³　자라가 놀라고 용이 달아나 구강이 솟고
張騫尋得孟津源,³⁴　맹진과 하원 찾을 수 있음은 장건이요
推倒崑崙絶依倚.　　거꾸러진 곤륜산은 믿음이 없어졌네.

兼中到,　　　　　　겸중도
龍旗排出御街早,　　용의 깃발 어가에 줄서 일찍 나서고
略開仙仗鳳樓前,　　간략히 궁중 의장대 봉루 앞을 여니
尋常却諱當今號.　　평소 도리어 꺼림은 지금 부름일세.

5) 분양소(汾陽昭. 汾陽以正中來居首, 而正中偏次之)³⁵

正中來,　　　　　　정중래
金剛寶劍拂天開,　　금강왕의 보검 하늘을 떨쳐 열고

---

33 구강(九江): 여러 설이 있다. 큰 강이 심양에 이르러 아홉으로 나뉜 설과 아홉 내가 모여서 하나의 큰 강이 된 설. 또는 동정으로서 구강을 삼기도 한다. 『중문대사전』참고.
34 '장건(張騫)'은 한무제 때 인물로 흉노를 견제하려고 서역 월지국과 동맹을 위해 사신으로 하원(河源. 황하의 수원지로 곤륜산이다. 곤륜산에 이르러 천궁을 보았다고 함)을 탐방하고 월지국에 이르렀다. 하지만 가다가 흉노에게 포로가 되어 십년이 지나 목적지에 도달하였으나 뜻을 못 이루고 돌아왔다. 그러나 그는 인도와 통로를 개척하고 동서의 교류를 여는데 큰 공을 세웠다. '맹진(孟津)'은 나루터 이름이다. 하남성 맹현 남쪽에 있다. 주나라 무왕이 주왕(紂王)을 치기 위해 팔백제후들과 모임을 가졌던 곳이다. 『중문대사전』.
35 분양선소선사의 오위의 게송으로 선사는 정중래를 머리에 두고 정중편을 다음에 하다.

一片神光橫世界,　　한 조각 신비한 빛 세계를 가로 지르니
晶輝朗耀絶纖埃.　　빛나고 밝게 빛나 망상이 다 없어졌네.

偏中正,　　　　　　편중정
看取法王行正令,　　법왕이 정령 행함을 곰곰히 보니
七金千子總隨身,[36]　칠금산의 천자가 모두 몸소 따르고
猶自途中覓金鏡.　　자연 길 가운데 금 거울 찾음 같네.

正中偏,　　　　　　정중편
霹靂機鋒著眼看,　　벽력같은 날카로움에 눈 붙여 보고
石火電光猶是鈍,　　아주 짧은 찰나에 오히려 무뎌지는데
思量擬議隔千山.　　생각하다 머뭇거려 천산에 막히네.

兼中至,　　　　　　겸중지
三歲金毛爪牙備,　　세 살 된 금모사자 발톱 이빨 갖추니
千妖百怪出頭來,　　온갖 요귀들이 머리를 내밀다가도
哮吼一聲皆伏地.　　한 번 포효하면 모두 땅에 엎드리네.

兼中到,　　　　　　겸중도
大顯無功休作造,　　공 없음을 크게 드러내 조작함 그치고
木牛步步火中行,　　나무 소가 한 걸음씩 불속으로 가니
眞箇法王妙中妙.　　참으로 법왕이 묘한 가운데 미묘하네.

---

36 칠금(七金): 칠금산이다. 수미산 주위의 일곱 겹으로 된 금산을 말한다.

6) 총송(總頌. 분양선소선사의 오위에 대한 총체적인 게송)

五位參尋切要知,	오위는 탐방해 간절히 알기를 바라고
絲毫纔動卽相違,	약간 겨우 움직여도 곧 서로 어긋나니
金剛透匣誰能用,	금강이 상자에 통하듯 뉘 능히 작용해
惟有那吒第一機.[37]	오직 나타귀왕의 제일의가 있도다.
擧目便令三界靜,	눈을 드니 곧 삼계로 하여금 고요하고
振鈴還使九天歸,	요령 흔들어 또 구천이 돌아가게 하며
正中妙叶通回互,	정중은 화합하여 서로가 맞물려 통하니
擬議鋒鋩失却威.	머뭇거리다 칼날에 위엄을 잃어버리네.

7) 자명총송(慈明總頌. 자명선사의 오위에 대한 총체적인 게송)

偏中歸正極幽玄,	편중에 정이 오니 심원한 현묘가 다하고
正去偏來理事全.	정이 가고 편이 와도 이사(理事)는 온전하네.

---

37 나타제일기(那吒第一機): '나타'는 북방 비사문천왕의 태자로 얼굴이 셋, 팔이 여덟이다. 귀왕으로 불법을 수호하는 선신이다. 손에는 항상 금강장을 들고 악인의 무리를 찾아 다닌다. '제일기'는 제일의(第一義)이다. '제일의'는 최상의 제일의 진리이다. 망상으로 깨달은 것이 아니고, 성지를 자각하여 얻은 것이다. 참고로 『오등회원』 제12권에 정혜초신선사에게 학인이 질문하였다. "무엇이 제일구입니까?" "나타귀왕의 분노함이다(問如何是第一句. 師曰那吒忿怒)." '제일구'는 아자(阿字)를 말하는데 성지 가운데 부처님이 제일이듯이 진언문 가운데 阿字門이 제일이라는 의미이다. 참고로 『毗盧遮那成佛神變加持經義釋비로자나불신변가지경의석』 제14권에 "마치 세간지거천 가운데 제석이 제일이요. 온 세상의 선성(仙聖. 걸출한 성인)가운데 범천이 제일이요. 모든 성인가운데 부처님이 제일이듯이 이 아자(阿字)는 일체 진언문 가운데 가장 제일이다. 이 한 글자로 말미암아 한량없는 공덕을 성취한다. 그래서 무상(無上. 최고)이다(猶如世間地居天中, 帝釋爲第一. 諸仙聖中, 梵天爲第一. 諸聖智中佛爲第一. 此猶阿字於一切眞言門中, 最爲第一也. 由此一字成無量功德, 故無上也)." 하였다

須知正位非言說,	반드시 정위가 언설이 아님을 알아야 하고
朕兆依稀屬有緣.	조짐이 모호하여 인연있는 중생에 속하네.
兼至去來興妙用,	겸하여 오고감에 이르니 묘한 작용 일어나고
到兼何更逐言詮.	이르러 겸하니 어째 다시 설명을 쫓으랴.
出沒豈能該世界,	나고 죽음이 어찌 능히 세계에 갖춰져
蕩蕩無依鳥道玄.	광대하여 의지 없는 조도(허공)가 아득하다.

8) 부산원송(浮山遠頌. 부산법원선사의 오위에 대한 게송)

正中偏,	정중편
空劫迢迢本寂然,	공겁은 아득하여 본래 고요하고
金剛際下翻筋斗,	금강왕 만날 즈음 곤두박질치니
掌上靈機遍大千.	손바닥에 묘한 작용 대천세계 두루 하네.

偏中正,	편중정
浩浩塵中劫淸淨,	넓은 세간 가운데 도리어 청정하고
臨岐撒手便回途,	갈림길에 포기하니 곧 돌아가는 길
無影堂前提正令.	그림자 없는 집 앞에 정령을 제시하네.

正中來,	정중래
頂後圓光耀古臺,	정수리 뒤 원광이 고대에 비추고
雖然照徹人間世,	비록 인간 세상을 환히 비추어도

不犯鋒鋩絶點埃.[38] 봉망을 범하지 않고 한 점 먼지 없네.

兼中至,　　　　겸중지
妙用縱橫休擬議,　　묘한 작용 자유자재 주저함 그치고
始終交戰自玄玄,　　시종 서로 충돌하여 자연 심오하니
壁立神鋒皆猛利.[39]　벽에 세운 신검 다 매우 날카롭네.

兼中到,　　　　겸중도
格外明機長節操,　　출세간에 기미 밝히니 오래한 지조요
了知萬彙不能該,　　분명히 인식한 만물도 다 할 수 없으니
誰能更守於玄奧.　　누가 능히 다시 깊고 심오함을 지키랴.

9) 초당청송(草堂淸頌. 초당청선사의 오위에 대한 게송)

正中偏,　　　　정중편
丫角崑崙空裏眠,　　총각이 곤륜산 빈 곳에 잠이 들고
石女機梭聲軋軋,　　석녀의 베 짜는 소리 철거덕철거덕
木人舞袖出庭前.　　목인이 춤추는 소매 뜰까지 나왔네.

偏中正,　　　　편중정

---

38 불범봉망(不犯鋒鋩): 봉망을 범하지 않다. '봉'은 병기의 끝이고, '망'은 풀의 끝이다. 봉망은 창끝, 칼날의 서슬이다. 날카로운 언사로도 비유한다. 마치 선승이 타인과 문답할 때는 자신의 예리한 언행을 노골적으로 표시하지 않고, 온화한 태도로 대하는 것이다.
39 신봉(神鋒): 품격이 우아하다. 또는 검(劍)을 이른다.

澄潭印出桂輪影,	맑은 못에 흔적 남기니 달그림자요
人人盡向影中圓,	사람마다 다 그림자 속 원형을 향하니
影滅潭枯誰解省.	그림자도 없고 못이 말라 뉘 살펴 알고.

正中來,	정중래
火裏蓮花朶朶開,	불속에 연꽃이 송이마다 피었고
根苗豈是尋常物,	뿌리와 싹이 어찌 평소에 물건인가.
大用非同應世材.	큰 역량 응당 세상의 재목과 다르네.

兼中至,	겸중지
交互機鋒絶忌諱,	서로의 날카로운 언사에 꺼림이 없어
丈夫彼彼逞英雄,	대장부가 저마다 영웅임을 자랑하나
點著不來成粉碎.	불을 붙이지 못해서 쓸모없이 되네.

兼中到,	겸중도
鉎牛喫盡欄邊草,	철우가 먹어서 난간 쪽 풀을 다하니
却問牧童何處居,	묻되 목동에게 어느 곳에 사는고
指點東西得一寶.	동과 서를 가리키며 한 마음 얻네.

10) 굉지각송(宏智覺頌. 굉지정각선사의 오위에 대한 게송)[40]

正中偏,	정중편

---

[40] 굉지각(宏智覺): 굉지정각(宏智正覺. 1091~1157))선사다. 단하자순선사의 법을 받았다.

霽碧星河冷浸天,　　개인 벽공에 은하수 찬 하늘에 잠기고
夜半木童敲月戶,　　한밤중 목동이 달빛 속에 문 두드리니
暗中驚破玉人眠.　　어둠 속에 놀란 미인이 잠에서 깨더라.

偏中正,　　　　　　편중정
海雲依約神仙頂,　　바다 구름은 아련히 신선의 정수리요
婦人鬢髮白垂絲,　　부인의 귀밑머리 흰 실 드리운 듯하니
羞對秦臺寒照影.[41]　부끄럽게 거울 대해 찬 그림자 비추네.

正中來,　　　　　　정중래
月夜長鯨蛻甲開,　　달밤에 큰 고래가 등껍질을 열고
大背摩天振雲翼,　　큰 등이 하늘 만져 구름 날개 떨치니
翔遊鳥道髓難該.　　허공에 비상하여 골수 갖추기 어렵네.

兼中全,　　　　　　겸중지
覿面不須相忌諱,　　얼굴 맞대 반드시 서로 꺼리지 않고
風化無傷的意玄,　　풍화에 손상 없는 바른 뜻 심오하니
光中有路天然異.　　빛 가운데 길이 있어 자연 다르더라.

兼中到,　　　　　　겸중도
斗柄橫斜天未曉,[42]　북두성 기울어 날은 아직 새지 않고

---

41 진대(秦臺)는 거울의 다른 이름이다. 진시황때 간담을 비추는 거울이 있었다고 전함.
42 시어에 두병(斗柄)은 북두칠성 가운데 다섯 번째 별인 옥형이다.

鶴夢初醒露葉寒,　　　학이 꿈 깨니 이슬 젖어 잎은 찬데
舊巢飛出雲松倒.　　　옛 둥지서 날아 높은 소나무 기우네.

11) 자득휘송(自得暉頌. 자득혜휘선사의 오위에 대한 게송)[43]

正中偏,　　　　　정중편
混沌初分半夜前,　　　혼돈이 처음 나뉜 한밤중 전에
轉側木人驚夢破,[44]　뒤척이는 목인이 놀라 꿈을 깨니
雪蘆滿眼不成眠.　　　흰 갈대꽃 눈에 가득 잠 못 이르네.

偏中正,　　　　　편중정
寶月團團金殿冷,　　　보름달이 동그랗고 궁전은 찬데
當明不犯暗抽身,　　　밝음에 서서 범치 않고 몰래 몸을 빼
回眸影轉西山頂,　　　돌아보니 그림자는 서산마루로 옮기네.

正中來,　　　　　정중래
帝命傍分展化才,　　　왕명을 곁에서 나눠 교화의 재주를 펴고
杲日初升沙界靜,　　　밝은 태양 오르니 사바세계가 고요해
靈然曾不帶纖埃.　　　신령하여 일찍이 작은 먼지 띤 적 없네.

兼中至,　　　　　겸중지

---

[43] 자득휘(自得暉): 자득혜휘(自得慧暉. 1097~1183))선사다. 천동굉지선사의 법을 받았다.
[44] 시어에 전측(轉側)은 누워서도 편안치 못하여 이리저리 뒤척이는 모양이다.

長安大道長遊戲,⁴⁵　장안의 큰 길에서 한가롭게 유희하니
處處無私空合空,　　처처에 내가 없어 공이 공에 합함이요
法法同歸水歸水,　　법마다 같이 돌아가 물이 물에 돌아감일세.

兼中到,　　　　　　겸중도
白雲斷處家山好,　　흰 구름 끊어진 곳 고향이 좋아서
撲碎驪龍明月珠,　　검은 용의 여의주를 쳐서 부수니
崑崙入海無消耗.　　곤륜산 바다에 들어가도 사라짐 없네.

3. 명안오위빈주 견명안별록(明安五位賓主 見明安別錄)⁴⁶

安曰 正中偏, 乃垂慈接物, 即主中賓, 第一句奪人也. 偏中正, 有照有用, 即賓中主, 第二句奪境也. 正中來, 乃奇特受用, 即主中主, 第三句人境俱奪也. 兼中至, 乃非有非無, 即賓中賓, 第四句人境俱不奪也. 兼中到, 出格自在, 離四句絶百非, 妙盡本無之妙也.

명안선사가 말하였다. "정중편은 곧 자비심을 베풀어 만물에 이익되게 인도함이니 곧 주중빈으로 제일구는 탈인(奪人. 자신부정으로 인아에 대한

---

45 장유희(長遊戲)에서 '장(長)'이 다른 본은 '한(閑)'이다. 이를 따랐다.
46 명안오위빈주 견명안별록(明安五位賓主 見明安別錄): 명안선사의 오위군신과 빈주론은 임제종의 사료간을 인용하여 논한 것으로 선사의 별록에서 보인다고 한 것이다. 빈주는 스승과 제자에서의 문답이다. 그러나 조동종은 체와 용을 나타낸다. 빈주의 문답은 서로가 감파를 하고 감파를 당한다. 하여 주중빈이 있고 빈중주가 있다. 명안선사는 대양경현(大陽警玄. 943~1027)선사로 시호가 명안대사이다. 양산연관(생몰미상)선사의 법을 받았다.

집착을 없앰)이다. 편중정은 비춤(간파)도 있고 작용(지도)도 있으니 곧 빈중주로 제이구는 탈경(奪境. 경계부정으로 외경에 대한 집착을 없앰)이다. 정중래는 일종의 기이한 수용이니 곧 주중주로 제삼구는 인경구탈(人境俱奪. 사람과 경계 둘 다 부정)이다. 겸중지(兼中至. 적음선사의 비평에서 이 겸중지는 편중지가 옳다고 함)는 일종의 유도 아니요 무도 아니니 곧 빈중빈으로 제4구는 인경구불탈(人境俱不奪. 사람과 경계 둘 다 부정을 안 함)이다. 겸중도는 격식을 벗어나 자유 자재하여 [47]사구백비(四句百非. 부정을 거듭해도 사물의 진상을 알지 못한다. 이를 부정할 적에 인용된다)를 여의고 없애니 미묘함은 다 본래 없는 묘한 뜻이다."

4. 동산공훈오위 병송(洞山功勳五位. 幷頌)[48]

---

47 사구백비(四句百非): 유(有)와 공(空)으로 만유의 제법을 판정할 적에 제1구는 유문(有門)이고, 제2구는 공문(空門)이며, 제3구는 유문(有門)이고 공문(空門)이며, 제사구는 유문(有門)도 아니고 공문(空門)도 아니다. 百非에서 百은 대수이고 非는 비유(非有)와 비무(非無) 등의 부인을 말한다. 유무의 견해에 걸리지 않게 함이다.『불교대사전』참고.

48 동산공훈오위 병송(洞山功勳五位 幷頌): 동산선사의 공훈오위의 문답이다. 게송도 함께 한다. 공(功)은 용이고 훈(勳)은 체이다. 공훈은 수행의 단계의 관계를 다섯으로 설명한 것이다. 또 대혜종고선사의 착어는 이해에 많은 도움이 될 것이다. 공훈오위는 동산양개 선사가 세운 실체철학의 표준이 되는 다섯 가지의 교설방편으로 향, 봉, 공, 공공, 공공(向, 奉, 功, 共功, 功功)이다. '向'은 자식이 친부모를 향하는 것과 같이 본래 갖춘 주인공을 믿고 귀향하는 것이다. 즉 불문에 들어가고 불법을 최고의 종교로서 인식함이다. '奉'은 자식이 부모의 명을 순히 받드는 것과 같이 본래 갖춘 주인공의 명령에 순히 받드는 것이다. 즉 정진수행으로 전미개오 하는 것이다. '功'은 받드는 공에 의지해서 부자상친으로 간격이 없는 것과 같이 주인공을 상견하여 망견을 회전시키는 것이다. 즉 평등한 진여를 보고 일체를 평등한 부처님 그 자체로 보는 견성이다. '共功'은 부자 상호간에 그 지위를 지키지만 전혀 그 상념에서 벗어날 수 없는 것과 같이 본연의 자성을 본 후에 정위를 지키지 않고 당처에 출생하며 장소에 따라 미혹한 생각을 돌려 깨달음으로 향하여 자유 활

1) 향(向)

僧問師 如何是向. 師曰 喫飯時作麼生. 又云 得力須忘飽, 休糧更不饑.

한 스님이 동산선사에게 질문하였다. "무엇이 향입니까?" 동산선사가 말하였다. "밥 먹을 때 어떻게 하느냐?" 또 "힘을 얻으면 반드시 배부름을 잊고, 먹는 식량을 그쳐도 다시 배고프지 않다."

(大慧云 向時作麼生, 向謂趣向此事. 答喫飯時作麼生, 謂此事不可喫飯時無功勳而有間斷也)

(대혜종고선사가 말하였다. "향할 때는 어떻게 하느냐?'에서 '向향'은 此事차사에 향하여 나아감을 말한다. 답에서 '喫飯時作麼生끽반시작마생'에서 此事는 밥 먹을 때 공훈이 없고 끊어짐이 있어서는 안 됨을 말한 것이다")

(참고로 '此事차사', '이 일'은 본래 갖춰진 주인공이다. 즉 본래 가지고 있는 진여자성을 알고 있기에 그 주인공을 찾아 향하여 나아가는 것이 趣向취향이다. 바로 본래의 자

동을 하지만, 오히려 공에 대한 자랑을 버리지 못하는 것이다. 즉 공의 극처에서 공을 지키는 것으로 일체를 동등한 부처님 그 자체로 보고 자연을 그대로 수행함이다. '功功'은 군신부자의 도를 합하여 일념으로 그 사이에 헤아림이 없는 것과 같이 공의 극처를 회전시켜서 공불공(功不功)을 보지 못하고 스스로 무공용의 경지에 도달하는 것이다. 즉 '功功'은 공을 세움도 없는 대공(大功)으로 완전히 허심이다. 공훈오위를 정중래(向), 편중지(奉) 정중편(功), 편중정(共功), 겸중도(功功)와 같이 정편오위로 적용시키기도 한다. 『불교대사전』, 『선학사전』.

신을 지향함이다. 마치 밥 먹을 때는 물론이고 일상생활에서 집중하되 잠시도 잊어서는 아니 된다고 하는 것이다.『永覺和尙廣錄영각화상광록』에서 참고하였다. 아래도 같다)

聖主猍來法帝堯,	군주가 이전부터 요순을 법 삼아
御人以禮曲龍腰,	시자의 예로써 허리를 구부리고
有時鬧市頭邊過,	때로 시끄러운 저자 근처 지나니
到處文明賀聖朝.	도처에 문화는 조정에 하례하네.

2) 봉(奉)

如何是奉. 師曰 背時作麽生. 又曰 只知朱紫貴, 辜負本來人.

"무엇이 봉입니까?" 동산선사가 말하였다. "등질 때엔 어찌하느냐?" 또 "다만 주자(朱紫. 고관이 입는 의복)가 귀한 줄만 알면, 본래인을 저버리는 것은 알지 못한다."

(大慧云 奉乃承奉之奉, 如人奉事長上, 先致敬而後承奉. 向乃功勳之所立, 纔向即有承事之意. 故答背時作麽生, 謂此事無間斷, 奉時既爾, 而背時亦然. 言背即奉之義, 蓋奉背皆功勳也)

(대혜선사가 말하였다. "奉봉의 글자는 공경하여 받든다는 봉이다. 사람들이 윗 어른을 받들어 섬김과 같아서 먼저 공경에 이르고 뒤에 받들어 모심과 같다. 향은 공훈의 세우는 것인지라, 비로소 향은 곧 받들어 섬기는 뜻이 있다. 그래서 '背時作麽生배시

작마생'의 답을 말하자면, 이 일은 끊어짐이 없어서 받들 적에 이미 이러하고 등질 때도 또한 그러함을 말하였다. 背배의 글자는 곧 奉봉의 글자 뜻이니 대개 奉봉과 背배는 다 공훈을 말한 것이다")

(참고로 背배는 등지다. 배신하다 등의 의미로 공경하여 받들수 없음이다. 背배는 六境육경, 즉 색성향미촉법에 탐하고 합하여 본분사를 잃어버림이다. 마치 고관이 입는 옷을 좋아하고 본래인을 저버리는 것은 六境육경을 탐하는 것이다. 본래 가지고 있는 진여자성을 알고서 찾아 향하는 이는 받들어서 그에 등지지 않는다. 바로 위에서의 向향은 취향이고 여기서 奉봉은 승봉의 봉이다)

淨洗濃粧爲阿誰,   깨끗이 씻고 단장하니 누구를 위함인가
子規聲裏勸人歸,[49] 두견새 소리에 사람은 돌아가라 권하고
百草落盡啼無盡,   온갖 꽃이 다 져도 울음은 다함이 없어
更向亂山深處啼.   다시 어지러운 산봉 깊은 곳에서 운다.

3) 공(功)

如何是功. 師曰 放下鋤頭時作麼生. 又曰 撒手端然坐, 白雲深處閑.

"무엇이 공입니까?" 동산선사가 말하였다. "호미를 놓을 직에 어떻게 하느냐?" 또 "일손을 놓고 단정히 앉으니 흰 구름 깊은 곳이 한가롭다."

---

[49] 시어에서 '귀(歸)'는 돌아가다. 이는 삼보에 귀의하고 또 본성에 돌아가라 함 일게다.

(大慧云 功即用也. 答放下鋤頭時作麽生, 把鋤頭言用, 放下鋤頭是無用. 師之意謂用與無用皆功勳也)

(대혜선사가 말하였다. "功공은 곧 用용이다. '放下鋤頭時作麽生방하서두시작마생'의 대답에서 호미를 잡는 것은 用用용용을 말하고, 호미를 놓는 것은 無用무용이다. 동산선사의 뜻은 무용과 용이 다 공훈임을 말한 것이다")

(참고로 功공은 작용이다. 잡은 호미는 向향과 奉봉이 있고, 놓은 호미는 向향과 奉봉이 없다. 앞에 향과 봉이 功으로 말미암아 여기에 이르러 몰록 잊는다. 그래서 일손을 놓고 단정히 앉아 백운이 한가롭다는 것은 正位정위에 들어가서 계합함을 말한다)

枯木花開劫外春,　　고목(정위)에 꽃이 피니(편위) 겁 밖에 봄이요
倒騎玉象趁麒麟,[50]　옥상을 타다 넘어지니 기린을 쫓고
而今高隱千峯外,　　지금 높이 일천 봉우리 밖에 숨으니
月皎風淸好日辰.　　달 밝고 맑은 바람에 좋은 때이다.

4) 공공(共功)

如何是共功. 師曰 不得色. 又曰 素粉難沈跡, 長安不久居.

"무엇이 공공입니까?" 동산선사가 말하였다. "(法법과 境경은 대적하여) 일색을 얻을 수 없다." 또 "흰 가루는 자취가 잠기기 어렵고, 장안은 오

---

50 시어에서 '옥상(玉象)'은 옥으로 화려하게 꾸민 코키리이다.

래 머물지 못한다."

(大慧云 共功, 謂法與境敵. 答不得色, 乃法與境不得成一色. 正用時是顯無用底, 無用卽用也. 若作一色, 是十成死語. 洞山宗旨, 語忌十成, 故曰不得色, 乃活語也)

(대혜선사가 말하였다. "共功공공은 경계와 법이 대적함을 말한다. '不得色부득색'의 답은 '법과 경계가 일색을 이룰 수 없음'이다. 바로 쓰일 적에는 쓸모없음이라 말하니, 無用무용이 곧 用용이다. 만일 일색으로 하였다면 완전히 죽은 말이다. 동산선사의 종지는 완전한 것을 꺼려서 하는 말이니, 그래서 '一色일색은 얻을 수 없다'고 말한 것이 곧 살아있는 말이다." 한 것이다) (十成십성은 위에서 부사 또는 형용사로 보았다)

(참고로 '共功공공'은 모든 법이 함께 일어난다. '不得色부득색'은 모든 법은 함께 사라지고 함께 나타나는 것이다. 다시 얻을 수 없을 뿐만 아니라, 오래 머물수도 없다. 끝없는 변화이나. 나만 법과 경이 내석하여 비우시 못한다)

衆生諸佛不相侵,	중생과 제불이 서로 침범치 않으니
山自高兮水自深,	산이 절로 높고 물도 절로 깊어
萬別千差明底事,	천차만별의 현상 저 일을 밝히니
鷓鴣啼處百花新.	자고새 우는 곳에 온갖 꽃이 새롭다.

5) 공공(功功)

如何是功功. 師曰 不共. 又曰 混然無諱處, 此外更何求.

"무엇이 공공입니까?" 동산선사가 말하였다. "(사사무애하여 너도 없고 나도 없고) 함께하지 않는다." 또 "혼연일체라서 피할 곳도 없으니, 이것 외에 다시 무엇을 구하랴?"

(大慧云 功功, 謂法與境皆空, 謂無功用大解脫. 答不共, 乃無法可共. 不共之義, 全歸功勳邊, 如法界事事無礙是也. 爾面前無我, 我面前無爾. 所以夾山道 此間無老僧, 目前無闍黎是也. 如此之說, 皆趣向承奉, 於日用四威儀內成就世出世間, 無不周旋, 謂之功勳五位也)

(대혜선사가 말하였다. "功功공공은 경계와 법이 다 空공임을 말하고, 無功用무공용이 대해탈임을 말한다. '함께하지 않는다'는 不共불공의 대답은 '함께 할 만한 법이 없다.'이다. '함께하지 않음'의 뜻은 온전히 공훈에 돌아가서 마치 법계가 사사무애, 즉 현상계의 모든 사물의 형상이 융합하여 서로 방해하지 않음과 같음이 이것이다. 너 앞에 내가 없고, 내 앞에 너도 없다. 그래서 협산선사가 '여기에 노승도 없고, 앞에 사리, 그대도 없다고 말한 것'이 이것이다. 이와 같은 설명은 다 趣向취향과 承奉승봉, 즉 向향과 奉봉이며 일상에 행주좌와의 네 가지 거동 안에서 세간과 출세간을 성취하여 두루하지 못할 것이 없으니 '功勳五位공훈오위' 이를 말하는 것이다")

(참고로 '功功공공', 이 공은 앞에 共功공공보다 깊다. 법은 얻을 수 없을 뿐만 아니라, 비법도 얻을 수 없다. 혼연일체가 되어 피할 곳도 이룰 곳도 없다. 법과 경계를 다 비우니 바로 대해탈법이다)

頭角纔生已不堪,⁵¹	머리에 뿔이 막 나니 이미 견디지 못하고
擬心求佛好羞慚,	마음 헤아려 부처님 구하니 매우 수치요
迢迢空劫無人識,	아득히 먼 공겁에 알고 있는 사람 없으니
肯向南詢五十三.	기꺼이 남쪽 향해 53선지식에게 묻는다.

(大慧旣說功勳五位, 乃云爾道他古人意果如是乎. 若只如此, 有甚奇特. 只是口傳心授底葛藤, 旣不如是, 且道古人意作麼生)

(대혜선사는 공훈오위를 설명하고서 말하였다. "너희는 말하라, 저 고인의 뜻이 과연 이와 같으냐? 만일 다만 이와 같다면 심히 기특함이 있고, 다만 입으로 전수하고 마음으로 가르친 갈등은 이미 이와 같지 않다. 자 말하라, 고인의 뜻은 어떠하냐?")

6) 공훈문답(功勳問答. 翠巖宗. 취암종선사의 오위공훈의 문답)⁵²

僧問翠巖.
如何是轉功就位. 巖云 撒手無依全體現, 扁舟漁父宿蘆花.
如何是轉位就功. 巖云 半夜嶺頭風月靜, 一聲高樹老猿啼.
如何是功位齊施. 巖云 出門不踏來時路, 滿目飛塵絶點埃.
如何是功位俱隱. 巖云 泥牛飮盡澄潭月, 石馬加鞭不轉頭.

---

51 두각(頭角)은 축생의 뿔로 번뇌와 망상을 나타낸다. 또 학식이나 재능에서 뛰어남이다.
52 공훈문답: 공훈(功勳)에 대한 문답으로 취암종선사의 답이다. 공훈(功勳)은 문장 속에서 공(功)과 위(位)이다. 문답은 공(功)과 위(位)를 빌려서 체(體)와 용(用), 이(理)와 사(事)의 관계를 밝혔다. 취암종은 취암사종(翠巖嗣宗. 1085~1153)선사이다. 취암종선사는 천동정각(1085~1153)선사에게, 천동정각선사는 단하자순1064~1117)선사에게 법을 받았다.

어느 스님이 취암사종선사에게 질문하였다.

"무엇이 공을 돌려서 자리에 나가는 것입니까?" (공은 곧 용이니 이체의 작용이다. 어떻게 공용에서 본체를 깨달을 수 있나의 질문이다). 취암종선사가 말하였다. "손을 놓으니 의지가 없어 전체가 드러나고, 일엽편주에 어부가 갈대꽃 숲에서 잠을 잔다." (현상을 버려서야 이체에 융합이다)

"무엇이 자리를 돌려서 공에 나가는 것입니까?" "한밤중에 고갯마루 청풍명월이 고요한데, 전해오는 한 소리는 높은 나무에 원숭이 울부짖음이다." (이체에서 현상의 작용에 이른다)

"무엇이 공과 자리 함께 행하는 것입니까?" "문을 나서서 돌아올때 지났던 길을 밟지 않으니, 눈에 가득 날던 먼지가 한 점 티끌도 없다." (이체와 작용이 여일함이다)

"무엇이 공과 자리 모두 숨기는 것입니까?" "진흙소가 맑은 연못 물을 다 마시니 징담수도 달도 없고, (가지 않는) 석마에 채찍을 더해도 머리를 돌리지 않는다." (체와 용이 여일하여 空공도 有유도 아닌 경계이다)

5. 조산오위군신도 송병서(曹山五位君臣圖 頌幷序)[53]

夫正者, 黑白未分, 朕兆未生, 不落諸聖位也. 偏者, 朕兆興來, 故有森羅萬象, 隱顯妙門也.

---

[53] 조산오위군신도 송병서(曹山五位君臣圖 頌幷序): 조산선사가 오위군신도를 그림으로 보이고, 그 뜻은 게송으로 읊었다. 아울러 서문도 함께 한다.

대저 정위는 흑과 백이 아직 나누지 아니하고 일체의 조짐도 아직 일어나지 아니하여 모든 성인의 자리(깨달음)에 떨어지지 않음이다. 편위는 조짐이 일어나는지라, 그래서 삼라만상이 숨었다 나타났다(불성) 하는 아주 묘한 문이다.

1) ◐ 巽卦(☴) 君位 (손괘, 군위) 정중편

　　白衣雖拜相,　　평민이 재상에 임명 된다 해도
　　此事不爲奇.　　이 일은 기이하게 여기지 않네.
　　積代簪纓者,　　대대로 벼슬한 자라도
　　休言落魄時.　　실의하여 곤궁한 때 말하지 마라.

　(참고로 처음 이 이치를 깨달음은 첫구에, 본래 존귀함은 제2구에, 잠시 영락하여 실의에 빠진 것을 제3, 4구에서 비유하였다. 위 巽卦손괘는 임금의 자리이다.『永覺和尙廣錄영각화상광록』에서 참고하였다. 아래도 같다)

2) ◑ 兌卦(☱) 臣位 (태괘, 신위) 편중정

　　子時當正位,　　밤 자시가 정위에 해당되니
　　明正在君臣.[54]　군과 신위에서 정위를 밝혔네.
　　未離兜率界,　　도솔천을 떠나지 아니한데
　　烏雞雪上行.　　검은 닭이 흰 눈 위에 간다.

---

54 참고로『국역대장경』에서 '명정(明正)'의 의미가 신하가 임금을 향하다 이다.

(참고로 첫구에 '子時자시'는 正位정위를 비유하여 제2구에 이 正位정위를 밝혔다. 임금이 신하를 살핌에서 존귀를 지켜서는 안 되고, 또 신하가 임금을 모심에서도 배반하거나 범할 수 없다. 제3구는 깨달음으로 향하여 아직 세속에 빠져들지 아니한 것을 비유하였고, 끝구는 偏正편정에서 '검은 닭'은 正정, '흰 눈'은 偏편이니 正정을 돌려서 偏편에 나아가는 상이다. 신하의 자리이다)

3) ⊙ 澤風大過卦[䷛] 君視臣 (택풍대과괘, 군시신) 정중래

焰裏寒氷結,   불꽃 속에서 찬 얼음이 얼고
楊花九月飛.   버들 꽃이 구월에 날리니
泥牛吼水面,   진흙소가 수면에서 소리치고
木馬逐風嘶.   목마는 바람을 향해서 운다.

(참고로 첫구는 偏正편정에서 '焰염'은 偏편, '寒氷한빙'은 正정을 나타내서 偏편 가운데 正정을 포함한다. 제2구에 '버들'은 偏편, '9월'은 正정을 나타내어 正정 가운데 偏편이다. 제3, 4 구에서 '진흙소'와 '목마'는 정, '吼水面후수면'과 '逐風嘶축풍시'는 편을 나타내어 理이와 사事가 겸해서 이르는 것이다. 위 괘는 임금이 신하를 살펴 봄이다)

4) ○ 風澤中孚卦[䷼] 臣向君 (풍택중부괘, 신향군) 편중지

正宮初降日,[55] 정궁에 처음 내려올 때
玉兎不能離.   달빛이 떠날 수가 없네.

---

55 정궁(正宮)이 다른 본은 왕궁(王宮)이다.

未得無功旨,　　아직 공 없는 뜻을 얻지 못하니
人天何太遲.　　인천이 어찌 그리 더딘 것인가.

(참고로 첫구의 '正宮初降정궁초강'은 처음 이 이치 깨달음을 비유하여 功勳공훈을 빌어 保任보림이다. 그래서 제2구에 '玉兎옥토'로 功勳공훈을 비유하였다. 無功무공할 수 없다면 人天인천에 막힌다. 하여 끝구에 人天인천이 어찌 그리 더딘 것인가, 한 것이다. '옥토'는 달 속에 토끼, 달빛이다) (保任보림은 保護任持보호임지이다. 자신의 힘을 다해서 책임을 지고 보호하는 의미이다)

5) ● 重離卦(䷝) 君臣合 (중리괘, 군신합) 겸중도

混然藏理事,　　혼연일체에 理이와 事사를 감추니
朕兆卒難明.　　조짐은 마침 밝히기 어렵네.
威音王未曉,[56]　위음왕불도 깨닫지 못한데
彌勒豈惺惺.　　미륵보살이 어찌 성성하랴.

(참고로 첫구에 혼연일체가 되어 理이와 事사가 없으니 범부의 눈만 아니라, 과거 미래의 제불도 엿볼 수 없다, 이를 '최초의 부처님 威音王佛위음왕불도 깨닫지 못하였는데, 미래 부처님 미륵보살이 어찌 성성하랴'라고 끝구에서 나타냈다. 군위와 신위의 도가 합함이다)

---

56 위음왕(威音王): 위음왕불 또는 위음나반(威音那畔)이다. 출세 이전이란 말로 과거 장엄겁(莊嚴劫)에 있던 최초의 부처님이다. 그래서 부모미생전 또는 천지미분전과 같다.

5-1 오위공훈도(五位功勳圖)[57]

1) ◐ 正中偏 (誕生內紹) 君位 向 黑白未變時(一作未分時)

정중편(탄생한 왕자로 안을 잇는다)은 임금의 자리요, 취향(向)이요, 흑백이 아직 변하지 아니한 때이다. (다른 본은 未分時미분시로 나누지 아니한 때)

(참고로 正中偏정중편은 세존의 일생에 비유하여 세존이 왕궁에서 탄생함이다. 內紹내소에서 '內내'는 정위 가운데 威音王위음왕의 비유이고 '紹소'는 상속이 끊어지지 않는 뜻이다. 수행인의 명심견도와 같다)

2) ◑ 偏中正 (朝生外紹) 臣位 奉 露

편중정(조정에서 태어난 왕자로 밖을 잇는다)은 신하의 자리요, 승봉(奉)이요, 드러냄이다.

(참고로 偏中正편중정은 세존의 일생에 비유하여 고행의 시기이다. 外紹외소에서 '外외'는 편위이다. 外紹외소는 신하의 자리로 마치 수행인이 自心자심을 밝히지 못하고 수행의 작용인 功用공용을 계속 일으킴과 같다)

3) ⊙ 正中來 (末生隱棲) 君視臣 功 無句有句

---

57 오위공훈도(五位功勳圖): 조산선사의 오위공훈의 도표와 설명이다.

정중래(끝에 태어난 왕자로 숨어서 산다)는 임금이 신하를 살펴봄이요, 공용(功用)이요, 언구가 없기도 하고, 언구가 있기도 하다.

(참고로 정중래는 세존의 일생에 비유하여 정각을 이룬 전반의 부분이다)

4) ○ 兼中至 (化生神用) 臣向君 共功 各不相觸

겸중지(홀연히 화생한 왕자로 신통묘용이다)는 신하가 임금에 향함이요, 공공(共功. 경계와 법이 함께 작용함)이요, 각각 서로 저촉되지 않는다.

(참고로 겸중지는 세존의 일생에 비유하여 성도후에 법을 편 후반의 부분이다)

5) ● 兼中到 (內生不出) 君臣合 功功 不當頭

겸중도(안에서 내어난 왕사로 벗어나지 않음이다)는 군신의 노가 합함이요, 공공(功功. 공을 내세우지 않음)이요, 직면하지 않는다.

(참고로 겸중도는 세존의 열반에 비유하기도 한다)

6. 석상답오위왕자(石霜答五位王子)[58]

如何是誕生王子. 霜云 貴裔非常種, 天生位至尊.
如何是朝生王子. 霜云 白衣爲足輔, 直指禁庭中.
如何是末生王子. 霜云 修途方覺貴, 漸進不知尊.
如何是化生王子. 霜云 政威無比況, 神用莫能儔.
如何是內生王子. 霜云 重幃休勝負, 金殿臥淸風.

질문하였다.

"무엇이 탄생한 왕자입니까?" 석상선사가 대답하였다. "귀한 후손은 보통의 혈통이 아니니, 하늘서 낸 지존의 자리이다."

"무엇이 조정에 태어난 왕자입니까?" "평민이 (재상이 되어) 충분히 보필하게 되니, 바로 궁중 안을 가르친다."

"무엇이 끝에 낳은 왕자입니까?" "오래도록 길을 닦아 바야흐로 귀함을 깨달으니 점차적으로 존귀함을 알지 못한다."

"무엇이 화생한 왕자입니까?" "정사의 위엄은 비교할 수 없고 신묘한 작용은 짝할 수 없다."

"무엇이 내생의 왕자입니까?" "겹쳐진 장막에서 승부를 논하지 않고, 궁전에서 맑은 바람에 누웠다."

---

58 석상선사의 오위왕자에 대한 문답과 대혜종고선사의 착어가 있다. 여기서는 내소와 외소를 밝힌다. 석상초원(996~1039)선사의 자는 자명이다. 석상선사의 밑에서 황룡혜남선사와 양기방회선사의 두파로 나뉜다. 하여 선종은 오가칠종이 된다. 대혜종고(1089~1163)선사는 임제종 양기파다. 호는 묘희(妙喜). 또 운문이며 자는 담회(曇晦)이다.

(大慧云 以二分黑, 一分白圈子爲正中偏. 却來白處說黑底, 亦不得犯著黑字, 犯著卽觸諱矣. 洞山頌正中偏, 三更初夜月明前, 謂三更是黑, 初夜是黑, 月明前是黑, 是能回互不觸諱也. 又云以二分白, 一分黑圈子爲偏中正, 却來黑處說白底, 不得犯著白字. 洞山頌失曉老婆逢古鏡, 不言明與白, 而言失曉與古鏡, 是能回互明與白字而不觸諱. 蓋失曉是暗中之明, 古鏡亦暗中之明. 老婆頭白, 謂言回互白字也. 又云正中來, 無中有路出塵埃, 謂凡有言句, 皆無中唱出, 便有挾妙了也, 無不從正位中來. 或明或暗, 或至或到, 皆妙挾通宗. 凡一位皆具此五事, 如掌之五指, 無欠無剩. 又云兼中至, 謂兼白兼黑兼偏兼正而至. 何謂至, 如人歸家未到而至別業, 乃在途爲人邊事, 亦能回互, 妙在體前. 又云兼中到, 謂兼前四位, 皆挾妙而歸正位. 謂之折合終歸炭裏坐, 亦是說黑處而回互黑字, 故言炭也. 大慧擧曹山了, 即曰說理說事, 敎有明文. 敎外單傳, 直指之道, 果如是否. 若果如是, 討甚好曹山耶)

(대혜선사가 말하였다. "둘로 나눈 흑과 백을 나눈 한 동그라미로서 정중편을 만들었다. 백의 부분에서 도리어 흑의 밑을 설명하고, 또한 검은 글자에 犯著범착할 수 없으니, 범착은 곧 저촉되어 꺼리는 것이다. 동산선사가 지은 게송의 '정중편'에 '三更初夜月明前삼경초야월명전'에서 말하면 '삼경'은 흑이고 '초야'도 흑이며 '월명전'도 흑이니, 이는 능히 서로 섞이면서도 저촉되어 꺼리지 않는 것이다.

또 말하였다. 둘로 나눈 백과 흑을 나눈 한 동그라미로써 '편중정'을 만들었다. 흑의 부분에서 도리어 백의 밑을 설명하고, 백의 글자에 저촉되어 꺼릴 수가 없다. 동산선사의 게송에 '失曉老婆逢古鏡실효노파봉고경'에서 백과 밝음을 말하지 않으면서 '고경'과 '실효'를 말하였으니, 이는 능히 백의 글자와 밝음이 서로 섞이면서도 저촉되어 꺼리지 않는 것이다. 대개 '실효'는 어둠 속에 밝음이고, '고경' 또한 어둠 속에 밝음이다. 노파의 흰 머리는 백의 글자에 서로 섞인 것을 말한다.”

또 말하였다. "'정중래'는 없는 가운데 길이 있고 망상과 미혹에서 벗어남이다. 말하면 모든 언구는 다 없는 가운데 말을 꺼내고, 곧 묘함을 끼고 통함이 있는 것이니 정위의 가운데로부터 오지 않음이 없다. 혹은 밝고 혹은 어둡고 혹은 이르고 혹은 도달함이 다 끼고 통하는 종지가 참 묘하다. 대저 정중래의 一位일위는 모두 이 다섯의 일을 갖추었으니 마치 손바닥의 다섯 손가락처럼 모자람도 없고 남음도 없다.

또 말하였다. '겸중지'는 백도 겸하고 흑도 겸하고 편도 겸하고 정도 겸해서 이르러 미침을 말한다. '至지'의 글자는 무엇을 말하는가? 마치 사람이 집에 돌아오다가 도달하지 못하고 별장에 이르러 미침이니 곧 **59**도중에 사람에게 돌발적인 일이 일어남과 같으며, 게다가 능히 회호할 수 있으니 묘함은 본체 앞(겸중지)에 있다.

또 말하였다. '겸중도'는 앞에 4위를 겸하여 다 묘함을 끼고 통해서 정위에 돌아감을 말한다. 折合절합 즉 맞추고 결말지어서 마침내 검은 숯더미 속, 본성의 자리에 돌아와 앉음을 말한다. 게다가 이것은 흑의 부분을 설명하여 흑의 글자에 서로 섞이는지라, 그래서 검은 숯을 말한 것이다.” 대혜선사가 조산선사의 언구를 제시하여 곧 말하였다. “理이를 설명하고 事사를 설명하여 명문을 가르치고 있다.”고 하니 언설로 가르침 외에 단일로 전한 직접 직시한 불도가 과연 이와 같은 것인가? 만일 이와 같다면 아주 좋은 것은 조산선사와의 토론일 것이야.)

(참고로『攖寧靜禪師語錄영녕정선사어록』에 "조산선사가 理이를 설하고 事사를 설한 것은 조사의 뜻에 다르다.”고 하였다. "曹山說理說事조산설리설사, 不同祖意也부동조의야.” 정위는 공계이고 본래 일물도 없으며, 편위는 색계이고 삼라만상이다. 정중편은 理이를 등지고 事사에 나아가고, 편중정은 事사를 버리고 理이에 들어간다. 공계

---

59 참고로『국역대장경』에서 '도(途)'는 방할(棒喝)을 행하다. 필자는 도중으로 이해하다.

색계의 질문에 이설사설이라 했다. 이를 대혜선사가 제시한 것이다. 또 대혜선사의 착어에서 "故言炭也고언탄야"라. 뜻은 "그래서 검은 숯을 말한 것이다." 여기에서 검은 숯은 흑색으로 정위를 나타내며, 환원하여 근본에 돌아가는 의미와 무심을 말하는 것이다)

6-1. 오위왕자송(五位王子頌. 石霜諸出題, 悟本頌)[60]

1) 誕生 (內紹嫡生, 又云正位根本智儲君太子也)[61]

---

[60] 오위왕자송(五位王子頌): 석상경저(石霜慶諸. 807~888. 도오원지선사의 법을 받음)선사가 모두 출제하고, 오본선사의 게송이다. 오본선사는 대혜종고(1089~1163)선사의 법을 받은 천복오본(생몰미상)선사로 간주한다. 오위왕자는 석상경저선사가 동산선사의 오위설을 기초하여 왕자의 출생에 제위(帝位) 등을 비유삼아 다섯 가지 수행의 단계로 설명한 것이다. ①탄생왕자는 황태자로 태어나 능히 단번에 일색(一色. 온 색이 하나. 온 신심을 바친 순일한 불도수행에 일체 평등의 세계)에 들어가도 전혀 공훈을 빌리지 않는다. 군신오위(君臣五位) 가운데 임금이고 정편오위(正偏五位)가운데 정중래(正中來)에 해당한다. 본각불성(本覺佛性)에 비유한다. ②조생왕자는 서생의 왕자로 그 임금을 보필하는 끝내 신하의 직책이다. 군신오위 가운데 신하이고 정편오위 가운데 편중지(偏中至)에 해당한다. 점점 수행하여 성불하는 뜻에 비유한다. ③말생왕자는 끝에 태어난 왕자로 임금의 자리에 나갈 수 있어도 멀리 일체를 사양하고 오로지 내소(內紹)를 섬긴다. 군신오위 가운데 신향군(臣向君)이고 정편오위 가운데 편중정(偏中正)이다. 점차로 공부하여 일색(一色)에 들어감을 비유한다. ④화생왕자는 부왕의 명을 받들고 신위에 머물러 능히 왕의 교화를 돕는 왕자이다. 군신오위 가운데 군시신(君示臣)이고 정편오위가운데 정중편(正中偏)에 해당한다. 보살이 되어 중생을 교화하고 제도하는 지위에 비유한다. ⑤내생왕자는 내궁에서 태어나 부왕의 체와 다름이 없으며 여러 신하가 능히 보좌하고 아울러 그들과 도가 합하는 왕자이다. 군신오위 가운데 군신도합(君臣道合)이고 정편오위 가운데 겸중도(兼中到)이다. 이지(理智. 근본지와 같다. 참 지혜로 차별상이 아니라 분별상이 없는 지혜)가 여일하고 본래 성불의 신비하고, 깊고 묘함을 비유한다. 『불광대사전』 참고. 그리고 참고로 〈석독〉에서 석상초원(986~1040)선사가 설한 오위왕자로 하여 정의하였다. 석상초원선사는 임제종이고 석상경저선사는 조동종이다.

[61] 탄생왕자(비유하여 本覺佛性본각불성이다). (안을 잇는 적자로 태어나고, 또 正位정위의 根本智근본지로 황태자를 말한다). '본각'은 닦아서 이루는 것이 아니고 본래 가지고 있는 성덕(性德)이

天然貴胤本非功,　　자연적 귀한 맏아들은 본래 공이 아니요

(不假修證, 本自圓成) (수증을 빌리지 않고, 본래부터 원만히 이루지)

德合乾坤育勢隆.　　덕은 천지와 합하고 기르는 형세 융성하네.

(本自尊貴中來) (본래부터 존귀에서 왔지)

始末一期無雜種,　　처음과 끝이 한평생 섞인 종자가 없고

(本無雜念) (본래 잡념이 없어)

分宮六宅不他宗.　　궁이 여섯 집으로 나뉘어도 타종은 아니네.

(六根唯以一機軸) (육근은 오직 하나의 중심이기 때문이지)

上和下睦陰陽順,　　상하가 화목해야 음양이 순조롭고

(前後一際) (전후가 한결같이 교제하지)

共氣連枝器量同.　　같은 기운에 이어진 가지 기량이 같네.

(始終無二) (처음과 마침은 둘이 없지)

欲識誕生王子父,　　탄생한 왕자의 아버지 알고자 하나

(須知向上更有一人在) (반드시 향상하여 다시 일인이 존재하고 있음 알아야지)

鶴騰霄漢出銀籠.　　학이 하늘로 날아올라 은롱에서 벗어나네.

(千聖不傳) (모든 성인이 전하지 않았지)

2) 朝生 (庶生, 宰相之子, 已落偏位, 涉大功勳. 亦云外紹臣種)⁶²

다. 여래의 법신(法身)이다. 하지만 무명번뇌에 가리워져 있기에 수행에 의하여 성덕을 나타내야 하므로 시각(始覺)이다. '시각'은 본래 가지고 있는 성덕을 수행과 스승의 가르침으로 점점 성덕에 접근하는 것이다. 본각과 시각은 하나이다. '불성'은 일체중생이 깨달을 수 있는 性을 가지고 있고, 고요하고 무상(無相)하여 허공과 같다. '정위'는 정편위에서 군위(君位)이고 증득을 취한 지위이다. '근본지'는 진리에 계합한 일념의 참 지혜이다.

62 조생왕자(비유하여 점점 수학하고 성불의 뜻이다). (서생의 왕자이고 재상의 아들이며, 이미 편위에 떨어지니 큰 공훈에 관계되고, 또 밖에서 잇는 신하와 같다).

苦學論情世不群,　　애써 배우고 논해도 세상의 무리는 아니요

　　(有修有證) (닦음도 증득함도 있지)

出來凡事已超倫.　　만사에 벗어나니 이미 무리에서 특출하네.

　　(雖有修有證, 本自尊貴中來) (비록 수증이 있으나 본래부터 존귀에서 왔지)

詩成五字三冬雪,　　시는 다섯 글자로 이루니 삼동에 눈이요

　　(染污不得) (오염될 수 없지)

筆落分毫四海雲.　　작은 몽당붓으로 써내리니 사해에 구름일세.

　　(不守住) (꼭 지키지 않지)

萬卷積功彰聖代,　　만권의 공을 쌓아 성세에 빛내고

　　(大功修證) (큰 공은 닦아서 증득하지)

一心忠孝輔明君.　　한 마음 충효는 현명한 군주 보필하네.

　　(知有向上人, 始得奉重)[63] (본래 자성이 있는 줄 아는 향상인을 받들어 존중하지)

鹽梅不是生知得,　　짠 맛과 신맛은 나면서 아는 것이 아니요

　　(修證還同) (수증도 한가지)

金榜何勞顯至勳.　　합격게시판에 어찌 수고롭게 공훈을 올리랴.

　　(不假修證, 不待功勳) (수증을 빌리지 않고, 공훈도 기다리지 않지)

3) 末生 (有修有證, 群臣位)[64]

久棲巖嶽用功夫,　　오래도록 높은 산악에 살며 애써 공부하였고

---

63 지유향상인(知有向上人): '知有'는 본래 불성이 있는 줄 아는 것. '向上'은 위로 올라가다 진보하는 것이다. 진보하여 지유하는 사람이라야 비로소 존중하여 받듦을 얻는다.

64 말생왕자(비유해서 점차 공부하여 一色일색에 들어감이다). (닦음도 있고 증득함도 있으나 여러 신하의 자리이다). '일색'은 온 색이 하나. 온 신심을 바친 순일한 불도수행에 평등의 세계이다.

(有修有證) (닦음도 증득함도 있지)

草榻柴扉守志孤.　풀방석과 사립문에서 뜻을 홀로 지켰네.

(直是不待功勳, 一塵不染) (공훈을 기다리지 않고, 한 티끌도 오염되지 않지)

十載見聞心自委,　십 년의 견문지식 마음 스스로 맡기고

(方全肯重) (바야흐로 기꺼이 존경에 온전하지)

一身冬夏衣縑無.　한 몸은 사시사철 입을 비단 옷도 없네.

(赤灑灑, 乾剝剝)⁶⁵ (자유자재하고 일체 망념도 없지)

澄凝愁看三秋思,　골몰히 고민하여 오랜세월 생각하고

(一塵不染) (한 티끌도 오염되지 않지)

淸苦高名上哲圖.　청빈한 높은 이름 최고의 지혜 꾀하네.

(學者可以爲王尊貴之事) (학자는 왕을 위해 존귀한 일을 할 수 있지)

業就魏科酬極志,⁶⁶　장원으로 취업하여 지극한 뜻에 보답하니

(本業成就) (본업을 성취했네)

比來臣相不當途.　근래 신하와 재상이 요직에 있지 않네.

(雖然如是, 功勳不犯) (비록 이와 같다 해도 공훈은 범하지 않지)

4) 化生 (借位明功, 將軍位)⁶⁷

傍分帝化爲傳持,　임금의 교화에 따라 나눠 전해 가지게 되니

---

65 적새새건박박(赤灑灑乾剝剝): '灑灑'는 무엇도 구애되지 않고 자유자재한 모양이다. '剝剝'은 번뇌망상을 모두 제거함이다. 赤과 乾은 공의 의미로 아무것도 없는 것이다. 『불교대사전』
66 위과(魏科): 과거 시험에 좋은 점수로 급제함이다. 바로 장원을 말한다. 『한어대사전』
67 화생왕자(비유하면 보살이 되어 중생을 교화하고 제도함이다). (자리를 빌려서 공을 밝히니 장군의 위치다). 화생왕자는 부왕의 명을 받들고 신위에 머물러서 왕의 교화를 돕는 위치이다.

(分佛列祖) (불조는 나뉘지)

萬里山河布政威.　만리 산하에 정사의 위엄 펼치네.

(正令當行) (정령은 당연히 행하지)

紅影日輪凝下界,　붉은 태양의 그림자가 인간세계 비추니

(從尊貴中來) (존귀로부터 왔지)

碧油風冷暑炎時.[68]　깃발에 바람불어 혹독한 더위 식히는 때다.

(正布威時, 誰敢犯令) (바로 위엄을 펼 때 누가 감히 령을 범하나)

高低豈廢尊卑奉,　높고 낮은 존비의 받듦 어찌 폐하나

(知有底如解奉重) (본래 자성이 있는 줄 아는 이는 받들고 존중함을 알지)

五袴蘇途遠近知.[69]　오고가는 고생에서 소생함 원근이 다 아네.

(爲甦塗炭也) (도탄에서 소생 되었지)

妙印手持煙塞靜,[70]　미묘한 도장 손에 쥐니 전운이 고요하고

(誰敢當頭) (누가 감히 당두하나)

當陽那肯露纖機.　분명히 어찌 쉽게 작은 기미를 드러내랴?

(終始功勳不犯) (시종 공훈은 범하지 않지)

---

68 벽유(碧油): 당(幢. 기)의 이름이다. 한나라 태수가 벽유당을 문에 세워서 바른 교화의 위엄을 나타냈다. 이는 신비한 작용으로 모든 열뇌(熱惱. 고뇌)를 시원하게 해주이다. '神用莫測, 淸諸熱惱也. 碧油幢名. 漢太守建碧油幢於門, 以表正化之威).' 『영각화상광록』제27권.

69 오고(五袴): 민요 오고가(民謠五袴之歌)이다. 후한 건초(76~84)중에 염숙도(廉叔度)가 촉도(蜀都)의 태수가 되었다. 이전엔 백성들이 밤에 활동을 금하여 화재를 예방하였다. 태수는 전에 제정한 금령을 없앴다. 다만 물을 준비하게 하였다. 백성들은 생활이 편해졌고 이에 노래를 지어서 불렀다. "염숙도야, 찾아 옴이 어찌 늦었나! 불을 금하지 않으니 백성들이 편안히 생활하이. 평생 저고리 없더니 지금은 오고일세(廉叔度, 來何暮. 不禁火, 民安作. 平生無襦, 今五袴)." 이 '오고'는 뒤에 관리를 칭송하는 용어가 되었다. '五袴'는 五絝이다. '袴와 絝'는 바지 고이다. 가랑이 넓은 바지처럼 넉넉한 풍요로워진 생활을 노래한 듯싶다. 오랜 규제속의 불편에서 자유로워진 삶의 노래일 것이다. 『辭源사원』참고.

70 연새(烟塞): 변방에 봉화대를 세워 적이 들어오면 연기를 피워서 알린다. 즉 전운이다.

5) 內生 (亦爲內紹, 根本同出, 誕生同)[71]

九重深密復何宣,　궁궐은 깊고 은밀한데 다시 무엇을 선포해

(無言無說, 正令當行) (언설이 없어도 정령은 응당 행하지)

挂弊鯑來顯妙傳.　폐단은 두고 지금껏 묘함만 전해 나타내네.

(曲爲今時) (노래는 이때를 위해선가)

祇奉一人天地貴,　받드는 한 사람은 천하에 귀한 분이요

(奉重內生王子父) (안에서 태어난 왕자의 부친을 받들어 존중하지)

從他諸道自分權.　저로부터 모든 일은 스스로 권력을 나누네.

(雖然言一用, 要在一機軸) (비록 한 작용 말해도 요점은 한 중심에 있지)

紫羅帳合君臣隔,　붉은 비단 장막이 합하나 군신은 나뉘고

(入他無異相, 體知同一國) (저에 들어가 이상 없고, 본디 동일한 나라 알지)

黃閣簾垂禁制全.　궁궐에 발 내리니 금하는 제도가 온전하네.

(天下音成, 正令當行)[72] (천하는 다 정령이 응당 행하게 되지)

爲汝方隅官屬戀,　네가 한곳에 관리가 되길 연연하게 되니

(正是幼生子) (바로 어리지)

遂將黃葉止啼錢.　누런 잎으로 울음 그치게 하는 돈을 가진다.

(不免權此問) (이 질문에 방편을 면치 못하지)

---

71 내생왕자(비유하면 理智이지가 여일하고 본래 성불의 신비하고 깊고 묘함이다). (또한 안을 잇게 되니 근본이 동기에서 나오고 탄생도 같다). '理智이지'는 근본지와 같다. 참 지혜로 차별상이 아니라 분별상이 없는 지혜이다. 소관(所觀. 망념을 쉬고 보는 대상)의 도리(理)와 능관(能觀. 망념을 쉬고 관하는 자신)의 지혜(智)가 서로 명합(冥合. 우연하게 하나가 됨)한 것을 깨달음이라 이른다.
72 천하음성(天下音成)에서 음(音)이 다른 본은 개(皆)이다. 위에서는 이 뜻을 취했다.

6-2. 선권지오위왕자송(善權志五位王子頌)[73]

1) 탄생(誕生)

貴胤生時輪擬空,　　후사로 태어날 때 윤회는 공에 비유하고
玎瑞玉珮處東宮.　　 띵땅 띵땅 옥을 차고 동궁에 처하네.
月堂照處朝君父,　　월당에 달 비추는 곳은 부왕에 조회하고
直扣堯階却借功.　　바로 요순의 섬돌 두드려 곧 공을 빌리네.

2) 조생(朝生)

學問詩書德行全,　　시서를 묻고 배워 덕행이 온전하고
金門投策紫薇班.[74]　금문에 책략을 보내는 중서령이다.
台星不自離蓑釣,　　삼공은 낚시에 스스로 떠나지 못하고
爭得寅昏奉聖顔.[75]　조석으로 용안 모심 얻으려 애쓰네.

3) 말생(末生)

貧來今日極淸虛,　　가난한 오늘이 청빈함에 지극하니
悲喜寥寥一物無.　　슬프건 기쁘건 고요히 일물도 없네.

---

73 선권지(善權志. 생몰미상)선사의 오위왕자에 대한 게송이다. 선사의 이름에서 '志'가 다른 본은 '智'이다. 하여 천동정각선사의 법을 이은 선권지(善權智)선사로 간주한다.
74 금문(金門)은 한나라 때 궁문 또는 천자의 문. 자미반(紫薇班)은 당나라 때 중서령이다.
75 시어에 인혼(寅昏)은 조석(朝夕)이다.

便欲升爲九苞鳳,　　곧 봉황이 되어 오르고자 하나
依稀雲樹月巢孤.　　희미한 큰 나무 달비춘 둥지 외롭네.

4) 화생(化生)

帝命傳來下九天,[76]　임금의 명이 천상에서 전해 내려오고
禁城中外化親宣.　　궁성의 안팎에 교화하여 친히 베푸네.
回途復妙持金印,　　돌아가는 길에 묘한 금인 가짐 회복하니
正令曾無一字傳.　　정령은 일찍이 한 글자도 전함이 없네.

5) 내생(內生)

鳳勢龍驤大丈夫,　　봉과 용이 떨치는 기세 대장부이나
天然尊貴六宮殊.　　천연적 존귀는 천자 육궁이 다르네.
苔封古殿無人到,　　이끼 낀 옛 궁전 이르는 사람 없고
造次凡流識得無.　　잠시도 범부가 알 수 있는 것 없네.

6-3. 영가흠공훈오위(永嘉欽功勳五位)[77]

1) 향(向)

---

[76] 시어에서 '구천(九天)'은 천상, 또는 높은 자리이다. 여기서는 구중궁성을 의미한다.
[77] 영가흠(생몰미상)선사의 오위공훈에 대한 게송이다.

到處相逢元不識,　　도처에 서로 만나도 원래 알지 못하고
有時不識却相逢.　　때로는 모르면서 도리어 서로 만나네.
師襄無目還如見,　　스승이 도와도 안목 없어 또 그대로요
師曠能聰恰似聾.　　스승의 넓은 총명함도 귀먹은 듯하네.

2) 봉(奉)

金針密密綉鴛鴦,　　금 바늘로 빽빽히 원앙의 수를 놓고
錦縫綿綿玉線長.　　비단을 면면히 꿰맨 옥선이 뛰어나다.
挂向春園人不識,　　봄 동산에 걸었어도 사람들 알지 못해
引他蜂蝶過來忙.　　저 벌 나비가 인도하여 바쁘게 오간다.

3) 공(功)

顔生陋巷不堪憂,[78]　안자가 누추한 골목에 견뎌 근심치 않고
終日如愚樂自謠.　　종일 어리석은 듯 즐겨 스스로 노래하네.
謾說坐忘爲益矣,　　비방하는 말 앉아서 잊어 이익이 되고

---

[78] 안생누항불감우(顔生陋巷不堪憂): 안생은 공자의 제자 안연(顔淵), 회(回)이다. 참고로 『盂蘭盆經疏孝衡鈔·우란분경소효형초』 하권에서 인용한 『논어』 옹야편에 "공자가 이르되, 어질다, 회여. 한 그릇 밥과 한바가지 물로 누추한 골목에 있는 것을 사람들은 그 근심함을 견디지 못하거늘, 회는 그 즐거움을 고치지 않으니 어질다. 회여(子曰 賢哉回也. 一簞食, 一瓢飮, 在陋巷, 人不堪其憂, 回也不改其樂, 賢哉回也)." 이는 공자가 안연이 비록 한 그릇의 밥과 한바가지 물로 누추한 골목에서의 생활이라 해도 그 즐기는 바를 고치지 않음을 칭찬한 것이다(孔曰 顔淵樂道, 雖簞食在陋巷, 不改其所樂也)." 바로 안빈낙도(安貧樂道)이다. 위 시어는 이를 인용한 것이다. 아래 4구에서의 시어 니부(尼父)는 공자를 말한다.

累他尼父一場愁.　　저 스승 공자에 연루돼 한바탕 근심이네.

4) 공공(共功)

淮南道士著眞紅,　　회남에 도사가 새빨강의 옷을 입었고
勿謂情忘色是空.　　식정을 잊고 색이 공이라 말하지 마라.
醮罷玉壇移斗柄,[79]　옥단에 제사가 파하니 두병이 옮기고
步虛一曲對春風.[80]　보허사 신선 한 곡조 춘풍에 마주하네.

5) 공공(功功)

漢高初起沛豊間,[81]　한고조가 처음 패풍 땅 사이에 기병하여
三尺龍泉帝業安.　　석 자의 용천검으로 제업이 안정되었네.
待得叔孫成禮樂,[82]　숙손통을 얻어 예악을 이루길 기다리니
元來不共汝同盤.　　원래 너와 함께 소반을 같이하지 않는다.

---

79 시어에 '초(醮)'는 도사가 제단을 차려놓고 제사지내는 것이다. '두병(斗柄)'은 북두병으로 북두성의 자루인 제5에서 제7성을 가리킨다. 이는 또 대권(大權)을 비유하기도 한다.
80 시어 '보허일곡(步虛一曲)'은 보허사(步虛辭)로 신선곡이다. 악부의 잡곡가사 이름이다.
81 패풍(沛豊): '패읍(沛邑)'은 한고조의 출생지이고, '풍현(豊縣)'은 한고조가 기병한 곳이다.
82 숙손통(叔孫通): 한나라 설(薛) 땅 사람. 처음은 진나라에 벼슬하고, 한나라에 항복하여 진나라의 제례를 바탕삼아 한나라의 의례(儀禮)를 제정하고, 만년에 태자태부가 되었다.

6-4. 적음설왕종내소외소(寂音說王種內紹外紹)[83]

寂音曰 此如唐郭中令, 李西平皆稱王, 然非有種也, 以勳勞而至焉. 高祖之秦王, 明皇之肅宗, 則以生帝王之家皆有種, 非以勳勞而至者也. 謂之內紹者, 無功之功也, 先聖貴之. 謂之外紹者, 借功業而然, 故又名曰借句.

적음선사가 말하였다. "이것은 마치 당나라 [84]곽중령과 이서평이 다 왕이라 칭하였다. 그러나 혈통이 있는 것은 아니고 공훈의 노고로써 이른 것이다. [85]고조의 진왕과 [86]명황의 숙종은 곧 제왕의 집에서 태어남으로 다 혈통이 있고, 공로 때문에 이른 것은 아니다. 내소(內紹)를 말하는 것은 공이 없는 데서의 공이니 선성(先聖)이 귀히 여긴다. 외소(外紹)를 말하는 것은 세운 공업을 빌려서 그러한지라, 그래서 또 언구를 빌린

---

[83] 적음설왕종내소외소(寂音說王種內紹外紹): 적음선사가 왕의 혈통에 내소(內紹, 안에서 부왕을 잇는 황태자이다)와 외소(外紹, 밖에서 부왕의 교화를 보필하는 황태자 이외의 왕자이다)를 설명하였다. 적음선사는 혜홍(慧洪. 1071~1128)선사 또는 덕홍선사이다. 진정극문선사의 법을 받았다. 선사는 곡절이 많다. 나쁜 스님의 참소로 세번이나 갇히고 국외로 추방도 당한다. 흠종이 즉위하여 칙명으로 사면복귀하다. 저서는『선림승보전』,『임간록』 등이 있다.

[84] 곽중령(697~781)은 명장 곽자의(郭子儀)이다. 당나라 현종 시에 안사난을 평정한 공을 세워 중서령에 이르고 분양군왕에 봉하였다. 명장 이서평(727~793)은 이성(李晟)이다. 당나라 덕종 시에 주차(朱泚)의 난을 평정한 공을 세워 서평왕으로 봉하였다.

[85] 고조지진왕(高祖之秦王): 당나라를 세운 고조 이연(李淵. 566~635)의 둘째 아들 이세민(李世民. 598~649)이 처음은 진왕으로 봉하였다. 진왕 그는 나중에 형을 죽이고 부왕을 협박하여 즉위(626~649)한 당태종이다. 그러나 정치는 잘한 것으로 평한다.

[86] 명황지숙종(明皇之肅宗): 명황은 당나라 현종 이융기(李隆基. 685~762)이고, 숙종은 현종의 아들 이형(李亨. 711~762)이다. 현종은 초기에 정치를 잘하였으나 뒤에 양귀비에 빠져 소홀히 한 정치가 간신에 의해 어지러웠다. 안록산의 난에 촉 땅으로 피한 뒤에 아들인 숙종이 왕위를 차지하여 부득이 물려주었다.

다(借句차구)고 말한다.

曹山章禪師偈略曰 妙明體盡知傷觸, 力在逢緣不借中. 雲居弘覺禪師曰 頭頭上了, 物物上通, 只喚作了事人, 終不喚作尊貴, 將知尊貴一路自別.

조산본적선사의 게송에 "묘명(妙明. 진실 미묘한 밝은 마음. 진여)의 체는 다 감정에서 해함을 알고, 힘써 만난 인연에서 중(中. 중도)을 빌리지 않는다."하였고, (빌리는 것은 외소이고 빌리지 않는 것은 내소이다) 운거홍각선사는 "모든 일에서 깨닫고 모든 현상에서 통하면, 다만 일을 마친 사람이라 부르고 끝내 존귀하다고 부르지 않으니, 곧 알아라. 존귀(尊貴. 군왕에 비유한 본성)의 한 길은 스스로 기타와는 다르다."

7. 조산삼종타(曹山三種墮)[87]

曹山云 凡情聖見, 是金鎖玄路, 直須回互. 夫取正命食者, 須具

---

[87] 삼종타(三種墮): 조산본적선사가 세운 교설로 루타(髏墮. 類墮류타. 사문이 몸을 굴려서 깨달아도 그에 집착하지 않는 자재한 경지). 존귀타(尊貴墮. 반드시 저쪽을 알아야 이쪽에서 실천에 옮기니 이 자리를 비우지 않으면 존귀이다. 바로 일체법을 받지 않는 자리에서의 자재한 경지). 수타(隨墮. 어떠한 성색에도 집착하지 않고 담담하게 일상의 생활을 하는 자재한 경지)이다. 삼종타 이는 아마도 수행자라면 한 번 쯤 눈여겨 볼만한 선사의 가르침으로 여긴다. 삼종타에서 수행자의 상도 없고 존귀에도 치우침이 없고 일상생활에서 부딪치는 모든 일에 집착하지 않는 자유자재한 경지를 구현함이다. 마치 물 가듯이 바람 흐르듯이 구름 속에서 달이 춤추듯이 일상의 삶 속에서의 수행의 삶을 말하고 있다. 타(墮)는 탈(脫)의 의미도 있어 자유자재의 뜻이다. 髏는 큰 머리, 크다, 홀로 처하다, 저촉의 의미를 가진다. 다른 본은 류(類)이다,

三種墮, 一者披毛戴角, 二者不斷聲色, 三者不受食.

조산선사가 말하였다. "범인의 식정과 성인의 지견은 금쇄현로(金鎖玄路. 불법에 얽매이고 향상일로에 막힘)이니 즉시 회호(回互. 원융무애)해야 한다. 대저 정명식을 취하는 자(수행자)는 반드시 삼종타업을 갖추어야 하니 하나는 몸에 털을 걸치고 뿔난 축생류이고, 둘은 소리와 색을 끊지 않는 것이며, 셋은 받지 않는 음식물이다."(참고로 타는 타락의 의미도 있지만 해탈의 의미로 함께하되 무심의 삼종에서 자유로워야 정명식을 취할 수 있다).

稠布衲問披毛戴角是甚麽墮. 曰 是髏(類)墮. 問 不斷聲色是什麽墮. 曰 是隨墮. 問 不受食是什麽墮. 曰 是尊貴墮.

조포납(생몰미상)이 질문하였다. "몸에 털을 걸치고 뿔난 축생류(아만심)는 무슨 타업입니까?" 조산선사가 대답하였다. "이것은 류타(類墮)이다."(이는 사람이면서 異類이류인 축생은 다른 종이며 함께하면서도 한패가 되지 못한다). "성색을 끊지 않음은 무슨 타업입니까?" "이것은 수타(隨墮)이다."(이는 성색에 처하면서도 성색에 오염되지 않음이다. 귀로 듣고 눈으로 보는 성색은 본래 없다). "받지 않는 음식은 무슨 타업입니까?" "이것은 존귀타(尊貴墮)이다."(이는 존귀하다 하여 우쭐거리지 않음이다. 異類이류, 성색, 존귀는 다 일체법이다. 일체법 또한 법이 아니다. 반대로 되돌리면 일체법에 부림을 받지 않는 이것이 정명식이다. 또 수행자가 걸식하여 육신을 청정하게 연명함이다)

乃曰 夫冥合初心而知有, 是髏墮. 知有而不礙六塵, 是隨墮.

이에 또 조산선사가 말하였다. "대저 초심에 도가 합해서 여래자성이 있는 것을 아는(知有지유) 이것이 류타(類墮)이다. (이는 異類이류에 떨어짐을 인지함이다). 여래자성이 있는 것을 알아서 육진(六塵. 색성향미촉법)에 장애가 없는 이것이 수타(隨墮)이다." (이는 성색의 부림에서 벗어남이다).

維摩曰 外道六師是汝之師, 彼師所墮, 汝亦隨墮, 乃可取食. 食者, 正命食也. 食者, 亦是就六根門頭見聞知覺, 只是不被他汚染, 將爲墮, 且不是同也.

『유마경』에 (유마거사가 수보리에게) "외도육사가 너의 스승이면 (그로 인하여 출가하였으니) 저 스승이 떨어진 곳에 너 또한 따라서 떨어져야 비로소 식(食)을 취할 수 있다."고 하니 [88]식(食)은 정명식(正命食)이다. 식이란 또한 바로 육근의 문(六根門. 안이비설신의)에 나아가서 보고 듣고 알고 느끼며, 다만 저 육근계에 오염되지 않고, 비록 떨어진다 해도 또한 (근본이) 함께 하는 것은 아니다.

明安曰 此三種須明轉位始得, 一作水牯牛是體墮, 是沙門轉身語, 是異體中事. 若不曉此意, 即有所滯. 直是要爾一念無私, 即有出身之路.

---

[88] 식(食)은 2식으로 정명식(正命食)과 사명식(邪命食)이 있다. 일체법에 부림을 받지 않는 불수식이 정명식이고, 부림을 받는 수식이 사명식이다. 또 사명식은 4식이 있다. 씨뿌리고 탕약을 지어서 생활하는 하구식(下口食)과 아첨해서 생활하는 방구식(方口食)과 성숙 등 술수를 배워 생활하는 앙구식(仰口食)과 주술 점술 등으로 생활하는 유구식(維口食)이다. 이는 수행자에게 수행의 본분을 내려놓지 않도록 한 것이다. 『불교대사전』 참고.

명안선사가 말하였다. "이 삼종타는 반드시 전위(轉位. 자리 변화)를 밝혀서야 비로소 이해할 수 있다." 하니 하나는, 일단 물소로 변화되는 것은 류타(類墮)이고, 사문의 전신어(轉身語. 선문에서 사용하는 언어로 미망에서 깨달음으로 옮겨오다)이니 이류(異類. 다른 종류. 범부) 가운데의 일이다. 만일 이 뜻을 이해하지 못하면 곧 막히는 바가 있다. 만일 네가 한순간도 사사로움이 없으면 곧 모든 속박을 벗어나 각오로 들어가는 길이 있다.

大珠和尙因維摩座主問 經云彼外道六師是汝之師, 汝師所墮, 汝亦隨墮. 其施汝者, 不名福田. 供養汝者, 墮三惡道. 謗於佛, 毀於法, 不入衆數, 終不得滅度. 汝若如是, 乃可取食. 今請禪師明爲解說.

(한 예를 들면) 대주선사에게 한 스님이 『유마경』의 문제로써 질문한 적이 있는데, "『유마경』에 '저 외도육사가 너의 스승이면 너의 스승이 떨어진 곳에 너 또한 따라서 떨어진다. 그들이 너에게 베푼 것은 복선이라 말하지 않는다. 너에게 공양하는 자는 삼악도(三惡道. 지옥 아귀 축생)에 떨어진다. 부처님을 비방하고 법을 헐뜯으니 대중의 수에도 들지 못하며 끝내 멸도(滅度. 열반. 성불)할 수 없다. 네가 만일 이와 같다면 비로소 음식을 취할 수 있다.'고 하였습니다. 지금 선사께 청합니다. (이 뜻을) 설명하여 (저의 미오를) 밝혀주십시오."

大珠曰迷循六根, 號爲六師. 心外求佛, 名爲外道. 有物可施, 不名福田. 生心受供, 墮三惡道.

대주혜회(생몰미상. 마조도일선사의 법을 받음)선사가 말하였다. "미혹하여 육근계를 따라 돌고 있는 사람을 육사(六師. 세존 당시에 중인도에서 세력이 가장 컸던 여섯 사람의 외도를 말함)라 부르며, 마음 밖에 불법을 구하면 외도라 한다. 물건이 있어서 보시할 수 있어도 복전이라 하지 않으며, 마음을 내서 공양을 받으면 삼악도에 떨어진다.

汝若謗於佛者, 是不著佛求. 毀於法者, 是不著法求. 不入衆數者, 是不著僧求. 終不得滅度, 是智用現前. 若如是解者, 便得法喜禪悅之食.

네가 만일 부처님을 비방한다고 한 것은 네가 불법에 집착하여 구하지 않음이다. 네가 법을 헐뜯는다고 한 것은 네가 법에 집착하여 구하지 않음이다. 대중의 수에 들지 않는다고 한 것은 스님에 집착하여 구하지 않음이다. 끝내 멸도할 수 없다 한 것은 너의 지혜 작용이 눈 앞에 있는 것이다. 네가 만일 이와 같이 해석한다면 곧 법희식(法喜食. 법문을 듣고 환희심을 일으킴)과 선열식(禪悅食. 선정에서 안정의 즐거움)을 얻게 된다."

二曰 不斷聲色是隨墮, 以不明聲色故隨處墮. 須向聲色有出身之路. 作麼生是聲色外一句. 答聲不是聲, 色不是色, 故云不斷. 指掌當指何掌也.

둘은 "성색을 끊지 않는 이것은 수타(隨墮)이다. 성색이 분명하지 않기 때문에 그래서 장소에 따라 떨어진다. 반드시 성색을 향해서야 모든 속박을 벗어나 각오로 들어가는 길이 있다.

질문하였다. 어떤 것이 성색 밖에 일구입니까? 대답하였다. 소리는 소리가 아니요 색도 색이 아니다. (성색은 잠시 이름일 뿐이지 본래 없다). 그래서 성색을 끊지 않는다고 말한 것이다. 예로 손바닥을 가리키면 응당 어느 손바닥을 가리키는 것이냐?"

三曰 不受食是尊貴墮, 須是知那邊了, 却來這邊行履, 不虛此位, 卽墮尊貴矣.

셋은 "불수식은 존귀타(尊貴墮)이니 반드시 저쪽을 알아야 도리어 이쪽에선 실천에 옮기듯이 이 지위를 비우지 않고 곧 존귀에 떨어져 들어가는 것이다." (바로 존귀에서 자유로움이다)

7-1. 정명식(正命食. 新添)[89]

寂音曰 瑜伽師地論曰 死有三種, 謂壽盡故, 福盡故, 不避不平等故. 當知亦是時非時死, 或由善心, 或不善心, 或無記心.

적음선사가 말하였다. 『유가사지론』에 이르되 "죽음에 세 가지가 있으니, 수명이 다해서 죽고 복이 다해서 죽고 불평등을 피하지 못해서의

---

[89] 걸식으로 육신을 기르고 청정으로 연명하는 것이 정명식이다. 이를 새로 첨가하다. 여기서는 앞에 삼종타(三種墮) 가운데 불수식(不受食)의 뜻을 보충 설명한 것이다.

죽음을 말한다. 마땅히 알아라, 또 제때에 죽음과 제때가 아닌데 죽음이니 혹자는 착한 마음에서(선심은 탐진치의 삼독심이 없는 마음이다. 예로 의로운 죽음 등등 일 것이다) 죽고, 혹자는 나쁜 마음에서(예로 스스로의 악행에 의한 죽음일 것이다) 죽고, 혹자는 선도 악도 아닌 마음에서 죽는 것이다(예로 길을 가다 옥상에서 떨어진 물건을 맞아 죽는 外緣외연 등등 일 것이다)."

云何壽盡死. 猶如有一隨感, 壽量滿盡故死, 此名時死. 云何福盡故死. 猶如有一資具缺故死. 云何不避不平等故死. 如世尊說九因九緣, 未盡壽量而死. 何等爲九.

무엇이 수명이 다해서 죽는 것인가? 마치 어떤 하나의 감응(과거생에 오계 등의 공덕으로 사람 몸 받음)에 따르듯이 수명이 다 차서, 그래서 죽는 것이니 이는 시사(時死. 제때에 죽음)라 한다. 무엇이 복이 다해서 죽는 것인가? 마치 갖춰진 한 자원(의식 등)이 모자라 그래서 죽는 거와 같다. 무엇이 불평등(순조롭지 못함)을 피하지 못해서 죽는 것인가? 마치 세존께서 구인구연(九因九緣. 아홉가지 인연)을 설명한 것처럼 수명이 다하지 아니한데 죽음이다. 무엇이 아홉이 되는가?

謂食無度量, 食時不宜, 不消復食, 生而不吐, 熟而持之, 不近醫藥, 不知於己若損若益, 非時非量, 行非梵行, 此名非時死.

이는 음식의 정량이 없고(포식으로 병을 얻어서 죽음), 음식 먹을 때 적당치 않으며(먹은 음식의 독으로 죽음), 소화되지 아니한데 다시 먹고(먹은 음식이 돌지 않아서 병을 얻어 죽음), 먹은 것이 살아있어 토하지도 못하며(소화되지 않아서 병을 얻어 죽음), 오래도록 (먹은 음식이) 유지하고(이는 구체로 병을 얻어 죽음), 의약을 가까이 못하며(제때에 치유 못해서 죽음), 자신에게 손해인지 이익인지를 알지 못하고(어리석음 때문에 죽음), 제때도 아니고 정량도 아니며(폭식하여 병을 얻어 죽음), 행실에 있어서 깨끗한 행실이 아니니(지나친 음행이나 악행 등이다) 이 이름이 비시사(非時死. 제때가 아닌 죽음)이다.

予以是觀之, 乃知時而食, 卽不枉死, 名正命食.

내가 이로써 살펴보면, 곧 때를 알아서 음식을 먹으면 곧 잘못되어 죽지는 않으니 이 이름이 정명식이다.

黃蘗曰今時纔出衆來者, 只欲多知多解, 廣求文義, 喚作修行, 不知多知多解翻成壅塞. 惟多與兒乳酪, 消與不消, 都總不知.

황벽선사가 말하되 "현재 잠시 출중한 자가 와서 단지 많이 알고 많이 이해하고자 하여 널리 문자의 뜻을 구함이 수행이라고 [90]부르니, 많이 알고 많이 이해하면 반대로 막히게 됨을 알지 못한다. 다만 아이에게 유락을 많이 주고 소화를 시키는지 못 시키는지 도무지 모두 알지 못한다.

三乘學道人皆此樣, 盡名食不消. 食不消者, 所謂知解不消, 皆爲

---

90 환작(喚作): … 라고 부르다. … 라고 불리어지다. … 라고 하다(叫做). 환주(喚做)도 같은 의미이다. 『한어대사전』 참고.

毒藥, 盡去生滅邊收. 眞如之中, 無此事故. 以此知曹山貴正命食立三墮.

삼승(三乘. 성문 연각 보살)의 도를 배우는 사람들이 다 이 모양이니 다 식불소(食不消. 먹고 소화시키지 못함)라 한다. 먹고 소화시키지 못함은 이른 바 알음알이를 소화시키지 못하고, 다 독약이 되어 다 생멸 쪽으로 가서 끝맺는다. 진여 가운데에 이와 같은 일은 없다."고 하니 이로써 조산선사가 정명식(正命食. 수행자는 빌어먹고 또 일체법에 부림을 당하지 않는 것이 불수식이다)을 귀히 여겨서 삼종타를 세운 것을 알겠다.

(참고로 [91]『四教儀註彙補輔宏記사교의주휘보보굉기』에 命명이 다해서 죽음은 셋이 있다고 하였다. 하나는 수명이 다하고 복이 다하지 아니해서 죽음이다. 이는 재물로 예를 들면, 많이 벌어놓고 자신이나 남을 위해 베풀고 쓰지 못한 못난이의 죽음일 것이다. 둘은 복이 다하고 명은 다하지 아니해서 죽음이다. 이는 惜福석복, 즉 있는 복을 아낄 줄 몰라서의 죽음일 것이다. 셋은 복과 명이 다해서 죽음이다. 이는 자신과 타인을 위해 보시하고 베풀 줄 아는 아름다운 삶의 죽음일 것이다. 부처님께서 不時死불시사, 즉 제때에 죽지 못함을 "九因九緣구인구연"으로 설명하셨다. 또 옛 속어에 이르되 "禍從口出화종구출이요, 病從口入병종구입이라." 즉 "재앙은 입으로 나오고 질병은 입으로 들어온다"고 하는 것이다. 부정한 생활과 지각없는 잘못된 음식으로 하여 제때에 죽지 못함을 인식시켜주고 있다)

---

91 "命盡死有三種, 一命盡非福盡, 二福盡非命盡, 三福命俱盡."

7-2. 부단성색타수타존귀치타(不斷聲色墮隨墮尊貴墮. 新添)[92]

寂音曰 維摩經爲壞和合相故, 應取揣食, 爲不受故, 應取彼食.

적음선사가 말하였다. "『유마경』에 '화합상(和合相. 색심의 모든 법이 생겨 결합하고 있는 모습으로 이를 무너뜨려야 실상이다)을 무너뜨려야 하는 연고로 응당 단식(揣食. 손으로 뭉쳐서 먹는 덩어리 밥)을 취해야 하며, (五陰오음의 화합을 무너뜨리기 위해 손으로 뭉쳐서 먹는 음식을 취한다. 오음을 무너뜨리면 열반이다) 받아서 안 되는 연고로 응당 저 음식을 취한다. (받지 않음은 生死생사를 받지 않음이다. 받는 마음 없이 받는 것이다).

以空聚想入於聚落, 所見色與盲等, 所聞聲與響等, 所嗅香與風等, 所食味不分別, 受諸觸如智證, 知諸法如幻相, 無自性, 無他性, 本自不生, 今則無滅. 此不斷聲色墮所繇立也.

빈 고을로 생각하고 마을에 들어가며, (이는 열반상이다) 색깔을 보는 것은 맹인과 같으며, (좋고 나쁨을 보지 않음이다). 소리를 듣는 것은 메아리와 같으며, (메아리는 기쁨과 성냄의 비유로 있는 것이 아니다). 향을 맡는 것은 바람과 같으며, 음식을 맛보는 것은 분별하지 않으며, 모든 접촉을 받되 지증(智證. 실지로서 열반을 증득함)과 같고, (지혜로서 실상에 닿음과 같다) 모든 법을 알되 환상과 같아서 자성도 없고 타성도 없고 본래부터 생사도 없으니 이제 곧 멸도(滅度. 생사가 멸함이다. 열반은 몸과 마음의 병이 영원 멸함이다)

---

92 성색타, 수타, 존귀타의 삼타를 끊지 않는 수행을 새로 첨가하다.

도 없다." 하였으니, 이것이 부단성색타(不斷聲色墮)를 건립한 근거이다.

又曰 須菩提不見佛, 不聞法, 彼外道六師是汝之師. 因其出家, 彼師所墮汝亦隨墮, 乃可取食, 此隨墮之所繇立也.

또 말하였다. 『유마경』에 "수보리야, 부처님을 뵙지 못하고 법도 듣지 못하고 저 외도육사는 너의 스승이다. 그로 인해서 출가했으니 저 스승이 떨어진 곳에 너 또한 따라서 떨어져야 이에 음식을 취할 수 있다." 하니 이것이 수타(隨墮)를 건립한 근거이다."

又曰 謗於佛, 毀於法, 不入衆數, 終不得滅度. 汝若如是, 乃可取食, 此尊貴墮之所繇立也.

또 말하였다. "『유마경』에 부처님을 비방하고 법을 헐뜯고 대중의 수에 들지 못하고 끝내 멸도(滅度. 생사가 멸함이다. 열반)를 얻을 수 없으니, 네가 만일 이와 같다면 이에 음식을 취할 수 있다."하니 이것이 존귀타(尊貴墮)를 건립한 근거이다.

予嘗觀曹山, 其自比六祖無所愧, 以其蕩聖凡之情, 有大方便. 南泉曰 三世諸佛不知有, 狸奴白牯却知有. 乃不如曹山止立一墮字耳.

내가 일찍이 조산선사를 살핀적이 있는데, 그는 스스로 육조대사에 견주어도 부끄러움이 없다고 하니 그는 성인의 지견과 범부의 식정을 없앴기에 큰 방편을 둔 것으로 여긴다. 남전선사가 "삼세제불도 모르는 것이 있고, 무지한 살쾡이와 암소도 도리어 아는 것이 있다."고 하니, 도리어 조산선사가 다만 한 글자 '타(墮)'를 세우느니만 못하다.

7-3. 적음삼타송(寂音三墮頌. 적음선사의 삼타에 대한 게송)

1) 루(髏. 루타 또는 類류타)

紛然作息同,　　분연히 함께 안정하니
銀盌裏盛雪.　　은주발에 눈을 담음 일세.
若欲異牯牛,　　만일 암소를 달리 하고자 하면
與牯牛何別.　　암소와 더불어 무엇이 다른가.

2) 수(隨 수타)

有聞皆無聞,　　들음이 있어도 다 들음은 없고
有見元無物.　　봄이 있어도 원래 일물도 없네.
若斷聲色求,　　만일 성색 끊는 것을 구한다면
木偶當成佛.　　허수아비 마땅히 부처 이루리.

3) 존귀(尊貴 존귀타)

生在帝王家,　　존귀한 제왕가에 태어나
那復有尊貴.　　어찌 또 존귀함 있으랴.
自應著珍御,　　자연 황제복 입음이 마땅하니
顧見何驚異.　　돌아보고 어찌 놀라 이상하리.

7-4. 백장단 삼타송병총송(百丈端 三墮頌幷總頌)[93]

1) 루(髏) (루타 또는 類류타)

著起破襴衫,[94]　떨어진 난삼의 옷을 입고서
脫下娘生袴,[95]　어머니의 옷을 벗어버리고
信步入荒草,　　발길 가는대로 잡초에 들어가
忘却長安路.　　장안에 가는 길을 잃어버렸네.

2) 수(隨 수타)

秦樓歌夜月,[96]　진루에서 달밤에 노래하고

---

[93] 백장응단(百丈應端. 생몰미상)선사의 삼타송과 총송이다. 백장단선사는 처음 진정극문선사를 뵈었으나 계합하지 못하고, 뒤에 영원유청(靈源惟清.?~1117)선사에게 법을 받았다.
[94] 시어에 '난삼(襴衫)'은 당나라 때 거자(擧子. 과거 응시생)가 입었던 옷이다.
[95] 시어에 낭생고(娘生袴)에서 '娘生'은 어머니 또는 갓태어난 아기로 때묻지 아니한 청정을 비유한다. '袴'는 바지다. 낭생고는 태어난 그대로의 청정한 본래의 옷이다.
[96] 시어에 진루(秦樓)는 진목공(秦穆公)의 딸 롱옥(弄玉)이 통소를 잘 부는 소사(蕭史)를 좋아하여 부부를 맺어주고 봉루(鳳樓)를 세웠다. 봉루에서 부부가 통소를 부니 봉황이 와서

魏闕醉春風,　　위나라 궁궐에서 봄바람에 취하니
家國傾亡後,　　집이 기울고 나라가 망한 후
鄕關信不通.　　고향에 소식 소통하지 않네.

3) 존귀(尊貴 존귀타)

獨坐孤峯頂,　　외로운 봉우리 정상에 홀로 앉아
輪蹄絶往還,　　수레와 말굽소리 왕래 끊어지고
可憐一雙足,　　가련하구나 두 발이여
曾不到人間.　　일찍이 인간이 이른 적이 없네.

4) 총송(總頌)

雲不戀靑山,　　구름은 푸른 산을 연연하지 않고
鏡不籠姸醜,　　거울은 곱고 추함 구애가 없으니
未透鬼門關,[97]　저승으로 가는 관문 뚫지 않으면
逐處成窠臼.　　처처에 따라 들어가 구속이 되네.

5) 일, 피모대각수루자재(一, 披毛戴角隨髏自在)[98] (류타 또는 사문타)

타고 날아갔다는 고사이다. 『중문대사전』 참고.
97 귀문(鬼門): 참고로 『국역대장경』에서 '귀문'은 열이 가서 아홉은 돌아오지 못하는 곳.
98 일피모대각수루자재(一披毛戴角隨髏自在): 하나, 조류와 축생류인 모든 것에 적용하여 사로 잡히지 않고 자유롭다. 바로 털가죽을 걸치고 뿔을 이고 있는 축생류 등을 말한다. 루髏=類類 같다. 다만 "다른 본은 한 일자(一字) 앞에 '고덕삼종타송'의 여섯 자가 있다(一

頭角混泥塵,⁹⁹　축생이 진흙 속에 범벅이어도
分明露此身.　분명히 이 몸(본래면목)을 드러낸다.
綠楊芳草岸,　푸른 버들 향기로운 풀 언덕
何處不稱尊.　어느 곳이 귀하다 하지 않으리오.

6) 이, 견색문성수처자재(二, 見色聞聲隨處自在)¹⁰⁰ (수류타)

猿啼霜夜月,　원숭이 서리 내린 달밤에 울고
花笑沁園春.¹⁰¹　꽃은 심수공주 봄 동산에 피었네.
浩浩紅塵裏,　넓고 넓은 세상번뇌 속에
頭頭是故人.　하나하나 옛 사람이다.

7) 삼, 예절백료존귀자재(三, 禮絶百僚尊貴自在)¹⁰² (존귀타)

畫堂無鎖鑰,　그림 그린 화려한 집에 자물통이 없고
誰敢跨其門.　누가 감히 그 문턱을 넘으랴.
莫怪無賓客,　빈객이 없는 것을 기이하다 마라

字前行甲本有古德三種墮頌六字"고 하였다. 이를 근거하면 분명하지 않은 고덕선사의 게송이다. 또 『永覺元賢禪師廣錄영각원현선사광록』에 "우송(又頌)"이란 두 글자가 있다. 이는 백장단선사의 게송으로 본 것이다. 필자도 이를 따랐다.
99 두각(頭角): 번뇌망상 또는 축생의 뿔. 다른 의미로 '머리 끝' 또는 '두각을 나타내다.
100 둘, 색을 보고 소리를 들으며 가는 곳마다 자유롭다.
101 심원춘(沁園春): '심원'은 동한 명제의 딸 심수공주(沁水公主)의 동산이다. 또 '심원춘'은 곡명으로 불명칭가곡(佛名稱歌曲)인 안주곡(妙安住之曲)의 다섯 수 가운데 한 수이다. 여기서는 전자에 의미를 두었다. 『중문대사전』 참고.
102 셋, 예로써 백관을 끊으니 존귀에도 자유롭다.

從來不見人.　이전부터 아무도 만나지 않았다.

8) 총송(總頌)

昨夜荒村宿,　어젯밤 쓸쓸한 촌락에서 묵고
今朝上苑遊.　오늘 아침 동산에 올라서 논다.
本來無位次,　원래 자리 순서가 없는데
何處覓蹤繇.　어느 곳에서 자취 연유를 찾지.

8. 삼종삼루(三種滲漏)[103]

師謂曹山曰 吾在雲巖先師處, 親印寶鏡三昧, 事最的要, 今以授汝, 汝善護持, 無令斷絶. 遇眞法器, 方可傳授. 直須祕密, 不可彰露, 恐屬流布, 喪滅吾宗. 末法時代, 人多乾慧. 若要辨驗向上人之眞僞, 有三種滲漏, 直須具眼.

동산선사가 조산선사에게 말하였다. "내가 운암선사 처소에서 친히 보경삼매(寶鏡三昧. 동산선사가 지은 삼매가로 마음을 밝은 거울에 비유함)를 학습하고, 그 일이 가장 중요하여 지금 너에게 전수하려하니 너는 잘 지키

---

[103] 삼종삼루(三種滲漏): 동산양개선사가 제시한 학인이 빠지기 쉬운 세 가지의 항목이다. 바로 심의식(心意識)을 말한다. 견삼루(見滲漏. 알고 있는 대상에 집착하여 진실을 보지 못함), 정삼루(情滲漏. 버리고 취하는 정식에 사로 잡혀 있음), 어삼루(語滲漏. 쓸데없이 언어문자 해석에 마음을 빼앗김)이다. 이는 익혀온 습기와 집착을 끊어 없애고 원융함을 체득하라고 하는 것이다.

고 보존하여 하여금 단절되게 하지 말라. 참 법 그릇을 만나서야 비로소 전수할 수 있다. (그리고) 반드시 비밀로 해야 하고 드러내 폭로해서도 안 되며, 아마 속류에게 유포되어 내 종지가 없어질가 두렵다. 말법시대는 사람들이 건혜(乾慧. 실효가 없는 지혜로 욕심에 젖은 습성에 실덕을 구비하지 못함)가 많다. 만일 꼭 향상인(向上人. 부처님의 소식을 넘을 수 있는 사람)의 진위를 시험하고 분별하려면, 이 삼종삼루가 있으니 즉시 안목을 갖춰야 한다."

1) 一見滲漏, 機不離位, 墮在毒海, 妙在轉位也. 明安云 謂見滯在所知, 若不轉位, 卽在一色. 所言滲漏者, 只是可中未盡善, 須辨來蹤, 始得相續玄機妙用.

하나는 견삼루(見滲漏. 견해로 막혀 진실을 보지 못함. 心심)이니 심기가 자리를 떠나니 못하고 독해(毒海. 탐진치의 삼독. 이익을 추구하면 탐욕이 일어나고 나를 거스리면 성냄이 일어나고 지혜가 아닌 미혹에서 일어나는 어리석음이다)에 떨어져 있으니 그 미묘함은 변화를 인식하는 자리에 있는 것이다. (변화는 주요하다. 변화로 하여 자신을 새로운 길로 인도하게 된다. 무지에서 지혜로, 악에서 선으로, 중생에서 각자로, 범부에서 성인으로)

명안선사가 말하였다. "(착각하는 인식의) 견해는 (자신이) 알고 있는 것에 막히게 되고, 만일 자리를 옮기지 않고 바꿈을 인식한다면 곧 일색(一色. 마음과 경계의 공적함)에 있다. 삼루를 말하는 것은 단지 만일(可中)의 경우에 최선(最善)을 다하지 못하면, 반드시 온 자취를 분별해서야 비로소 심오한 이치의 묘한 작용을 상속할 수 있다."

2) 二情滲漏, 智常向背, 見處偏枯. 明安云 謂情境不圓, 滯在取捨, 前後偏枯, 鑒覺不全. 是識浪流轉, 途中邊岸事, (一作途中未分邊岸事) 直須句句中離二邊, 不滯情境.

둘은 정삼루(情滲漏. 정식의 그릇된 견해. 意의)이니 지혜가 항상 앞과 뒤로 견해가 한쪽에 치우쳐 있다. 명안선사가 말하였다. "식정과 경계가 원만하지 못하여 버리고 취함에 있어 막히게 되고, 앞과 뒤로 한쪽에 치우쳐서 살피고 생각이 온전하지 못함을 이른다. 이것은 식견이 파도처럼 유전하고 도중이나 혹은 양 가장자리의 일이니 (다른 본은 途中邊岸事도중변안사에서 途中아래 未分미분의 두 글자가 더 있다. 의미는 도중에서 양 가장자리가 나눠지기 전의 일이다) 즉시 구절마다 그 가운데 두 변을 여의어야 식정과 경계에 막히지 않는다."

3) 三語滲漏, 體妙失宗, 機昧終始, 濁智流轉, 不出此三種. 明安云體妙失宗者, 滯在語路, 句失宗旨. 機昧終始者, 謂當機暗昧, 只在語中, 宗旨不圓. 句句中須是有語中無語, 無語中有語, 始得妙旨密圓也.

셋은 어삼루(語滲漏. 언어문자에 막힘. 識식)이니 미묘한 체성이 종지를 잃고 기연에 시종 우매하고 혼탁한 지혜가 유전하니 이 삼종삼루를 벗어나지 못한다. 명안선사가 말하였다. "'미묘한 체성이 종지를 잃었다.' 함은 언어에서 막히고 구절에서 종지를 잃음이다. '기연에 시종 우매하다.' 함은 기연에 우매함을 당해서 단지 언어가운데 종지가 원만하지 못함을 말한다. 구절마다 그 가운데 반드시 말이 있는 중에 말이 없음과 말이 없는 중에 말이 있어서야 비로소 미묘한 뜻을 원만하고 주밀하게 체득할 수 있다." (삼종삼루는 그릇된 見解견해를 없애고 情識정식을 끊고 언구에 막힘을 없애게 하는 것이다)

8-1. 늑담조삼삼루송(泐潭照三滲漏頌)[104]

1) 견(見. 견삼루)

天下溪山絶勝幽,	천하에 시내와 산 절경이 그윽한데
誰能把手共同遊,	누가 능히 손을 잡고 함께 유람하나
回頭忽聽杜鵑語,	머리 돌려 돌연 두견새 노래 들으니
笑指白雲歸去休.	웃으며 흰 구름 가리키고 돌아가 쉬네.

2) 정(情. 정삼루)

昔年曾作參玄客,[105]	옛적 일찍이 묵객으로 참여하더니
遍扣玄關窮要脈,	두루 관문 두드려 주요 맥 궁구하고
更闌墨汁汚皂衫,	다시 먹물 가려도 검은 적삼 더럽혀

---

104 늑담유조(泐潭惟照. 생몰미상)선사의 삼삼루에 대한 게송이다. 부용도해(1043~1118)선사의 법을 받았다. 그 후 조동종의 종지 선양에 크게 힘썼다.
105 시어에서 '현객(玄客)'은 아래 시어의 '묵즙(墨汁)'이 있기에 묵객이라고 하였다. 하지만 불리(佛理)를 탐구하는 사람이라해도 틀리지 않을 것이다.

說向他人口門窄.　　그 사람을 향해 말하니 입을 막더라.

3) 어(語. 어삼루)

木人嶺上輕開口,　　목인이 고개 마루서 살짝 말하니
石女溪邊暗點頭,　　석녀는 냇가서 가만히 끄덕이고
堪笑當年李太白,　　웃음을 참던 그 당시 이태백이
夜來還宿釣漁舟.　　밤에 돌아와 낚시 배에 묵더라.

9. 동산삼로접인(洞山三路接人)[106]

僧到夾山, 山問 近離甚處. 僧云 洞山. 夾山云 洞山有何言句. 僧云 和尙道 我有三路接人. 夾山云 有何三路. 僧云 鳥道玄路展手. 山云 實有此三路那. 僧云 是. 山云 鬼持千里鈔, 林下道人悲. 後 浮山圓鑑云 不因黃葉落, 爭知是一秋.

어느 스님이 협산선회(705~870)선사 처소에 이르니 협산선사가 질문

---

106 동산삼로(洞山三路): 동산양개선사가 제창한 학인을 인도하는데 세 가지 방법인 조도(鳥道), 현로(玄路), 전수(展手)이다. '조도'는 학인의 근기에 이롭도록 맞추어서 인도한다. 새도 넘어가기 힘든 험한 길이고 또 허공이다. 마치 새가 날아도 흔적을 남기지 않는 경지이다. 수행하여 깨달음으로 향하는 길도 이와 같다. '현로'는 앞에서 이해한 어삼루에 맞춘다. 바로 스승이 심오한 이치의 언어로 선의 종지를 깨닫게 하고 언어를 버리게 한다. 번뇌와 분상이 사라진 경지이다. '전수'는 당면하여 학인의 근기에 따라 끄집어내서 여러가지 수단을 자유자재 사용하여 인도한다. 삼로에서 조도와 현로가 주가 된다.

하였다. "요즘 어느 곳을 떠났느냐?" 스님이 대답하였다. "동산입니다."
"동산은 무슨 언구가 있느냐?" "동산선사는 내가 학인을 인도하는데 세
길이 있다고 말합니다." "무슨 세 길이 있느냐?" "조도와 현로와 전수입
니다." "실제로 이 삼로가 있느냐?" "그렇습니다." "귀신이 [107]천리초를
가지니 수목 아래 도인이 슬퍼한다." 나중에 [108]부산원감선사가 말하였
다. "단풍이 떨어지는 인연이 아니면, 어찌 이 한철의 가을을 알겠는가?"

(或曰 尊宿擧論而曰軌持千里鈔, 林下道人孤. 或曰 軌持千里鉢, 林下道人孤)

(혹자가 존숙이 이 논을 제시하여 "천리초를 규정하여 가지니 수목아래 도인이 외롭
다." 하였고, 혹자는 "천리발우를 규정하여 가지니 수목 아래 도인이 외롭다." 하였다)

10. 조산삼종강요송(曹山三種綱要頌)[109]

107 귀지천리초, 임하도인비(鬼持千里鈔, 林下道人悲): 참고로 『汾陽無德禪師語錄분양무덕선사어록』 제2권에서 위의 대화와 시어 끝에 분양선사가 대신 말하였다. "부질없이 애써 천리를 간다(代云枉行千里)." 이를 근거하면 동산선사의 삼로접인의 방편설을 부정한 것이다. 아니면 방편의 설법을 듣고 자신의 살림처럼 말하는 객승을 나무람도 있다. 또 존숙이 언급한 시어에 "궤지천리발, 임하도인고(軌持千里鉢, 林下道人孤)"도 같은 의미로 받아드린다. 반면에 이는 아마도 전법자의 고독을 지적함도 없지 않다. 시어에 발(鉢)은 발우로 전법에 상징적이다. 초(鈔)는 송사(宋史)에 처음 보이는데 이는 초표(鈔票)로 지폐이다. 송나라때 은으로 화폐를 만들어 사용하다 보니 돈의 무게가 걱정되어 나온 것이 초표이다.
108 부산원감(浮山圓鑑. 991~1067)선사는 서주에 부산원감법원(舒州浮山圓鑑法遠)선사이다. 선사는 수산성념(926~993))선사의 제자 섭현귀성(생몰미상)선사의 법을 받았다. 제자 투자의청(1032~1083)에게 대양경현(943~1027)선사의 법을 받아 조동종을 잇게 하였다.
109 삼종강요송(三種綱要頌): 동산양개선사의 교설로 깨달음의 요결을 3항으로 나누어 설명한 것이다. 위 시어는 삼종강요에 대해 조산선사가 게송으로 읊었다. 삼종강요는 고창쌍행

1) 고창쌍행(敲唱雙行)¹¹⁰

金鍼雙鎖備,¹¹¹ 두 보살의 지인과 지혜작용 구비하니
挾路隱全該,¹¹² 의지하는 길에 몰래 온전히 갖추고
寶印當空妙,¹¹³ 보인은 응당 공적의 미묘함이요
重重錦縫開.¹¹⁴ 누비고 누빈 비단이 터지네.

¹¹⁵(참고로『永覺元賢禪師廣錄영각원현선사광록』제27권에 "제1구는 편과 정이 모두

(敲唱雙行. 수행자와 스승이 일체가 되어 수행하는 것이 가장 이상적이라는 것), **금쇄현로**(金鎖玄路. 불도에 집착하여 사견을 일으키면 불도와 멀어진다는 것), **불타범성**(不墮凡聖. 앞의 둘을 다시 구체화하여 범성, 미오, 시비 등의 대립에서 벗어나야 부처님의 경지이다)이다.『선학사전』참고.

110 '고창쌍행(敲唱雙行) 또는 敲唱俱行'에서 '고'는 두드리다, 이(理)에 속하고 '창'은 제시하다, 사(事)에 속하여 理事가 겸비하였다. 다시 '고'는 학인의 질문이고 '창'은 스승의 답이다. 이처럼 사자(師資. 스승과 제자)간의 문답이 함께 한다. 바로 정과 편이 함께 작용하는 것이다.

111 금침쌍쇄(金鍼雙鎖): 만다라의 금강침보살과 금강쇄보살이다. 전자는 지혜 작용이 제법에 통하지 아니함이 없고, 후자는 지인(智印)을 가지고 중생을 교화하여 무상보리심에서 물러나지 않게 한다. 두 보살은 지혜의 상징이다. 또 부산선사의 구대선에선 부처님세계도 집착하지 않는 자유자재이다. 또 앞에서 언급한 고창구행(敲唱俱行)의 의미에서 편과 정을 상징하여 함께 섞이어 작용함도 나타낸다. 치우치지도 아니하고 또 중도에도 집착하지 않음이다. 정이 편을 가졌고 편이 정을 가졌다.『불교대사전』참고.

112 협로(挾路): '挾'은 겨드랑이 밑에 끼다. 지니다. 옆에서 부축하다. 의지하다. 또 참고로 모전에 挾은 달(達)이다(毛傳挾達也). 미치다. 도달하다의 의미도 된다.'路'는 정도(正道)이다. 떳떳한 이치의 일에 합한다(合乎常理的事情).『한어대사전』참고. .

113 보인당공묘(寶印當空妙): '보인'은 비로보인(毘盧寶印)이다. 대일여래의 입정인(入定印)이다. 대일여래는 마하비로자나를 번역한 말로 밀교의 본존이다. 마하는 대(大)이고 비로자나는 태양의 별명이다. '공묘(空妙)'는 공적정미(空寂精微)이다. 모든 모양이 없는 것을 '空'이라 하고, 일어나고 소멸함이 없는 것을 '寂'이라 한다. '공적'은 그 자성적 실체가 없음을 말한다. '정미'는 깊고 미묘하고 신비이다. 바로 '공묘'는 공적의 미묘함을 말한다.

114 봉개(縫開): 열개(裂開). 찢어지다. 갈자지다. 터지다.『한어대사전』참고.

115 "金針句, 言偏正並用, 不落一邊, 亦非執於中道也. 挾路句, 言應機之路, 正必挾偏, 偏必挾正, 其一雖

작용을 하고 한 쪽에 떨어지지 않고 중도에도 집착하지 않음을 말한다. 제2구는 근기에 감응하는 길이 정은 반드시 편을 의지하고 편은 반드시 정을 의지하며, 그 하나도 비록 숨어서 나타나지 않더라도 그 편과 정의 실체는 온전히 갖추지 않음이 없음을 말한다. 제3구는 정 가운데 미묘하게 의지하는 인인이 중생의 근기에 맞게 감응하는 것을 말한다. 제4구는 중생의 근기에 따라 감응하여 정편오위의 법문이 모두 드러냄이다."고 하였다)

2) 금쇄현로(金鎖玄路)[116]

交互明中暗,	서로 번갈아 밝음 가운데 어둠이요
功齊轉覺難,	공용은 일제히 변화를 어렵게 느끼고
力窮忘進步,	힘써 궁구하다 앞으로 나아감 잊으니
金鎖網鞔鞔.[117]	열반과 보리의 속박을 덮어 가리우네.

[118](참고로 『永覺元賢禪師廣錄영각원현선광록』 제27권에 "明명은 大功대공을 비유하고 暗암은 정위를 비유한 것이다. 먼저 공이 작용할 때 공을 빌어서 정위에 나아가는 것

隱而弗顯, 其實偏正無不全該也. 寶印句, 言正中妙挾之印, 當衆生之機感也. 重重錦縫者, 因衆生之機感, 而五位法門, 重重顯現也."

116 '금쇄현로' 또는 '금쇄현관'에서 '금쇄'는 불법의 깨달음에 구속된 것을 말하고 미혹에 구속된 것은 '철쇄'라 하며, '현로'는 현현미묘한 길로 향상일로를 말하고 '현관'은 깊은 관문으로 불도이다. 아무리 황금의 자물쇠가 아름다워도 집착하면 속박된다. 다시 말하면 번뇌와 생사에 매이면 철쇄에 구속됨과 같고, 보리와 열반에 매이면 금쇄로 비유한다.

117 금쇄망만만(金鎖網鞔鞔): 금쇄는 불법에 속박이다. 보리, 열반이 이상적이긴 하지만 이도 얽매이면 번뇌가 된다. 鞔은 신발 바닥에 대는 신울. 북통에 가죽을 메우다. 행상할 때 상여 뒤에 따르는 상여글을 만장(輓章) 또는 만사(輓詞)라 한다. 『태화선학대사전』에서 '만만(鞔鞔)'은 '복(覆)'이다. 뜻은 덮어씌우다. 덮어 가리다. 이를 번역에 참고하다.

118 "明喩大功, 暗喩正位. 初用功時, 是借功趨位, 明中有暗也. 次則借位用功, 暗中有明也. 至於功位齊彰, 猶貴功位並轉. 若力窮而不能轉, 則事理之迹未消, 聖凡之情未盡. 是謂金鎖玄路."

은 밝음 가운데 어둠이 있는 것이다. 다음인 즉 정위를 빌어 공을 밝힌 것은 어둠 가운데 밝음이 있다. 공용과 정위가 나란히 빛남에 이르러 오히려 공용과 정위가 모두 일어남을 귀히 여긴다. 만일 힘써 다하고 굴리지 못하면 현상과 이체의 자취가 아직 없애지 못함이니 성인과 범부의 식정을 아직 다하지 못하였다. 이것이 금쇄현로라 이른다."고 하였다)

3) 불타범성. 우왈이사불섭(不墮凡聖. 又曰理事不涉)[119]

理事俱不涉,	이체와 현상이 모두 관련치 않으니
回照絶幽微.	반조하여 심원한 정미마저 끊었네.
背風無巧拙,[120]	바람을 등지니 성인과 범부도 없고
電火爍難追.	번갯불이 번쩍하니 쫓기도 어렵네.

[121](참고로 『永覺元賢禪師廣錄영각원현선광록』 제27권에 "앞에 두 수의 게송은 正偏互容정편호용을 밝혔다. 위 게송은 정과 편의 둘 모두 없어짐을 밝히고 곧 본원에 돌아가서 말한 것이다. 회광반조의 이 경계는 종적을 가히 볼 수 없을 뿐만 아니라, 곧 심원한 정미마저도 끊어져서 볼 수 없는 것이다. 제3구는 중생의 선근과 부처님의 감응이 있음으로서 곧 성인과 범부가 곧 나타나고 이 중생의 선근과 부처님의 감응이 이르지 않는

---

119 '불타범성' 또는 '이사불섭'에서 '범성'은 범부와 성인이다. 미혹을 끊으면 성인이고 끊지 못하면 범부이다. 범성에 떨어지지 않고 또 이체와 현상에 관련치 않는다. 다시 말하면 차별상이 평상심을 흔들듯이 일체상을 하나로 보고, 그 하나의 생각마저 내려놓게 한다. 마치 하나의 큰 공간이 천지를 아우르듯이 그와 같은 경지에 이르도록 하는 것이다.
120 시어의 교졸(巧拙)에서 '巧'의 교묘함은 성인이고, '拙'의 옹졸함은 범부를 나타낸다.
121 "前二偈, 明正偏互用. 此偈明正偏雙泯, 乃返道之本源也. 回照此境, 非特無形迹可見, 即幽微亦絶, 而不可見矣. 背風無巧拙者, 以有機感, 則巧拙斯形, 此機感不到之地, 何有巧拙哉. 巧拙, 指聖凡也. 電火爍難追者, 以有形故可追, 無形, 則不可追. 喩智不能及也. 此即是兼中到位."

곳에 어찌 성인과 법부가 있겠는가? 巧拙교졸은 성인과 법부를 가리킨다. 제4구는 형상이 있기 때문에 쫓을 수 있고 형상이 없다면 쫓을 수 없다. 지혜가 능히 미치지 못함을 비유한 것이다. 이는 곧 겸중도위이다."라고 하였다)

11. 명안삼구(明安三句)[122]

安一日示衆吾有三句, 平常無生句, 妙玄無私句, 體明無盡句.
時有僧問.
如何是平常無生句. 安云 白雲覆靑山, 靑山不露頂.
如何是妙玄無私句. 安云 寶殿無人空侍立, 不種梧桐免鳳來.
如何是體明無盡句. 安云 手指空時天地轉, 回途石馬出紗籠.

명안선사가 어느 날 대중에게 이르되 "나에게 삼구어가 있으니 평상무생(평소에 남이 없다)구요, 묘현무사(현묘하고 사사로움이 없다)구요, 체명무진(본체는 밝고 고요하지만 그로부터 나오는 작용은 끝이 없다)구이다." 하였다.
때에 어느 스님이 질문하였다.
"무엇이 평상무생구입니까?" 선사가 말하였다. "백운이 청산을 덮으니, 청산은 정상을 드러내지 않는다."(평소에 작용은 보아도 체는 보지 못한다)

---

[122] 명안삼구(明安三句): 명안선사가 학인들에게 요약하여 제시한 종지인 삼구어는 평상무생구(平常無生句. 평소에 남이 없는 언구로 평상심이 도이니 나지도 소멸하지도 않는다), 묘현무사구(妙玄無私句. 현묘한 법은 사사로움이 없고 감응하는 힘은 생각으로 말로 표현하기 힘들다), 체명무진구(體明無盡句. 본체가 밝아 비고 고요하지만 그로부터 나오는 작용은 끝이 없다)이다. 명안선사는 조동종의 제6세 대양경현(大陽警玄. 943~1027)선사이다. 시호가 명안대사이다. 동안관지(생몰미상)선사의 제자 양산연관(생몰미상)선사의 법을 받았다. 『가산불교대사림』 제4권, 참고.

"무엇이 묘현무사구입니까?" "대웅보전에 아무도 없으니 시봉할 일도 없고, 오동나무 심지 않았으니 봉황이 올 일도 없다." (본체는 텅비고 신령스러워 자연 귀하다)

"무엇이 체명무진구입니까?" "손으로 허공을 가리킬 때 천지가 돌고, 돌아오는 길에 석마는 사등롱(紗燈籠)에서 벗어난다." (본체는 확연하여 드러내지 아니함이 없다)

11-1. 낭야각답삼구(琅琊覺答三句. 海印信答附)[123]

瑘因僧請益次, 乃曰 山僧亦有三句, 報答大陽. 僧問 如何是平常無生句. 瑘云 言前無的旨, 句下絶追尋. 印云 三脚蝦蟆背巨鰲.

낭야혜각(생몰미상. 분양선소선사의 법을 받음)선사는 대중 스님이 [124]청익하였기 때문에 그래서 말하였다. "나 또한 삼구어가 있으니 대양경현스

---

[123] 낭야혜각(생몰미상)선사가 명안선사의 삼구어에 대한 문답으로 해인신(낭야각선사의 법을 받음)선사의 답도 붙이다. 혜각광조(慧覺廣照)선사는 분양선소(947~1024)선사의 법을 받았다. 참고로 『오등회원』 제12권에 운문종 설두중현(980~1052)선사와 당시에 2대 감로문으로 불렸다(與雪竇明覺同時唱道, 四方皆謂二甘露門也). 명각(明覺)은 설두선사의 시호이다.

[124] 청익(請益): 법을 청함이다. 만약 학인이 청익을 원하면 먼저 시자에게 말하고, 시자는 주지스님에게 통한다. 허락한다면 주지의 지휘에 따라 때를 정하는데, 보통 종을 친 뒤로 정한다. 시자가 등촉을 들고 향을 태우며 학인을 들어오게 하고 나간다. 혹은 주지스님의 명에 의해서 좌우에 선다. 학인은 소향하고 대웅전에서 구배(아홉 번 절함)하고 나와서 말하기를 "모(아무개)의 생사대사가 크고 무상하여 빨리 지나가니 바라옵건데, 선사께서는 자비로 방편을 열어주소서." 하고 엄숙하게 가르침을 청하여 듣는다. 끝나면 다시 소향하고 대웅전에서 구배한다. 이는 인연에 대한 감사하는 예라고 하였다.

님에게 보답하려고 한다." 한 스님이 질문하였다. "무엇이 평상무생구(일상생활에서 불생불멸의 이치를 궁구함)입니까?" 대답하였다. 낭야각선사는 "말하기 전에 불법에 바른 취지도 없고, 언구 아래 추척하여 찾을 수도 없다." 해인신선사는 [125]"세 발 가진 두꺼비가 거대한 괴물을 업었다."

如何是妙玄無私句. 琊云 金鳳不棲無影樹, 玉兎何曾下碧霄. 印云
白雲覆靑山.

"무엇이 묘현무사(불법은 심오하여 모든 속박에서 벗어남)구입니까?" 낭야각선사는 "금빛 봉황이 그림자 없는 나무에 깃들지 아니한데, 옥토끼가 언제 하늘에서 내려온 적 있느냐?" 해인신선사는 "백운이 청산을 덮었다."

如何是體妙無盡句. 琊云 三冬枯木秀, 九夏雪花飛. 印云 須彌頂

---

[125] 삼각하마배거오(三脚蝦蟆背巨鰲): 참고로 『오등회원』 제13권에 육왕산 홍통(育王山弘通)선사에게 학인이 질문하였다. "마음과 법이 모두 없을 적엔 어떠합니까?" "세 발 가진 두꺼비가 큰 코끼리를 업었다(問 心法雙亡時如何. 師曰 三脚蝦蟇背大象)." 『가산불교대사림』 제1권에 거오(巨鰲)는 바다 괴물 중의 하나이다. 또 용왕의 이름이고. 고대 신화에 나오는 전설상의 물고기로 몸체가 매우 크고 머리와 앞다리는 영양(羚羊)이고 꼬리부문은 물고기와 같은 모양이다. 또 제4권에 대상(大象)은 아라한 등 탁월한 인물을 비유한다하였다.
삼각하마(三脚蝦蟆)는 요즘 설명은 헐후어로 즉 뜻을 암시하는 일종의 은어이고 또 멋스럽게 하는 말이다. 아마도 몸이 성치 아니한 세 발 가진 두꺼비가 거대한 괴물을 업는 것은 힘에 부치는 행동이다. 망상하지 말라는 의미로서 엉뚱하게 답을 한 것은 아닌가 싶다. 또 참고로 『오등회원』 제15권에 학인이 광제원동(廣濟院同)선사에게 질문하였다. "모든 인연이 다 쉴 적엔 어떠합니까?" "세 발 가진 두꺼비가 하늘 위로 난다(僧問 萬緣息盡時如何. 師曰 三脚蝦蟇飛上天)."하였다. 하늘위로 뛰고 날아본들 제자리이다. 달라짐은 없다. 이도 망상하지 말고 본분을 찾아 노력하라는 의미로 이해한다. 다른 본은 배(背)가 탄(呑)이다. 의미는 같다. 하마(蝦蟆)는 두꺼비·개구리, 오(鰲·鼇)는 자라·큰 바다거북이다.

上浪滔天. 琊云 將此三句語, 供養大陽和尙. 便下座.

"무엇이 체묘무진구(체성의 밝은 지혜는 다 함이 없음)입니까?" 낭야각선사는 "음력 섣달에 고목에 싹이 트고, 구십일 여름에 눈꽃이 날린다." 해인신선사는 "수미산 정상에 파도가 하늘에 넘실거린다." 낭야각선사는 "이 삼구어로써 대양경현선사에게 공양한다."하고 곧 법좌에서 내려왔다.

12. 조산사금어(曹山四禁語. 或謂投子語)

莫行心處路,　　마음이 처한 길로 가지 말고
不挂本來衣,　　본래 옷을 걸치지 마라
何須正任麼,　　왜 반드시 바로 이와 같이 해야하나
切忌未生時.　　가장 꺼리는 것은 태어나기 전이다.

[126](조산선사의 '사금어' 혹은 투자선사의 '사금어'이다. 다만 『오등회원』에선 조산선사의 어록에선 보이고 투자선사의 어록에선 보이지 않는다. 조산선사의 四禁頌사금송은 공안으로 '莫行막행, 不挂불괘, 何須하수, 切忌절기' 이 넷이 부정하는 금지사다)

---

126 사금게는 막행심처로(莫行心處路. 심처로는 의식적인데 이를 버리면 바로 수도처이다), 불괘본래의(不挂本來衣. 수행자가 본래면목의 추구를 멈추면 곧 본래면목이다), 하수종임마(何須正任麼. 특수한 물건을 가르치는 것은 절대 진실이 아니다), 절기미생시(切忌未生時. 미생이 있으면 현생과 旣生기생이 성립되고, 만일 현재가 절대적이라면 이같은 구별도 응당하지 않다. 해서 꺼리는 것이다). 『불광대사전』.

13. 문풍게 (門風偈. 芙蓉楷, 自得暉, 古德)[127]

1) 묘창불간설 (妙唱不干舌)[128]

(一)芙蓉楷禪師 (부용도해선사의 게송)[129]

刹刹塵塵處處談, 　수없는 국토 처처에서 담론을 하나
不勞彈指善財參.[130] 　순간 수고롭지 않게 선재동자 참여했네.
空生也解通消息,[131] 　수보리(空生) 또한 소식 통해 이해하니
花雨巖前鳥不銜. 　꽃비가 바위에 떨어져도 새는 물지 않네.

(六)自得暉禪師 (자득혜휘선사의 게송)

如如寂滅似無情, 　여여한 열반적정은 무정한 듯하고
一句從來本現成, 　한 구절에 이전부터 본래 있는 그대로요

---

127 문풍게(門風偈): 문풍은 선종에 종풍이나 가풍을 의미한다. 이에 부용도해선사, 자득휘선사, 고덕선사 세 선사가 조동종 가풍의 선어(禪語)로 게송을 읊었다. 5)에 〈고금무간〉은 단지 부용해선사의 어록에서만 보이는 유일한 게송이라 하였고, 13-1에 〈오전위〉는 고덕선사가 문제를 세우고, 그 문제에 자득휘선사의 게송이다. 그리고 숫자 6)에 〈조동기〉의 게송은 분양소선사이다. 이처럼 숫자 표시로 나타내 어느 선사의 게송이고 어느 선사가 어느 게송을 지었는지 그 내용으로 주제의 뜻을 간파하도록 도움을 주고 있다.

128 묘창불간설(妙唱不干舌): 묘한 노래는 혀가 간여하지 않는다. 자연의 모든 소리는 부처님의 설법이라고 하듯이 묘음은 자연의 소리이다. 참고로 『어선어록』에 "무엇이 묘창불간설입니까?" "음을 아는 이를 만남은 드물다(如何是妙唱不干舌. 師云罕遇知音)." 하였다.

129 부용도해(芙蓉道楷. 1043~1118)선사는 조동종이다. 투자의청(1032~1083)선사의 법을 받았다. 제자는 93인을 두었고, 그 가운데 단하자순(1064~1117)선사가 가장 훌륭하다.

130 선재동자(善財童子): 참고로 『화엄경·입법계품』에 복성장자에게 아들이 오백동자인데, 그 가운데 선재동자가 문수보살을 뵙고 발심하여 남쪽으로 내려가 110성을 경유하여 53선지식을 차례로 뵙고 불가사의한 법문에 진리를 증득하였다는 동자이다.

131 시어에 공생(空生)은 부처님 10대제자 가운데 해공제일(解空第一) 수보리이다.

舌運廣長元不間,¹³² 넓고 긴 혀 움직임은 원래 사이가 없고
雪峯相見望州亭.¹³³ 상골산 설봉에 서로 만난 망주정일세.

(六)古德禪師 (고덕선사의 게송)

古佛巍巍體廣長,　　고불은 훌륭하여 본디 넓고도 긴 혀
交光絲網刹塵彰,　　빛에 얽힌 그물처럼 수없이 드러내
也知不費娘生舌,　　태어난 아이의 혀 헛되지 않음 알고
巖桂庭花善擧揚.¹³⁴ 정원에 금은계 꽃은 잘도 선양하네.

2) 사사경출초(死蛇驚出草)¹³⁵

(二)芙蓉楷禪師 (부용도해선사의 게송)¹³⁶

日炙風吹草裏埋,　　해가 작렬하고 바람 불어 풀 속에 묻히고

---

132 시어에 불간(不間)은 참고로 난처(難處). 어려운 점. 거북하다는 의미도 있다.
133 '설봉상견망주정(雪峯相見望州亭)'에서 '설봉'은 복건성 복주 상골산 설봉이고 또 설봉의 존선사를 나타내며, '망주정'은 정자 이름이다. 설봉선사가 상당하여 말하였다. "상좌들이여, 너희와 망주정에서 만났고, 너희와 오석령에서 만났다(雪峰上堂曰諸上座, 望州亭與汝相見了也, 烏石嶺與汝相見了也)." 이는 『오등회원』 제7권에 보인다.
134 암계정화(巖桂庭花): '암계'는 목서(木犀. 물푸레나무)이다. 누른 꽃은 금계(金桂), 하얀 꽃은 은계(銀桂), 붉은 꽃은 단계(丹桂)이다. '정화'는 정원에 심은 화목이다. 『중문대사전』
135 사사경출초(死蛇驚出草): 죽은 뱀이 놀라 풀숲에서 나온다. 죽은 뱀은 육신을 상징한다. 위 시어에서 포인트는 '사(死)'이다. '사'는 사사(四死), 즉 사대(四大) 지수화풍이다. 이 몸둥아리는 네 마리 독사를 담아놓은 광주리로 표현하기도 한다. 또 불성의 진공묘유(眞空妙有. 空空이 아닌 空空은 眞空이고, 有有가 아닌 有有는 妙有이다)를 나타내기도 한다. 참고로 『운계량정정선사어록』에 "무엇이 죽은 뱀이 놀라 풀숲에서 나오는 것입니까?" "짙게 화장하려면 깨끗이 씻는 것은 어떠하냐(如何是死蛇驚出草. 師云濃粧淨洗作麼生)?" 하였고, 『어선어록』에서 같은 질문에 "목숨을 조심하라(如何是死蛇驚出草. 師云照顧性命)."고 하였다.
136 자득혜휘(自得慧暉. 1097~1183)선사는 천동정각(1091~1157)선사에게 법을 받았다.

觸他毒氣又還乖,	저 독기 저촉될 가 또 여전 어그러지며
暗地忽然開死口,	어두운데서 돌연 죽은 입으로 말하면
長安依舊絶人來.	장안은 여전하나 오는 사람 끊어지리라.

(七) 自得暉禪師 (자득혜휘선사의 게송)
金鞭遙指玉堂寒,[137]	금 채찍이 멀리 가르치는 옥당은 찬데
驚起將軍夜出關,	장군은 놀라서 일어나 밤 관문 나서고
三尺鏌鎁淸四海,	석 자의 막야보검 천하를 정리하니
攙旗一掃絶癡頑.[138]	어지러움 소탕되어 치완을 없애네.

(七) 古德禪師 (고덕선사의 게송)
死蛇打殺露霜牙,	죽은 뱀 때려죽이니 하얀 이 드러내
無底籃盛臭莫加,	밑 없는 바구니에 담아 냄새 더 없고
旣是善呼須善遣,	잘 부른 이상 반드시 잘 보내야 하니
觸他毒氣喪渾家.	저 독기 저촉될 가 온 집이 초상이네.

3) 해침고골음(解針枯骨吟)[139]

---

137 시어에서 '옥당(玉堂)'은 한나라의 궁전으로 '비빈(妃嬪)'이 거처하던 곳이다.
138 '참기(攙旗)'가 다른 본은 '참창(攙槍)'이다. 길이가 4자에 끝이 날카로운 무기. 또 '혜성'의 이름, 일설은 요사스런 별로 '화란'의 의미가 있다. '치완(癡頑)'은 매우 어리석음이다.
139 해침고골음(解針枯骨吟): 바늘 뽑고 마른 뼈가 노래하다. 죽음에서 살아오다. 참고로 『어선어록』에 "무엇이 바늘 뽑고 마른 뼈가 노래하는 것입니까?" "가장 꺼리는 것은 잠꼬대이다(如何是解針枯骨吟. 師云切忌寐語)."고 하였다. 헛소리를 경계한다. 이 육신도 결국은 하나의 마른 뼈에 불과하다. 번뇌망상을 뽑아내서야 불성에 접근하여 태평가를 부른다.

(三)芙蓉楷禪師 (부용도해선사의 게송)

死中得活是非常,　　죽음 속에서 살아나니 보통이 아니요
密用還他別有長,¹⁴⁰　비밀히 저를 돌려 쓰니 장점이 있었고
半夜髑髏吟一曲,　　한밤중에 해골이 한 곡조 읊어내니
氷河發焰却淸涼.　　빙하에 불꽃 일어 도리어 서늘하네.

(八)自得暉禪師 (자득혜휘선사의 게송)

宮漏沈沈夜色深,¹⁴¹　궁 안이 침침하여 밤빛은 깊은데
燈殘火盡絶知音,　　쇠잔한 등불 다해 친구도 없으니
木人位轉玉繩曉,¹⁴²　목인이 자리 옮겨 북두성 빛나고
石女夢回霜滿襟.　　석녀가 꿈 깨니 옷깃에 서리 가득.

(八)古德禪師 (고덕선사의 게송)

功齊功化旨何深,　　공용교화 모두 하니 뜻 어찌 깊은지
豈使膏肓便陸沈.¹⁴³　설마 고황질로 하여 곧 씽크홀 되랴.
父子不傳眞祕訣,　　부자도 전하지 않은 진실한 비결
解針枯骨作龍吟.　　침 뽑으니 마른 뼈가 용울음 짓네.

---

140 시어에서 '밀용(密用)'은 비밀한 작용이란 뜻. 또 불교를 면밀히 실천하는 의미이다.
141 시어에 '궁루(宮漏)'는 고대 궁중의 '물시계'이다.
142 시어에 '옥승(玉繩)'은 북두의 다섯번째 별로 천을과 태을의 두 별이다.
143 '고황(膏肓)'에서 '고'는 가슴밑의 작은 비게, '황'은 가슴위 얇은 막. 병이 여기에 이르면 고치기 어렵다. 이를 고황질이라 한다. '육침(陸沈)'은 육지의 함몰, 또 멸망이다.

4) 철거무삼대(鎞鋸舞三臺)[144]

(四)自得暉禪師 (자득혜휘선사의 게송)

不落宮商調,　　궁상각치우 리듬에 얽매이지 않으니
誰人和一場,　　누가 이 곡조에 한 바탕 화답하노
伯牙何所措,[145]　백아가 거문고 그만둔 바가 무언가
此曲舊來長.　　이 곡조 예로부터 내려온 장곡일세.

(九)自得暉禪師 (자득혜휘선사의 게송)

鎞牛無角臥山坡,　뿔 없는 철우가 산 언덕에 누워
鞭起如飛見也麼,　채찍에 일어나 날듯이 살핌은 무언가
鬧市橫騎人不會,　저자에 옆으로 말 탄 사람 알지 못해
擡眸鷂子過新羅.　눈을 치뜬 새매가 신라 땅을 지난다.

(九)古德禪師 (고덕선사의 게송)

乾闥婆王鼓似雷,　건달바왕의 북소리 우레와 같고

---

[144] 철거무삼대(鎞鋸舞三臺): 쇠톱이 삼대(三臺)에서 대곡에 맞추어 춤을 추다. 『당음통첨』에서 '당곡(唐曲)에 삼대는 급삼대, 궁중삼대, 상황삼대, 원능삼대, 돌궐삼대가 있으니 삼대는 대곡(大曲)이 된다.' 하였다. 『중문대사전』 참고. 또 미묘한 경계는 자신도 모르게 잘못 지나쳐 버릴 수도 있다. 그리고 쇠톱의 톱니처럼 굴곡 많은 삶을 한바탕 무대에서 춤을 추고 가는 무상한 인생의 삶이 일체 처에서 일체 시에서 일어나는 모든 작용이 아닌가 싶다. 이를 잘 살펴보는 것이 수행자의 할 일이고 임무일 것이다. 그리고 '철거(鎞鋸)'라는 단어는 『지장보살본원경』 거아지옥(鋸牙地獄)의 설명에 보인다. 톱니지옥은 구업을 짓고 가는 중생을 옥을 지키는 망나니가 쇠톱으로 신체를 썰어서 고통을 주는 곳이다.

[145] 백아(伯牙): 고대 인물 백아는 거문고를 잘 탔다. 이 소리 들을 줄 아는 이가 종자기(鍾子期)이다. 그는 그가 죽자 거문고를 타지 아니했다고 전한다.

靈山獻樂未空回,　　영산에서 울리는 음악 헛되지 않아
　　海波汹汹須彌震,　　바다물결 철석철석 수미산 진동하니
　　何妨鉠鋸舞三臺.　　어찌 삼대 곡에 춤추는 쇠톱 방해하랴.

5) 고금무간(古今無間)[146]

(五)芙蓉楷禪師 (부용도해선사의 게송)
　　一法元無萬法空,　　한 법도 본래 없고 만법이 공인데
　　箇中那許悟圓通.[147]　그 속에 어찌 원통 깨달음 허락하랴.
　　將謂少林消息斷,　　장차 소림의 소식이 끊겼다 말하니
　　桃花依舊笑春風.　　복숭아 꽃은 여전히 봄바람에 웃네.

13-1. 오전위(五轉位. 古德立題, 自得暉頌)[148]

1) 갑내청사후(匣內靑蛇吼)[149]

---

146 고금무간: 괄호 안에 (宏智錄泊諸家語, 不見有古今無間之題, 獨芙蓉有此頌)은 굉지록 및 제가어(諸家語)에서 '고금무간'이 있는 것은 보지 못하였고, 다만 부용도해선사의 이 게송이 있다는 내용이다. 고금은 틈이 없다. 지금 이 시간이 미래이고 과거이고 현재이다. 오늘 없이 내일이 없고 오늘 없이 어제도 없다. 이처럼 고금은 한 덩어리이다. 불성의 경계에서도 이와 같다. 하여 한 법도 없고 만법이 공이다. 어느 곳에 착을 두어 자신을 빼앗길 것인가. 이처럼 수행의 정진에서도 한 덩어리로 간단없이 실천하게 하는 지혜이다.
147 시어에 '원통(圓通)'은 불보살이 깨달은 경계로 묘지를 증득함이다.
148 오전위(五轉位): 고덕선사가 세운 제목에 자득혜휘선사가 게송을 읊었다. 이는 굉지선사의 갑내청사후, 금침거부래, 진궁조담한, 오천은촉휘, 심암장백액이다. 아래 보인다.
149 갑내청사후(匣內靑蛇吼): 상자 속에 청사가 소리치다. 올곧은 스승을 잘 만나서 잡아

(十) 自得暉禪師 (자득혜휘선사의 게송)

寶劍橫斜天未曉,	보검을 옆으로 차고 날은 새지 아니한데
洗淸魔佛逼人寒,	악과 선을 일소하니 찬 기운 사무치고
匣中隱隱生光處,	상자 속에 은은한 빛이 일어나는 곳에
衲子徒將正眼看.	납자만이 살아 있는 눈으로 볼뿐이네.

2) 금침거부래(金針去復來)[150]

(十一) 自得暉禪師 (자득혜휘선사의 게송)

淸虛大道長安路,	맑고 깨끗한 큰 도는 장안의 길이요
往復何曾有間然,[151]	왕복한다 어찌 비난한 적 있었던가
暗去明來鋒不露,	음양이 오가도 날카로움 드러내지 않고
渠儂初不墮中邊.[152]	너와 나 애초에 중도와 대립 자유로웠네.

3) 진궁조담한(秦宮照膽寒)[153]

붙들어 오래도록 선정에 들도록 지도하면 몸속에 있던 지혜가 소리치고 일어난다. 이것이 바로 사자후가 아니던가. 여기서 청사는 지혜의 상징이다. 바로 지혜의 검이다. 그래서 시어에서 눈 푸른 납자만이 올바른 눈으로 상자에서 일어나는 빛을 본다고 하였다.

150 금침거부래(金針去復來): 금 바늘이 가서 다시 돌아오다. '금침'은 지인(智印)의 상징이다. '지인'은 반야의 지혜로서 인을 삼으면 실상의 이치에 들어갈 수 있다는 의미이다. 바늘로 수를 놓으면 자유자재로 들고 난다. 그러나 분수를 벗어남이 없다. 시어에서 말하듯이 음양이 오고 가는데 중도이다 대립이다 따지고 서로 간여하지 않는다.

151 시어에 '간연(間然)'은 허물을 지적하여 비난하다. 또는 이의를 제기하다.

152 시어에 '불타중변(不墮中邊)'에서 '중'은 대승 근본사상의 중도이고, '변'은 상호 대립으로 극단적인 관념이다. 이는 곧 양극단적인 대립을 여의고 중도에 돌아가는 의미이다. '불타중변'의 뜻은 중도니 대립이니 하는 분별에서 자유로움을 의미한다.

153 진궁조담한(秦宮照膽寒): 진나라 궁전에 간담이 서늘함을 비추다. 참고로 『만송평창천

(十二) 自得暉禪師 (자득혜휘선사의 게송)

巖房闃寂冷如氷,	석실에 정적이 가득하여 찬 얼음 같고
妙得眞符處處靈,¹⁵⁴	묘하게도 명부를 얻어 처처가 신령해
轉側無依功就位,	방향 바꿔 의지 없어 공의 자리에 가고
回頭失却楚王城.	실각을 돌아보니 초나라의 왕성일세.

4) 오천은촉휘(五天銀燭輝)¹⁵⁵

(十三) 自得暉禪師 (자득혜휘선사의 게송)

五天皎皎玉輪孤,	오천축에 교교히 달은 외롭게 비추고
一點光明分鑑湖,¹⁵⁶	한 점의 빛이 경호에서 나누어 비추며
閑步却來遊幻海,¹⁵⁷	산책하다 문득 와서 환해에서 노니

『동각송고종용암록』에 "옛적 진나라 궁전에 옥으로 만든 거울로 대신들을 비추면 간담과 오장육부가 다 비추었다. 또 여우가 사람이 되면 거울 속에 본래 모습을 비출 뿐만 아니라, 이것은 사심을 숨길 수 없다(昔秦宮以玉爲鏡, 照群像, 肝膽臟腑皆現. 又狐狸爲人, 鏡中唯現本形, 此無私隱也)." 아마 '진궁조담한' 시어는 이에서 가져온 상징적 무상으로 이해한다.

154 시어에 '진부(眞符)'가 다른 본에선 '명부(冥符)'이다. 이는 염라대왕이 있는 곳으로 죽은 뒤에 심판을 받는 곳이다. 속어로 염라부 또는 지부라고 한다. 번역은 이를 따랐다.

155 오천은촉휘(五天銀燭輝): 오천축국의 하얀 불빛이 비추다. 이는 불법, 불성을 상징한다. 그리고 달마대사를 한 줄기 불빛으로 나타내서 그 불빛은 온 대지를 하나로 비춘다고 하였다. 이를 시어 끝구에서 시방의 사바세계가 다 비로자나불이라고 하였다.

156 시어에 감호(鑑湖)는 절강성 소흥현 남쪽에 있는 호명으로 경호(鏡湖), 장호(長湖), 태호(太湖), 경호(慶湖)라고도 부른다. 『중문대사전』 참고.

157 '환해(幻海)'에서 '환'은 '화(化)'다. 없던 것이 홀연히 있는 것이다. 마치 인생은 환처럼 와서 환같은 공간에 머물다가 환처럼 떠나는 것이다. 참고로 『憨山老人夢遊集(감산노인몽유집)』 제2권에서 "진실로 한걸음에 환으로 맺은 것을 밟아 없애버릴 수 있다면, 끝없는 환의 그물을 일시에 순간 찢어버리고 끝없는 환해도 일시에 순간 말라버리게 한다(苟能一步踏斷幻結, 則無邊幻, 一時頓裂, 無涯幻海, 一時頓枯)."고 하였다.

十方沙界大毘盧.　　시방의 세계가 다 부처님 진신일세.

5) 심암장백액(深巖藏白額)[158]

(十四)自得暉禪師 (자득혜휘선사의 게송)
白額深藏烟霧昏,　　호랑이 깊이 숨어 안개 속 흐미하고
異中來也自驚群,　　이류 가운데 오니 자연 무리가 놀라
草深直下無尋處,　　풀 속 깊이 곧바로 찾을 곳이 없으니
觸著輕輕禍到門.　　저촉이 가벼워도 재앙은 문에 이르네.

6) 조동기(曹洞機. 汾陽. 조동종의 기연, 분양선소선사의 게송)

(十五)汾陽禪師 (분양선소선사의 게송)
樓閣千家月,　　누각과 온 집에 달이 비추고
江湖萬里秋,　　강호의 만 리가 가을이요
蘆花無異色,　　갈대꽃은 다른 색이 없으니
白鳥下汀洲.　　백조가 물가 섬에 내려앉네.

7) 종지(宗旨. 古德. 조동종의 종지, 고덕선사의 게송)

---

[158] 심암장백액(深巖藏白額): 깊은 바위에 호랑이가 숨다. '백액'은 이마가 하얀 호랑이이다. 스승이 학인을 인도하는데 훌륭한 방편의 수단을 사나운 호랑이로 비유한 것이다. 참고로 『법연선사어록』에 '남산에 백액 대충은 원래 서산에 맹호이다(南山白額大蟲元是西山猛虎).' 하였다. 또 이는 아마도 제구아타나식을 상징적으로 나타낸 것으로 본다. 우리의 진여성은 무명에 의해 가려진다. 그 무명은 바로 스스로 자신의 만든 업식이다. 그래서 시어 끝구에서 가볍게 부딪치기만 해도 재앙의 문에 이른다고 하였다.

(十六) 古德禪師 (고덕선사의 게송)

洞下門庭理事全,	조동종 문하에 종지 理이와 事사 온전해
白雲巖下莫安眠,	백운이 바위 아래 편안히 쉴 수 없어
縱饒枯木生花去,	설사 고목에 꽃이 피고 진다 하여도
反照荒郊不直錢.	황야를 비추는 석양빛은 가치가 없네.

14. 고덕 분삼종공훈(古德分三種功勳. 新增)[159]

1) 정위일색(正位一色)

無影林中鳥不棲,	그림자 없는 숲속에 새는 깃들지 않고
空階密密向邊遲,	빈 섬돌에 이끼 가득 향하는 쪽 더디니
寒巖荒草何曾綠,	찬 바위에 거친 풀은 언제 푸른적 있나
止坐堂堂失路迷.	바르게 앉아 당당함 길을 잃어 헤매네.

2) 대공일색(大功一色)

白牛雪裏覓無蹤,	흰 소를 눈 속에서 찾아 자취가 없으니
功盡超然體浩融,	공은 다해 초연히 체가 널리 화합하고

---

159 삼종공훈(三種功勳): 굉지정각선사가 깨달음에 대한 세가지 경계를 제시한 것이다. ①정위일색(正位一色. 이미 깨달으면 일체차별이 없는 상으로 평등의 경계). ②대공일색(大功一色. 이미 깨달으면 일체사물에 집착하지 아니하여 자취가 없는 경계). ③금시일색(今時一色. 이미 깨달으면 완전히 일체 분별을 부정하여 자재한 경계).『불광대사전』참고.

月影蘆花天未曉,　달 그림자 갈대꽃 날은 새지 아니한데
靈苗任運剪春風.　신령한 싹 맡긴 운명 봄 바람 솔솔부네.

3) 금시일색(今時一色)

髑髏識盡勿多般,　두골의 식정 다하여 여러 가지 없으니
狗口纔開落二三,　개가 잠시 짖어대 두세 꽃잎 떨어지고
日用光中須急薦,　날마다 다 써버린 중에 급히 옮기니
靑山只在白雲間.　청산은 다만 흰 구름 사이에 있더라.

15. 굉지사차송(宏智四借頌)[160]

1) 차공명위(借功明位)

(十七)

蘋末風休夜未央,[161] 수초 끝에 바람 쉬고 밤은 다 아니한데

---

[160] 굉지사차송(宏智四借頌): 굉지정각선사가 학인의 수행에 중요한 길을 밝혀서 보인 네 가지의 방법으로 이에 대한 게송이다. ①차공명위(借功明位. 현상계 만물의 작용으로서 그 본체를 밝힘. 이는 功功과 位위이다), ②차위명공(借位明功. 만물의 본체로서 그 작용을 밝힘. 이는 位와 功이다), ③차차불차차(借借不借借. 만물의 본체와 작용 모두 잊고 일물도 존재하지 않음), ④전초불차차(前超不借借. 제3의 空位공위를 초월하여 일념도 존재하지 않은 자재한 경계). ①과 ②는 수행(功)에 철저히 한다던가, 교리(位)를 철저히 배우는 단계이다. ③은 수행이나 교법수득에 힘쓰면서 사로잡히지 않는 단계이고, ④는 수행이나 교법 등 모든 것을 완전 망각한 절대경지이다. 또 功功은 현상계 작용이고, 位위는 본체이다.『불광대사전』참고.

[161] 빈말풍휴야미앙(蘋末風休夜未央): 참고로『祖庭事苑조정사원』제3권에 송옥(宋玉)의 〈풍

水天虛碧共秋光,　　물과 하늘 푸름이 함께하는 가을빛
月船不犯東西岸,　　달 비춘 배 동서 언덕을 범치 않으니
須信篙人用意良.　　뱃사공 어진 생각 씀을 믿어야 하네.

2) 차위명공(借位明功)

(十八)
六戶虛通路不迷,[162]　육근을 비워 통하니 길에 미하지 않고
太陽影裏不當機,　　태양빛 속에 기미는 타당치 아니하며
縱橫妙展無私化,　　종횡으로 묘하게 사심없이 교화하니
恰恰行從鳥道歸.　　틀림없이 가서 조도로부터 돌아오네.

3) 차차불차차(借借不借借)

(十九)
識盡甘辛百草頭,　　달고 매운 맛 온 풀끝에서 다 알고
鼻無繩索得優游,　　코뚜레 없는 소가 유유자적 얻으며
不知有去成知有,[163]　있는 것을 모르다 도리어 알게 되니
始信南泉喚作牛.[164]　비로소 남전선사 소라고 부름 믿네.

부((風賦))에 "대저 바람은 땅에서 일어나 마름풀끝에서 인다(夫風生於地, 起於青蘋之末)." 하였다. 미앙(未央)은 미앙궁으로 한나라 궁전명. 지금 섬서성 장안현 서북에 있었다. 또는 다른 뜻으로 아직 아침이 이르지 아니한 미단(未旦)의 의미도 있다. 아직 다하지 않다.
162 시어에 육호(六戶)는 육근이다. 육문, 육호, 육국, 육출은 다 육근의 다른 이름이다.
163 시어에 '知有'는 본래 여래자성이 있는 것을 알다. '거(去)'는 다른 본은 각(却)이다.
164 시신남전환작우(始信南泉喚作牛): 이는 참고로『전등록』제10권에 조주선사가 스승인

4) 전초불차차(全超不借借)

(二十)
霜重風嚴景寂寥,　　　서리바람은 엄중하고 경치는 적막한데
玉關金鎖手慵敲,[165]　옥관과 금쇄로 손수 두드림은 더디고
寒松盡夜無虛籟,[166]　찬 소나무 밤 새도록 허뢰마저 없으니
老鶴移棲空月巢.　　　학이 서식 옮겨 달빛이 빈 둥지 비추네.

16. 조동문정(曹洞門庭. 조동종의 종지)

曹洞宗者, 家風細密, 言行相應, 隨機利物, 就語接人. 看他來處, 忽有偏中認正者, 忽有正中認偏者, 忽有兼帶, 忽同忽異, 示以偏正五位 四賓主 功勳五位 君臣五位 王子五位 內外紹等事.

조동종은 가풍(풍격)이 치밀하고 언행이 서로 응하며, 기연에 따라 만

남전선사에게 질문하였다. "(본래) 알고 있는 사람은 어느 곳에서 휴식합니까?" "산 아래 소가 되어간다(問南泉, 知有底人向什麼處休歇. 南泉云山下作牛去)." 여기서 소는 보살이다. 또 부처님을 상징하며 마음을 나타낸다. 즉 아래 마을에 불보살이 되어 중생을 제도하는 의미와 본래인을 알고 있으니 마음을 수행한다는 의미도 함축되어 있다. 소는 대보살이다. 살아선 주인을 위해 죽도록 뼈 빠지게 일을 하고 죽어선 살 가죽 뼈 모두를 다 내어준다.
[165] 옥관금쇄(玉關金鎖): 금쇄현관(金鎖玄關)의 의미다. 미혹에 구속되면 철쇄이고 보리열반에 집착하면 금쇄이다. '현관'은 현묘한 관문이고, '옥관'은 옥으로 만든 아름다운 문이다. 그러나 이에 집착하면 갇히게 되어 자유롭지 못한 것이다. 『불교대사전』 참고.
[166] 시어에서 '허뢰(虛籟)'는 평정무성(平靜無聲)이다. 주위가 쥐 죽은 듯 고요함을 말한다. 또 초목이 바람으로 인하여 일어나는 소리의 의미도 있다. 『중문대사전』 참고.

물을 이롭게 하고 언구에 나아가 학인을 인도하였다. 그들이 온 곳을 살피면 돌연 편(偏) 가운데 정(正)을 인식하는 자가 있고, 홀연 정 가운데 편을 인식하는 자가 있으며, 홀연 이른 바 겸대가 있고 돌연 동일하거나 다름이 있으며, 편정오위와 사빈주, 공훈오위와 군신오위, 왕자오위와 내소외소 등의 일로서 학인에게 보인 것이다.

偏正五位者, 正中偏者, 體起用也. 偏中正者, 用歸體也. 兼中至, 體用並至也. 兼中到, 體用俱泯也. 四賓主, 不同臨濟. 主中賓, 體中用也. 賓中主, 用中體也. 賓中賓, 用中用, 頭上安頭也. 主中主, 物我雙忘, 人法俱泯, 不涉正偏位也.

편정오위는 정중편을 포함하여 곧 체에서 용을 일으킨다. 편중정은 작용이 체에 돌아감이다. 겸중지는 이른 바 체와 용이 함께 이르고, 겸중도는 체와 용이 모두 소멸이다. 사빈주는 임제종의 사빈주와 다르다. (임제종의 빈수는 師弟사제의 다른 이름이고 조농종의 빈주는 체용의 다른 이름이다) 수중빈은 체 가운데 용이요, 빈중주는 용 가운데 체이다. 빈중빈은 용 가운데 용이니 머리위에 머리를 놓음이다. 주중주는 사물과 자신을 둘 다 잊고 인(人)과 법(法)이 다 소멸하여 정위와 편위가 간섭하지 않는다.

功勳五位者, 明參學功位至於非功位也. 君臣五位者, 明有爲無爲也. 王子五位者, 明內紹本自圓成, 外紹有終有始也.

공훈오위는 수행하는 학인의 공위(功位)로부터 비공위(非功位)에 이르기까지 명시한 것이다. 군신오위에선 유위와 무위를 밝혔다. 왕자오위에선 내소(안에서 왕위를 잇고)는 본래부터 원만히 이루고, 외소(밖에서 왕의 교화에 보필함)는 시작과 마침이 있음을 명시하였다.

大約曹洞家風, 不過體用偏正賓主以明向上一路. 要見曹洞麼. 佛祖未生空劫外, 正偏不落有無機.

대략 조동종의 가풍은 체용, 편정, 빈주로써 향상일로를 밝힌 것에 불과하다. 꼭 조동종을 보려고 하느냐? 불조(佛祖)가 태어나기 전 공겁 밖에 정위와 편위는 유(有)와 무(無)의 기연에 자유롭다. (체용에서 일미의 실상은 체이고, 인과의 제법은 용이다. 체는 분별이 없고 용은 일체법을 세운다)

1) 요결(要訣. 山堂淳. 산당순선사가 조동종의 불법대의를 설함)

新豊一派荷玉分流, 始因過水逢渠, 妙見無情說法. 當今不觸, 展手通玄, 列五位正偏, 分三種滲漏.

신풍산의 한 파는 하옥산에서 나뉘어 흐르고, (신풍산은 동산양개선사가 학인을 가르친 곳이고 뒤에 동산에서 주석하였으며, 하옥산은 조산의 옛 이름으로 조산 본적선사가 육조대사를 흠모하여 산명을 바꾸고 주석한 곳이다) 처음은 물을 건너다 그를 (물에 비춘 자신의 모습) 만남으로 인하여 [167]무정설법에 미묘함을 깨달

---

167 무정설법(無情說法): 동산선사가 운암선사에게 묻되 "무정설법은 어느 경전에 해당합니까?" 하니, 운암선사가 이르되 "너는 어찌 아미타경에서 이르는, 물 새 나무 등등 다 부처님을 생각하고 법을 생각함을 보지 못했느냐(問無情說法, 該何教典. 巖云豈不見彌陀經

았다. 지금 저촉하지 않고 수단을 펴서 심오한 철리를 각오하여 오위의 정위와 편위를 열거하고 (잘못된 견해) 삼종삼루(견삼루, 정삼루, 어삼루이다. 즉 대상에 집착하여 진실을 보지 못하고, 취사심으로 분별상을 일으키며, 쓸데없이 문자 해석에 빠지는 것 등을 경계한 것이다)를 분류하였다.

夜明簾外, 臣退位以朝君. 古鏡臺前, 子轉身而就父. 雪覆萬年松徑, 夜半正明. 雲遮一帶峯巒, 天曉不露. 道樞綿密, 智域囦深.

밤을 밝히는 야명렴 밖에 신하가 자리에서 물러나 임금을 조회한다. 묵은 거울 앞에서 아들이 몸을 돌리니 아버지와 가깝다. 흰 눈이 만년의 소나무 길을 덮으니 한밤중에 정명(正明. 광명)의 빛히 밝다. 검은 구름이 산봉우리 일대에 자욱하고 하늘은 동이 터도 밝음을 드러내지 않는다. (조동종은) 도의 중심은 치밀하고 지혜의 영역은 깊은 연못(囦深연심에서 囦은 못 淵연의 옛 글자이다)과 같다.

默照空劫已前, 湛湛一壺風月. 坐徹威音那畔, 澄澄滿目烟光. 不萌枝上花開, 無影樹頭鳳舞.

공겁 이전을 묵묵히 비추니 맑고 깨끗한 [168]한 호로병에 풍월이요,

云, 水鳥樹林悉皆念佛念法)?"라고 하였다. 나중에 동산선사는 물을 건너다 비춘 자신의 얼굴을 보고 깨닫고서 "너가 지금 바로 나이고 나는 지금 너가 아니다(渠今正是我, 我今不是渠)."라고 하였다. 이것이 선사가 깨달은 시절인연이다. 『정법안장』, 『오등회원』 참고.
168 '일호풍월(一壺風月)'에서 '풍월'은 청풍과 명월로 자연의 아름다운 경치다. '일호'는 호천(壺天)의 고사가 있다. 병속에 작은 천지라는 의미다. 『후한서』 비장방전에 한나라 때 비장방이 시관(市官)인데 약을 파는 노인이 늘 점포에 병을 매달고 장사가 끝나면 순간 내

앉아서 ¹위음나반에 통과하니 맑고 깨끗함이 눈에 가득하여 다 안개 빛이다. 싹이 나지 않던 나뭇가지에 꽃이 피고 그림자 없는 나무에 봉황이 와서 춤을 춘다.

機絲不挂, 箇中雙鎖金針. 文彩縱橫, 裏許暗穿玉線. 雙明唱起, 交鋒處知有天然. 兼帶忽來, 枯木上須能作主.

베틀에 실은 걸지 아니한데 ²저 가운데 자연 쌍쇄금침이 있다. 수를 놓아 문채가 자재하니 저 가운데 몰래 수 많은 ³금옥의 실을 꿴다. 쌍으로 밝혀 노래하고 일어나니 기봉이 접전하는 곳에 본연 그대로의 여래자성이 있음을 안다. 겸대가 돌연 와서 이르면 고목위에 반드시 주인이 될 수 있다. (무심의 주인이다)

不存正位, 那守大功. 及盡今時, 寧容尊貴. 截斷情塵見網, 掣開金鎖玄關. 妙協全開, 歷歷髏中混跡.

달려 그 속에 들어갔다. 저자 사람들은 볼 수 없었다. 단 장방이 누각에 서서 보고서는 기이하게 여겼다. 하루는 노인과 함께 병에 들어가니 그곳에 옥당이 있고 좋은 술과 안주가 가득 있어 함께 마시고 나왔다는 하나의 이상세계의 설화이다. 『중문대사전』 참고.
1 威音那畔은 위음왕불 출세 이전이란 말로 과거 장엄겁에 있던 최초의 부처님이다.
2 쌍쇄금침(雙鎖金針): 이는 동산선사의 삼종강요의 고창쌍행(敲唱雙 俱行) 또는 고창구행(敲唱俱行)이다. 편과 정을 상징하여 함께 섞이어 작용이다. 바로 정이 편을 가졌고 편이 정을 가졌다. 치우치지도 중도에 집착하지도 않는다. 또 금강침과 금강쇄의 두 보살이다. 전자는 지혜의 작용이 제법에 통하지 아니함이 없고, 후자는 지인(智印)을 가지고 중생을 교화하여 무상보리심에서 물러나지 않게 한다. 바로 두 보살은 지혜의 상징이다.
3 옥선(玉線)은 실의 미칭이다. 실을 꿴다는 의미로서 이사(理事)가 원융하고 정편위가 상호 맞물리고 스승과 제자 사이에 도교(道交) 등 시종과 안팎, 또는 수족의 선후합치(先後合致)를 상징한다. 이를 금침옥선(金針玉線)이라 한다. 『불교대사전』 참고.

정위에 존재하지 않고 어떻게 큰 공용(功用)을 지킬수 있으랴? 다 이 때에 미쳐서 어찌 존귀타를 허용할 것인가? 정진견망(情塵見網. 정진은 육근과 육진으로 마음의 번뇌이고 견망은 갖가지 사견이 몸을 얽어매어 벗어나지 못함을 그물에 비유한 것이다. 정식의 번뇌의 속박이다)을 절단하고 금쇄현관(金鎖玄關. 깨달음에 집착하는 것을 금쇄에 비유하고, 현관은 현묘한 관문이다. 황금의 자물쇠가 아무리 아름다우나 집착하게 되면 갇히게 된다. 그러나 여기선 깨달음의 관문이다)을 끌어당겨 열어라. 신묘함을 도와서 완전히 열면 뚜렷히 이류(異類. 다른 종류. 범부) 가운데 자취를 함께 한다.

平懷常實, 明明炭裏藏身. 卷舒不落功勳, 來去了爲變易. 欲使異苗蕃茂, 貴在深固靈根.

차별상을 떠난 평상심은 늘 진실하고 분명히 불이 꺼진 재 속에 몸을 감춘다. 쥐고 펴고 공훈에 자유로우면 오가는 변화를 깨닫게 된다. 다른 싹으로 하여금 무성하게 하고자 하면 신령한 뿌리가 깊고 단단함에 있음을 귀히여긴다.

若非柴石野人, 爭見新豊曲子. (柴石野人浮山圓鑑之別號也)

만일 시석야인이 아니었다면 어찌 조동종이 신풍 이래로 불법을 노래한 곡을 보았으리요? (시석야인은 부산원감선사의 별호이다)

2) 고덕강종송(古德綱宗頌. 고덕의 조동종 불법대의에 총체적인 게송)

荊棘叢生三二五,[4]	가시나무 무더기 둘 셋 다섯으로 나고
烟雲罩徑孰能尋.	안개가 길에 자욱하여 뉘 능히 찾을지.
烏雞冒雨衝陽焰,[5]	오계가 비 오는데 아지랑이와 충돌하고
赤蝀穿樓和啞音.	적동(뱀)이 누각 통과해 아음과 조화하네.
廣澤蘆花藏雪密,	넓은 못에 갈대꽃이 눈처럼 몰래 감추고
收綸釣艇弄灣深.	낚싯줄 거둔 배는 깊은 물굽이 희롱하네.
當軒黯黯無秦鏡,	마루에 서니 캄캄해 진나라 고경은 없고
散髮斜眉下翠岑.	산발에 비낀 눈썹 푸른 봉에서 내려오네.

(啞當音厄笑語聲. 易曰 笑言啞啞. 赤蝀穿樓和啞音, 此無語中有語也, 人多作瘖啞之啞非也)

(이는 시어 제4구의 和啞화아 아래에 있는 注주이다. 啞아는 응당 音음이 액(厄. è)이어야 하며 웃는 말소리이다. 역경에서 웃음은 啞啞(아아. yaya)라고 하였다. 적동(뱀)이 누각을 뚫고 아음과 조화한다. 이는 말이 없는 가운데 말이 있는 것이니 사람들이 대부분 음아(瘖啞. 벙어리)로 하는 啞아는 아니다)

---

4 '형극총생삼이오(荊棘叢生三二五)'에서 '형극(荊棘)'은 가시, 곤란함. 참고로 '형극림(荊棘林)'은 가시덩굴 숲속에 살이 찢기는 수행자 모습으로 각오에 대한 미혹의 경계, 또는 보리에 대한 번뇌망상의 경계를 말한다. '삼이오(三二五)'의 숫자는 삼인, 이인, 오인의 비구의 뜻으로 아마도 오비구, 또는 동토의 오조사를 상징하는 것은 아닌가 싶다. 참고로 『노자』 검무편에 "군사가 주둔한 곳은 가시덤불이 나도록 황폐하다(師之所處, 荊棘生焉)."고 하였다. 전쟁이 지나간 뒤는 흉년이 든다 하듯이 전쟁을 경계하는 말이다.
5 시어에 모우(冒雨)는 비를 무릅쓰다. 양염(陽燄)은 아지랑이.

(이는 뱀을 보고 놀라서 내는 음이 아닌가 추측한다)

17. 보경삼매(寶鏡三昧)[6]

如是之法, 佛祖密付,[7]　이와 같은 법을 세존께서 비밀히 부촉하여
汝今得之, 宜善保護.　네가 이제 얻었으니 응당 잘 보호하라.
銀盌盛雪, 明月藏鷺,[8]　은 쟁반에 눈을 담고 명월에 해오라기 숨어
類之弗齊, 混則知處,[9]　이류가 서로 다르나 혼합하면 분별 어려워
意不在言, 來機亦赴.[10]　뜻은 말에 있지 않고 오가는 기미 또 이르네.
動成窠臼, 差落顧佇,[11]　움직임 틀이 되고 멍하니 어긋나 떨어지니
背觸俱非, 如大火聚.[12]　배와 촉이 다 그릇되고 큰 불 모여듦과 같네.

---

6 동산선사의 〈보경삼매가〉는 마음을 거울에 비유한 것으로 체(體)를 보배거울의 밝음에 비유하고, 용(用)을 보배거울의 비춤에 비유한 것이다. 또 보배거울은 지혜의 상징임.

7 참고로 『智證傳지증전』에 『華嚴論』을 들어 "고요히 마음 짓는 여래의 모습이 집착하지도 않고 연연하지도 않고 도에 들어가 법과 합함이 철저하다(唯寂唯默, 心造如來之樣, 不著不戀, 入道合法之轍)."라고 하였다. 이와 같은 법을 네가 얻었으니 잘 보호하라는 의미이다.

8 은완성설 명월장로(銀盌盛雪明月藏鷺): 이와 같은 법은 본래 정도 편도 아니나 억지로 이름하여 또 정과 편이다. 이 정편의 법은 본래 나누고 합도 아니나 억지로 나누고 합이라 한다. 선성이 부득이 '은 쟁반에 눈'으로 비유한다. 『영각원현선사광록』 참고. 이하도 같다.

9 류지불제 혼칙지처(類之弗齊混則知處): 이는 위에 두 문구의 뜻을 해석한 것이다. 異類이류가 서로 다르나 혼합하면 알 수 있는 곳이란? 바로 분별하기 어렵다고 하는 것이다.

10 의부재언 래기역부(意不在言來機亦赴): 뜻은 언구에 국한 된 것이 아니나 기미에 응하여 언구가 있게 되면 뜻이 도달할 수 있다. 마치 파릉선사의 삼전어를 듣게 된 운문선사가 "다른 날 나의 기일이 되면 다만 이 삼전어를 들면 보은에 족하다."고 말함과 같다

11 동성과구 차락고저(動成窠臼差落顧佇): 움직이면 편향적이다. 이치에 합하지 못하는 것이 差이다. 어긋나면 본래 가진 빛을 잃는다. 곧 음계에 떨어져 우두커니 선 귀신의 살림이다.

12 배촉구비 여대화취(背觸俱非如大火聚): 등지고 부딪치는 것이 다 그르다는 의미로 '배(背)'

但形文彩, 卽屬染汚,¹³ 다만 문채 형성되니 곧 세간의 오염이 되고
夜半正明, 天曉不露.¹⁴ 한밤중 정명은 동이 터도 드러내지 않네.
爲物作則, 用拔諸苦,¹⁵ 물건 되어 규칙되니 고통에서 벗어나고
雖非有爲, 不是無語. 비록 유위는 아니라도 무어는 아니네.
如臨寶鏡, 形影相覩, 보경에 임한듯 형상과 그림자 서로 보니
汝不是渠, 渠正是汝. 너는 그가 아니요 그가 바로 너 일세.
如世嬰兒, 五相完具,¹⁶ 세상에 온 아이처럼 오근이 완전 갖추니
不去不來, 不起不住. 오고 감도 없고 일어서고 머무름도 없네.
婆婆和和, 有句無句, 옹알대는 아이처럼 언구가 있으나 없고
終不得物, 語未正故. 일물 얻지 못하니 말은 정도에 들지 못하네.
重離六爻, 偏正回互,¹⁷ 육효에 중화리괘 편과 정이 서로 회호하여

'는 편이고 '촉(觸)'은 정이다. 유(有)는 편에 떨어지고 무(無)는 정에 안주하여 편정에서 벗어나야 한다. 지혜는 큰 불덩이 모임과 같아서 부딪치지도 등지지도 못한다. 절벽에서 손을 놓고 백척간두에서 한 발 나아가서야 죽었다 다시 참 생명을 얻게 된다.

13 단형문채 즉속염오(但形文彩卽屬染汚): 범인도 성인도 아니요, 결박도 해탈도 아니요, 일체의 명칭은 아니다. 하여 부처님 하면 오염이고 법 하면 오염이다. 그래서 양단 유무의 언구를 끊어 없애야 한다. 문채가 이미 형성되면 세간의 색성향미촉의 오진에 오염이다.

14 야반정명 천효불로(夜半正明天曉不露): 정을 말하면 편을 겸하여 정을 말할 수 없고 편을 말하면 정을 겸하여 편을 말할 수 없다. 중(中)을 범하고자 않으니 그래서 이처럼 밝은 것이다. 다시 말하면, 흑 가운데 백이 있고 백 가운데 흑이 있다. 이체(理體)와 현상을 설명한다.

15 위물작칙 용발제고(爲物作則用拔諸苦): 실체의 물이 되어 규칙이 될 때 사용하면 곧 사용된다. 편은 정과 회호하여 현상의 장애에 떨어지지 않고 범부의 고통을 없애며, 정은 편과 회호하여 정지견의 미혹에 떨어지지 않고 성문승과 연각승의 고통을 없앤다.

16 오상(五相)은 안이비설신(眼耳鼻舌身)의 오근. 아이가 이미 육식을 갖추어 물위에 공이 굴러가듯 소멸하거나 멈춤이 없다. 또 본유신(本有身)을 성취하는 관심수행(진리를 관하여 몸소 진리를 실천함)으로 바로 보리심을 통달하고 보리심을 닦고 금강심을 이루고 금강심을 증득하고 불신(佛身)의 원만함. 이 오상의 관심수행을 이루어야 금강계불신이 나타난다.

17 중이육효 편정회호(重離六爻偏正回互): '☰(리)'괘의 삼획이 상하로 놓이게 되면 '중화리괘(重火離)'이다. 이는 육효로서 초효와 이효의 '☱'은 정중편이고, 이효와 삼효의 '☲'은 편중

疊而爲三, 變盡成五.[18] 세번 겹쳐 중부괘요 다섯 번 변해 대과괘.
如荎草味, 如金剛杵.[19] 오미자의 오미 같고 세 발 금강저와 같네.
正中妙挾, 敲唱雙擧.[20] 정중에 묘함 가져 문답에 함께 제시하고
通宗通途, 挾帶挾路.[21] 정과 편을 이미 통하니 협대와 협로이다.
錯然則吉, 不可犯忤.[22] 교착하니 곧 길이요 거슬려 범할 수 없네.
天眞而妙, 不屬迷悟.[23] 천연의 진지 미묘하여 미오에 속하지 않고
因緣時節, 寂然昭著.[24] 인과 연은 시절이요 적정무사가 분명하네.

정이고, 삼효와 사효의 '⚏'은 정중래이다. 또 사효와 오효의 '⚌'은 겸중지이고, 오효와 상효의 '⚏'은 겸중도이다. 편과 정이 서로 맞물려서 상호 전환 운동을 하는 것이다.

18 첩이위삼 쌍진성오(疊而爲三變盡成五): '중화리괘(상☲ 하☲)'에서 가운데 두 효가 상하에 더하면 '풍택중부괘(상☴ 하☱)'가 된다. 중부괘에서 가운데 두 효를 상하에 더하면 '택풍대과괘(상☱ 하☴)'가 된다. 다시 대과괘에서 가운데 두 효를 상하에 더하면 '중화리괘(상☲ 하☲)'가 된다. 이것이 삼변이다. 또 홀로 '리괘(☲)'에서 가운데 효를 아래에 놓으면 '손괘(☴)'가 되고, 위에 놓으면 '태괘(☱)'가 된다. 이것이 변하여 다섯이 된다.

19 시어에 치초(荎草)는 오미자이다.

20 정중묘협 고창쌍거(正中妙挾敲唱雙擧): 정중묘협은 정 가운데 편으로 진(眞) 가운데 속(俗)이다. '고(敲)'는 정을 비유하여 오음에 자유롭고, '창(唱)'은 편을 비유하여 언구가 있다. 또 '고(敲)'는 제자의 질문과 '창(唱)'은 스승의 대답으로 제자의 깨달음이 스승의 깨달음과 서로 계합하는 것이다. 정중은 본래 무일물이나 실상의 미묘함은 일체상을 가진다.

21 통종통도 협대협로(通宗通途挾帶挾路): '종(宗)'은 정이고 '도(途)'는 편이다. '통종'은 자수용삼매(법락을 스스로 수용하는 삼매)이니 종지와 계합하여 막힘이 없다. '통도'는 타수용삼매(중생에게 깨달음을 향수시키는 삼매)이니 빈객과 주인의 소식이 서로 통하여 혈맥이 끊어지지 않는 것이다. '대(帶)'는 소연(所緣. 심식이 능연이고 심식이 대하는 외경)의 모든 경계이고, '협(挾)'은 능연(能緣. 심식이 홀로 일어나지 않고 외경에 의해 반연이 일어남)의 마음이다. 협대는 소연(所緣)의 경계로 통종(通宗)이고, '협로'는 능연(能緣)의 마음으로 통도(通途)다.

22 착연즉길(錯然則吉): 이는 『주역』 리괘의 초구(離卦初九)의 효사(爻辭)에 '밟음이 갈마들듯 하니 공경하면 마침내 길하다(履, 錯然敬之, 終吉).' 하였다. 이에서 가져온 언구이다.

23 천연이묘 불속미오(天眞而妙不屬迷悟): 도는 본래 천연적이라 미오에 속하지 않는다.

24 인연시절 적연소저(因緣時節寂然昭著): 인과 연은 다 시절이 있다. 언설을 여의면 깨달음은 분명하다. '적연(寂然)'은 적정무사로 깨달음이다, '소저(昭著)'는 현저하고 분명하다.

細入無間, 大絶方所,²⁵ 미세해 들 틈이 없고 커서 방소가 없으니
毫忽之差, 不應律呂.²⁶ 털끝의 오차로 음률의 곡조 응하지 않네.
今有頓漸, 緣立宗趣,²⁷ 지금 돈과 점이 종취를 세우는 인연따라
宗趣分矣, 即是規矩,²⁸ 종취가 나뉘어지니 곧 규범은 각각 다르고
通宗趣極, 眞常流注.²⁹ 종통 이루고 뜻을 다해 진여가 늘 흐르네.
外寂中搖, 繫駒伏鼠.³⁰ 고요 속 마음 요동쳐 망아지와 엎드린 쥐다.
先聖悲之, 爲法檀度,³¹ 선성의 자비심이 법 위한 보시 바라밀이요
隨其顚倒, 以緇爲素,³² 그 전도된 망상 쫓아 흑을 백으로 삼으니
顚倒想滅, 肯心自許.³³ 전도상을 없애서야 기꺼이 마음 자부하네.

---

25 세입무간 대절방소(細入無間大絶方所): 이 도가 분명한 것은, 작은 것으로 말하면 들어갈 틈이 없고 큰 것으로 말하면 방위와 처소가 끊어졌다는 의미이다.

26 율려(律呂): '율'은 육율이고, '려'는 육려이다. 합하여 십이률이다. 법을 얻으면 자연 명합하지만 법을 잃으면 구하면 구할수록 더욱 멀어진다. 음악의 리듬과 같은 것이다.

27 돈점(頓漸): 돈오와 점오. '돈오'는 수행의 단계를 거치지 않고 홀연히 각오하는 것이고, '점오'는 차례로 수행의 단계를 밟아 점점 각오하는 경지이다. 선종은 다 돈오설을 주장한다. 선종에서 남종 혜능대사는 돈오이고, 북종 신수대사는 점수로 이른다.

28 본래 본성은 진실하고 미묘하니 일체가 다 그러하다. 특히 중생은 근기가 다름이 있기 때문에 곧 돈과 점을 이룬다. 그래서 종취가 나뉘어지고 규범이 각기 다르다.

29 통종취극 진상유주(通宗趣極眞常流注): 다른 본에선 통종(通宗)이 종통(宗通)이다. '종통'은 교리나 종지에 통달함이다. 종취가 아주 미묘해서 오히려 이장(理障, 근본무명으로 正知見정지견을 장애하여 본각 진여의 이치를 알지 못함)이 되어 바른 지견에 장애가 된다. 그래서 진상유주(眞常流注, 영원한 진실은 끊어짐 없이 물 흐름과 같다)라 한다.

30 외적중요 계구복서(外寂中搖係駒伏鼠): 위 시어에 '영원한 진실은 끊어짐 없이 흐른다.' 이를 비유하여 외관은 고요한 듯하나 중심은 요동치고 있음을 마치 말뚝에 맨 망아지가 달아남을 잊지 못하고, 엎드린 쥐가 훔치는 생각이 있는 것이라 하였다.

31 '단도(檀度)'에서 '단'은 보시이고 '도'는 바라밀이다. '단도'는 육바라밀의 하나로 보시바라밀이다. 바로 보시하여 생사의 대해를 건너 열반에 이르는 수행법이다.

32 전도(顚倒): 무상을 相이라고 하고 고통을 즐거움이라 하는 것과 같다. 근본에 반하는 망견으로 허망분별의 전도상이다. 그래서 전도상은 번뇌의 근본이 되는 것이다.

33 긍심(肯心)은 금쇄현로(金鎖玄路)이다. 바로 속박된 불법에서 벗어나 향상일로에 나아감

要合古轍, 請觀前古,　고인의 자취 합하려면 부디 전고를 살피고
佛道垂成, 十劫觀樹.³⁴　불도를 장차 이룸은 긴 세월 앉아 관했네.
如虎之缺, 如馬之羿.³⁵　범의 결함과 같고 준마의 흰 발과 같네.
以有下劣, 寶几珍御.³⁶　이로써 비천함 있고 보배와 진어복이요.
以有驚異, 狸奴白牯.　이로써 기이하여 놀람은 살쾡이와 백우네.
羿以巧力, 射中百步.³⁷　후예는 교묘한 재주로 활 잘 쏘아 맞추고
箭鋒相直, 巧力何預.　화살이 맞 닿음 교묘한 힘 어찌 예측하랴.
木人方歌, 石女起舞,　목인이 바로 노래하니 석녀가 일어나 춤추고
非情識到, 寧容思慮.　식정 이르지 않으니 어찌 생각 허용하랴.

이다. 그래서 오랜 세월 나무 밑에서 단정히 앉아 선정에 드는 일이다.

34 세존께서 불도를 이룸은 오랜 세월 수행의 결과이다. 세존께선 설산에 6년이요, 달마대사는 소림에서 9년이다. 또 『법화경』에 '대통지승불은 십겁동안 도량에 앉아 수행하여 모든 불법이 눈앞에 나타나지 않다가 십겁이 지나서야 제불의 법이 앞에 나타났다.'고 하였다. 시어에 '십겁관수(十劫觀樹)'가 이 의미이고. 또 좌선 십소겁이 결과의 '수성(垂成)'이다.

35 어호지결 어마지주(如虎之缺如馬之羿): 참고로 『영각원헌신사굉록』 제27권에 "빔을 일명 이이(李耳)라고 한다. 범이 가축을 잡아먹지만 범이 이르지 아니하고 게다가 매번 잡아먹힌 사람의 귀는 곧 반드시 하나가 없다하니. 이것은 예로써 감히 무서워 범하치 못하는 것이다. 주(羿)는 준마의 뒷다리 좌측 사이에 백색이 있는 것이니 이것은 예로써 말로만 10프로 성취하는 것을 꺼리는 것이다(虎,一名李耳. 虎食畜,不至耳, 又每食人耳, 則耳必一缺, 此以例不敢犯諱也. 羿者, 馬後左脚間有白色也, 此以例語忌十成也)."하였고, 『종범』 하권에 "말이 서 있을 때 네 발 가운데 반드시 한 발 주(羿)는 땅에 붙이지 않는다(馬立時, 四足中必一足羿不著地)."하였으며, 『조동오위』 하권에 "범이 사람을 해함이 한번이면 귀에 일결(一缺)이 생기고 사람을 해함이 많으면 범의 귀가 톱니와 같다(虎之傷人一度耳, 生一缺傷人之多耳, 如鋸齒)."고 하였다. 아마도 이는 말 만들기 좋아하는 사람들의 분상 같다. 깊고 심오한 불법은 '설산육년'과 '소림사구년'과 '십겁관수'에서의 의미처럼 애씀 없이 쉽게 접근할 수도 없는 것이다. 또 말로만 앞서는 것을 경계한 것으로 이해한다.

36 이 시어의 의미는 '떨어지고 헤어진 옷이 아니면 진어복을 볼 수 없고, 살쾡이가 아니면 놀람을 볼 수 없듯이, 불조가 범부에서의 실천은 중생계에서 보리심을 일으킴이다.

37 예(羿)는 후예이다. 고대 동이족 수령이고, 원래는 궁씨족의 수령인데 활을 잘 쏘았다.

臣奉於君, 子順於父,	신하가 왕 받들고 아들은 부모에 순종하니.
不順非孝, 不奉非輔.	불순은 불효요 받들지 않음은 보필 아니네.
潛行密用, 如愚若魯,	몰래 실천작용하니 모자란 듯 우둔한 듯
但能相續, 名主中主.	(佛智) 이을 수 있다면 주인 중에 주인일세.

인천안목

제4권

위앙종[1]

師諱靈祐, 福州長溪趙氏子, 得法於百丈海和尙. 初至大潙木食
澗飮, 十餘年始得仰山慧寂禪師, 相與振興其道, 故諸方共稱曰
潙仰宗.

선사의 이름은 위산영우이고 복주 장계(지금 복건성 하포현 남지구) 지방에 조씨의 후손이며, 법은 [2]백장회해(720~814)선사에게 받았다. 처음은 대위산(지금 호남성 영향서)에 이르러 나무뿌리와 열매를 먹고 시냇물 마시기를 10여 년 되어서야 비로소 제자 [3]앙산혜적선사를 얻어 서로 함께 그 도(불법)를 떨쳐 일으켰다. 그래서 제방에서 모두 위앙종이라 부른다.

---

1 위앙종(潙仰宗)은 당나라 원화10년(815)에 위산영우(771~853)선사와 제자 앙산혜적(803~887)선사가 세웠다. 위산선사의 호는 위산이며 시호는 당나라 대종이 내린 대원선사이다. 그는 15세에 출가하여 3년 후에 구족계를 받았다. 그후에 본군 건선사의 법상율사에게 경율을 수학하였고, 항주 용흥사에서 대소승의 교리를 연구하였으며 23세에 백장회해선사의 법을 받았다. 뒤에 대위산에 머물러 절을 짓고 40여 년간 불법을 선양하였다. 제자는 앙산, 향엄, 영운선사 등 41명이다. 앙산선사에 의해 종풍이 크게 떨쳤으나 150년 뒤에는 종을 잇는 제자가 없었다. 오가(五家)가운데 제일 먼저 일어난 선종이다.
2 백장회해(720~814): 속가 성은 왕씨(王氏). 마조도일(709~788)선사에게 법을 받았다. .
3 앙산혜적(807~883): 14세에 남화사 통선사에게 출가하여 무명지와 소지 두 개를 잘라서 서원을 세웠다. 남양혜충국사의 원상을 탐원응진선사에게서 전해 받았으며, 뒤에 위산선사의 처소에서 이 원상의 현지를 깨달았다. 강서 대앙산에 주석하여 앙산이라 부른다.

1. 삼종생(三種生)[4]

師謂仰山曰 吾以鏡智爲宗要, 出三種生, 所謂想生相生流注生. 楞嚴經云 想相爲塵, 識情爲垢, 二俱遠離, 則汝法眼應時淸明, 云何不成無上知覺.

위산영우선사가 앙산혜적선사에게 말하였다. "나는 경지(鏡智. 거울처럼 맑고 고요하고 밝은 지혜)로서 종지의 대의를 삼아 삼종생을 제시하니 이른바 상생(想生. 주관적 사유), 상생(相生. 객관세계), 유주생(流注生. 끊임없이 흐르는 마음, 번뇌, 識識의 작용)이다." [5]『능엄경』에 "상생(想生)과 상생(相生)은 망진(妄塵. 허망한 塵坌진분으로 眞性진성을 오염시키는 먼지로 번뇌이다)이 되고 식정(識情. 마음)은 구염(垢染. 몸을 더럽히는 때를 번뇌에 비유함)이 되니 둘 모두 멀리 여의면, 곧 너의 법안이 즉시 시원하게 맑아질 것이니 어떻게 최

---

4 삼종생(三種生): 위산영우선사가『능엄경』에 근거하여 처음 제시한 교설로 상생(想生), 상생(相生), 유주생(流注生)이다. 불도 수행에 장애가 되는 세 가지의 잘못된 사고방식으로 '想生'은 심의식이 어지러운 것이고, '相生'은 식정이 생각하는 일체경계에 끄달리고 있는 것이고, '유주생'은 작은 사악한 생각이 아직도 작용하고 있는 것이다. 삼종생에 대하여 문답을 참고하면,『萬法歸心錄만법귀심록』에 "무엇이 상생(想生)입니까?" "안에 의식이다." "무엇이 相生입니까?" "밖에 육진의 경계이다." "무엇이 유주생입니까?" "간단함이 없다 (問如何是想生. 答曰內意識. 問如何是相生. 答曰外塵境. 問如何是流注生. 答曰無間斷)."라고 하였다.
5 상상위진, 식정위구 … 운하불성무상지각(想相爲塵、識情爲垢 … 云何不成無上知覺): 참고로 〈석독〉에선 상상(想相)을 육경(색성향미촉법)으로, 식정(識情)을 육식(안이비설신의식)과 육경(안이비설신의근)으로 보았다. 필자는 위산선사가 세운 삼종생(三種生)에 근거하여 상상(想相)은 상생(想生)과 상생(相生)으로 육근과 육진(색성향미촉법)을 말하고, 식정(識情)은 유주상(流注生)으로 끊임없이 흐르는 마음(識)의 작용을 말한 것으로 이해한다. 참고로 이운허 주해,『楞嚴經註解능엄경주해』에 "상상(想相)은 망진(妄塵)이요, 식정(識情)은 구염(垢染)이니 두 가지를 멀리 여의면 너의 법안(法眼)이 고대 청명(淸明)하여지리니, 어찌 무상지각(無上知覺)을 이루지 못하겠느냐?" 하였다.

상의 깨달음을 이루지 않겠느냐?" 하였다.

想生, 卽能思之心雜亂. 相生, 卽所思之境歷然. 微細流注, 俱爲塵垢. 若能淨盡方得自在.

상생(想生. 주관적 사유)은 곧 능히 생각하는 마음이 (경계를 마주하여 망상이) 어지럽게 일어나는 것이다. 상생(相生. 객관세계)은 곧 생각하는 바의 경계가 (눈 앞에) 분명하며, 미세한 유주생(流注生. 육식과 육진의 화합의 일체번뇌, 마음의 흐름)은 모두 [6]진구(塵垢. 번뇌망상)가 된다. 만일 능히 깨끗이 다할 수 있다면 비로소 자재력을 얻을 수 있다.

後有僧問石佛忠禪師 如何是想生. 忠云兎子望月. 如何是相生. 忠云 山河大地. 如何是流注生. 忠云 無間斷.

나중에 어느 스님이 석불충(생몰미상. 월주 석불사 현충조인선사)선사에게 질문하였다. "무엇이 상생(想生)입니까?" 충선사가 대답하였다. "토끼가 달을 바라본다." (망상이지) "무엇이 상생(相生)입니까?" "산하대지이다." (경계에 부림을 당한다) "무엇이 유주생입니까?" "(육식과 육진의 화합으로 망상과 미망의 번뇌가) 끊임없이 일어난다."

1) 상생송(想生頌. 石佛. 석불현충선사의 상생에 대한 게송)

---

6 진구(塵垢): 번뇌의 통칭이다. 참고로 『유마경』「불국품」에 '진(塵)을 멀리하고 구(垢)를 여의면 법안의 청정을 얻는다.' 하였고, 『무량경』 하권에 '마치 정수(淨水)와 같다. 진로(塵勞)의 모든 구염(垢染)을 씻어 없애기 때문이다.' 하였다.

密密潛行世莫知,　은밀히 몰래 행하니 세상은 모르고
箇中已是涉多岐.　그 가운데 이미 여러 갈래를 겪었네.
如燈焰焰空紛擾,　등불의 불꽃처럼 부질없이 어지러워
急急歸來早是遲.　급하게 돌아와도 이른 듯하나 더디네.

2) 상생(相生)

法不孤生仗境生,　법은 홀로 내지 않고 경계 의지해서 나고
纖毫未盡遂崢嶸.[7]　터럭만큼 다 아니해도 드디어 혹독하네.
回光一擊便歸去,　반사한 빛이 한번 부딪쳐 바로 돌아가니
幽鳥忽聞雙眼明.[8]　유조가 홀연히 듣고 두 눈이 밝아지더라.

3) 유주생(流注生)

塵塵聲色了無窮,[9]　무수히 나타나는 모양 마침 무궁하니
不離如今日用中.　지금도 일용의 가운데 여의지 못하네.
金鎖玄關輕掣斷,[10]　금쇄와 현관을 가볍게 당겨 끊으니

---

[7] 쟁영(崢嶸): 산이 높이 솟고 험준한 모양. 변하여 품격이 뛰어나다. 심하다. 혹독하다.
[8] 유조홀문(幽鳥忽聞): '유조'는 '유금(幽禽)'이다. 깊은 곳에 숨어사는 새이다. 참고로 다른 본은 '유조홀문'이 '유몽일개(幽夢一開)'이다. '꿈속에서 한 번 열리니 두 눈이 밝아지더라.'
[9] 진진성색(塵塵聲色): '진진'은 진수(塵數)처럼 무수함을 나타내고, '성색'은 감각이 되는 육진(색성향미촉법)에 의해 나타난 모양이다. '육진'에서 앞에 둘을 들어 다른 넷은 포함된다.
[10] 금쇄현관(金鎖玄關): 미혹에 매여 있는 것을 금 자물쇠로 비유하여 깨우침에 집착하는 것을 금쇄라 하고, 현관은 관문이다. 황금자물쇠가 아무리 아름답고 고우나 집착하면 속박이 되고, 관문은 깨우침에 도달하고서 이에 머물러 더 전진하지 못함을 비유한 것이다.

故鄉歸去疾如風.　　고향에 돌아감이 바람처럼 빠르네.

2. 원상인기(圓相因起)[11]

圓相之作, 始於南陽忠國師, 以授侍者耽源, 源承讖記, 傳於仰山,
遂目爲潙仰宗風. 明州五峯良和尙, 嘗製四十則, 明敎嵩禪師爲之
序, 稱道其美. 良曰 總有六名, 曰圓相, 曰暗機, 曰義海, 曰字海, 曰
意語, 曰默論.

원상의 기원은 [12]남양혜충 국사에서 시작하여 원상을 [13]탐원시자에게 전수하고 탐원시자는 원상도의 비결을 계승하여 앙산선사에게 전해주니, 그래서 위앙종의 종풍으로 인식되었다. 당나라 명주(지금 절강성 영파시) 오봉량(생몰미상)스님이 일찍이 (원상에) 40칙을 지었는데, 송나라 [14]명

---

11 원상인기(圓相因起): 위앙종에서 원상을 전한 유래이다. 위에서의 원상은 97개로 처음 육조혜능에서 남양혜충 국사, 혜충 국사에서 탐원진응선사, 탐원선사에서 앙산혜적선사에게 전해졌다. 육조대사가 전한 것인지는 확실치 않다. 다만 탐원선사가 언급한 것을 따랐을 뿐이다. 참고로 속장경 『宗門玄鑑圖종문현감도』의 앙산구십육종원상도(仰山九十六種圓相圖)에 96개의 원상의 도표가 보인다. 이 도표는 생략한다.
12 남양혜충(? ~ 775): 육조 혜능대사의 인가를 받았다. 국사는 남양 백애산 당자곡에 들어가 40여년을 산에서 내려오지 아니 하였다. 현종, 숙종, 대종의 귀의를 받았으며 천복사 서선원에 머물적에 숙종이 여러 번 도를 질문하였고 자못 깨우친 바가 있었다고 하였다.
13 탐원(耽源): 탐원응진(생몰미상)선사는 당나라 때 인물이고 탐원은 주석한 산명이다. 선사는 혜충(? ~ 775) 국사의 법을 받았다. 스승에게 받은 원상을 앙산선사에게 전하다.
14 명교계숭(明敎契嵩): 불일계숭(佛日契嵩. 1007~1072)선사로 송대 운문종이다. 불일은 주석 산명이다. 자는 중령(仲靈), 자호는 잠자(潛子), 명교(明敎)는 북송 인종이 내려준 호이다. 동산효총(생몰미상)선사의 법을 이었다.

교계숭선사가 (이 원상의 40칙에) 서문을 짓고 그 서술에서 우수한 점을 말하였다. 오봉량선사가 말하되 원상은 모두 여섯의 이름인데 곧 [15]원상(圓相), 암기(暗機), 의해(義海), 자해(字海), 의어(意語), 묵론(默論)이다.

(참고로 圓相원상은 진리의 원만함과 절대성을 가리킨다. 선종에서 원상을 그리고 진여·법성·實相실상 혹은 중생이 본래 갖추고 있는 불성 등을 상징한다. 선승이 매번 불자·如意여의·주장자 혹은 손가락 등으로 대지 혹은 허공에 일원상을 그리고 또는 필묵으로 이 원상을 그리기도 한다. 진리의 절대성을 나타낸다. 또 원상은 아울러 문자 혹은 기호를 두어 깨달음의 과정을 보인다. 마치 오관료오화상이 나타낸 도형이 초심부터 점차 불심의 경계에 이름을 표시하였다. 또 원불교에서 주장하는 일원상도 법신불이다. 바로 우주만유의 본원이고 제불제성의 심인이고 일체 중생의 본성이다) (불광대사전)

---

15 원상(圓相)은 절대적인 진리를 나타낸다. 원상의 총 명칭이 여섯에 대하여 담연원징(1561~1626)선사와 학인의 문답을 참고로 살펴보자. 『湛然圓澄禪師語錄담연원징선사어록』 제6권에 "무엇이 원상입니까?" "큰 빵이다." "무엇이 암기입니까?" "하늘을 능가할 만한 봉우리이다." "무엇이 의해입니까?" "산중턱에 있는 정자이다." "자해와 의해가 같습니까? 다릅니까?" "다르면 둘이고 달리 한 쌍도 아니다." "무엇이 의어입니까?" "벙어리가 주문하는 사람이다." "무엇이 묵론입니까?" "온백설자(溫伯雪子)가 공자와 만남이다(問 如何是圓相. 師曰大燒餠. 問 如何是暗機. 師曰凌霄峰. 問 如何是義海. 師曰半山亭. 問 字海與義海是同是別. 師曰別則兩箇, 不別一雙. 問 如何是意語. 師曰啞子呪人. 問 如何是默論. 師曰溫伯見孔子)."
온백설자는 고대 남국의 현인이다. 제나라에 갈 적에 노나라 숙사에서 공자와 만났으나 말이 없었다. 현인의 만남은 꾸밈보다 이심전심일 것이다.
또 『五燈會元續略오등회원속략』 제1권에 백장명설(百丈明雪)선사의 법문에서 선사가 "악"할을 한 후에 "이 한 할(一喝)이 대월륜삼매를 드러내니 원상이요, 향상일기를 보이니 암기이며, 원래부터 마음에서 흘러나왔으니 의어이고, 듣는 자와 보는 자가 묵묵히 알아서 돌아가니 묵론이며, 헤아릴 수 없는 묘한 뜻을 일시에 다 거두니 의해이고, 42자모 및 세간에 문자를 통섭하지 않음이 없으니 이를 자해라(卽此一喝直顯大月輪三昧, 謂之圓相. 卽此一喝示向上一機, 謂之暗機. 卽此一喝元從自心流出, 謂之意語. 卽此一喝見者聞者默默知歸, 謂之默論. 卽此一喝無量妙義一時收盡, 謂之義海. 卽此一喝四十二字母及世間文字無不統攝, 謂之字海)." 한다.

耽源謂仰山曰 國師傳六代祖師圓相九十七箇, 授與老僧. 國師示寂時, 復謂予曰 吾滅後三十年, 南方有一沙彌到來, 大興此道, 次第傳授, 無令斷絶. 吾詳此讖, 事在汝躬, 我今付汝, 汝當奉持. 仰山旣得, 遂焚之.

탐원선사가 앙산선사에게 이르되 "혜충 국사는 육조 혜능대사에서 전해 내려온 원상 97개를 나에게 전수한다."고 하였다. 국사가 열반할 적에 다시 나에게 말하기를 "내가 죽고 30년 후에 남방에서 한 사미기 여기에 이르는데 크게 이 원상의 도를 일으킬 것이니, 그에게 차례로 전수하여 (대대로) 원상의 도를 단절되게 하지 마라."하니 내가 이 비결을 상세히 고찰하였고 (그 예언의) 일은 (효력이) 너의 신상에 있기에 내가 지금 너에게 전하여 주니, 너는 마땅히 받들어 잘 지녀야 한다."고 하였다. 앙산선사가 이미 받아 얻고서 도리어 전수받은 원상의 기록을 태워버렸다.

源一日又謂仰山曰 向所傳圓相, 宜深祕之. 仰曰 燒却了也. 源云 此諸祖相傳至此, 何乃燒却. 仰曰 某一覽, 已知其意, 能用始得, 不可執本也. 源曰 於子卽得, 來者如何.

탐원선사가 어느 날 앙산선사에게 말하였다. "지난번(向) 너에게 전해 준 원상은 잘 비밀히 지키고 있겠지." 앙산선사가 말하였다. "그것은 이미 태워버렸습니다." 탐원선사가 (노하여) 말하였다. "이것은 모든 조사가 서로 전하여 오늘에 이르렀는데, 어찌해서 그것을 소각했느냐?" 앙산선사가 말하였다. "제가 한번 보고 이미 그 뜻을 알고서 다만 사용할 수 있다면(能用始得이 다른 본은 但用得이다. 번역에 이를 따랐다), 원본에 집착할 것이 못됩니다." 탐원선사가 말하였다. "그대에 있어서는 곧 체득하였으나 미래의 사람들은 어찌하는고?"

仰曰 和尙若要, 重錄一本. 仰乃重錄呈似, 一無差失. 耽源一日上堂, 仰山出眾作○相, 以手托起作呈勢, 却叉手立, 源以兩手交拳示之. 仰進前三步, 作女人拜, 源點頭, 仰便禮拜. 此乃圓相所自起也.

앙산선사가 말하였다. "스님께서 만일 필요하시다면 다시 한 본을 작성하겠습니다." 이에 앙산선사가 다시 기록하여 같음을 보이니 하나도 어긋남이 없었다. 탐원선사가 어느날 법상에 오르자, 앙산선사는 대중으로부터 나와서 원상을 만들고 손으로 밀어 올리듯 자세를 지어 보인 후에 차수하고 서 있으니, 탐원선사가 양손을 교차하여 주먹을 쥐어 보였다. 앙산선사가 세 걸음 나아가 여인의 절을 하니, 탐원선사가 머리를 끄덕이고 앙산선사는 곧 절을 하였다. 이것이 곧 원상의 도가 자연 일어나게 된 것이다.

1) 암기(暗機)[16]

仰山親於耽源處, 受九十七種圓相, 後於潙山處, 因此○相頓悟. 後有語云 諸佛密印, 豈容言乎. 又曰 我於耽源處得體, 潙山處得用.

---

[16] 암기(暗機): 스승과 학인의 사이에 마음이 통하여 무언중에 양자가 저절로 둘의 아님의 상태가 되고 밝히지 않아도 스스로 드러나는 것이 암기이다. 바로 모든 원상이 암시하는 것은 제불의 비밀한 뜻이다. 보인 것은 저자에 들어가 인연 있는 자를 인도하는 것이다.

앙산선사가 친히 탐원선사 처소에서 97개의 원상을 전수 받고, 나중에 위산선사 처소에서 이 ○의 상으로 인하여 돈오(頓悟. 홀연히 깨달음)하였다. 그 이후에 말이 있었다. "제불의 [17]밀인을 어찌 언구로서 허용하랴?" 또 "나는 탐원선사 처소에서 원상의 체(體)를 얻었고, 위산선사 처소에서 원상의 용(用)을 얻었다."고 하였다.

謂之父子投機, 故有此圓相, 勘辨端的. 或畫此㊛相, 乃縱意. 或畫㊜相, 乃奪意. 或畫㊝相, 乃肯意. 或畫○相, 乃許他人相見意. 或畫☷相, 或點破, 或畫破, 或擲却, 或托起, 皆是時節因緣.

이를 부자투기(父子投機. 스승의 심기와 제자의 심기가 서로 꼭 맞음)라고 말하니, 그래서 이 원상을 두어 (스승과 학인이 스스로의 역량) 바른 것을 시험과 검증하는 것이다. 혹은 이 ㊛의 모양을 그리면 놓아주는 뜻이 되고, 혹은 이 ㊜의 모양을 그리면 빼앗는 뜻이 되며, 혹은 이 ㊝의 모양을 그리면 동의하는 뜻이 되고, 혹은 이 ○의 모양을 그리면 곧 타인과 만남을 허락하는 뜻이다. 혹은 이 ☷(곤괘)의 모양을 그리기도 하고 혹은 중요한 곳을 밝히기도 하며, 혹은 그림 그리기도 하고, 혹은 던져버리기도 하며, 혹은 밀어내기도 하니 다 시절인연이다.

纔有圓相, 便有賓主, 生殺縱奪, 機關眼目, 隱顯權實, 乃是入廛垂手. 或間暇, 師資辨難, 互換機鋒, 只貴當人, 大用現前矣.

---

[17] 密印: 제불보살의 본 서원을 나타내 보이는 비밀의 인계(印契. 손으로 법덕을 표식함)이다. 즉 제불보살은 각각 본래 서약을 두어 양 손으로 가지가지 모양을 짓는다. 이것이 인계이다.

비로소 원상을 두어서 곧 빈객과 주인의 나눔과 혹은 죽이고 혹은 살리고 혹은 놓아주고 혹은 빼앗아 학인을 마음대로 조종하는 안목과 숨기기도 하고 드러내기도 하고 방편과 진실을 두어 곧 [18]시장에 들어가 두 손을 펴는 것이다. 때로 한가하면 스승과 제자가 논쟁하고 서로 날카로운 심기를 교환하니, 다만 당사자에 있어서 큰 작용이 앞에 나타나는 것을 귀히 여긴다.

一日梵僧來參, 仰山於地上畵○此相示之, 僧進前添作 ⊙ 相, 復以脚抹却. 山展兩手, 僧拂袖便行. 仰山閉目坐次, 有僧潛來身邊立, 山開目見, 遂於地上畵㉝相, 顧示其僧, 僧無對.

어느 날 범승(梵僧. 인도스님)이 방문하였는데, 앙산선사가 땅위에 ○의 모양을 그려서 보이니, 범승은 앞에다 첨가하여 ⊙ 의 모양을 만들고 다시 발로써 뭉개버렸다. 앙산선사가 양손을 펼치니 범승은 소매를 떨치며 곧 가버렸다. 앙산선사가 눈을 감고 앉아 있는데 한 스님이 몰래 와서 신변에 서 있는지라, 앙산선사가 눈을 뜨고 그 스님을 보고서 곧 땅위에 ㉝의 모양을 그리고, 그 스님을 돌아보니 그 스님은 대답이 없었다.

2) 의해(義海)

仰山在洪州觀音寺, 粥後坐次, 有僧來禮拜, 山不顧. 僧問山, 識字否. 山云 隨分. 僧乃右旋一匝云 是什麽字. 山於地上書十酬之. 僧

---

[18] '입전수수(入廛垂手)'는 골목에 들어가 두 손을 내민다는 의미로 중생교화이다.

又左旋一匝云 是什麼字. 山乃改十作卍酬之.

심오하고 바다와 같이 끝없는 이치가 있는 것이 [19]의해(義海)이다.

앙산선사가 홍주(지금 강서성 남창시) 관음사 주지할 적에 죽을 먹은 후 가부좌하고 앉았는데, 한 스님이 와서 예배하여 선사는 돌아보지 아니하였다. 스님이 앙산선사에게 질문하였다. "글자를 압니까?" 앙산선사가 대답하였다. "조금은 안다." 스님은 이에 오른쪽으로 한 바퀴 돌고서 "이것은 무슨 글자입니까?" 앙산선사는 땅위에 十(십)의 글자를 그려서 화답하였다. 스님은 또 좌측으로 한 바퀴 돌고서 "이것은 무슨 글자입니까?" 선사는 이에 十의 글자를 卍(만)의 글자로 고쳐서 화답하였다.

僧又畫○相, 以兩手托, 如修羅擎日月勢云 是什麼字. 山畫[○@卍]相對之, 僧乃作婁至勢. 山云 如是如是, 此是諸佛之所護念. 汝旣如是, 吾亦如是. 善自護持. 善哉善哉好去. 僧乃禮謝, 騰空而去.

스님은 또 ○의 모양을 그리고 두 손으로써 밀어올리듯 마치 [20]아수라가 일월을 높이 든 모양과 같이 하고선 "이것은 무슨 글자입니까?" 하니, 앙산선사는 卍의 글자에 원의 모양을 그려서 대답하였다. 스님은 이

---

19 '의해(義海): 참고로 『전등록』에 어떤 사람이 질문하였다. "언(言. 말)과 어(語. 말씀)가 같습니까? 다릅니까?" 약산유엄선사가 말하였다. "무릇 한 글자는 말이고, 구절을 이루면 말씀이다. 곽상(郭象)을 현하(폭포)의 웅변가라 하고, 앵무새를 의해(義海)라 부르니 이것이 말씀이다(人問. 言之與語爲同爲異. 師曰夫一字曰言, 成句名語. 郭象號懸河, 春鸚稱義海, 此是語也)."
20 수라(修羅): 아수라이다. 뜻은 불단정으로 단정하지 못함이다. 원래는 옛 인도 신화에 나오는 늘 천신과 싸우기를 좋아하는 악신이다. 전장을 아수라라고 부르기도 한다.

에 ²¹우는 행동을 지었다. 선사가 말하였다. "이와 같고 이와 같다. 이것은 제불이 보호하고 생각하는 바이다. 네가 이미 이와 같고 나 또한 이와 같다. 스스로 잘 보호하고 지키라. 좋고 좋다, 잘 가거라." 스님은 이에 인사하고 허공으로 올라가 버렸다.

時有一道者見, 後經五日, 遂問山, 山云 汝還見否. 者云 見出三門外騰空而去. 山云 此是西天阿羅漢, 特來探吾宗旨.

당시에 (이러한 상황을) 한 도자(道者. 수행자 또는 어린 동자)가 보고 있었다. 5일이 지난 뒤에 도자가 드디어 앙산선사에게 질문하니 선사가 말하였다. "너는 무엇을 보았느냐?" ²²"삼문 밖에 나와서 스님이 허공으로 올라가는 것을 보았습니다." "이 분은 서천의 아라한(阿羅漢에서 阿아는 不불, 羅漢라한은 生생이다. 다시는 생사의 과보를 받지 아니함이다)인데, 특별히 와서 나의 원상의 종지를 시험한 것이다."

者云 某甲雖覩此種種三昧, 不辨其理. 山云 吾以義爲汝解釋, 此是八種三昧, 覺海變爲義海, 體同名異. 然此義合有因有果, 卽時異

---

21 루지세(㩻至勢): 우는 동작을 하다. 참고로 『종용록』 제77칙에 범어 루지(㩻至)는 제읍(啼泣)이다. 현겁 천불의 일천 왕자가 되는데 끝에 산가지를 얻어 최후에 부처님이다. 곧 울면서 "나는 어찌 박복하여 끝에 산가지를 얻었지. 홀연히 다시 웃으면서 내가 마땅히 999불의 방편과 장엄을 다 취할 것이다(梵語㩻至此云啼泣. 賢劫千佛, 爲千王子, 末後得籌, 最後成佛. 遂啼泣云 我何薄祐, 窮底得籌. 忽復笑云 我當盡取九百九十九佛方便粧嚴)." 하였다. 루지불(㩻至佛)은 또 루지불(樓至佛), 로지불(魯至佛), 로지불(盧至佛)이다. 번역하여 애요불(愛樂佛), 제곡불(啼哭佛)이다. 스님의 루지세는 바로 최후의 부처님을 행동으로 지어 보인 것이다.
22 삼문(三門)'은 삼해탈문으로 공, 무상, 무작을 말하며 절에서는 지계, 수도, 열반을 구하는 자들이 거주하는 곳으로 사원은 한 문이 있어도 삼문으로 부른다.

時, 總別不離隱身三昧也.

    도자가 말하였다. "제가 비록 이 여러가지의 삼매(三昧. 마음이 한 곳에 정하여 움직이지 않음. 또 보는 바의 법을 바르게 받아드리는 것. 착한 마음이 한 곳에 머물러 움직이지 않고 모든 행이 화합함)의 언어를 보았으나 그 이치를 분별하지 못합니다." "내가 뜻으로써 너를 위해 해석하여 주마, 이것은 [23]팔종삼매이고 [24]각해가 변하여 [25]의해가 되니 체는 같아도 이름은 다르다. 그러나 이 뜻은 인과에 합당하니 [26]동시에 이뤄지고 혹은 다른 때에 이뤄지니 전체와 일부는 곧 은신삼매(隱身三昧. 신심을 숨기고 나타내지 않는 선정)를 여의지 않는 것이다."

---

[23] 팔종삼매(八種三昧): 선정은 다 마음의 덕이 되지만 욕계에 소속한 마음은 이 덕이 없으며, 색계 무색계에 속한 심덕이다. 색계와 무색계를 상대하면 선(禪)은 색계의 법이고, 정(定)은 무색계의 법이며 욕계는 산(散)이 된다. 그 가운데 각각 4등급의 분별이 있다. 그러므로 4선4정이라하는데 이는 세간법이 된다. 또 사선팔정(四禪八定)이다. 四禪은 색계천의 선정이다. 색계천의 四禪(초선정. 제2선정. 제3선정. 제4선정)과 무색계천의 四禪(공무변처정. 식무변처정. 무소유처정. 비상비비상처정)을 합하여 八定이다. 색계와 무색계의 선정을 구별하면, 색계의 선정은 定과 혜(慧)가 균등하지만 무색계의 선정은 定은 많고 慧는 적다. 다만 색계의 사선정에 이르려면 반드시 욕계의 산란심을 여의어야 한다. 禪은 선나(禪那)의 약칭이고 뜻은 정려(靜慮. 고요히 생각하다)이다. 定은 삼매(三昧. 산란심을 잠재움)이다.
[24] '각해(覺海)'에서 '각'은 범어로 보리이고, 옛 번역은 도이다. '각'은 각찰과 각오의 뜻이다. '각찰'은 악한 일을 살펴서 아는 것이고, '각오'는 진리를 깨닫는 것이다. 각성은 바다처럼 매우 깊어서 '각해'라고 한다. 또 불교를 말하기도 한다.『불교대사전』참고.
[25] 의해(義海): 아주 심오하고 깊은 바다와 같이 끝없는 이치가 있음이다.
[26] '즉시이시총별(即時異時總別)'에서 '즉시'는 동시로 원을 세움과 동시에 이뤄짐이다. '이시'는 때를 달리하여 이뤄지는 것이다. 오늘 원을 세워 1년이나 3년이 지나서 이뤄짐이다. 그 사이에 어떠한 사물이 없으므로 이도 즉시이다. '총별'은 '총성'과 '별성'으로 전자는 전체로서 무상, 고, 공, 무아 등이며 후자는 일부로서 불은 뜨거운 성질이고 물은 젖는 성질 등이다. 사람은 악한 마음을 가지면 악성이고, 착한 마음을 가지면 선성이다.

3. 오관료오화상여앙산입현문현답[27]

☽此相謂之擧函索蓋相, 亦名半月待圓相, 若將此相問之, 更添半月對之, 乃曰擧函索蓋, 答者以蓋覆函. 故曰函蓋相稱, 以現圓月相也.

☽ 이 모양은 상자를 들고 덮개를 찾는 상이라 이르며, 또 반월대원상(半月待圓相. 반달이 만월을 기다리는 모양)이라 한다. 만일 이 모양으로서 문제를 제시한다면 다시 반월을 첨가하여 대답하고, 이에 상자를 들고 덮개를 찾는다고 하면, 질문에 답하는 사람은 덮개로 상자 위에 덮는다고 한다. 그래서 [28]함개상칭이라고 말하니 만월의 모양을 나타낸 것이다.

⊙此名抱玉求鑑相. 若將此相來問, 即於其中書某字答之, 此相謂之覓良鑑, 答者識玉便下手也.

⊙ 이 모양은 옥을 안고서 거울을 찾는 상이라 한다. 만일 이 모양으로써 문제를 제시한다면, 곧 그 가운데에 아무 글자나 써서 대답하며 이 모양은 좋은 거울 찾음을 이르는 것이니, 질문에 대답하는 사람은 옥석

---

27 五冠了悟和尙與仰山立玄問玄答: 오관료오화상과 앙산선사가 세운 현문현답이다. 오관료오(五冠了悟)선사는 신라 스님으로 헌왕왕3년(859) 당에 가서 앙산선사 법을 받았다.
28 함개상칭(函蓋相稱): 상자와 덮개가 꼭 맞아 두 가지가 일체 둘이 아님의 뜻이다. 부처님이 말씀한 법이 중생의 근기에 꼭 알맞은 경우를 비유함이다. 참고로 『대지도론』 제2권에 "제법이 무량한 것이 지혜도 또한 무량한 것과 같아서 무수무변하여 마치 상자가 크면 덮개도 또한 크고, 상자가 작으면 덮개도 또한 작은 것과 같다(如諸法無量, 智慧亦無量無數無邊, 如函大蓋亦大, 函小蓋亦小)."고 하였다.

으로 인식하고 곧 (찾는 시늉을) 착수하는 것이다.

㊁此名鉤入索續相. 有將此相來問, 但於厶字側添亻字答之, 乃問者鉤入, 答者索續, 乃云續成寶器相也.

㊁ 이 모양은 갈고리를 넣어서 계속 찾는 상이라 이름한다. 이 모양을 가지고 와서 묻는다면, 다만 厶의 글자 곁에 亻의 글자를 첨가해서 대답하고 이에 질문자가 구입(鉤入. 갈고리를 넣는다)한다 하면, 대답하는 사람은 색속(索續. 계속 찾음)해야 하는 것이니, 그래서 계속하여 보배 그릇을 이루는 상이라 이른다.

㊁此名已成寶器相. 若將此相來問, 但於內書土字答之.

㊁ 이 모양은 이미 이룬 보배 그릇의 상이라 한다. 만일 이 모양을 가져와서 묻는다면, 다만 안에다 土(토)의 글자를 써서 대답한다.

㊁此名玄印玄旨相. 獨脫超前眾相, 不著教意所攝. 若是靈利底, 對面分付, 擬之則不見也.

㊁ 이 모양은 현인현지(玄印玄旨. 미묘한 도장과 심오한 뜻)의 상이라 한다. 다만 앞에서 진술한 여러 원상에서 벗어난 것이니 교의(敎意. 교리의 뜻)가 포함한 바에 집착하지 않는다. 만일 영리한 사람이면 면전에서 분부하고 만일 머뭇거리면 보지 못한다.

三祖云 毫釐有差, 天地懸隔. 若不具正眼, 焉能辨此.

²⁹삼조 승찬대사가 말하였다. "털끝의 차이가 있어도 천지 사이로 벌어진다."고 하니 만일 바른 법안을 갖추지 못하면, 어떻게 능히 이 도를 분별할 것인가?

似子期聽伯牙之琴, 如提婆曉龍樹之相, 喩雞抱卵, 啐啄同時. 遲鈍淺流, 卒難頓曉, 如盲視色而轉錯也.

마치 종자기가 백아의 거문고 소리 들음과 같고(종자기와 백아는 춘추시에 인물로 백아는 거문고를 잘 타고 종자기만이 그 소리를 들을 줄 알았다고 함), ³⁰제바(용수보살의 제자)가 용수보살의 체상을 밝힘과 같으니, 비유하면 어미닭이 알을 품고서 병아리가 쪼고 어미닭이 쪼음이 동시에 이뤄짐과 같다. 우둔하고 얕은 부류는 마침내 돌연 깨닫기는 어려우니, 비유하면 맹인이

---

29 삼조승찬(三祖僧璨. ?~606): 40세에 제2조 혜가선사를 만나 법문듣고 풍병이 나았다고 전한다. 시호는 현종이 하사한 감지(鑑智)선사이다. 북주 무제(574)의 불교탄압을 피하고 수나라 문제 때 크게 교화하였다. 수양제 대업2年(606) 10월 15일 라부산 큰 나무아래서 설법을 마치고 서서 죽었다. 『불교대사전』 참고.
30 여제바효용수지상(如提婆曉龍樹之相): 참고로 『불조강목』 제15권에 용수보살이 나중에 남인도에 갔다. 저 나라 사람들은 복업을 많이 믿었다. 용수보살이 말하였다. "세간에서 제일은 불성뿐이다. 너희가 불성을 보고자 하면 먼저 반드시 아만심을 없애야 한다." 저 나라 사람이 질문하였다. "불성은 크냐? 작으냐? 용수보살이 대답하였다. "크지도 작지도 않으며 넓지도 좁지도 아니하며 생사도 없다." 일체대중에게는 오직 법음은 들려도 용수보살의 모습을 볼 수 없었다. 저 대중가운데 장자의 아들인 가나제바(迦那提婆)가 대중들에게 말하였다. "이 모습을 인식하느냐?" "눈으로 볼 수 없는데, 어찌 인식하고 판단할 수 있겠는가?" 가나제바가 말하였다. "이분은 존자이시고, 불성의 체상을 나타내서 우리들에게 보이신 것이다(此是尊者, 現佛性體相, 以示我等)."라고 하였다

색깔을 보고 더욱 틀리는 거와 같다.

4. 변제팔식(辨第八識. 제팔식을 분별하여 논함)[31]

㉾
此是眾生俱有六識, 添空一識, 名爲七識, 識不可得, 名第八識, 亦名八王子, 亦名八解脫, 亦名八丈夫, 總有四八三十二相.

㉾
이 모양은 중생이 다 6식(六識. 안이비설신의식)이 있고, 공일식(空一識. 공말나식으로 제칠식이다. 끊임없이 자기자신을 사랑함)을 더해서 제7식이 되며, 식은 얻을 수 없으니 그래서 아뢰야식은 제8식이라 한다. 또 팔왕자라 하고 또 팔해탈이라 하며 또 팔장부라고 이름하니 모두 사팔삼십이 상이 있다. (참고로 부처님이 갖춘 三十二大人相삼십이대인상이 있고, 다시 32상을 세밀하게 나눈 八十種好팔십종호가 있다. 이는 범속인과는 다른 용모의 특징이다).

此是果相, 因智報德, 亦名八識. 七八二識不相離, 故來爲先鋒, 去爲殿後, 以至追思過去, 攀緣見在, 念慮未來.

---

31 변제팔식(辨第八識): 제팔식을 분별하여 논한 것이다. 유가학파와 법상종 오위법에서의 심법으로 사람의 인식작용을 나눈 것으로 안이비설신의식(眼耳鼻舌身意識)과 말나식(末那識)과 아뢰야식(阿賴耶識)의 여덟개의 식체이다. 뜻만 취할 뿐 연구에 집착은 안 된다.

이것은 ³²과상, 인지(因智. 지혜의 성), 보덕(報德. 보은)이니 또한 제8식을 이름한다. 제7·8의 두 식은 서로 떨어지지 아니한다. 그래서 오면 선봉이 되고 떠나가면 전후(殿後. 후미)가 되어 과거를 도리켜 생각하여 이르기에 현재에 반연이 되고 다가올 미래를 걱정하게 된다.

三細六麤五意六染七識, 分彼分此, 分是分非. 八阿賴耶識, 名爲白淨, 本無瑕玷, 無佛無衆生, 無爾亦無我.

³³삼세(三細), 육추(六麤), 오의(五意), 육염(六染), 칠식(七識)이 이것과 저것이 나뉘고 시시비비가 나뉜다. 제팔아뢰야식은 백정식이라 이름하

---

32 과상(果相): 아뢰야식의 삼상(三相)의 하나이다. '삼상'은 자상(自相), 과상(果相), 인상(因相)이다. 제팔식 자체가 모든 법의 인(因)과 과(果)가 되어 체(體)와 의(義)를 나타낸다. '자상'은 體相이고 나머지 두 상은 義相이다. '과상'은 선악의 업에 의해 얻는 과보이다.
33 삼세육추오의육염칠식(三細六麤五意六染七識): 근본무명(중생이 일법계의 이치를 통달하지 못하여 돌연 망념이 조금씩 움직임)의 '삼세상'은 ①무명업상(無明業相. 진심이 처음의 동작), ②능견상(能見相. 능견의 상), ③업계상(境界相. 소견의 상)이다. 지말무명(근본무명에 의하여 업상이 일어남)의 '육추상'은 ①지상(智相. 식으로 일어나는 환영에 허망하게 지혜가 일어나 제법을 분별하는 법집). ②상속상(相續相. 앞에 智相의 분별을 의지하여 끊임없이 일어나는 법집). ③집취상(執取相. 앞에 고통과 즐거움 등의 경계에서 함께 일어나는 번뇌). ④계명자상(計名字相. 앞에 전도된 분별을 의지하여 가지가지 일어나는 번뇌). ⑤기업상(起業相. 허망한 미혹에 의지하여 선악의 제업을 일으킴). ⑥업계고상(業繫苦相. 선악의 업에 매여서 생사의 고통의 과보에 응함)이다. '오의'는 ①業識. ②轉識. ③現識. ④智識. ⑤相續識의 이 오식은 미세함에서 작은데까지 차례로 의지하여 생기기 때문에 意라 한다. '육염(본래 청정심이 깨닫지 못하여 여섯 가지 오염된 마음)'은 ①집상응염(執相應染. 아집과 심왕이 집착하여 청정심에 오염됨). ②부단상응염(不斷相應染. 끊임없이 상속되어 청정심에 오염시킴). ③분별지상응염(分別智相應染. 분별지와 심왕이 상속하여 청정심을 오염시킴). ④현색부상응염(現色不相應染. 최극의 미세한 심왕과 心所심소를 상응하지 못함). ⑤능견심불상응염(能見心不相應染. 근본무명에 청정심으로 하여 능견이 상이 됨). ⑥근본업불상응염(根本業不相應染. 근본무명에 따라 心體심체가 처음 동작함)이다. '七識'은 우리의 심식을 팔종으로 나눈 가운데 제칠말나식, 제육의식, 전오식. 또는 칠식만을 말한다. 『불교대사전』, 『불광대사전』 참고.

고 본래 티도 없고 흠집도 없으니, 부처님도 없고 중생도 없으며 너도 없고 또 나도 없다.

古德云

賴耶白淨本無愚, 三細分時有六麁.
34(三細六麁說, 見後宗門雜錄中四智第七末那之下)
八萬四千從此造, 大千沙界作凡夫.
夢心桎梏元非有, 病眼空花豈是無.
反掌之間成十善, 依然赤水獲玄殊.

그래서 고덕고승이 게송으로 읊었다.

아뢰야 백정식은 본래 티와 어리석음 없고
삼세(三細)가 나눠질 때 육추(六麁)가 있네.
팔만사천의 모든 중생 이로부터 지으니
대천세계와 항하사계 범부가 지음일세.
꿈같은 심식의 질곡 원래 있는 것이 아니요
병든 눈에 허공의 꽃처럼 어찌 옳으랴?

---

34 본문 중에 '괄호(三細六麁說見後宗門雜錄中四智第七末那之下),' 이는 (근본무명의) 삼세와 (지말무명의) 육추의 설명은 뒤에 종문잡록 가운데 사지(四智)와 제칠말나식 아래서 보인다는 내용이다. 四智는 ①대원경지(大圓鏡智. 제팔식을 돌려 얻는 지혜. 큰 거울에 일체의 색상을 나타냄과 같다). ②평등성지(平等性智. 제7식을 돌려 얻는 지혜. 일체중생의 인연없는 대자대비의 지혜를 일으킴). ③묘관찰지(妙觀察智. 제육식을 돌려 얻는 지혜. 제법의 원융묘리를 관찰하고 중생의 근기에 응하여 묘법을 설함). ④성소작지(成所作智. 전오식을 돌린 지혜. 이익을 위해 갖가지 변화하는 일을 성취시킨다)다.

손바닥 뒤집는 사이 ³⁵십선을 이루고
의연히 ³⁶적수에서 검은 구슬을 얻네.

第八識亦名含藏識, 若是悟底人, 六七因中轉, 五八果位圓. 六識轉爲妙觀察智, 反觀第八識爲不動智, 空無內外, 名大圓鏡智, 卽一體也, 平等性智總號也. 以妙觀察智, 收前六根六塵, 六識十八界, 乃至八萬四千塵勞, 轉爲成所作智, 總歸大圓鏡智, 卽一體也.

제8식 또한 함장식이라 이름하고 만일 깨달은 사람이면, 제6식과 제7식이 수행하는 가운데 돌려서(제칠식은 제팔식을 반연하여 아집이 일어나고, 제육식은 법경에 대해 아집과 법집이 일어난다. 이를 돌려서) 전5식과 제8식의 과위가 원만하다. (제오식과 제팔식은 '나'다 '법'이다 하는 두 집착이 없고, 실법이라고 고집함도 없다. 오식은 변하여 성소작지가 되고, 팔식은 변하여 대원경지가 된다) 제6식이 전변하여 ³⁷묘관찰지가 되고 제8식을 관찰하여 돌리면 부동지(不動智. 동요하지 않는 마음)가 되며, 허공은 안팎이 없으니 대원경지라 이름하여 곧

---

35 십선(十善)은 신구의로 열가지 사악함을 범하지 않는 것이다. 살생하지 않고, 도적질하지 않고, 사음하지 않고, 거짓말 하지 않고, 두 마디 말을 하지 않고, 악담하지 않고, 간교한 말을 하지 않고, 탐욕스럽지 않고, 성내지 않고, 삿된 소견을 버림이다

36 적수(赤水): 수명으로 섬서성 의천현 북쪽에 있다.

37 묘관찰지(妙觀察智): 이는 사지(四智)의 하나이다. 四智는 법상종에서 세운 여래의 四智로 범부의 팔식을 돌려서 여래의 四智가 된다. 1)대원경지(제팔식을 돌려서 얻는 지혜. 대원경 가운데 일체의 색상을 나타냄과 같다). 2)평등성지(제칠식을 돌려서 얻는 지혜. 일체중생의 분별대상이 없는 대자비의 지혜를 일으킴). 3)묘관찰지(제육식을 돌려서 얻는 지혜. 제법의 원융묘리를 관찰하고 중생의 근기에 응해 묘법을 설하여 대안락을 얻게 함). 4)성소작지(오식을 돌린 지혜. 이익을 위해 갖가지 변화하는 일을 성취시킨다)이다. 『불교대사전』, 『불광대사전』 참고.

일체가 되니 평등성지는 총괄해서 부름이다. 묘관찰지로써 앞에 [38]6근 6진 6식의 18계, 나아가서는 팔만사천의 번뇌를 수습하여 돌려서 성소작지가 되니, 모두 대원경지에 돌아가 곧 일체가 된다.

第五識乃記持識, 轉爲成所作智, 成所作智轉入妙觀察智, 妙觀察智轉入平等性智, 平等性智轉入大圓鏡智, 卽一體也. 是相宗師, 若有問難能轉者, 卽轉在那箇識(一作若有問難能轉者阿那箇識).

제5식은 기지식(記持識. 기억해서 가지는 식이다. 마음속에 지니고 있지 않거나 마음에 집착하여 떠나지 아니함)이니 돌려서 성소작지가 되며, 성소작지는 돌려서 묘관찰지에 들어가고 묘관찰지는 돌려서 평등성지에 들어가고, 평등성지는 돌려서 대원경지에 들어가니 곧 일체가 된다. 이 상(相)은 종사가 능전(能轉은 能轉入능전입이다. 능히 돌려서 들어가다. 앞에서 언급한 轉入은 전입하다. 돌아 들어오다. 옮겨오다)에 시비하는 자가 있을 듯하니 곧 어느 식에서 놀리는가? 이다. (다른 본은 '卽轉在那箇識즉전재나개식'이 '阿那箇識아나개식'이다. 뜻은 어느 식인가?)

按楞伽經云 佛誡大慧, 初中後夜, 常以妙觀察智, 當淨現流, 識轉六根, 爲成所作智. 如手仰時, 不應問覆手何在. 亦如氷爲水時, 不卽

---

[38] 육근육진육식(六根六塵六識): 이는 십팔계이다. 六根은 안이비설신의근(眼耳鼻舌身意根)이고, 六塵은 색성향미촉법(色聲香味觸法)의 六境이며, 六識은 안이비설신의식(眼耳鼻舌身意識)이다. 욕계에선 六識이 다 있고, 색계에서 초선천은 眼耳身意 4識만 있고, 鼻舌비설의 2識은 없다. 제2선천 이상은 무색계의 정상에 이르면 오직 意識의식만 있고, 眼耳身의 3識은 없다. 이는 識과 상응하고 선정과 상응하지 않기 때문이다.

有異, 故云 煩惱卽菩提. 據百法惟識二論, 但取其義, 莫著言句也.

살펴보면 『능가경』에 세존께서 대혜보살에게 경계하여 말하였다. "초저녁, 밤중, 새벽에 항상 묘관찰지로서 응당 현류(現流菩提. 마음 생각이 현행으로 끊어지지 않고 물흐르듯이 상속함)를 깨끗이 해야 식이 6근을 돌려서 성소작지가 된다, 마치 손바닥을 위로 펼 때 뒤집는 손이 어디에 있는지의 질문에 응하지 않는 거와 같다. 또 얼음이 물이 될 때 다른 것이 있어서 함께하지 아니함과 같다. 그래서 번뇌가 곧 보리(菩提. 각오. 참고로 번뇌를 확실히 끊지 못하면 보리를 얻을 수 없다)이다." [39]백법유식 두 논에 근거하면 오로지 그 뜻만 취하고 언구엔 집착하지 말라고 한다.

六祖大師偈云

大圓鏡智性淸淨, 平等性智心無病.
妙觀察智見非功, 成所作智同圓鏡.
五八六七果因轉, 但轉其名無實性.
若於轉處不留情, 繁興永處那伽定.

그래서 육조 혜능대사가 게송으로 읊었다.

---

[39] '백법유식이론(百法惟識二論)'에서 '백법'은 『대승백법명문론약록』이고 '유식'은 『성유식론』으로 두 논이다. (전자는 세친이 지은 『백법론』이고, 후자는 『유식론』으로 세친이 지은 『유식삼십송』에 호법 등 유식의 16론사가 각각 주석을 지었다. 인도에서 돌아온 현장법사가 16론사의 전문을 번역했으나 제자인 규기스님이 호법론사의 관점으로 삼았다). 『불교대사전』, 『불광대사전』 참고.

대원경지는 거울처럼 맑고 깨끗하며
평등성지는 자비심에 병폐가 없고
묘관찰지는 드러나는 공이 아니요
성소작지는 훤히 비추는 원경과 같네.
제5·8·6·7식이 인과에 전변하나
다만 그 이름 돌리면 실성은 없네.
만일 변하는 곳에 정을 두지 않으면
번성하여 영원히 [40]나가정에 처하네.

(六妙七平因地轉, 五成八大果中圓)

(이는 암기를 위해 지은 칠언시의 2구로 이해한다. 즉 제육식의 묘관찰지와 제칠식의 평등성지는 성불하려고 불도를 수행하는 지위로 변화하고, 제오식의 성소작지와 제팔식의 대원경지는 과위에서 원만하다. 참고로 묘관찰지는 범부의 제육식을 돌려서 불과에 이르러 제법을 관찰하고 설법하는 지혜이다. 평등성지는 범부의 제칠식을 돌려 평등의 이치를 증득하여 늘 대자비심을 실천하는 지혜이다. 성소작지는 전오식을 돌려 일체 범부와 이승류에 이익을 위해 여러가지 변화하는 일을 이루는 지혜이다. 대원경지는 범부의 제팔식을 돌려 대원경과 같은 지혜이다)

5. 앙산임종부법게 (仰山臨終付法偈)[41]

---

[40] 나가정(那伽定)은 용으로 변신하여 깊은 연못에 정지하는 것으로 부처님의 선정이다.
[41] 앙산혜적선사가 임종시에 법을 부촉한 게송이다. 위 시 외에 선적시 한 수가 더 있다. 이는 참고로 『오등회원』 제9권에 "내 나이 일흔 일곱 / 덧없이 오늘에 있네 / 해가 마침 정

一二二三子,　　　하나 둘둘 셋 제자들
平目復仰視,⁴²　　평상시 다시 우러러 보고
兩口無一舌,⁴³　　두 입에 한 마디도 없으니
此是吾宗旨.　　　이것이 우리 종의 종지이다.

1) 용담지연위사송(龍潭智演爲四頌)⁴⁴

一二二三子,　　　하나 둘둘 셋 제자들
㊚ 牛字淸風起, 우,　우자에서 청풍이 일어
㊛ 佛來勘不就, 불,　부처님 와도 감변할 수 없으니
㊙ 人乃爭綱紀. 인,⁴⁵　사람들은 이에 이치를 다투네.

平目復仰視,　　평상시 다시 우러러보고
兒孫還有異,　　아손들은 또한 다름이 있어
未辨箇端倪,　　하나 끝을 분별하지 못하니
出門俱失利.　　문 나서면 모두 이익을 잃네.

오가 되어 / 두 손으로 굽은 두 무릎 당기네(年滿七十七, 無常在今日. 日輪正當午, 兩手攀屈膝.)."
42 평목(平目)은 백화전역『오등회원』에서 평시(平時)로 번역한다. 평소, 평상시의 의미다.
43 양구무일설(兩口無一舌): 두 입이 있어도 한 혀도 없다는 의미로 이는 위산과 앙산 두 선사를 상징적으로 표현하여 '말이 없다' 이다. 또는 '말씀이 있다, '말씀이 없다' 둘 다 부정하는 의미이며, 또 언어를 사용하여 표현하기가 어렵다는 뜻도 담겨 있다.
44 앙산선사의 부법게송을 용담지선사가 오언의 시어를 넓혀서 읊은 게송으로 네 수이다.
45 일이삼자 … 인내쟁강기(一二二三子 … 人乃爭綱紀): 이는 앙산선사의 임종부법게에서 첫 구를 게송에서의 요점으로 삼고 이 가운데 牛, 佛, 人의 세 원상의 큰 뜻을 보인 것이다.

兩口無一舌,	두 입에 한 마디도 없으니
止止不須說,⁴⁶	다만 그쳐 말이 필요 없고
西天僧到來,	서천에서 스님이 와서는
烏龜喚作鼈.	거북이더러 자라라 하네.

此是吾宗旨,	이것이 우리 종의 종지요
揚聲囉囉哩,	소리내어 라라리 라라리
鏡智出三生,⁴⁷	경지에서 삼생이 나왔으니
吹到大風止.	큰 바람이 불다가 그치네.

6. 삼연등(三燃燈)⁴⁸

---

46 지지불수설(止止不須說): 참고로 『묘법연화경』에 "그만 그만 말이 필요없다. 내 법은 미묘하여 헤아리기 어렵다. 모든 증상만을 가진 자들은 듣고도 기필코 공경하여 믿지 않는다(止止不須說 我法妙難思 諸增上慢者 聞必不敬信)."고 하였다. 이는 세존께서 읊은 게송이다.

47 삼생(三生): 앞에서 언급한 위산선사가 세운 상생(想生), 상생(相生), 유주생(流注生)이다. 또 삼세(과거 현재 미래)에 다시 태어나는 의미도 있다. 여기선 전자의 뜻이다.

48 '삼연등(三燃燈)'은 '연등전', '연등후', '정연등'이다. 바로 등불을 붙이기 전과 등불을 붙인 이후와 밝히고 있는 정연등이다. 조산선사가 제창한 가르침 또는 앙산선사의 가르침으로 수행의 향상단계를 셋으로 나누어 표시한 것이다. 이 가운데 '정연등'이 가장 수승하다. 참고로 『萬法歸心錄만법귀심록』 하권에 문답에서 "무엇이 연등전입니까?" "본체는 고요하다." "무엇이 연등후입니까?" "작용하여 비춤이다." "무엇이 정연등입니까?" "고요히 비춤이다(問 如何是燃燈前. 答曰 體寂. 問 如何是燃燈後. 答曰 用照. 問 如何是正燃燈. 答曰 寂照)." 또 『五燈全書오등전서』 제41권에 오조법연(?~1104. 백운수단선사의 법을 받음)선사가 상당하자 학인이 질문하였다. "무엇이 연등전입니까?" "사람으로 하여금 의심하게 한다." "무엇이 정연등입니까?" "정반성을 잘못 인식한다." "무엇이 연등후입니까?" "한바탕 부끄러워한다(上堂. 僧問 如何是燃燈前. 師曰 令人疑著. 如何是正燃燈. 師曰 錯認定盤星. 如何是燃燈後. 師曰 一場懷懼)." '연등'은 연등불을 뜻하나 본래 구족한 불성에 비유한다. 『불교대사

三燃燈, 見曹山錄中, 非仰山語也. 曹山云 然燈前有二種, 一未知有, 同於類血之乳. 一知有, 猶如意未萌時, 始得本物, 此名燃燈前.

삼연등은 조산본적선사의 어록에서 보이니 앙산혜적선사의 말은 아닙니다. 조산선사가 이르되 "연등전(燃燈前. 본래 구족한 불성이 있는데도 모르는 상태)에 두 가지가 있다. 하나는 미지유(未知有. 아직 여래자성이 있다는 것을 알지 못하니 금수에 비유한다)이니 피와 유사한 젖과 같다. (『열반경가섭품』에 말하였다. '중생의 불성은 붉은 피가 섞인 젖과 같다. 피는 무명, 행 등의 일체 번뇌이고 젖은 좋은 오음이다'). 하나는 지유(知有. 여래자성이 있다는 것을 알지만 다만 여전히 발심하여 불법을 배우지 않는다)이니 오히려 의식이 일어나지 아니할 때 비로소 **⁴⁹**본물(本物. 본래 물건)을 얻음과 같으니 이것이 연등전이라 한다.

一種知有, 往來言語是非聲色, 亦不屬正照用, 亦不得記, 同類血之乳, 是漏失邊事, 此名燃燈後. 直是三際事盡, 表裏情忘, 得無間斷, 此始得正燃燈, 乃云得記. (此說見祖庭事苑, 旣前收在潙仰宗, 不欲移動也)

전」, 『선학사전』 등에선 연등을 불성에 비유하여 설명한다. 그러나 참고로 『가산불교대사림」에선 "연등을 불성과 연결하여 해설하는 경향이 있지만 이는 억측이다."라고 하였다.
49 시득본물(始得本物): '비로소 본래 물건을 얻는다.' 본래 물건은 무엇인가. '다 자란 형상인가.' 또 다 자란 형상은 무엇인가. 『한어대사전』에 '본물은 양곡(本物糧穀也)'이라 했다. 인류에게 주요한 것은 양식일 것이다. 양식의 양분을 섭취하기 때문에 이 육신이 주어진 시간만큼은 살아 움직인다. 여기서의 '본물'은 무엇인가. 본래 가지고 있는 심성 즉 본래면목을 말하는 것은 아닌가. 의식이 일어나지 아니할 때는 본성에 접근한 상태라고 가설할 수 있지만, 의식이 싹이 트기 시작하면 차별상이 일어나기에 본성과는 멀어지게 되는 것은 아닌가. '정연등(正燃燈)'의 질문에 오조법연선사가 대답한 '고요히 비춤'이 바로 '고요히 본성에 접근'을 말하는 것은 아닌가.

일종의 지유(知有. 여래자성이 있다는 것을 알지만 다만 여전히 발심하여 불법을 배우지 않는다)는 오고가는 언어시비와 성색 또한 정조용(正照用. 올바르게 비추고 작용함. 간파와 지도)에도 속하지 아니하며, 또한 기록할 수도 없으니 피와 유사한 젖과 같고 누실된 일이니 이것은 연등후(燃燈後. 불성을 알고 있어도 수행이 철저하지 않은 상태)라 한다. 다만 삼제(과거 현재 미래)의 일이 다하고 안팎에 식정도 잊고 끊어짐 없음을 얻어서야 이것이 비로소 정연등(正燃燈. 본래 구족하고 있는 불성을 확인하여 종내 경지에 안주하고 있는 상태)을 얻게 되니 곧 기록할 수 있다고 말한다.

(이 설명은 『조정사원』에서 보이고 이미 전에 위앙종에서 받아드려 옮기고자 아니했다)

6-1. 고덕송(古德頌. 고덕고승의 삼연등에 대한 게송)

1) 연등전(然燈前)

解行分明珠走盤,[50] 　해행이 분명하여 구슬이 소반에 구르듯
未能透脫幾多難.　　 뚫고 나갈 수 없으니 얼마나 어려운가.
如瓶注水無遺漏,　　 마치 병에 물을 쏟아 흘리지 않듯이
隔海風光冷眠看.[51] 　바다에 막힌 풍광 냉철한 눈으로 보네.

2) 정연등(正然燈)

---

[50] 해행(解行): 지해(知解)와 수행. 이치를 이해하고 수행을 실천하는 것이다. 참고로 『승만보굴』 중에 '해행으로 말미암아 성취하여 초지에 들어간다(由解行成就得入初地)'고 하였다.
[51] '냉면(冷眠)'이 다른 본은 '냉안(冷眼)'이다. '냉안'은 냉철한 눈으로 지혜를 말한다.

不見明珠不走盤,[52] 구슬이 소반에서 구르지 않음 보지 못하고
良天靜夜黑漫漫. 좋은 날 고요한 밤에 어둠이 아득하다.
古今十世無增減, 고금 삼백년에 덜거나 보탬이 없으니
拈起牛頭尾上安. 소머리 잡고서 꼬리 위에 앉음일세.

3) 연등후(然燈後)

問處分明答處親, 묻는 곳 분명하고 답하는 곳 적절하니
塵塵刹刹總逢君. 끝없는 세계에서 언제나 그대를 만나네.
一聲黃鳥靑山外, 꾀꼬리 노래 소리 청산 밖에 들리고
占斷風光作主人.[53] 풍광 전부를 차지하여 주인이 되었네.

7. 삼조어(三照語. 香嚴. 향엄선사가 읊은 삼조어)

1) 본래조(本來照. 불성이 비추고 감춤은 비밀스럽다)

擬心開口隔山河, 마음 헤아려 말하면 산하처럼 막히고
寂默無言也被呵. 고요히 말이 없어도 꾸지람 당하리라.
舒展無窮又無盡, 펼치면 끝이 없고 또한 다함 없으니
卷來絶迹已成多. 거두어 자취 끊어도 이미 이뤄짐 많네.

---

52 '명주(明珠)'는 명월주로 밝은 달과 같다하여 물을 맑히는 덕이 있다. 또 불성을 상징함.
53 점단풍광(占斷風光): '점단'은 전부를 점유(全部占有)하다. 장악하다. 차지하다. 점거하다. '풍광'은 경치. 풍경이다. 『한어대사전』 참고.

2) 적조(寂照. 각오한 지혜라야 불성을 비춰볼 수 있다)

不動如如萬事休,　움직이지 않고 여여하여 만사가 쉬고
澄潭徹底未曾流.　맑은 못은 철저히 아직 흐른 적 없네.
箇中正念常相續,　저 가운데 올바른 상념 늘 상속하니
月皎天心雲霧收.　달 밝은 중천에 안개 구름 거두었네.

3) 상조(常照. 만법은 하나의 常理상리를 벗어나지 않는다)

四威儀內不曾虧,　행주좌와 안에 흩으러진 적 없었고
今古初無間斷時.　고금에 애시당초 끊어진 때 없었네.
地獄天堂無變異,　지옥이나 천당에 변이함이 없으니
春回楊柳綠如絲.　봄이 오면 버들은 푸른 실 같더라.

8. 위앙문정(潙仰門庭. 위앙종의 종지)

潙仰宗者, 父慈子孝, 上令下從. 爾欲捧飯, 我便與羹. 爾欲渡江, 我便撑船. 隔山見烟, 便知是火. 隔牆見角, 便知是牛.

위앙종은 부모가 사랑하고 자식이 효도를 다 하여 위에서 영을 내리면 아래서 따르는 것이다. 네가 밥을 먹고자하면 나는 곧 (너를 위해) 국을 가져오며, 네가 강을 건너고자 하면 나는 곧 (너를 위해) 배에 노를 젓는다.

산이 막혀도 연기를 보면 곧 불인 줄을 알며, 담이 막혀도 뿔을 보면 소인 줄을 안다. (불과 소는 체이고 연기와 뿔은 용이다. 이는 체와 용을 설명한 것이다)

潙山一日普請摘茶, 次謂仰山曰 終日只聞子聲, 不見子形. 仰山撼茶樹. 潙山云 子只得其用, 不得其體. 仰曰 和尙如何. 師良久. 仰曰 和尙只得其體, 不得其用. 潙山云 放子三十棒.

위산선사가 하루는 대중이 울력하여 차 잎을 따는데 앙산선사에게 말하였다. "종일 오로지 그대 목소리만 들리고 그대의 형체를 보지 못한다." 앙산선사가 차나무를 흔들었다. 위산선사가 말하였다. "그대는 다만 그 작용만을 얻고 그 본체는 얻지 못했다." 앙산선사가 말하였다. "스님께선 어떠합니까?" 위산선사가 양구(良久. 잠시 침묵함)로서 답하였다. 앙산선사가 위산선사에게 말하였다. "스님께선 다만 본체만 얻고 그 작용은 얻지 못했습니다." 위선선사가 말하였다. "그대에게 30방을 주겠다."

(참고로 여기서 스승과 제자가 체와 용으로 법담을 나눈다. 끝 구에 "30방을 준다"한 것은 체와 용은 본래 같다는 의미이다. 일상이 수행의 연속임을 보여준다. 흘려버릴 수 있는 언구들을 기록하여 천년의 시공을 넘어 눈으로 듣고 미소짓게 하는 이도 훌륭하다)

乃至仰山過水, 香嚴點茶, 推木枕, 展坐具, 揷鍬立, 擧鍬行. 大約潙仰宗風, 擧緣卽用, 忘機得體, 不過此也. 要見潙仰麽. 月落潭無影, 雲生山有衣.

(위앙종의 종풍은) 그 위에 ⁵⁴앙산선사가 물을 건넘으로 하여 깨닫게 하고, ⁵⁵향엄선사가 차를 끓여서 가져오고, ⁵⁶목침을 내밀고, ⁵⁷좌구를 펴고, ⁵⁸가래를 세우고 섰다가 가래를 들고 가버렸다. (이는 법거량의 예를 든 것

---

54 앙산과수(仰山過水): 참고로 『오등회원』 제9권의 위산영우선사 어록에 위산선사가 "일체중생은 불성이 없다."하고, "염관선사는 "불성이 있다."고 하였다. 염관선사 문하에 두 스님이 탐문하러 위산에 갔다. 위산선사가 대단하지 않다고 여기고 경만심을 냈다. 인하여 앙산선사와 한담을 나눌 적에 말하였다. "사형은 부지런히 불법을 배운다 함은 달리 농담이지요." 앙산선사가 손으로 원상을 지었다. 그리고 말하였다. "우리 사형이 부지런히 배우는 불법을 농담으로 돌리지 마라." 두 스님이 염관으로 돌아가다가 한 스님은 30리 가서 물을 건너다 위산선사가 말한 "일체중생은 불성이 없다"는 말을 깨닫고 위산으로 돌아갔다. 한 스님은 계속 가다가 물을 건너다 위산선사의 말을 깨닫고서 위산으로 돌아갔다(潙山示衆曰 一切衆生皆無佛性. 鹽官示衆曰 一切衆生皆有佛性. 鹽官有二僧往探問, 旣到潙山, … 若生輕慢, 因一日與師言話次, 乃勸曰 師兄須是勤學佛法, 不得容易. 師乃作此○相 以手拓呈了. … 師曰 吾兄直須勤學佛法, 不得容易. 時二僧却回鹽官行三十里, 一僧 … 當知潙山道, 一切衆生皆無佛性, 便回潙山. 一僧更前行數里, 因過水忽然有省 … 亦回潙山).

55 향엄점다(香嚴點茶): 참고로 『오등회원』 제9권의 위산영우선사의 어록에 향엄선사가 문후드리니 "내가 방금 꿈을 꾸었는데 혜적이 나를 위해 원래대로 하였다. 너도 나를 위해서 원래대로 보여라." 향엄선사가 차를 한잔 끓여왔다(香嚴亦來問訊. 師曰我適來得一夢, 寂子爲我原了, 汝更與我原看. 嚴乃點 椀茶來).

56 추목침(推木枕)의 참고로 『오등회원』 제9권의 앙산혜적선사 어록에 한 스님이 질문하였다. "법신도 설법을 할 수 있습니까?" 앙산선사가 말했다. "나는 말할 수 없다. 별도로 한 사람이 말할 수 있다." "말할 수 있는 사람은 어디에 있습니까?" 앙산이 목침을 내밀었다. 위산이 이를 듣고 "혜적이 칼날 위의 일을 작용하였다(僧問曰身還解說法也無. 師曰我說不得, 別有一人說得. 曰說得底人在甚麼處. 師推出枕子. 潙山聞曰 寂子用劍刃上事)."고 하였다.

57 전좌구(展坐具): 참고로 『전등록』 제11권의 앙산혜적선사 어록에 앙산선사가 암두선사를 찾아 뵈었다. 암두선사가 불자를 들어 세우니 앙산선사는 좌구를 폈다. 암두선사가 불자를 등 뒤에 두니 앙산선사는 좌구를 어깨에 메고 나갔다. 암두선사가 "나는 네가 놓아버리는 것은 허락하지 않는다. 다만 네가 거두는 것을 허락한다(後參巖頭, 巖頭擧起拂子. 師展坐具. 巖拈拂子置背後. 師將坐具搭肩上而出. 巖云我不肯汝放, 只肯汝收)."고 하였다.

58 삽초립거초행(挿鍬立擧鍬行): 참고로 『전등록』 제11권에 위산선사가 앙산선사에게 질문하였다. "어디서 오느냐?" 앙산선사가 말하였다. "밭에서 옵니다." "밭에 사람이 몇이냐?" 앙산선사가 가래를 꽂고 차수하고 서있다. 위산선사가 말하였다 "남산에 많은 사람들이 띠(다른 본은 茅가 茆이나 통자이다)를 벤다." 앙산선사가 가래를 들고 가버렸다(祐忽問師什麼處

이다) 대략 위앙종의 종풍은 기연을 들면 곧 작용이 되고, 기연을 잊어야 본체를 얻는 이것에 지나지 않다. 꼭 위앙종을 보려고 하느냐? 달이 지니 연못에 달 그림자 없고, 구름이 일어나니 산이 옷을 입은 듯하다.

(여기서도 달과 산은 체이고, 그림자와 구름은 용이다)

1) 요결(要訣. 위앙종의 불법 대의. 산당순선사가 지음)

江西潙仰深究此宗, 只因灰火撥開, 便見柴頭發現. 淨瓶踢倒, 嬴得潙山. 使得地於出井之時, 奮大機於撼門之際. 揷下鍬子, 不妨人數分明. 推出枕頭, 正用劍刃上事. 具險崖句, 有陷虎機. 大禪佛與四藤條, 令行有據.

강서의 위산과 앙산에서 (일어난) 위앙종을 깊이 궁구하면, [59]단지 잿불을 헤쳤기 때문에 곧 섶에서 불씨 일어남을 보았다. [60]정병을 걷어차

去來. 師曰田中來. 祐曰田中多少人. 師揷鍬而立. 祐曰今日南山大有人刈茅在. 師擧鍬而去).

59 회화발개, 시두발현(灰火撥開, 柴頭發現): 참고로『전등록』제9권에 백장회해선사와 위산영우선사의 문답이 있다. 백장선사가 말하였다. "너는 화로를 헤쳐 보아라. 불씨가 있는지." 위산선사가 불을 헤치고 말하였다. "불씨가 없습니다." 백장선사가 일어나서 친히 재를 헤치고 작은 불씨를 찾아 들고서 말하였다. "이건 불씨가 아니냐?" 이에 위산선사는 깨달음이 있었다(百丈云汝撥鑪中有火否. 師撥云無火. 百丈躬起深撥得少火, 擧以示之云, 此不是火. 師發悟禮謝).

60 정병척도(淨瓶踢倒): 참고로『종감법림』제39권에 백장선사가 위산에 주석할 적임자를 정하려고 하는데, 제1수좌인 화림과 다툼이 있었다. 인하여 백장선사는 문제를 냈다. 정병을 가르치며 말하였다. "정병이라고 불러서는 안 된다". 먼저 화림수좌에게 질문하였다. "너는 무엇이라고 부르겠느냐?" 화림이 말하였다. "나무 말뚝이라 불러서는 안 됩니다." 백장선사는 위산에게 질문하였다. 위산은 정병을 발로 차버리고 곧 나갔다. 백장이 말하였다. "제일수좌가 졌다(因指淨瓶曰, 不得喚作淨瓶, 汝喚作什麼. 林曰不可喚作木[木+突]也.

서 넘어뜨리고 위산에 주지를 획득하였다. ⁶¹천길의 갱도에서 나올때 땅을 얻게 하였고, ⁶²문짝을 흔들 때에 크게 기봉을 떨쳤다. ⁶³가래를 꽂으니 사람의 수가 해롭지 않음이 분명하다. 목침을 밀어내고 바로 칼날 위의 일을 작용하였다. ⁶⁴험애구를 갖추었고 호랑이를 잡는 기민함을 가졌

丈問師, 師踢倒淨甁便出. 丈曰第一座輸却山子了也)." 하여 위산선사를 위산으로 보내게 되었다.
61 득지(得地): 참고로 『오등회원』 제4권에 앙산선사가 탐원선사에게 질문하였다. "어떻게 해야 천길 되는 갱도 안에 있는 사람을 나오게 할 수 있습니까?" 탐원선사가 말하였다. "쯔쯔, 어리석은 놈, 누가 갱도 안에 있느냐?" 앙산선사가 다시 위산선사에게 같은 질문을 하였다. 위산선사가 불렀다. "혜적아." "네." "나왔다." 앙산선사가 앙산에 주석한 뒤에 평소 앞에 말을 대중에게 제시하여 말하였다. "내가 탐원선사 처소에서 이름을 얻었다면, 위산선사 처소에서 지위를 얻었다(山後問耽源, 如何出得井中人. 源曰 咄癡漢, 誰在井中. 山復問潙山, 潙召慧寂. 山應諾. 潙曰出也. 仰山住後, 常擧前語謂眾曰 我在耽源處得名, 潙山處得地)."
62 감문(撼門): 참고로 『오등회원』 제3권 백장선사 어록에 사마투타가 백장의 야호화를 제시하여 전좌(위산선사)에게 질문하였다. "너는 어떻게 이해하느냐?" 전좌가 문짝을 세 번 흔들었다. 사마선사가 말하였다. "아주 추한 물건이다." "불법은 (추하다는 등) 이러한 도리가 아닙니다(司馬頭陀擧野狐話問典座, 作麼生. 座撼門扇三下. 司馬曰大麤生. 座曰佛法不是這箇道理)." 사마선사는 백장선사에게 위산에 제일수좌 화림보다 위산선사를 천거한 인물이다
63 주(註) '58' 참고 요.
64 험애구(險崖句): 참고로 『임제선사어록』에 황벽선사가 임제선사한테 한 주먹 맞고는 "이 미친놈이 호랑이 수염을 뽑는구나(這風顛漢, 却來這裏捋虎鬚)."라고 하였다. 또 『百丈大智禪師語錄백장대지선사어록』에 백장회해(749~814)선사가 황벽희운선사에게 질문하였다. "어디서 오느냐?" "산 아래 버섯채취하다 옵니다." "산 아래 호랑이가 있는데 너는 또한 보았느냐?" 황벽선사가 엎드려 곧 호랑이가 으르렁거리는 소리를 지었다. 백장선사가 허리에서 도끼를 취하여 찍는 자세를 지었다. 황벽선사가 왈칵 잡아 쥐고는 곧 한번 후려쳤다. 백장선사가 저녁에 상당하여 이르되 "대중이여, 산 아래 한 마리 호랑이가 있으니 너희 모두는 출입하는데 조심하라. 나는 오늘 아침 친히 한 입 물렸다." 나중에 위산선사가 이 황벽호화(黃檗虎話)를 앙산선사에게 너는 어떻게 생각하느냐?" 하니 "호랑이 머리를 탔을 뿐만아니라, 또한 호랑이 꼬리를 잡았다 놓았다 합니다." 이에 위산선사가 "혜적은 매우 '험애구'를 가졌다(師問黃檗 甚處來. 檗云 山下採菌子來. 師云 山下有一虎子, 汝還見麼. 檗便作虎聲. 師拈腰下取斧, 作斫勢. 檗約住便掌. 師至晚上堂云 大衆, 山下有一虎子, 汝等諸人, 出入好看. 老僧今朝親遭一口. 後潙山問仰山, 黃檗虎話作麼生. … 仰山云 不唯騎虎頭, 亦解把虎尾. 潙山云 寂子甚有險崖之句)."

다. (이는 위산선사가 앙산선사를 칭찬한 연구이다) [65]대선불은 사등조와 행으로 하여금 근거에 두었다.

涅槃經總是魔說, 貴子眼明, 暗合機輪, 混融境致. 圓相中貴大家唱和, 原夢處勝鷲子神通. 脇下書字, 而頭角崢嶸. 室中驗人, 而師子腰折. 離四句絶百非, 一槌粉碎.

『열반경』에 모두 마구니의 말이요, 그대의 눈이 밝음을 귀히 여기니 몰래 기륜(機輪. 수행자를 인도하는 수단이 자유분방한 것을 바퀴에 비유함)에 합하여 혼연일체의 경지이다. 원상 가운데 모두가 창화(唱和. 원상으로 문답하고 시어로서 주고 받음)를 귀히 여기고, [66]꿈 꾼 것은 원래 추자(사리자)의 신

---

[65] 대선불사등조(大禪佛四藤條): 참고로『선종송고연주통집』제27권에 경통선사가 처음 앙산선사를 찾아뵈니, 앙산선사는 눈을 감고 앉았다. 경통선사가 오른발을 들고 서서 말하였다. "이와 같고 이와 같다. 서천의 이십팔조도 또한 이와 같고 중국의 육조도 이와 같고 스님도 이와 같고 나도 이와 같다." 앙산선사가 일어나서 등나무로 네 번 후려쳤다. 경통선사는 이로부터 스스로 집운봉 아래 '사등조' 천하에 '대선불'이라고 하였다. 경통선사가 곽산선사 처소에 이르러 스스로 "집운봉아래 사등조 천하에 대선불이 참여하였다."고 하니 곽산선사가 유나를 불러서 종을 치게 하였다. 경통선사는 빠른 걸음으로 떠났다(景通禪師初參仰山, 山閉目坐. 師翹起右足曰, 如是如是. 西天二十八祖亦如是, 中華六祖亦如是. 和尚亦如是, 景通亦如是. 山起來打四藤條, 師因此自稱集雲峯下, 四藤條天下大禪佛. 師曾到霍山和尚處, 自稱集雲峯下, 四藤條天下大禪佛參. 霍山喚維那打鐘著, 師驟步而去). 선사는 앙산선사의 법을 이었다.

[66] 원몽(原夢): 참고로『오등회원』제9권에 위산선사가 졸고 있는데 앙산선사가 문후드리니 위산선사가 얼굴을 돌려 벽쪽을 향했다. 앙산선사가 말하였다. "스님께선 어째서 이와 같이 합니까?" 위산선사가 일어나서 말하였다. "내가 방금 꿈을 꾸었는데 너는 시험삼아 나를 위해 원래대로 보여라." 앙산선사가 대야에 물을 가져왔다. 위산선사가 세면을 하고 잠시 있자, 향엄선사가 이르러 문후드리니 "내가 방금 꿈을 꾸었는데 혜적이 나를 위해 원래대로 하였다. 너도 나를 위해서 원래대로 보여라." 향엄이 차를 한잔 끓여왔다. 위산선사가 "그대 둘의 견해는 사리자보다 낫다(師睡次, 仰山問訊, 師便回面向壁. 仰曰和尚何得如此. 師起曰 我適來得一夢, 你試爲我原看. 仰取一盆水, 與師洗面. 少頃, 香嚴亦來問訊. 師曰我適來得一

통보다 수승하다. ⁶⁷겨드랑이 아래 다섯 글자를 쓰니 특출하고 남보다 빼어났다. ⁶⁸실내에서 학인을 시험하니 사자의 허리가 부러졌다. ⁶⁹사구를 여의고 백비가 끊어지니 철퇴 한번에 다 쳐부수었다.

有兩口無一舌, 九曲珠通. 當機要辨宗猷, 爲人頗多落草. 道傳千古, 名振兩山, 雖然枝派流離, 誰見眞機儼爾. 此潙仰宗風也.

두 입이 있어도 한 마디 없으나 구비구비 구곡에 구슬이 통한다. ⁷⁰근

夢, 寂子爲我原了, 汝更與我原看. 嚴乃點一椀茶來. 師曰二子見解, 過於鷲子)."고 하였다.

67 협하서자(脇下書字): 참고로 『오등회원』 제9권에 위산선사가 상당하여 말하였다. "노승이 백 년 뒤에 산 아래 시주 집의 한 마리 암소가 되는데 오른쪽 옆구리에 '일두수고우(一頭水牯牛)'의 다섯 글자를 쓴다(上堂 老僧百年後, 向山下作一頭水牯牛, 左脇下書五字)." 하였다.

68 사자요절(師子腰折): 참고로 『오등회원』 제9권의 앙산혜적선사 어록에 위산선사가 태상좌에게 질문하였다. "백억 털 끝에 백억의 사자가 나타났다고 하니 어찌 상좌가 말한 것이 아니냐?" 태상좌가 말하였다. "그렇습니다." "바로 나타날 때는 털 앞에 나타나느냐? 털 뒤에 나타나느냐?" "나타날 때는 전후를 말하지 않습니다." 위산선사가 껄껄 웃었다. 앙산선사가 말하였다. "사자의 허리가 부러졌다(潙遂問 百億毛頭百億師子現, 豈不是上座道. 泰曰是. 師曰正當現時 毛前現毛後現. 泰曰現時不說前後. 潙山大笑. 師曰師子腰折也)."

69 사구백비(四句百非): 사구는 사구게와 같다. 만유제법을 유(有)와 공(空)으로 판정할 적에 1구는 유문(有門)이고, 제2구는 공문(空門)이며, 제3구는 유문(有門)이고 공문(空門)이며, 제사구는 유문(有門)도 아니고 공문(空門)도 아니다. 다시 제5구는 없다. 百非에서 百은 대수이고 非는 비유(非有)와 비무(非無) 등의 부인을 말한다. 부정을 거듭해도 사물의 진상은 알기 어려우며 유무의 견해에 걸리지 않게 함이다. 『불교대사전』 참고.

70 당기요변종지, 위인파다낙초(當機要辨宗猷, 爲人頗多落草): 참고로 『오등회원』 제9권에 앙산선사가 왕망산에서 법회할 적에 한 스님에게 질문하였다. "요즘 어디를 떠났느냐?" "여산입니다." "오로봉은 가서 이른 적이 있느냐?" "이른 적이 없습니다." "고승은 산수를 유람한 적이 없다(師後開法王莽山, 問僧近離甚處. 僧廬山 師曰曾到五老峯麼. 曰不曾到. 師曰闍黎不曾遊山)." 이에 대해 운문선사가 "이 말은 다 자비심이 되는 연고로 부드러움이 있는 말씀이다(雲門云此語皆爲慈悲之故, 有落草之談)."하였다. 종유(宗猷)는 종지. 낙초(落草)는 도적이다. 『水滸傳』 제2회에 "부득이해서 산에 올라 도적이 된다(落不得已上山落草)." 『중문대사전』 참

기에 맞게 심오한 뜻을 분별하고 시험하여 학인을 위해 꽤 많이 부드럽게 하였다. 도는 영원히 전하고 명성은 위산과 앙산 두 산에서 떨쳤으며, 비록 분파되고 유리되었으나 누가 진정 심기의 날카로운 활용을 엄수히 볼 것인가? 이것이 위앙종의 종풍이다.

2) 고덕강종송(古德綱宗頌. 고덕고승이 위앙종의 핵심에 대한 게송)

賣金須遇買金人,	금을 팔면 꼭 금을 사는 사람 만나고
酬價高低總不親.	가격의 높낮음 모두 친절하지 않네.
紅線兩條穿海嶽,	붉은 실 두 가닥이 바다와 산을 꿰니
澄湖萬頃蘸星辰.	맑은 호수 만경에 성신이 잠겼더라.
隱顯盤中抛玉枕,	숨었다 나타났다 소반에 옥침 던지니
方圓席上拂機塵.	장소와 자리에 심기의 번뇌를 없앤다.
天關撥轉移門戶,	천관지축이 회전하니 가문이 바뀌고
誰肯吞聲出巨秦.[71]	뉘 기꺼이 소리 삼켜 거진을 벗어나랴.

(一作惟有吞聲非)

(다른 본에 '誰肯吞聲수긍탄성'이 '惟有吞聲유유탄성'이나 이는 아니다)

고. 또 초심자가 알기 쉽게 문장을 부드럽게 하는 의미도 있다. 번역에선 후자를 따랐다.
[71] '거진(巨秦)'은 『천동홍각민선사어록』 10권에 "무엇이 주중빈 입니까?"라는 질문에 "노자가 소를 타고 거진을 떠났다."고 하였다. '如何是主中賓. 師云老子騎牛出巨秦.' 이에 근거하여 거진은 거대해지는 진나라이다. 노자는 춘추말기 초나라 인물로 벼슬은 주나라 장서실에 관리인이다. 주나라가 쇠함을 보고 길을 떠나 함곡관에 이르러서 만난 주나라 대부 윤희(尹喜)가 부탁하여 지은 것이 『도덕경』이다. 진나라는 주나라와 병합하였고, 병합한지 오백년이 지나서 분리되었다. 분리된지 칠십년 이후에 진시황이 등장하였다. 『사기』 63권 참고.

법안종[1]

師諱文益, 餘杭魯氏子. 得法於漳州羅漢琛禪師. 初住撫州崇, 次住建康淸涼. 大振雪峯, 玄沙之道. 示寂後, 李後主諡曰大法眼禪師. 曹源一滴水, 不爾依位住. 我宗奇特, 虎頷下金鈴, 甚人解得. 三界惟心, 萬法惟識, 此法眼所立綱宗也.

　선사의 이름은 문익이요, 여항(지금 절강성 여항현) 지방에 노씨의 후손이다. 법은 장주(漳州. 지금 복건 구룡강유역 및 서남지구) 나한사 나한계심(867~928)선사에게서 받았다. 처음은 무주(撫州. 지금 강서성 무주시 서쪽) 숭수원에 거주하였고, 다음은 건강(建康. 지금 강소성 남경시 또는 금릉) 청량사에 머물면서 [2]설봉의존(822~908)선사와 [3]현사사비(835~908)선사

---

1 법안종은 법안선사 청량문익(885~958)이 열었다. 선사는 나한계심의 법을 받았다. 절강성 항주부 여항현에서 출생하였다. 건강 땅의 청량사에서 당나라 말기부터 송나라 초기까지 문풍을 크게 떨쳤으며, 문하에 천태덕소, 영은청용, 귀종의유 등 63인의 제자를 두었다. 천태덕소의 문하에 영명연수는 명주의 설두산에 있다가 뒤에 오월왕의 청으로 영은산의 새 절에서『종경록』백권을 지었다. 우리나라는 신라 말에 지종선사가 전하였고, 고려왕이 그의 학덕을 사모해서 학승 30명을 보내서 공부하게 하였다. 그 가운데 걸출한 제자는 도봉혜거 국사와 영감선사이다. 법안종이 중국에서는 점점 쇠퇴하였으나 고려에서는 크게 융성하였다. 당시 선종십폐를 지적한 법안선사가 지은『종문십규론』이 있다.
2 설봉의존선사는 17세에 복건성 포전현 옥한사 경현율사에게 출가하여 덕산선감선사에게 법을 받았다. 복건성 복주 설봉산에 선원을 개원하니 천오백인의 대중이 운집하였다. 희종(僖宗)황제가 진각선사의 호와 가사를 하사하였다. 속성은 증씨(曾氏)이다.
3 현사사비선사는 성이 사씨(謝氏)에 삼남이라 사삼랑으로도 부른다. 어려서 어부 일을 하

의 도(道. 불법)를 크게 떨쳤다. 열반 후에 남당후주 이욱(958)이 대법안선사의 시호를 내렸다.

(예전에) [4]조계에서 흐른 한 방울의 물은 이와 같이 자리에 의지하여 머물지 않는다. (변화를 말한다) 우리 종의 기이하고 특이함은 (비유하여) [5]범의 턱 아래 방울을 누가 풀어서 얻을 것인가? (사람들이 이해해야 하는 것은) 삼계(三界. 욕계 색계 무색계)가 오직 마음이요, 삼계의 만법은 오직 제팔식에서의 변화이니 이것이 법안종이 세운 바 핵심이다.

1. 화엄육상의(華嚴六相義)[6]

다 30세에 부용산 영훈선사에게 출가하여 나중에 설봉의존선사의 법을 받았다. 지계가 엄격하여 비두타로 존칭되었다. 당나라 이화소종(李曄昭宗)이 재위(889~904) 시에 종일(宗一)대사의 호와 가사를 하사하였다.

[4] 조원일적수(曹源一滴水): 육조혜능을 중국 선의 확립자라고 보고서 그 불법을 물에 비유한 것이다. 참고로 『오등회원』 제10권에 한 스님이 법안선사에게 질문하였다. "어떤 것이 조원의 한 방울 물입니까?" 법안선사가 대답하였다. "조원의 물 한 방울이 그것이니라(僧問如何是曹源一滴水. 眼曰是曹源一滴水)." 이 스님이 천태덕소국사이고 법안종 제2조이다.

[5] 참고로 『오등회원』 제20권에 월암선과선사가 상당하여 말하였다. "맹호의 턱아래 방울을 풀어야 대중이 놀라 움직일 것이다(解猛虎頷下金鈴, 驚群動眾)." 바로 위험한 범에게 가서야 손에 넣을 수 있는 방울을 수행에 의하여 얻을 수 있는 깨달음에 비유한 것이다. 아래 문구의 삼계유심과 만법유식을 이해를 해서야 범의 턱아래 있는 방울을 얻는다.

[6] 화엄육상의(華嚴六相義): 범부가 보는 사상(事相. 현상계의 차별의 모양)은 각각 막히고 장애가 되어 육상을 갖추지 못하지만, 성인의 눈으로 보는 제법의 체성(體性)은 모든 사상(事相. 현상계의 차별의 모양) 가운데 이 육상이 원융하다. 이 육상이 원융하기에 제법이 곧 일진법계로 무진한 연(緣)이 일어난다. 법화종의 일진법계가 무진하다 함이 이 육상의 원융에 의해서 증득하며 이는 화엄경의 초지보살이다. 화엄종의 제2조 지엄법사가 발명한 것으로 일가의 대법문이다. 육상에 '총상(總相)'은 하나가 많은 덕을 포함하고, '별상(別相)'은 많은 덕이 각각 하면서 하나가 아니고, '동상(同相)'은 많은 덕이 흩어지지 않고 각각 한 덩어리이고, '이상(異相)'은 안이비설(眼耳鼻舌) 등의 모양이 각각 다름과 같으며, '성상(成相)'은

| 此六相義, 舉一齊收, |
| 一一法上, 有此六義. |
| 經中為初地菩薩說也. |

화엄종의 총상, 별상, 동상, 이상, 성상, 괴상, 이 육상의는 하나를 들면 일제히 수습되고 낱낱이 법위에 이 육의가 있다.『화엄경』가운데 초지보살을 위해서 설한 것이다.

1-1. 육상의송(六相義頌. 육상의에 대한 게송)

華嚴六相義,	화엄경의 육상의
同中還有異.	동상 가운데 또 다름이 있네.
異若異於同,	이상이 만일 같음에서 다르다면
全非諸佛意.	완전히 제불의 뜻은 아니네.
諸佛意總別,	제불의 뜻은 총상과 별상이요
何曾有同異.	언제 동상과 이상이 있었던가.
男子身中入定時,	남자 몸에서 선정에 들 때
女子身中不留意.	여자 몸에서 무심이 일어나네.
不留意萬象,	만상에 무심해서야

여러 가지 뜻이 바르게 연기하여 한 무리를 성취하여 제근(諸根)의 연기가 일신을 이룸이며, '괴상(壞相)'은 여러 가지 뜻이 각각 자법(自法)에 머물러 움직이지 않는 것이다. 자위(自位)에서 머물러 각자의 작용이다. 위 도표에서 육상의를 나타내고 있다.

明明無理事.　　분명히 이치도 현상도 없네.

(참고로 남자의 色欲색욕은 性성이다. 色空색공을 감파해서야 우선 선정에 들 수 있다. 여자가 설사 백옥처럼 예쁘고 아름다워도 분별이 없고 무심해야 하는 것이다. 조금이라도 색욕이 남아 있으면 禪定선정에 들 수 없다)

1-2. 논화엄육상의(論華嚴六相義)[7]

若究竟欲免斷常邊邪之見, 須明華嚴六相義門, 則能住法施爲, 自忘能所, 隨緣動靜不礙有無, 具大總持, 究竟無過矣.

만일 최후 [8]단견과 상견, 변집견과 사견을 없애고자 하면 반드시 『화엄경』에서 설한 육상의문(六相義門)을 밝혀야 하니, (그렇다면) 곧 법에 머물러 행동할 수 있고 스스로 능소(能所. 스스로의 동작은 能이고 동작을 받는 것은 所이다)를 잊으며 인연 따라 행동하되 있다 없다에 막혀 걸리지 않고, 큰 총지(總持. 바른 생각과 정혜로 체를 삼아서 그 공덕을 갖춤)를 갖추어서 끝내

---

[7] 화엄경의 육상의에 대해 논하였다. 범부가 보는 현상계는 현상계가 각각 장애가 되어서 육상을 갖추지 못하고, 성인의 눈으로 보는 제법의 체성(體性)에선 하나하나의 사상(事相) 가운데 이 육상이 원융하기 때문에 제법이 곧 일진법계로 무진한 연(緣)이 일어난다.

[8] 이견과 오견(二見과 五見): '이견'은 상견(常見. 사람의 신심이 과거 현재 미래에 끊어짐이 없다고 고집하는 망견)과 단견(斷見. 사람의 신심이 단멸하여 계속 생하지 않는다고 고집하는 망견)이다. '오견'은 아견(我見. 내 몸이 오온의 가합인 줄 모르고 실재하다고 고집함), 변견(邊見은 변취견이다. 아견 뒤쪽에 일어나는 망견), 사견(邪見. 악도 두려워할 것 없고 선도 좋아할 것 없다는 잘못된 견해), 견취견(見取見. 모든 사견을 고집하여 자신이 가장 수승하다고 생각함), 계금취견(戒禁取見. 잘못된 보시와 고행을 행하면서 청정의 인과 도가 된다고 생각함)이다. 『불교대사전』참고.

허물이 없는 것이다.

> 此六相義, 是辨世間法, 自在無礙, 正緣顯起, 無分別理. 若善見者, 得知總持門, 不墮諸見. 不可廢一取一, 雙立雙忘. 維總同時, 繁興不有, 縱各具別, 冥寂非無. 不可以有心知, 不可以無心會.

이 육상의(六相義)는 일체 세간법을 분별하되, 자재하고 걸림 없어 바른 인연이 밝게 일어나니 분별할 리가 없다. 만일 훌륭한 견해를 가진 자라면, [9]총지의 법문에 지혜를 얻어서 모든 사견에 떨어지지 않는다. 하나를 폐하고 하나를 취하거나 둘을 세우고 둘을 잊을 수도 없으며, 비록 모두 동시가 되어 번성하게 일어나나 있는 것도 아니요, 설사 각각 충분히 구별되고 명적(冥寂. 아무것도 보지 못하고 모든 상이 끊어짐)하나 없는 것은 아니다. 유심(有心)으로 알 수도 없고, 무심(無心)으로 이해할 수도 없다.

> 詳法界內, 無總別之文. 就果海中, 絶成壞之旨. 今依因門智照, 古德略以喩六相者, 一總二別三同四異五成六壞.

십팔계(十八界. 육근 육경 육식)의 법계 안에서 상세히 궁구하면 총상(總相)과 별상(別相)의 명칭은 없다. 설사 불과(佛果. 부처님이 만행을 성취함이다)의 공덕의 바다 가운데 나아가도 성상(成相)과 괴상(壞相)의 종지는 없다. 지금 [10]인연의 문을 의지하여 지혜로 비추어서 고덕이 간략하게 육상(六

---

[9] 총지문(總持門): 총지의 법문으로 법(法), 의(義), 주(呪), 인(忍)의 네 종이 있다. 밀교에서는 단지 주총지(呪總持)를 말하니 이는 지혜총지문이다.
[10] 인문(因門): 인연의 문으로 '사연(四緣)'의 하나이다. 이 연은 물질적인 것과 정신적인 일

相)을 비유로서 설명하였다. 하나는 총상(總相)이요 둘은 별상(別相)이며, 셋은 동상(同相)이요 넷은 이상(異相)이며, 다섯은 성상(成相)이요 여섯은 괴상(壞相)이다.

總相者, 譬如一舍是總相, 椽等是別相. 椽等諸緣和合作舍, 各不相違, 非作餘物, 故名同相. 椽等諸緣, 遞相互望, 一一不同, 名異相.

총상은 예를 들면 한 가옥처럼 전체가 총상이요, 서까래 (가옥을 구성하는 모든 건축재료) 등은 별상이다. 서까래 등의 모든 인연이 화합하여 집을 짓는데, 각각 서로 어긋나지 아니하고 나머지의 물건으로 짓지 아니 한지라, 그래서 동상이라 한다. 서까래 등의 모든 인연이 서로 번갈아 서로 마주하며 하나하나가 다르니 이상이라 이름 한다.

椽等諸緣, 一多相成, 名成相. 椽等諸緣, 各住自法, 本不作, 故名壞相. 則知眞如一心爲總相, 能攝世間出世間法. 故約攝諸法得總名, 能生諸緣成別號, 法法皆齊爲同相, 隨相不等稱異門, 建立境界故稱成, 不動自位而爲壞.

서까래 등의 모든 인연이 하나로부터 많은 것이 서로 집을 이루니 이름하여 성상이다. 서까래 등의 모든 인연이 각각 자법(自法. 모든 사물은 독립적인 자성을 가졌다)에 머물러 그 근본이 다시 일어나지 않는지라, 그래

체 현상에 적용된다. '사연'은 인연(因緣. 육근이 인이 되고 육진이 연이 됨), 등무간연(等無間緣. 마음과 심소법이 차례로 틈이 없이 상속함), 소연연(所緣緣. 마음과 심소법이 연에 기탁하여 살아서 돌아옴), 증상연(增上緣. 육근이 능히 경계를 비추어서 식을 일으킴)이다. 『불교대사전』 참고.

서 이름하여 괴상이다. (이로써 설명한다면) 곧 진여의 일심이 총상이 되고 능히 세간과 출세간의 모든 법을 포섭함을 알 수 있다. 그래서 모든 법을 포섭에 제약할 수 있어서 총상의 이름을 얻었다. 모든 인연을 생성할 수 있기에 별상이라 부르며, 법과 법은 다 일제히 동상이 된다.[11] 모양에 따라 균등치 않으니 이상(異門)이라 부르며, 경계를 건립할 수 있는지라 그래서 성상이라 칭하며, 자위(自位. 모든 사물의 형상은 특수한 개성으로 서로 모양을 달리한다)가 움직이지 아니하니 그래서 괴상이 된다.

又云一總相者, 一合多德故. 二別相者, 多德非一故. 三同相者, 多義不相違故. 四異相者, 多義不相似故. 五成相者, 繇此諸義緣起成故. 六壞相者, 諸緣各住自性不移動故.

또 말하였다. 하나. 총상은 하나가 많은 덕과 합하기 때문이요, 둘. 별상은 많은 덕이 하나가 아니기 때문이요, 셋. 동상은 많은 뜻이 서로 어긋나지 않기 때문이요, 넷. 이상은 많은 뜻이 서로 비슷하지 않기 때문이요, 다섯. 성상은 이 모든 뜻으로 말미암아 연기가 이뤄지기 때문이요, 여섯. 괴상은 모든 인연이 각각 자성에 머물러 옮기지 않기 때문이다.

此上六相義者, 是菩薩初地中, 觀通世間一切法門, 能入法界之宗, 不墮斷常之見. 若一向別, 逐行位而乖宗. 若一向同, 失進修而墮寂. 所以位位即佛, 階墀宛然. 重重磨鍊, 本位不動.

---

[11] 수상부등칭이문(隨相不等稱異門)에서 '이문(異門)'의 해석이 참고로 『국역대장경』에선 "예토(穢土)와 정토(淨土)이다." 필자는 '이상(異相)'으로 이해하였으나 번역이 다를 수도 있기에 기재하여 둔다.

이상 육상의(六相義)는 보살이 초지 가운데 온 세간의 일체법문을 관찰하여 능히 법계에 들어갈 수 있는 근본이니 단견과 상견에 떨어지지 않는다. 만일 한결같이 다르다고 하면 행위(行位. 수행의 위치, 단계)를 쫓아서 근본 종지에 어그러진다. 만일 한결같이 같다고 하면 수행에 나아감을 잃어서 적멸에 떨어진다. 그래서 자리마다 곧 부처님이요 섬돌은 마치 분명하다. 거듭거듭 연마하고 단련해도 근본자리는 움직이지 않는다.

斯則同異具濟, 理事不差. 因果無虧, 迷悟全別. 欲論大旨, 六相還同夢裏渡河. 若約正宗, 十地猶如空中鳥跡. 若約圓修, 斷惑對治習氣.

이러한즉 동상과 이상이 함께 도와서 실상(理이)과 현상(事사)은 차별이 없으며, 인과는 어긋나지 않으니 미혹과 깨달음은 완전히 다르다. 육상(六相)의 큰 뜻을 논하고자 하면 육상은 도리어 꿈속에서 황하를 건넘과 같다. 만일 [12]정종을 간략히 하면 [13]십지의 단계는 오히려 허공에 새 자취와 같다. 만일 원수(圓修. 원만히 만행을 닦음)를 간략히 하면 미혹을 끊고 습기(習氣. 미혹의 종자. 망혹. 번뇌의 餘氣여기)에 대하여 다스림과 같다.

---

12 정종(正宗): 바르게 이은 종지. 부처님 이래 역대의 조사가 대대로 전해 온 불법과 종파.
13 십지(十地): 보살십지는 수행의 단계로 52위가운데 제41위부터 제50위까지로 환희지(歡喜地. 아공과 법공을 깨달아 자타를 이익되게 하는 큰 환희심을 내다), 이구지(離垢地. 어떤 번뇌도 다 여의고 신심이 청정함), 발광지(發光地. 수승한 선정을 성취하여 지혜의 빛을 내다), 염혜지(歡慧地. 지혜의 성품을 더욱 훌륭히 함), 난승지(難勝地. 속지와 진지를 합하여 지극히 어려움을 달성함), 현전지(現前地. 최승의반야지혜가 눈 앞에 나타남), 원행지(遠行地. 선정에 무상의 이치를 깨달아 세간의 이승을 여의는 것), 부동지(不動地. 일체 번뇌가 움직이지 않음), 선혜지(善慧地. 능히 두루 시방에 설법을 실천함), 법운지(法雲地. 법신은 허공처럼 지혜는 구름처럼 끝없는 공덕을 구족함)이다. 『불교대사전』 참고.

非無理行相資, 缺一不可. 是以文殊以理印行, 差別之道無虧. 普賢以行會理, 根本之門不廢. (見宗鏡錄)

이치와 심행이 서로 도움이 없는 것은 아니나 하나가 부족해도 안 된다. 그래서 문수보살은 이치(理)로써 행(行)에 인증하여 차별의 도가 어긋남이 없고, 보현보살은 행(行)으로써 이치(理)에 회합하여 근본의 문을 폐기하지 않았다. (종경록에서 보인다)

1) 즉물계신송(即物契神頌. 사물에 나아가 심신과 계합하는 게송)

勤求勝積功,　부지런히 구함은 공 쌓음보다 낫고
理契古人同.　이치와 계합하니 고인과 같네.
同得妙何處,　함께 미묘함 어느 곳에서 얻나
澗松西北風.　시냇가 소나무 서북풍이 불더라.

2) 시기(示機. 수시기연이다. 근기와 인연에 맞게 깨우침의 게송)

吾有一言,　나에게 한 마디 말 있으니
天上人間,　천상과 인간
若也不會,　만일 깨닫지 못하면
綠水靑山.　녹수와 청산이네.

3) 비로정상(毘盧頂上)¹⁴

一眞收不得,	절대의 진리 거둘 수 없으니
萬類莫能該.	천태의 만류도 갖출 수 없네.
蚊子生頭角,	모기가 머리에 뿔이 나고
泥鰍上舞臺.	미꾸라지가 무대에 오르네.

4) 가섭문전(迦葉門前)¹⁵

覿面露堂堂,	목전에 당당히 드러내니
全機不覆藏.	온 기미 덮어 감추지 못하네.
刹竿頭上卓,	찰간 끝에 높이 서니
紅日上扶桑.	붉은 해 동쪽에서 떠 오르네.

5) 삼계유심(三界惟心)¹⁶

三界惟心萬法澄,　삼계는 마음이 지음 만법이 깨끗하고

---

14 참고로 당나라 숙종과 혜충국사의 문답에 "어떤 것이 무정삼매입니까?" "시주(숙종)께서 비로자나의 정수리를 밟고 가십시요." "이 뜻이 무엇입니까?" "자신의 청정법신을 잘못 인식하지 마십시요(如何是無淨三昧. 師曰檀越踏毘盧頂上行. 曰此意如何. 師曰莫認自己淸淨法身)." 이는 『경덕전등록』 제5권에 보인다. '비로'는 비로자나 법신불이다.
15 참고로 아난과 가섭의 문답에 "세존께서 금란가사를 전한 외에 별도로 무슨 물건을 전하였습니까?" 가섭이 불렀다 "아난아." "네." "문 앞에 찰간을 거꾸러트려라(迦葉因阿難問 云, 世尊傳金襴袈裟外, 別傳何物. 葉喚云阿難. 難應諾. 葉云倒却門前刹竿著)." 『무문관』에 보인다.
16 삼계유심(三界唯心): 삼계의 소유가 오직 한 마음이다. 마음은 만물의 본체이다.

盤鐶釵釧一同金.　귀고리 팔찌 비녀 동일한 금이라네.
映階碧草自春色,　섬돌에 비춘 푸른 풀 자연 봄기운 띠고
隔葉黃鸝空好音.　잎에 가린 꾀꼬리 덧없이 좋은 음 낸다.

6) 만법유식(萬法惟識. 현상계의 만법은 제팔식의 변화)[17]

不曾出世立功勳,　세상에 나서 공훈을 세운 적 없고
萬國文明草木春.　만국의 문명은 풀과 나무 온 봄이네.
野老不知堯舜力,　시골노인 요순의 능력 알지 못하고
鼕鼕打鼓祭江神.　둥둥 북치며 강신에게 제사 지내네.

7) 총송(總頌. 총체적인 게송)

不移寸步越河沙,　촌보도 옮기지 않고 항하사 건너니
地獄天堂混一家.　지옥과 천당 모두 한 집일세.
佛祖位中消息斷,　불조의 자리 가운데 소식 끊겨지니
何妨盡賞洛陽花.　낙양에 꽃구경 다 무엇이 방해되랴.

---

17 만법유식(萬法惟識): 불교는 처음부터 마음을 중요시하였다. 대승불교의 한 학파인 유가행파에선 마음 즉 식(識)을 윤회와 열반의 근거로 삼아 수행을 위한 철학적, 심리학적 이론을 정립시켰다. 만법유식은 초기불교의 제법무아, 중관학파의 일체개공에 대한 유가행파적 해석이고 표현이다. 참고로『臨濟禪師語錄임제선사어록』에 "삼계는 오직 마음이고 만법은 오직 식일 뿐이다. 그래서 꿈 같고 허깨비 같고 허공에 꽃과 같으니, 어찌 수고롭게 잡으려 하는가(三界唯心, 萬法唯識, 所以夢幻空花, 何勞把捉)."『가산불교대사림』

2. 소국사종풍(韶國師宗風. 덕소국사의 법안종 가풍의 게송)

通玄峯頂,　　심오한 뜻 깨달은 경지
不是人間.　　이제 범부가 아니요.
心外無法,　　마음 밖에 법 없으니
滿目靑山.　　눈에 모두 청산일세.

(위 시는 천태덕소 국사의 가풍에 대한 게송이다. 국사는 890년에 태어나 922년에 열반하였고 법안종의 제2조이다. 그는 후한 건우원년 948년 吳越王오월왕 때 국사이다. 천태교적이 고려국에 있음을 듣고서 忠懿王충의왕에게 청하여 구하기도 하였다)

3. 소국사사료간(韶國師四料揀. 古德, 百丈端)[18]

1) 문문(聞聞. 放방. 놓다)

고덕송(古德頌. 고덕고승의 게송)
密室開金鎖,　　밀실에 쇠 자물통 열고
閑步下松門.　　한가롭게 송문을 나서네.

---

[18] 천태덕소 국사의 사료간에 대해 고덕고승과 백장단선사의 게송이다. 참고로 『대반열반경』 제21권에 "선남자야, '불문문'이 있고 '불문불문'이 있고 '문문'이 있고 '문불문'이 있다 (善男子, 有不聞聞 有不聞不聞 有聞不聞 有聞聞)." 국사가 세운 사료간은 학인을 가르치기 위한 수단으로 이것이다. 문문(聞聞. 일체의 음성을 아는 것), 문불문(聞不聞. 음성이 나는 일체를 부정하는 것), 불문문(不聞聞. 음성이 나기 전의 것을 듣는 것), 불문불문(不聞不聞. 음성이 나기 전의 모습까지도 듣지 않고 초연히 무애 자재하는 것).

謾將無孔笛,　함부로 구멍 없는 피리 가지고
吹出鳳遊雲.　구름에 노는 봉황새 소리 내네.

백장송(百丈頌. 백장단선사의 게송)
秋江淸淺時,　가을 강 맑고 얕을 적에
白鷺和烟島.　백로와 안개 낀 섬 조화롭네.
良哉觀世音,　훌륭하다 관세음보살이여
全身入荒草.　온 몸 중생 속에 들어가네.

2) 문불문(聞不聞. 收수. 거두다)

(古德頌)
古松搖般若,[19]　노송이 반야를 설법하고
幽鳥哢眞如.　숨어사는 새가 진여를 읊네.
況有歸眞處,　더구나 돌아갈 진여처가 있다면
長安豈久居.　장안에 어찌 오래 머물 것인가.

(百丈頌)
解語非干舌,[20]　말하는 것이 혀에 간여가 아니요
能言豈是聲.　능히 언어가 어찌 소리인가.

---

19 참고로 다른 본은 요(搖)가 담(談)이다. 이를 따랐다.
20 해어(解語): 말할 수 있다. 또는 해오(解悟. 도리를 깨달아 알다)이다. 참고로 〈五戒禪師私弘蓮記오계선사사홍연기〉에 "오계 이 말을 듣고 심중은 일시에 깨달았다(五戒聽了此言, 心中一時解語)."고 하였다. 『중문대사전』에 보인다. 위 시어에서는 전자로 하였다.

제4권　365

不知常顯露,　　항상 드러내도 알지 못하고
剛道有虧盈.　　꼭 차고 이지러짐 있다 말하네.

3) 불문문(不聞聞. 明明. 밝히다)

(古德頌)
陽鳥啼聲噎,　　학(陽鳥양조)의 울음소리 목멘 듯하고
桃花笑臉開.　　복숭아 꽃은 웃음이 활짝 폈네.
芒鞋靑竹杖,　　미투리(芒鞋망혜)와 대나무 지팡이
終日自徘徊.　　종일토록 스스로 배회하네.

(百丈頌)
波生元是水,　　일렁이는 물결 원래 물이요
空性逐方圓.　　진여는 장소에 따라 쫓는다.
除却方圓器,　　방원형의 그릇을 없애버리니
胡孫夜簸錢.[21]　원숭이들이 밤에 돈을 날리네.

4) 불문불문(不聞不聞. 暗暗. 숨기다)

(古德頌)
夜月輝肝膽,　　밤에 달이 간담을 비추고

---

21 호손야파전(胡孫夜簸錢): 원숭이가 밤에 돈을 키질한다. 이는 "오대산 위에서 구름이 밥을 짓고 불전 섬돌 앞에 개가 하늘 향해 오줌을 눈다(五臺山上雲蒸飯, 佛殿堦前狗尿天)", 이같은 의미로 무심의 경지를 상징한다. 『대반열반경』 제12권에 보인다.

松風貫髑髏.	솔바람 골수를 관통하네.
脫然聲色外,	느긋이 성색 밖에
切忌犯當頭.	꺼림은 직면에 범함일세.

(百丈頌)

理事兩俱忘,	실상과 현상 둘 다 잊으니
誰人敢度量.	어느 사람이 감히 헤아리나.
渾侖無縫罅,	한 덩어리로 꿰맬 틈도 없으니
遍界不曾藏.	온 세계가 일찍이 감춘 적 없네.

4. 법안문정(法眼門庭. 법안종의 종지)

法眼宗者, 箭鋒相拄, 句意合機, 始則行行如也, 終則激發, 漸服人心. 削除情解, 調機順物, 斥滯磨昏. 種種機緣, 不盡詳擧, 觀其大槪, 法眼家風, 對病施藥, 相身裁縫, 隨其器量, 掃除情解. 要見法眼麽. 人情盡處難留跡, 家破從教四壁空.

법안종은 [22]스승과 제자가 서로 필적하여 언구의 뜻은 심기와 합해서

---

[22] 전봉상주(箭鋒相拄): 화살을 쏘아 화살 끝이 서로 맞닿음이다. 이는 훌륭한 명인의 솜씨로 법안종의 종풍에 대한 예로부터 평어이다. 즉 스승과 제자가 서로 의기가 맞아 질문과 대답이 딱 들어맞음을 나타낸다. 이는 '법안사기(法眼四機)'의 하나 이다. '사기'는 전봉상주(서로 필적함), 민절유무(泯絶有無. 조짐이 존재하지 않음), 취신념출(就身拈出. 당면하여 곧바로 제시함), 수류득묘(隨流得妙. 경계에 나아가 시설함)이다. 이는 『오가종지찬요』 하권에 보인다.

처음은 곧 멈추지 않고, 끝은 곧 분발해서 차츰 사람의 마음을 복종시킨다. 정진(情塵. 육근과 육진)의 망견을 없애고 마음을 조절하여 만물에 순히 대하며 막힌 것은 물리치고 혼미한 것은 연마한다. 가지가지 서로의 만남에서의 언구를 다 상세히 들 수 없으며, 그 대충 살펴보면 법안종의 가풍은 병증에 맞게 약을 주고, 신체를 보아서 옷을 만들듯이 그 기량에 따라서 정진(情塵. 육근과 육진)의 망견을 없앤다.

要見法眼麽. 人情盡處難留跡, 家破從敎四壁空.

꼭 법안종을 보려고 하느냐? "인정이 다한 곳에 자취가 머물기 어렵고, 집이 부서지면 따라서 네 벽으로 하여금 텅 비게 한다."

1) 요결(要訣. 山堂淳. 법안종의 불법 대의. 산당순선사 지음)

淸涼大法眼, 旺化石頭城. 首明地藏指頭, 頓見玄沙祖禰. 撥萬象不撥萬象, 言前獨露全身. 有絲頭不有絲頭, 句裏已彰自己.

청량 대법안선사는 석두산성(지금 강소성 남경시) 청량사에서 왕성하게 교화하였다. 먼저 [23]스승인 지장원에 나한계심(867~928)선사의 가르침을 밝히고, 돌연 (스승의 스승인) 현사사비(835~908)선사의 깨달음을 나타

---

23 지장지두, 현사조니(地藏指頭, 玄沙祖禰): '지장'은 복건성 석산에 세운 지장원이며 나한계침(羅漢桂琛. 867~928)선사가 주석하였고, '지두'는 손가락이란 의미인데 여기서는 가르침이다. '현사'는 나한선사의 스승 현사사비(835~908)선사이다. '조니'는 선조 또는 선대의 사당이다. 여기서는 사비선사의 깨달음의 함축된 의미로 이해한다.

냈다. 세계 만상을 부정하거나 또는 세계 만상을 부정하지 않거나 말하기 전에 홀로 전신을 드러내고, 털끝만큼도 있거나 또는 털끝만큼도 있지 않거나 언구에서 이미 자신을 나타냈다.

心空法了, 情盡見除. 應塵毛了了然, 統刹海皎皎地. 髑髏常干世界, 鼻孔摩觸家風. 重重華藏交參, 一一網珠圓瑩.

마음을 비우고 법을 깨달으니 [24]식정(識情. 법부의 견해)을 다하고 사견(邪見. 바른 이치에 어긋나는 잘못된 소견)을 다 없앴다. 응당 미세함마저 분명히 깨달으니 국토가 깨끗이 하나가 되었다. [25]해골이 늘 세계를 간여하고 비공(鼻孔. 코. 얼굴의 핵심은 코이다. 본분사. 본래면목)은 가풍을 건드린다. 중중(重重. 서로서로 모두가 관계되어 있는 것)의 화장세계가 서로 참여해서 하나하나 망주(網珠. 인다라망. 제석천의 보배 그물)의 구슬이 원만히 비춘다.

以至風柯月渚, 顯露眞心. 烟靄雲林, 宣明妙法. 對揚有準, 惟證乃

---

24 정진견제(情盡見除): 참고로 『註華嚴經題法界觀門頌주화엄경제법계관문송』 상권에 "관(觀)은 능히 분별하고 관찰하는 정혜(淨慧. 청정한 지혜)이니 식정(識情)을 다 끊고 사견(邪見)을 없앤다. 정(情)은 식정이요 온통 모두 허망한 마음을 이르며, 견(見)은 추구하는 전체적인 목록에 모든 사견을 이른다. 전도된 추구는 바른 이치에 어그러지니 이제 모두 없애버려야 비로소 가히 세겹의 오묘한 경계에 계합한다(觀者, 能觀淨慧也. 情盡見除也. 情謂識情, 通諸妄心, 見謂推求, 總目諸見. 謂顚倒推求乖背正理, 今都除之, 方可契合三重妙境也)." 하였다.

25 촉루상간세계, 비공마촉가풍(髑髏常干世界, 鼻孔摩觸家風): 참고로 『전등록』 제25권에 한 스님이 법안선사의 제자인 덕소국사에게 질문하였다. "해골이 늘 세계를 간여하고 콧구멍이 가풍을 건드린다."고 하니 "어떻게 해골이 늘 세계를 간여하는 것입니까?" 덕소국사가 말하였다. "재차 대답하여 말하기를 기다리고 있느냐?" "어떤 것이 본분사를 만지는 가풍입니까?" "그 때에 다시 한 번 제시하겠다(有僧問. 髑髏常干世界, 鼻孔摩觸家風, 如何是髑髏常干世界. 師云 更待答話在. 學云 如何是鼻孔摩觸家風. 師云 時復擧一遍)." 이를 든 것이다.

知. 亘古今而現成, 即聖凡而一致. 聲傳海外, 道滿寰中. 歷然驗在目前, 宛爾石城猶在. 此法眼宗風也.

바람이 부는 나뭇가지와 달빛이 비추는 물가까지 진실한 마음을 드러내고, 안개 낀 운림에선 묘법을 선포하여 밝힌다. 불법을 대양(對揚. 마주하여 문답하고 부처님 뜻을 일으킴)하는데 기준이 있으니 오직 지혜를 증득해서야 곧 안다. 고금에 걸쳐서 지금 그대로 이루어지니 곧 성인의 지견과 범부의 식정이 다 일치하다. 불법 전하는 소리 해외에 이르고 그 도가 가득히 세상에서 드날린다. 분명히 목전에서 증험하니 마치 석두성 청량사에 (법안문익선사가) 여전히 계신듯하다. 이것이 법안종의 가풍이다.

2) 고덕강종송(古德綱宗頌. 고덕고승이 법안종의 핵심에 대한 게송)

一點靈臺耀古今,　　한 점의 신령한 마음 고금에 비추니
嶷然弘偉莫沈吟.　　걸출하고 거룩해 깊이 생각할 수 없네.
森羅影裏容交露,[26]　만상은 그림자 속에 이슬이 맺힌 용모요
聲色門前渉互深.　　성색의 문전에서 서로 깊이 관여하네.
袢夏雲欺千嶂碧,[27]　무더운 여름구름 천장봉 푸름 업신여겨
零秋風動萬家砧.　　가을바람 부니 온 집에 다디미소리일세.
綿綿法爾無窮間,　　면면히 이어져 온 법처럼 끝없는 사이
引出餘吹更爽襟.　　남은 바람 당기니 또 가슴이 시원하다.

---

26 교로(交露)는 구슬을 섞어서 만든 발로 이슬이 드리워져 있는 듯한 형상을 말한다.
27 천장(千嶂)은 산봉우리가 많음을 형용한다.

인천안록

제5권

I. 종문잡록[1]

1. 염화(拈花)

王荊公問佛慧泉禪師云 禪家所謂世尊拈花, 出在何典. 泉云 藏經亦不載. 公曰余頃在翰苑, 偶見大梵天王問佛決疑經三卷, 因閱之, 經文所載甚詳. 梵王至靈山, 以金色波羅花獻佛, 舍身爲床座, 請佛爲衆生說法.

[2]왕형공이 [3]불혜천선사에게 질문하였다. "선가에서 말하는 세존의 염화가 어느 경전에 나옵니까?" 법천선사가 말하였다. "대장경에서도 또한 실려 있지 않습니다." 왕안석이 "제가 얼마 전 [4]한원에 있으며 [5]『대범천

---

1 종문잡록(宗門雜錄): '종문'은 선문(禪門)을 말한다. 교율선(敎律禪)의 학자들은 모두 이 문을 종(宗)으로 생각한다. '잡록'은 잡기이다. 여기선 '염화'를 시작하여 '오문' 등이 실려있다. 처음 시작하는 '염화'는 바로 염화미소(拈花微笑)이다. 이에 대하여 『대범천왕문불결의경』에서 살펴본 개포 왕안석이 그 내용을 불혜천선사에게 질문과 함께 언급한 내용이다.
2 왕형공(王荊公. 1021~1086): 북송 정치가 왕안석(王安石). 자(字)는 개포(介甫)이고 호(號)는 반산거사(半山居士)이다. 신종(神宗. 1164~1246)때 재상이 되었고 나중에 형국공(荊國公)이 되었다. 부국강병을 내세운 지도자이고, 시문에도 능하여 당송팔대가의 한 사람이다.
3 '불혜천(생몰미상)'은 불혜법천(佛慧法泉)선사이다. 송대 운문종 스님으로 운거효순(雲居曉舜. 생몰미상)선사의 법을 받았다. 성은 시씨(時氏)이고 시호(諡號)는 불혜선사(佛慧禪師)이다.
4 '한원(翰苑)'은 한림원(翰林苑)이다. 당나라에서 시작하여 청나라까지 이어 온 관청으로서 시대에 따라 변천하였지만, 주로 학문·문필에 관한 일을 맡았다.
5 대범천왕문불결의경(大梵天王問佛決疑經): 이는 선가에서 말하는 염화미소에 대하여 설명

왕문불결의경』3권을 우연히 만나, 하여 이를 자세히 읽어보니 경문에 기재한 것이 매우 상세하였습니다. 대범천왕이 영산회상에 이르러 금색 바라화(金色波羅花. 어느 식물인지 상세하지 않다. 다만 금색의 연꽃)를 부처님께 올리고 사신(捨身. 몸을 버려 삼보를 섬김)하여 상좌(床座. 법좌)가 되고 부처님께 중생을 위해 설법을 청합니다.

世尊登座拈花示衆, 人天百萬悉皆罔措, 獨有金色頭陀, 破顔微笑. 世尊云 吾有正法眼藏, 涅槃妙心, 實相無相, 分付摩訶大迦葉. 此經多談帝王事佛請問, 所以祕藏世無聞者.

세존께서 법좌에 오르시어 꽃을 들고 대중에게 보이니 인천의 백만인 모두가 다 알지 못하였으나 다만 금색두타(가섭존자의 별명. 신체에 금색빛이 났기에 얻어진 이름) 가섭존자만이 (부처님의 의중을 알고서) 빙긋이 웃었습니다. 세존께서 이르되 '나에게 [6]정법안장과 열반묘심과 실상무상이 있는데 마하대가섭에게 부촉한다.'고 하였습니다. 이『대범천왕문불결의경』은 대부분 제왕(帝王)이 부처님을 모시고 법문을 청한 담론이기에 그래서 비밀히 (궁중에서) 소장하여 세간에선 들은 자가 없다."고 하였습니다.

한 유일한 경이다. 염화미소에 대해『불교대사전』에 의하면 "어느 경전에 어느 사람이 전한 기록이 없으며 수당(隋唐)에서도 이에 대해 언급이 없다. 다만 당나라 덕종말(德宗末) 혜거(慧炬)스님이 덕종정원17년(801)에 지은『보림전(寶林傳)』10권에서 처음으로 기록한 뒤에 송나라에 와서『인천안목』,『무문관』,『오등회원』,『광등록』,『연등회요』등에서의 기록이 있고,『경덕전등록』,『벽암록』,『전법정종기』등에서는 기록이 없다."고 하였다.

[6] 正法眼藏, 涅槃妙心, 實相無相: 이는 선가에서 교외별전으로 삼는다. '정법안장'은 바로 불심의 덕이며, 그 덕을 철저히 살피기 때문에 '정법안'이라고 한다. '열반묘심'은 불심의 본체로 체가 적멸하기 때문에 '열반'이라 하며, 사량분별 할 수 없기에 '묘'라 한다. '실상무상'에서 '실(實)'은 허망이 아니라는 의미고, '상(相)'은 무상(無相)으로 무상도 없는 것이다.

2. 삼신 (三身. 新添. 삼신을 새로 첨가함)

三身謂法報化也. 法身毘盧遮那, 此云遍一切處. 報身盧舍那, 此云淨滿. 化身釋迦牟尼, 此云能仁寂默. 在衆生身中, 卽寂智用也. 寂卽法身, 智卽報身, 用卽化身. (事苑)

삼신은 법신, 보신, 화신을 이른다. 법신은 비로자나불(毘盧遮那佛. 본래 태양을 의미함. 천태종에선 법신, 법상종에선 자성신)이다. 이 뜻은 변일체처(遍一切處. 법신불의 梵名범명으로 허공은 끝이 없음으로 일체처에 가득함을 말함)라 이른다. 보신은 노사나불(盧舍那佛. 천태종에선 보신, 법상종에선 수용신)이다. 이 뜻은 정만(淨滿. 청정과 원만함)이라 이른다. 화신은 석가모니불(釋迦牟尼佛. 천태종에선 화신, 법화종에선 변화신)이다. 이 뜻은 능인적묵(能仁寂默. 수행으로 번뇌가 끊어진 고요한 경지)이라 이른다. 중생의 몸 가운데 (그대로 부처님인) 곧 적(寂. 적멸), 지(智. 지혜), 용(用. 공용)이다. 적멸은 곧 법신이며, 지혜는 곧 보신이며, 공용은 곧 화신이다. (이는 『조정사원』에서 보인다)

金光明最勝王經云 一切如來有三種身, 具足攝受阿耨菩提. 化身者, 如來昔在修行地中, 爲諸衆生, 修種種法, 得自在力, 隨衆生意, 隨衆生界, 現種種身, 是名化身.

[7]『금광명최승왕경』에 "일체 여래는 삼종의 불신(佛身)을 가지고 아뇩보

---

7 『금광명최승왕경』: 이 경은 세 번역이 있다. 하나는 북경의 담무참이 번역한 『금광명경』 4권이고, 둘은 수나라 보귀 등이 앞에 번역을 취하여 그 빠진 부분 8권을 넣은 『합부금광명경』이고, 셋은 당나라 의정이 번역한 『금광명최승왕경』 10권이다. 『불교대사전』 참고.

리(阿耨菩提. 아뇩다라삼먁삼보리이다. 견줄수 없는 부처님의 지혜)를 섭수하여 모두 구족되었다. 화신이란 여래가 과거 수행하던 곳에서 모든 중생을 위하여 여러 가지의 법을 수행하고 자재한 힘을 얻어 중생의 뜻에 따라 중생계를 따라서 여러 가지 몸을 나투시니 이 이름이 화신이다.

應身者, 謂諸如來, 爲諸菩薩說於眞諦, 令其解了生死涅槃是一味故. 爲除身見, 衆生怖畏權喜故. 爲無邊佛法而作本故, 如實相應, 如如如如智, 本願力故, 具三十二相八十種好, 項背圓光, 是名應身.

응신이란 말하면 모든 여래가 모든 보살을 위하여 진제(眞諦. 聖智성지로 보는 진실한 이성)를 설법하고 그들로 하여금 생사와 열반이 하나임을 깨닫게 하는 연고이며, 자신을 집착하는 사견과 중생의 공포와 두려움과 좋아하고 기뻐함(權喜권희는 歡喜환희이다. 다른 본은 歡, 懽환이다) 등을 없애기 위한 연고이며, 가없는 불법을 위해 근본을 짓게 되는 연고이며, 여실히 상응하여 [8]여여와 여여지(如如如如智. 법성의 理體이체와 여여한 이체에 계합한 지혜이다. 理體이체는 만유의 본체. 제법의 이성 즉 진여이다)가 본원력(本願力. 부처님이 보살행 때 세운 서원의 힘)인 연고로 [9]32상과 80종호를 갖추고 목과 등에서 월륜의 광명을 놓으니 이 이름이 응신이다.

---

8 여여여여지(如如如如智) : 법성의 본체는 평등한지라 고로 여(如)라 하고, 피차의 모든 법이 모두 여(如)한지라 고로 '여여'라 한다. '여여지'는 '여여'한 본체에 매인 지혜를 말한다. 즉 정지(正智. 聖智)에 계합하는 본체를 말한다. 『불교대사전』 참고.
9 32상과 80종호: '32상'은 부처님 몸에 갖춘 32표상이다. 이 상을 갖춘 이는 세속에 있으면 전륜왕이 되고 출가하면 부처님이 된다고 하였으며, '80종호'는 부처님이 갖춘 32상을 다시 세밀하게 나눈 것이다. 세분하여 상세함은 생략한다. 『불교대사전』 참고.

法身者, 爲除煩惱等障, 爲具諸善法故, 惟有如如如如智, 是名法身.
前二種身, 是名假有, 後第三身, 是眞實有, 爲前二身, 而作根本. 何
以故. 離法如如, 離無分別智, 一切諸佛無有別法, 復次諸佛利益自
他. 自利益者, 是法如如. 利益他者, 是如如智.

법신이란 번뇌 등의 장애를 없애기 위해서 모든 선법을 갖추게 되는 연고로 오직 여여(如如)하고 여여지(如如智)가 있으니 이 이름이 법신이다. 앞에 화신과 응신의 두 신은 가유(假有. 인연의 가합이기에 가짜로 존재함)라 하고, 뒤에 제삼의 법신은 진실유(眞實有. 진제. 허망을 여읜 진실한 이성)이니 앞에 화신과 응신의 두 신을 위해서 근본이 된다. 어째서인가? 법을 여의면 여여(如如. 법성의 본체가 피차 분별없이 평등함)하고, 무분별지(無分別智. 올바르게 진여를 체득하는 지혜)를 여의면 일체 제불이 다 특별한 법은 없고 또한 제불은 자타를 이익 되게 하는 것이다. 스스로 이익 되는 것은 법여여(法如如. 본연의 절대적 진리)이고, 남을 이익 되게 하는 것은 여여지(如如智. 여여한 본제에 계합한 지혜)이다."

¹⁰又瓔珞經云 ¹¹五分法身, 以識性別, 戒香攝身, 定香攝意, 慧香攝

---

10 『瓔珞經영락경』: 모두 두 권이다. 『보살영락경』, 『영락본업경』, 『본업경』으로도 칭한다. 축불념(竺佛念)이 요진건원(姚秦建元)12년에서 14년까지(376~378) 번역하였다. 내용은 보살계위 및 삼취정계 등의 수행을 서술해 설명한 것으로 본경은 곧 화엄 계통의 용어로 십신, 십주, 십행, 십회향, 십지, 무구지, 묘각 등 52위 보살행위의 이름이 있다. '삼취정계'는 섭율의식, 섭선법계, 섭중생계이다. '섭률과 섭선'은 자리이고 '섭중생'은 이타이다. 『불광대사전』
11 오분법신(五分法身): 다섯 가지 불신(佛身)을 이루는 법신이다. 계(戒), 정(定), 혜(慧), 해탈(解脫), 해탈지견(解脫知見)이다. '계'는 삼업을 경계하는 법신이고, '정'은 일체 망념을 여읜 법신이고, '혜'는 법성을 달관하는 법신이다. 곧 근본지이고, '해탈'은 일체 속박에서 해탈하는 법신이다. 곧 열반의 덕이고, '해탈지견'은 이미 해탈을 아는 법신이다. 곧 후득지이다. 이는

亂, 解慧攝倒見, 度知攝無明, 是五分香, 纓珞其身.

또 『영락경』에 이르되 "오분법신은 식성(識性. 인식하는 주체)으로 분별을 삼아 계향은 심신을 수양하며 정향은 마음을 안정하며 혜향은 산란한 마음을 수양하며 해혜(解慧. 해탈)는 전도된 견해를 수양하며 탁지(度知. 해탈지견)는 무명에서 건져내는 이것이 오분향(五分香. 오분법신을 향에 비유한 것. 계향, 정향, 혜향, 해탈향, 해탈지견향)이니 영락으로 그 몸을 치장함이다.

3. 사지 (四智. 新添)[12]

大圓鏡智, (如大圓鏡現衆色像)　　대원경지는 제팔식을 돌린 지혜로
　　　(크고 둥근 거울에 모든 색상을 나타냄과 같다)
平等性智, (觀一切法悉皆平等)　　평등성지는 제칠식을 돌린 지혜로
　　　(일체법을 관찰하여 다 평등함을 알다)
妙觀察智, (善觀諸法無礙而轉)　　묘관찰지는 제육식을 돌린 지혜로
　　　(제법을 잘 살펴서 걸림 없이 변화한다)
成所作智.　　　　　　　성소작지는 전오식을 돌린 지혜다.
　　　(成本願力所應作事, 故轉八識而成四智)

戒에 따라서 定이 생기고 定에서 慧가 생기며 慧에서 해탈을 얻으며 해탈에서 해탈지견이 생긴다. 앞의 셋은 원인에 따라 이름하고, 뒤의 둘은 결과에 따라 이름 한 것이다.
[12] '사지(四智)'는 법상종에서 세운 네 가지 여래의 지혜이다. 즉 대원경지, 평등성지, 묘관찰지, 성소작지이다. '신첨(新添)'은 새로 첨가하다. 후대에 와서 첨가 되었음을 알 수 있다.

¹³(본원력이 응한바 할일을 이룬지라, 고로 팔식을 돌려 四智사지를 이룬다)

妙藏詮註云 佛轉八識而成四智者, 用八爲大圓鏡智, 七爲平等性智, 六爲妙觀察智, 前五爲成所作智. 識惟分別, 智能決斷. 大乘莊嚴論云 轉八識成四智, 束四智具三身.

¹⁴『묘장전주』에 "부처님께서 팔식(八識, 안이비설신의식, 말나식, 아뢰야식)을 돌려 네 가지 지혜를 이룬 것은 제8식이 변화하여 대원경지가 되고, 제7식이 변화하여 평등성지가 되며, 제6식이 변화하여 묘관찰지가 되고 전5식은 변화하여 성소작지가 된다. 식(識)은 오직 분별을 하고 지(智)는 능히 결단을 한다." 하였고, ¹⁵『대승장엄론』에 이르되 "팔식을 돌려서 네 가지 지혜를 이루고 네 가지 지혜를 묶어서 화신, 보신, 법신의 삼신(三身)을 갖춘다."고 하였다.

古德云 眼等五識爲成所作智, 意爲妙觀察智, 化身攝. 末那爲平等性智, 報身攝. 阿賴耶爲大圓鏡智, 法身攝.

---

13 본원력(本願力) : 부처님께서 보살 때에 세운 서원(誓願)의 힘이다.
14 『妙藏詮註』: '묘장'은 비장이다. 『대방광여래비밀장경』이다. 또 묘장은 동방에 있는 묘장세계를 칭한다. 참고로 『圓宗文類원종문류』 제22권에 정취보살찬(正趣菩薩讚) 게송에서 "정취보살이 동방 묘장세계로부터 와서 보살의 해탈을 얻은 보문속질행(普門速疾行)을 열고 네 간방과 상방 하방에서도 두루두루 함께하고 걸음마다 광명으로 선재동자에게 보였네(正趣東方妙藏來, 疾行解脫普門開, 四維上下俱周徧, 步步光明示善財)." 이는 『화엄경』 제68권에 선재동자가 정취보살을 친견한 장에서 보이는 내용이다. '전주'는 주를 해석한 책이다.
15 『大乘莊嚴論』: 이 논은 15권이다. 인도의 마명(馬鳴)보살이 지었고 구마라습(鳩摩羅什)이 번역하였다. 내용은 불교 교리의 깊고 넓은 것을 장엄한 것으로 89개의 이야기로 되었으며, 대개 문답체이고 바라문으로서 불교에 돌아온 인연을 말하였다. 『불교대사전』 참고.

고덕선사가 말하였다. "안이비설신의 전5식은 성소작지가 되고, 제6의식은 묘관찰지가 되어 화신과 관계되며, 제7말나식은 평등성지가 되어 보신과 관계되며, 제8아뢰야식은 대원경지가 되어 법신과 관계된다." 하였다.

智通禪師讀楞伽經至千餘遍, 而不會三身四智, 詣曹溪問六祖. 祖曰 三身者, 淸淨法身汝之性也. 圓滿報身汝之智也. 千百億化身汝之行也. 若離本性說三身, 卽名有身無智. 若悟三身, 無有自性, 卽名四智菩提.

지통(智通)선사가 『능가경』 읽기를 천여 편에 이르렀으나, 삼신(三身)과 사지(四智)를 이해하지 못하여 조계산에 이르러 육조 혜능대사를 뵙고 질문하였다. 혜능대사가 말하였다. "삼신(三身)이란 청정법신은 너의 본성이며, 원만보신은 너의 지혜이며, 천백억화신은 너의 행위이다. 만일 본성을 여의고 삼신(三身)을 설명하면 곧 몸은 있고 지혜가 없다고 한다. 만일 삼신(三身)을 깨달아 [16]자성(自性. 三性삼성을 말함)에 집착이 없으면 곧 사지(四智)의 보리(菩提. 깨달음, 지혜)라 한다.

聽吾偈曰

---

[16] 법상종에서 일체법을 그 성질상으로 셋으로 보았다. 변계소집성(遍計所執性. 범부의 허망한 식정이 일체법을 두루 계탁하는 것으로 마치 새끼줄을 뱀으로 오인함과 같다). 의타기성(依他起性. 원인으로만은 어렵고 다른 인연에 의해 발생하는 일체법으로 새끼줄은 짚 등의 인연으로 발생함과 같다). 원성실성(圓成實性. 원만히 이루어진 진실의 性으로 眞如진여라 한다. 인간 본연의 완성된 그 자체이다). 이 삼종 자성은 다 마음과 심소법을 멀리 여의지 못한다. 『불교대사전』 참고.

自性具三身, 發明成四智.
不離見聞緣, 超然登佛地.
吾今爲汝說, 諦信永無迷.
莫學馳求者, 終日說菩提.

나의 게송을 잘 들어라.

자성은 삼신을 갖추었고
팔식을 발명하여 네 가지 지혜를 이룬다.
견문의 인연을 여의지 않고
세속을 초월하여 불지에 오른다.
내가 이제 너를 위해서 설하니
진리를 믿으면 영원히 미혹이 없다.
밖을 향해 타인에게 달려가 구하여
송일토록 보리를 말로 배우지 마라.

通曰 四智之義可得聞乎. 祖曰 旣會三身, 便明四智. 若離三身, 便譚四智, 此名有智無身也. 卽此有智, 還成無智.

지통선사가 말하였다. "사지(四智)의 뜻도 얻어 들을 수 있습니까?" 육조대사가 말하였다. "이미 삼신을 이해했으니 곧 사지(四智)가 분명하다. 만일 삼신을 여의고 곧 사지(四智)를 이야기한다면, 이 이름은 유지무신(有智無身. 지혜가 있으면서 몸이 없음)이다. 곧 이것은 있는 지혜도 도리어 지혜가 없는 것을 이룬다."

復說偈曰

大圓鏡智性淸淨, 平等性智心無病,
妙觀察智見非功, 成所作智同圓鏡.
五八六七果因轉, 但用名言無實性.(轉名不轉體)
若於轉處不留情, 繁興永處那伽定.(傳燈)

다시 게송으로 읊었다.

대원경지는 자성이 청정하고
평등성지는 마음에 병이 없으며
묘관찰지는 드러나는 공이 아니요
성소작지는 둥근 거울과 같다.
[17]오팔식과 육칠식은 과와 인이 변하고
다만 이름하여 말해도 실성은 없다.
만일 변화하는 곳에 마음 두지 않으면
번성하게 일어남은 [18]나가정에 영원한 곳이다.

---

17 오팔육칠(五八六七): '오팔식'은 전오식과 제팔 아뢰야식을 말한다. 이 두 식은 불과(佛果)에 이를 때 동시에 '5식'은 성소작지가 되고 '8식'은 대원경지가 된다. '육칠'은 육식과 칠식을 말한다. 인과에서 오팔식은 과이고 육칠식은 인이다. 그리고 시어 끝에 괄호안의 내용은 '명칭은 바뀌나 체는 변하지 않는다(轉名不轉體전명부전체).'는 의미이다. 식(識)은 심(心)이다.

18 나가정(那伽定): '나가'는 용의 뜻으로 부처님을 가리킨다. 곧 나가정은 부처님의 선정을 말한다. 시어 끝에 괄호안의 내용은 '이는 『경덕전등록』 제5권에서 보인다(傳燈).'라고 하였다.

3-1. 오식전성소작지(五識轉成所作智)

般若經云 六根六塵成十二處, 添六識和合爲十八界. 起信論云 以四種法熏習義. 一淨謂眞如, 二染謂無明, 三妄心謂業識, 四妄塵謂六塵.

안이비설신(眼耳鼻舌身)의 오식을 돌려 성소작지로 되다.

『반야경』에 [19]"육근과 육진은 십이처가 되고, 육식을 더함과 합하여 십팔계가 된다." 하였고, 『대승기신론』에 "네 가지 법으로 [20]훈습의 뜻을 말하였다. 하나는 정(淨. 청정)은 진여불성이라 이르고, 둘은 염(染. 오염)은 무명우치라 이르고, 셋은 망심(妄心. 허망한 마음)은 유전하는 근본의 업식(業識. 무명에 의해 심신의 활동을 깨닫지 못함)이라 이르고, 넷은 망진(妄塵. 허망하여 먼지와 같음)은 색성향미촉법의 육진을 가리킨다." 하였다.

楞嚴云 六識造業, 所招惡報從六根出也. 華嚴云 眼耳鼻舌身心意 諸情根, 以此常流轉, 而無能轉者.

---

19 육근육진육식(六根六塵六識): 이를 18계라 한다. '육근'은 '안이비설신의근(眼耳鼻舌身意根)'이고 '육진'은 '색성향미촉법(色聲香味觸法)'의 육경이며 '육식'은 '안이비설신의식(眼耳鼻舌身意識)'이다. '육근'은 육경에 마주하여 '견문취미각지(見聞臭味覺知. 식이 객관세계에 접촉함)'의 요별하는 작용이 일어난다. '육식'은 욕계에 육식이 다 있으나 색계의 초선천에선 '안이신의(眼耳身意)'의 4식만 있고 '비설(鼻舌)'의 두 식은 없다. 또 제2선천 이상은 무색계에 이르면 오직 '의식(意識)'만 있고 '안이신(眼耳身)'의 3식이 없다. 이는 식과 상응하고 선정과 상응하지 않아서이다.

20 중훈(熏習): 습관에 의해 마음에 깊이 물드는 습관성이다. 『기신론』에 "훈습의 뜻은 세간의 의복에 실은 향이 없지만, 어떤 사물의 향으로써 훈습하면 향기가 있는 것과 같다." 하였다.

『능엄경』에 "육식(안이비설신의식)이 몸과 입과 뜻으로 지은 삼업을 부르게 되는 악보(惡報. 악한 일로 하여 받는 과보)는 육근(안이비설신의근)으로부터 나온다." 하였고, 『화엄경』에 [21]"안이비설신식과 심의식의 모든 허망한 정식(情識)의 뿌리는 이로써 늘 유전하여 능히 변할 수 없는 것이다." 하였다.

起信又云 三界虛僞, 惟心所作, 離心則無六塵境界也. 毘婆沙論問曰 心意識有何差別. 答曰 無有差別, 卽心是意, 意卽是識, 皆同一義. 如火炙, 亦名焰, 亦名熾.

또 『대승기신론』에 "욕계 색계 무색계의 삼계는 허위이고 오직 망심이 지은바이며 망심을 여의면 곧 육진의 경계도 없다." 하였고, 『비파사론』에 [22]"심의식(心意識)은 어떤 차별이 있습니까?"라는 질문에 대답하여 "심의식은 차별이 없고 곧 심(心)이 의(意)이며 意가 곧 식(識)이니 다 동일한 뜻이다. 예로 화구(火炙)는 또한 불꽃(焰. 불꽃 염)이라 하고, 또 불꽃이 치솟음(熾. 불꽃이 성할 치)이라고 함과 같다."고 하였다.

般若又曰 若如實知自性皆空, 是爲能學六根六塵六識者也. 祖師云 遍現俱該沙界, 收攝在一微塵. 識者謂之佛性, 不識喚作精魂. 然雖如是, 蹉過者極多, 錯會者不少.

---

21 안이비설신심의제정근(眼耳鼻舌身心意諸情根): '심의제'에서 '제(諸)'가 다른 본은 식(識)이다.
22 심의식(心意識): '심'은 집기(集起)의 뜻이고 '의'는 사량의 뜻이고 '식'은 요별(了別)의 뜻이다. 『유식론』에 "그 이름이 비록 서로 통함을 인정하나 그 실체는 요별하여 차례대로 제팔식과 제칠식과 나머지의 육식을 배치하였고", 『구사론』에 "이것이 일체가 되는 다른 이라"고 하였다.

또 『반야경』에 "만일 자성이 다 공임을 여실히 안다면, 이것은 능히 육근, 육진, 육식을 배울 수 있는 사람이다." 하였다. 조사가 결론적으로 말하였다, "두루 드러내면 모래알처럼 많은 세계 가운데 다 갖추어지고, 거두어 들이면 하나의 작은 티끌에 불과하다. 아는 자는 이를 불성이라 말하고, 알지 못하는 자는 정혼(精魂. 정령)이라 상상할 것이다." 그러나 비록 이와 같다 해도 때를 놓치고 지나치는 사람도 아주 많고, 잘못 이해하는 자도 적지 않다.

3-2. 제칠말나식전평등성지(第七末那識轉平等性智)[23]

楞伽云 末那者, 此云染汚意, 恒審思量, 故亦名傳送識. 佛與大惠謂, 廣說有八, 略說有二. 內現識計爲我屬賴耶, 外分別事識計爲我屬前六識. 眞卽識實性, 亦屬賴耶淨分.

『능가경』에 "말나(末那. 번역하여 意의이다. 사량하고 분별하는 것)라고 하는 이것은 [24]염오의라 이르고, 항상 살피고 사량하고 분별하는지라, 그래서 또한 전송식(傳送識. 수송하는 식)이라 한다. 부처님이 대혜(보살명)보살에게

---

23 제칠말나식을 돌려 평등성지로 되다. 말나식은 팔식 가운데 제칠식이다. 항상 관찰하고 사량하고 한시도 제팔아뢰야식을 잊지 않고 아(我)로 삼는다. 때문에 사번뇌(四煩惱) 아치(我癡.무명), 아견(我見. 아집), 아만(我慢. 거만), 아애(我愛. 탐착)가 끊임없이 일어난다.
24 염오의(染汚意): 제칠식의 다른 이름이다. '제칠식'은 미혹과 오염의 근본으로 아치(我癡. 무아의 도리에 미혹함), 아견(我見. 我에 집착함), 아만(我慢. 거만함), 아애(我愛. 애착과 탐착)의 네 번뇌와 함께 일어나 반연으로 아집이 일어나기 때문이다. 모든 번뇌가 여기서 일어난다.

말하였다. "널리 말하면 팔식이 있고, 간략히 말하면 [25]두 식이 있다. 안으로 [26]현식은 나를 위해 계탁하는 아뢰야식에 속하고, 밖으로 분별사식(分別事識. 三識삼식의 하나로 팔식을 제외한 육칠식. 경계에 허망분별을 일으킴)은 나를 위해 계탁하는 전육식(前六識. 안이비설신의식)에 속한다. 진(眞)은 곧 식의 실성이니 또한 아뢰야(阿賴耶. 번역하여 無沒무몰)의 [27]정분에 속한다.

故有麤細者, 謂三細六麤. 麤細二識者, 皆依無明住地而起, 以根本無明, 動彼靜心, 而起細識. 依此細識, 轉起麤心. 以無明爲本, 依無明爲因, 生三細不相應心. 依境界爲緣, 生三麤相應心. 故云 麤細二識, 各具二因, 方得生住.

그래서 추(麤. 거침)와 세(細. 미세)가 있는 것이니 [28]삼세와 육추를 이른

---

[25] 이식(二識): 아뢰야식(阿賴耶識)과 분별사식(分別事識)이다. '아뢰야 팔식'은 번역하여 무몰(無沒)이다. 여래장과 무명이 화합하여 아뢰야식이 되며 일체제법이 종자를 저장하여 없어지지 않는다. 하여 무몰식(無沒識)이다. '분별사식'은 아뢰야식에 의하여 생하며 육경과 육근과 육식을 분별한다. 육식에 해당하나 팔식을 제하고 그 밖에 말나 등 칠식을 총칭한다.
[26] 현식(現識): 삼식(三識. 진식, 현식, 분별사식)의 하나로 만법이 현현하는 아뢰야식 또는 아타나식(말나식)에 상당하며 제팔아뢰야식에 함장된 선악의 종자가 모습을 바꾸어 나타나는 것이다. 아뢰야식의 다른 이름이다. 일체의 제법이 아뢰야식에 의하여 나타나기 때문이다. 진식(眞識)은 자성의 청정심이다. 아마라식 또는 아뢰야식에 상당하며 진실한 자체를 요별할 수 있다. 생멸의 상을 여읜 것이 진심이다. 분별사식(分別事識)은 육진 등 모든 경계를 분별하는 식으로 6, 7의 두 식이다. 전육식의 사상을 요별할 수 있다. 제칠말나식에 따라 제육의 식에 전송하여 분별을 일으킨다. 그러나 眞識의 설명은 겨우 『능가경』에 보이고 범본 및 기타 역본에선 보이지 않는다. 지길상현(智吉祥賢)의 『능가경』 주석에서 "現識은 전오식이 되고 分別事識은 제육의식이 된다."고 하였다. 『불교대사전』 참고.
[27] 정분(淨分): 유위(有爲)의 일체법에 번뇌가 없음을 가리킨다.
[28] 삼세육추(三細六麤): '삼세'는 근본무명의 상이요. '육추'는 지말무명의 상이다. 근본무명(중생이 일법계의 이치를 통달하지 못하여 돌연 망념이 조금씩 움직임)의 '삼세상'은 ①무명업상(無明業相

다. 추와 세의 두 식은 다 무명을 의지하여 ²⁹머문 곳에서 일어나고, 근본무명으로 저 고요한 마음을 움직여 세식(細識. 미세한 삼세의 심식)을 일으킨다. 이 세식을 의지해서 변하여 추심(麤心. 거친 육추의 심식)이 일어난다. 무명으로써 근본을 삼고 무명을 의지해서 원인이 되며 삼세(三細)가 서로 응하지 않는 마음을 내고 경계에 의지해서 인연이 되어 삼추(三麤)가 서로 응하는 마음을 내는지라. 그래서 말하여 추와 세의 두 식은 각각 두 원인을 갖추었으니 바야흐로 능히 생하고 머물 수 있다."하였다.

現識者, 起信云 不相應心也, 依不思議熏故得生, 依不思議變故得住, 此現識所現境界, 動彼心海, 起諸事識之浪也. 分別事識者, 起信云 相應心也, 依境界故得生, 依海心故得住也. 此一識者, 皆是無明, 熏習眞如, 成染緣起也.

현식이란 『대승기신론』에 "서로 응하지 않는 마음이라고 하니 부사의

. 진심이 처음의 동작), ②능견상(能見相. 능견의 상), ③업계상(境界相. 소견의 상)이다. 지말무명(근본무명에 의하여 업상이 일어남)의 '육추상'은 ①지상(智相. 식으로 일어나는 환영에 허망하게 지혜가 일어나 제법을 분별하는 법집). ②상속상(相續相. 앞에 智相의 분별을 의지하여 끊임없이 일어나는 법집). ③집취상(執取相. 앞에 고통과 즐거움 등의 경계에서 함께 일어나는 번뇌). ④계명자상(計名字相. 앞에 전도된 분별을 의지하여 가지가지 일어나는 번뇌). ⑤기업상(起業相. 허망한 미혹에 의지하여 선악의 제업을 일으킴). ⑥업계고상(業繫苦相. 선악의 업에 매여서 생사의 고통의 과보에 응함)이다. 『불교대사전』
29 주지(住地): 법을 생하는 근본체로 '住'는 머묾이고 '地'는 생함이다. 일체의 번뇌를 분류하여 다섯 '住地'가 있다. '본'은 '말(末)'을 의지하므로 '住'라 하고 '본'은 능히 '말(末)'을 생하므로 '地'라 한다. '오주지(五住地)'는 근본번뇌가 능히 지말의 번뇌를 생하므로 '住地'라 한다. 이는 견일체주지(見一切住地. 삼계의 일체 見惑견혹을 가리킨다), 욕애주지(欲愛住地. 욕계의 일체 思惑사혹을 가리킨다. 思惑은 탐애로써 중함을 삼는다), 색애주지(色愛住地. 색계의 일체 思惑을 가리킨다), 유애주지(有愛住地. 무색계의 일체 思惑을 가리킨다), 무명주지(無明住地. 망상의 심체를 가리킨다)이다. 思惑은 현상에 미혹이고 見惑은 허망함에 미혹이다. 『불교대사전』, 『불광대사전』 참고.

훈(不思議熏. 무명이 진여를 훈습하여 망녕된 법을 낸다. 변하지 않는 진여가 무명의 훈습을 받아 변하는 것이 부사의한 훈이고, 부사의한 변이라 함)을 의지하는 연고로 생할 수 있고, 부사의변(不思議變. 진여의 묘한 이치가 변하여 만법의 사상이 된다)을 의지하는 연고로 머물 수 있으며, 이 현식은 나타난바 경계에서 저 심해(心海. 마음은 바다와 같고 경계는 바람과 같으며 일어나는 팔식은 물결과 같다)를 움직이니 모든 사식(事識은 分別事識분별사식이다. 또 의식이다. 三識의 하나로 팔식을 제외한 육칠식이다. 경계에 허망분별을 일으킴)의 물결이 일어나는 것이다.” 하였고, 분별사식이란 『대승기신론』에 “서로 응하는 마음이라 하니 경계를 의지하는 연고로 생할 수 있고, 심해(心海)를 의지하는 연고로 머물 수 있다. 이 두 식(一識이 다른 본은 二識이다. 번역에 이를 따랐다)은 다 이 무명이 진여를 훈습하여 오염되어 연기를 이룬 것이다.” 하였다.

論曰 當知無明能主一切染法, 一切染法, 皆是不覺相故. 諸經要集云 識自下上至臍已上滅者生人中, 上至心滅者不失人身, 上至頭面滅者生天, 至頂滅者永斷輪迴. 自上下至腰滅者鬼趣, 下至足滅者地獄. 論曰 若離妄念, 則無一切境界之相, 惟一眞心矣.

『논』에 “응당 능히 일체염법을 주재하는 무명을 알아야 하니 일체 염법은 다 깨닫지 못한 상의 연고이다.” 하였고, [30]『제경요집』에 “식(識)이 아래로부터 올라가 배꼽 이상에 이르러서 죽는 자는 사람 가운데 태어나고, 식이 아래로부터 올라가 심장에 이르러서 죽는 자는 사람 몸을 받고, 식이 아래로부터 올라가 두면(頭面)에 이르러서 죽는 자는 하늘에 태어나

---

30 『諸經要集』: 당나라 도세(道世)가 엮음. 대장경 가운데 중요한 것만을 뽑아서 편집하였다.

고, 식이 정수리에 이르러서 죽는 자는 영원히 윤회의 고통을 끊는다. 식이 위로부터 내려와 허리에 이르러서 죽는 자는 귀신에 태어나고, 식이 위로부터 내려와 발에 이르러서 죽는 자는 지옥이다." 하였으며, 『논』에서 "만일 망념을 여읜다면 곧 일체 경계의 상이 없으니 오직 하나의 참 마음이 있을 뿐이다." 하였다.

3-3. 팔아뢰야식전대원경지(八阿賴耶識轉大圓鏡智)[31]

宗鏡云 第八識多異熟性故, 亦名含藏識, 亦名八王子, 亦名八解脫, 亦名八丈夫, 總有四八三十二相, 此是果相因智報德, 七八二識不相離.

『종경록』에 "제팔식은 이숙(異熟. 구역은 과보, 신역은 이숙. 인과 과는 반드시 다른 때에 성숙한다는 뜻이다)의 성질이 많은 연고로 또한 함장식이라 하고 또 팔왕자라 하며, 또 팔해탈이라 하고 또 팔장부라 하며 모두 32상이 있으니 이것은 [32]과상이 지혜로 인하여 보은함이며, 제7식과 제8식의 두 식

---

31 팔식(八識) 가운데 제팔아뢰야식은 본식(本識)이고, 나머지 칠식(七識)은 전식(轉識)이다. 또는 유루의 팔식을 굴려서(轉) 무루의 사지(四智)를 얻는 것이 轉識이다. 아뢰야는 번역하여 장식(藏識)으로 능장(能藏), 소장(所藏), 집장(執藏)의 뜻이 있다. 팔식은 가장 먼저 와서 가장 뒤에 떠나며 생사에 따라 소실되지 않기에 무몰식(無沒識)이라 한다. 이 아뢰야 팔식을 돌려 대원경지가 된다. 범부의 팔식이 여래에 이르러 큰 거울과 같은 대원경지가 된다.

32 과상(果相): 제팔아뢰야식에 갖춰진 삼상(三相) 등의 하나이다. '삼상'은 자상(自相. 애초에 아뢰야식을 가르키고), 과상(果相. 異熟이숙을 가리키고), 인상(因相. 일체종자를 가리킨다)이다. 제팔식 자체에 모든 법의 인(因)이 되고 과(果)가 되는 뜻을 갖추었으므로 이 체(體)와 의(義)의 차별을 나타내기 위해 三相의 이름을 세웠다. '과상'은 선악의 업으로 생겨난 異熟의 果體이다.

은 서로 떨어지지 않기 때문이다." 하였다.

解深密經云 此八識能發起前六轉識故, 第八識謂前世中, 以善不善業爲因, 招感令生第八異熟心是果. 此阿賴耶者, 卽是眞心, 不守自性, 隨染淨緣不合而合, 能含藏一切眞俗境界故, 名含藏識. 如明鏡不與影象合, 而含影象, 亦名如來藏識.

『해심밀경』에 "이 팔식은 능히 전육식(안이비설신의식)과 전식(轉識. 7식)을 일으키는 연고로 제팔식을 말하면, 전생 가운데 선업과 불선업으로서 인(因)을 삼고, 감응을 불러 제팔식의 이숙과보(異熟果報. 과거의 선과 악에 의하여 얻는 과보)의 마음을 생하게 하는 이것이 과(果)이다. 이 아뢰야란 곧 진심이며 자성을 지키지 못하면 염정(染淨. 염은 무명이고 정은 법성이다)의 인연에 따라 합하지 아니하면서 합하고 능히 일체 진속(眞俗. 진은 불생불멸이고, 속은 인연이 일어남이다)의 경계를 함장하는 연고로 이름하여 함장식이라 한다. 마치 밝은 거울이 그림자와 합하지 않으면서 그림자를 포함하는 거와 같다하여 또 여래장식이라 한다." 하였다.

伽陀云 諸法於藏識, 識於法亦爾. 更互爲因相, 亦互爲果相. 楞伽云 若不著二乘外道諸見, 方能如實修行, 摧破他論惡見及舍我執等, 能以妙慧. 所依識者, 卽四智轉八識也. 入如來自證地者, 言與諸佛同得同證也.

『가타경』에 "모든 법은 여래장식에서 식은 법에서도 또한 이와 같다. 다시 서로 인상(因相. 제팔식 가운데 제법의 종자)이 되고, 또 서로 과상(果相. 과보)이 된다." 하였고, 『능가경』에 "만일 이승(二乘. 성문과 연각)과 외도의 모든 사견에 집착하지 않고 비로소 여실히 수행할 수 있다면, 다른 논리의 나쁜 견해를 없애고 및 아집 등을 버려서 미묘하고 심원한 지혜로써 할 수 있다. 의지하는 바의 식은 곧 [33]사지(四智. 대원경지 평등성지 묘관찰지 성소작지)가 팔식을 돌린 것이다. 만일 여래가 스스로 증득한 제일의(第一義)의 경지에 들어갈 수 있다면, 제불과 더불어 같이 체득하고 같이 깨달았다 말할 수 있다."고 하였다.

楞伽經佛語大惠云 然彼諸識不作是念, 我等同時展轉爲因, 而於自心所現境界, 分別執著, 俱時之起, 無差別相, 各了自境.

또 『능가경』에 부처님께서 대혜보살에게 이르되 "그러나 저 모든 식은 이같은 관념을 짓지 않고 우리가 동시에 뒤풀이하여 원인을 만들고, 스스로 마음이 나타난 바의 경계에서 분별하고 집착하여 때에 함께 일어나니, 차별없는 상을 각각 그 스스로 경계에서 깨닫는다."고 하였다.

注云 彼諸識等, 各了自境者, 此名八識俱能分別自分境故, 不知惟是自心妄現也. 謂色是眼識境, 乃至賴耶見分, 是第七識境. 根身種子器界, 是藏識境. 然此八識, 離如來藏, 無別自體, 以衆生不知故, 執爲八識之名. 諸佛證得之故, 能成四智之用.

---

[33] 유루(有漏)의 제팔식을 굴려서 무루(無漏)의 제팔식과 상응하는 것은 대원경지, 유루(有漏)의 제칠식을 굴려서 무루의 제칠식과 상응하는 것은 평등성지, 유루(有漏)의 제육식을 굴려서 무루의 제육식과 상응하는 것은 묘관찰지, 무루의 전오식과 상응하는 것은 성소작지다.

주석에서 이르되 "저 모든 식(識) 등이 각각 그 스스로 경계에서 깨닫는 것은 이 팔식이 다 자신의 경계에서 분별할 수 있는 연고이며, 오직 자신의 마음에 허망하게 나타남을 알지 못한다. 말하자면 색은 안식(眼識)의 경계이고, 나아가서 아뢰야식의 견분(見分. 사물을 인식하는데 적합하도록 나타나는 그림자를 심중에 떠오르게 하여 인식하는 작용)까지도 제칠식의 경계이다. 근신(根身. 오근으로 안이비설신이다)과 종자(種子. 아뢰야식 가운데 감추어져 있는 식이다)와 기계(器界. 국토 세계 가옥 등의 기세간이다)는 여래장식의 경계이다. 그러나 이 팔식은 여래장을 여의고 별도로 그 자체가 없으며 중생이 알지 못하기 때문에 팔식의 이름을 집착하게 된다. 제불이 증득하는 연고로 사지(四智)의 작용을 이룰 수 있다.

若昧之, 則八識起執藏之號, 七識得染汚之名, 六識起遍計之情, 五識狗根塵之相. 若了知賴耶成圓鏡之體, 持功德之門. 末那爲平等之源, 一自它之性. 第六起觀察之妙, 轉正法之輪. 五識興所作之功, 垂應化之迹.

만일 이를 모르면, 팔식은 집장(執藏遍計. 제칠식을 인연지어 아집이 일어남)의 이름을 일으키고 칠식은 오염의 이름을 얻으며, 육식은 변계소집(遍計所執. 집착할 것이 없는데도 법과 중생이 있다고 고집하는 망상)의 망정을 일으키고 오식은 오근오진(안이비설신과 색성향미촉)의 상을 따른다. 만일 제팔 아뢰야식을 깨닫는다면 원만하고 청정한 큰 거울의 체를 이루고 공덕의 문을 가진다. 제칠 말나식은 평등성의 근원이 되고 자타의 성품이 하나이다. 제육식은 관찰하는 묘지를 일으키고 정법의 법륜을 굴린다. 전오식은 소작(所作. 身口意신구의의 삼업이 능작함)하는 공용을 일으키고 응신과 화신의 흔적을 남긴다.

斯則一心匪動, 識智自分, 不轉其體, 但轉其名, 不分其理, 而分其事. 但伏六識不取塵境, 故名識滅. 是故離心之境, 文理俱虛, 卽識之塵詮量有據. 狂心不歇, 歇則菩提, 垢淨心明, 本來是佛.

이러한 즉 한 마음의 움직임이 아니고 의식과 지혜가 스스로 분별하나 그 체는 변하지 않고 다만 그 명칭만 바뀌며 그 이치는 나뉘지 않고 그 현상만 나뉜다. 다만 육식에 엎드려 육진경계(六塵境界. 색성향미촉법)를 취하지 않는지라, 그래서 식멸(識滅. 식의 소멸)이라 한다. 그러므로 마음을 여읜 경계는 무늬와 결을 다 비우니 곧 식의 육진경계를 헤아리고 설명하여 근거에 두었다. 미친 마음을 쉬지 못하니 쉬면 곧 깨달음이요, 더럽거나 깨끗하나 마음은 밝으니 본래 곧 부처님이다." 하였다.

3-4. 제구아타나식(第九阿陀那識. 제구아타나식에 대한 해설) [34]

亦名純淨識. 合論曰 寄說阿陀那識(此云執持)爲第九純淨識, 如五六七八等識, 常依九識以依止, 凡愚不了, 妄執爲我. 如水暴流不離水體, 諸波浪等, 以水爲依. 故五六七八識, 常以淨識爲依. 何謂

---

[34] 아타나식(阿陀那識)은 곧 암마라식(庵摩羅識)이다. 번역하여 청정식(淸淨識), 무구식(無垢識), 진여식(眞如識)이라 한다. 9식 가운데 제9식이고 부처님의 청정식(淸淨識)이다.

九爲淨識. 爲二乘人久在生死業種, 六七八識有怖畏故, 恐彼難信, 方便於生死種外, 別立淨識, 使令悲智漸漸得生, 達識成智.

아타나식은 또한 순정식이라 한다. 『합론』에서 "아타나식(제팔식 또는 제칠식의 다른 이름. 구역가들은 제칠식이라 하고, 유식가들은 제팔식의 별명이라 함. 번역하여 執持집지이다)에 붙인 설명은 제9순정식이 되며, 마치 제5·6·7·8식 등의 식은 늘 9식에 근거하여 의지로 여기지만 범부와 어리석은 이는 (진실한 뜻을) 깨닫지 못하고 허망한 법에 집착하여 아(我)로 삼는다. 마치 물이 사납게 흐르나 물의 본체는 여의지 않고, 모든 파도와 물결 등이 물을 근거로 삼음과 같다.

그래서 제5·6·7·8식 등의 식은 항상 정식(淨識. 순정식)으로서 근거를 삼는다. 어찌하여 정식이 제9식이 된다 이르는가? 이승(二乘. 성문과 연각)이 되는 사람들은 오래도록 생사업보의 종자식에서 제6·7·8식은 두려움이 있는 연고로 저들이 믿기 어려울가 두려워하여 방편을 생사업종의 밖에 달리 정식(淨識)을 세워서 자비와 지혜로 하여금 점차 생할 수 있게 하였으니 전식(轉識)을 달성하여 지혜를 이루게 한다(이는 識식을 돌려서 지혜를 이룸이다)." 하였다.

深密經頌云

　　阿陀那識甚微細, 一切種子如暴流.
　　我於凡愚不開演, 恐彼分別執爲我.

『심밀경』의 게송에 이르되,

아타나식은 아주 미세하나
일체 종자는 폭포수처럼 흐르네.
내가 범부들에게 법을 설하지 않으니
저들이 분별하여 아집(我執)이 될까 두려워서네.

按三身四智諸說, 採撫經論援據詳明, 與潙仰辨識處, 大相關係. 可資深禪正修者, 不蹈旁蹊而行正路, 故予有取焉. 往往同流之士 必謂, 吾單傳直指之宗, 何藉此爲. 殊不知, 學道者, 爲心意識之所困苦甚矣.

[35]삼신사지의 모든 설명을 살펴보면 경론을 모아 가려서 인용하고 증거 삼아 상세하게 설명하였으니 위앙종이 식을 분별한 곳과 크게 서로 관계가 있다. 선(禪)에 깊이 정과(正果. 불법을 배우는 사람이 수행정진하여 얻는 증과로 외도와 다르다)를 수증하는 사람들이 방혜(旁蹊. 샛길. 여기서는 邪道사도로 삿된 길)로 걸어가지 않고 올바른 길을 가도록 도울 수 있다. 그래서 내가 취하

---

[35] 삼신사지(三身四智): '三身'은 불신(佛身)을 셋으로 나눈 법신(法身), 보신(報身), 응신(應身)이다. '법신'은 자성신이며 '보신'은 수용신이며 '응신'은 변화신이다. 또 '법신'은 만유의 본체이고 '보신'은 정진한 결과로 얻는 불신이고 '응신'은 보신불을 못 보는 자를 제도하기 위해 변화로 나타낸 불신이다. '四智'는 법상종에서 세운 대원경지(大圓鏡智. 팔식을 돌려서 얻는 지혜. 큰 거울에 일체의 색상을 나타냄과 같다), 평등성지(平等性智. 제7식을 돌려서 얻는 지혜. 일체중생의 인연없는 대자대비의 평등지혜를 일으킨다), 묘관찰지(妙觀察智. 제육식을 돌려서 얻는 지혜. 제법의 원융묘리를 관찰하고 중생의 근기에 응하여 묘법을 설한다), 성소작지(成所作智. 전오식을 돌린 지혜. 이익을 위해 갖가지 변화하는 일을 성취시킨다)이다. 『불교대사전』, 『불광대사전』 참고.

여 여기에 둔 것이다. 가끔은 동류의 선비들이 반드시 말하여 "내가 단일로 직지인심(直指人心)을 전하는 종파가 어찌하여 이것을 빌려서 하는가? 하니, 글쎄 도를 배우는 자가 심의식(心意識. 心은 집기이고 意는 사량이고 識은 요별의 뜻이다)의 괴로운 바가 심히 되는 것을 알지 못하는 것이다.

虛明自照, 本自無它, 境風搖搖, 倏然走作. 通人達士, 猶未免焉, 況其下者乎. 可無方便觀照之力乎. 倘因其披剝之說, 破其虛妄, 擣其窠窟, 卽吾受用處, 皆大圓鏡智也. 精金萬鍛, 不再鑛矣.

허명(虛明)이 스스로 비추고 본래부터 다름이 없는데, 경풍(境風. 마음 바다에 의식의 파동. 또는 밖의 경계에 어지러움)에 뒤흔들려서 갑자기 궤도를 벗어나게 된다. 학식이 있고 뜻을 통달한 사람도 오히려 면치 못하거든 하물며 그보다 못한 아래 있는 자이겠는가? 관조하는 방편의 힘이 없을 수 있겠는가? 혹시 그 쪼개고 나눈 설명으로 인하여 그 허망함을 깨부수고 그 형식의 틀을 부숴버리면 곧 내가 수용하는 곳이니 다 대원경지이다. 비유하면 정련된 금은 천만 번 단련하여 다시는 광석이 아니다.

4. 석두참동계 (石頭參同契. 雪竇著語新添 설두착어신첨)[36]

---

[36] 석두참동계(石頭參同契): 석두희천(700~790)선사가 지은 참동계에 설두중현(980~1052)선사가 착어를 새로 붙였다. 참동계는 5언의 사사구(四四句)로 모두 220字의 장편고시이다. 특히 조동종에서는 이를 중히 여기고 아침마다 불전에서 독송하였다. '參'은 만법차별의 현상을, '同'은 만법평등의 본체를, '契'는 차별이 곧 평등이요, 평등이 곧 차별이란 묘용이다.

竺土大仙心,　　서천에 단일로 전한 부처님의 심인이

　　(誰是能擧) (누가 이것을 능히 들까?)

東西密相付.　　서에서 동으로 비밀히 서로 부촉했네.

　　(惜取眉毛) (아깝게 눈썹을 취하네)

人根有利鈍,　　사람의 근기는 영리하고 둔함이 있으나

　　(作麼生) (어쩌지)

道無南北祖.　　이심전심의 도는 남과 북의 조사가 없네.

　　(且款款) (또 정성이다)

靈源明皎潔,　　진여불성의 밝음은 교교한 달과 같고

　　(撫掌呵呵) (손바닥 치고 웃는다)

枝派暗流注.　　분파되어 가만히 끊임없이 흐르네.

　　(亦未相許) (또한 서로 허락하지 않지)

執事元是迷,　　현상에 집착은 원래 미혹함이요

　　(展開兩手) (두 손을 벌리네)

契理亦非悟.　　이치에 계합 또한 깨달음이 아니네.

　　(拈却了也) (집어서 버려야지)

門門一切境,　　사만팔천 대천세계의 일체의 경계

　　(捨短從長) (짧은 것 버리고 긴 것 따르네)

迴互不迴互.　　서로 섞이고 서로 섞이지 않네.

　　(以頭換尾) (머리를 꼬리로 바꿔네)

迴而更相涉,　　회호하여 다시 서로 관련이 있고

　　　　　(者箇是拄杖子) (이것은 지팡이)
不爾依位住,　　이같이 아니면 자리 의지해 머무네.
　　　　　(莫錯認定盤星) (저울눈을 잘못 인식하지 마라)

色本殊質像,　　색상은 본래 형질과 형상이 다르고
　　　　　(豈便開眸) (어째서 곧 눈알을 굴리지)
聲元異樂苦.　　소리는 원래 즐거움과 고가 다르네.
　　　　　(還同掩耳) (돌아가 귀를 가리면 같지)
闇合上中言,　　몰래 상과 중의 말에 합하니
　　　　　(心不負人) (마음은 사람을 배신하지 않지)
明明淸濁句.　　청탁의 언구를 분명히 안다.
　　　　　(口宜掛壁) (입은 벽에 걸어두어야지)

四大性自復,　　지수화풍의 성이 자연 회복하니
　　　　　(隨所依) (의지하는 바를 따르지)
如子得其母.　　아들이 그 어미 얻음과 같네.
　　　　　(可知也) (알 수 있다)
火熱風動搖,　　불에 열기로 바람이 동요하고
　　　　　(春氷自消) (봄에 얼음은 저절로 녹지)
水濕地堅固.　　물에 젖은 땅은 단단하다.
　　　　　(從旦至暮) (아침부터 저녁까지)

眼色耳音聲,　　눈은 색을 보고 귀는 소리 듣고

　　　　　　(海晏河淸) (바다가 편안해야 황하가 맑지)

鼻香舌鹹醋. 　코는 향기 혀는 시고 짠맛 본다.
　　　　　　(可憑可據) (근거할 만하지)

然於一一法, 　하나하나 법에 있어서 그러하니
　　　　　　(重報君) (거듭 임금에 보고하지)

依根葉分布. 　뿌리에 의지하여 잎새가 분포하네.
　　　　　　(好明取) (얼씨구 밝게 취하네)

本末須歸宗, 　본과 말은 반드시 근본에 돌아가고
　　　　　　(唯我能知) (오직 나만 알 수 있지)

尊卑用其語. 　존과 비는 그 언어로서 하네.
　　　　　　(不犯之令) (가치 없는 명령이다)

當明中有暗, 　밝음 가운데 응당 어둠이 있으니
　　　　　　(暗必可明) (어둠은 반드시 밝게 되고)

勿以暗相遇. 　어둠을 서로 만난다고 하지 마라.
　　　　　　(明還非覩) (밝음 또한 보지 못하지)

當暗中有明, 　어둠 가운데 응당 밝음이 있으니
　　　　　　(一見三) (하나에서 셋을 보네)

勿以明相覩. 　밝음을 서로 본다고 하지 마라.
　　　　　　(無異說) (달리 설명은 없지)

明暗各相對, 　밝음과 어둠이 각각 서로 대립하나
　　　　　　(若爲分) (나뉘는 듯 하지)

比如前後步.　　예로 앞과 뒤에 둔 보폭과 같네.

　　(不如此) (이와 같지 않아)

萬物自有功,　　만물은 자연히 공용이 있고

　　(旨爾寧止) (요지는 이같이 편안히 그치지)

當言用及處.　　작용하는 곳에 미쳐서 말하네.

　　(縱橫十字) (종과 횡의 십자)

事存函蓋合,　　현상의 존재는 함과 뚜껑의 합이요

　　(仔細看) (자세히 보라)

理應箭鋒拄.　　이치는 응당 화살 끝이 서로 버팀일세.

　　(莫教錯) (잘못 가르치지 마라)

承言須會宗,　　고인에 언구를 받들어 종지를 이해하고

　　(未兆非明) (조짐도 아니고 밝음도 아니네)

勿自立規矩.　　스스로 법규를 세우지 마라.

　　(突出難辯) (갑자기 분별하기 어렵네)

觸目不會道,　　눈에 보이는 것이 도인 줄 모르니

　　(又何妨) (또 무엇이 해롭지)

運足焉知路.　　발을 옮겨 발이 어찌 길을 알리오.

　　(出不惡) (나가도 나쁘지 않다)

進步非近遠,　　진보할 적에 멀고 가까움이 아니요

　　(唱彌高) (노래는 더욱 고상하고)

迷隔山河故.　　산과 물에 서로 막혀서 미혹하네.

　　(和彌寡) (화답은 더욱 적다)

謹白參玄人,　　삼가 참선 수행자에게 고하니

　　(聞必同歸) (듣는 자 반드시 함께 돌아가지)

光陰莫虛度.　　세월을 헛되게 보내지 마라.

　　(誠哉是言也) (훌륭하다 이 말이여)

寂音曰 予嘗深考此書, 凡四十餘句, 而以明暗論者半之. 篇首便曰 靈源明皎潔, 枝派暗流注, 乃知明暗之意根於此. 又曰 暗合上中言, 明明淸濁句, 調達開發之也. 至指其宗而示其趣, 則曰 本末須歸宗, 尊卑用其語.

적음선사가 말하였다. "내가 일찍이 이 참동계의 글을 깊이 연구하니 모두 사십여구에 명암(明暗. 밝음과 어두움에 빛과 그림자로 명은 현상계이고, 암은 절대불변의 진리를 나타낸다)으로 논술한 것이 절반이다." 시편 머리에 곧 말하였다. '영원명교결(靈源明皎潔)이요, 지파암유주(枝派暗流注)라.' 이 시어에 명암의 뜻을 여기에서 근거하였음을 알 수 있다. 또 말하였다. '암합상중언(暗合上中言)이요, 명명청탁구(明明淸濁句)라.' 이 시어에선 조화롭게 가르침에 이른 것이다. 그 종지를 가르치고 그 취지를 보임에 이르면 곧 '본말수귀종(本末須歸宗)하고, 존비용기어(尊卑用其語)라.' 하였다.

故其下廣序明暗之句, 奕奕綴聯不已者, 非決色法虛誑, 乃是明其語耳. 洞山悟本得此旨故, 有五位偏正之說. 至於臨濟之句中玄, 雲門之隨波逐浪, 無異味也. 而晚輩承其言, 便想像明暗之中有相藏露之地, 不亦謬乎.

그래서 그 아래에 널리 명암의 언구를 서술하고 생생하게 글을 짓고 이어서 그치지 않은 것이다. [37]색법의 거짓 됨을 결정하는 것이 아니고, 곧 그 언어를 밝혔을 뿐이다. 동산선사가 깨달은 근본은 이 심오한 뜻을 체득한지라. 그래서 오위편정(五位偏正. 선종의 철리와 참선하는 공부를 다섯 가지 요목으로 묶은 것)의 설명을 두었다. 임제선사의 구중현(句中玄. 임제선사의 삼현의 하나로 언어나 인식상에서 나타나는 진실)과 운문선사의 수파축랑(隨波逐浪. 운문선사의 삼구의 하나로 학인의 개성에 따라 지도는 각기 상황에 응하여 적절 자재하여야 함이다)에 이르러서도 다른 의미가 없다. 그리고 후배가 그 언구를 계승하여 곧 명암의 가운데 서로 숨기고 드러내는 곳을 두어서 상상케 하니 또한 그릇되지 아니한 것인가?

5. 오문(五問. 다섯 가지 질문)[38]

---

37 색법(色法): '색'은 변하여 바뀌고 서로 막고 막히는 것이다. 이는 안이비설신의 오근과 색성향미촉의 오경 등에서 이른다. '법'은 유형과 무형과 진실과 허망과 사물의 그 물건이 되는 것과 도리가 그 물건이 되는 것을 말한다. 또 '색법'은 물질적 존재로 서로 장애한다. 존재하는 모든 것은 색법과 심법으로 분류하여 '심법'은 모든 법을 연기하는 근본이 된다.

38 오문(五問): 이는 자총선사가 스승인 달관영선사에게 다섯 가지를 질문한 것이다. 하나는 가섭존자에서 내려온 법계는 사자존자에서 끊어진 실상에 대한 질문이고, 둘은 달마대사가 가지고 온 능가경 4권에 대한 진정성의 질문과 셋은 전법게는 번역이 없는 것에 대한 질문과 넷은 천태존자의 일심삼관의 법문과 조사의 뜻에 대해서의 질문과 다섯은 달마대사가 이 땅에 와서 모든 조사의 언교와 서천의 모든 조사와 육조이상에 이르러 왜 다른가의 질문이다.

此蓋當時義學之徒, 相與造說, 誣罔先聖, 非毀禪宗. 而自聰禪師問達觀穎和尙, 凡五問欲杜邪謬, 故辯詳之. 僧自聰問達觀穎和尙曰 諸經論家多言, 西天自迦葉至師子尊者, 祖師相傳, 至此斷絶, 其實如何.

이 질문은 대개 당시에 문자학을 하는 무리들이 상호 말을 만들어 옛 성인을 속이고 선종을 헐고 비방하였다. 하여 자총(생몰미상. 금산담영선사의 법을 이음)선사가 [39]달관영화상에게 질문하였는데, 모두 다섯 가지를 질문하여 잘못된 오류를 막고자하니 그래서 그 일을 상세하게 변론한다. 저 자총선사가 달관영화상에게 질문하였다.

첫 번째 질문이다.

"모든 경론가들이 말을 많이하는 것은 서천의 가섭존자로부터 [40]사자존자에 이르기까지 조사가 서로 전해지다가 여기에 이르러 끊어진 그 실상은 무엇입니까?"

---

39 달관영(達觀穎): 금산담영(金山曇穎 988~1059)선사이다. 송대 임제종 스님으로 이름은 담영이고 성은 구(丘)씨이다. 처음은 대양경현(大陽警玄 943~1027)선사에게 조동종의 종풍을 배우고, 뒤에 곡은온총(谷隱蘊聰 965~1032)선사에게 인가를 받았다. 『선학사전』참고.

40 사자존자(師子尊者 ?~259): 서천의 제23조(또는 제24조)로 중인도의 바라문이다. 학륵나(鶴勒那)존자에게 법을 받았고 계빈국에 이르러 파리가(波利迦)와 달마달(達磨達) 등을 교화하였다. 파사사다(婆舍斯多)에게 "바로 지견을 말할 때 지견은 모두 마음이다. 마음일 때 곧 지견이요, 지견일 때 바로 지금이다(正說知見時 知見俱是心 當心卽知見 知見卽于今)." 이 게송과 가사를 전하고 계빈국에 머물 적에 마목다(摩目多)와 도락차(都落遮)의 두 외도가 요술로 불제자의 모습을 지어 왕궁에 들어가 악한 일을 저지르고 그 죄를 불교인에게 돌렸다. 왕이 크게 노하여 가람을 불태우고 파불을 자행하던 그때 사자존자도 살해되니 목에서 하얀 피가 솟았다.

答曰 吁如此說者, 生滅心也, 不知爲法惜人. 螢鬪呆日, 雀塡滄海, 枉勞形耳. 且二十四祖師子尊者, 度婆舍斯多, 兼出達磨達, 其緣具在唐會稽沙門靈徹序金陵沙門法炬所編寶林傳, 幷據前魏天竺三藏支彊梁樓續法記, 具明師子尊者遇難以前傳衣付法之事.

달관영화상이 대답하였다.

"아, 이와 같이 말하는 사람들은 생멸심(生滅心. 동요하여 그치지 않는 마음으로 분별심이다)이니 법을 위하고 사람들을 가엾이 여김을 알지 못한다. 반딧불이 밝은 태양과 다투고 참새가 큰 바다를 메우려는 것과 같으니 부질없이 신심만 수고로울 뿐이다. 게다가 제24조 사자존자가 바사사다(婆舍斯多. ?~325)에게 법을 주고 아울러 달마달(사자존자의 제자)이 나왔으니 그 기연은 모두 당나라 회계(지금 절강성 소흥현)[41] 사문 영철선사가 지은 금릉(지금 강소성 남경시) 사문 법거(沙門法炬)대사의 편찬한 [42]『보림전』 서문에 있다. 아울러 남북조시대 북위 때 천축국 삼장법사 지강양루(支彊梁樓)의 『속법기』에 근거하면 사자존자가 난을 만나기 이전에 가사와 법을 전한 일을 모두 설명하였다.

從大迦葉爲首, 直下血脈, 第二十五祖婆舍斯多, 二十六祖不如密多, 二十七祖般若多羅, 付菩提達磨, 卽唐土初祖也. 原支彊梁樓三藏來震旦, 抵洛陽白馬寺, 時卽前魏帝道卿公景元二年辛巳歲也,

---

41 회계사문영철(會稽沙門靈徹): 당나라 부주 땅 쌍봉산 조계『보림전』10권 한질에 회계 사문 영철 자는 명영의 서문이란 기록이 보인다. "大唐部州雙峯山曹溪寶林傳十卷一帙(會稽沙門靈徹字明泳序)"『日本國承和五5年入唐求法目錄일본국승화5년입당구법목록』참고.
42 寶林傳: 선종에서 전하는 법맥이 보리달마가 제28조라고 주장하는 문헌 중 제일 오래됨.

師子入滅方二年矣. 以是顯知, 經論諸師誣罔後昆, 吁哉奈何.

대가섭존자를 수장으로 삼음으로부터 바로 내려온 혈맥은 제25조 바사사다-제26조 ⁴³불여밀다-제27조 반야다라가 보리달마에게 부촉하였으니 곧 중국의 초조이다. 원래 지루양루 삼장이 중국에 와서 낙양 백마사에 이르니 때는 곧 북위제 도향공 경원2년(261) 신사년(北魏帝道卿公景元 2年辛巳歲)이다. 사자존자가 열반하고 겨우 2년이다. 이로써 분명히 알 수 있는 것은 경론가 모든 스승들이 후배들을 속였으니 아, 어떻게 할 것인가?"

問曰 達磨大師, 自西天帶楞伽經四卷來是否. 答曰 非也, 好事者爲之耳. 且達磨單傳心印, 不立文字, 直指人心, 見性成佛, 豈有四卷經耶.

두번 째 질문이다.
"달마대사가 (올적에) 서천축으로부터 『능가경』 4권을 가져 왔습니까?"
달관영화상이 대답하였다.
"아니다, 일을 만들기 좋아하는 자들이 그것을 만들었을 뿐이다. 또 달마대사가 불조에서 불조로 전해지는 심인(心印. 마음으로 마음을 인가함)은 문자를 세우지 않고 직접 사람의 마음을 지도하여 본성을 드러내 성불할 수 있다하거늘 어찌 네 권의 경이 있었겠느냐?"

---

43 불여밀다(不如密多. ? ~ 388)는 남인도 득승왕의 태자이다. 반야다라(般若多羅. ? ~ 457)는 동인도 바라문이다. 그는 남천축국 향지국왕의 셋째 왕자 보리달마에게 법을 전하였다.

聰曰 寶林傳亦如是說. 穎曰 編修者不暇詳討矣, 試爲子評之. 夫楞伽經三譯, 而初譯四卷, 乃宋天竺三藏求那跋陀之所譯, 次十卷元魏時菩提流支譯. 流支與達磨同時, 下藥以毒達磨者是也. 後七卷唐天后代於闐三藏實叉難陀譯. 以此證之, 先後虛實可知矣. 仰山寂禪師亦嘗辯此, 其事甚明.

자총선사가 말하였다. "보림전에 또한 이와 같이 설명합니다."
달관영화상이 말하였다.
"편찬하는 사람들은 상세히 검토할 겨를도 없었으니 시험삼아 너를 위해 설명하겠다. 『능가경』은 번역본이 셋이다. 처음 번역의 네 권은 송나라 때 천축 삼장 구나발타(394~468)의 번역본이고, 다음 번역의 열 권은 북위 때 보리유지(535~?)의 번역본이다. 보리유지는 달마대사와 동시대 인물로 사약을 내려 달마대사를 해치려고 했던 자가 바로 이 자이다. 뒤에 일곱 권의 번역은 당나라 측천무후 시대에 우전국 삼장 실차난타(652~710)의 번역본이다. 이로써 증명하면 선후로 정황을 알 수 있을 것이다. 앙산혜적선사가 또한 일찍이 이 문제를 변론한 적이 있으니 그 일은 실로 매우 분명하다."

問曰 傳法偈無翻譯, 曁付法藏傳中無此偈, 以致諸家多說無據, 願垂至誨. 答曰 噫子孫支分, 是非蜂起, 不能根究耳. 只如達磨未入此土, 已會唐言. 何以知之. 初見梁武時對問, 其事卽可知矣.

세번째 질문이다.

"전법게는 번역이 없고 [44]『부법장전』 안에도 이 전법게는 없으며, 그 때문에 제가에서 모두 전법게를 말하나 근거가 없으니 원컨대 지극히 가르침을 주십시오."

대답하였다.

"아, 자손들이 분파되어 시비가 벌떼처럼 일어나 철저히 규명할 수 없을 뿐이다. 다만 달마대사가 이 땅에 들어오기 전에 이미 당나라 말을 이해함과 같다. 어떻게 그것을 알 수 있느냐? 달마대사가 처음 양무제와 만났을 때 질문에 대답한 그 사건으로 곧 알 수 있는 것이다.

後又二祖可大師, 十年侍奉, 以至立雪斷臂, 志求祖乘至勤誠矣. 後達磨告曰 吾有一袈裟, 付汝爲信. 世必有疑者云, 吾西天之人, 子此土之子, 得法實難信, 汝當以吾言證之.

나중에 또 제2조 혜가대사가 10년 달마대사를 시봉하고, 눈 속에 서서 팔을 절단함에 이르기까지 조사의 행법을 구한 뜻이 지극히 근면하고 정성이 간절하였다. 뒤에 달마대사가 혜가대사에게 말했다. "나에게 한 벌의 가사가 있으니 너에게 주어서 증거물로 삼는다. 세상은 반드시 의심하는 자들의 말이 있을 것이니, 나는 서천 천축국의 사람이고 너는 이 땅 중국의 자손으로 법을 얻음에 실로 믿기 어려워 너는 응당 [45]나의 가사로써 그것을 증명하라."

---

[44] 부법장전(付法藏傳):『付法藏因緣傳부법장인연전』 6권이다.『付法傳부법전』,『付法藏經부법장경』으로도 칭한다. 북위(472) 길가야(吉迦夜) 등이 번역하였다. 대가섭존자부터 불법을 계승한 제24조 사자존자까지의 기록이다.『불교대사전』참고.
[45] 오언(吾言)이 다른 본은 오의(吾衣)이다. 여기서는 후자를 따랐다.

又云 自釋迦聖師至般若多羅, 以及於吾, 皆傳衣表法. 傳法留偈, 吾今付汝. 偈曰

吾本來茲土, 傳法救迷情.
一花開五葉, 結果自然成.

또 말하였다. "석가모니부처님부터 반야다라에 이르고 나에게 미쳐서까지 가사를 전하여 법을 나타냈다. 전법에 게송을 남기니 내가 지금 너에게 말해준다." 달마대사가 전법게를 읊었다.

내가 본래 이 땅에 와서
법을 전하고 미혹한 유정을 구제한다.
한 꽃에서 다섯 잎이 피고
결과는 자연히 이룬다.

因引從上諸祖偈, 一一授之. 內傳法印以契證心. 外付袈裟以定宗旨. 以此則知, 達磨付二祖決矣. 此乃單傳口授, 何暇翻譯哉.

(달마대사는) 때문에 위로부터 모든 조사의 게송을 인용하여 (혜가대사에게) 하나하나 가르쳐 주었다. 안으로는 법인(法印. 불조가 불조에게 마음으로 인가하여 상전하는 법)을 전하여 증득한 마음과 계합하고 밖으로는 가사를 주어서 종지를 정하였다. 이로써 알 수 있는 것은 달마대사가 제이조 혜가대사에게 준 전법게와 가사로 결정한다. 이것은 단지 한 사람에게 입

으로 전해주니 언제 번역할 겨를이 있었겠느냐?"

問曰 天台尊者一心三觀法門, 與祖師意如何. 答曰 子若不問, 吾難以言也. 吾嘗見敎中云 吾有正法眼藏, 付囑大迦葉. 且不在三乘五敎之內, 原佛祖之敎, 皆有傳授. 昔聞大師, 於藏中得龍樹所造中論, 覽至第四卷, 破諸法性有定性則無因果等事, 如頌曰

因緣所生法, 我說卽是空,
亦名爲假名, 亦名中道義.

次頌云

未曾有一法, 不從因緣生,
是故一切法, 無不是空者.

네 번째 질문이다.
⁴⁶"천태존자의 ⁴⁷일심삼관 법문은 조사의 뜻과 일치합니까?"

---

46 천태존자(天台尊者): 지의천태(538~597), 지자(智者)대사이다. 진말(陳末)과 수초(隋初)에 천태교학의 대성자이다. 광주 대소산의 혜사(慧思)에게 법을 받았다. 방생회를 처음 시행하였다.
47 일심삼관(一心三觀): 이는 空·假·中의 세 진리를 한 마음에서 원만히 완성함을 뜻한다. 또 공관(空觀), 가관(假觀), 중관(中觀)의 이 삼관을 일념 속에서 이룬다. '공관'은 현상계는 다 실체가 없는 공이고, 번뇌와 탐욕도 본래 공임을 깨닫는 것이다. '가관'은 공의 진리에만 국한해서 있으면 이것은 성문, 연각의 소승나한도(小乘羅漢道)에 불과해서 낙공(落空. 공에 떨어짐)에 빠진다. 그래서 상구보리, 하화중생의 보살도를 성취하여야 원리를 관찰하는 가관이 된다. '중관'은 중도의 이치를 관하는 것이다. 이는 불타의 구경의 가르침인 원만 각오이다.

대답하였다.

"그대가 만일 질문하지 않았다면 나는 말을 하기가 어려웠을 것이다. 내가 일찍이 교의(敎義. 교법의 의리) 가운데 이같이 이르는 것을 본적이 있는데, 세존께서 "나에게 있는 정법안장을 대가섭에게 부촉한다."고 하였다. 오히려 ⁴⁸삼승오교 안에는 있지 않으며 원래 불조의 가르침은 다 스승이 제자에게 전수함에 있다. 과거 천태존자에게 설법을 들으니 경장 가운데 ⁴⁹용수보살이 지은 『중론』을 찾아서 열람하다가 제4권에 이르러 "모든 법성이 정해진 성품이 있다면 인과(因果) 등의 일은 없다"를 론파에 관해서 그 게송에 설함과 같다.

인연으로 일어나는 법
나는 공이라고 말하니
또한 거짓이기도 하고
또한 ⁵⁰중도의 뜻이네.

---

48 삼승오교(三乘五敎): '삼승'은 성문, 연각, 보살이다. '오교'는 소승교(성문교로 칭하며, 사제와 십이인연의 아함경 등에서 설함), 대승시교(권교로 칭하며, 공종을 선전하는 반야경과 중론 등에서 설함), 대승종교(실교로 칭하며, 일체중생이 성불할 수 있다는 능가경과 대승기신론 등에서 설함), 돈교(언어를 의지하지 않고 돈오 교리적인 유마힐경에서 설함), 원교(완전 일승교리적인 화엄경과 법화경 등에서 설함)이다.
49 용수(龍樹. 150~250): 남천축의 브라만 출신이다. 어려서 일찍이 4베다, 천문지리 등 모든 학문에 능하였다. 세 명의 친구를 두었는데 인생의 향락에 정욕을 만족으로 하였다. 이로 인해 세 친구가 목숨을 잃었고 자신만이 살아남자 향락은 괴로움의 근본이 되는 것을 깨달았다. 뒤에 설산에서 노비구를 만나 대승경전을 공부하고 깊이 연구하고 통달하였다.
50 중도(中道)는 양변의 치우친 삿된 것을 여읜 중정(中正. 올바른 행위와 도덕)의 도이다. 다시 말하면 차별상이 없고 한 쪽에 치우침도 없는 지극한 이치를 말한다. 곧 유(有)와 공(空) 혹은 단(斷)과 상(常) 등의 두 변을 여읜 실상이다. 경(經)에 "두 변에 집착하지 않는 것이 중도이다(不著二邊是名中道也矣)." 하였고, 또 "불성은 내도 아니요 외도 아니요 또 내외라 이름하니 이것이 중도라 한다(佛性非內非外亦名內外是名中道)."고 하였다. 『止觀輔行傳弘決지관보행전

다음 게송에서

　　일찍이 없었던 한 법
　　인연따라 생성하지 않으니
　　이러한 연고로 일체법
　　다 공성 아님이 없네.

䆮此述一心三觀, 曰空曰假曰中. 若據敎意, 大凡一偈, 皆有四句以成其意耳. 智者離爲三觀似枝蔓, 又未詳傳授, 因此便言, 遠禀龍樹, 以樹爲祖. 近禀思大, 則可知矣. 若間世承禀, 吾恐後世必有聰利之人, 空看佛經, 自禀釋迦, 豈其然乎.

이로 말미암아 일심삼관을 저술하였으니 空·假·中을 말한다.

(참고로 『전등록』 제27권에 "온갖 미혹을 깨는 데는 空공보다 큰 것이 없고, 온갖 법을 세우는 데는 假가보다 큰 것이 없고, 온갖 성품을 구명하는 데는 中중보다 큰 것이 없다."고 하였다) (破一切惑莫盛乎空, 建一切法莫盛乎假, 究竟一切性莫大乎中)

만일 교의(敎義. 교법의 의리)에 근거하면 대체로 한 게송에 다 4구를 두어서 그 뜻을 이뤘을 뿐이며, [51]지자(智者)대사가 나누어서 제시한 삼관

홍결』 제5권에 "일색일향(一色一香. 미세한 물건)이 중도 아님이 없는 것이니, 중도는 곧 법계(法界. 실상)요 법계는 곧 지관(止觀. 수행)이다(一色一香, 無非中道者. 中道卽法界, 法界卽止觀)." 하였다. '止'는 진리에 머물러 허망한 생각을 멈춤이고, '觀'은 분별하고 살피는 청정한 지혜이다.
51 지자대사(智者大師): 천태지의선사이다. 천태종을 세우고 자신은 제삼조가 된다. 제일조는

은 가지와 넝쿨과 같다. 게다가 전해 준 것이 상세하지 않고 이로 인하여 곧 말하면, 멀리 용수보살에게 중론을 받았다고 하여 용수보살로서 시조로 삼는다. 가까이는 사대대사(思大大師. 천태종 제일조 혜문의 법을 이은 제이조 남악혜사대사이다)에게 받았다고 하니 곧 알 수 있다. 만일 세대에 간격을 두고 계승한다면, 나는 후세에 반드시 총명하고 영리한 사람들이 있어서 헛되게 경전을 보고 스스로 석가모니 부처님에게 받았다고 할까 두려운 것이다. 어찌 그럴 수 있는 것인가?

良繇智者具大福德, 智慧辯才, 累爲帝師, 故成一家之說, 辭博理微. 而後世子孫, 稱傳祖敎, 乃番毁師子尊者, 親付法與婆舍斯多, 以至此土六祖傳衣付法, 以爲邪解. 嗚呼吾若備論, 卽成是非, 子自詳之.

진실로 지자(智者)대사는 큰 복덕과 지혜와 변재(辯才)를 갖춤으로 말미암아 대대로 제왕의 스승이 되었다. 그래서 일가(一家)의 설법을 이루었으니 언설은 넓고 그 이치는 미묘하다. 그리고 후세 자손들이 조의(祖意. 조사의 뜻)와 교의(敎義. 교법의 의리)를 전수했다고 인증하려 하니 도리어 사자존자는 해를 당해도 친히 바사사다에게 법을 전해 주었고, 이 중토에 육조대사에게 가사와 법을 전해준 것에 이르기까지 삿되게 해석하려 한다. 아, 내가 만일 상세하게 설명한다면 곧 시비가 될 것이니 그대가 스스로 자세히 살펴보라."

혜문선사이고, 제이조는 남악혜사南嶽慧思선사이다. 용수보살은 시조가 된다. 다시 열거하면 초조용수보살 - 2조혜문 - 3조혜사 - 4조지의 - 5조관정 - 9조담연으로 유명하다.

問曰 自達磨至此土, 因何諸祖師言教, 與西天諸祖洎六祖已上不同. 牛頭一宗北秀荷澤, 南岳讓青原思, 言句漸異, 見解差殊. 各黨師門, 互毀盛至, 如何得息諍去.

다섯 번째 질문이다.

"달마대사로부터 (서역에서) 중국에 이르기까지 무엇 때문에 모든 조사가 말하는 교의(教義. 교법의 의리)가 서천의 모든 조사와 육조 혜능대사 이상의 모든 조사가 말하는 것이 다릅니까? [52]우두일종, 북종의 신수대사, 하택신회, 남악회양, 청원행사 등의 언구가 점차 다름이 있고 견해 차이가 다릅니다, 각각 스승이 같은 파가 한 패가 되어 서로 훼손함도 지극히 치성하니 어떻게 그들의 다툼을 그치게 할 수 있겠습니까?"

答曰 怪哉此問. 且祖師來此土, 如一樹子就地下種, 因緣和合而生芽也. 種卽達磨幷二祖也, 枝葉卽道副總持道育之徒也. 洎二祖爲種, 三祖爲芽, 乃至六祖爲種, 南岳讓爲芽也, 其牛頭神秀荷澤等, 皆枝葉耳.

대답하였다.

---

[52] 우두일종, 북수, 하택, 남악양, 청원사(牛頭一宗, 北秀, 荷澤, 南岳讓, 青原思): '우두일종'은 중국 선종의 일파로 제4조 도신선사의 제자 우두법융(594~657)선사에 의해 일어나 이백 년간 강남의 우두산에서 남북 선종에 속하지 않는 독자적인 선풍을 떨쳤다. '북수'는 제오조 홍인(594~674)대사의 제자 신수대사이고 북종선의 대표이다. '하택'은 제육조 혜능대사의 제자 하택신회이다. 하택종은 하택선사에 의해서 일어난 중국 선종의 한 문파이다. 하택선사는 신수대사와 그의 문하는 방계이고 돈오가 아니라 점오라고 비판하였다. '남악회양'과 '청원행사'는 모두 제6조 혜능대사의 제자로 두 제자에서 뒤에 오가칠종의 선종이 일어났다.

"괴이하도다, 이 질문이여. 더구나 달마대사가 중국에 온 것은 마치 한 나무의 종자가 땅 위에 씨앗이 떨어지자마자 인연이 화합하여 싹을 틔운 거와 같다. 종자는 곧 달마대사와 제2조 혜가대사이며 가지와 잎은 달마대사의 제자 도부(道副), 총지(總持), 도육(道育)의 무리이다. 제2조 혜가대사에 이르러 종자가 되고 제3조 승찬대사는 싹이 되며 더 나아가선 제6조 혜능대사는 종자가 되고 남악회양선사는 싹이 된다. 그 우두법융, 신수대사, 하택신회 등은 다 지엽일 따름이다.

然六祖下枝葉繁茂, 生子亦多. 其種又逐風土所宜, 採取得葉貴葉, 得枝貴枝, 亦猶樹焉, 在南爲橘, 在北爲枳, 雖形味有變, 而根本豈變乎. 又類日焉, 在東爲朝, 在西爲暮. 日亦逐方而轉, 則輪影也, 其空則不轉必矣, 得何怪哉.

그러나 제6조 혜능대사 아래는 지엽이 무성하여 일어난 제자가 또한 매우 많다. 그 종자도 적당한 곳에 풍토를 쫓아서 취하여 잎새를 얻으면 잎새로서 귀이여기고 가지를 얻으면 가지로서 귀이여기며, 또 비유하면 나무와 같아서 남쪽에선 귤이 되고 북쪽에선 탱자가 되니 비록 모양과 맛은 변화가 있으나 근본이 어찌 변하겠느냐? 또 태양에 비유하면 동쪽에 있으면 아침이 되고 서쪽에 있으면 저녁이 된다. 태양이 또 방향을 쫓아 돌면 그림자도 돌아간다. 그 허공인즉 기필코 돌지 않으니 어찌 기이하다 할 것인가?

子但了其內心, 莫隨其外法. 內心者脫其生死, 外法者逐其愛惡. 愛

惡生, 則去佛祖遠矣. 爲子等閑籤出正宗及橫枝言句, 各於後述其
繇序, 令學者明其嫡庶者矣.

그대가 다만 그 내심(內心)을 깨닫고 그 외법(外法)엔 따르지 마라. 내심이란 그 생사윤회를 벗어나는 것이며, 외법이란 그 좋고 싫음을 쫒는 것이다. 좋고 싫음이 일어나면 곧 불조(佛祖)와 거리는 멀어진다. 그대를 위해 등한히 정종(正宗. 보리달마의 正系정계) 및 횡지(橫枝. 지엽인 傍系방계)의 언구를 기록하여 각각 뒤에 그 연유를 차례로 서술하였으니 학자들로 하여금 그 직계와 방계의 분별을 분명히 한 것이다."

6. 각몽당중교오가종파서(覺夢堂重校五家宗派序)[53]

皇朝景德間吳僧道原, 集傳燈三十卷. 自曹溪下列爲兩派, 一曰南
岳讓, 讓出馬大師. 一曰靑原思, 思出石頭遷. 自兩派下又分五宗,
馬大師出八十四員善知識. 內有百丈海, 出黃蘗運大潙祐二人. 運
下出臨濟玄, 故號臨濟宗. 祐下出大仰寂, 故號潙仰宗. 八十四人又
有天王悟, 悟得龍潭信, 信得德山鑒, 鑒得雪峯存, 存下出雲門宗法
眼宗. 石頭遷出藥山儼天皇悟二人, 悟下得慧眞, 眞得幽閑, 閑得文

---

[53] 각몽당중교오가종파서(覺夢堂重校五家宗派序): 각몽당의 오가종파를 거듭 교정한 서문이다. 즉 천황도오선사와 천왕도오선사에 대한 혼선으로 법안종과 운문종을 임제종 아래에 속하느냐 아니냐에 착오를 바로 잡아주고 있다. 천왕도오는 마조계이고 천황도오는 석두계이다. 이 두 선사에 의해 법안종과 운문종을 임제종에 두면, 청원선사 아래는 단지 조동종 한 종이 되고 나머지 네 종은 남악계가 된다. 그러나 남악계는 위앙종과 임제종이고 나머지 조동종, 운문종, 법안종의 삼가(三家)는 청원계로 인식하고 있다. 이에 대해서 논한 것이다.

제5권 415

賈便絶. 唯藥山得雲巖晟, 晟得洞山价, 价得曹山寂, 是爲曹洞宗.
今傳燈却收雲門法眼兩宗歸石頭下誤矣. 緣同時道悟有兩人, 一曰
江陵城西天王寺道悟者渚宮人, 崔子玉之後嗣馬祖. 元和十三年
四月十三日化. 正議大夫丘玄素撰塔銘, 文幾千言, 其略云馬祖祝
曰他日莫離舊處. 故還渚宮. 一曰江陵城東天皇寺道悟, 婺州東陽
人, 姓張氏, 嗣石頭. 元和二年丁亥化, 律師符載所撰碑. 二碑所載,
生緣出處甚詳. 但緣道原採集傳燈之日, 非一一親往討尋, 不過宛
轉托人捃拾而得, 其差誤可知也. 自景德至今, 天下四海以傳燈爲
據, 雖列刹據位立宗者, 不能略加究辨. 唯丞相無盡居士, 及呂夏卿
二君子, 每會議宗門中事, 嘗曰石頭得藥山, 山得曹洞一宗, 敎理行
果, 言說宛轉. 且天王道悟下, 出個周金剛, 呵風罵雨雖佛祖, 不敢
嬰其鋒. 恐自天皇或有差誤.
寂音尊者亦嘗疑之云道悟似有兩人. 無盡後於達觀穎處, 得唐符載
所撰天皇道悟塔記, 又討得丘玄素所作天王道悟塔記, 齎以遍示諸
方曰吾嘗疑德山洞山同出石頭下, 因甚垂手處死活不同. 今以丘符
二記證之, 朗然明白, 方知吾擇法驗人之不謬耳. 寂音曰圭峯答裴
相國宗趣狀列馬祖之嗣六人, 首曰江陵道悟, 其下注曰兼稟徑山.
今妄以雲門臨濟二宗競者, 可發一哂. 略書梗槪以傳, 明達者庶知
五家之正派如是而已.

북송 진종 경덕년(1004~1007)간에 오 땅의 도원(道原. 생몰미상)스님이
『전등록』30권을 편집하였다. 조계산 육조 혜능대사로부터 아래로 두 파
를 열거하여 하나는 남악회양(677~744)선사이니 회양선사에서 마조도

일선사가 나오고, 하나는 청원행사(?~741)선사이니 행사선사에서 석두희천선사가 나왔다. 이 두 파의 아래로부터 또 5종으로 나뉘니 마조선사에서 84명의 선지식이 나왔다. 그 가운데 백장회해선사가 있고 백장선사에서 황벽희운선사와 위산영우선사 두 인물이 나왔다. 황벽선사 아래서 임제의현선사가 나오니 그래서 임제종이라 부르고, 위산선사 아래서 앙산혜적선사가 나오니 그래서 위앙종이라 한다.

  84인 가운데에 또 천왕도오선사가 있는데 도오선사는 용담숭신선사를 얻었고, 숭신선사는 덕산선감선사를 얻었으며 선감선사는 설봉의존선사를 얻으니, 설봉선사 아래서 운문종과 법안종이 나왔다. 석두희천선사에서 약산유엄선사와 천황도오선사 두 인물이 나왔다. 도오선사 아래 혜진선사를 얻었고 혜진선사는 유한선사를 얻었고 유한선사는 문비선사를 얻고서 곧 뒤가 끊어졌다. 오직 약산유엄선사는 운암담성선사를 얻었고 담성선사는 동산양개선사를 얻었으며, 양개선사는 조산혜적선사를 얻으니 이것이 조동종이 된다.

  지금 전등록에선 도리어 운문종과 법안송의 누 송을 거두어서 석누선사 아래로 돌린 것은 착오로 여긴다. 같은 시대에 도오선사가 두 인물이 있었기에 하나는 강릉 성서(江陵城西) 지방의 천왕사 도오(天王寺道悟)선사이니 저궁(渚宮. 강릉의 다른 이름)의 사람이고, 최자옥(崔子玉. 후한시 정치가이며 문인이다)의 후손으로 마조선사의 법을 이었으며, 당나라 헌종 원화 13년(818) 4월13일에 열반하였다. 정의대부(관명) 구현소(생몰미상)가 지은 탑명의 문자가 거의 천마디 말인데, 그것을 간략히 말하면 마조선사가 (도오선사의 깨달음에) 축하하여 말하되 "다른 날에 옛 처한 곳을 여의지 말라." 하여 그래서 저궁으로 돌아왔다.

하나는 강릉 성동(江陵城東) 지방의 천황사 도오(天皇寺道悟)선사이니 무주 동양(지금 浙江省金華東陽)인으로 성은 장씨이며, 석두희천선사의 법을 이었고 원화2년(807) 정해년에 열반하여 [54]협율사 부재(符載. 생몰미상)가 비문을 지었다. 이 두 비문에서 기재한바 태어난 인연과 태어난 곳이 매우 상세하다. 다만 도원스님이 『전등록』을 수집하여 편집할 때에 낱낱이 친히 가서 검토하고 찾은 것이 아니고, 완전히 다른 사람들에게 부탁하여 채집하고 얻은 것에 불과하기 때문에 그 잘못을 가히 알 수 있다.

경덕(1004~1007)년부터 지금까지 천하세상은 『전등록』으로써 근거를 삼았으니 비록 여러 사찰에서 지위에 근거하여 종지를 세우는 자들도 능히 분별하고 궁구하기를 거의 더하지 못했다. 오직 승상 [55]무진거사와 여하경(呂夏卿. 북송시 대신)의 두 군자만이 종문 안에 일로 회의할 때마다 일찍이 말하기를 "석두희천선사는 약산유엄선사를 얻었고, 약산선사는 조동종의 한 종파의 교리행과(敎理行果. 부처님이 가르친 올바른 도리를 수행하여 증득함)와 언설이 소용돌이치게 되었다. 또 천왕도오선사 아래로 [56]주금강

---

54 율사 부재(律師符載): 다른 본은 '律' 위에 '協'의 글자가 더 있다. '협율사'는 협율랑의 관명인 듯하다. 한나라는 협율도위, 진나라는 협율교위, 위나라는 협율랑, 수당은 이를 따랐다. '부재'는 당나라 촉 땅에 사람으로 자는 후지(厚之)이고 시를 잘하였다. 처음은 여산(廬山)에 은거하였다가 뒤에 사천 장서기(四川掌書記)로 또 감찰어사를 지냈다. 『중문대사전』참고.

55 無盡居士(?~1122. 張商英장상영): 그가 불교와의 인연은 재미있다. 절에서 비단에 불경을 장식한 것을 보고 유교는 종이에 하는데, 불교가 사치스럽다고 생각하고 『無佛論무불론』을 지으려고 하다가 부인 向씨가 불경을 읽어보고서 지으라고 하여 『유마경』을 절에서 빌려다 보고 감동하여 귀의하였으며 구양수(歐陽修)가 지은 『謗佛論방불론』을 파하는 『호법론』1권을 지었다.

56 주금강(周金剛): 『금강경』강의에 능했던 덕산선감(782~865)선사이다. 덕산선사는 늘 걸망에 『금강경소』를 가지고 다녔다. 길에서 점심을 먹으려고 하는데 노파가 수작을 건다. "그 걸망 안에 무슨 문자요." "금강경소요." "그러면 금강경에 과거심도 얻을 수 없고 현재심도 얻을 수 없고 미래심도 얻을 수 없다고 말하는데, 대덕께선 어느 마음으로 점심을 하려 하오(婆云 大德車子內是甚麽文字, 山云 金剛經抄疏. 婆云 只如經中道, 過去心不可得, 見在心不可得, 未來心不可

이 나와서 바람을 꾸짖고 비를 혼내니 비록 불조(佛祖)라도 감히 그 날카로움에 접촉하지 못한다하니 아마도 천황도오선사로부터 어쩌면 착오가 있었을지도 모른다.

적음존자도 또한 일찍이 그것을 의심하여 "도오선사가 두 사람이 있는 것 같다." 하였고, 무진거사는 뒤에 달관담영선사 처소에서 당나라 협율사 부재가 지은 「천황도오탑기」를 얻고, 또 구현소가 지은 「천왕도오탑기」를 구해서 싸 가지고 두루 제방에 보이면서 말하되, "내가 일찍이 덕산선사와 동산선사가 석두선사 아래서 같이 나온 것을 의심하였으니 학인을 지도하는 곳에서 죽이고 살리는 것이 심히 다르기 때문이다. 이제 구현소와 부재의 두 기록으로서 증험한다면 분명하고 명백하니 내가 법을 가리고 사람을 시험하는 것이 틀리지 않았음을 비로소 알았다."

적음존자가 말하되 "규봉종밀(780~744)선사가 배상국(裵休배휴)에게 답한 종취(宗趣. 종지)의 편지에서 마조선사의 법을 이은 여섯 명을 열거했는데, 먼저 강릉 도오선사를 말하고 그 아래 주(注)에서 겸하여 [57]경산국일(徑山國一)선사에게서 법을 받았다고 하였다. 이제 허망하게 운문종

得. 大德要點那箇心)." 선사가 말문이 막혔다. 그 노파가 용담숭신(782~865)선사의 처소를 알려주어 그 곳에 가서 깨닫고 그 『금강경소』를 불살라버렸다. 또 『전등록』 제9권에 황벽희운선사의 〈전심법요〉에서 "보살의 마음은 허공과 같아서 일체 모두를 버린다. 과거심을 얻을 수 없음은 과거를 버림이요, 현재심을 얻을 수 없음은 현재를 버림이요, 미래심을 얻을 수 없음은 미래를 버림이니 이른 바 삼세를 모두 버림이다(菩薩心如虛空, 一切俱捨. 過去心不可得, 是過去捨. 現在心不可得, 是現在捨. 未來心不可得, 是未來捨, 所謂三世俱捨)."하였다. 황벽선사는 세상 사람들이 마음을 비우지 못하는 것은 마음이 본래 공한 줄을 모르기 때문이라고 한다.

57 경산(徑山)은 국일(國一)선사로 경산도흠(?~792)선사이다. 제4조 도신대사의 방계로 학림사 현소(668~752)선사의 법을 받았다. 참고로 『고승적요』 제4권에 "도오선사 나이 25세에 항주 죽림사의 대덕에게 의지하여 구족계를 받고, 뒤에 경산에 이르러 국일선사에게 비밀히 불법의 핵심을 받았다(年二十五, 依杭州竹林寺大德具戒, 投徑山國一禪師,密受宗要)."고 하였다.

과 임제종 두 종이 다투는 것은 한번 웃을만하다." 경개(梗槪. 개요)를 간략하게 기록하여 전하니 사리에 밝은 자들은 오가(五家)의 정맥이 이와 같이 아는 것을 바랄뿐이다.

(참고로 살펴본 〈각몽당중교오가종파서〉에서 알 수 있는 것은 오가종의 분파에 대해 운문종과 법안종의 두 종을 청원선사 문하에 둔, 전등록의 기재를 불신하고 있다. 그러나 본 6권 부록에 보이는 〈대원연우중간인천안목후서〉와 〈용담고〉에선 두 종을 황벽선사 문하에 두는 것은 옳지 않다하여 비평하고 있다. 그리고 지금 보편적으로 모두가 책에서 익히 알고 있는 것은 후자에 무게를 두어 남악선사 문하에서 임제종 위앙종의 두 종이 나오고, 청원선사 문하에선 조동종 운문종 법안종의 세 종이 나온 것으로 인식한다)

인천안목

⊙

제6권

II. 종문잡록[1]

1. 암두삼구(巖頭三句)[2]

咬去咬住, 欲去不去 欲住不住,
或時一向不去 或時一向不住.

꽉 물고 가고 꽉 물고 머물며,
가고자 하면서 떠나지 못하고 머물고자 하면서 머물지 못하며,
때로는 내내 가지도 않고 때로는 내내 머물지도 않는다.

師上堂云 大凡唱敎, 從無欲中流出三句, 秖是理論. 咬去咬住, 欲去

---

1 종문잡록(宗門雜錄): 宗門에서 '宗'은 숭상한 바의 교지가 되고, '門'은 통해서 들어가는 뜻이다. 송나라 이후에 형성된 선종의 자찬(自讚)에서 나머지는 다 교문(敎門)이 된다. '잡록'은 잡기이다. 여기서는 '암두삼구'와 '분양오문구'로 시작하여 '선림방어'와 '진성게' 등이 실려있다.
2 암두삼구(巖頭三句): 암두전활(828~887. 덕산선감선사의 법을 받음)선사의 삼구어이다. 이는 암두선사가 학인을 인도하는 방법으로써 사용한 것이다. 삼구어는 咬去咬住(교거교주. 執着於去住. 거주에서의 집착이다), 欲去不去 欲住不住(욕거불거 욕주부주. 欲了脫去住而仍執着於去住. 거주에서 벗어나고자 하면서도 여전히 거주에서의 집착이다), 或時一向不去 或時一向不住(혹시일향불거 혹시일향부주. 完全了脫去住. 완전히 거주에서 철저한 해탈이다)이다. 괄호 안의 내용은 『불광대사전』을 참고 하였다. 『가산불교대사림』에선 "화두를 들고 가고 화두를 들고 머물며, 화두가 사라지려 하면 사라지지 못하게 하고, 머물려 하면 머물지 못하게 한다(咬去咬住, 欲去不去 欲住不住)"고 하였다. 일상의 생활, 행주좌와어묵동정에서 화두를 들되 혼침에 빠지거나 화두를 놓치지 말라는 의미일 것이다. 필자는 같이 참고하되 전자에 뜻을 두었다.

不去 欲住不住, 或時一向不去 或時一向不住.

암두선사가 상당하여 이르되 "대체로 불교교의를 전포하려면 욕심 없는데서 삼구가 흘러나와야 하니 다만 이론일 뿐이다. 이는 꽉 물고 가고 꽉 물고 머물며, 가고자 하면서 떠나지 못하고 머물고자 하면서 머물지 못하며, 때로는 내내 떠나지도 않고 때로는 내내 머물지도 않는다.

並不知方所, 明眼漢, 沒窠臼. 突然地, 若論戰也, 箇箇須是咬猪狗手段. 若未透未明, 亦須得七八分方可入作. 若從來眼目彌梨麻囉, 且莫亂呈懵袋. 錯槌折爾腰, 莫言不道.

아울러 방위와 장소를 알지 못하니 눈 밝은 사람은 틀에 박혀 빠짐이 없다. 갑자기 논쟁할 것 같으면, 하나하나 아마 반드시 [3]개돼지가 무는 수단일 것이다. 만일 투명하지 못하면 또한 반드시 열에 칠팔 프로를 얻어야 비로소 들어가 지을 만하다. 만일 지금까지 안목이 [4]흐리멍덩하다면 또한 무명의 자루(懵袋몽대)를 어지럽게 보이지 마라. 너의 허리가 잘못 철퇴에 부러질 것이니 도리에 맞지 않다고 말하지 마라.

(按岩頭三句, 咬去咬住是一, 欲去不去 欲住不住是一, 或時一向不去 或時一向不

---

3 교저구수단(咬猪狗手段): 참고로 『密菴和尚語錄밀암화상어록』에 "불법을 배우는 것은 지극히 주요한데 달리 다른 방법은 없고, 반드시 단단히 의지해야 하는 것은 개돼지가 무는 수단이어야 한다(學道至要, 別無他術, 須是硬靠却咬猪狗手段)"고 하였다. 이는 불법을 수행하고 성성하게 화두를 들려면, 마치 개돼지가 물고 늘어지듯이 하라는 의미이다. 위 내용도 이것이다.
4 미리마라(彌梨麻囉): 미려마라(迷黎麻羅)이다. '미리'는 흐린 눈이고, '마라'는 색맹이다.

住是一. 舊本以咬去爲一, 咬住爲一. 欲去不去 欲住不住爲一. 而更不顧有或時一向不去 或時一向不住之句, 誤矣. 今旣正之, 又略擧上堂爲據)

(암두선사의 삼구를 살펴보면, 咬去咬住가 일구이고, 欲去不去, 欲住不住가 일구이고, 或時一向不去, 或時一向不住가 일구이다. 舊本구본은 咬去가 일구가 되고, 咬住가 일구가 되고, 欲去不去, 欲住不住가 일구가 된다. 그리고 다시 或時一向不去, 或時一向不住의 언구가 있음을 살펴보지 않았으니 이는 잘못이다. 이제 이미 이를 바로 잡고 또 대략 上堂상당 법어를 들어서 근거로 삼았다)

(참고로 『불광대사전』에서 "암두선사의 삼구어 제1구는 거주에서의 집착이고, 제2구는 여전히 거주에서의 집착이고, 제3구는 거주에서의 철저한 해탈이다" 하였다. 눈 밝은 사람은 틀에 박혀 빠짐이 없다고 하듯이 거주에서의 자유로움은 방위와 장소에서 벗어남이다. 또 『한어대사전』에서 "去住거주는 去留거류 또 取舍취사"이다. 좋은 일은 자신이 취하고 나쁜 일은 남에게 돌리는 것이 중생심이다. 암두선사는 이 취사심을 버리게 한다. 누구나 이 취사심에 자유롭지 못하다. [5]명안선사는 "마음과 경계가 원만하지 못함은 취사에서 막힘이다." 하였고, [6]『영각화상광록』에 "凡心범심이란 무엇인가?" "하나는 시비하는 마음이 있으면 범심이요, 하나는 취사하는 마음이 있으면 범심이다." 하였다. 일상의 생활에서 취사심을 내려놓지 못하여 늘 분상을 일으키고 스스로 속박이 된다. 凡心은 범부의 마음이다. [7]『금강경』에 수보리가 "선남자 선여인이 아뇩다라삼먁삼보리심을 일으

---

[5] 『인천안목』 제3권, '明安云 謂情境不圓, 滯在取舍 …'
[6] 『永覺和尙廣錄』 제6권, '凡心者何. 一有是非之心, 凡心也. 一有取舍之念, 凡心也. …'
[7] 『금강반야바라밀경』, '世尊, 善男子善女人, 發阿耨多羅三藐三菩提心, 應云何住, 云何降伏其心 … 須菩提, 若菩薩有我相 人相 衆生相 壽者相, 卽非菩薩.' 아상은 자신에 집착하여 재물이나 학문이 있는 것을 믿고 일체인을 업신여기는 것이다. 인상은 설사 자비와 공경을 행한다 해도 자신이 제일인양 우쭐거리고 널리 자비와 공경을 말하면서 응당 실천하지 않는

키는 데는 어떻게 머무르며 어떻게 항복받습니까?" … 수보리야 만일 아상이 있고 인상이 있고 중생상이 있고 수자상이 있으면 곧 보살이 아니니라." 부처님은 아상 인상 중생상 수자상의 四相사상을 내려놓게 한다. 외경에 움직이지 않고 외경을 움직인다면, 사상은 물론이고 취사심은 자연 사라질 것이며 방위와 장소에도 자유로울 것이다. 아뇩다라삼먁삼보리심은 부처님의 지혜이다)

2. 분양오문구(汾陽五門句. 石門錄中未見有此答)[8]

僧問 如何是入門句. 汾云 遠客投知己, 暫坐笑吟吟. 石門聰云 六親不相識, 口中道遠來. 又云 瞎.

한 스님이 질문하였다. "어떤 것이 불문에 들어서는 언구입니까?" 대답하였다. 분양선사는 "멀리서 온 손님과 지기(知己. 자신을 알아줌)에 투합하니 잠시 앉아서 빙그레 웃는다." 석문총선사는 "육친이 서로 알지 못하고 입속에서 멀리서 오셨군요." 말한다. 또 "눈이 멀었군."

것이다. 중생상은 좋은 일은 자신에게 돌리고 나쁜 일은 남에게 돌리는 중생심이다. 수자상은 경계를 마주하여 취하고 버리는 분별상을 내는 것이다. 『금강경육조구결』 참고.
8 汾陽五門句: 분양선사의 오문구이다. 괄호 안은 '석문록에서 이 답이 있음을 보지 못하였다'는 내용이다. 오문구는 다섯으로 불도 수행자의 진보를 문에 비유하여 나눈 것이다. 이는 북송 때 임제종 분양선소선사의 교설로 문에 들어와서, 문 안에서, 문에 당두해서, 문을 나서서, 문 밖에서의 언구이다. 좀 더 설명하면, '문에 들어와서의 언구'는 불문에 들어온 것이 타향에서 친구를 만남과 같고, '문 안에서의 언구는' 입문하였으니 밖에서 구하지 않는 것이다. '문에 당두해서의 언구'는 모든 것을 끊고 대문을 열고 사방을 살펴본다. '문에 나서서의 언구'는 깨달음의 경지에 도달하여 중생교화의 뜻을 가진다. '문 밖에서의 언구'는 무위무작(無爲無作)으로 중생을 제도하기 위해 장안으로 향하는 것이다.

如何是門裏句. 汾云 四相排班立, 凝情望聖容. 門云 密室不通風, 獨自歸家坐. 又云 收. 又云 賓中主.

질문하였다. "어떤 것이 문 안에서의 언구입니까?" 대답하였다. 분양선사는 "사상(四相. 생노병사)이 배열하여 서있고, 마음을 집중해서 성인의 용모를 바라본다." 석문총선사는 "밀실은 바람도 통하지 않으니, 홀로 집에 돌아가 앉는다." 또 "거두어들인다." 또 "손님 가운데 주인이다."

如何是當門句. 汾云 坐斷千差路, 舒光照萬機. 門云 開門不扃戶, 按劍看四方. 又云 斬. 又云 主中主.

질문하였다. "어떤 것이 문에 당두해서의 언구입니까?" 대답하였다. 분양선사는 "천 갈래의 길을 앉아서 절단하고 빛을 펼쳐 일체의 활동에서 비춘다." (무명의 업장이 두터운 중생에게 지혜의 빛을 비춘다) 석문총선사는 "대문을 열어놓고 빗장도 아니한 체 검을 만지며 사방을 본다." 또 "끊어라." 또 "주인 가운데 주인이다."

如何是出門句. 汾云 擧目望江山, 遍界無相識. 門云 威儀不整望長安. 又云 貶.

질문하였다. "어떤 것이 문을 나서서의 언구입니까?" 대답하였다. 분양선사는 "눈을 들어 강산을 바라보니 온 천지에 아는 이가 없다." 석문총선사는 "위의를 바로하지 않은채 장안을 바라본다." 또 "낮추어라."

如何是門外句. 汾云 樵子愛荒郊, 騎牛常扣角. 門云 威儀濟濟向長安. 又云 賓中賓.

질문하였다. "어떤 것이 문 밖에서의 언구입니까?" 대답하였다. 분양선사는 "나무꾼이 거친 들판을 좋아하여 소를 타고 항상 뿔을 두드린다." 석문총선사는 "위의가 위엄있게 장안을 [9]향한다." (산을 보면 산이요 물을 보면 물인 경계이다) 또 "손님 가운데 손님이다." 하였다.

3. 조론사불천(肇論四不遷. 古德着語)[10]

旋嵐偃嶽而常靜,	큰 바람에 산악이 넘어져도 늘 고요하고
(與者裏沒交渉)	(저 가운데 더불어 교섭할 수 없지)
江河競注而不流.	강하는 다투어 주입해도 흐르지 않네.
(水洒不著)	(물을 부어도 드러나지 않지)

---

[9] 다른 본은 '향장안(向長安)'이 '문장안(問長安)'이다. 장안을 향해서. 후자는 장안을 묻다.
[10] 조론사불천(肇論四不遷): 동진시(東晉市) 승조(僧肇. 384~414)선사가 옮기지 않는 네 가지 사물을 들어서 말한 것이다. 그의 설명은 물불천(物不遷論. 본체는 외물에 옮기지 않는다)이다. 설사 만물이 일어나고 유전하는 현상이 있지만 그 본체는 늘 옮기지 않는다. 승조선사가 논한 四不遷에 대하여 고덕선사가 착어하였다. 착어는 비평하거나 비튼 언구에서 오히려 이해하는 데 도움이 되기도 한다. 승조선사는 동진 때 인물이다. 홍시6년(404)에 구마라습이 대품반야경을 번역하여 내고, 선사는 반야무지론을 지어서 보이니 찬탄하였다고 한다. 나중에 부진공론(不眞空論. 인과법칙 가운데 일어나는 바 현상은 실체가 없다), 물불천론(物不遷論. 본체는 외물에 옮기지 않는다), 열반무명론(涅槃無名論. 생멸이 없는 이상 명상도 없고 절대로 언어로 표현할 수 있는 것이 아니다하여 무명이라 함), 반야무지론(般若無知論. 반야는 범부의 인식을 초월이다. 그래서 무지라 한다). 이를 하나로 엮은 것이 세상에서 유행하고 있는 『肇論조론』이다. 『불광대사전』 참고.

野馬飄鼓而不動,	아지랑이 큰 바람에도 움직이지 않고
(風吹不入)	(바람이 불어도 들이지 않지)
日月歷天而不周.	일월이 하늘을 지나도 주도하지 않네.
(光明無背面)	(광명은 앞뒤가 없지)

4. 암두사장봉(巖頭四藏鋒)[11]

四藏鋒者, 師所立也. 謂就事者全事也. 就理者全理也. 入就者理事俱也. 出就者理事泯也. 後之學者, 不根前輩所立之意, 易就爲袖, 使晚生衲子疑宗師袖中有物, 出入而可示之也, 故不得不詳審.

사장봉이란 암두선사가 설립한 것이다. 취사(就事. 현상에 나아감)란 현상에 온전함이요, 취리(就理. 이치에 나아감)란 본체에 온전함이다. 입취(入就)는 본체와 현상이 함께함이요, 출취(出就)는 본체와 현상이 없어짐이다. 뒤에 학자는 선배가 설립한 뜻을 근거하지 않고 취(就)의 글자를 바꾸어 수(袖. 소매)의 글자로 삼아, 후배납자들로 하여금 종사의 소매 속에 어떤 물건이 드나듦이 있다하여 가히 그것을 볼 수 있다고 의심케 하니, 그래서 자세히 살펴보지 않을 수 없다.

---

[11] 암두사장봉(巖頭四藏鋒): 암두전활(巖頭全豁. 828~887. 덕산선감선사의 법을 받음)선사가 사(事)와 이(理)로서 수행의 경지를 검토하는 데 있어서 사용한 네 가지 표준이다. '事'는 개별의 현상세계이고, '理'는 만물원융의 본체세계이다. '취사장봉(就事藏鋒)'은 개별적 사상(事相)의 경지에 나가서 검토함이고, '취이장봉(就理藏鋒)'은 원융일여의 경지에 나가서 검토함이다. '입취장봉(入就藏鋒)'은 事理의 둘을 겸해 갖춘 자의 경지에서 검토함이고, '출취장봉(出就藏鋒)'은 事理가 없어진 상대에서의 검토함이다. 『불광대사전』 참고.

4-1. 고덕송부달관영(古德頌附達觀穎)[12]

1) 취사(就事. 낱낱 차별상에 나아가 검토함. 고덕선사 게송)

運水搬柴不是塵,　　물 긷고 나무하고 번뇌가 아니요
頭頭全現法王身,　　하나하나 온전히 나투는 법왕의 몸
扁舟蕩漾滄溟外,　　조각배는 큰 바다 밖에서 넘실대고
巨浪如山湧白銀.　　산 같은 큰 물결 하얀 은빛 솟네.

2) 취사(就事. 달관영선사 게송)

就事藏鋒事獨全,[13]　취사장봉은 현상이 홀로 온전하고
不於理上取言詮,　　본체위에서 설명을 취하지 않으며
錦鱗若不吞香餌,[14]　물고기가 좋은 입감 물지 않으니
擺尾搖頭戲碧川.　　꼬리치고 머리저어 푸른 내 놀리네.

3) 취리(就理. 원융일여의 경지에 나아가 검토함. 고덕선사 게송)

全身直下露堂堂,　　온몸을 곧바로 당당하게 드러내
妙體繇來不覆藏,　　묘체는 원래부터 숨기지 않으며

---

12 고덕송부달관영(古德頌附達觀穎): 고덕선사의 게송과 남송 때 임제종 양기파의 달관영 (1138~1212)선사의 게송도 붙였다. 전자는 고덕선사의 게송, 후자는 달관영선사의 게송이다.
13 장봉(藏鋒): 서법에서 붓 끝을 감추듯이 능력을 밖에 드러내지 않거나 또 흔적을 감춤이다.
14 금린(錦鱗): 물고기의 미칭이고 또전설 가운데 잉어(鯉魚리어)이다. 또 서찰(書札)이다.

觸處現成誰辨的,　　도처에 현성하니 뉘 분명 분별하나
塵塵俱放白毫光.　　일미진중에 모두 백호의 빛을 쏜다.

4) 취리(就理. 달관영선사 게송)

就理藏鋒理最微,　　취리장봉은 이치가 가장 미묘해
豈從事上立毫釐.　　어찌 현상위에 터럭 끝을 세우랴.
新羅鷂子飛天外,　　신라 땅 새매가 하늘 밖에서 날고
肯搦林間死雀兒.　　기꺼이 숲속에 죽은 참새를 잡네.

5) 입취(入就. 事理사리를 겸한 자의 경지에서 검토함. 고덕선사 게송)

全機電卷幾人知,　　작용의 빠름을 몇 사람이나 알지
眨上眉毛已是遲.　　눈썹위에 깜작임은 이미 늦었네.
覿面不知開寶藏,　　직접 만나도 보물창고 열 줄 몰라
躊躇門外草離離.　　머뭇거리다 문밖에 풀만 무성하네.

6) 입취(入就. 달관영선사 게송)

入就藏鋒理事該,　　입취장봉은 도리와 현상이 갖추어져
碧潭風起震雲雷.　　푸른 못 바람 일고 구름 속 천둥치고
禹門三月桃花浪,[15]　용문 땅에 삼월의 도화가 물결치니

---

15 우문(禹門): 지명으로 용문(龍門)이다. 산서성 하진현 서쪽에 있다.『중문대사전』참고.

戴角擎頭免曝腮.¹⁶　뿔을 이고 머리 드는 신고(辛苦)를 면하네.

7) 출취(出就. 事理사리가 없어진 상태에서의 검토함. 고덕선사 게송)

凜凜威光滿世間,　위풍당당함이 세간에 가득차고
法王號令合當然,　법왕의 호령에 당연히 합하니
門前萬古長安道,　문 앞은 만고에 장안 가는 길이요
一擧鵬搏萬里天.　한 번 붕새의 날개 짓 만리를 나네.

8) 출취(出就. 달관영선사 게송)

出就藏鋒理事忘,　출취장봉은 이체와 현상을 잊음이요
長天赫日更無妨,　긴긴 날 붉은 태양 다시 방해 없고
雷公電母分明說,　천둥신과 번개신이 분명히 말하니
霹靂聲中石火光.　천둥치는 소리 속에 순간 반짝하네.

5. 종문삼인(宗門三印. 石門聰 玉泉達)¹⁷

---

16 폭시(曝腮): 또는 폭새(曝鰓)이다. 같은 의미이다. '시(腮)'는 뺨 시이고, '새(鰓)'는 아가미 새이다.『交州記校注기』에 "제방(隄防)에 있는 용문은 수심이 천 길이고 잉어가 이 문을 올라야 용이 되는데, 지날 수 없으면 말린 아가미가 석벽에 부딪쳐 흐르는 피로 이 물은 늘 붉은 못과 같다(有隄防龍門, 水深百尋, 大魚登此門化成龍, 不得過 曝鰓點額, 血流此水, 恒如丹池)."고 하였다. 뒤에 이를 좌절과 곤궁에 비유한다.『한어대사전』참고.
17 門三印: 종문의 삼인에 대해 석문총선사와 옥천달선사가 평하다. 宗門에서 '宗'은 숭상한 바의 교지이고, '門'은 통해서 들어감이다. 송나라 이후 형성된 선종의 자찬(自讚)에서 나머

一印印空. 門云 舌柱上齶. 泉云 萬象收歸古鑑中.

一印印水. 門云 說話對聾人. 泉云 秋蟾影落千江裏.

一印印泥. 門云 頭上喫棒口裏喃喃. 泉云 好看文彩生時.

한 도장을 허공에 찍다. 이에 대해 말하였다. 석문총선사는 "혀로 위 잇몸을 받치다."(언구로 표현할 수 없고 마음으로 이해할 수 있다) 옥천달(開先宗禪師개선종선사의 법을 받음)선사는 "삼라만상이 옛 거울 속으로 수습해 돌아가다." 한 도장을 수면에 찍다. 이에 대해 말하였다. 석문총선사는 "귀먹은 사람과 마주하여 대화하다." 옥천달선사는 "가을에 달그림자가 떨어진 일천 강이다." 한 도장을 진흙에 찍다. 이에 대해 말하였다. 석문총선사는 "머리에 한 방망이 먹이니 입속에서 중얼거리다."(알지 못하면서 순종도 하지 않다) 옥천달선사는 "보기 좋은 문채가 생길 때이다."

1) 설두현송(雪竇顯頌. 설두중현선사의 삼인에 대한 게송)

印空印水印泥,	허공 수면 진흙에 도장을 찍으니
炳然字義還迷,	분명한 글자의 뜻이 도리어 미하고
黃頭大士不識,	부처님도 알지 못하여
敢問誰得親提.	감히 묻노니 뉘 친히 들 수 있나.

지는 다 교문(敎門)이 된다. '삼인'은 선종에서 불법평등의 세 항목을 나타내서 사용하는 비유로 인공(印空), 인수(印水), 인니(印泥)이다. '인공'은 불법평등의 무차별을 나타낸다. 허공에 도장을 찍으면 형상이 없는 것과 같다. '인수'는 평등일여와 절대 유일에서 차별이 없는 불법이 차별상으로 드러내서 나타남이다. '인니'는 불법의 절대 유일한 본체로부터 각종 차별의 드러낸 상이다. 또 삼인은 차례로 불보살의 법신위, 보신위, 응신위가 된다.

印泥印空印水,	진흙 허공 수면에 도장을 찍으니
匝地寒濤競起,	각처에서 찬 물결이 다투어 일고
其中無限麟龍,	그 속에 끝없는 훌륭한 인재들아
幾處爭求出嘴.	어디서 입 내밀고 다투어 구하나.

印水印泥印空,	수면 진흙 허공에 도장을 찍으니
衲子不辨西東,	납자들이 사방을 분별하지 못하고
撥開向上一竅,	위로 향해 한 구멍을 밀어제치니
千聖齊立下風.	일천 성인 모두 바람 부는 쪽에 섰네.

2) 황벽초(黃檗初. 황벽초의 삼인에 대한 게송. 개선종선사 법을 받음)

印泥印水印空,	진흙 수면 허공에 도장을 찍으니
四方八面玲瓏,	사방팔방에서 쟁쟁거리고
大海龍吟霧起,	큰 바다 용의 신음에 안개가 일며
高山虎嘯生風.	높은 산 호랑이 으르렁 바람이 이네.

印空印水印泥,	허공 수면 진흙에 도장을 찍으니
高低物物皆齊,	높고 낮은 물물이 다 갖추어지고
若識炳然文采,	만일 분명히 문채를 안다고 하면
不妨南北東西.	동서남북에 해로울 것이 없네.

| 印泥印空印水, | 진흙 허공 수면에 도장을 찍으니 |

雷電風雲四起,　　뇌전풍운이 사방에서 일어나고
乘時直透龍門,　　기회타고 바로 용문을 통과하는데
切忌曝腮燒尾.[18]　아가미와 꼬리를 태울까 꺼린다.

3) 운봉열(雲峯悅. 운봉문열선사의 삼인에 대한 게송)

一印印泥,　　한 도장을 진흙에 찍으니
賢愚共知,　　현성과 범우가 함께 알고
捩轉鼻孔,　　콧구멍을 돌려 파니
頂上金槌.　　머리 위에 철퇴이다.

一印印水,　　한 도장을 수면에 찍으니
徒張脣嘴,　　한갓 입술을 크게 벌려
未涉流沙,　　흐르는 모래 관계치 않고
洪濤競起.　　큰 물결이 다투어 인다.

一印印空,　　한 도장을 허공에 찍으니
明月淸風,　　명월과 청풍이요
爍迦羅眼,　　삭가라(철위산)의 눈이요
齋後之鐘.　　집 뒤에 종소리다.

---

18 시어에서 폭시(曝腮)는 주 16을 참고 요.

6. 삼조왕자(三朝王子. 汾陽昭 五祖演 翠巖峰)[19]

僧問 王子未登朝時如何. 汾云 六宮歌雪曲, 八國聽韶音. 祖云 逢人當問路. 巖云 深宮雖不出, 化外已傳芳.

한 스님이 질문하였다. "왕자가 조정에 오르지 아니할 때는 어떠합니까?"(아직 깨달음의 자리에 들어서지 못한 때이다) 대답하였다. 분양소선사는 "육궁에서 양춘백설곡(옛 가곡명)을 노래하고 팔국이 순임금의 음악을 듣는다." 오조연선사는 "길에서 사람을 만나면 길을 물어야 한다." 취암봉선사는 "깊은 궁전을 벗어나지 않더라도 교화가 밖에 이미 향기가 전한다."

王子正登朝時如何. 汾云 玉繭不彰文, 萬邦咸稽首. 祖云 天下太平. 巖云 兩班依玉殿, 十道盡來朝.

질문하였다. "왕자가 정히 조정에 오를 때는 어떠합니까?" 대답하였다. 분양소선사는 "고운 누에고치 문채가 빛나지 아니해도 천하가 다 머리를 숙인다." 오조연선사는 "천하가 태평하다." 취암봉선사는 [20]"문무양반이 궁전에 의지하고 전국 십도(당태종이 행정구역을 십도로 나눔)에서 다 찾아와 조회한다."

---

19 조정에 등용되는 전후 세 시기의 왕자이다. 왕자로서 조정에 등용되기 이전의 시기와 등용되어 왕으로서 세상에 그 존재가 알려지는 순간과 왕이 된 이후 본격적으로 국사에 관여하는 시기 등으로 나눈다. 삼조왕자에 대한 질문으로 분양선소, 오조법연, 취암봉선사가 답하다. 돈오의 자질이 있는 학인을 비유한다. 『가사불교대사림』참고.

20 양반(兩班): 조정에 문무 양반이 있는 것을 선림(禪林)에서 모방을 하여 주지 아래 동서로 양반을 두었다. 학덕이 깊은 자는 서방에 두고 세상 법을 잘 아는 자는 동방에 두었다.

王子登朝後如何. 汾云 素服問田翁, 遍界無相識. 祖云 誰論好醜.
巖云 漁樵歌滿路, 野老唱豊年.

질문하였다. "왕자가 조정에 오른 후에는 어떠합니까?" 대답하였다.
분양소선사는 "평민 복장으로 농부에게 질문하니 온 세계에 아는 이 없
다." 오조연선사는 "누가 좋고 추함을 논할 것인가?" 취암봉선사는 "어
부와 나무꾼의 노래 소리가 길에 가득하고, 촌 늙은이 풍년가를 부른다."

1) 분양송(汾陽頌. 분양선소선사의 삼조왕자에 대한 게송)

三朝王子貴兼尊,　　삼조의 왕자가 귀와 존을 겸비하고
今古傳聞孰可分.　　고금을 전해 듣고 뉘 가히 분별하랴.
八國六宮全美化,[21]　팔국과 육궁이 좋은 교화 온전하고
汾陽的印莫紛紜.　　내가 인가하니 어지럽게 하지 마라.

7. 남명신화상사자화(南明愼和尙師子話. 報恩從附)[22]

僧問 師子未出窟時如何. 明云 淸風匝地. 恩云 鋒鋩難繫. 出窟後

---

21 팔국육궁(八國六宮): '육궁'은 정현(鄭玄)의 주(注)에 "육궁은 한 궁 뒤에 5궁이다. 다섯은 후
일궁(后一宮)이고 삼부인(三夫人)이 一宮이고 구빈(九嬪)이 一宮이고 27세부(世婦)가 一宮이
고 81어처(御妻)가 一宮이다." 모두 120인이다. 또 '팔국'은 부처님 사리를 분배한 여덟 나
라이다. 이 모두를 교화한다는 것은 하나의 상징적으로 교화에 대한 의미로 받아들인다.
22 남명신(생몰미상)화상의 사자화에 대한 문답에서 보은종륜(報恩從倫. 생몰미상. 報恩行秀보은
행수선사의 법을 받음)선사의 답도 붙였다. 사자는 불조(佛祖)의 눈 밝은 제자를 비유한다.

如何. 明云 群狐腦裂. 恩云藏身無路. 欲出未出時如何. 明云 嗄.
恩云 命若懸絲.

한 스님이 질문하였다. "사자가 굴에서 나오지 아니할 때는 어떠합니까?"(깨달음이 없을 땐 어떻게 하나) 대답하였다. 남명신화상은 "청풍이 각처에서 분다." 보은종선사는 "칼날의 서슬은 매달기 어렵다." 질문하였다. "사자가 굴에서 나온 뒤에는 어떠합니까?" 대답하였다. 남명신화상은 "여우무리의 뇌가 터진다." 보은종선사는 "몸을 숨기려 해도 방법이 없다." 질문하였다. "나오려 하다 나오지 아니할 때는 어떠합니까?" 대답하였다. 남명신화상은 [23]"嗄(애. 순간 동정은 말로 표현 못한다)." 보은종선사는 "목숨이 실에 매단 것과 같다." (목숨이 죽으면 법신을 나타낸다)

1) 남명송(南明頌. 남명신화상의 사자화에 대한 게송)

兀坐如痴似不能,	오뚝 앉아 바보처럼 재능이 없는 듯
驀然翻轉便掀騰.	갑자기 뒤척이다 곧 높이 뛰어올라
百年妖怪皆潛伏,	백년 요괴들이 다 살그머니 엎드려
深隱亂山千萬層.	깊숙이 어지러운 산 천만 층에 숨네.

| 一聲哮吼震乾坤, | 한 번 포효에 하늘땅이 진동하고 |
| 百獸群中喪膽魂. | 무리 속에 모든 짐승 정신줄 놓아 |

---

23 嗄: 목쉴 사. 기가 꺾일 애. 희비가 심해서 목이 말라 소리가 나오지 않는 것을 말한다. 또는 감탄사로 의심과 깨달음의 나눠짐이 있다. 발음은 '아(a)'이다.

澗水逆流山影轉,　　냇물이 역류하고 산 그림자 구르니
眼花空際亂紛紛.　　흐려진 눈 하늘 가 어지럽기만 하네.

欲出未出孰能知,　　나오려다 아니함을 뉘 능히 알랴
踞地翻身也大奇.　　웅크리고 뒤척여도 아주 기이해
千手大悲難摸索,　　천수관음 대비도 더듬기 어려워
從敎千古衆人疑.[24]　　설사 천고에 뭇사람도 의심했네.

8. 장로조인복보검화(長蘆祖印福寶劍話. 天柱靜 翠巖芝 承天宗)[25]

僧問 寶劍未出匣時如何. 印云 澁. 柱云 如今朝代無人問.(朝一作昭) 巖云 切忌道著. 宗云 寒光射斗牛. 出匣後如何. 印云 利. 柱云 萬里山河道太平. 巖云 天魔膽裂. 宗云 千兵易得, 一將難求.

한 스님이 질문하였다. "보검이 칼집에서 나오기 전엔 어떠합니까?" (학인이 본성을 깨닫지 못한 상황을 말한다) 대답하였다. 조인복선사는 "떨떠름하다." (불성을 깨닫지 못한 학인의 떨떠름을 비유함이다) 천주정선사는 "지금 분명히 대신하여 질문할 사람이 없다." (다른 본은 朝字조자가 昭字소자이다. 이를 따름) 취암지선사는 "말하는 것은 절대로 꺼린다." 승천종선사는 "찬

---

24 종교(從敎): 종사(縱使)이다. 설사 ~ 일지라도.
25 진주 장로사 조인복(眞州長蘆祖印智福. 생몰미상)선사의 보검화에 대한 문답에서 천주정, 취암지, 승천종선사의 답을 붙였다. 보검은 바로 불성을 비유하여 보게 한 것이다. 또 보검은 지혜를 상징한다. 장로조인복선사는 설두중현선사의 법을 받았다.

빛이 ²⁶북두성과 견우성 사이를 쏜다."

질문하였다. "칼집에서 나온 후엔 어떠합니까?" 대답하였다. 조인복선사는 "이롭다." 천주정선사는 "만리의 산하에서 태평시대를 말한다." 취암지선사는 "천마의 쓸개가 터지다." (허망한 마구니는 저절로 소멸한다) 승천종선사는 "천명의 군사는 얻기 쉬워도 한 장수 찾는 것은 어렵다."

9. 지문조연화어(智門祚蓮花語. 天柱靜 慈明圓 圓鑑遠)²⁷

僧問 蓮花未出水時如何. 祚云 蓮花. 柱云 根深蓮蒂經殘雨. 明云 水深蓋不得. 鑑云 焦磚打著連底凍. 出水後如何. 祚云 荷葉. 柱云 水儑頭上實希奇. 明云 不礙往來看. 鑑云 揚瀾左蠡, 無風浪起. 開後如何. 明云 南北馨香. 結子後如何. 明云 餧魚餧鼈.

한 스님이 질문하였다. "연화가 물에서 나오기 전엔 어떠합니까?" 대답하였다. 지문조선사는 "연꽃." (불성의 본체는 변함이 없음을 비유하였다) 천주정선사는 "뿌리가 깊어야 연 꼭지가 끝나는 비에 무사하다." (체용은 여일하

---

26 한광사두우(寒光射斗牛): 찬 빛이 두우성에 쏜다. 이는 〈등왕각서(滕王閣序)〉에 "용천검이 북두성과 견우성 사이를 쏜다(龍光射斗牛之墟)."라고 하였다. 문일봉의 『고문진보』 문편 참고.
27 지문조연화어(智門祚蓮花語): 선종의 유명한 공안명이다. 송대 운문종 지문광조(智門光祚 생몰미상)선사의 연화에 대한 문답으로 이에 천주정, 자명원, 원감원선사의 답을 붙였다. 연화는 불성에 근거를 두어 두 가지의 뜻이 있다. 하나는 수면에 나온 뜻은 혼탁하고 더러운 물을 벗어나는 것과, 둘은 활짝 핀 뜻은 진리를 깨달은 것이다. 학인의 질문에 수면에서 나오고 나오지 않음은 깨닫지 못하고 이미 깨달은 두 때를 질문한 것이다. 숨기고 드러남은 장애가 없다. 곧 인(因)은 因이 아니고 과(果)는 곧 果가 아니며, 은(隱)이 현(顯)이고 顯이 隱의 본래면목임을 선사는 因을 숨기면 果가 나타내 연꽃이라 하고 果를 숨겨서 연잎이라 했다.

다) 자명원선사는 "물이 깊어도 덮을 수 없다." 원감원선사는 "구운 벽돌로 한번 치면 밑까지 언다." (깨닫지 못하고 정말 어리석은 사람이다)

　질문하였다. "물에서 나온 후에는 어떠합니까?" 대답하였다. 지문조선사는 "연잎." (연잎처럼 본래 이와 같다) 천주정선사는 "수선화 머리에 열매가 진기하다." 자명원선사는 "오가며 보는데 장애가 없다." 원감원선사는 "드넓은 좌려호(左蠡湖는 강서성 도창현 서북쪽 左蠡山좌려산 아래에 있다)에서 바람 없이 물결이 인다." (움직이되 움직이지 않고 바로 본연의 모습을 나타내다)

　질문하였다. "개화 뒤엔 어떠합니까?" 대답하였다. 자명원선사가 "사방이 향기롭다." (각오한 뒤에는 어떠합니까라는 질문에 사방이 서로 응한다) "씨가 여문 뒤엔 어떠합니까?" 자명원선사가 "고기도 먹이고 자라도 먹인다." 하였다. (그 작용은 어떻게 구현합니까라는 질문에 구현하지 못할 곳이 없다. 마치 고기도 자라도 먹이듯이)

1) 설두송(雪竇頌. 연화에 대한 지문광조선사의 제자 중현선사의 게송)

蓮華荷葉報君知,	연꽃과 연잎 그대에게 전해서 알 터
出水何如未出時.	물에 나오고 나오기 전엔 어떠한가.
江北江南問王老,[28]	강북과 강남의 왕노사에게 묻하게
一狐疑了一狐疑.	한 의심 마치니 한 의심이 일어나네.

---

[28] 왕노(王老)는 자칭 왕노사(王老師)로 남전보원(748~834)선사이다. 마조도일(709~788)선사의 제자이며 성씨가 왕씨이다. 시어에 강북강남은 선사의 유명을 표현한 것이다.

10. 풍혈소고경화(風穴沼古鏡話. 慈明圓 翠巖芝 洞山聰)²⁹

僧問 古鏡未磨時如何. 穴云 天魔膽喪. 明云 新羅打鼓. 巖云 照破天下髑髏. 山云 此去漢陽不遠. 磨後如何. 穴云 軒轅當道. 明云 西天作舞. 巖云 黑似漆. 山云 黃鶴樓前鸚鵡洲.

한 스님이 질문하였다. "옛 거울을 닦지 아니할 적엔 어떠합니까?" 대답하였다. 풍혈소선사는 "천마(天魔. 늘 불도를 장애히는 마왕 파순이다)가 쓸개를 잃었다." 자명원선사는 "신라 땅에서 북을 두드린다." 취암지선사는 "천하의 해골들을 비추어 부순다." 동산총선사는 "여기서 한양의 거리는 멀지 않다." 질문하였다. "옛 거울을 닦은 뒤엔 어떠합니까?" 대답하였다. 풍혈소선사는 "황제 헌원씨가 길 복판에 있다." 자명원선사는 "서역에서 춤을 춘다." 취암지선사는 "깜깜하기가 옻칠과 같다." 동산총선사는 ³⁰"황학루 앞에 앵무주다."

11. 오조연선타바화(五祖演㗛陀婆話)³¹

---

29 풍혈연소(896~973)선사의 고경화(古鏡話. 옛 거울은 본래 구족한 지혜, 즉 불성에 비유함)에 대한 질문에 자명원, 취암지, 동산총선사의 답을 붙였다. 풍혈연소선사는 경청도부선사에게 참학하니 경청도부선사가 감탄하고 칭찬하여 납자 가운데 걸출한 인물이라고 하였다. 풍혈선사는 나중에 남원혜옹선사에게 6년을 참학한 후에 법을 이어 받았다.
30 당 최호(崔顥)의 〈黃鶴樓황학루〉에서 "물 맑은 장강 건너 한양엔 나무들 모습 뚜렷하고, 강 가운데 앵무주엔 봄 풀이 무성하다(晴川歷歷漢陽樹, 春草萋萋鸚鵡洲)." 후한시에 문장에 능한 예형(禰衡)은 거침없는 말이 화근이 되어 황조(黃祖)에게 죽임을 당하였다. 예형이 지은 앵무부를 기념하기 위해 죽임을 당한 그곳을 애도하여 앵무주라 부른다. 『고문진보』 시편 참고.
31 오조법연(1024~1104)선사의 선타바(㗛陀婆)에 대한 문답이다. 선타바는 지혜있는 신하이

僧問 王索僊陀婆時如何. 祖云 七穿八穴. 如何是王索僊陀婆. 祖云 鸞駕未排先號令. 如何是僊陀婆. 祖云 眼瞤耳熱. 僧禮拜. 祖云 點.

한 스님이 오조법연선사에게 질문하였다. "왕이 선타바를 찾을 때엔 어떠합니까?" "자유자재(七穿八穴칠천팔혈은 칠통팔통과 같은 의미이다) 하다." "어째서 왕이 선타바를 찾습니까?" "난새가 멍에 하고 호령보다 먼저 앞서지 않는다." "선타바는 어떤 분입니까?" "많이 보고 많이 들었다." 질문한 스님은 예배하고 오조법연선사는 끄덕였다.

12. 경청문풍혈육괄(鏡淸問風穴六刮. 別峰答附)[32]

如何是就毛刮塵. 穴云 葉落不煩人掃去, 自有淸風爲掃來. 峯云 寒毛卓豎. 如何是就皮刮毛. 穴云 呼吸縱饒幽谷響, 尋眞那得遇當人. 峯云 落處不停誰解看.

다. 참고로 『翻譯名義集번역명의집』 3권에 "열반경에 이르되 소금 물 그릇 말은 일명 네가지 보배. 지혜있는 신하가 잘 알아서 씻을 때는 물을, 먹을 때는 소금을, 마실 때는 그릇을, 출타할 적엔 말을 받듦을 이른다(涅槃云 鹽水器馬, 一名四實, 智臣善知, 謂洗時奉水, 食時奉鹽, 飮時奉器, 游時奉馬)." 왕이 선타바를 부르면 왕의 의중을 살펴서 네 가지 중 하나를 바쳤다.

[32] 경청문풍혈육괄(鏡淸問風穴六刮): 경청도부(설봉의존선사의 법을 받음)선사가 풍혈연소선사에게 질문한 여섯 가지 깎아내다에 대해서의 답이다. 괄호 안은 별봉선사의 답도 붙였다는 내용이다. 이는 닦아서 지키는 가운데 여섯 가지의 경계를 어떻게 조치해야 하는지에 대한 문답이다. 엄히 삼가고 독실한 정신으로 가풍을 삼아 독실한 태도로서 일상생활의 일을 처리하며 사의(四儀) 또한 법도에 맞게 한다. 철저하게 학인의 집착과 번민을 없애게 하는 핵심의 연구이다. 바로 망상과 집착을 버리기 위해 핵심이 들어날 때까지 깎아내는 것이다.

경청도부(864~937)선사가 풍혈연소(896~973)선사에게 질문하였다. "어떤 것이 취모괄진(就毛刮塵. 털에 근거하여 먼지를 깎아내다. 이는 어떻게 번뇌에 나아가 육근과 육진을 깨끗이 해야 하는지의 질문이다)이냐?" 대답하였다. 풍혈소선사는 "낙엽은 사람들이 수고롭게 쓸지 아니해도 자연 맑은 바람이 불어 씁니다." (깨달아 비추면 모든 번뇌는 자연 소멸한다) 별봉선사는 "추우면 털이 높이 섭니다." (스스로 놀라고 두려워해야 한다) 질문하였다. "어떤 것이 취피괄모(就皮刮毛. 피부에 근거하여 깎아내다. 이는 닦아서 지키는데 색신의 고통과 번민을 어떻게 처리해야 하는지의 질문이다)이냐?" 대답하였다. 풍혈소선사는 "호흡이 설사 유곡(幽谷. 깊은 계곡 또는 죽음의 계곡)의 메아리라 해도 진여를 찾는데 어찌 당사자를 만날 수 있나요." 별봉선사는 "낙처(귀착지)는 머물지 아니한데 누가 깨달아 봅니까?."

如何是就肉刮皮. 穴云 卸下直敎天帝肯, 那吒太子不容君. 峯云 頻看紅爛處, 蝎殺子平生.

질문하였다. "어떤 것이 취육괄피(就肉刮皮. 근육을 근거하여 피부를 깎아내다. 이는 마음에 유위법과 무위법에 대한 질문이다. 자연 그대로인 것은 무위법이고, 조작하면 유위법이다)이냐?" 대답하였다. 풍혈소선사는 [33]"버리면 바로 천왕으로 하여금 수긍케 하나 나타태자(那吒太子. 불법을 수호하는 선신)가 천왕을 용서치 않습니다." (색신을 버려야 한다) 별봉선사는 "자주 붉게 뭉그러진 곳을 보니, 땅거미가 죽으면 새끼가 일생을 살아 갑니다." (땅거미는 새끼를 낳지 못하고 죽으면 수없이 새끼가 나온다고 함)

---

33 사하(卸下): 짐 부릴 사. 옷을 벗고 갑옷을 벗는 것을 말한다. 내리다, 떼다, 벗기다.

如何是就骨刮肉. 穴云 醍醐旣消身病愈, 性海玄途不假舟. 峯云 破也墮也.

질문하였다. "어떤 것이 취골괄육(就骨刮肉. 뼈를 근거하여 근육을 깎아버리다. 이는 어떻게 해야 無心무심하고 無我무아할 수 있는지의 질문이다)이냐?" 대답하였다. 풍혈소선사는 "제호가 이미 소화되어 몸에 질병이 나으니 성해(性海. 진여의 理性이성이 깊고 넓음이 바다와 같음)의 현묘한 길은 배를 빌리지 않습니다."(나에 대한 집착과 법에 대한 집착을 없애야 한다. 즉 사상을 내려놓아야 한다) 별봉선사는 [34]"깨졌다. 떨어졌다."

如何是就髓刮骨. 穴云 釋迦親遇然燈佛, 授記不聞說法音. 峯云 手不及處爭著力. 只如髓又如何刮. 穴云 設使空花結空果, 木馬那敎天馬追. 峯云 賊入空城.

---

[34] 파야타야(破也墮也): 이는 숭악혜안(642~709) 국사의 법을 이은 파조타(破竈墮)화상의 언구를 인용하였다. 참고로 『경덕전등록』 제4권에 파조타선사가 하루는 시자를 데리고 조왕신을 모셔놓은 사당에 들어가 주장자로 조왕신을 세번 두드리고 말했다. "쯔쯔, 이 조왕신아. 단지 진흙이 합해서 이루었는데 거룩함은 어디서 오고, 영검은 어디서 왔기에 이와 같이 산 생명을 삶아 죽이느냐?" 또 세번을 치니 조왕신은 곧 넘어지면서 깨졌다. 잠시후에 어떤 사람이 청의와 관을 쓰고 홀연히 선사께 절을 하여 선사가 물었다. "누구냐?" "저는 본래 이 사당에 조왕신인데 오래도록 업보를 받다가 오늘에사 스님의 무생법문의 은혜를 입어 여기를 벗어나 하늘에 태어나게 되어 일부러 인사하러 왔습니다." "이는 네가 본래 가지고 있는 성품을 지적했을 뿐, 내가 억지로 말한 것은 아니다." 조와신은 다시 절하고 사라졌다. … 선사가 이르되 "떨어졌다. 깨졌다(師一日領侍僧入廟, 以杖敲竈三下云 咄此竈. 只是泥瓦合成, 聖從何來靈從何起, 恁麽烹宰物命. 又打三下, 竈乃傾破墮落. 須臾有一人靑衣峨冠, 忽然設拜師前. 師曰 是什麽人. 云我本此廟竈神, 久受業報, 今日蒙師說無生法, 得脫此處生在天中. 特來致謝. 師曰 是汝本有之性, 非吾彊言. 神再禮而沒. … 師曰 墮也墮也. 破也破也)."하였다. 별봉선사는 이를 인용하였다.

질문하였다. "어떤 것이 취수괄골(就髓刮骨. 골수를 근거하여 뼈를 깎아내다. 나를 비워야 법을 이해할 수 있음에 대한 질문이다)이냐?" 대답하였다. 풍혈소선사는 "석가모니가 친히 연등불을 만나 수기는 받았으나 설법의 소리는 듣지 못했습니다." (나를 비워야 법을 깨달을 수 있다) 별봉선사는 "손이 미치지 못하는 곳에 어찌 힘을 붙입니까?" 질문하였다. "다만 골수는 또한 어떻게 깎아내느냐?" 대답하였다. 풍혈소선사는 "설사 [35]공화가 공과를 맺는다 해도 목마가 어찌 천마로 하여금 쫓게 합니까?." (도법의 뜻을 어떻게 나타내느냐의 질문에 철저하게 마음을 비워야 가합니다. 하였다) 별봉선사는 "도적이 빈 성에 들어옴과 같습니다." (도법은 얻을래야 얻을 수 없음을 말한다)

(참고로 망상과 집착을 철저히 버리기 위해 단계적으로 핵심이 들어날 때까지 깎아내고 긁어버리게 하는 것이다. 刮괄은 깎아내다. 닦아내다. 비비다. 긁어버리다 등이다.)

13. 오종문답(五宗問答. 오가종의 문답)

1) 임제종(臨濟宗)

僧問 如何是臨濟下事. 五祖演云 五逆聞雷. 禾山云 照用齊行. 正堂辯云 我終不向爾道. 護國元云 殺人不眨眼. 雪堂行云 六合遭塗炭.

---

[35] 공화공과(空花空果): '공화'는 공중에 꽃이다. 이는 눈병 있는 자에게 일어나는 허상으로 모든 상은 실체가 없고 허망한 마음의 비유이다. '공과'는 허공에 과실로 무법에 비유한다.

한 스님이 질문하였다. 무엇이 임제종 문하에서 학인을 인도하는 품격입니까? 대답하였다. 오조연선사는 ³⁶"오역죄를 우레처럼 듣는다." 화산(황룡사심선사의 법을 받음)선사는 ³⁷"학인의 그릇을 살피고 역량에 맞게 지도를 같이 한다." (체와 용을 일제히 드러내는 것이다) 정당변(불안원선사의 법을 받음)선사는 "나는 결코 너를 향해서 말하지 못한다." (언어는 한계가 있다) 호국원(원오극근선사의 법을 받음)선사는 "사람을 죽여도 눈하나 깜작 않는다." (학인을 인도하려면 과단성과 신속해야 한다) 설당행선사는 "천지사방에서 심한 곤경을 만나는 것이다."

2) 운문종(雲門宗)

祖云 紅旗閃爍. 山云 理事俱備. 堂云 木馬上金梯. 國云 頂門三眼耀乾坤. 雪云 千波影裏卓紅旗.

무엇이 운문종 문하에서 학인을 인도하는 품격입니까? 말하였다. 오조연선사는 "붉은 기가 번쩍거린다." 화산선사는 "도리와 현상이 모두 갖추다." 정당변선사는 "목마가 철 사다리에 오른다." 호국원선사는 "정수리에 삼안(육안 천안 지혜안)이 천지를 비춘다." (인천의 안목이다) 설당행선사는 "일천 물결의 그림자 속에 붉은 깃발이 훌륭하다."

---

36 오역(五逆): 오역죄이다. ①어머니를 죽이고. ②아버지를 죽이고. ③아라한을 죽이고. ④부처님의 신체에 상처를 입히고. ⑤교단을 분열시키는 것이다. 화합을 깬 죄가 가장 크다.

37 조용(照用):'照'는 스승이 학인을 간파하는 지혜의 작용이고, '用'은 학인을 지도하는 행위의 작용이다. 임제선사는 스승이 학인을 지도하는 관계를 선조후용(先照後用), 先用後照, 照用同時, 조용부동시(照用不同時)의 4항으로 나타냈다. 바로 먼저 간파하고 뒤에 지도하고, 먼저 지도하고 뒤에 간파하며, 조용을 동시에 작용하거나 조용을 동시에 작용하지 않는 것이다.

3) 위앙종(潙仰宗)

祖云 斷碑橫古路. 山云 暗機圓合. 堂云 目前無異路. 國云 推不向前, 約不退後. 雪云 無角鐵牛眠少室.

무엇이 위앙종 문하에서 학인을 인도하는 품격입니까? 말하였다. 오조연선사는 "깨진 비석이 옛 길에 널려 있다." 화산선사는 [38]"암기원합이다." 정당변선사는 "눈앞에 다른 길은 없다." 호국원선사는 "밀어도 앞으로 향하지 않고, 구차하게 뒤로 물러서지도 않는다."(굳게 지키는 바로 이것이다) 설당행선사는 "뿔 없는 철 소가 소실(少室. 숭산 별봉. 달마대사가 구년면벽한 곳)에서 졸고 있다."

4) 조동종(曹洞宗)

祖云 持書不到家. 山云 偏正叶同. 堂云 鶴宿梧枝. 國云 手執夜明符, 幾箇知天曉. 雪云 當頭不犯.

무엇이 조동종 문하에서 학인을 인도하는 품격입니까? 말하였다. 오조연선사는 "서신을 가지고 집에 이르지 않았다." 화산선사는 "현상(偏)과 진리(正)는 서로 협동한다." 정당변선사는 "학이 오동나무가지에 머물다."(몰래 나타냄이 미묘하다) 호국원선사는 "손에는 야명부(밤을 밝히는 부신)

---

[38] 암기원합(暗機圓合): 暗機가 원상에 합하다. 이는 97종의 원상을 탐원선사가 앙산선사에게 전한 것을 의미한다. '暗機'는 스승과 학인 사이에 마음이 무언중에 자연히 일체불이(一體不二)의 상태가 되는 것을 말한다. 이는 무언중에 제자와 학인의 마음이 원만히 계합함이다.

를 잡고 얼마큼은 날이 샐 것을 안다." (밝은 마음이라야 외경을 비운다) 설당 행선사는 "당장 범하지 못한다."

5) 법안종(法眼宗)

祖云 巡人犯夜. 山云 何止惟心. 堂云 切忌違時失候. 國云 箭鋒相値不相饒. 雪云 自折合取.

무엇이 법안종 문하에서 학인을 인도하는 품격입니까? 오조연선사는 "순행하는 사람은 밤 외출을 위반한다." 화산선사는 "어찌 오직 마음에 그치랴?" 정당변선사는 "때를 어기고 때를 잃는 것은 금물이다." 호국원선사는 "화살 끝이 서로 만나 서로 용서하지 않는다." 설당행선사는 "스스로 구부려서 합하다." (스스로 헤아려 장악하라)

13-1. 보봉자감송(寶鋒慈鑒頌. 보봉자감선사의 오가종 대한 게송)

1) 임제종(臨濟宗)

銅頭鐵額百家冤,[39]　지나친 용감은 온 집에 원성이요
一喝雙分體用全.　　한 할에 둘로 나뉘나 체용은 온전하다.
三尺吹毛定寶宇,　　석 자의 지혜검이 천하를 평정하고

---

39 동두철액(銅頭鐵額): 견고함의 비유함.

臨行滅向瞎驢邊.　　임제의 심행은 눈먼 나귀에 멸하네.

2) 운문종(雲門宗)

三句都將一串穿,　　운문의 삼구 모두를 하나로 꿰어
等閑挂向御樓前,　　등한히 궁전 누각전을 향해 걸고
幾多行客眼定動,　　얼마나 수행자가 동과 정을 보랴
東海鯉魚飛上天.　　동해에 잉어가 하늘 위로 오르네.

3) 위앙종(潙仰宗)

一箇撒開千萬箇,　　하나를 살포해서 천만 개가 되고
簸箕解說無生話,　　큰소리치는 설명은 생명 없는 말
草堂睡起嘴盧都,　　초당에서 졸다가 주둥이만 내미니
寂子要須原夢破.[40]　혜적선사가 반드시 원래 꿈을 파하네.

4) 조동종(曹洞宗)

---

40 적자(寂子)는 앙상혜적선사. 참고로 『오등회원』 제9권에 위산선사가 졸고 있는데 앙산선사가 문후드리니 위산선사가 얼굴을 돌려 벽쪽을 향했다. 앙산선사가 말하였다. "스님께선 어째서 이와 같이 합니까?" 위산선사가 일어나서 말하였다. "내가 방금 꿈을 꾸었는데 너는 시험삼아 나를 위해 원래대로 보여라." 앙산선사가 대야에 물을 가져왔다. 위산선사가 세면을 하고 잠시 있자, 향엄선사가 이르러 문후드리니 "내가 방금 꿈을 꾸었는데 혜적이 나를 위해 원래대로 하였다(寂子爲我原了). 너도 나를 위해서 원래대로 보여라." 향엄이 차를 한잔 끓여왔다. 위산선사가 말하였다. "그대 둘의 견해는 사리자보다 낫다."

紫庭黃閤帶春溫,　궁정과 승상의 관서 봄기운 띠니
寢殿無人侍至尊.　침전엔 지존을 모실 사람이 없네.
長愛百司分職處,　백관은 직책 나뉜 곳을 좋아하고
玉鞭敲鐙出金門.　채찍에 등자 두드려 금문을 나서네.

5) 법안종(法眼宗)

溪光野色浸樓臺,　시내 빛과 들 경치가 누대에 잠기고
一笛遙聞奏落梅.[41]　한 피리소리 멀리서 낙매곡을 듣네.
風送斷雲歸嶺去,　바람이 조각구름 보내 재에 돌아가고
月和流水過橋來.　맑은 달빛은 유수와 다리를 지나네.

13-2. 원오오가종요(圓悟五家宗要. 원오선사의 오가 종지의 게송)

1) 임제종(臨濟宗)

全機大用,　　전 인격이 발휘하는 큰 작용
棒喝交馳,　　방과 할이 서로 질주하니
劍刀上求人,　칼 날 위에서 사람을 구하고
電光中垂手.　번갯불 속에서 손을 내미네.

---

[41] 낙매(落梅)는 중국 강(羌) 지방의 음악으로 낙매화(落梅花)란 피리 곡명이다.

2) 운문종(雲門宗)

北斗藏身,	북두칠성에 몸을 감추고
金風體露,	가을바람은 체를 드러내
三句可辨,	운문삼구 가히 분별하니
一鏃遼空.	한 화살은 허공에 아득하네.

3) 조동종(曹洞宗)

君臣合道,	군과 신이 도를 합하고
偏正相資,	편과 정이 서로 도우며
鳥道玄途,	조도는 아득한 길이요.
金針玉線.	금바늘에 옥의 실이네.

4) 위앙종(潙仰宗)

師資唱和,	스승과 제자가 화답하고
父子一家,	아버지와 아들이 한 집이요
明暗交馳,	밝음과 어둠이 서로 질주하니
語默不露.	묵묵히 드러내지 않네.

5) 법안종(法眼宗)

聞聲悟道,	소리를 듣고서 도를 깨닫고
見色明心,	색을 보고서 마음을 밝히니
句裏藏鋒,	글귀 속에서 감춘 칼날
言中有響.	말 속에서 울림이 있네.

五家, 改聲換調, 展托妙門, 易俗移風, 千方百面, 盡向無中唱出, 曲爲初機. 若是俊流, 不留朕跡, 掀翻露布, 截斷葛藤. 然則千兵易得, 一將難求, 入草尋人, 聊通一線. 機前有準, 擬向則乖. 句下無私, 動成窠臼. 靈鋒寶劍, 覿面堂堂. 滯殼迷封, 不堪種草.

오가종은 소리를 고치고 곡조를 바꾸어 묘문(열반에 들어가는 문)에 의탁하여 펼치니, 풍속과 습관이 바뀌고 모든 방면에 다 없는 가운데 향하여 노래불러 곡은 초심이 된다. 만일 걸출한 무리들이 내 자취에 머물지 않는다면 [42]언어를 뒤집어 갈등을 절단하여 없앤다. 그렇다면 일천의 군사는 얻기 쉬워도 한 장수 찾기는 어렵다고 하나 [43]풀 속에 들어가 사람을 찾는 것은 오직 절대의 경지인 한 선에선 통한다. 기미 이전에 법이 있으니 향하여 헤아린즉 어긋난다. 언구 아래에 사사로움이 없으니 움직이면 틀속에 갇히게 된다. 신령한 칼날과 보검은 당면하여 당당하다. 외경에 막히고 경계를 분별할 수 없다면 불성(種草종초)은 견디지 못한다.

---

42 흔번노포(掀翻露布): '흔번'은 뒤집히다. 복돋우다. '노포'는 문체 이름으로 격문, 포고문이다. 전승을 알리려고 비단에 써서 장대 위에 걸어 누구나 볼수 있게 한다. 그래서 언어를 뜻한다.
43 입초심인(入草尋人, 入草求人): '草'는 무명번뇌의 상징으로 그 속에 들어가 학인을 인도하는 것이다. 바로 정위에서 나와 편위에서 학인을 지도함이다.

13-3. 양무위송(楊無爲頌. 五宗. 양무위의 오종에 대한 게송)[44]

1) 임제종(臨濟宗)

正法眼藏,　　정법안장은
瞎驢邊滅.　　눈먼 나귀에서 멸하네.
黃檗老婆,　　황벽선사는 친절하나
大愚饒舌.　　대우선사는 말이 많네.

2) 운문종(雲門宗)

玉馬上金梯,　　옥마가 철 사다리에 오르니
胡人白晝迷.　　호인들이 대낮에 미혹하네.
直饒機掣電,　　설사 기계로 전기를 당겨도
也是鈍根師.　　또한 어리석은 스승이다.

3) 위앙종(潙仰宗)

長一劃短,　　길고 한 획은 짧고
短一劃長,　　짧고 한 획은 기니
曲直方圓,　　곡직방원이요

---

[44] 양무위(楊無爲)는 양걸(楊傑)거사. 북송 철종 원우(1086~1094)년 중에 예부원외랑을 지내고 만년에 감사와 군수를 지냄. 천태십의론서(天台十疑論序), 안양삼십찬(安養三十贊) 등 지음.

徵應宮商.　　치성은 궁상각우성에 응한다.
江邊熬餠無人買,　강변에 굽는 전병 사는 사람 없고
空使胡僧笑一場.　덧없이 호승이 한바탕 웃게 하네.

4) 조동종(曹洞宗)

丹山鸞鳳來阿閣,　단산에 난새와 봉황이 궁전에 오니
祕殿簫韶奏九成.[45]　비전에서 소소곡 아홉 번 연주했네.
野老不知黃屋貴,[46]　촌 늙은이 천자의 수레 귀한 줄 모르고
六街猶聽靜鞭聲.[47]　수도의 거리에 고요한 채찍소리 듣네.

5) 법안종(法眼宗)

日煖花爭發,　날이 따뜻하니 꽃이 다투어 피고
林深鳥不驚,　숲이 깊어도 새들은 놀라지 않네.
漁舟過南岸,　고깃배가 남쪽 언덕을 지나니
潮打石頭城.　조수 물은 석두성에 들이치네.

---

45 소소주구성(簫韶奏九成): 참고로 『서전』 우서에 "소소를 아홉 번 연주하자 봉황이 와서 춤을 춘다(簫韶奏九成鳳凰來儀)." 하였다. 시어는 이를 인용한 것이다. '九成'은 아홉 번의 의미다.
46 '황옥(黃屋)'은 천자가 타는 수레이고, 아래 구의 시어에 '육가(六街)'는 수도의 거리이다.
47 육가유청정편성(六街猶聽靜鞭聲): 수도의 거리는 늘 복잡하다. 말발굽소리와 채찍소리, 또 사람사는 소리 그러나 늘상 있는 일에는 무심하다. 하여 고요한 채찍소리로 표현하였다.

14. 삼종법계 (三種法界. 古德)⁴⁸

佛未出世時如何. 天下太平. 出世後如何. 特地一場愁. 出與未出時如何. 知恩者少, 負恩者多. 如何是法身體. 山花開似錦, 澗水綠如藍. 如何是法身用. 夜坐連雲石, 春栽帶雨松. 如何是法身. 柳色黃金嫩, 梨花白雪香.

"부처님이 세상에 출현하지 않을 적엔 어떠합니까?" "천하가 태평하다." "세상에 출현한 뒤엔 어떠합니까? "특히 한바탕 근심이다." "출현하고 출현하지 않을 적엔 어떠합니까?" "은혜를 아는 자가 적고 은혜를 저버리는 자가 많다." "어떤 것이 법신의 체입니까?" "산에 꽃이 피니 비단과 같고 시냇물은 푸르기가 쪽과 같다." "어떤 것이 법신의 작용입니까?" "밤엔 구름 이어진 돌에 앉고 봄엔 비를 띤 소나무를 심는다." "어떤 것이 법신입니까?" "버들 빛은 황금처럼 예쁘고 배꽃은 흰 눈처럼 향기롭다."

15. 오안 (五眼)⁴⁹

---

48 삼종법계에 대해 고덕선사의 자문자답이다. 아래에 〈오안〉, 〈삼보〉, 〈주장화〉, 〈육조문답〉, 〈십무문답〉에서도 이와 같이 이해한다. 삼종법계는 사법계(事法界. 차별된 현상), 이법계(理法界. 평등한 본체), 무장애법계(無障碍法界. 걸림없는 법계. 즉 一일과 多다가 걸림없는 법계)이다. 위에선 이를 상징적으로 부처님이 세상에 출현하고, 부처님이 출현하지 아니하고, 출현하고 출현하지 않음과 법신의 본체와 법신의 작용과 법신으로 삼종법계를 나타냈다.
49 '오안(五眼)'에서 육안(肉眼)은 부모님이 만들어 주신 육신의 눈이고, 천안은 천인의 눈이고, 혜안(慧眼)은 성문의 눈이고, 법안(法眼)은 보살의 눈이고, 불안(佛眼)은 여래의 눈이다.

如何是肉眼. 憎愛何足貴, 貪嗔事轉多. 如何是天眼. 恢恢常不漏, 歷歷太分明. 如何是慧眼. 金地遙招手, 江陵暗點頭. 如何是法眼. 靑山常不露, 遍界不曾藏. 如何是佛眼. 慈悲利一切, 方便有多門.

"어떤 것이 육안입니까?" "애증이 어찌 귀하고 족하랴, 탐하고 성내는 일은 변화가 많다." "어떤 것이 천안입니까?" "넓고 넓어 늘 새지 않으니, 뚜렷하고 아주 분명하다." "어떤 것이 혜안입니까?" [50]"절에서 멀리 손짓하여 부르니, 강릉 땅에서 가만히 머리 끄덕인다." "어떤 것이 법안입니까?" "청산은 늘 드러내지 않고, 온 세상은 감춘 적이 없다." "어떤 것이 불안입니까?" "자비심은 일체를 이롭게 하고, 방편은 여러 문이 있다."

16. 삼보(三寶) (불보와 법보와 승보에 대한 문답이다)

如何是佛. 何處不稱尊. 如何是法. 車不橫推, 理無曲斷. 如何是僧. 閑持經卷倚松立, 借問客從何處來.

"어떤 것이 부처님입니까?" "어디서도 높혀서 부르지 않는다." "어떤 것이 법입니까?" "수레는 옆으로 밀지 않고 이치는 굽거나 끊어짐이 없다." "어떤 것이 승입니까?" "한가롭게 경전을 가지고 소나무를 의지해 서서 묻되 객은 어느 곳에서 왔지요?"

---

50 '금지(金池)'는 사원의 별칭이다. 수달장자가 황금을 주고 매입한 땅에 기원정사를 지어서 부처님께 보시하였다고 하여 이같이 이른다.

17. 주장화(拄杖話. 주장자의 화두)[51]

如何是爾有拄杖子. 碁逢敵手難藏行. 如何是爾無拄杖子. 琴遇知音始好彈. 如何是拄杖子. 扶過斷橋水, 伴歸明月村.

"어떻게 당신은 주장자가 있습니까?" "바둑에서 적수를 만나면 행동을 감추기 어렵다." "어떻게 당신은 주장자가 없습니까?" "거문고가 지음자를 만나면 비로소 타게 된다." "어떤 것이 주장자입니까?" "끊어진 다리의 물을 건너는데 의지하고 달 비추는 마을에 짝하여 돌아온다."

18. 구의(句意)[52]

---

[51] 주장화는 임제할과 덕산방의 합칭이다. 덕산선사는 주장자를 사용하여 얻은 이름이다.
[52] 구의(句意): 참고로 다른 본은 '句意' 아래 '고덕(古德)'이란 두 글자가 더 있다. 이를 감안하면 앞에 '14. 삼종법계'에서 언급을 하였듯이 고덕선사가 句意에 대해 읊은 게송이며 자문자답한 것으로 이해한다. '句意'는 언구와 뜻(마음. 생각)이다. 참고로『雲外雲岫禪師語錄운외운수선사어록』에 운외선사가 상당하여 자문자답한 법문에서 "참선을 설명하여 네 가지 뜻이 있다. 때로는 의도구부도(意到句不到. 뜻은 이르고 언구는 이르지 않음. 자신의 소견에 집착하여 진리와 계합하지 못함이다)이니 이는 허공에 글자를 쓰는 것이고, 때로는 구도의부도(句到意不到. 언구가 이르고 뜻이 이르지 않음. 모든 인연에 집착하고 계탁하여 진리와 계합하지 못함이다)이니 이는 제목이 분명한 것이다. 때로는 구의구도(句意俱到. 언구와 뜻이 함께 이름이다. 좋은 결합이다)이니 이는 활과 뱀을 이미 분별이 되고, 때로는 구의구부도(句意俱不到. 언구와 뜻이 함께 이르지 않음이다. 눈 없는 사람이 질주하다가 구덩이에 빠짐이다)이니 이는 고정된 것을 가장 꺼린다. 만일 이와 같이 상량한다면 전체의 병폐는 '구의(句意)'에 있다."(說禪有四種義. 有時意到句不到, 空中書字. 有時句到意不到, 題目分明. 有時句意俱到, 弓蛇已辨. 有時句意俱不到, 切忌死却. 若也恁麼商量, 全體病有句意) 하였다. 다시말하면, '구의(句意)'는 스승이 학인을 인도할 적에 언구의 표면의 뜻과 그 가운데 실상을 가르쳐 인도하는 함축하는 뜻의 네가지 관계와 작용인 것이다. 이는 사구분별(四句分別)로 논한 것이다. 제1구는 단순긍정, 제2구는 단순부정, 제3

句到意不到.　　무엇이 언구는 이르고 뜻이 이르지 못함인가?
古澗寒泉湧,　　옛 시내에 찬 샘물이 솟아오르고
靑松帶露寒.　　푸른 소나무에 찬 이슬을 띠었다.

意到句不到.　　무엇이 뜻은 이르고 언구가 이르지 못함인가?
石長無根草,　　돌에 뿌리 없는 풀이 자라고
山藏不動雲.　　산은 움직이지 않는 구름을 감춘다.

意句俱到.　　　무엇이 뜻과 언구가 모두 이른 것인가?
天共白雲曉,　　하늘은 백운과 함께 환하고
水和明月流.　　물은 맑은 달빛과 같이 흐른다.

意句俱不到.　　무엇이 뜻과 언구가 모두 이르지 못함인가?
靑天無片雲,　　푸른 하늘엔 조각구름도 없고
綠水風波起.　　푸른 물에 풍파가 일어난다.

19. 육조문답(六祖問答. 동토 육조대사에 대한 문답)[53]

達磨一隻履. 九年冷坐無人識, 五葉花開遍界香. 又云踏破銕圍山.
二祖一隻臂. 看看三尺雪, 令人毛骨寒. 又云提携天下.

구는 복합긍정, 제4구는 복합부정 등의 사구로 하여 모든 법을 분류하는 형식이다.
53 육조문답(六祖問答): 선종이 분등하기 전, 제일조에서 제육조까지의 선법과 전고의 문답.

三祖一罪身. 覓之不可得, 本自無瑕纇. 又云捏目强生花.

四祖一隻虎. 威雄震十方, 聲光動寰宇. 又云眼光百步威.

五祖一株松. 不圖標境致, 且要壯家風.

六祖一張碓. 踏著關棙子, 方知有與無.

⁵⁴"무엇이 초조 달마대사의 신발 한 짝 입니까?" "구 년 동안 ⁵⁵냉좌(冷坐. 좌선)를 했어도 아는 사람이 없고, 다섯 잎의 꽃을 피우니 온 세계가 향기롭다." 또 이르되 "철위산을 밟아 부숴버렸다."

"무엇이 제이조 혜가대사의 한쪽 팔 입니까?" "석 자나 쌓인 눈을 살펴보면, 사람으로 하여금 ⁵⁶모골이 서늘케 한다." 또 "천하를 인도한다."

⁵⁷"무엇이 제삼조 승찬대사의 한 죄인의 몸입니까?" "죄를 찾아도 얻을 수 없으니, 본래부터 죄 같은 것은 없다." 또 이르되 "눈을 비벼 억지로 공화가 일어난다."

⁵⁸"무엇이 제사조 도신대사의 한 마리 호랑이 입니까?" "위엄은 웅장

---

54 일척리(一隻履): 신발 한 짝. 보리달마가 중국에 머물다가 서쪽으로 떠난 뒤, 그의 무덤 속에 신발 한 짝만을 남겨 두었다는 고사에서 유래된 말이다.『벽암록』제47칙에서 보인다.
55 냉좌(冷坐): 올좌(兀坐)와 같다. 곧 좌선이다. 소식의 〈客坐假寢詩객좌가침시〉의 시어에 "바르게 앉아 있음이 마른 나무 그루터기와 같다(兀坐如枯株)."고 하였다.『중문대사전』참고.
56 모골(毛骨): 모골송연(毛骨悚然). 머리카락이 곤두서고 소름이 끼치다.
57 제이조 혜가대사와 승찬대사가 만난 인연은 이렇다. 참고로『오등회원』제1권에 성명도 밝히지 않고 40이 넘은 나이로 찾아온 한 거사가 혜가대사에게 절을 하고 말하였다. "제자의 몸은 풍병에 걸렸습니다. 스님께서 죄를 참회하여 주소서." "죄를 가져오라. 너를 위해 참회하리라." 거사가 잠시 있다가 말하였다. "찾아도 찾을 수가 없습니다." "너의 죄는 참회되었다. 마땅히 불법승에 의지하여 머무르라(有一居士, 年踰四十, 不言名氏, 來設禮, 而問祖曰 弟子身纒風恙, 請和尚懺罪, 祖曰 將罪來, 與汝懺, 士良久曰 覓罪不可得, 祖曰 與汝懺罪竟, 宜依佛法僧住)." 라고 하였다. 위의 질문과 대답은 이에 근거한 것이다.
58 일척호(一隻虎): 사조 도신대사가 호랑이 우글거리는 토굴에 호랑이와 같이 사는 우두법

하여 시방에 진동하고, 소리의 빛은 세상을 움직인다." 또 이르되 "눈빛은 백 보에서도 두렵다."

"무엇이 제오조 홍인대사의 한 그루 소나무 입니까?" "경치에 표시하여 도식하지 않고 또 가풍을 굳건히 하였다."

"무엇이 제육조 혜능대사의 한 디딜방아 입니까?" "핵심을 밟고 서서 바야흐로 유와 무를 깨달았다."

20. 십무문답(十無問答. 첫 글자에 열 개의 무자를 둔 문답)

無爲國. 高臥羲皇上, 行歌帝舜時.
無星秤. 斤兩甚分明.
無根樹. 不假東皇力, 常開優鉢花.
無底鉢. 托來藏日月, 放下貯乾坤.
無絃琴. 不是知音莫與彈.
無底船. 空載月明歸.
無生曲. 一曲兩曲無人會, 雨過夜塘秋水深.
無孔笛. 等閑吹一曲, 共賞太平時.
無鬚鎖. 掣開難動手, 合定不通風. 又云金槌擊不動.
無底籃. 能收四大海, 包括五須彌.

"어떤 것이 조작이 없는 진리의 나라입니까?" "높이 복희황제 위에 누워

융선사와의 만남에서 법융선사의 질문에 법문하여 법융선사는 각오하였다.

요순의 태평시대를 노래한다."

"어떤 것이 눈금 없는 저울입니까?" "근과 량이 매우 분명하다."

"어떤 것이 뿌리 없는 나무입니까?" "봄철의 기운을 빌리지 않고 늘 우발라 꽃을 피운다."[59]

"어떤 것이 밑 없는 발우입니까?" "받쳐 들면 일월을 감추고 내려놓으면 건곤을 쌓는다."

"어떤 것이 현 없는 거문고입니까?" "지음(知音)자가 아니면 더불어 함께 타지 않는다."

"어떤 것이 밑 없는 배입니까? "덧없이 맑은 달빛만 싣고 돌아온다."

"어떤 것이 생멸이 없는 곡조입니까?" "한 곡조 두 곡조 이해하는 사람이 없고, 비가 지난 밤의 연못엔 가을 물이 깊다."

"어떤 것이 구멍 없는 피리입니까?" "등한히 한 곡조 불며 함께 태평시절을 감상한다."

"어떤 것이 장식 없는 자물통입니까?" "당겨 열려 해도 손대기 어렵고 합해지면 바람도 통하지 못한다." 또 "철퇴로 내려쳐도 꿈적 않는다."

"어떤 것이 밑 없는 광주리입니까?" "능히 사대해(四大海)를 수습하고 다섯 수미산을 포함한다."[60]

---

[59] 우발화(優鉢花): 우발라(優鉢羅) 꽃이다. 연꽃의 일종인 청련화(靑蓮花)이다. 꽃은 검푸른 빛깔에 잎은 가늘고 길며 향기는 매우 진하다. 7월에 피며 아침에 피고 저녁이면 오무린다.
[60] 수미산(須彌山): 사대주의 중앙에 우뚝 솟은 높은 산이다. 둘레에 칠금산과 팔향해가 있고 또 그 밖에 철위산이 둘러 있어 물속에 잠긴 것이 팔만사천유순이고, 물위에 드러난 것이 팔만사천유순이라 한다. 사방에 사대하(四大河)가 있고 위로는 사천왕천과 이십팔천이 있다.

21. 일할분오교(一喝分五敎. 新增)[61]

淨因蹣庵成禪師, 同法眞圓悟慈受幷十大法師, 齋於太尉陳公良弼府第. 時徽宗私幸, 觀其法會.

정인사의 만암계성(생몰미상)선사는 [62]법진·원오·자수선사 및 십대법사와 함께 태위(太尉. 관명) 진양필(陳良弼. 북송시 벼슬한 인물)의 저택에서 법회(法會. 때는 선화2년(1120) 경자년)가 있었다. 당시에 휘종황제(1101~1125)가 비밀히 행차하여 그 법회에 참관하였다.

善華嚴者, 對衆問諸禪師曰 吾佛設敎, 自小乘至圓頓, 掃除空有, 獨證眞常, 然後萬德莊嚴, 方名爲佛. 禪家一喝, 轉凡成聖, 與諸經論, 似相違背. 今一喝若能入五敎, 是爲正說. 若不能入, 是爲邪說.

회중에 화엄을 신봉하는 [63]선법사가 대중을 대신해서 모든 선사에게

---

61 일할분오교(一喝分五敎): 화엄 교의를 신봉하는 선(善)법사의 질문에 한 할(一喝)이 화엄에서 설하는 오교에 배대하여 만암계성(蹣庵繼成. 생몰미상)선사가 조목조목 대답 한 것을 새로 첨가하였다. 다시 말하면, 법회에서 선과 교를 논쟁한 고사(故事)로 시공을 넘어 한번 들을만한 법문이다. 계성선사는 임제종 도천(道川)스님이 남송 고종 건염(1127~1130) 초년에 천봉(天峰)에 이르러 정인사 만암계성선사에게 법을 받았다는 기록이 있다. 『불광대사전』
62 법진(法眞), 원오(圓悟), 자수(慈受): '법진선사(미상)'. '원오'는 원오극근(1063~1125)선사로 임제종 양기파 스님이다. '자수'는 자수회심(1077~1132)선사로 운문종 제8대 조사이다.
63 선화엄자(善華嚴者): 화엄학 교의를 신봉하고 좋아하는 인물의 의미도 있다. 여기서는 선법사(善法師), 즉 현수종에 걸출한 자인 호가 의호(義虎)로 이해한다(賢首宗之雄者號義虎). 선법사가 화엄종에서 세운 오교(五敎)를 들어서 질문하였다. '오교'는 ①소승교(성문교로 칭하며, 사제와 십이인연의 아함경 등에서 설함), ②대승시교(권교로 칭하며, 공종을 전선하는 반야경과 중론 등에서 설함), ③대승종교(실교로 칭하며, 일체중생이 성불할 수 있다는 능가경과 대승기신론 등에서 설함), ④

질문하였다. "우리 석가모니 부처님께서 교의(教義. 교법의 의리)를 베푼 것은 소승교부터 원교와 돈교에 이르기까지 [64]공(空)과 유(有)를 다 없애고 다만 [65]진상을 증득한 연후에 만덕을 장엄하니, 그래서 비로소 부처님으로 부르게 됩니다. 선종에서의 한 할(一喝)이 범부를 돌려서 성인에 들어갈 수 있다고 하니 모든 경론과는 서로 위배되는 듯싶습니다. 지금 한 할이 만일 오교(五敎)에 들어갈 수 있다면 이는 정설이 되고, 만일 오교(五敎)에 들어갈 수 없다면 이는 사설이 됩니다."

諸禪師顧成, 成曰 如法師所問, 不足諸大禪師之酬, 淨因小長老, 可以使法師無惑也.

모든 선사들이 (질문을 듣고) 만암계성선사를 돌아보니 계성선사가 말하였다. "법사가 질문한 것처럼 모든 대선사가 다 대답할 수는 없고, 정인사 소장로인 내가 법사로 하여금 의혹을 없앨 수 있다."

成召善, 善應諾. 成曰 法師所謂佛法小乘敎者, 乃有義也. 大乘始敎

돈교(언어를 의지하지 않고 돈오 교리적인 유마힐경에서 설함), ⑤원교(완전 일승교리적인 화엄경과 법화경 등에서 설함)이다. 화엄종은 두순(557~640)에서 시작하여 현수에서 완성되었다. 두순은 화엄종의 초조이다. 당나라 태종이 지성으로 귀의하여 제심존자(帝心尊者)란 호를 내렸다. 현수는 화엄종의 제3조 법장이다. 그는 나이 16세에 사명산 아육왕탑에서 손가락 한 개를 자르며 화엄 배울 것을 맹세하였다. 일찍이 현장삼장이 번역하는 곳을 찾았으나 견해가 달라서 그곳을 떠났다. 당나라 측천무후 때에 실차난타, 의정 등과 같이 신화엄경 등을 번역하였다.
64 소제공유(掃除空有): 평등과 차별, 실체와 가상. 이 두 空과 有의 문에서 집착을 없앤다.
65 진상(眞常): 진실 상주(常住)하는 여래의 법, 또는 진여상성(眞如常性)을 말한다. 참고로 『수능엄의소주경』제4권에 "세존은 제망을 일체 원멸하고 진상이 홀로 미묘하다(世尊, 諸妄一切圓滅, 獨妙眞常)."고 하였다. 진여에 진(眞)은 진실이며 여(如)는 변역이 없음을 나타낸다.

者, 乃空義也. 大乘終敎者, 乃不有不空義也. 大乘頓敎者, 乃卽有卽空義也. 一乘圓敎者, 乃不空而不有, 不有而不空義也. 如我一喝, 非惟能入五敎, 至於百工伎藝, 諸子百家, 悉皆能入.

계성선사가 선법사를 부르니 선법사가 "네" 하고 대답하였다. 이어서 계성선사가 말하였다. "법사가 말하는 불법의 소승교란 곧 유(有)의 뜻이다. 대승시교란 곧 공(空)의 뜻이다. 대승종교란 곧 유도 아니고 공도 아닌 뜻이다. 대승돈교란 곧 [66]즉유즉공(卽有卽空. 有유야 말로 空공이고 空공이야 말로 有유이다)의 뜻이다. 일승원교란 곧 공도 아니면서 유도 아니며, 유도 아니면서 공도 아닌 뜻이다. 마치 우리 선종의 한 할(一喝)은 능히 오교(五敎)에 들어갈 뿐만 아니라, 온갖 재주를 가진 장인과 제자백가에 이르기까지 다 들어갈 수 있다."

成乃喝, 一喝問善曰 還聞麼. 善曰 聞. 成曰 汝旣聞, 則此一喝是有, 能入小乘敎. 成須臾又召善曰 還聞麼. 曰 不聞. 成曰 汝旣不聞, 則適來一喝是無, 能入始敎.

계성선사가 '악' 할을 하였다. 한 할을 한 후에 선법사에게 질문하였다. "들었느냐?" "들었습니다." "네가 이미 들었다면 이 한 할은 유(有)이니 능히 소승교의에 들어갈 수 있다." 계성선사가 잠시 있다가 다시 선법사를 부르고 말하였다. "들었느냐?" "듣지 못했습니다." "네가 이미 들

---

66 즉유즉공(卽有卽空): 일체 유위법의 그 자성이 본래 공하다 하나 괴멸하지 않는 법이 된 뒤에 비로소 공하다 할 수 있다는 것이다. 『인왕경소』에 "이 모든 법은 즉생즉멸(卽生卽滅)하며 卽有卽空이다." 하였다. 生이야 말로 滅이며, 有야말로 空인 것이다. 일체법은 다 공이다.

지 못했다면 방금 한 할은 무(無)이니 능히 대승시교에 들어갈 수 있다."

成又顧善曰 我初一喝, 汝旣道有. 喝久聲消, 汝復道無. 道無則元初實有. 道有則於今實無. 不有不無, 能入終敎.

선사는 또 선법사를 돌아보면서 말하였다. "내가 처음에 한 할(一喝)은 네가 이미 유(有)라고 말하였다. 할하고 시간이 지나 소리가 사라지니 너는 다시 무(無)라고 말하였다. 無라고 말하면 원래 처음은 실제로 있었으며, 有라고 말하면 지금은 실재로 없다. 有도 아니고 無도 아니니 능히 대승종교 교의에 들어갈 수 있다."

成又曰 我有一喝之時, 有非是有, 因無而有. 無一喝之時, 無非是無, 因有故無. 卽有卽無, 能入頓敎.

선사는 또 말하였다. "내가 처음 한 할(一喝)이 있을 때는 有이면서 이것은 有도 아니고 無로 인해서 有가 성립된다. 한 할(一喝)이 없을 때는 無이면서 이것은 無도 아니고 有로 인하여 그래서 無가 성립된다. 곧 있기도 하고 곧 없기도 하니 능히 대승돈교 교의에 들어갈 수 있다."

成又曰 我此一喝, 不作一喝用, 有無不及, 情解俱忘, 道有之時纖塵不立, 道無之時橫遍虛空. 卽此一喝, 入百千萬億喝. 百千萬億喝, 入此一喝, 是能入圓敎. 善不覺, 身起於坐, 再拜於成之前.

계성선사가 또 말하였다. "나의 이 한 할(一喝)은 한 할(一喝)의 작용을 짓지 않으니 有와 無가 미치지 못하며, 식정(識情. 범부의 허망한 견해)과 지해(知解. 알음알이)를 모두 잊으니 有를 말할 적에는 작은 티끌도 성립되지 않으며, 無를 말할 적에는 저 허공처럼 두루 자재하다. 곧 이 한 할이 백천만억의 할에 들어가고 백천만억의 할이 이 한 할에 들어가니 이것은 능히 대승원교 교의(敎義. 교법의 의리)에 들어갈 수 있다." 선법사가 자신도 모르게 자리에서 일어나 계성선사 앞에서 두 번 절하였다.

成復爲善曰 非唯一喝爲然, 乃至語默動靜, 一切時一切處, 一切物一切事, 契理契機, 周遍無餘. 於是四衆歡喜, 聞所未聞. 龍顔大悅, 謂左右侍臣曰 禪師有如此玄談妙論. 太尉啓曰 此乃禪師之餘論耳.

계성선사가 다시 선법사를 위해서 말하였다. "비단 한 할(一喝)이 그렇게 될 뿐만 아니라, 곧 어묵동정과 일체 시와 일체 처, 일체 물(物)과 일체 사(事)에 이르기까지 이치에 계합하고 심기에 계합하니 두루두루 다 해도 남음이 없다." 계성선사가 말을 마치니 이에 사부대중이 크게 기뻐하고 아직 듣지 못한 법문을 들었다고 하였다. 휘종황제도 크게 기뻐하면서 좌우 신하들에게 말하였다. "선사가 이처럼 심오하고 묘한 이치의 논리가 있다." 태위 진양필이 삼가 말하였다. "이것은 곧 선사의 여적의 나머지 논일 뿐입니다."

22. 선림방어 (禪林方語. 新增)⁶⁷ (아래 괄호 안은 역자의 말이다)

蠟人向火⁶⁸　밀납으로 만든 사람이 불 속을 향한다. (해탈이지)
大象渡河⁶⁹　큰 코끼리가 황하를 건너다. (거룩하다, 수행자의 모습)
趁狗跳牆⁷⁰　쫓기는 개가 담장으로 달아나다. (궁하면 통하지)

---

67 선림방어(禪林方語): 이는 당시에 총림에서 많이 사용한 방언, 즉 속어로 이해한다. 다만 비유와 헐후어(歇后語. 뒤에 말은 숨기고서 그 뜻을 암시함)와 전고(典故)의 인용에 많이 사용하는 수사방식은 생동감이 넘치고 활발발하며 언어는 간단하지만 뜻은 깊어 사람으로 하여금 깊이 생각하게 한다. 그러나 이해가 그리 쉽지 않다. 당시의 사용하던 구어이기도 하지만 의미에 있어서도 이해하기 어렵다. 하지만 보편적으로 많이 사용되는 선어는 모든 현상을 부정하는 언어로서 학인을 깨달음에 인도하려는 그 핵심은 하나로 여긴다. 즉 무(無)사상과 공(空)사상 그리고 철저하게 무상을 느끼고 모든 현상을 부정하며 식정(識情)을 내려놓게 하고 분별상을 내지 말게 하며 일체와 하나로 보게 하는 자연합일의 가르침은 하나일 것이다. 또 선림방어는 신증(新增)이란 단어에서 알 수 있듯이 후대에 와서 새로 첨가하였음을 알 수 있다. 참고로 이해를 돕기 위해 2015년 10월에 상해고적출판사에서 출판한 상지욱(尙之煜)의 『인천안목』석독(釋讀)에서의 뜻을 참고하였다. 아래에선 간단히 〈석독〉으로 표기한다. 그리고 국역하면서 역자가 이해한 소견을 괄호 안에 새로 말을 붙였다.

68 랍인향화(蠟人向火): 참고로 『오등회원』 제18권에 법달보감(法達寶鑑. 생몰미상. 복엄감선사의 법을 받음)선사의 어록에서 "계급에 떨어지지 않는 곳을 스님께 가르침을 청합니다." "밀납으로 만든 사람이 불 속을 향한다." "끝내 어떠합니까?" "얇은 곳이 먼저 뚫린다(僧問 不落階級 處請師道. 師曰 蠟人向火. 曰 畢竟如何. 師曰 薄處先穿)." 이는 무심의 변화를 요한다. 〈석독〉에서 "고문에 견디지 못하고 유(有)가 변화하여 무(無)가 되는 뜻이다(意爲經不起拷問, 化有爲無)."

69 대상도하(大象渡河): 참고로 『拈八方珠玉集염팔방주옥집』 상에서 "정각선사가 이르되, 위산노인이 바로 큰 코키리가 황하를 건너듯이 한걸음 한 걸음 철저하다. 그러나 이와 같다 해도 맹귀부목과 니우입수를 일으킨다(正覺云 潙山老人, 直如大象渡河, 步步徹底. 然雖如是, 引得盲龜浮木, 泥牛入水)." '맹귀부목(盲龜浮木)'은 마치 눈먼 거북이가 물에 뜬 구멍난 나무 조각과의 만남처럼 사람 몸 받기가 어렵고, 부처님 출세한 세상 만나기 어려움을 비유한다. '니우입수(泥牛入水)'는 진흙으로 만든 소가 물 속으로 들어간다는 의미로 종적이 없고 소식이 끊어짐에 비유한다. 바로 사람과 물건(人物)이 한번 가면 돌아오지 못한다. 〈석독〉에서 "장애를 극복하고 한 걸음 한 걸음 올곧게 앞을 향하여 걸어가는 뜻이다(意爲克服阻力, 步步踏實向前)."

70 진구도장(趁狗跳牆): 참고로 『兀菴普寧禪師語錄올암보녕선사어록』 상권에 실려있는 달마대사와 혜가대사의 문답이다. 달마대사가 질문하였다. "무엇을 구하려하느냐?" "제 마음이

德山羅漢[71]	덕산과 나한. (자유분방하지. 또 법안종의 뿌리)
封后先生[72]	봉후선생. (오조법연선사)
徐六檐板[73]	서씨의 여섯째는 외골수. (판때기 들고 간다)
淸平渡水[74]	평정한 마음에서 물을 건너다. (시절연이지)

편치 못합니다. 선사께서 제 마음을 편안케 해 주소서." "마음을 가져오라, 네 마음을 편안케 하리라." 유교의 제자백가와 삼승의 십이분교 가운데 미루어 궁구해도 결코 한 구도 응답할 수 없고 다만 실상에 근거하여 대답해 이르되, "안팎으로 마음을 찾아도 얻을 수 없습니다. 마치 쫓기는 개가 담장에 닥친 거와 같이 궁구하고 힘을 다했습니다." 달마대사가 가볍게 동과인(冬瓜印. 동과로 만든 도장처럼 진실이 아니고 편의상 인가해 주는 것을 의미함)으로써 면문상과 같이 이르되, "내가 이미 네 마음을 편안케 했다(祖師問云 當以何求. 神光云 我心未寧, 乞師安心. 祖師答云 將心來, 與汝安. 神光推窮儒敎諸子百家三乘十二分敎中, 並無一句相應, 只據實祇對云 內外覓心了不可得. 如趁狗逼墻. 計窮力盡. 祖師只輕輕以冬瓜印, 面門上一搭去.與汝安心竟)." 쫓기던 개는 결국은 돌아온다. 바로 궁하면 통하듯이 스스로 반조하게 하는 의미이다. 〈석독〉에서 "핍박을 당해도 능히 깨닫는다(意爲逼迫而得悟)." '면문'은 세 가지의 의미로 입, 얼굴, 인중이다.

71 덕산나한(德山羅漢): 참고로 『法璽印禪師語錄법새인선사어록』 제1권에 해제 일에 문답이다. 질문하였다. "무엇이 뜰 앞에 묘법을 말합니까?" "석인이 가만히 끄덕인다." 나아가서 이르되 "이와 같다면 형극림 가운데 손 내미니 번거로운 세상이요, 무더기에서 건곤을 정하네요." 신사가 때리면서 이르되, "시험 삼이 손을 내밀고 눈으로 보라." "높이 조사의 도장을 공왕국에 매달고 놓아주고 거두고 마음대로 자재합니다." "역시 덕산과 나한이구나(問 如何是庭前謨妙法. 師云 石人暗點頭. 進云恁麽則荊棘林中, 展手眼紅, 塵堆裏定乾坤. 師打云 試展手眼看. 進云 高懸祖印空王國, 放去收來任縱橫. 師云 也是德山羅漢)." '형극림(荊棘林)'은 가시덩굴 숲속에 살이 찢기는 수행자 모습으로 각오에 대한 미혹의 경계, 또는 보리에 대한 번뇌망상의 경계를 말한다. 〈석독〉에서 "용맹스러움이 나한과 같다(意爲威猛如羅漢)." 사제관계를 적어보면, 덕산선감-설봉의존-현사사비-라한계침-법안문익선사이다. 덕선선사는 몽둥이를 잘 사용하는 인물로 유명하고 그 영향을 받은 제자들도 자유분방하였을 것이다.

72 봉후선생(封后先生): 황제의 신하로 재상이 되어 천하를 다스렸다. 『벽암록』 73칙 평창에 "…'지장의 머리는 희고, 백장회해의 머리는 검다'라고 한 마조의 화두를 알고자 하는가? 오조법연선사는 봉후선생이시다(…要會藏頭白海頭黑麽. 五祖先師道封后先生)."하였다. 『가산불교대사림』 참고, 재인용. 〈석독〉에선 "이후에 마무리를 하는 사람의 뜻이다(意爲落后收尾的人)."

73 서육첨판(徐六檐板): 담판(擔板)과 첨판(檐板)의 의미는 같다. 이는 틀에 박힌 형태이다. 마치 판대기를 어깨에 메면 한 쪽은 시야를 가려서 보지 못한다. 편견에 꽉 막힌 사람이다.

74 청평도수(淸平渡水): 참고로 『劍關子益禪師語錄검관자익선사어록』에 "어떻게 물리치고 버

把髻投衙⁷⁵　상투 잡고 관아로 들어가다. (허물을 들어내다)
半夜教化⁷⁶　한밤중에 교화. (맑은 호수에 명월이 비추다)
金山塼岸⁷⁷　금산과 벽돌의 언덕. (교화가 일어나지)

려야 하는지, 다만 그것을 향해 말하라. 삼십년 뒤에 태평한 마음으로 물을 건너리라(作麼生
支遣, 只向它道. 三十年後, 淸平渡水)." '청평(淸平)'은 평정한 마음이다. '도수(渡水)'는 물을 건넘
이다. 이는 바로 겪어야 하는 시련과 고난을 말한다. 그것도 삼십년의 수행을 거쳐서야 태
평한 마음으로 건널 수 있다고 하는 것이다. 〈석독〉은 "침착하게 대처하다(意爲平靜處之)."

75 파계투아(把髻投衙): 참고로 『了堂和尙語錄료당화상어록』 제2권에 "상당하여 수보리존자
와 범천의 문답을 제시하여 법문하였다. 수보리존자가 바위 사이에서 좌선을 하는데, 제천
이 꽃비를 내리고 찬탄하였다. 존자가 이르되, '공중에 꽃비가 내리고 찬탄은 다시 어떤 사
람이고 어떻게 찬탄하는가?' 천이 이르되 '나는 범천입니다. 존자가 반야 설법을 잘하여 존
중합니다.' 존자가 이르되, '나는 반야에 아직 한 글자도 설한 적이 없다.' '이와 같이 존자가
설함이 없고 나도 곧 들음이 없으니, 설함도 없고 들음도 없는 이것이 참으로 반야를 설함
입니다.' 료당선사가 이르되, '이 설화는 크게 파계투아와 포장규굴에 가깝다. 장래를 점검
하면 모두 허물이 없을 수가 없다'(上堂, 擧須菩提尊者巖間宴坐, 諸天雨花讚歎. 尊者云 空中雨華讚歎
, 復是何人, 云何讚歎. 天云 我是梵天. 敬重尊者善說般若. 尊者云 我於般若, 未嘗說一字. 天云 如是尊者無
說, 我乃無聞, 無說無聞, 是眞說般若. 師云 者箇說話, 大似把髻投衙, 抱贓叫屈. 撿點將來, 總不得無過)."
'파계투아(把髻投衙)'는 스스로 상투를 잡고 관아로 들어가 자신의 허물을 자수하는 것이다.
'포장규굴(抱贓叫屈)'은 장물을 안고 있으면서 결코 훔친일이 없다고 떼를 쓰는 의미로 자신
의 욕됨을 들어내는 것이다. 〈석독〉에서 "증거를 잡아서 대처하다(抓住把柄而處之)."

76 반야교화(半夜敎化): 한 밤중에 교화. 밤은 분별상이 끊어진 평등을 나타낸다. 이 사상을
심어주는 교화로 인식한다. 〈석독〉은 "선행을 해도 그 때를 얻지 못하다(雖善行而不得其時)."

77 금산전안(金山塼岸): 참고로 『虛舟普度禪師語錄허주보도선사』 어록에 허주(생몰미상. 원
나라 때 스님)선사의 칠언절구 〈금산수전안(金山修塼岸)〉의 시어를 보면, "만리의 장강에 금오
가 성하게 일어나고, 높이 솟은 중류에서 기세가 호방하다. 곧바로 토대로 하여금 평온케하
니, 어디서나 교화에 임하여 파도처럼 이는구나(長江萬里湧金鰲, 屹立中流氣勢豪. 直下放敎根脚
穩, 任敎八面起風濤)."하였다. 시어에서 이해할 수 있듯이 훌륭한 인재가 성하게 일어나 파도
처럼 교화가 일어나는 것이다. '금산'은 불신(佛身. 부처님의 몸)을 비유한다. 또 『한어대사전』
에 "금산은 사람의 풍채가 영준하고 덕행이 숭고함을 비유한다(人的儀表英俊, 德行崇高)." 금
산에 대하여 '전안'은 중생이다. 즉 금산이 전안을 수리한다는 것은 불조가 중생을 교화하는
의미로 이해한다. 『한어대사전』에 "금오(金鰲)'는 신화에서 나오는 바다에 사는 금빛 큰 물고
기이다(神話中海中金色巨鰲). 고귀한 사람을 비유하거나 산과 물에 임하는 것에 비유한다(比喩
地位高貴者, 臨水山丘)." 〈석독〉에서 배합이 부당하여 그 힘을 얻지 못하다(搭配不當, 不得其力)."

質庫典牛[78]　질고(質庫. 전당포)에 잡힌 소. (화두를 들게 하다)
木匠檐枷[79]　목공에게 칼을 씌우다. (인과이지)
嘉州石像[80]　가주 대강변에 미륵불상. (천지가 감춘 적이 있었던가)
湖南長老[81]　호남에 장로. (많이 바쁘겠다)

---

78 질고전우(質庫典牛): 참고로 『晦嶽旭禪師語錄회악욱선사어록』제1권에 회악욱(생몰미상. 산탁재선사의 법을 받음)선사가 무준사범(無準師範. 1178~1249. 와룡조선선사의 법을 받음)선사와 명요(名堯)노숙의 문답을 제시하여 법문하였다. "무준사범선사가 처음 명요노숙에게 좌선의 법을 청하였다. 명요노숙이 이르되, '선은 무슨 물건이고 앉아있는 것은 누구냐?' 무준선사는 주야로 체험하고 궁구하였다. 하루는 앞에 화두를 참여하고 들다가 깨달음이 있었다." 회악욱선사가 이르되, "설두는 크게 오로지 강함은 두둘겨서 이루듯이 바로 한평생 불똥이 솟아 유성처럼 나는구나. 노숙은 전당포에 소를 저당하고, 평정한 마음으로 물을 건넘은 면키 어렵다(示衆, 擧 無準範最初請益, 堯老宿坐禪之法. 堯日 禪是何物, 坐的是誰. 準晝夜體究, 一日于廁提前話, 有省. 師日 雪竇大似純剛打, 就一期火逬星飛. 老宿質庫典牛, 未免清平渡水)."고 하였다.
'청평(清平)'은 평정한 마음이다. '도수(渡水)'는 물을 건넘이란 바로 겪어야 하는 시련과 고난이다. 평온하게 고난을 대처하는 것이다. 강철은 수없이 달구고 두둘겨 불똥이 튀면서 강함을 이뤄지듯이 수행도 그러하다. 전당포에 저당한 소는 화두를 내려놓지 않고 끊임없이 들게 하는 것으로 이해한다. 〈석독〉에서 "결심이하에 자본은 아깝지 않다(結心已下, 不惜老本)."
79 목징첨가(木匠檐枷): 첨기(檐枷)는 담기(擔枷)이다. 의미는 같다. 첨(檐)의 글지도 처마라는 의미 외에 메다. 짊어지다 등의 의미이다. 〈석독〉에서 "자업자득이다(自作自受, 自找束縛)."
80 가주석상(嘉州石像): 가주대상(嘉州大像). 당 현종(712~756) 때, 해통(海通)이 가주의 대강변에 높이 36丈의 미륵불 석상을 조성한 것이다. 참고로 『投子義青禪師語錄투자의청선사어록』상권에 "투자선사가 새해 첫날 상당하여 … 모든 인자여. 자, 말해보라. 가주의 대상이 오늘 나이가 얼마인가. 잠시 있다가 이르되, 천세 노인의 얼굴이 옥과 같고 만년 동자의 머리털이 실과 같구나. 법좌에서 내려오다(歲旦上堂云 … 諸仁者, 且道嘉州大象, 今日壽年多少. 良久云 千歲老兒顏似玉, 萬年童子髮如絲. 下座)." 또 『通玄百問통현백문』에 "동산에 춥고 더움이 없는 곳은 어떤 사람이 수용합니까?" 질문에 "가주에 석상이다(問 洞山無寒暑處甚麼人受用. 答 嘉州石像)."라고 하였다. 게송에서 "가주에 석상, 눈썹은 눈 위에 비껴있네. 찬 공기 허공을 핍박해도 치우침도 없고 무리지음도 없네. 마음을 기쁘게 하고 일에 즐거움 여러 가지요, 어찌 꽃을 물어와 공양할 필요가 있는가(頌 嘉州石像, 眉橫眼上, 逼塞虛空, 無偏無黨. 賞心樂事許多般, 何用銜花來供養)."라고 하였다. 〈석독〉에서 "명청하여 옮기기 어렵다(呆笨難移)."
81 호남장로(湖南長老): 참고로 『續燈正統속등정통』제41권의 운암경(雲菴慶. 생몰, 스승은 미상)선사 어록에 양기선사와 학인의 문답을 제시하였다. "무엇이 부처님입니까?" 세발 달린 나

제6권　471

檐枷過狀[82]	형틀의 칼을 쓰고 지나가는 모양. (수행자의 도)
矮子泥壁[83]	난쟁이가 벽에 진흙을 바르다. (한계가 미치지)
常州打耶[84]	상주에서 보냈느냐. (소식이지)

귀가 밟고 가는 것을 희롱한다." "한 발이 없는 것은 곧 무엇입니까?" "호남에 장로이다(舉僧問楊岐, 如何是佛. 岐日 三脚驢子弄蹄行. 日 莫只者便是麼. 岐日 湖南長老)." 운암선사 게송에서 "양기산에 한 마리의 나귀, 눈빛이 번개 불처럼 번쩍거리네. 천하 사람들을 밟아 죽이는 기상이 무슨 세 발인가(頌日 楊岐一頭驢, 眼光如電爍. 踏殺天下人, 甚三隻脚)." 호남은 석두천선사를 가리킨다. 강서는 마조도일선사를 말한다. 여기서는 양기방회선사 자신이다. 세발은 몸에 결함으로 부족함을 의미한다. 〈석독〉에서 "비록 많으나 진가를 분별하기 어렵다(雖多而眞假難辨)."

82 첨가과상(檐枷過狀): 담가과상(擔枷)이다. 스스로 머리에 칼을 쓰고 자신의 죄를 알리며 걸어가는것을 말한다. 일정한 언행이 자기도 모르게 속마음을 드러내는 경우에 비유한다. 참고로 『벽암록』 7칙에 "어떤 스님이 법안문익선사에게 질문하였다(舉僧問法眼)." 이 질문의 착어에 "무슨 말을 하느냐. 수가를 차고 죄상을 고백하는구나(道什麽. 檐枷過狀)." '가산불교대사림' 참고, 재인용. 〈석독〉은 "좋은 사람인체 나쁜 사람인체의 준비이다(作好受罰的凖備)."

83 왜자니벽(矮子泥壁): 참고로 『古雪哲禪師語錄고설철선사어록』 제4권에 고설철선사와 학인의 문답이다. 학인이 나아가 이르되, "다시 위하는 것은 신통묘용이고 다시 위하는 것은 자연 그대로 입니다." "한소리 포효에 건곤이 진동한다." "학인이 여기에 이르러 부득이 병사가 군령에 따라 돌아갈 뿐입니다." "난쟁이가 벽을 바르는구나. 곧 이르되 청정법안이요, 봄 빛은 푸른 뫼뿌리에서 온다(進云 爲復是神通妙用, 爲復是法爾乾然. 師云 一聲哮吼震乾坤. 進云 學人到者裏只得兵隨印轉去也. 師云 矮子泥壁. 乃云 正法眼藏, 春色來靑嶂)." 난쟁이가 벽을 바르는 것은 한계가 있는 것이다. 아직은 부족함을 말한다. '법이여연(法爾如然)'은 '법이자연(法爾自然)'이다. 모든 법이 자연, 천연이라는 의미이다. 있는 그대로를 나타낸다. '정법안장(正法眼藏)'은 청정법안(淸淨法眼)이다. '正法眼'은 지혜의 눈, '藏'은 만덕을 포함하여 간직했다. 바로 부처님이 일대에 설하신 무상정법(無上正法)이다. 〈석독〉에서 "높은 곳엔 미치지 못한다(够不着高處)."

84 상주타야(常州打耶): '타(打)'는 때리다. 치다. 보내다 등의 의미가 있다. '야(耶)'는 어조사로 의문 반문 등의 어기사이다. 하여 '상주에서 보냈느냐.' '상주에서 맞았느냐'라는 의미를 유추해 볼 수 있다. 하지만 이 방언은 이해가 안되는 방언 가운데 하나이다. 당시에 무엇을 의미하고 상징하고 있었는지 자료도 찾지 못해서 알 수 없다. 다만 참고로 『維摩經略疏垂裕記유마경략소수유기』 제1권에 "널리 소통이 되는 해인 태세는 갑진년에 우리 스승은 진릉(晉陵)으로부터 불롱(佛隴)에 돌아가서 하안거를 지냈다. 갑진년은 곧 당나라 대종 광덕2년(764)이다. 晉陵은 현명이며 常州에 있고 佛隴는 천태에 있다. 〈신옹산기〉에 이르되 '수선사로부터 이백 보가면 반석이 있는데, 편편하고 반듯하여 마치 깎아서 이뤄진 듯하고 옛 노인들이 서로 전하기를 부처님이 일찍이 여기에서 방광한 연고로 불롱으로 붙여진 이름'이라

濶角水牛[85]　확 트인 물소 뿔. (허세이지)

尼寺裏髮[86]　비구니 처소에 머리털. (분별상을 내는 자의 몫)

青平賣油[87]　청평에서 기름을 팔다. (공평하지)

한다. 그 여름을 형계선사가 수선사에서 머물렀다(疏成之歲歲在甲辰, 吾師自晉陵歸于佛隴之夏也. 甲辰卽唐代宗廣德二年也. 晉陵縣名也, 在常州, 佛隴在天台. 神邕山記曰 從修禪寺南行二百步有盤石, 平正猶如削成, 古老相傳, 佛昔於此放光故名佛隴. 其夏荊溪居修禪寺也)." 형계 상주는 한 지방인 듯하다. '하(夏)'는 여름 삼 개월, 하안거를 말하며, '오사(吾師)'는 형계담연(荊溪湛然. 711~782)선사이고 상주 형계지방의 출신이다. 형계선사는 천태종의 제5세이고 천태종의 종풍을 크게 선양하였다. 천태종의 법계는 용수(龍樹)-혜사(慧思)-지자(智者)-장안(章安)-천궁(天宮)-좌계(左溪)-형계(荊溪)-사명(四明)이다. 형계로부터 송나라 사명에 이르는 동안은 천태종이 쇠한 시기이다. 처음으로 천태가 산가(山家)와 산외(山外)로 나뉘게 되는데, '山家'는 四明의 정전(正傳)이며 일본에까지 전해지고, '山外'는 오은(悟恩)이 조(祖)가 되어 오래지 않아 없어졌다.

85 활각수우(濶角水牛): 참고로 『오등회원』 제17권에 황룡혜남(黃龍慧南. 1002~1069. 석상초원선사의 법을 받음)선사 어록에서 학인과의 문답이다. "질문하였다. '우두법융(牛頭法融. 594~657. 사조도신의 법을 받음)선사가 사조도신(四祖道信. 580~651)을 만나지 아니할 때엔 왜 온갖 새가 꽃을 물어 올렸습니까?' 깊게 뿌리를 내리는 것은 뽕나무요, 뿌리 넓은 것은 물소이다(問 牛頭未見四祖時, 爲甚麼百鳥銜華獻. 師曰 釘根桑樹, 闊角水牛)." 우두법융선사가 우두산 유서사(幽棲寺)에 들어가 북암석실에서 좌선하면 온갖 새가 꽃을 물어다 주는 상서로움이 있었나. 그러나 사조도신신대사가 밥을 전해 주고 다녀간 뒤로는 그 싱시로움이 없이졌다. 획인이 이에 대한 질문을 한 것이다. 〈석독〉에서 "걸 모양만 용맹스럽게 보인다(貌似威猛)."

86 니사이발(尼寺裏髮): '니사(尼寺)'는 비구니 스님들이 머무는 사원으로 니암(尼庵)이다. 삭발하고 수행하는 비구니 스님들의 처소에 머리카락은 없을 터, 이는 분상이나 망상을 내는 자들의 몫이다. 〈석독〉에선 "아녀자의 소견은 해탈을 할 수 없다(女流之見, 不得解脫)."

87 청평매유(青平賣油): 참고로 『오등회원』 제5권에 투자대동(投子大同. 819~914. 취미무학선사의 법을 받음)선사어록에서 조주종심(778~897)선사와의 문답이다. 어느 날 조주선사가 동성현에 이르고 투자선사도 산에 내려왔다. 도중에서 서로 만나 조주선사가 질문하였다. "투자산의 주인이 아니요?" 투자선사가 말했다. "다염전(茶鹽錢. 차·소금 살 돈)이나 나에게 보시하시요." 조주선사가 먼저 암자에 돌아와 앉았는데, 투자선사가 뒤에 기름 한 병을 들고 돌아왔다. 조주선사가 말했다. "투자산을 소문 들은지 오래인데 여기에 와서 다만 기름 파는 늙은이만 보는군." "그대는 기름파는 늙은이만 알지 투자는 알지 못하는군." "무엇이 투자요? 투자선사가 기름병을 들고서 "기름이요 기름(一日趙州和尙至桐城縣, 師亦出山. 途中相遇, 乃逆而問曰 莫是投子山主麼. 師曰 茶鹽錢布施我. 州先歸庵中坐, 師後攜一餠油歸. 州曰 久嚮投子, 及乎到來, 秖見箇賣油翁. 師曰 汝秖識賣油翁, 且不識投子. 州曰 如何是投子. 師提起油餠曰 油油)." 하였다. 투

臘月扇子[88]　　동지섣달에 부채. (군더더기이지)

急水打毬[89]　　급한 물에 공놀이. (끊임없이 흐르지)

鞏縣茶瓶[90]　　공현 지방에 차병. (쓸모없이 많지)

灃州魚羹[91]　　풍주 지방에 고깃국. (김씨도 먹고 박씨도 먹고)

자대동선사와 청평영준(靑平令遵. 845~919)선사는 취미무학선사의 제자이다. 하여 같은 의미에서 청평선사로 말한 듯싶다. 〈석독〉에서 "응당 공평하게 처치하다(應公平處置)."

88 납월선자(臘月扇子): '납월'은 음력 12월이다. 가장 추울 적에 부채는 쓸모없는 물건이다. 참고로『大慧普覺禪師書대혜보각선사서』제25권 〈答李參政狀답이참정상〉에 "이와 같은 말도 일대사인연을 깨달은 사람의 본분상에서는 섣달의 부채 한 자루와 같이 쓸모없는 군더더기에 불과한 것입니다(如此說話, 於了事漢分上, 大似一柄臘月扇子)." 무심이다.『가산불교대사림』참고, 재인용. 〈석독〉에서 "유행이 지난 물건. 또는 시대에 뒤떨어진 인물이다(過時貨)."

89 급수타구(急水打毬): 급수상타구자(急水上打毬子)이다. 조주종심선사가 제기한 선종의 공안이다. 참고로『벽암록』80칙에 어떤 스님이 조주종심선사에게 질문하였다. "갓난아기에게도 6식이 있습니까?" 조주선사가 말하였다. "급히 흐르는 물 위에서 공을 친다." 그 스님이 다시 투자의청선사에게 질문하였다. "급히 흐르는 물 위에서 공을 친다'는 말은 어떤 뜻입니까?" 투자선사가 말하였다. "잠시도 멈추지 않고 흐른다(舉 僧問趙州, 初生孩子, 還具六識也無. 趙州云 急水上打毬子. 僧復問投子. 急水上打毬子, 意旨如何. 子云 念念不停流)."『가산불교대사림』참고, 재인용. 〈석독〉은 "멈추지 않는 움직임은 빠질수도 머물수도 없다(轉動不停, 無滯無住)."

90 공현다병(鞏縣茶瓶): 쓸모없이 많은 입. 공현은 지방의 이름이고 다병은 차를 담는 병이다. 공현의 지방에서 생산되는 차병이 쓸데없이 주둥이가 많이 달린 것에서 시작된 말이라고 한다.『가산불교대사림』참고. 〈석독〉에선 "배는 크고 입이 적은지라 있으면서 기울여도 나오지 않는다(肚大嘴小, 有而倒不出來)."

91 풍주어갱(灃州魚羹): 참고로『雲谷和尙語錄운곡화상어록』상권에 "운곡화상이 상당하여 고정선사와 덕산선사의 법을 주고받은 일화 등을 제시하여 법문하였다. 고정선사가 처음 덕산선사를 만남은 강을 사이에 두고 질문하였다. 덕산선사가 손을 흔들어 부르니 고정은 옆으로 종종걸음으로 떠나서는 다시는 돌아보지 아니하였다. 뒤에 덕산선사의 법을 이어 법을 폈다. 대혜선사가 이를 들어서 이르되 '고정은 옆 종종걸음으로 떠나고, 저를 허락한 것은 영리한 납승이다. 만일 덕산의 법을 이었다고하면 인가하지 아니하였다. 어째서인가 덕산과 오히려 강 사이를 두어서다.' 하였고, 치절화상이 이르되 '덕산은 모래를 머금어 사람에게 쏘는 독을 가졌고, 고정은 한 번 죽고 다시는 재활하지 아니하였다.'라고 하였다. 운곡선사가 이르되 '덕산은 도끼를 휘두르는 솜씨를 가졌고, 고정은 도끼를 받아드리는 바탕을 가졌다. 당시에 다시 풍주 지방에서 문드러진 고기 국을 얻음과 같으니 가풍에 이르지

水浸金山⁹²　　물에 금산이 잠기다. (자연의 변화이지)

石人腰帶⁹³　　돌사람의 허리띠. (무심이지)

昌州海棠　　　창주 지방에 해당화. (오가는 사람이 보겠지)

簡州石匠⁹⁴　　간주 지방에 석공. (덕산 주금강)

雲居羅漢⁹⁵　　운거사에 나한상. (석두문하이지)

않은 고요함이다. 다만 대혜화상과 치절노인이 이와 같이 말했으니, 칭찬이냐? 폄하이냐? 강한 바람을 만나서야 강한 풀임을 알고 난리가 나서 어지러울 때 어진 신하를 안다(上堂, 擧 高亭初參德山, 隔江問訊, 德山以手招之. 高亭橫趨而去, 更不回顧. 後法嗣德山. 大慧拈云 高亭橫趨而去, 許 伊是靈利衲僧, 若要法嗣德山則未可. 何故, 與德山猶隔江在. 癡絕和尚云 德山有含沙射人之毒, 高亭一死更 不再活. 師拈云 德山有運斤之手, 高亭有受斤之質. 當時更得澧州魚羹爛臛一頓, 門風未到寂寞. 只如大慧和 尚癡絕老人與麼道, 是褒是貶. 疾風知勁草, 版蕩識良臣)."라고 하였다.

'추(趍)'는 추(趨)의 속자이다. 종종걸음으로 걷는 모양이다. '어갱(魚羹)'은 생선국이다. '란확(爛臛)'은 아마도 생선이 다 문드러져 있는 고깃국을 말한 것으로 이해한다. '爛'은 너무 익어서 문드러진 모양이다. '臛'은 고깃국 확이다. '판탕(版蕩)'은 동란불안(動亂不安)을 가리킨다. 즉 난리가 나서 불안함이다. 참고로 『시경 · 대아』에 '판과 탕'은 편명이다. 전자의 시어 첫 구를 살피면 "하느님이 버리시면 백성들은 모두 고생하네(板板, 下民卒癉)." 후자의 시어 첫 두 구를 살피면 "위대한 하느님은 백성들을 다스리는 임금이시거늘, 포학하게도 하느님은 명하심이 편벽됨 많으시네(蕩蕩上帝, 下民之辟. 疾威上帝, 其命多辟)." 주나라가 크게 어지러울때 소목공(召穆公)의 탄식한 작품이다. 김학주 편저, 『신완역 시경』, 명문당, 1988. 참고.

92 수침금산(水浸金山): '金山'은 불신(佛身)을 비유한다. 참고로 『법화경』 제1권에 "몸의 색깔이 금산과 같이 단엄하고, 깊고 깊으며 묘하다(身色如金山, 端嚴甚微妙)." 또 수미산 주위를 일곱겹으로 둘러싸고 있는 산의 이름이다. 또 강소성 진강부 단도현(江蘇省鎭江府丹徒縣)의 서북쪽에 있는 칠금산이다. 『가산불교대사림』 참고. 재인용. 시대적으로 불법의 침체함을 상징적으로 표현한 것이다. 〈석독〉에서 "잘못하여 분쟁을 일으키다(錯惹紛爭)."

93 석인요대(石人腰帶): 참고로 『頻吉祥禪師語錄빈길상선사어록』 제13권에 빈길상선사가 운암선사와 학인의 문답을 제시하였다. "형상이 없고 본래 고요한데 왜, 어떤 물건은 천지보다 먼저합니까?" "돌사람의 허리띠에 문채는 안 되는 것이다(擧 雲巖因僧問 無形本寂寥, 爲什麼有物先天地. 巖曰 石人腰帶不成紋)." 〈석독〉에서 "취할 수도 없고 제어할 수도 없다(取不得勒不得)."

94 간주석장(簡州石匠): 용담숭신선사의 법을 받은 덕산선감선사가 간주(簡州) 지방의 주(周)씨 후손이다. 혹여 상징적으로 표현은 아닌가 추정한다. 더 자세한 의미는 모르겠다.

95 운거도응선사는 석두희천선사의 제자 약산유엄선사 아래 동산양개선사의 제자이고, 나한계심선사는 석두희천선사의 제자 천황도오선사 아래 현사사비선사의 제자이다.

鳳林叱之¹	봉림에서 꾸짖다.	(황룡선사는 조사의 언구를 중히 여겼지)
紙馬入火²	종이 말이 불속에 들어가다.	(무상이지)
張良受書³	장량이 황석공에게 병서를 받다.	(시절연이지)
太公釣魚⁴	강태공이 위수에서 낚시하다.	(시절연은 구함이지)

〈석독〉에서는 "거만하여 실속이 없다(高倣無實)."

1 봉림타지(鳳林叱之): 참고로『禪林寶訓合註선림보훈합주』제1권에 회당보각(황룡선사의 법을 이었다)선사가 말하였다. "황룡선사가 지난날 운봉문열선사와 형남 봉림사에서 하안거를 났다. 운봉문열선사는 변론을 좋아해서 하루는 납자와 시끄러움을 지었고 선사는 경전을 보면서 못들은 체 하였다. 얼마 있다가 운봉문열선사가 선사의 책상 앞에 이르러 눈을 부라리면서 "너는 여기에서 선지식의 도량을 익히느냐?" 선사는 머리 숙여 사죄하고 여전히 경전을 열람하였다."(晦堂日黃龍先師, 昔同雲峰悅和尙, 夏居荊南鳳林. 悅好辯論. 一日與衲子作喧. 先師閱經自若, 如不聞見. 已而悅詣先師案頭, 瞋目責之曰爾在此習善知識量度耶. 先師稽首謝之, 閱經如故). 〈석독〉에선 "조화하지 못하는 음(音)이다(不諧之音)."

2 지마입화(紙馬入火): 참고로『오등회원』제6권에 동안상찰(同安常察. 생몰미상. 구봉도건선사의 법을 받음)선사 어록에서 학인과의 문답이다. 질문하였다. "무엇이 맹렬하고 날카로운 사람입니까?" "돌 소가 한걸음 한걸음 깊은 연못으로 들어가면서 소리치고, 종이 말이 소리소리 불속에서 지르는 것이다(問 如何是猛利底人. 師曰 石牛步步吼深潭, 紙馬聲聲火中叫)." 삼계는 종이 말이라 하던가. 있는 듯하지만 없는 것이다. 〈석독〉에 "감은 있어도 음은 없다(有去無來)."

3 장량수서(張良受書): 장량(張良)은 중국 한(漢)나라 건국 공신(?~B.C.168)이다. 자는 자방(子房). 한나라 고조를 도와 천하를 통일하여, 소하, 한신과 함께 한나라 창업의 삼걸이다. 만년엔 도가의 학문을 좋아하여 신선을 배우고 벽곡(생식)을 하였다. 장량은 본래 대대로 한(韓)나라 재상을 지내다 나라가 망하자, 진시황을 시해하려다 실패하고 도망하여 하읍(下邳) 지방에 이른다. 그는 황석공을 만나 태공병법을 수학한 후에 유방을 돕게 된다. 〈석독〉에선 "그 참을 얻어 실교(實敎)를 전하다(得其眞傳實敎)."

4 태공조어(太公釣魚): 참고로『列祖提綱錄열조제강록』제42권에 백운수단(1025~1072. 양기방회선사의 법을 받음) 선사가 상당하여 법문하였다. "오늘은 동지절이니 한 양(一陽)이 이 날에 생한다. 주장자를 들고 이르되 자 말하라, 이것은 무엇이냐? 곧 이와 같이 손에 닿을 수 있고 또 이와 같이 응할 때에 복을 받는다. 만일 수차 풍년의 아침에 이르면 앞서 대설(大雪)의 절기가 있었다. 그래서 나는 (承天) 평소에 열 번 말하고 아홉 번 그치라 하니 어째 이와 같이 말하는가. 마땅히 문중에 가시나무를 재배할 필요 없으니 후대에 아손들이 집착을 일으킨다. 비록 이와 같다 해도 삼십년 뒤에 강태공의 낚시와 같다(白雲端禪師上堂. 今朝是節, 一陽生於此日. 拈起拄杖, 且道者箇作麼生. 便恁麼搆得, 且恁麼應時納祜. 若數至大年朝, 頭大有雪在. 所以承天

梁山頌子.⁵	양산의 시객.	(미사로 언구를 꾸미겠지)
猫兒帶槌⁶	고양이가 철퇴를 두르다.	(남전선사의 노파심)
李靖三兄⁷	이정이 삼형제 중에 오래 진을 쳤다.	(가장 났지)

十度發言九度休, 何謂如此. 當門不必栽荊棘, 後代兒孫惹著依. 雖然如是, 三十年後太公釣魚)."
　백운수단선사가 강서성 강주(江州)의 '승천선원(承天禪院)'을 개당하고 머물 적에 법문이다. '承天'은 자신을 지칭한다(所以承天尋常十度發言九度休). 가시나무(荊棘)는 훈계와 경계를 나타낸다. '태공(太公)'은 태공망 여상(太公望 呂尙)이다. 그는 초라하게 늙었지만 큰 뜻을 품고 낚시로 무위의 날을 보내며 주나라 문왕과의 만남을 구했다. 문왕이 사냥을 나가 위수에서 낚시하는 태공을 만나 기뻐하며 이르되, "나의 선군 태공으로부터 마땅히 성인이 있어 주나라에 이르러 주나라가 흥한다고 말하였다. 그대가 진정 이 사람인가. 나의 태공이 그대를 오래도록 찾았다(自吾先君太公曰 當有聖人適周, 周以興. 子眞是邪. 吾太公望子久矣)."라고 하였다. 그래서 호가 태공망이고 군사직책을 맡았다. 뒤에 무왕을 도와 은나라 주왕을 치고 천하를 평정하였다. 그 공으로 제나라에 봉해지니 그 시조가 된다. 『史記사기 · 齊太公世家제태공세가』참고. 〈석독〉에서 "낚시로 세월을 보내며 원하는 것은 시절연이다(願者上鈎)."

5 양산송자(梁山頌子): 참고로 『오등회원』 제19권에 양기방회(楊岐方會. 996~1049. 자명초원선사의 법을 받음)선사의 어록에서 양기선사가 대중에게 법문 하였다. "봄바람은 칼과 같고 봄비는 기름과 같다. 율령이 바르게 행하니 만물이 하고자함이 움직인다. 너희는 말하라, 현지를 밟고 있는 일구는 어떻게 말하느냐? '동을 향하여 솟아 나오고 서에 멸하는 곳의 도를 본다'고, 가령 밀힐 수 있더라도 역시 양산에 시객이다(示衆云 春風如刀, 春雨如膏. 律令正行, 萬物蠢動. 你道脚踏實也一句, 作麼生道出來. 向東涌西沒處道看. 直饒道得, 也是梁山頌子)."라고 하였다.

6 묘아대퇴(猫兒帶槌): 참고로 『오등회원』 제7권에 설봉의존선사가 덕산선감선사에게 질문 하였다. "남전보원선사가 고양이를 벤 뜻은 무엇입니까?" 덕산선사가 곧 때리고 내 쫓았다가 곧바로 다시 불러서 이르되 "알겠느냐?" "모릅니다." "나는 노파심이 이와 같은데도 모르느냐(雪峰問 南泉斬猫兒, 意旨如何. 師乃打趁, 却喚曰 會麼. 峯曰 不會. 師曰 我恁麼老婆心, 也不會)?" 또 『벽암록』 63칙에 남전보원선사가 어느 날 동서 양당의 대중들이 고양이로 다투는데, 남전선사가 그것을 보고서 드디어 제시하여 이르되, "말할 수 있으면 고양이를 베지 않겠다." 대중이 대답이 없자, 선사는 고양이를 베어서 두 동강이가 되었다(擧 南泉一日東西兩堂爭猫兒. 南泉見遂提起云 道得卽不斬. 衆無對. 泉斬猫兒爲兩段). 아마도 '대퇴(帶槌)'는 이에 근거하여 말한 것으로 이해한다. 〈석독〉은 "고삐가 있으면 자유로울 수 없다(有羈絆, 不得自由)."

7 이정(李靖): 당나라 삼원(三原)의 사람이다. 자는 약사(藥師)이고 서사(書史)에 능통하였다. 고조 때 행군총관이 되었고, 태종 때 형부상서를 지냈다. 그가 논병(論兵)한 것을 기록하다. 참고로 『전등록』 제11권에 "남산에서 띠를 벤다는 뜻이 무엇입니까?" 질문에 경청선사가 답하였다. "이정이 삼형제 중에서 가장 오래 진을 쳤다(南山刈茅意旨如何. 淸云李靖三兄久經行陣)."

乞兒拄杖[8]　　거지가 지팡이 짚다. (만행에 나섰네)
狗咬枯骨[9]　　개가 마른 뼈를 물다. (무익한 일이지)
波斯持呪[10]　　바사닉이 지닌 주문. (자식의 개과천선)
新昌石佛[11]　　신창 땅에 돌부처. (많은 땀을 흘렸지)
馬喫菜子[12]　　말이 야채를 먹다. (소가 배 부르네)

---

8 걸아주장(乞兒拄杖): '걸아(乞兒)'는 구걸하여 연명하는 사람이다. 수행자도 빌어서 연명한다. 〈석독〉에 "비록 하천하나 실제로 사용할 수 있다(雖下賤而得實用)."

9 구교고골(狗咬枯骨): 참고로 『天台四教儀註천태사교의주』 제10권에 "오욕이 유익하지 아니한 것은 개가 마른 뼈를 무는 것과 같다(五欲無益, 如狗咬枯骨)." 무익에 빠지는 것은 업식이다. 또 『續燈正統속등정통』 제34권에 옥림통수(玉林通琇, 생몰미상. 경산원수선사의 법을 받음)선서의 어록에서 옥림선사가 상당하자, 학인이 질문하였다. "세존이 명성(明星. 금성)을 보고 깨달은 것은 무엇입니까?" "개가 마른 뼈를 물은 것이다. 곧 큰 소리로 대중을 부르고 이르되, 능인(能仁. 석가모니)은 너희들의 종이니라(上堂, 僧問 世尊覩明星, 悟箇甚麽. 師曰 狗䶩枯骨. 乃高聲召眾曰 能仁足汝之奴)." '咬와 䶩'는 같은 의미이다.

10 파사지주(波斯持呪): '파사'는 사위국의 바사닉왕이다. 아들 악생(惡生)에게 왕위를 찬탈 당하고, 오랜 굶주림에 농주에게 빌어서 무 다섯 개를 먹고, 물가에 가서 많은 물을 마시고 곽란이 나 죽었다고 전한다. 〈석독〉에 "그 뜻이 알기 어려워 기기묘묘하다(難知其意, 莫名其妙)."

11 신창석불(新昌石佛): 월주 신창에 석불은 100여 년의 땀으로 이뤄진 부처님 상이다. 제나라 영명(484)년에 시작하여 수나라 개황16년(596)에 완성한 것이다. 참고로 『雪竇石奇禪師語錄설두석기선사어록』 제5권에 "신창에 석불이 달마대사에게 공양하기를 좋아한다(喜新昌石佛供養達磨大師)."는 말도 전하게 된다.

12 마끽채자(馬喫菜子): 참고로 『古雪哲禪師語錄고설철선사어록』 제9권에 고설철(생몰미상)선사가 불자를 들고 이르되, "흰 것은 종이가 아니고 검은 것은 묵적(글자)이 아니며 언어문자를 다 초월하라. 북구로주의 말에게 채찍을 하니 남섬부주의 소에서 피가 나는구나(拈拂云 白者非紙黑非墨, 言語文字咸超越. 北俱盧洲馬喫鞭, 南贍部洲牛出血)." 또 『淨慈慧暉禪師語錄정자혜휘선사어록』 제1권에 석상총(石霜總)이 이르되, "서주의 말이 벼를 먹으니 복주의 소가 배 부르구나(霜曰 棲州馬喫稻, 福州牛腹飽)." 이는 차별상에서 말한 것이 아니고, 법신의 본체에서 말한 것이다. '채찍과 피, 먹고 배부름'은 무차별이 아니라 현상세계의 차별상이다. 이 차별상을 내려놓고 무심이어야 여래법신과 함께 할 수 있다. 앞에 언구에서 "언어문자를 다 초월하라"고 한 것이 이것이다. 유상(有相)이 색신(色身)이라면 법신(法身)은 진여무상(眞如無相)이다. 색신은 사대화합으로 부모님이 만들어준 이 육안으로 보는 것이라면 법신은 모양도 냄새도 색깔도 일체 없기에 육안으로는 볼 수 없다. 부처님의 진신(眞身)이 법신이라면 모든

矮子看戲[13]　난쟁이가 연극을 구경하다. (앉았다 섰다 하겠지)

黃犬渡河[14]　누런 개가 하수를 건너다. (업식이 소멸되지)

兎子望月[15]　토끼가 달을 바라보다. (돌이켜 자신을 보다)

羅公照鏡[16]　구마라습이 거울을 비추다. (불법을 전함이지)

波斯落水[17]　파사국인이 물에 빠졌다. (끊임없이 움직이지)

중생의 진신(眞身)도 법신이다. 〈석독〉에서 "조금이나마 힘을 얻는다(小而得力)."

13 왜자간희(矮子看戲): 참고로 『오등회원』 제19권의 오조법연(五祖法演. 1024~1104. 백운수단선사의 법을 받음)선사 어록에 "난쟁이 불러서 연극을 보니 사람에 따라 앉았다 섰다 한다. 삼십년 후에 한바탕 웃으리라(喚作矮子看戲. 隨人上下. 三十年後, 一場好笑)." 하였다. 부화뇌동이다. 〈석독〉에서 "사람에 따라 움직이고 소리에 따라 부화한다(隨人動靜, 隨響附和)."

14 황견도하(黃犬渡河): 참고로 『徑石滴乳集경석적유집』 제2권에 동림오(東林悟. 생몰미상)선사가 홀연히 황견을 가리키며 이르되 "저 축생은 왜, 업식은 있고 불성이 없느냐?" 태강월계징(太岡月溪澂. 생몰미상)선사가 언하에 대오하였다(忽指黃犬曰 者畜生, 爲甚有業識無佛性, 師於言下大悟)." 〈석독〉에서 "빛깔이 조화되어 서로 융화하다(順色相融)."

15 토자망월(兎子望月): 참고로 『오등회원』 제12권에 현충조인(顯忠祖印. 생몰미상. 금산담영선사의 법을 받음)선사의 어록에서 "무엇이 상생(相生. 객관세계)입니까?" "산하대지이다." "무엇이 상생(想生. 주관사유)입니까?" "토끼가 달을 바라보는 것이다(問 如何是相生. 師曰 山河大地. 曰 如何是想生. 師曰 兎子望月)." 〈서독〉에서 "돌이켜 자신을 관조하다(返觀自身)."

16 라공조경(羅公照鏡): 참고로 『오등회원』 제11권에 임제의현선사가 하루는 호병(호떡)을 들고 락포선사에게 보이면서 이르되, "천가지 만가지 이것을 여의지 않고 그 이치는 둘이 아니다." 락포선사가 이르되 "무엇이 둘이 아닌 이치입니까?" 임제선사가 다시 호병을 들어서 보였다. 락포선사가 말하되 "이와 같다면 천가지 만가지입니다." 임제선사가 이르되 "오줌싸개 견해이다." "라공이 거울을 비춥니다(師一日拈餬餅示洛浦曰 萬種千般, 不離這箇, 其理不二. 浦曰何是不二之理. 師再拈起餅示之, 浦曰 與麼則萬種千般也. 師曰 屙屎見解. 浦曰 羅公照鏡)." 여기서 말하는 '라공(羅公)'은 구마라집(鳩摩羅什) 또는 구마라습을 말한다. 구마라는 성이고 집은 이름이다. 중국에서의 한역은 셋으로 분류되는데, 현장법사에 의한 한역은 신역이고 구마라집에 의한 한역은 구역이다. 후한 때 안세고, 지루가참, 축법호 등에 의한 한역은 古譯이다.

17 파사락수(波斯落水): 참고로 『密行忍禪師語錄밀행인선사어록』 제3권에 아미타 탄신일에 종현 왕거사가 법청하여 상당하자, 질문하였다. "아주 고요하고 선정 가운데 또한 지혜의 작용이 있습니까?" "파사국인이 물에 빠졌다(彌陀誕辰鉉王居士 請上堂, 問 大寂定中, 還有照用也無. 師云 波斯落水)." 나오기 위해 끊임없이 움직일 것이다. 파사는 국명이다. 지금의 이란이다. 중국에선 안식국(安息國)으로 불렀다. 〈석독〉에서 "멀리 구함에 미치지 못하다(遠不及救)."

蕭何制律[18]　소하가 한나라 법률을 만들다. (누가 시비하랴)
驢唇先生[19]　여순선생. (분상이 하나 더 는다)
新羅草鞋[20]　신라인의 짚신. (오천축국에 전했지만 결국은 공이지)
矮子渡河[21]　난쟁이가 하수를 건느다. (심오한 깊이를 깨닫지)

---

18 소하제율(蕭何制律): 소하(기원전?~193) 그는 한신과 장량이 한나라의 개국공신으로 진나라의 법률을 바탕삼아 법령을 지었다. 참고로『圜悟佛果禪師語錄원오불과선사어록』제19권에 "하늘은 높고 땅은 두껍다. 물이 넓게 트이고 산은 아득히 멀다. 소하가 법률을 정하고 한신이 조정에 임하니, 도독고를 부딪치기 전에 마땅히 몽땅 가져와야 한다(天高地厚, 水闊山遙. 蕭何制律, 韓信臨朝, 塗毒鼓未擊, 已前宜薦取)." '도독고(塗毒鼓)'는 독약을 바른 큰 북으로 그 소리를 듣는 자는 죽는다. 한신이 조정에 임하여 죽임을 당하는 일을 나타낸다. '천취(薦取)'는 몽땅 가져간다는 의미로 전취(全取)이다. 〈석독〉에서 "법령 정함이 이와 같다(法定如此)."

19 여순선생(驢唇先生): 참고로『恕中和尙語錄서중화상어록』제1권에 상당하여 법문하였다. "만일 언어로써 마음을 이름하여 나타낸다면 끝내 마음은 얻을 수 없고, 언어로서 마음을 이름하여 나타내지 않아도 또한 마음은 얻을 수 없다. 이 두 길을 버리고 어떻게 한 군데로 모이는가? 여순 선생이 입 벌리고 웃는다(上堂, 若以語言名狀心, 終不得心. 不以語言名狀心, 亦不得心. 去此二途, 如何湊泊. 驢唇先生開口笑)." 지혜를 체득해야 본심을 안다. 여순선생은 옛 선인으로 성숙법을 설하였다. 〈석독〉에서 "쓸데없는 말을 지껄이는 사람이다(多嘴的人)."

20 신라초혜(新羅草鞋): 참고로『오등회원』제15권의 반야계유(般若啟柔. 생몰미상. 운문문언선사의 법을 받음)선사 어록에 남악 반야사 계유선사에게 학인이 질문하였다. "서역은 밀랍으로 만든 사람으로 증험을 삼는데 여기서는 무엇으로 합니까?" "신라인의 짚신이다(僧問 西天以蠟人爲驗, 此土如何. 師曰 新羅人草鞋)." 우리의 육신은 진정 영원한 것인가. 밀랍으로 만든 사람과 또 짚신과 무엇이 다른가. 결국은 공으로 돌아가는데, 불법에 귀의하여 스스로 밝히는 길이 있을 뿐이다. 〈석독〉에 "먼 물건은 가까이 사용에 미치지 못한다(遠物不及近用)."

21 왜자도하(矮子渡河): 참고로『오등회원』제6권에 백운선장(白雲善藏. 생몰미상. 광산거회선사의 법을 받음)선사 어록에서 백운선사에게 학인이 질문하였다. "무엇이 스님의 깊고 깊은 곳입니까?" "난쟁이가 깊은 시내를 건너는 것이다." "맨발일 때는 어떠합니까?" "어찌 벗어버리지 않느냐(僧問 如何是和尙深深處. 師曰 矮子渡深溪. 問 赤脚時如何. 師曰 何不脫却)." 물이 깊고 깊지 않은지는 스스로 걸어봐야 하듯이 불법을 각오하는 길도 스스로 걸어가는 길이다. '도하(渡河)'는 강을 건너다. 강을 건너는 것은 차안에서 피안에 도달이다. '차안'은 생사가 윤회하는 곳이고 '피안'은 열반, 해탈이다. 나루터는 해탈의 문이다. 불법은 중생을 차안에서 피안에 건너도록 하는 배와 같다. 〈석독〉에서 "위는 볼 수 있어도 아래는 볼 수 없다(顧上不顧下)."

茆山土地²² 묘산의 토지. (우두법융선사의 인연이지)

雲居土地²³ 구름이 머무는 곳. (순박한 시골이지)

道士打槌²⁴ 도사가 종을 치다. (할 말이 있겠지)

秀才使牛²⁵ 선비가 소를 부리다. (마음 수행의 도)

壁上碁盤²⁶ 벽 위에 바둑판. (일착에 머리가 깨진다)

---

22 묘산토지(茆山土地): 이는 세상에 뜻이 없는 우두법융선사의 출가로 이해한다. 참고로 『法華經顯應錄법화경현응록』하권, 우두산융(牛頭山融)선사 어록에 "유학을 버리고 묘산에 들어가 은거하였다(棄儒竄入茆山)."고 하였다. 아마도 묘산은 큰 산은 아닌 듯하다. 〈석독〉에서 "비록 작아도 신비하다(雖小也是神)."

23 운거토지(雲居土地): 참고로 『五燈全書오등전서』 제80권의 간매옹고(澗梅翁杲. 생몰미상)선사어록에 만참(晚參. 오후 申時신시에 하는 설법)법어에서 "부처님이 없는 곳은 급히 지나고 부처님이 있는 곳도 머물면 안 된다. 같은 가지에서 나고 같은 가지에서 죽지 않으니 섬부 지방에 철우가 놀라서 일어난다. 장공이 술을 마시고 이공이 취하니 웃다가 구름이 머무는 곳에 넘어지누나. 가령 산은 산이요 물은 물이요, 부딪친 곳이 분명해도 어찌 남두육성 북두칠성이 나를 따라 넘어지나(無佛處急走過,有佛處不得住. 同條生不同條死,驚起陝府鐵牛. 張公喫酒李公醉,笑倒雲居土地. 直饒山是山,水是水, 觸處分明,爭奈南斗七北斗八,隨我顚倒)."라고 하였다.

24 도사타퇴(道士打槌): 도사가 종을 치다. 도사의 일반적인 의미는 도교를 신봉하고 도교의 계율을 빌이 도교의 경전을 송독히거니 의례를 집행히는 종교인이다. 불교가 중국에 들어온 뒤부터는 불교의 스님을 가리키기도 하였다. 도사라는 말이 정착된 것은 4~5세기이다. 이 시기는 도교가 유교와 불교에 대항하여 종교로서 자기 주장을 한 때이다. 남북조시대에 도사는 도교인을, 도인은 불교인을 가리켰다. 도교의 제도나 도사의 관행이 정착된 것은 당나라 시대이다. 『가산불교대사림』참고. 〈석독〉에서 "본래 행하는 바가 아니다(非所本行)."

25 수재사우(秀才使牛): 소는 심우도에서 마음에 비유한다. 하여 수재가 소를 부린다고 하는 것은 마음을 다스림이다. 牛는 부처님을 소에 비유하여 우왕(牛王)이라 한다. 『열반경』 제18권에 "인중에 상왕이며 인중에 우왕이며 인중에 용왕이며 인중에 장부(人中象王, 人中牛王, 人中龍王, 人中丈夫)."라고 하였다. 또 소는 보살 가운데 보살이다. 살아서는 일을 하고 죽어서는 가죽과 살과 뼈 모두를 다 내어준다. 〈석독〉에서 "본래 행하는 바가 아니다(非所本行)."

26 벽상기반(壁上碁盤): 참고로 『古雪哲禪師語錄고설철선사어록』제5권에 황산항증선사가 청익에 상당하자, 학인이 질문하였다.… "천리에 교화하는 일이 같은 것이 무엇입니까?" "하늘 끝과 땅 끝은 간담이 한가지이고 초나라 물과 오나라 산은 막히지 않은 세상이다." 학인이 나아가서 이르되, "만일 친히 천동의 뜻을 얻지 않으면 어찌 능히 널리 삼천대천의 기미에 응합니까?" "가을바람이 사방에서 불어 나뭇잎이 떨어지고 온 산이 드러낸다." 학인이

제6권 481

果州飯布[27] 과주 지방에서 밥을 베풀다. (헌식해야 귀신도 배부르지)
火燒香船[28] 불로 향선을 태우다. (향이 천하에 가득하지)
蛇入竹筒[29] 뱀이 대나무 통에 들어가다. (저절로 곧아지지)

나아가서 이르되, "이와 같다면 법유를 평등하게 혜택을 입고 가는 거지요." "벽 위에 바둑판을 그리는구나(黃山恒證禪師請上堂, 僧問…千里同風事若何. 師云 天涯海角同肝膽, 楚水吳山不隔塵. 進云 若非親得天童旨, 焉能普應大千機. 師云 秋風吹八極, 木落露千山. 進云 恁麼則与沾法乳去也. 師云 壁上畫碁盤)." 분상을 일으킴에 대한 지적이다. '법유(法乳)'는 정법의 젖이다. 모유가 아이를 기르는 거와 같다고 비유한 말이다. 『열반경』에 "나의 법유를 마시고 법신을 잘 기르라(飲我法乳長法身)."고 하였다. '천동(天童)'은 천동산이다. 『宗統編年종통편년』 제31권에 "태백산아래 천동사(太白山下天童寺)가 있다. 진(晉)나라 의흥(義興)스님이 개산하여 송 때에 굉지정각선사가 중흥한 이래로 강남에 제일법석으로 부른다(天童自晉義興開山, 宋宏智中興以來, 號江南第一法席)." 천동산은 절강성 영파부(浙江省寧波府)에 있다. 본명은 태백산이다. 태백성(太白星)이 천동으로 변화하여 내려왔다고 천동산이다. 『佛祖統紀불조통기』 제36권에 "진(晉)나라 혜제 영강(惠帝永康. 300~301)중에 의흥(義興)스님이 산상에 집을 짓는데, 동자가 나무하고 물 긷고 하기를 오래하고 떠나면서 말하기를 나는 태백성(太白星)이다. 상제가 보내 좌우에서 모시게 하였다. 말을 마치고 사라졌다(永康中, 沙門義興廬于山上, 有童子來給薪水, 久而辭去曰 吾太白一辰, 上帝遣侍左右. 言訖不見)." 〈석독〉에서 "다만 능히 볼 뿐 사용할 수는 없다(只能看不能用)."

27 과주반포(果州飯布): 참고로 『虛舟普度禪師語錄허주보도선사어록』에 허주보도(?~1888. 화장각통선사의 법을 받음)선사가 상당하여 법문하였다. "청명 한식일 아름다운 봄빛이 넘쳐흐르는 때, 들꽃이 옛 길에 온통 흩어져 있고 머리 돌리니 저녁 구름이 하층이네. 지전이 날리는 곳에 두견새 울고, 애쓰는 마음 아니면 사람이 알지 못한다. '악', 과주 지방에서 밥을 베푸는구나(上堂, 淸明寒食節, 韶光爛熳時, 野花迷古逕, 回首暮雲低. 紙錢飛處杜鵑啼, 不是苦心人不知. 喝一喝, 果州飯布)." '지전(紙錢)'은 제사할 적에 망자를 위해 태운다. 저승에서 사용하길 바라는 것이다. 허공에 뿌리기도 하고 혹은 묘지에서 행한다. 한(漢)나라 이래로 돈을 묘광(墓壙) 가운데 묻었다. 위진(魏晉)때는 변화하여 지전을 사용하였다. 당나라는 한식일이 되면 망자를 위해 집집마다 지전을 사용하여 날려 보냈고, 송나라는 새해가 되면 망자를 위해 무덤에 가서 대나무를 꽂아 두고 지전을 걸어 두었다. 〈석독〉에서 "본래 행하는 바가 아니다(非所本行)."

28 화소향선(火燒香船): '향선'은 배의 미칭이 아닌가? 또 배에 실은 달빛이나 허공은 마음 불성을 나타내고 배는 육신을 비유하여 육신으로 일어나는 번뇌와 망상, 분별과 집착을 내려 놓게 하는 의미로서 상징적 표현으로 받아드려진다. 이는 필자의 소견임을 밝힌다. 〈석독〉에서 "옳고 그름도 없애야 하지만 철저하게 대처함만 못하다(反正也是燒, 不如徹底處之)."

29 사입죽통(蛇入竹筒): 참고로 『釋氏要覽석씨요람』 하권에 "지도론에서 이르되, 일체선정은 신심을 다스림이니 다 삼마지라 이름하고 진나라 말로 정심행처이다. 말하면 이 마음은 무

投子道底[30] 투자선사가 말한 것. (법이 문자를 여의고 어찌 강하랴)

雲門道底[31] 운문선사가 말한 것. (호병이지)

興化道底[32] 홍화선사가 말한 것. (홍화험인이 있지)

汾陽道底[33] 분양선사가 말한 것. (십팔문이 있지)

潙山道底[34] 위산선사가 말한 것. (위산승모갑의 다섯 글자)

시이래로부터 늘 불합리하고 바르지 않다. 이 정심행처를 얻어야 마음이 곧 바르고 곧다. 마치 뱀이 죽통 안에 들어가는 거와 같다(智論云 一切禪定攝心, 皆名三摩提, 秦言正心行處. 謂是心從無始已來, 常曲不端. 得是正心行處, 心則端直. 如蛇入竹筒內)." '삼마제(三摩提)'는 삼매(三昧)이다. 삼매는 정(定. 마음을 한 곳에 정하여 움직이지 아니함), 조직정(調直定. 굽은 마음을 곧게 하고 흩어진 마음을 안정시킴), 정심행처(正心行處. 올바른 마음의 행위가 법의 의지하는 곳에 합함) 등으로 번역한다. '단직(端直)'은 정직이다. 〈석독〉에서 "몸을 돌릴 수 없다(不能轉身)."

30 투자도저(投子道底): 참고로 『가산불교대사림』에 도저(道底)는 말한 내용. 말한 것. 예로 『벽암록』 1칙에 "생각해 보라. 달마가 말한 내용과 같은가? 아니면 다른가(且道 與達磨道底, 是同是別)?" 투자의청(1032~1083)선사는 〈법혜보살게〉를 읽다가 즉심자성(卽心自性)이란 문구에서 문득 깨닫고 "법이 문자를 여의고 어찌 강의할 수 있으랴(至卽心自性, 猛省曰 法離文字寧可講乎)."라고 하였다. 투자선사는 부산법원(991~1067)선사에게 수학한 후에 유고로 남긴 대양경현(943~1027)선사의 법을 받아 서주 투자산(舒州投子山)에서 조동종의 법맥을 이어 종풍을 크게 일으켰다. 〈식독〉에서 "훌륭한 사람의 명언이다(高人名言)."

31 운문도저(雲門道底): 참고로 『오등회원』 제15권에 운문문언선사에게 어떤 스님이 질문하였다. "무엇이 불조를 초월하는 말씀입니까?" 운문선사가 말하였다. "호떡(僧問 如何是超佛越祖之談. 師曰 餬餅)." 호병은 일원상을 상징하여 진여·법성·실상·불성 등을 나타낸다.

32 홍화도저(興化道底): 참고로 『오등회원』 제11권에 홍화존장선사가 대중에게 말했다. "나는 앞에 복도에서도 할을 하고 뒤에 마루에서도 할을 하는 것을 들었다. 너희 모두는 맹목적인 할을 하거나 어지럽게 할을 하지 말라(我聞前廊下也喝, 後架裏也喝, 諸子汝莫盲喝亂喝)." 또 본 제1권에서 보이는 홍화험인이 있다. 학인의 근기를 그릇에 비유한 네 가지 등이다.

33 분양도저(汾陽道底): 분양십팔문(汾陽十八問)은 본서 2권에서 보인다.

34 위산도저(潙山道底): 참고로 『오등회원』 제9권에 위산선사가 대중에게 말하였다. "내가 백년 뒤에 산 아래 한 마리 검은 암소가 되어 좌측 옆구리 아래에 다섯 글자 '위산승모갑'이라 쓴다. 이와 같은 때를 당하여 위산승이라 부르면 또 검은 암소이고, 검은 암소라고 부르면 또 위산승이니 필경 어떻게 불러야 되겠느냐?" 앙산선사가 나가서 예배하고 물러났다. 운거도응선사는 대신 말하여 "스승은 다른 이름이 없습니다." 자복보선사가 말하였다. "그때 단지 이 원상을 지어 바쳐 보입니다(老僧百年後, 向山下作一頭水牯牛, 左脇下書五字, 曰 山僧某

雪峯道底[35]　설봉선사가 말한 것. (한 마리 별비사이지)

仰山道底[36]　앙산선사가 말한 것. (굽은 무릎 당기지)

玄沙道底[37]　현사선사가 말한 것. (서리 같은 찬바람)

趙州道底[38]　조주선사가 말한 것. (가서 차나 마시게)

甲. 當恁麼時, 喚作潙山僧又是水牯牛, 喚作水牯牛又是潙山僧, 畢竟喚作甚麼即得. 仰山出禮拜而退. 雲居膺代曰 師無異號. 資福寶曰 當時但作此○相拓呈之).

35 설봉도저(雪峯道底): 참고로 『벽암록』 22칙에 설봉의존선사가 법문하였다. "남산에 한 마리 별비사가 있으니 너희 모두는 간절히 망신당하지 말고 조심하라." … 운문선사는 주장자를 설봉선사 앞에 던지고 두려워하는 자세를 지었다(舉 雪峯示衆云 南山有一條鼈鼻蛇, 汝等諸人, 切須好看. … 雲門以拄杖, 攃向雪峯面前, 作怕勢).

36 앙산도저(仰山道底): 참고로 『오등회원』 제9권에 앙산선사가 열반하려고 하자 부법게를 읊은 뒤에 다시 게송을 읊었다. "내 나이 일흔 일곱, 덧없이 오늘에 있네. 해가 마침 정오가 되어, 두손으로 굽은 무릎 당기네(復說偈曰,年滿七十七,無常在今日,日輪正當午,兩手攀屈膝,言訖,以兩手抱膝而終)." 앙산선사는 정오가 되어 두 손으로 두 무릎을 끌어안고 시공을 내려 놓았다.

37 현사도저(玄沙道底): 참고로 『벽암록』 88칙에 현사사비선사가 법문하였다. "제방에 노숙들이 다 중생을 제도한다지만 갑자기 귀먹고 눈이 멀고 말 못하는 삼종병인이 오면 어떻게 인도하나 … 만일 이 삼종병인을 인도할 수 없다면 불법은 영험이 없지." 어떤 스님이 이 공안을 제시하여 운문선사에게 법문을 청하였다. 운문선사가 이르되 "너는 예배를 하라." 스님이 절을 하고 일어나자. 선사가 주장자로 밀었다. 스님이 뒷 걸음치자, 선사가 이르되 "너는 눈은 멀지 않았군." 다시 불러서 가까이 오라하여 스님이 가까이 가자, "너는 농아는 아니군." 선사가 곧 이르되 "알겠느냐?" "모릅니다." "너는 벙어리는 아니군." 그 스님은 여기에서 깨달았다(舉 玄沙示衆云 諸方老宿, 盡道接物利生, 忽遇三種病人來, 作麼生接 … 若接此人不得, 佛法無靈驗. 僧請益雲門, 雲門云 汝禮拜著. 僧禮拜起, 雲門以拄杖挃. 僧退後. 門云 汝不是患盲. 又喚近前來. 僧近前, 門云 汝不是患聾. 門乃云 還會麼. 僧云 不會. 門云 汝不是患啞. 僧於此有省).

38 조주도저(趙州道底): 참고로 『오등회원』 제4권에 조주선사가 새로 이른 두 학인에게 질문하였다. "이 곳에 이른 적이 있느냐?" "있습니다." "가서 차나 마시게." 또 다른 학인에게도 같은 질문을 한다. "없습니다." "가서 차나 마시게." 뒤에 원주스님이 질문하였다. "왜, 온 적이 있다 해도 끽다거, 온적이 없다 해도 끽다거 합니까?" 선사가 "원주야." 원주가 대답하자, "가서 차나 마시게" 하였다(師問新到, 曾到此間麼. 曰 曾到. 師曰 喫茶去. 又問僧. 僧曰 不曾到. 師曰 喫茶. 後院主問曰 為甚麼曾到也云喫茶去. 不曾到也云喫茶去. 師召院主. 主應喏. 師曰 喫茶去).

그 속 뜻은 질문에 대답이 시원치 아니할 적에 하는 상투어라고 말할 수 있다.

金牛道底³⁹　금우선사가 말한 것. (제시가 되면 밥 먹자 했지)
普化搖鈴⁴⁰　보화스님의 요령이다. (노파심이지)
洞庭秋月⁴¹　동정호에 가을 달. (찬 빛이 맑고 형형하지)

---

39 금우도저(金牛道底): 금우는 금우진(생몰미상)선사로 마조도일선사의 제자이다. 참고로 『禪苑蒙求선원몽구』하권에 금우선사는 늘 재시(齋食재식을 먹을 때. 정오 전)가 되면 밥통을 가지고 법당 앞에서 덩실덩실 춤을 추며 껄껄대고 웃으면서 "보살들아, 밥 먹으러 오라(金牛和尙每至齋時, 自將飯桶於僧堂前作舞, 呵呵大笑云 菩薩子喫飯來)." 하였다.

40 보화요령(普化搖鈴): 이는 보화선사의 행적에 따른 화두로 보화진령(普化振鈴)이라고도 이른다. 참고로『銷釋金剛科儀會要註解소석금강과의회요주해』제1권에 "진주 보화선사는 어느 곳의 사람인지 알 수 없다. 비밀히 전하는 마음(이심전심)을 반산보적(생몰미상. 마조도일선사의 법을 받음)선사에게 받았다. 당 함통 원년(860)에 장차 죽으려하자 저자에 들어가서 사람들에게 직철(直裰. 솔기가 옷단까지 이어지고 소매나 품이 낙낙한 옷. 장삼) 한 벌을 구걸하였다. 혹자는 가죽옷을 주고 혹자는 포삼(布衫. 무명으로 만든 긴 홑옷)을 주어도 다 받지 않고 요령을 흔들면서 떠났다. 임제선사가 사람에게 관을 하나 보내니 보화선사가 찬탄하여 이르되, '임제 이놈이 말이 많구나'하고 곧 받았다. 드디어 대중과 작별인사를 이르되, '보화 나는 내일 동문 밖에서 죽을 것이다.' 고을에 사람들이 서로 끌고 성 밖에 나가니 보화선사는 소리에 대답하여 이르되, '오늘은 청조(靑烏는 靑烏청오로 풍수. 여기서는 일진)에 합당치 않으니 내일 남문 밖에서 죽는다.' 사람들이 또 전송하기 위해 가면 또 이르되, '내일 서문 밖에서가 바로 길일이나.' 전송하는 사람들은 짐자 직이지고 니긴 이도 이미 돌이외서 사람들의 뜻은 점차 소홀하여졌다. 넷째 날 스스로 관을 메고 북문 밖에 나가서 요령을 흔들며 관에 들어가 시공을 내려놓았다. 고을의 사람들이 분주하게 성을 뛰어나가서 관을 열고 보니, 벌써 종적은 없고 오직 허공 가운데 들리는 것은 요령소리만이 점차 멀어지니 그 연유는 알 수 없다. 게송에서 이르되, '삼계(욕계, 색계, 무색계)는 여정(旅亭. 길가에 있는 쉼터로 잠시 휴식하는 곳)이 되고 사생(四生. 태에서 나고, 알에서 나고, 습지에서 나고, 변화해서 나고)은 경로(徑路. 길)가 되네. 태어남은 적삼을 입은 거와 같고 죽음은 바지 벗는 거와 같네. 기쁘지도 슬프지도 않고 새것도 옛 것도 없네. 조화가 이뤄짐은 구애가 없으니 일체 나로 말미암아 일어나네'(鎭州普化和尙, 不知何處人. 受秘傳心, 於盤山寶積禪師也. 唐咸通元年, 將示滅, 乃入市謂人曰 乞我一箇直裰. 或與皮襖, 或與布衫, 皆不受, 振鐸而去. 臨濟令人送一棺, 師歎曰 臨濟小厮兒饒舌, 便受之. 遂辭衆曰 普化明日, 東門外迴也. 郡人, 相牽出城外, 師 應聲曰 今日不合靑烏, 乃日 明日南門外遷化. 人亦送之, 又日 明日向西門外方吉. 人送漸稀, 出已還返, 人意稍怠. 第四日自擎棺出北門外, 振鐸入棺而逝. 郡人奔走出城, 揭棺視之了無踪跡, 唯聞空中, 鐸聲漸遠莫測其由. 頌曰 三界爲旅亭, 四生爲徑路. 生來似著衫, 死去如脫袴. 不歡亦不哭, 無新亦無故. 不拘造化成, 一切以吾作)."〈석독〉에서 "각각 절묘함은 한 가지가 있다(各有一絶)."

41 동정추월(洞庭秋月): 참고로『오등전서』제87권에 단하향림진(丹霞香林眞)선사의 법문에서

江天暮雪⁴²   강과 하늘에 저녁 눈. (온통 천지가 깨끗하지)
烟寺晚鐘⁴³   연기 낀 절에 저녁 종소리. (만물이 정에 든다)
山市晴嵐⁴⁴   산촌 거리에 갠 아지랑이. (실체가 없지)

불자를 휘두르고 이르되, "소상강에 밤비가 내린다." 다시 불자로 원상을 그리고 이르되, "동정호에 가을 달이다(揮拂子曰 瀟湘夜雨. 復以拂子打圓相曰 洞庭秋月)."라고 하였다. 이는 〈동정추색(洞庭秋色)〉〈강천모설(江天暮雪)〉〈연사만종(煙寺晚鐘)〉 등 시제에 많이 인용되는 소상팔경(瀟湘八景)의 하나이다. 참고로 덕홍각범(德洪覺範. 1071~1128. 늑담극문선사의 법을 받음)선사가 지은 『石門文字禪석문문자선』 제15권에 "가을비 그친 동정호 밑바닥까지 맑고, 창랑에 은은히 비치는 달무리 빛나네. 찬 빛이 형형하니 뉘가 좋아 하는가, 언덕에 의지한 난간에서 흥이 가장 맑아지네(秋霽湖平徹底淸, 滄浪隱映曜光輪. 寒光炯炯爲誰好, 倚岸憑欄興最淸)."라고 하였다. 〈석독〉에서 "곧 작용에서 이체(理體)를 보다(卽用見體)."

42 강천모설(江天暮雪): '강천'은 강천사(江天寺)이다. 강소성 진강 서북쪽에 위치한 절이다. 또는 소상팔경(瀟湘八景)의 하나이다. 참고로 『石門文字禪석문문자선』 제15권에 "넓은 하늘에 어둔 빛의 먹구름이 캄캄한데, 눈꽃이 펄펄 물가에 떨어지네. 온 경치 침침하여 자연의 소리가 멈추고, 산골에 노인은 추위를 이기고 홀로 낚시하네(長空暝色黯陰雲, 六出飄花墮水濱. 萬境沉沉天籟息, 溪翁忍凍獨垂綸)." '소상팔경'은 소수(瀟水)와 상강(湘江)을 말한다. 호남성에서 발원하여 상강으로 흐르는 강으로 물이 맑고 깊어 그래서 얻어진 이름이다. '소수'의 수원은 호남성 녕원현 남방에 있는 구의산에서 나오고, 영주시 서북에 이르러 상수로 들어간다(寧遠縣南九嶷山, 至永州市西北入湘水). '상강'의 수원은 광서성에서 나오고 호남성에 유입되어 호남성에서 가장 큰 하류이다(源出廣西省, 流入湖南省, 爲湖南省最大的河流). 『한어대사전』 참고.

43 연사만종(煙寺晚鐘): '소상팔경'의 하나이다. 참고로 『石門文字禪석문문자선』 제15권에 "가벼운 연기가 저녁 해질 무렵에 덮어 가리고, 은은히 트인 종소리 먼 마을에 지나네. 외나무다리는 비낀 시내에 인적이 고요하고, 번간은 아득하게 산 밑에 꽂혔더라(輕煙罩暮上黃昏, 殷殷疎鐘度遠村. 略彴橫溪人跡靜, 幡竿縹緲插山根)." '연사(煙寺)'는 연기가 자욱한 절의 저녁풍경이다. '약작(略彴)'은 '약작(略彴)'의 잘못 기재한 오자(誤字)로 추측한다. 짐승 '작(彴)'이 아닌 외나무다리 '작(彴)'일 것이다. '약작(略彴)'은 작은 외나무다리이다(小木橋). '표묘(縹緲)'는 아련하여 분명히 보이지 않는 모양이다. '번간(幡竿)'은 기를 매다는 장대이다(系幡的竿).

44 산시청람(山市晴嵐): '소상팔경'의 하나이다. 참고로 『石門文字禪석문문자선』 제15권에 "아침놀 비단에 흩어져 하늘의 빛깔에 의지하고, 끝없는 산 아지랭이 분수 외로 짙다. 풍토는 쓸쓸하고 인적은 고요하니, 오솔길에 꽃과 나무 저절로 곱게 무성하네(朝霞散綺仗天容, 無際山嵐分外濃. 風土蕭條人跡靜, 林蹊花木自鮮穠)." '분수농(分外濃)'은 생각 외로 짙은 모양을 말한다.

平沙落雁[45]	편편한 모래에 내리는 기러기. (언제나 안정을 원하지)
漁村夕照[46]	어촌에 저녁 햇빛. (돌아오는 고깃배)
遠浦帆歸[47]	먼 바닷가에 돌아오는 배. (석양에 어촌)
瀟湘夜雨[48]	소상강에 밤비. (떨어지는 빗줄기 자취가 없지)
仙陀婆[49]	지혜의 신하 선타바. (자유자재)
猩猩著草鞋[50]	원숭이가 짚신을 신다. (자유롭지 못하지)

---

45 평사락안(平沙落雁): '소상팔경'의 하나이다. 참고로『石門文字禪석문문자선』제15권에 "쓸쓸한 갈대숲에 저녁바람 어지럽고, 강물이 넘실대는 물결은 가을하늘에 잠기네. 옆으로 기운 게으른 새는 어디로 돌아가나, 한점은 어등은 아지랭이 속에 아득하네(寂寞蒹葭亂晚風, 江波敛甃浸秋空. 橫斜倦翼歸何處, 一點漁燈杳靄中)." '권익(倦翼)'은 쳐진 날개에 실증이 난듯 게으리 나는 새의 모양이다. 시를 지은 이가 피곤으로 고향을 생각하는 자신의 표현일 것이다.

46 어촌석조(漁村夕照): 이는 어촌락조(漁村落照)로 '소상팔경'의 하나이다. 참고로『石門文字禪석문문자선』제15권에 "눈은 주점의 기가 끊어진 물가에 있고, 바람은 마주해 막막한 저녁 해가 비추네. 어부는 갈대꽃 속에서 웃으며 익살을 떨고, 흥을 타고 집에 돌아가다 어디로 가는가(目斷青帘在水湄, 臨風漠漠映斜暉. 漁郎笑傲蘆花裏, 乘興回家何處歸)." '청렴(青帘)'은 주점(酒店) 앞에 세우는 기(旗)이다. '소오(笑傲)'는 '소오(笑敖)'이다. 웃으며 괘사를 떠는 것이다. 즉 변덕스럽고 이살스럽게 웃는 모양이다. '승흥(乘興)'은 흥에 겹다. 흥을 타다.

47 원포범귀(遠浦帆歸): '소상팔경'의 하나이다. 참고로『石門文字禪석문문자선』제15권에 "물가 마을에 안개 빛 석양을 비추고, 어렴풋이 어느 집에 조각배가 돌아오네. 펄펄 나는 해오라기 서풍에 급하고, 눈부셔 조그만 섬에 시력이 희미하네(水國煙光映夕暉, 誰家彷佛片帆歸. 翩翩鷗鷺西風急, 凝眄滄洲眼力微)." '응반(凝眄)'은 눈부시다(曜眼).

48 소상야우(瀟湘夜雨): '소상팔경'의 하나이다. 참고로『石門文字禪석문문자선』제15권에 "록산에 산마루가 끝없는 가운데, 쏴쏴 강비가 배의 뜸을 때리네. 한소리 긴 젓대부는 사람은 어디로 가나, 삿갓에 도롱이 걸치고 갈대숲에서 묶네(嶽麓簦簦蒼莽中, 蕭蕭江雨打船蓬. 一聲長笛人何去, 箬笠簑衣宿葦叢)." '악록(嶽麓)'은 산명(山名)으로 일명 록산(麓山)이다. 지금 호남성 장사시 서방에 있는 악록산(湖南長沙市西岳麓山)이다. '맹첨(簦簦)'은 지붕을 덮는 배의 뜸이다.

49 선타바(仙陀婆): 참고로『전등록』제11권에 학인이 앙산혜적선사에게 질문하였다. "무엇이 선타바 입니까?" 앙산선사가 선상을 치면서 이르되 "저것을 가져오라(問 如何是仙陀婆. 師敲禪床曰 過遮裏來)." 지혜있는 신하로 왕이 부르면 물 그릇 소금 말(水器鹽馬) 중에 하나를 올렸다.

50 성성착초혜(猩猩著草鞋): 참고로『雲外禪師語錄운외선사어록』제2권에 운외선사에게 나아가 질문하였다. "성인이 구족한 법을 성인이 알지 못하니 또한 어떠합니까?" "평범한 사

黑地裏穿針[51]	깜깜한 곳에서 바늘을 꿴다. (온 몸에 납의를 입지)
一馬生三寅[52]	한 말이 세 호랑이를 낳았다. (허망한 말이지)
峩眉白長老[53]	아미산에 백장로. (천 수의 게송은 허망한 생각)

람이다." "만일 안다면 왜, 곧 범부와 같습니까?" "성성이가 짚신을 신은 것이다(進云 具足聖人法聖人不會, 又作麼生. 師云 黑李四. 進云 聖人若會, 爲什麼, 卽同凡夫. 師云 猩猩著草鞋)." 성성이는 붉은 갈색의 원숭이다. 키는 1.4미터이고 팔은 길고 머리는 뾰족하다. 코는 납작하고 입술은 나오고 입은 크며 능히 말을 한다. 〈석독〉에서 "결국은 비인(非人)의 행이다(終究非人行)."

51 흑지리천침(黑地裏穿針): 참고로 『양기방회화상후록(楊岐方會和尙後錄)』에 "흑지리천침의 일구는 어떻게 말하느냐? 잠시 있다가 말하였다. 평소 자주 말을 하지 않고자 이를 위해 온 몸에 납의를 입는다(黑地裏穿針一句, 作麼生道. 良久云 尋常不欲頻開口, 爲是渾身著衲衣)."고 하였다. 또 참고로 黑地裏는 흑지옥(黑地獄)의 안이다. 黑地獄은 흑승지옥(黑繩地獄)으로 팔열지옥(八熱地獄)의 하나이다. 이 지옥은 먼저 검은 줄로 지체를 달아보고 달군 쇠사슬로 묶고 달군 도끼로 몸을 베고 톱으로 켜는 고통을 당한다. 살인강도나 도둑질한 도둑놈이 떨어지는 지옥이다. 흑승지옥에 떨어져 바늘로 뚫는 고통을 받지 않으려고 납의를 입었다는 의미로도 참고할 수 있다. 『불교대사전』참고. 〈석독〉에서 눈이 멀어야 참을 알 수 있다(瞎認眞).

52 일마생삼인(一馬生三寅): 참고로 『오등회원』 제20권, 천동응암담화(天童應庵曇華. 1103~1163. 호구융선사의 법을 받음)선사 어록에 선사가 "주장자로 한 획을 긋고 이르되 돌 소가 옛길을 가로 막으니 한 말이 세마리 호랑이를 낳는다(以拄杖畫一畫曰 石牛攔古路, 一馬生三寅)."라고 하였다. 『선어사전』은 도깨비 횡행이다. 〈석독〉에서 엉터리라고 해석하다(更馬虎了).

53 아미백장로(峩眉白長老): 참고로 『금강선등(錦江禪燈)』 제8권의 아미산 백장로 어록에 "지난 날 말하였다. 고향사람 설두의 게송이 백여 수가 있고 그 말 뜻은 그다지 남보다 뛰어나지 아니한데, 어찌 곧 세상에서 명성을 얻었는가. 드디어 게송 천 수를 지어서 10배 많은 것으로 수승을 삼아 스스로 엮어서 문집을 이루고, 다른 날 명성이 설두를 압도한다 허망한 생각으로 이르는 곳에 사람들에게 시운에 감상을 구했다. 대화산에 산주가 있는데, 보편적으로 당대에 학덕있는 존숙으로 만난다. 법은 법창의우(法昌倚遇. 1005~1081. 북선지현선사의 법을 받음)선사에게 얻었고 출가하여 대화산에 머무니 산주라 칭하며 기개가 제방에 대단하여 인가를 함부로 않했다. 백장로가 그 게송을 가지고 가서 뵙고 한 마디 교훈과 후학에게 신임을 얻기를 구하니 대화산주가 보고서 곧 침을 뱉고 이르되, 이 게송은 사람들이 액취(腋臭)에 걱정하는 거와 같아서 바람에 마주 서서 그 냄새를 맡을 수가 없다. 이로부터 백장로는 감히 사람에게 비교하여 내놓지 못했다. 나중에 황로직이 듣고서 성도 대자사에 이르러 큰 글씨로 써서 이르되, '아미산 백장로, 일천수의 게송 스스로 문집을 이루었네. 대화산주가 일찍이 말을 두어 바람에 선 액취라네'(昔云 鄕人雪竇有頌百餘首, 其詞意不甚出人, 何乃浪得大名於世. 遂作頌千首, 以多十倍爲勝, 自編成集, 妄意他日名壓雪竇, 到處求人賞吾. 有大和山主, 偏見當代有

未明三八九⁵⁴　아직 삼팔구를 모른다. (답답하다)

深山裏土地⁵⁵　깊은 산 속에 토지이다. (쓸모 없다)

蚊子上鐵牛⁵⁶　모기가 철우에 오르다. (부리를 댈 곳이 없지)

鬧市裏大虫⁵⁷　시끄러운 저자에 호랑이. (교화되지)

道尊宿. 得法於法昌遇禪師, 出世住大和, 稱山主, 氣吞諸方, 不妄許可. 白攜其頌往謁之, 求一言之鑒, 取信後學. 大和見乃唾云 此頌如人患鶻臭, 當風立地, 其氣不可聞. 自是白不敢出似人. 後黃魯直聞之, 到成都大慈寺, 大書於壁云 我眉白長老, 千頌自成集. 大和曾有言, 鶻臭當風立)." '황로직'은 황정견(黃庭堅. 1045~1105)이다. 자호는 산곡도인(山谷道人)이다. 북송 때에 시인이고 서법가이다. 진관(秦觀), 장뢰(張耒), 조보지(晁補之)와 소동파를 합하여 '소문사학사(蘇門四學士)'로 불린다. '아취(鶻臭)'는 액취(腋臭)이다. 바로 양 겨드랑이에서 나는 심한 땀 냄새로 동행할 수 없다는 암시이다.

54 미명삼팔구(未明三八九): 누구나 아는 쉬운 숫자도 아직 모른다는 의미이다. 참고로『송고연주통집』제33권에 어떤 스님이 운문선사에게 질문하였다. "무엇이 법신을 꿰뚫는 한 마디입니까?" "북두성에 몸을 감춘다." "… 천지가 한없이 드넓은데, 하필 북두성에 몸을 감춘다 하는가? 절름발이 운문이시여, 삼팔구도 모르는구나(雲門因僧問, 如何是透法身句. 師曰 北斗裏藏身. … 天地廣無邊, 何云藏北斗. 跛脚老雲門, 未明三八九)." 후자의 내용은 천목문례(天目文禮)의 게송이다.『가산불교대사림』참고. 〈석독〉에서 "떳떳한 이치를 밝히지 못하다(未明常理)."

55 심산이토지(深山裏土地): 참고로『介菴進禪師語錄개암진선사어록』제5권에 "거의 조금만 게으름이 있으면 곧 자책하여 이르되, '출가하여 꾀힌 미가 무슨 일이냐?' 곧 침식을 폐하고 단정히 앉아 여러 개의 향을 태워도 또한 느끼지 못한다. 상(常. 시자인 듯하다)이 이를 보고 말하되, '늘 머물러서 일을 돌보지 않는다면 심산에 토지처럼 무엇합니까?' 선사가 곧바로 때렸다(略有少怠, 卽自責云 出家所圖何事耶. 便廢寢食. 危坐數住香亦不覺. 尙見云 常住事不顧, 如深山裏土地作麽. 便打)." 〈석독〉에서 "청정한 심신이다(淸淨神)."

56 문자상철우(蚊子上鐵牛): 부리를 댈 곳이 전혀 없다는 말로 문자나 이론 등 어떤 수단으로도 전혀 통하지 않는 경계 또는 화두를 비유한다. 간화선을 이해하는데 주요한 비유이다. 참고로『대혜선사어록』제16권에 "이러한 종류의 이야기들에 대하여 그대들이 이해하지 못한다고 생각하지 마라. 묘희 나 자신도 이해하지 못한다. 나의 이 문 안에서는 이해하고 이해하지 못하는 구분이 없으니 모기가 무쇠소 위에 앉은 것과 같아서 그대들이 부리를 댈 여지가 없는 것이다(這般說話, 莫道爾諸人, 理會不得. 妙喜也自理會不得. 我此門中無理會得理會不得, 蚊子上鐵牛, 無爾下嘴處)."라고 하였다.『가산불교대사림』참고. 재인용. 〈석독〉에서 부리를 댈 곳이 없다(無處下嘴)."

57 뇨시리대충(鬧市裏大虫): 호랑이는 깨달음의 상징적 표현이다. 각자가 시끄러운 저자에 있는 것은 중생교화를 위해서라 할 수 있다. 〈석독〉에서 "양방이 다 두렵다(兩方皆怕)."

老鼠搬生姜[58]　쥐가 생강을 옮긴다. (먹지도 못하지)

泗洲見大聖[59]　사주에서 큰 성인 만나다. (고향에 돌아옴이지)

驢揀濕處尿[60]　당나귀 젖은 곳을 가려 방뇨한다. (습성이지)

烏龜陸地行[61]　거북이가 육지로 가다. (너의 안식처는 물속이지)

莫徑人設齋[62]　길 가는 사람에겐 공양은 없다. (궁량이 다르지)

謝三娘秤銀[63]　사삼랑의 저울눈. (공평하지)

---

58 노서반생강(老鼠搬生姜): 참고로 『象田卽念禪師語錄상전즉념선사어록』 제2권에 "만법이 하나로 돌아가고 하나는 어디로 돌아가나(萬法歸一, 一歸何處)"에 대한 게송에서 "쥐가 금을 옮기고 많지 않음을 한스러워하네. 어찌 배가 굶주려도 먹을 수 없으니 비록 있는듯하나 도리어 없는 거와 같네(萬法歸一一歸何, 老鼠搬金恨不多. 爭奈肚饑喫不得, 雖然似有卻如無)." 쥐에겐 삼킬 수 없는 생강을 옮기거나 먹을 수 없는 금을 옮기는 것이 무익한 것이다. 화두를 궁구하는데 분별심은 금물임을 나타낸다. 〈석독〉에서 "주둥이를 둘 수 없다(無可置嘴)."

59 사주견대성(泗洲見大聖): 참고로 『오등전서』 제50권에 고봉원묘(高峰原妙. 생몰미상. 앙산조흠 선사의 법을 받음)선사가 깨닫고 스스로 말하되, "마치 사주에 가서 큰 성인을 만나고 멀리서 온 손님이 고향에서 돌아온 듯하다(廓然大徹, 自謂, 如泗洲見大聖, 遠客還故鄉)."고 하였다.

60 려간습처뇨(驢揀濕處尿): 당나귀는 습기 찬 곳을 골라서 오줌을 눈다. 품성이 낮은 자의 그만한 습성이다. 참고로 『연등회요』 제24권에 운문선사가 학인에게 질문하되, "고요하게 광명이 두루 천하에 비춘다"고 하자, "어찌 장졸수재의 말이 아니냐?" "그렇습니다." "말에 떨어졌다." 이에 대혜선사의 착어가 "당나귀는 젖은 곳을 가려 오줌을 눈다(雲門問僧, 光明寂照徧河沙, 豈不是張拙秀才語. 僧云是. 門曰話墮也. 妙喜云 驢揀濕處尿)."고 하였다. 『선어사전』 참고. 재인용. 〈석독〉에서 "대중을 따르다 잘 못된 마음을 가진다(有從衆錯之心)."

61 오구육지행(烏龜陸地行): 참고로 『大潙密印寺養拙明禪師語錄대위밀인사양졸명선사어록』에 한 스님이 졸명선사에게 질문하였다. "무엇이 저의 자신입니까?" "거북이가 육지로 가는구나(僧問如何是某甲自己. 師云烏龜陸地行)." 〈석독〉에서 "그것은 근본의 행이 아니다(非其本行)."

62 막경인설재(莫徑人設齋): '설재'는 음식을 준비하여 부처님과 대중에게 공양하는 것이다. 본래는 신구의(身口意. 몸, 입, 마음) 삼업을 청정하게 하는 행이지만 확장되어 불사를 행할 적에 먹는 음식을 가리키는 말로 쓰인다. 〈석독〉에서 "별도로 구하는 바가 있다(別有所圖)."

63 사삼랑칭은(謝三娘秤銀): '사삼랑'은 현사사비선사이다. 선사의 성씨는 사씨이고 셋째 아들이기에 붙여진 별칭이다. '칭은'은 저울 눈이다. 현사선사는 지계가 엄격하여 비두타(備頭陀)라 칭한다. 설봉의존선사의 법을 받았다. 참고로 『楚石梵琦禪師語錄법석기선사어록』에 "삼신가운데 어느 일신을 목욕하는가?" "사삼랑의 저울눈(三身中浴那一身. 謝三娘秤銀)"이

鄧道士磨墨⁶⁴ 등도사가 먹을 갈다. (법어가 일어나지)
胡孫倒上樹⁶⁵ 원숭이가 거꾸로 나무에 오르다. (교묘한 계책)
赤土塗牛嬭⁶⁶ 붉은 흙을 소젖에 바르다. (범성이 통하지 않지)
軍營裏大王⁶⁷ 군영 속에 대장이다. (언제나 그러하지)
飯店裏匙筯⁶⁸ 호텔 속에 수저. (만인이 주인이지)

다. 선사의 자문자답이다. 〈석독〉에서 "아주 가벼운 무게라도 반드시 비교한다(錙銖必較)."
64 등도사마묵(鄧道士磨墨): 참고로 『雲峨喜禪師語錄운아희선사어록』에 질문하였다. "먼지가 없는 보경과 납승이 대에 임하면 어떻게 서로 봅니까?" 운아선사가 이르되 "사삼랑이 금을 저울에 단다. 진선사가 이르되 "만일 법문을 들은 자는 다 성불한다." 운아선사가 이르되 "등도사가 먹을 갈다(問 絕塵寶鏡, 衲僧臨臺, 如何相見. 師云 謝三娘枰金. 進云 若有聞法者, 無一不成佛. 師云 鄧道士磨墨)." 법어를 나타낸다. 〈석독〉에서 "천천히 벼루에 곱게 갈다(細磨慢研)."
65 호손도상수(胡孫倒上樹): 참고로 『五燈全書』 48권에 만암치유(萬菴致柔. 생몰미상)선사의 게송에 "기근에 굶주린 쥐가 조롱박을 깨물고, 교묘한 계책은 원숭이가 거꾸로 나무에 오르네(饑荒老鼠齩葫蘆, 巧計胡孫倒上樹)." 〈석독〉에 "상대와 반대의 방법으로 행동하다(反其道而行之)."
66 적토도우내(赤土塗牛嬭): 참고로 『선어사전』에선 "적토에 우내(牛嬭)를 칠하다. 그만 두면 좋은 일을 하다. 하지 않아도 되는 일을 하다. 무의미한 또는 쓸데없는 짓을 하다." 또 참고로 『불교대사전』에선 "嬭는 젖이니 소가 흘리는 침이다. 진흙물 속에서 진흙탕을 씻듯이 부성을 내할 때는 부정으로써 한나" 했나. 『태화신학사전』에신 "우내(牛嬭)는 쇼시(小柿)이다" 하였다. 『새우리말큰사전』에서 "小柿는 군천자(桾櫏子). 우내시(牛嬭柿). 홍영조(紅椺棗). 고욤나무 열매"라 하였다. 감과 비슷하나 아주 작은 열매이다. 지금 생각하면 소젖같이 생겼다. 어려서는 고염이라고 불렀다. 이 고욤나무에 감나무를 접목하여 큰 감이 달리게 된다. 참고로 『태화선문염송집표주』의 제313칙에 "우내(牛嬭)는 小柿이다. 초나라 사람들이 붉은 흙을 고욤에 발라서 판매하였다(楚人以赤土塗之賣也)." 이는 재앙을 예방함이 아닌가 싶다. 또 "붉은 흙을 소젖에 발라서 우마의 질병을 예방하였다(赤土塗牛嬭, 以攘牛馬之灾疾)." 필자는 세 사전에서 후자의 의미를 선택하였다. 〈석독〉에서 "진상(眞相)을 가리기 어렵다(難掩眞相)." 그러나 소젖에 붉은 흙을 바른다고 하여 소젖을 감추지는 못할 것이다.
67 군영리대왕(軍營裏大王): 참고로 『指月錄지월록』 제11권에 법안선사가 이르되, "이것은 하나이면서 둘이고 이것은 없어지거나 없어지지 않는다. 자, 어떻게 이해하는지, 시험삼아 말해보라. 묘희선사가 말하였다. 군영 속에 대장(法眼云 是一個兩個, 是壞不壞. 且作麼生會, 試斷看. 妙喜曰 軍營裏大王)." 〈석독〉에서 "옳음으로써 그릇됨을 채우다(以是充非)."
68 반점리시근(飯店裏匙筯): 참고로 『天如惟則禪師語錄천여유칙선사어록』 제5권에 천여선사의 〈자찬〉 시어에서 "네거리에 숙박업소를 여니 범부이고 성인이고 사람 분별이 없네(十字街

赤土畵簸箕[69]　붉은 흙을 키에 칠하다. (구설 예방이지)
胡孫喫毛虫[70]　원숭이가 털 난 벌레를 먹는다. (정성이지)
市袋裏老鴉[71]　포대 속에 까마귀. (환원이다)
十字街頭碑[72]　네거리에 비석. (입에 오르고 내리지)
壁上畵風車[73]　벽 위에 그린 바람개비. (모래 싹 나면 돈다)

頭開飯店, 是聖是凡人莫辨)."라고 하였다. 마치 호텔 안에 수저도 정해진 주인이 없고 만인이 주인이다. 법 또한 정해진 법이 없다. 〈석독〉에서 "여러 사람이 많이 사용하다(衆人多用)."

[69] 적토화파기(赤土畵簸箕): 참고로 『전등록』 제11권에 학인이 대수법진(大隋法眞. 834~919. 복주대안선사의 법을 받음)선사에게 질문하였다. "무엇이 스님의 가풍입니까?" 대수선사가 이르되, "붉은 흙을 키에 칠하니라(問如何是和尙家風. 師云 赤土畵簸箕)." 붉은 흙을 키에 칠하는 것은 구설을 쫓는 예방이다. 『한글대장경』 참고. 〈석독〉에서 "그 정(正)과 반(反)의 수용이다(正反其容)." 정반합(正反合)에서 한 사상이 나오면 반드시 그 반대하는 사상이 있고, 그런 뒤에 이 모순된 사상은 조화하여 제3의 사상을 이룬다. 예를 들면 한 알의 보리는 정(正)이고 땅에 심는 것은 반(反)이며, 새로운 보리가 생성하여 많은 보리알을 맺는 것은 합(合)이다. 이것이 정립, 반립, 종합이다. 이처럼 정반합의 세 형태는 연쇄적으로 진행하여 그치지 않는다. 저급부터 고급에 이르기까지 정반합이 된다. 『중문대사전』 참고. 〈석독〉에서 '정반기용(正反其容)은 이를 말한 듯하여 설명을 붙인 것이다.

[70] 호손끽모충(胡孫喫毛虫): 참고로 『石田和尙語錄석전화상어록』 제2권에 석전법훈(石田法薰. 1171~1245. 파암조선선사의 법을 받음)선사가 제시한 문답에서 학인이 고덕선사에게 질문하였다. "하루 종일 어떻게 마음을 써야 합니까?" "원숭이가 털난 벌레를 먹는 것이다(舉僧問 古德, 十二時中, 如何用心. 古德云 胡孫喫毛虫)." 원숭이는 털난 벌레를 먹기 위해 온 정성을 들여 털을 털어내야 할 것이다. 〈석독〉에서 "어떻게 입에 삼키는지 알지 못하겠다(不知如何下口)."

[71] 시대리노아(市袋裏老鴉): 참고로 『전등록』 제17권에 흠산문수(欽山文邃. 생몰미상. 동산양개선사의 법을 받음)선사의 어록에서 암두전활선사가 말했다. "어느 곳으로 갑니까?" "포대 속에 까마귀는 비록 살았으나 죽은 것 같군요(巖頭云 什麽處去也. 師曰 布袋裏老鴉雖活如死)." 검은 까마귀는 본체이고, 살았다는 것은 현상세계, 죽은 것 같다고 한 것은 환원이다. 문수선사는 암두전활선사와 설봉의존선사와는 도반이다. 〈석독〉에서 "흑이 흑을 만나다(黑遇黑)."

[72] 십자가두비(十字街頭碑): 비(碑)는 고대 궁에서나 묘문 앞에 세워서 햇살(日影일영)을 인식한 석두로 사용하였다. 뒤에 와서 비에 망자의 생평과 공덕을 문서로 새겼다. 진(秦)나라는 각석(刻石)이라 칭하였고, 한나라 이후는 碑라 칭하였다. 네거리에 비는 송덕비를 세우는 경우가 많다. 〈석독〉에서 "방위와 장소를 분별 못하고 따를 바가 없다(不辨方所, 無所適從)."

[73] 벽상화풍차(壁上畵風車): 참고로 『百癡禪師語錄백치선사어록』 제3권에 명치행원(百癡行元

胡孫騎鱉背⁷⁴　원숭이가 자라 등을 타다. (죽음에서 벗어나다)

胡孫入布袋⁷⁵　원숭이 포대 속에 들어가다. (기량이 다해 갈 곳 없다)

四八郎象碁⁷⁶　부처님이 장기를 두다. (부처님 손바닥에 천지가 있다)

. 1611~1662. 천동통용선사의 법을 받음)선사가 이르되 "너는 어떻게 전신하느냐?" 학인이 말이 없자. 선사가 이르되 "벽위에 그린 바람개비(師云 汝作麼生轉身. 僧無語. 師云壁上畫風車)." '轉身'은 미망에서 깨달음에 옮겨와서 안주하는 것이다. 백치선사는 천동통용(1593~1661)선사와 『오등엄통』 25권을 편찬하고, 저서는 『백치선사어록』 30권이 있다. '壁上畫風車'의 용어가 이전부터 사용하였는지는 알 수 없지만, 아마도 시대가 옮기면서 선문의 방언도 새로 첨가 된 것으로 추정한다. 〈석독〉에서 "볼 수는 있어도 사용할 수는 없다(可看不可用)."

74 호손기별배(胡孫騎鱉背): 참고로 『天岸昇禪師語錄천안승선사어록』 제7권에 천안승선사에게 질문하였다. "공겁이전에 일구는 무엇입니까?" "원숭이가 자라 등을 탄 것이다(問 空劫已前一句是如何. 師云 胡孫騎鱉背)." 이는 고사가 있다. 옛 적에 자라 부부가 살았다. 부인이 새끼를 배고 병이 나서 부군에게 말하기를 "나는 원숭이 심간을 먹으면 곧 나을 것이다. 부군이 말하되 "원숭이는 산중에 사는데 어떻게 얻을 수 있는가?" 부인이 말하되 "죽음을 당할 수는 없다." 하여 부군이 산중에 가서 나무 위에 원숭이를 보고 "내가 경과 친구가 된다. 혹여 이 산에 과일이 없다면 내가 능히 경을 태우고 물을 건너 별산에 가면 좋은 과일이 있는 곳이 많다. 어찌 기쁘지 아니한가. 원숭이가 허락하여 다른 날 원숭이가 자라 등에 타고 물을 건너 강의 중간에 이르자, 자라가 말하기를 "내 부인이 너의 심간을 먹고 싶어 하니 그래서 친구가 되어 준서나. 원숭이가 날하되 "어씨 일찍이 말하시 아니했느냐? 내 심간은 오히려 나무 위에 걸어두고 가져오지 아니했다. 정말 나를 태워다 주면 돌아가서 가져 오겠다." 자라가 곧 원숭이를 태우고 언덕에 이르자, 원숭이는 나무에 올라가서 오래도록 내려오지 않았다. 자라가 말하되 "좋은 벗이여, 어찌 내려오지 않는가." "누가 한심하게 심간을 나뭇가지에 걸어두는가(昔有一鱉婦懷孕病, 語其夫曰 我欲得獼猴心肝食乃瘥. 夫曰 猴在山中, 云何能得. 婦曰 不得當死. 夫往山中, 見猴樹上, 曰 吾與卿爲友. 或此山無果, 我能乘載卿度水, 往別山有好果處. 豈不快耶. 猴卽可之, 異日猴騎鱉背度水, 至中流, 鱉曰 我婦思汝心肝食, 故與爲友. 猴曰 何不早說. 我心肝猶掛樹上, 未將來. 可載我還取來. 鱉便乘猴至岸, 猴卽上樹, 久而不下. 鱉曰 善友何不下來. 猴曰 誰有閑心掛樹枝)?"라고 하였다. (『六道集육도집』 제4권). 〈석독〉에서 "스스로 죄를 찾아 받는다(自找罪受)."

75 호손입포대(胡孫入布袋): 참고로 『石溪和尙語錄석계화상어록』 중권에 "섣달 그믐 소참법문에 "평상의 도가 쾌하도다 쾌하도다. 섣달 그믐날 이름을 보니 마치 쥐가 소뿔에 올라가고 원숭이 포대에 들어가는 거와 같구나(除夜小參, 平常道快與快. 看看臘月三十日到來, 如老鼠上牛角, 胡孫入布袋)." 소뿔은 소뿔로 만든 쥐덫이다. 집착에서 벗어나고, 원숭이가 포대에 들어가니 기량이 다 한다. 집착에서 벗어나지 못함이다. 〈석독〉엔 고민으로 밝지 못하다(折騰不明).

76 사팔랑(四八郎): 四八은 32로 부처님의 상호를 상징한다.

鄭州出曹門[77]　정주에서 조계의 문이 나왔다. (동토에 선문이 열렸다)
天津橋上漢[78]　천진교 위에 사람이다. (자유인이지)
辯才逢蕭翼[79]　변재스님이 소익을 만나다. (난정기 주인이 바뀐다)
鬧市裏老鼠[80]　시끄러운 저자 속에 쥐. (분상만 더하지)
東村王大姊[81]　동쪽 마을에 왕씨의 큰 누이. (웃다가 넘어지지)
盤陀石上藕[82]　굳은 반석 위에 연뿌리. (밤새 없는 꽃을 피우겠지)

---

77 정주출조문(鄭州出曹門): 참고로『續刊古尊宿語要속간고존숙어요』제4집의 상당 법문에 "해는 동쪽에서 뜨고 달마대사의 눈동자 홀로 드러났네. 달빛이 맑고 찬 못은 조사의 심인이 완전히 분명하구나. 곧 이와 같이 하여 바로 정주에 조문이 나왔다(日出扶桑, 老胡眼睛獨露. 月澄寒沼, 祖師心印全彰. 便與麽去, 正是鄭州出曹門)." 정주는 하남성 범수현 서북쪽에 있다.

78 천진교상한(天津橋上漢): 참고로『聯燈會要연등회요』제22권에 복강천(覆矼荐)선사가 학인에게 질문하였다. "출격의 일구를 너는 시험삼아 말해보라." 학인이 삼보 앞으로 가고 곧 뒤로 물러났다. "이것은 출격구이다. 지금의 일은 어떠하냐?" 학인은 옷 소매를 한 번 치켜 올리고 곧 나갔다. "역시 천진교 위에 사람이다(師云 出格一句, 儞試道看. 僧近前三步, 却退後. 師云 此是出格句. 即今事作麽生. 僧以衣袖一拂, 便出. 師云 也是天津橋上漢)." 하였다. 집착과 속박에서 벗어난 사람이라고 한 것이다. 〈석독〉에서 "태도가 명백하지 않고 우물쭈물하다(首鼠兩端)."

79 변재봉소익(辯才逢蕭翼): 당 때종 때 감찰어사 소익이 월나라 변재스님한테 왕희지의 〈난정서〉 진본을 취해서 당태종에 올렸다. 그 진본은 당태종이 무덤 속으로 가지고 갔다.

80 뇨시리노서(鬧市裏老鼠): 참고로 노서(老鼠)는 선종에선 본분의 핵심에 비유하는 경우가 많다. 곧 쥐를 잡는다고 하는 표현은 자신의 본래면목을 깨닫는 것이다.『가산불교대사림』참고. 〈석독〉에서 "변화하고 와자지껄에 함께하다(赶熱鬧)."

81 동촌왕대자(東村王大姊): 참고로『無準師範禪師語錄무준사범선사어록』제1권에 무준선사가 상당 법문의 게송에서 "상하가 중지(中指)이고 피차가 그렇고 그렇다. 있는 듯 없는 듯 절반은 참이고 절반은 거짓이네. 유봉(乳峯)은 사람들에게 질문을 당하고 바로 5년이나 변명할 수 없었네. 하하하, 동쪽 마을에 왕씨의 큰 누이가 웃다가 고꾸라지는 구나(上下三指, 彼此七馬. 似有似無, 半真半假. 乳峯被人問著, 直得五年分疎不下. 阿呵呵, 笑倒東村王大姊)." 삼지(三指)는 중지(中指)이다. '칠마(七馬)'는 마칠마팔(馬七馬八)로 이해하다. 〈석독〉은 "형식적 설치로 실재해도 평범하여 색다름이 없다(虛設實有, 平淡無奇)."

82 반타석상우(盤陀石上藕): 참고로『禪宗頌古聯珠通集선종송고연주통집』제34권에 주계(朱繫謙)선사가 이르되 "노승이 주지의 일이 번거롭다." 스님이 소매를 떨치며 곧 나갔다. 선사가 크게 하하하 웃고 이르되, "굳은 반석 위에 연뿌리로구나(師曰 老僧住持事繁. 僧拂袖便出. 師

波斯喫胡椒[83]	파사 인이 호초를 먹는다. (공으로 함께 돌아간다)
猫兒喫彩鳳[84]	고양이가 봉황새 먹다. (개가 하늘을 향해 오줌을 눈다)
餿飯泥茶爐[85]	남은 찌꺼기 밥을 화로에 바르다. (먹을 수 있지)
藕絲牽大象[86]	연뿌리 실로 큰 코끼리를 끈다. (법력이지)
大虫看水磨[87]	호랑이가 물방아를 본다. (무상을 느끼지)

呵呵大哭日 盤陀石上藕)." 〈석독〉에서 "한갓 그 형상이 있을 뿐이다(徒有其形)."

83 파사끽호초(波斯喫胡椒): 참고로 『오등회원』 제3권에 학인이 복활(福龘)선사에게 질문하였다. "인연이 흩어지면 공으로 돌아가고 공은 어느 곳으로 돌아갑니까?" 선사가 학인을 불렀다. 학인이 대답하자, "공은 어느 곳에 있지?" "스님께 가르침을 청합니다." "파사 인이 호초를 먹는다(問 緣散歸空, 空歸何所. 師乃召僧, 僧應諾. 師曰 空在何處. 曰 却請和尙道. 師曰 波斯喫胡椒)." 波斯는 페르시아. 파사국은 지금의 이란이다. 선록(禪錄)에선 일반적으로 서쪽에서 온 외국인을 가리킨다. 〈석독〉에서 "본래 오래 전부터 알고 있다(本是老相識)."

84 묘아끽채봉(猫兒喫彩鳳): 참고로 『百愚禪師語錄백우선사어록』 제12권에 백우선사가 납월 팔일 상당 법문의 게송에서 "훌륭한 대중의 법회에 고양이가 봉황새를 먹는구나. 응당 제일의를 관하라. 원숭이가 자라 등에 탔네(臘八上堂, 法廷龍象眾, 猫兒喫彩鳳, 當觀第一義, 猢猻騎鼈背)." 혹여 본분을 잃어버리고 외경에 빠질가 경계한다. 제일의는 궁극의 진리이다. 최고이기 때문에 第一이고 깊은 뜻이 있어 義라 힌다. 〈식독〉에서 "딤대힘이 호링이 같디(膽人如虎)."

85 수반니다로(餿飯泥茶爐): 참고로 『續燈正統속등정통』 제24권에 육왕정인(育王正印. 생몰미상. 경산복선사의 법을 받음)선사 어록에서 학인이 육왕선사에게 질문하였다. "달마가 면벽한 것은 무슨 뜻입니까?" "남은 찌꺼기 밥을 화로에 바르는 것이다(達磨面壁意旨如何. 師云餿飯泥茶爐)." 〈석독〉에서 눈이 멀어야 모아서 사용한다(瞎凑合用).

86 우사견대상(藕絲牽大象): 참고로 『오등회원』 제20권에 록문처진(鹿門處眞. 생몰미상. 조산본적선사의 법을 받음)선사 어록에서 학인이 록문처진선사에게 질문하였다. "무엇이 선입니까?" "난새와 봉황이 함께 닭의 둥지에 드는 것이다." "무엇이 도입니까?" 연뿌리 실로 큰 코끼리를 끄는 것이다(問 如何是禪. 師曰 鸞鳳入雞籠. 曰 如何是道. 師曰 藕絲牽大象)." 〈석독〉에서 끝없는 법력에 원하는 것은 행이 따르고 생각하는 것은 쉽게 얻는다(法力無邊, 願者隨行, 想得容易).

87 대충간수마(大虫看水磨): 참고로 『月江和尙語錄월강화상어록』 상권에 상당법문의 읊은 게송에서 "대도는 장안에 통하고 고금에 가도 이르지 못한다. 메기는 죽간 위에 있고 호랑이는 물방아를 본다(大道透長安, 古今行不到. 鮎魚上竹竿, 大虫看水磨)." 아마도 죽간에 꿰인 메기를 보는 이가 있는 가하면, 물방아를 보고 철저한 무상을 느끼고 본성에 접근하기 위해 자신의 길을 가는 이도 있을 것이다. 〈석독〉에서 "그 미묘함 이름보다 더한 것은 없다(莫名其妙)."

馬道人賣墨[88]　마도사가 먹을 팔다. (선과 교는 하나)
十八畝肥田[89]　열여덟 이랑이 다 기름진 땅. (중생계 벗어나지 못하지)
小巫見大巫[90]　선무당이 노련한 무당을 만나다. (비교할 수 없지)
王小破草鞋[91]　보통사람의 헤어진 짚신. (변화이지)

---

[88] 마도인매묵(馬道人賣墨): 참고로 『不會禪師語錄불회선사어록』 제6권에 불회선사와 선비 라춘원의 문답이다. 군황 라춘원의 질문이다. "쌍계노인이 원적할 적에 말후구가 있습니까? 없습니까?" "있다." "말후구는 무엇 입니까?" "백일에 청천을 누구와 함께 보나." "달리 가르침을 보여 주십시요." "파사 인이 얼음을 씹으니 치아가 시리고, 겁 박에 춘풍이 달무리에 분다." "이와 같다면 마도사가 먹을 파는 것입니다." "사량과 분별은 아주 나쁘다(君既羅春元問 雙桂老人圓寂, 末後句是有是無. 師云有. 士云 如何是末後句. 師云 白日青天誰共看. 士云 別指示看. 師云 波斯噀冰牙齒寒, 劫外春風吹幻月. 士云 恁麼是馬道人賣墨. 師云 思量即不堪)" 북간(北礀)선사의 언구에 "만일 흥화 북선의 일이라면 성도에 범도사가 먹을 파는 것이다(若是興化北禪底事, 成都范道人賣墨)." 하였고, 또 『石雨禪師法檀』 제19권에 석우(石雨)선사가 〈징원노인의 세상경험(曾以賣墨爲行脚. 일찍이 먹을 팔면서 행각하였다)〉에서 괄호 안의 착어에서 알 수 있듯이 먹을 팔고 행각하면서 수행한 선사들이 있었던 것으로 추정한다. 징원노인은 누구인지 알 수 없다. 다만 시어가 좋아서 아래에 담는다. "징원노인 징원노인, 천하에 명산 몇 번이나 순행했나. 벗도 스승도 찾지 아니 하고, 참선도 하지 않고 도도 묻지 않고, 천화를 향하여 숨은지 십여 년, 밤낮으로 오직 자신의 보배를 헤아리네(澄源耆舊火. 澄源老, 澄源老, 天下名山幾遍了. 不尋朋友不尋師, 不爲參禪不問道. 隱向天華十餘年, 晨昏惟數自家寶)." '천화(天華)'는 하얀 눈이다. 청정이다. 또 천상의 미묘한 꽃이다. 人中에 좋은 꽃이다. 〈석독〉은 "겸해서 행하다(兼而行之)."

[89] 십팔무비전(十八畝肥田): '畝'는 이랑 무 또는 묘이다. 전답의 면적 단위이다. '肥田'은 비옥한 전답이다. 〈석독〉에서 "차마 마음으로 사랑하던 것을 버리지 못한다(不忍心割愛)."

[90] 소무견대무(小巫見大巫): 참고로 『閱經十二種열경십이종』 〈維摩饒舌〉에 지혜제일인 사리불과 신통제일인 목건련도 작은 무당이 큰 무당을 만나는 것이니 일시에 기운은 금색두타(가섭)를 찾는다(鶖子智慧, 采菽神通, 小巫見大巫, 一時氣索金色頭陀)." 실력 차이가 너무 커서 비교할 수 없음이다. 〈석독〉에서 "동류가 서로 비교해도 차이가 너무 멀다(同類相較, 差之甚遠)."

[91] 왕소파초혜(王小破草鞋): 참고로 『宗門拈古彙集종문염고휘집』 제31권의 흠산문수(欽山文邃. 동산양개선사의 법을 받음)선사 어록에 "경산선사가 경책하여 이르되, 사람을 죽이면 불문하고 죽이지 않는 사람에게 질문한다. 가슴을 열고 토하는 기운은 피차 어리석다. 가령 처음이 있고 마침이 있다 해도 역시 두레박으로 물을 서로 뿌림이다. 꼭 흠산에 저 중을 알려고 하느냐? 이순 왕소파의 짚신이요, 방십삼과 이사랑의 떨어진 버선이다(徑山策云 殺人不問, 問人不殺. 撥膱吐氣, 彼此孟八. 直饒有始有終, 也是戽水相潑. 要識欽山與者僧麼. 李順王小破草鞋, 方十三

豆八布彩穿　　두씨 여덟째 채색 있는 베 구멍 내다. (홀가분하다)
小慈妨大慈[92]　자잘한 자비심이 큰 자비심 해친다. (과잉은 금물)
波斯入鬧市[93]　파사인이 시끄러운 저자에 들어가다. (다 교화되지)

李師囊破襪)." 또 『斷橋妙倫禪師語錄단교묘륜선사어록』하권에 묘륜(생몰미상. 경산사범선사의 법을 받음)선사가 이르되, "눈에 힘줄이 있고 혀에 뼈가 있네. 힘을 다해 말하는 것은 부처님이 아니요, 이름으로 얻을 수 없고 형상으로 얻을 수 없으니 참말로 왕소파의 떨어진 짚신 두 짝이다(師拈云 眼裏有筋, 舌頭有骨. 盡力道得箇非佛, 名不得, 狀不得, 眞是王小波破草鞋兩隻)." '왕소파(王小波)와 이순(李順)'은 북송 순화4년(993년 2월)에 '균등한 빈부(均貧富)'를 내세워 농민봉기를 일으킨 지도자이다. 이순은 왕소파의 처제이다. 왕소파가 죽자 추천하여 지도자가 되었고, 994년 성도에 대촉정권(大蜀政權)을 세우고 이순이 대촉왕(大蜀王)이 되었다. 년호는 응운(應運)이다. 그러나 북송 관군에 의해 995년 실패하였다.『辭原사원』참고.
'방십삼(方十三)'은 방랍(方臘. ?~1121)이다. 북송 말기에 농민봉기를 일으킨 지도자이다. 그는 품팔이를 하던 노동자이다. 이사랑(李師囊)은 방랍의 부하이다. 북송 선화2년(1119) 가을에 마니교(摩尼敎)의 조직된 군중이 목주(睦州)에서 봉기가 일어나 자호는 성공(聖公)이고 건원(建元)은 영락(永樂)이다. 목주, 항주(杭州) 등 칠주 사십팔현(七州四十八縣)을 점유하였다. 그러나 선화3년 전투 중에 방랍은 관군에 포로가 되어 의를 위해 죽고 실패한다.『辭原사원』참고.〈석독〉에서 "한면 세시할 가치도 없나(不値一提)."

92 소자방대자(小慈妨大慈): 참고로『古尊宿語錄고존숙어록』제26권에 법화거(法華擧)선사에게 학인이 질문하였다. "만리에 구름 없는 것은 질문하지 않고 날선 한 자루 칼의 일은 무엇입니까?" "누가 감히 움직이겠느냐?" 학인이 절을 하자, "자잘한 자비심이 큰 자비심을 해친다(問 萬里無雲卽不問, 一條霜刃事如何. 師云 誰敢動著. 僧禮拜. 師云 小慈妨大慈)." 하였다.『가산불교대사림』참고. 재인용.〈석독〉에서 "동류가 비교해도 차이가 너무 크다(同類相較, 差之甚大)."
93 파사입뇨시(波斯入鬧市): 참고로『密菴和尙語錄밀암화상어록』에 밀암선사가 상당하여 법어에 "달이 하나를 낳으니 뿔 없는 철 소가 소실에서 졸고, 달이 둘을 낳으니 맨발인 파사인이 시끄러운 저자에 들어가고, 달이 셋을 낳으니 물이 물에서 나오는데 청출어람이다(月生一, 無角鐵牛眠少室. 月生二, 赤脚波斯入鬧市. 月生三, 水生於水, 靑出於藍)." 하였다. 이는『노자』에 "도가 일을 낳고 일이 이를 낳고 이가 삼을 낳고 삼이 만물을 낳는다(道生一, 一生二, 二生三, 三生萬物)"는 도의 변화를 다르게 표현한 것이다. 즉 도에서 一이 나오고 도에서 二가 나오고 도에서 三이 나오는 것이다. 이를 근거하여 一은 도의 본체이고, 二는 깨달은 뒤에 중생교화이고, 三은 교화를 입은 제자가 스승보다 출중하다는 것이다. 그렇다면 여기서의 파사인은 달마대사의 상징이다.〈석독〉에서 "둘이 서로 바라보다(兩相看)."

半夜放烏鷄[94]	한 밤중에 검은 닭을 놓아주다. (평등하다)
兎子喫牛嬭[95]	토끼가 소젖을 먹는다. (미치지 못하지)
十二丈鐘樓[96]	열두 길이에 종루. (장경각이 앞에 있지)
老鼠喫生姜[97]	쥐가 생강을 먹다. (습성은 길러지지)

---

94 반야방오계(半夜放烏鷄): 참고로『오등회원』제16권에 법창의우(法昌倚遇. 생몰미상. 북선지현선사의 법을 받음)선사 어록에 스승과 문답이다. 북선선사가 질문하였다. "고향은 어느 곳이냐?" "장주입니다." "삼평은 저곳에서 무엇하느냐?" "선도 말하고 도도 말합니다." "나이는 몇이냐?" "로주(露柱)와 같습니다." "유로주는 또 따르고 무로주는 나이가 몇이냐?" "무로주는 한 살도 많습니다." "한밤중에 오계를 풀어 놓음이구나(禪曰 鄕里甚處. 師曰 漳州. 禪曰 三平在彼行甚處. 師曰 說禪說道. 禪曰 年多少. 師曰 與露柱齊年. 禪曰 有露柱且從, 無露柱年多少. 師曰 無露柱, 一年也不少. 禪曰 夜半放烏鷄)." '露柱'는 법당이나 불전 밖에 정면의 둥근 기둥이다. 선종에선 무정과 비정 등의 뜻으로 사용된다. 〈석독〉에서 "없는 가운데 현상이 있다(無中現有)."

95 토자끽우내(兎子喫牛嬭): 참고로『續燈存稿속등존고』제7권에 월강정인(月江正印. 생몰미상. 경산복선사의 법을 받음)선사에게 학인이 질문하였다. "달마가 면벽한 뜻은 무엇입니까?" "쉰 밥을 화로에 바른다." "육조대사가 디딜방아 밟음은 또한 어떠합니까?" "토끼가 소젖을 먹는 것이다(問 達磨面壁意旨如何. 師曰 餿飯泥茶爐. 曰 六祖踏碓, 又作麽生. 師曰 兎子喫牛嬭)." 토끼는 소젖에 미치지 못한다. 〈석독〉에서 "구함에 이바지는 큰데 미치지 못한다(供大于求, 夠不着)."

96 십이장종루(十二丈鐘樓): 열 두 길이의 종 루각에 올라야 그나마 멀리 볼 수 있다. 멀리 내다보라는 의미로 받아드려진다. 〈석독〉에서 "높은데 임해야 소리가 멀리 간다(臨高聲遠)."

97 노서끽생강(老鼠喫生姜): 참고로『三宜盂禪師語錄삼의우선사어록』제8권에 삼의우(생몰미상. 담연원징선사의 법을 받음)선사에게 질문하였다. "무엇이 향상사 입니까?" "금년은 일기가 비가 많아서 쌀값이 평소만 못하다(問 如何是向上事. 答 今歲天多雨, 米價不如常)." 선사의 오언사구의 게송은, "나에게 향상사를 질문하니 쥐가 생강을 씹는구나. 올해는 일기가 비가 많아서 쌀값이 평소만 못하네(問子向上事, 老鼠喫生薑. 今歲天多雨, 米價不如常)."『벽암록』14칙에 학인이 운문선사에게 질문하였다. "무엇이 일대시교 입니까?" "일(一. 마음. 도. 불변의 진리. 우주의 본체. 진여. 불성. 법신. 본성)에 대한 설명이니라(擧問 雲門, 如何是一代時教. 雲門云 對一說)." '대일설(對一說)'에 대한 착어에서 "구멍없는 철퇴에 산산조각이 나고 쥐는 생강을 물고 어쩔 줄 모르네(無孔鐵鎚, 七花八裂, 鼠咬生薑)." 쥐가 생강을 입에 문 것은 삼키지도 뱉지도 못한다는 뜻으로 어떻게도 처리할 수 없는 경우에 비유한다. 분별로 접근할 수 없는 화두를 궁구하는 모양이다.『가산불교대사림』참고. '대일설(對一說)'에 대한 해석이 분분하다. 부처님은 49년의 설법하신 것도 부정하였다. 본성에 접근하여 본분을 잃지 않고 자연과 합일되어 깨달음의 세계에서 살되, 자신의 즐거운 삶을 널리 펴서 사상(아상, 인상, 중생상, 수자상)의 중

鮑老送燈臺[98]	포선생을 등불로 전송하다. (한번 가면 못오지)
邯鄲學唐步[99]	한단 땅에서 당보를 배우다. (모방에서 시작되지)
韓信臨朝底[100]	한신이 임한 조정. (삼족이 멸하는 앞날을 보았을가)
古廟裏獅子[101]	옛 사당 안에 석사자이다. (홀로 지킨다)
臨崖看滸眼[102]	벼랑에 임해 물가 눈을 보다. (자신의 눈이지)

생심을 버리게 하고 함께 즐기라는 것이 아닌가. 그런데 굳이 다른 설명이 필요한 것인가.

98 포노송등대(鮑老送燈臺): 참고로『百癡禪師語錄백치선사어록』제15권에 백치행원(1611~1662. 천동통용선사의 법을 받음)선사가 평호에 이르러 환야를 위해서 소참 법문의 게송에서 "몇 년이나 이 집에서 향재(공양)를 받았고, 오늘 승당하여 지난 일을 말하네. 사람이 한번 가면 아득하여 다시 돌아오지 않으니, 과연 포선생을 등불로 전송함일세(到平湖爲煥也小參, 幾年此室受香齋, 今日陞堂話去來. 人去茫茫不復返, 果然鮑老送燈臺)."『鮑老送燈臺, 一去永不來』라는 속어도 있다. "포선생을 등불로 전송하니 한번 가고 영원히 돌아오지 않네." 이다. '포노'는 송나라 때 유명한 희극 배우다. 또 '趙老送燈臺, 去更不來'라고도 한다. 뜻은 같다.『속어사전』참고. 백치선사는 명대스님이다. 거듭 언급하지만,『인천안목』의 내용이 시대를 옮기면서 많이 보충되었음을 이해할 수 있다. 〈석독〉에서 "감은 있어도 옴은 없다(有去無來)."

99 감단학당보(邯鄲學唐步): 한단에서 발걸음을 흉내내다. 남의 흉내를 내려다 자신의 본바탕까지 잃게 됨을 의미함. 〈석독〉에서 "지난 것을 이어서 새로운 것을 시도한다(繼往圖新)."

100 한신임조저(韓信臨朝底): 참고로『오등회원』제16권에 임두진활(巖頭全豁. 828~887. 덕산선감선사의 법을 받음)선사 어록에서 소엄상좌가 암두전활선사에게 질문하였다. "도독고가 무엇입니까?" 암두선사가 두 손으로 무릎을 끓어안고 구부리고 이르되, "한신이 조회에 임하는 것이다(小嚴上座問 如何是塗毒皷. 師以兩手按膝, 亞身曰 韓信臨朝底)." 도독고(塗毒皷)는 독을 바른 북으로 그 소리를 들으면 죽는다는 북이다. 중생의 오역십악을 죽여서 불도에 들게 하는데 비유한다. 〈석독〉에 "심부름하는 사자(使者)에게 꾀임을 당하다(被誘使者)."

101 고묘리사자(古廟裏獅子): 참고로『雨山和尙語錄우산화상어록』제15권에 "우산선사가 하루는 산행을 하는데 범시자가 질문하였다. '등산은 반드시 정상에 이르러야 한다면 무엇이 정상에 이르는 일구입니까?' '손을 들어 남두성을 만지고 머리를 돌려 북두성에 의지한다.' '옛 사당 안에 돌사자네.' '드물게 지음자를 만나는구나(師一日山行, 梵侍者問云 登山須到頂, 如何是到頂一句. 師云 擧手攀南斗, 回身倚北辰. 梵云 古廟裏獅子. 師云 罕遇知音).'"라고 하였다. 〈석독〉에서 "보고 들음이 아주 오래이다(見識久遠)."

102 임애간호안(臨崖看滸眼): 참고로『密菴和尙語錄밀암화상어록』에 선사가 상당하여 법문하였다. "부처님은 일체법을 설하셨는데 일체심을 제도하기 위해서이다. 내가 일체심이 없으면 어찌 일체법을 어디에 쓰느냐? 곧 무심이고 또 무법이니 산하대지가 어디서 올 수 있

波斯照古鏡[103]	파사국인이 옛 거울을 비추다. (본성에 접근이지)
海上明公秀[104]	해상에 신기루. (실체가 없지)
瓜洲買瓜漢[105]	과주 땅에서 오이를 사는 사람. (자화자찬)

느냐? 견문각지(보고, 듣고, 냄새 맛 촉감을 알고, 법을 아는 것)가 다시 무슨 물건이냐? 악, 할을 하고 이르되, 언덕에 임하니 호안을 보고, 특별히 한 바탕 근심하누나(上堂, 佛說一切法, 爲度一切心. 我無一切心, 何用一切法. 旣無心, 又無法, 山河大地, 甚處得來. 見聞覺知, 復是何物, 乃喝一喝云 臨崖看虎眼,特也一場愁)." 이에 게송이 있다. 『普菴錄보암록』 제3권에 "언덕에 임하여 호안(滸眼)을 보고 호안은 곧 너의 눈이요, 눈에 진심이 있으면 진심은 호안이 아닐세(臨崖看滸眼, 滸即是你眼. 眼裏有真心, 真心非滸眼)." 滸는 회수(淮水)의 지류(支流)이다. 호애(滸厓. 강의 언덕)이다. 당 설용약(唐薛用弱)의 『集異記집이기·嘉陵江巨木가릉강거목』에 "랑주성의 가릉강에 임하면 강의 언덕이 오양의 거목이다(閬州城臨嘉陵江, 江之滸有烏陽巨木)." 하였다. 『한어대사전』 참고. 〈석독〉에서 "높은 곳에 올라야 전체를 본다(登高見全)."

[103] 파사조고경(波斯照古鏡): '고경'은 옛 거울 즉 불성에 비유한다. 참고로 『法璽印禪師語錄법새인선사어록』 제3권에 법새인선사의 결제법어이다. "진공거사가 연화사에서 결제에 재를 베풀어 비록 법희선열(法喜禪悅. 법희식과 선열식. 법을 듣는 것을 기뻐하고 선정을 기뻐하는 것을 음식에 비유한 것이다)이라 하나 바로 모두에게 언뜻 중도를 가르치려던 참인데, 그것은 그대가 베푸는 복전이라 하지 않고 그대에게 공양하는 것은 삼악도에 떨어진다. 자 말하라, 침봉 끝에서 문수와 보현이 수고롭게 무얼하는지. 파사인이 고경을 비추는구나(結制陞座師云 晉公居士, 設齋寶蓮寺裏結制 雖則法喜禪悅, 正要諸人, 瞥地教中道, 其施汝者不名福田, 供養汝者墮三惡道. 且道針鋒頭上, 文殊普賢勞, 攘個什麽, 波斯照古鏡)" 고경을 비추다. 즉 본성에 접근하는 것을 말한다.

[104] 해상명공수(海上明公秀): 참고로 『오등회원』 제6권에 동산선사가 봉상석주(鳳翔石柱. 생몰 미상)선사에게 물었다. "바다 위에 명공수(신기루)와 같은 것은 또한 어떠하냐?" "허깨비 사람이 서로 만나 손뼉 치며 하하 웃습니다(山曰 祇如海上明公秀又作麽生. 師曰 幻人相逢, 拊掌呵呵)."

[105] 과주매과한(瓜洲買瓜漢): 과주에서 오이를 사는 사람이 아니고, 과주에서 오이를 파는 사람을 과주객(瓜洲客), 과주매과한(瓜洲賣瓜漢)이다. 과주는 오이가 많이 생산되는 지역의 이름이다. 오이가 많이 나는 곳에서 오이를 사는 것은 쉽지만 파는 일은 쉽지 않다. 과주에서 오이를 파는 사람이란 종사가 그의 종지를 능란하게 다루는 솜씨를 말한다. 참고로 『벽암록』 19칙에 "국태(國泰) 심사숙(深師叔)이 한 손가락을 세우자, 명초(明招)가 말했다. '오늘이 아니라면 어떻게 이 과주객의 뜻을 알 수 있었겠는가' 말해보라. 그 뜻이 무엇인가를(深亦豎起一指頭. 招云 不因今日, 爭識得這瓜州客. 且道, 意作麽生)." 『가산불교대사림』 참고. 재인용. 〈석독〉에서 "바보 위에 바보를 더하여 그 뜻을 잘못 이해하는 자이다(笨上加笨, 錯會其意者)."

普州人送賊[106]	도적이 도적을 쫓다. (속임수는 속임수로)
從來柳下惠[107]	지금까지 유하혜를 따랐다. (어진 마음이지)
六日樺成脣[108]	6일에 이룬 자작나무 잎. (오랜 시간의 습관)
蘇郎中腦蓋[109]	소랑중의 두개골. (모르겠다)
潘閬倒騎驢[110]	반랑이 노새를 거꾸로 타다. (자유분방)
秦時轢[車*度]鑽[111]	진나라 때 송곳. (무용지물)

---

106 보주인송적(普州人送賊): 도둑인 보주인이 도둑을 쫓음이다. 선사들의 언행은 속임수 같은 경우가 많은데, 바로 그 점을 간파해서 평가하는 말이다. 참고로 『淨慈自得慧暉禪師語錄 정자자득혜휘선사어록』제2권에 "이러한 시절에는 불조도 나타나기 어렵고, 인천도 그 경지에 들어가지 못한다. 비록 한순간도 그것이 없어서는 안 되지만 그렇다면 어째서 도둑이 도둑을 쫓는 것일까(霜日 是箇時節 佛祖也難出 人天也難入. 雖然闕爭一時不得, 又如何 普州人送賊)?" 『가산불교대사림』참고. 재인용. 〈석독〉에서 "적을 자기 편으로 인식하다(認賊作子)."

107 종래유하혜(從來柳下惠): 유하혜는 『논어』위령공편에 보이는 춘추시 로(魯)나라 대부로 어진 인물이다. 〈석독〉에서 "고상하고 청결함이 시종같다(高潔始終)."

108 육일화성순(六日樺成脣): 다른 본은 '六'이 '久'이고 '成'이 '來'이다. 아마도 필사하면서 틀린 것은 아닌가 추정한다. 『오등회원』제12권에 법화전거(法華全擧. 생몰미상. 분양선소선사의 법을 받음)신사 어록에서 선사가 상당히여 법문에서 "삼세 제불이 입을 벽에 걸어두었다. 천하에 노스님들이 어떻게 손을 쓰랴? 너희 모두는 제방에 이르러 무엇을 하느냐?" 나는 이와 같이 말한다. "역시 오랜 시간의 습관이다(三世諸佛, 口挂壁上. 天下老和尙作麽生措手. 你諸人到諸方作麽生擧. 山僧恁麽道. 也是久日樺來脣)."라고 하였다.

109 소랑중뇌개(蘇郎中腦蓋): 참고로 『慧林宗本禪師別錄혜림종본선사별록』에 원풍8년(1085) 7월 28일에 고려국 의천대사가 사신 범사인, 소랑중과 동반하여 혜림선원에 들어가 종본(1014~1099)선사를 예방하여 만남을 청하였다(元豊八年七月二十八日, 高麗僧統義天, 同伴使范舍人, 蘇郎中, 入慧林, 訪師請相見). 이를 보면 소랑중은 사신이다. 어떤 의미인지 모르겠다.

110 반랑(潘閬): 송나라 때 인물로 자호는 소요자(逍遙子)이다. 낙양에서 약을 팔아 생활하였다. 자유분방한 인물로 유명하다. 태종 때 불러서 진사 벼슬을 주었으나 미치광이 같은 생활로 쫓겨 났다가 진종 때 체포되어 그 죄를 사면하고 저주참군(滁州參軍)으로 삼았다.

111 진시력도찬(秦時轢[車*度]鑽): 참고로 『오등회원』제15권에 운문문언(864~949)선사어록에서 운문선사가 목주선사를 찾아가서의 문답이다. 운문선사가 문을 두드린다. "누구." "접니다." "무얼하려고." "자신의 일을 밝히지 못하여 선사계 가르침을 청합니다." … 목주선사가 문을 열자 운문선사가 밀치고 들어갔다. 목주선사가 꽉 움켜잡고서는 소리친다. "말해,

大虫裹紙帽[112]　　호랑이를 종이 모자에 싸다. (허망한 망상이지)
堂前賣果子[113]　　당전에서 과자를 팔다. (당당하다)
眞州問長蘆[114]　　진주에서 장로사를 묻다. (꿈 이야기를 듣지)

말해." 운문선사가 우물쭈물하자 목주선사가 밀치면서 "쓸모없는 놈이군." 문을 닫았다. 운문선사의 한 발이 문틈에 끼어 상처를 입었다. "아야." 소리를 지르는 찰나 운문선사는 이로부터 각오하였다(師乃扣門. 州曰 誰. 師曰 某甲. 州曰 作甚麽. 師曰 己事未明, 乞師指示. … 州開門, 師乃擬住. 州便擒住曰 道道. 師擬議, 州便推出曰 秦時[車*度]轢鑽, 遂掩門. 損師一足. 師從此悟入)." 진나라 때의 큰 송곳은 사용할 수가 없어 쓸모없는 물건이다. 하여 '쓸모없는 놈'의 의미가 된다.

112 대충리지모(大虫裹紙帽): 참고로『禪林僧寶傳선림승보전』제5권에 경산인(徑山印. 호는 別峯별봉)선사가 자문자답으로 법문하였다. "모든 인자여, 또 제불이 옳고 조사가 옳다. 만일 조사가 옳다고 말하면 제불이 옳지 않고, 제불이 옳다고 하면 조사가 옳지 않으니 취사심(取捨心. 버리고 취하는 마음)을 잊지 말라. 만일 조사와 제불이 일시에 옳다고 하면 제불과 조사가 일시에 옳지 않으니 속임이 적지 않다. 갈등을 절단하는 한 구는 어떻게 말하느냐? 호랑이를 종이 모자에 싼다면 가소롭고 또 사람을 놀라게 하는 것이다(諸仁者, 且諸佛是祖師是. 若道祖是佛不是, 佛是祖不是, 取捨未忘, 若道祖佛一時是, 佛祖一時不是, 顢頇不少. 且戱斷葛藤一句, 作麽生道. 大虫裹紙帽)."하였다. 〈석독〉에서 "문식을 고상하게 꾸미다(裝文雅)."

113 당선매과자(堂前賣果子): 참고로『布水臺集포수대집』제19권의 제선인청찬(諸禪人請贊)에 "집 앞에서 과자를 팔고 집 안에서 양주를 판다. 사람을 죽이는데 칼을 쓰지 않고 사람을 죽여도 눈하나 깜짝 않는다(堂前賣果子, 屋裏販揚州. 活人不用劍, 殺人不展眸)." 아마도 양주는 어떤 객이 각자 자신의 뜻한 바를 말하였다. 한 사람은 양주자사가 되는 것이 원이고, 한 사람은 돈이 많은 것이 원이고, 한 사람은 학을 타고 나는 것이 원이고, 한 사람은 허리에 돈 만관을 차고 학을 타고 양주로 가는 것이 원이라고 하였다. 세 가지를 다 원하는 것이다. 이를 양주학(揚州鶴)이라 한다. 현실적으로 이루기 어려우나 몽상은 즐겁다.『한어대사전』참고."

114 진주문장로(眞州問長蘆): 진주에서 장로사를 묻다. 진주란 지명이 당나라 때는 사천성 무현서북(四川省茂縣西北)이고, 송나라 때는 강소성 의진현(江蘇省儀眞縣)이다. 여기서는 장로사에 주석한 송대 운문종 장로종색(長蘆宗賾. 생몰미상. 장로응부선사의 법을 받음)선사를 말하는 것으로 이해한다. 종색선사는 여산 백련사(廬山 白蓮寺. 東晋동진 때, 402년에 혜원(慧遠)선사를 중심하여 재가자 등 123명이 아미타불상 앞에서 정토 발원을 위해 조직된 수행결사를 말함)를 모방하여 연화승회(蓮華勝會)를 세우고 널리 사부대중에게 권고하여 아미타불을 염송하고 발원회향하여 정토에 나기를 바란다고 하였다. 참고로『龍舒增廣淨土文용서증광정토문』제11권에 "원우 4년(1089) 겨울, 종색선사가 꿈을 꾸었는데, 검은 두건을 쓰고 흰옷을 입은 30세 쯤 되는 풍모가 깨끗하고 행동이 점잖은 남자가 나타나 선사에게 읍하고 일러 말하기를 '공의 미타회(彌陀會)에 들어가고자 하니 한 이름을 써 주십시요.' 하여 종색선사가 곧 연화승회록(蓮華

和尚扛木頭115　　스님이 나무토막을 들다. (수행이지)

君子可八116　　깨달은 사람. (살리기도 하고 죽이기도 하지)

布袋裏盛錐子117　　포대 속에 담은 송곳. (자연 들어내지)

勝會錄)을 취하여 붓을 쥐고 질문하였다. '공의 이름이 무엇이요.' '보혜(普慧)라 합니다.' 선사가 쓰기를 마치니 그는 또 '형(兄)의 이름도 올려주시요.' '형의 이름은 무엇이요.' '보현입니다.' 말을 마치고는 곧 사라졌다. 선사가 꿈을 깨고 여러 노숙들에게 질문하니 다 말하기를 『화엄경』이세간품에 있는 두 보살의 이름이라고 하였다. 종색선사가 생각하되 '불자가 불사를 하는데, 부처님이 돕고 감화가 나타나니 반드시 성현의 그윽이 찬탄함이 있다. 그렇다면 이 미타회에 참여하는 사람이 어찌 작은 인연인가? 이제 곧 두 보살로서 이 미타회의 대표로 삼는다고 말하였다(元祐四年冬, 宗賾夜夢, 一男子烏巾白衣, 可三十許, 風貌清美擧措閑雅, 揖謂宗賾曰 欲入公彌陀會, 告書一名. 宗賾乃取蓮華勝會錄, 秉筆問曰 公何名. 曰 普慧. (宗賾)書已, 白衣者又云 家兄亦告上名. (宗賾)問曰 令兄何名. 云 普賢. 言訖都隱. (宗賾)覺而詢諸耆宿, 皆云 華嚴離世間品有二大菩薩名. (宗賾)以爲佛子行佛事助佛揚化, 必有賢聖幽贊. 然則預此會者豈小緣哉. 今乃以二大菩薩爲此會首云).'"

115 화상강목두(和尚扛木頭): '강(扛)'은 들다. 메다. 지다의 의미이다. '목두(木頭)'는 나무토막이다. 나무는 무심이다. 바로 수행자의 무심공부라고 말할 수 있다.

116 군자가팔(君子可八): 영리한 사람. 깨달은 사람. 인 의 예 지 효 제 충 신(仁義禮智孝悌忠信)의 팔덕을 구비한 사람이다. 참고로 『오등회원』제18권에 지항료박(慈航了朴. 생몰미상. 욕앙게 심선사의 법을 받음)선사의 어록에서 자항선사가 상당하여 법문하였다. "덕산선사는 문에 들어서면 곧 몽둥이질 했고 임제선사는 문에 들어서면 곧 할을 하였다. 임제선사가 할을 하면 덕산선사의 방망이의 귀는 멍멍해지고, 덕산선사가 방망이질을 하면 임제선사의 할의 눈은 먼다. 비록 한번은 누르고 한번은 올려주지만 그 중에서 완전히 살리고 완전히 죽인다. 드디어 악, 할을 하고 주장자를 높이 올렸다 내리면서 말하였다. 여러분에게 묻겠다. 이것은 살리는 것인가 죽이는 것인가. 잠시 있다가 말하였다. 군자는 팔덕을 골고루 실천해야 한다(上堂, 德山入門便棒, 臨濟入門便喝, 臨濟喝處, 德山棒頭耳聾. 德山棒時, 臨濟喝下眼瞎. 雖然一搦一擡, 就中全生全殺, 遂喝一喝, 卓拄杖一下云 敢問諸人生是殺. 良久云 君子可八)." 『가산불교대사림』 참고.

117 포대리성추자(布袋裏盛錐子): 참고로 『聯燈會要연등회요』제14권에 운봉문열(雲峰文悅. 992~1062. 대우수지선사의 법을 받음)선사의 어록에서 "문열선사가 대중에게 훈시하여 이르되, 작가 선객이나 본분 납승이 있지 않으니 나오는데 무엇이 해로운가. 모두 증거를 보여라. 있느냐? 포대속에 담은 송곳 끝이 나오지 않는 것이 좋은 솜씨이다(示衆云 莫有作家禪客. 本分衲僧, 何妨出來. 共相證據, 有麼. 布袋裏盛錐子. 不出頭來, 是好手)." 하였다. 작가(作家)는 종사(宗師)이다. 즉 기량있는 선객을 말한다. 송곳은 그 훌륭한 기량의 상징적 표현이다.

大食波斯索渡船[118]	많이 먹은 바사 왕 나룻배 찾네. (죽음 길 간다)
功德天黑暗女[119]	길상천녀와 흑암녀. (공평하지)
百尺竿頭五兩垂[120]	백척간두에 다섯 량이 매달렸다. (망상하지 마라)
赤洪厓打白洪厓[121]	적홍애가 백홍애를 치다. (무욕무심이 수행의 근본)

[118] 대식파사색도선(大食波斯索渡船): 참고로『石霜楚圓禪師語錄석상초원선사어록』에 초원선사가 학인과 운문선사의 문답을 제시하여 읊은 시어다. 학인이 운문선사에게 질문하였다. "무엇이 불조를 초월한 언구입니까?" "호떡(擧 僧問雲門, 如何是超佛越祖之談. 雲門云 糊餠)." 이 호병에 대해 '운문운호병(雲門云糊餠)'이라는 시제로 지은 칠언사구 가운데 끝구다. 시어 3, 4구를 소개하면 "호남에서 발우를 펴고 신라에서 먹으니, 많이 먹은 바사왕 나룻배 찾네(湖南展鉢新羅咬, 大食波斯索渡船)." 시어에 '파사'는 바사닉으로 사위국의 왕이다. 왕은 부처님 처소에서 법문을 듣는 사이 아들 악생에게 왕위를 찬탈 당한다. 궁중에서 쫓겨나 굶주림으로 농주에게 무우 다섯 개를 빌어먹고 물가에 가서 많은 물을 마신 후에 곽란으로 죽었다. 위 방언은 이를 염두에 두고 사용한 언어로 이해한다. 호떡은 원(圓), 또는 空을 상징한다.

[119] 공덕천흑암녀(功德天黑暗女): 공덕천은 길상천녀로 복(福)을 주고, 흑암녀는 여동생으로 늘 함께 다니면서 못생긴 얼굴에 화(禍)를 준다. 복과 화가 함께 다니니 공평하지 아니한가.

[120] 백적간두오량수(百尺竿頭五兩垂): 참고로『禪宗正脈선종정맥』제4권에 한 스님이 황룡회기(黃龍晦機. 생몰미상. 玄泉山현천산 彦言선사에게 법을 받음)선사에게 질문하였다. "바람이 조용하여 파도가 고요할 때는 어떠합니까?" "백척 간두에 다섯 량이 달렸다(僧問風恬浪靜時如何. 師曰百尺竿頭五兩垂)."고 하였다. 선사는 황룡산에서 머물다 찾아온 학인과 문답 후, 입적하였다. 〈석독〉에서 "공은 쓸수록 더욱 많고, 공은 이룰 수록 더욱 쉽다(用功愈甚, 成功愈易)."

[121] 적홍애타백홍애(赤洪厓打白洪厓): 이 속어는 무일푼을 내세워 공사상을 상징적인 표현으로 이해한다. 참고로『중문대사전』제8권에 "홍애는 전감(錢監)의 이름이고, 적(赤)은 공(空)이다. 적홍애는 또한 무전(無錢)이라는 말과 같으니 그러니까 답은 차대(借貸. 돈을 빌리다)에 응할 수 없는 자이다."『書言故事·不遇類』에 "돈을 빌리는데 응할 수 없음을 답하는 것은 적홍애를 사용한다. 송나라 정보공(丁普公)이 요지방의 원이 되었고 동년에 백진이 판관이 되었는데, 백진이 하루는 편지로 돈 오환전을 빌리고자 했다. 정보공 웃으면서 말하였다. 방을 붙인 아래서 혼인도 했고 경도(京都)의 부자 집인데 어찌 물질이 천에 반도 없는가. 두렵게 나를 흔들 뿐이다. 편지 말미에 써서 이르되, '하늘을 속이고서 행하여 온당함이 오직 어디에 있는가, 바로 근간에서 크게 어그러지네. 오백 동전이 양가집에 없으니, 적홍애가 백홍애에게 이르네(洪厓, 錢監名. 赤, 空也. 赤洪厓猶言無錢也, 用以答借貸無應者. [書言故事·不遇類] 答借貸無應者, 用赤洪厓, 宋丁普公爲饒倅, 同年白積爲判官, 積一日以片紙假緡五環, 公笑曰 榜下新婚, 京國富室, 豈無半千質物耶. 懼我撓之耳. 簡尾書曰 欺天行當唯何有, 立地機關子大乖. 五百青趺兩家闕, 赤

謝三娘不識舍字122	사삼랑은 사(舍)의 글자를 모른다. (버려야 얻지)
許一嫂不識林禽123	보통 사람은 숲에 조류 모른다. (법신불 모르지)
刹竿頭上風車子124	찰간 머리 위에 바람개비. (스스로 돌고 돈다)
洎合打破蔡州125	채주를 타파하여 합함에 미치다. (위산선사 역량)

洪耳打白洪耳).'" 또 명(明) 때, 이후(李詡)의 『계암노인만필』 제5권에 "〈명만력각본〉: 『유공보시화』에서 사람을 꼭 껴안는 것을 '걸(擽. 메다. 높이 들다)'이라 말한다. 속어에 '견연지사(牽連之辭. 돌보다. 관련되다. 다른 데에 누가 미치는 언사)'는 마치 그 사람이 어떤 사람이냐 및 어떤 물건에 이르는 것을 가림킴과 같으니 다 '타(打)'라 말한다. 정진공(丁晉公)의 시어에 이른바 '적홍애타백홍애(赤洪厓打白洪厓)가 이것이다(明 李詡『戒菴老人漫筆』卷五〈明萬曆刻本〉"『劉貢父詩話』抱持人物曰擽, 出『紀聞錄』. 俗稱牽連之辭, 如指其人至某人及某物, 皆曰打. 丁晉公詩所謂赤洪耳打白洪耳是也)." 하였다. 이에 근거하여 '타(打)'를 이르다. 보내다의 의미로 이해하였다. 정보공(丁普公)과 정진공(丁晉公)은 한 인물일 것이다. 어느 한 책은 오자(誤字)일 것이다. 알 수 없다.

122 사삼랑불식사자(謝三娘不識舍字): '사삼랑'은 일자무식 또는 천민 등을 비유한다. 또 사(謝)씨의 셋째 아들인 현사사비(835~908)선사의 별명이기도 하다. 여기서는 전자의 의미이다. '사자(舍字)'는 사자(捨字)와 통한다. 즉 알지 못하는 사람들은 버림으로 하여 집착에서 벗어나 편온함을 알지 못한다는 의미이다. 아래에서 보이는 중국 속담에 사람들이 다 아는 네 글자도 모른다는 '사삼랑불식사자(謝三娘不識四字)'에서의 파생어가 아닌가 추측한다. 〈석독〉에서 "보통 사람은 버리는 가운데 얻음이 있는 것을 알지 못한다(常人不知舍中有得)."

123 허일수부식림금(許一嫂不識林禽): '허일수'는 허씨의 첫째 형수로 보통 사람을 의미한다. '숲속의 조류'는 보배를 상징하여 자신이 가지고 있는 불성을 나타낸다. 즉 법신불이다. 〈석독〉에서 "보통 사람은 진기한 보배를 알지 못한다(常人不識珍寶)."

124 찰간두상풍차자(刹竿頭上風車子): 참고로 『栢山楷禪師語錄백산해선사어록』 제2권에 백산해선사가 상당하자, 학인이 질문하였다." 고인이 말하기를 반드시 활구를 참하고 사구는 참하지 말라는데 무엇이 활구입니까?" "찰간의 머리 위에 바람개비이다." "무엇이 사구입니까?" "양주로 내려가는 배가 끊겼다(上堂, 問 古人道, 須參活句, 莫參死句, 如何是活句. 師曰 刹竿頭上風車子. 曰 如何是死句. 師曰 斷頭船子下揚州)." 또 『建中靖國續燈錄건중정국속등록』 제2권의 관주나한(灌州羅漢)선사 어록에 나한선사와 학인의 문답이다. "찰간 머리 위에 바람개비의 뜻이 무엇입니까?" "다스리지 않아도 스스로 도는 것이다(問 刹竿頭上風車子, 意旨如何. 師云 不撥自轉)." 〈석독〉에서 "바람이 높아야 회전이 빠르다(風高轉速)."

125 계합타파채주(洎合打破蔡州): 참고로 『종감법림』 제39권의 위산영우선사 어록에 낭야각선사가 이르되 "만일 위산이 아니였으면 채주를 타파하여 합함이 미치랴(若不是潙山, 洎合打破蔡州)."고 하였다. 〈석독〉에서 "집착하고 미혹한 마음을 없애야 스스로 밝다(破執迷心自明)."

銅沙羅裏滿盛油[126]	동사라 속에 가득 담은 기름. (천지를 비추다)
太山廟裏紙錢[127]	태산의 사당 안에 지전이다. (정성이지)
赤脚波斯入大唐[128]	맨발로 파사인 당에 왔네. (자연 불법은 일어나지)
十字街頭碌磚[129]	네거리에 벽돌이다. (무심의 선이지)(
孔明廟裏彈指[130]	공명이 사당에서 손가락 튕기다. (지혜가 나온다)

126 동사라리만성유(銅沙羅裏滿盛油): 참고로 『종감법림』 제39권의 암두전활선사 어록에 문답이다. "넓은 세상 속에 어떻게 주인을 분별합니까?" "동사라 속에 기름이 가득하다(問浩浩塵中如何辨主. 師曰銅沙羅裏滿盛油)."고 하였다. 〈석독〉에서 "이러한 기량은 없다(無此器量)."

127 태산묘리지전(太山廟裏紙錢): 태산의 사당에서 소지(燒紙)나 지전(紙錢)을 태우는 것이다. 이는 미신이기보다 민속이다. 망자를 위해서지만 자신을 위해서다. 지전은 제사일이나 장사일에 망자를 위해서 태운다. 사후세계에서 사용하도록 하는 것이다. 한(漢)나라 이래로 묘광(墓壙) 가운데 돈을 묻었다. 이를 예전(瘞錢)이라 칭한다. 위진(魏晉)이후로 변화하여 지전을 사용하였다. 당나라는 한식일이 되면 집집마다 망자를 위해 지전을 보내서 까마귀나 솔개가 물어다 둥지를 만들게 하였다. 송나라는 설날이 되면 무덤에서 대나무를 꽂아두고 지전을 걸거나 또는 지전을 태웠다. 이를 지동전(紙銅錢)이라 한다. 『한어대사전』 참고.

128 적각파사입대당(赤脚波斯入大唐): 참고로 『오등회원』 제20권에 조암료윤(棗巖了贇. 하산순선사의 법을 받음)선사가 상당하여 조주선사의 개는 불성이 없다는 화두를 제시하고 곧 이르되, 조주구자무불성이라 일만 겹 청산에 고경을 감추었네. 맨발로 파사인이 당에 들어오고 팔비나타 태자가 정령을 행한다. 돌(上堂. 舉趙州狗子無佛性話, 乃曰 趙州狗子無佛性, 萬疊青山藏古鏡. 赤脚波斯入大唐, 八臂那吒行正令. 咄)." 여기서 파사인은 달마대사를 상징하고, 나타태자는 천왕의 아들로 얼굴이 셋이고 팔이 여덟이고 큰 힘을 가진 귀왕으로 불법을 수호하는 선신이다. 손에는 금강장을 들고 악인의 무리를 찾아다닌다. '적각(赤脚)'은 맨발이고, '파사(波斯)'는 나라이다. 〈석독〉에서 "오래도록 단련하고 수련한다(久經磨煉)."

129 십자가두록전(十字街頭碌磚): 참고로 『圜悟佛果禪師語錄원오불과선사어록』 제15권에 원오불과(1063~1125. 오조법연선사의 법을 받음)선사가 증시제(曾待制)에게 보인 법어에서 학인이 석두선사에게 질문하였다. "무엇이 선입니까?" "벽돌" "무엇이 도입니까?" "나무(如何是禪. 頭云碌磚. 僧云 如何是道. 云木頭)."라고 하였다. 바로 선은 상상이 아니요, 도는 공훈이 끊어짐(禪非意想, 道絕功勳)을 보인 것이다. 〈석독〉에서 "방위와 처소를 분별할 수 없다(莫辨方所)."

130 공명묘리탄지(孔明廟裏彈指): 공명은 중국 삼국시대 촉한(蜀漢)의 재상이 되어 유비를 도운 제갈량(181~234)이다. 공명은 안개 낀 밤을 이용하여 배 20척에 푸른 베로 휘장을 치게 한 후에 짚단을 천개 씩 묶어서 쌓아두고 조조군사로부터 화살 십만개를 빌려온다. 감탄하는 노숙에게 미소를 지으며 말한다. "장수 된 사람이 천문에 통하지 못하고, 지리를 알지

福州人喫荔枝[131]　　복주 지방 사람이 여지를 먹다. (대수롭지 않지)

謝三娘不識四字[132] 사삼랑은 사(四)의 글자를 모른다. (분상이 없지)

此地無金二兩[133]　　이 고장에 금 두 냥이 없어도 (인심이다)

俗人沽酒三升[134]　　일반인들은 술 서 되를 산다. (이것이 도이다)

못하고, 기문(奇門)을 모르고, 음양(陰陽)을 깨닫지 못하고, 진도(陣圖)를 볼 줄 모르고, 병세에 밝지 못하다면 이것은 용렬한 장수라 할 것입니다." 이것이 바로 손가락 튕기면서 나오는 공명의 지혜가 아닌가 싶다. 月灘 朴鍾和, 『삼국지』 제3권, 어문각, 1985. 참고.

131 복주인끽여지(福州人喫荔枝): 참고로 『爲霖道霈禪師還山錄위림도패선사환산록』 제2권에 "위림도패(생몰미상. 고산각현선사의 법을 받음)선사가 이르되, '남전선사가 도는 마음이 아니고 눈에 동자가 없어야 참을 볼 수 있다. 부처님도 아니니 백천 상호가 모양을 내기 어렵고, 물건이 아니니 대비의 천수로 만지지 못한다'고 하니, 고인은 이와 같이 제시하지만 나는 이와 같이 판단한다. 마침 대혜화상이 이르되, 복주인이 여지의 껍질을 벗기고 씨도 버리고 너의 입속에 보내는 거와 같으니 삼키지 않으면 안 된다(示衆, 師云 南泉道不是心, 眼裏無瞳看得 眞. 不是佛, 百千相好難形出, 不是物, 大悲千手摩不著. 古人恁麼擧揚, 老僧恁麼判斷. 正如大慧和尚謂, 如福州人喫荔枝剝了皮, 去了核, 送在你口中, 只是不解吞)."고 하였다. '복주'는 복건성으로 한(漢)나라 초기에 민월(閩越)의 수도이다. 〈석독〉에서 "신기하지 않다(不新奇)."

132 사삼랑불식사자(謝三娘不識四字): 이는 세상사람 누구나 다 아는 것도 모르는 일자무식을 표현한 중국 속담이다. 참고로 『무문관』 41칙에 무문혜개선사가 말하였다. "이빨 빠진 늙은이(달마) 십만 리 바다를 건너 터벅터벅 중국으로 왔으니, 바람도 없는 데서 물결을 일으켰다고 할 만하다. 말년에 문인 한 사람을 가르쳐 주었는데 도리어 육근도 갖추지 못했네. 이! 무지한 놈아, 천하사람 다 아는 것도 모르다니(無門曰 缺齒老胡, 十萬里航海, 特特而來, 可謂是無風起浪. 末後接得一箇門人, 又却六根不具. 咦謝三郞, 不識四字)." '사삼랑'은 일자무식한 사람이고, '四字'는 동전 표면에 새겨진 네 글자(錢文)를 말한다. 『가산불교대사림』 참고. 재인용.

133 차지무금이냥(此地無金二兩): 참고로 『오등전서』 제47권에 석고희이(石鼓希夷. 생몰미상. 천동전선사의 법을 받음)선사가 상당하여 말하였다. "이름을 듣는 것은 만남만 못하고 만남은 이름 듣는니만 못하다. 여기서는 금 두 냥이 없어도 일반인들은 술 서되를 산다(聞名不如見面, 見面不如聞名. 此地無金二兩, 俗人沽酒三升)."고 하였다. 〈석독〉에서 "덮을수록 더욱 드러난다(愈蓋彌彰)."

134 속인고주삼승(俗人沽酒三升): 위에서 살펴본 "여기서는 금 두 냥이 없어도 일반인들은 술 서되를 산다(此地無金二兩, 俗人沽酒三升)." 바로 훈훈한 인심이다. 속인은 재가자이다. 또는 아직 불교에 귀의하지 않은 사람이다. 『오등회원』 제9권의 곽산경통(霍山景通. 생몰미상. 앙산혜적선사의 법을 받음)선사의 어록에서 곽산선사에게 한 행자가 질문하였다. "무엇이 불법대의 입니까?" 곽산선사가 행자에게 절을 하였다. "스님께선 왜, 속인에게 절을 합니까?" 너는

23. 진성게(眞性偈)[135]

達磨西來, 九年面壁, 獨神光立雪斷臂自證, 巧說不得, 只許心傳. 上根旣契, 便欲西歸, 猶憐中下之機, 强留二十字, 稱云眞性偈. 翻復讀之, 成四十韻, 各有旨趣, 蓋爲老婆心切, 狼藉不少, 庶幾後代兒孫因指見月. 儻有個漢, 向性字未形之前領略文彩自彰, 匪從他得, 翻哄老胡, 正好痛與拄杖. 靈隱 慧昭大師可光述.

달마대사가 서천으로부터 와서 9년을 면벽하고 유독 신광선사가 눈 속에 서서 팔을 끊고 스스로 증명하니, 교묘하여 말할 수 없고 단지 마음으로 전함을 허락할 뿐이다. 상근기는 이미 계합하여 곧 서쪽으로 돌아가고자 하나 오히려 중하근기를 가련히 여겨서 억지로 [136]20자를 남기게 되니 진성게라 이른다. 번복해서 다시 읽으면 40운을 이루고 각각 깊은 뜻이 있으니, 대개 노파심이 간절하고 흐트러짐이 적지 않으나 후대 자손들이 손가락으로 인해서 달을 보기를 바란다. 만일 어떤 사람이 성

제자를 존중하라는 말을 듣지 못했느냐(有行者問 如何是佛法大意. 師乃禮拜. 者曰 和尚爲甚麼禮俗人. 師曰 汝不見道尊重弟子). "〈석독〉에서 "스스로 아는 것이 매우 많다 여긴다(自認爲甚多)."
135 진성게(眞性偈): 진(眞)은 거짓이 아니고 성(性)은 불변이다. 마음의 본체를 읊은 노래다.
136 진성게이십자(眞性偈二十字): "圓明淨智身, 滅照忘空理. 緣情性離眞, 極妙常終始." 이를 뒤에서 시작하여 오언절구로 하면 "始終常妙極, 眞離性情緣. 理空忘照滅, 身智淨明圓."이 된다. 이는 달마대사가 직접 게송을 지어서 전한 것으로 보기보다는 아마도 지극히 불법을 아껴온 글 잘하는 후인들에 의해서 마치 어느 비결처럼 만들어진 것으로 추측하게 된다.

(性)이라는 글자가 형상화되기 전에 문채가 저절로 빛난다고 이해 한다면, 그것으로부터 체득하는 것이 아니니 ¹³⁷눈을 부라리고 웃는 달마대사가 때마침 주장자로 아프게 줄 것이다.

영은사 혜소대사가 혜가신광선사를 서술하다.

〈진성게〉

   圓明淨智身, 뚜렷이 밝음은 청정한 지혜의 불신이요
   滅照忘空理. 적멸의 작용은 공한 진리조차 잊음일세.
   緣情性離眞, 정식에 반연은 본성이 진여를 여읨이요
   極妙常終始. 지극하고 미묘함은 영원한 순환일세.

   始終常妙極, 순환은 언제나 미묘함이 극진함이요
   眞離性情緣. 진여를 여의면 본성은 정식을 반연하네.
   理空忘照滅, 진리의 공은 작용도 소멸도 잊음이요
   身智淨明圓. 불신의 지혜는 청정하고 밝고 원융일세.

아마도 진성게는 후세에 불교를 지극히 아끼는 사람이 만든 것으로 추측하며, 달마대사가 지은 것이 아닌 것을 두 가지 이유를 들어 밝힌다. 오언절구로 된 시어를 돌리고 또 뒤에서 돌리고 하여 40운 즉 오언절구 40수가 되도록 만들어낸 흥미로운 시이다. 아무튼 공들여 만든 이에게

---

137 번소노호정호(翻咲老胡正好): 번소(翻咲)아래 다른 본은 결치(缺齒. 이빨 빠진)의 두 글자가 더 있다. 결치(缺齒), 결치도사(缺齒道士), 결치호승(缺齒胡僧) 다 달마대사를 가리킨다.

는 머리가 숙여진다. 그러나 불도는 여기에 있지 않다. 여기서는 두 수만 보았다. 나머지는 생략한다. 전자의 오언절구는 이와 시(理와 始)의 글자가 지통측성(紙通仄聲)이다. 후자의 오언절구는 연과 원(緣과 圓)의 글자가 선통평성(先通平聲)이다. 40운에서 2운 두 수의 시어이다. 理의 글자는 평성과 측성으로 사용하게 되는데, 여기서 측성으로 쓰면 염도 다 된다. 이처럼 격에 잘 맞게 짓는 시어는 당나라에 와서 발전한 근체시이지, 달마대사가 양무제를 만난 남북조시대의 고체시는 아니다.

그래서 격에 잘 맞는 시가 오히려 달마대사가 지은 시가 아닌 이유의 하나이다. 둘은 불립문자(不立文字)를 내세운 선종에서 마치 어떤 비결처럼 시어를 만들어 머리 아프게 전하지는 아니하였을 것이다. 이것이 달마대사가 지은 시어가 아닌 두 번째의 이유이다.

III. 부록

1. 대원연우중간인천안목후서(大元延祐重刊人天眼目後序)

昔越山晦嵓昭禪師, 於宋淳熙間, 編集五家宗旨, 名曰人天眼目, 流布叢林. 傳寫旣久, 未免有烏焉玄豕之誤. 其寫本亦多不同, 曰彼曰此, 互有得失, 暇日參考同異, 訛者正之, 闕者補之, 妄者削之, 猶慮未善. 然其元本排列五宗, 亦失師承次第, 今改正之. 初列臨濟潙仰, 蓋此二宗同出南岳馬祖下. 次列曹洞雲門法眼, 蓋此三宗同出靑原石頭. 又近世有人假託丘玄素之名, 僞撰江陵城西天王寺道悟禪師碑, 載天王嗣馬祖, 接龍潭德山雪峯, 遂移雲門法眼二宗過馬祖下者, 極可笑也. 按荊州新舊圖誌, 並無城西天王寺, 其僞碑妄天王因緣語句, 盡是城西白馬寺曇照禪師事實. 此曇照事實具述荊州舊圖誌, 及景德傳燈錄, 可考, 況是天皇嗣石頭, 接龍潭, 備載傳燈及高僧傳. 德山碑及雲門法眼下諸師語錄, 與夫前代五宗綱要偈, 有數十處, 粲如日星, 可以袪天下後世之惑, 可以證前後編集之訛. 今吉安路福州大明蘭若, 遂鋟諸梓, 與禪學者共之. 覽此集者, 掀翻露布, 截斷葛藤, 灼然開口不在舌頭上. 其或未然, 劍去久矣.
延祐四年丁巳江西撫州天峯比丘致祐謹書其後

원나라 연우4년(1317)에 인천안목을 중간하고 뒤에 적은 서문이다.

옛적 월산 회암지소(생몰미상)선사가 남송 효종 순희(1174~1189)년간에 오가종지를 편집(1188) 하여 인천안목이라 이름하고 총림에 유포하였다. 필사하고 전하여 내려 온지가 이미 오래인지라, 오언해시(烏, 焉, 亥, 豕. 이는 비슷한 글자로 틀리기 쉬움을 나타낸다)의 오자(誤字. 잘못 쓴 글자)가 있는 것을 면치 못하였다. 그 필사본 또한 대부분이 다르다. 저것을 말하고 이것을 말하기도 하는데, 서로 얻고 잃을 것이 있어서 한가한 날에 같고 다름을 참고하여 잘못된 것은 바로잡고 빠진 것은 보충하고 허망한 것은 삭제했으나 오히려 잘하지 못함도 염려된다.

그러나 그 원본이 배열한 오가종 또한 스승과 제자의 순서가 잘못되어 지금 고치고 정정하였다. 처음 배열한 임제종과 위앙종은 대개 이 두 종이 남악회양(677~744)선사와 마조도일(709~788)선사 아래에서 같이 나왔다. 다음으로 배열한 조동종과 운문종과 법안종은 대개 이 삼종은 청원행사(? ~ 741)선사와 석두희천(700~790)선사 아래에서 같이 나왔다. 또 근세에 어떤 사람이 구현소(丘玄素) 이름을 가탁해서 강릉 성서(江陵城西) 지방의 천왕사에 도오(748~807)선사의 비문을 거짓지어서 천왕도오선사가 마조도일선사를 이었다 기재하고, 천왕도오-용담숭신-덕산선감-설봉의존선사를 연결하여 드디어 운문종과 법안종의 두 종을 옮겨다가 마조도일선사 아래로 옮긴 것이니 지극히 가소롭다.

「형주신구도지」를 살펴보면 게다가 상릉 성서(江陵城西) 지방에 천왕사가 없으며 그 가짜 비문에 천왕사 인연의 언구는 허망하니, 다 이는 성서(城西) 지방의 [138]백마사 담조선사의 사실이다. 이것은 담조선사의 사실을

---

138 형남백마담조선사(荊南白馬曇照禪師): '형남'은 형주 남방의 지역이고 '백마'는 백마사이며,

「형주신구도지」와 『경덕전등록』에 모두 서술되었으니 참고할 만하거늘, 더구나 천황도오(748~807)선사는 석두희천선사의 법을 이었고, 용담숭신(782~865)선사가 받아 이었으니 『전등록』과 『고승전』엔 빠짐없이 기재되였다. (본서 5권에 〈각몽당중교오가종파서〉의 내용을 여기선 뒤집고 있다)

덕산선감선사의 비문과 운문문언선사와 법안문익선사 아래 모든 선사어록은 전대에 오종의 강요와 게송과 함께 여러 곳에 두어 분명함이 태양과 같은지라, 천하의 후세에 의혹을 없앨 수 있고, 전후 편집의 잘못을 증명할 수 있다. 지금 [139]길안로 복주 땅 대명난야에서 마침 판목에 판각을 이루니 참선수행자와 학자가 함께 하였다. 이 편집을 열람하는 자는 공표한 페이지를 넘기면서 갈등을 끊어 없애고 분명히 발언은 혀끝에 있지 않다. 그 혹여 그렇지 않다면 검을 버린 지 오래이다.

원나라 인종 연우4년(1317) 정사년에 강서무주 천봉사 비구 치우가 삼가 그 뒤에 쓰다.

2. 용담고(龍潭考)[140]

담조선사(생몰미상)는 남전보원(748~834)선사의 법을 받았다. 참고로 『경덕전등록』제10권에 선사는 항상 말하기를 "즐겁다 즐겁다 하더니 임종때엔 괴롭다 괴롭다. 또 염라대왕이 나를 잡으러 왔구나." 하였다(常曰 快活快活, 及臨終때 苦苦. 又云 閻羅王來取我也). 『한글대장경』.
[139] 길안로복주대명란야(吉安路福州大明蘭若): '길안로 복주'는 지명으로 지금 강서성 길안현이다. 대명란야(大明蘭若)에서 '란야'는 아란야(阿蘭若)로 조용하고 고요한 수행처로 사원이다.
[140] 용담고(龍潭考): 남송 순희년간(1174~1189)에 회암지소선사가 편찬하고, 남송 보우년간(1253~1258)에 물초대관(物初大觀, 생몰미상)선사가 중수(重修)하고, 원나라 연우년간(1314~1320)에 치우(致祐)가 중간하다. 명나라 홍무원년(1368), 고려시대 말기에 간행되다.

宋景德傳燈, 止載天皇悟嗣石頭, 而不知同時有二道悟, 一嗣馬祖, 住荊州城西天王寺. 一嗣石頭, 住荊州城東天皇寺. 歷考唐歸登撰南嶽碑, 圭峰答裴相國宗趣狀, 權德輿撰馬祖塔銘, 皆可據. 及後達觀穎所引丘玄素符載二塔銘, 載之益詳, 此無可疑者. 但丘銘中, 以龍潭信嗣天王悟, 此則不能無疑焉. 予嘗考雪峰語錄, 峰對閩王自稱得先德山石頭之道. 又皷山晏國師語錄序中, 亦稱晏爲石頭五葉孫. 此二書在五代之際, 去龍潭不遠, 豈應遽忘其所自哉. 據此則知龍潭信所嗣者, 天皇悟非天王悟, 其證一也. 又龍潭信家居荊州城東天皇巷, 以賣餠爲業, 日以十餠饋天皇和尙, 皇每食畢常留一餠曰吾惠汝以蔭子孫. 信一日自念曰餠是我持去, 何以返遺我. 其別有旨邪. 遂造而問焉. 皇曰是汝持來, 復汝何咎. 信聞之, 頗曉玄旨, 因投出家. 皇曰汝昔崇福善, 今信吾言, 可名崇信. 繇是服勤左右. 據此則知龍潭信所嗣者, 天皇悟非天王悟, 其證二也. 又信一日問天皇曰某自到來不蒙指示心要. 皇曰自汝到來, 吾未嘗不指示汝心要. 信曰何處指示. 皇曰汝擎茶來, 吾爲汝接. 汝行食來, 吾爲汝受. 汝和南時, 吾爲汝低頭, 何處不指示汝心要. 師低頭良久. 皇曰見則直下便見, 擬思卽差. 師當下開解, 復問如何保任. 皇曰任性逍遙, 隨緣放曠, 但盡凡心, 別無聖解. 又一日問從上相傳底事如何. 皇曰不是明汝來處不得. 信曰這個眼目幾人具得. 皇曰淺草易於長蘆. 據此則知龍潭信所嗣者, 天皇悟非天王悟, 其證三也. 今此三段所證, 昭彰如是, 而丘玄素塔銘中, 以龍潭嗣天王, 何得獨異. 察知明是後人, 妄將崇信改入天王塔銘中, 以爲爭端耳. 不然必將前三段所證之文, 一筆抹去, 而後可以成其說也. 又張無盡嘗謂雲門機鋒

似臨濟, 宜爲馬祖之後. 此則齊東野人之語也. 古來同稟一師, 而機
鋒各別者多矣, 豈必盡同. 如雲門法眼同出雪峰, 若雲門當歸馬祖,
則法眼又當歸石頭耶. 如丹霞投子機鋒不亞臨濟, 杏山與三聖, 皆失
機於石室, 則丹霞投子石室, 又當改入馬祖下耶. 又如南泉父子皆馬
祖之嗣也, 而不用棒喝. 潙山父子皆百丈之嗣也, 而不事孤峻, 又當
改入石頭下耶. 且予嘗考雪峰全錄, 其禪備衆格, 波瀾闊大. 故其語
有時似臨濟, 有時似曹洞, 其徒如玄沙長慶保福鼓山安國淸鏡等皆
然. 卽雲門雖機用獨峻, 而實語不十成, 機不觸犯, 且歷參曹山疏山
九峰乾峰, 其語具在. 如三種病二種光等語, 則全本乾峰, 此尤其顯
然者也, 豈可謂其同於臨濟當嗣馬祖下也. 無知之徒, 固難與辯, 高
明之士可考而知. 故作是以告天下智者, 幸詳察焉. (見永覺晩錄)

송나라 『경덕전등록』에 다만 천황도오(748~807)선사가 석두희천선사의 법을 이었다고 기재되었으나 같은 시대에 두 도오선사가 있는 것을 알지 못한다. 한 분은 마조선사를 이었고 형주 성서 지방의 천왕사에 머물렀다. 한 분은 석두선사를 이었고 형주 성동 지방의 천황사에 머물렀다. 당나라 [141]귀등(歸登)이 지은 남악회양(677~744)선사의 비문과 규봉종밀(780~841)선사가 [142]배상국에게 답한 종취(宗趣. 종지)의 편지와 [143]권덕여가 지은 마조선사탑명에서 내력을 고찰하면 다 근거할 수 있다.

141 귀등(歸登):당나라 때 인물로 자는 충지(沖之)이다. 덕종 정원(785~805) 중에 관은 우습유에서 얼마있다가 공부상서 등을 지냈다 초서와 예서를 잘 썼다. 『중문대사전』 참고.
142 배상국(裵相國): 배휴(裵休)이다. 규봉종밀선사가 배휴에게 답한 종취장(宗趣狀)은 선문사자승습도(禪門師資承襲圖)이다. 당나라 초부터 중엽까지의 선종분파된 각파의 종지와 비평이다.
143 권덕여(權德輿): 당나라 때 인물로 자는 재지(載之)이다. 관은 덕종 때에 태상박사에서 나중에 형부상서 등을 지냈다. 그는 4살때부터 시를 지었다고 한다. 『중문대사전』 참고.

나중에 달관영선사가 끌어들인 구현소(丘玄素)와 부재(符載)가 지은 두 탑명에서 그것이 기재되어 더욱 상세하니 이것은 의심할 수 없는 것이다. 다만 구현소의 탑명 가운데 용담숭신선사가 천왕도오선사의 법을 이었다고 하는 이것인즉 의심하지 않을 수 없는 것이다. 내가 일찍이 설봉선사어록을 고찰하니 설봉선사가 [144]민왕(閩王)과 마주하여 스스로 선대인 덕산선감선사와 석두희천선사의 도를 얻었다고 하였다.

게다가 [145]고산신안(?~943) 국사어록의 서문 가운데 또 신안국사는 석두희천선사의 5대 손이 된다고 하였다. 이 두 책(설봉의존선사 어록과 고산신안 국사어록)은 당말 오대 즈음에 있었고 용담선사와 거리가 멀지 않은데 어찌 응당 갑자기 그 스스로 한 것을 잊을 것인가? 이를 근거하면 용담숭신(782~865)선사가 법을 이은 것은 천황도오선사이고 천왕도오선사가 아닌 것을 알 수 있으니 그 증거가 하나이다.

또 용담숭신선사의 집은 형주 성동(荊州城東) 천황사 골목에서 거주하였고 (부모는) 떡 장사로 생업을 삼았다. (숭신선사가) 매일 떡을 10개씩 천황도오선사에게 가져다드리면, 천황선사는 다 먹을 적엔 언제나 늘 떡 하나를 남겨주면서 말하기를 "내가 너의 은혜에 자손의 음덕으로서 베푼다."고 하였다. 숭신선사가 하루는 스스로 생각하되 "떡은 내가 가지

---

[144] 민왕(閩王): 민왕심지(閩王審知)이다. 민왕과 설봉선사와의 첫 만남은 나이 77세(898) 무오년에 민왕이 선사를 청하여 현사사비와 함께 들어가서 불심인(佛心印)을 논했다. 다시 민왕이 두 선사를 청하여 선사는 모든 부처님과 천황도오선사와 용담숭신선사를 증명으로 청하고 민왕을 위해 불심인을 전하였다(師乃請諸佛龍天證明, 爲王傳佛心印).『설봉의존선사어록』.

[145] 고산신안(鼓山神晏. ?~943): 국사는 당말 오대 인물로 성은 이(李)씨. 13세에 백록산(白鹿山) 규(規)선사에게 출가하여 나중에 설봉의존선사의 법을 받았다. 후에 민(閩)의 장수 왕연빈(王延彬)이 법요를 묻고 복건성 복주의 고산에다 용천선원(湧泉禪院)을 짓고 종지를 거양토록 하였다. 천복 년간(936~944)에 입적하니 세수는 77세. 시호는 흥성국사(興聖國師)이다.

고 간 것인데 어째서 도로 나에게 남겨주지. 그것은 특별한 뜻이 있는 것인가?" 드디어 가서 그것을 질문하였다. 천황도오선사가 말하였다. "네가 가지고 온 것을 다시 너에게 돌려주는 것이 무슨 허물이겠느냐?" 숭신선사가 듣고서 자못 심오한 뜻을 깨달음이 있어 천황선사를 의지하여 출가에 이른다. 천황선사가 말하였다 "네가 이전엔 복과 선을 숭상하고 지금은 나의 말을 믿으니 숭신(崇信)이란 이름이 가하다." 이로부터 천황선사의 좌우에서 섬기고 정진하였다. 이를 근거하면 용담숭신선사가 법을 이은 것은 천황도오선사이고 천왕도오선사가 아닌 것을 알 수 있으니 그 증거가 둘이다.

또 숭신선사가 하루는 천황선사에게 질문하였다. "제가 여기에 와서부터 마음의 요긴한 곳의 가르침을 받지 못했습니다." 천황선사가 말하였다. "네가 여기에 와서부터 나는 너에게 마음의 요긴한 곳을 가르치지 아니한 적이 없다." "언제 가르쳤습니까?" "네가 차를 내오면 나는 너를 위해 받았고, 네가 음식을 내오면 나는 너를 위해 받았으며, 네가 절을 할 때면 나는 너를 위해 머리를 숙였다. 어느 곳이든 너에게 마음의 요긴한 곳을 가르치지 않았느냐?"

숭신선사가 머리를 숙이고 잠시 생각에 있었다. 천황선사가 말하였다. "보려면 즉시 바로 보아야지 헤아려 생각하면 어그러져." 그 말에 숭신선사는 즉시 도리를 각오하고 다시 질문하였다. "어떻게 보림(保任)해야 합니까?" "본성대로 소요하고 인연따라 (구속되지 말고) 보내거라. 다만 범부 마음 다할뿐 따로 거룩한 마음은 없다." 또 어느 날 질문하였다. "위로부터 서로 전한 일은 무엇입니까?" "네가 온 곳을 밝힐 수 없음 아니냐?" "이 안목은 몇 사람이나 갖추어 얻었습니까?" "작은 풀은 갈대 숲에 자람이 보다 쉽다." 이를 근거하면 숭신선사가 법을 이은 것은 천황선사이고 천왕선사가 아닌 것을 알 수 있으니 그 증거가 셋이다.

이제 이 세 단락을 증거한 것은 분명함이 이와 같은데 구현소의 탑명 가운데 용담숭신선사가 천왕도오선사의 법을 이은 것으로 하니 어찌 혼자 다를 수 있으랴? 살펴서 분명히 아는 것을 나중 사람이 허망하게 숭신선사를 고쳐 천왕선사의 탑명 가운데 집어넣어 이로써 논쟁에 단서가 되었을 뿐이다. 그렇지 않다면 반드시 앞에 세 단락이 증거하는 글문을 가져다 한 붓으로 뭉개 버리고 그런 뒤에 그 설명이 성립될 수 있다.

또 [146]장무진거사가 일찍이 "운문의 [147]기봉은 임제와 같아서 마땅히 마조선사의 후예가 된다."고 말한 적이 있다. 이것은 곧 신뢰할 수 없는 사람들의 말이다. 예로부터 한 스승에게 법을 같이 받았지만 기봉이 각각 다른 자가 많거늘 어찌 반드시 다 같다하는가?

예로 운문(설봉의존선사의 제자)선사와 법안(설봉의존-현사사비-나한계심-법안운문)선사가 설봉선사에서 같이 나왔듯이 만일 운문선사가 마땅히 마조선사에게 돌아간다면 법안선사 또한 석두희천선사에게 돌아가는 것이 당연한가? 마치 단하천연(석두희천선사의 제자)선사와 투자대동(단하천연-취미무학-투자대동)선사의 기봉도 임제선사에 못지아니하고 행산감홍(운암담성선사의 제자)선사와 삼성혜연(임제의현선사의 제자)선사가 다 [148]석실선사에서 기봉을 잃었다고 하니 곧 단하선사와 투자선사와 석실선사도

---

146 장무진(張無盡): 북송 휘종 때(1101~1126)에 재상을 지낸 장상영(張商英). 호는 無盡居士.
147 기봉(機鋒): '機'는 수행에 따라 얻은 심기, '鋒'은 심기의 활용이 날카로운 모양이다. 선객이 다른 이를 대할 적에 예민한 활용을 말한다. 또 한 덩어리가 된 전인격의 발동에 비유함.
148 석실(石室): 당나라 목평선도(木平善道. 생몰미상)선사다. 석실선도(石室善道)라고도 칭한다. 선사는 담주 장자광(潭州長髭曠)선사의 제자이다. 광선사는 석두희천(700~790)의 제자이다.

또한 마땅히 고쳐서 마조선사 아래에 들어가야 하는가?

또 남전선사의 부자(남전보원과 조주종심)가 다 마조선사를 이었으나 방할을 사용하지 않았다. 위산선사의 부자(위산영우와 앙산혜적)도 다 백장선사의 법을 이었으나 고준(孤峻. 매우 엄격함)을 일삼지 않았으니 또 마땅히 고쳐서 석두희천선사 아래에 들어가야 하는가?

게다가 내가 일찍이 설봉의존선사의 전 어록을 고찰하니 그 선풍은 여러 격식이 갖추어서 물결치는 영향이 넓고 크다. 그래서 그 법어가 때로는 임제종과 같고 때로는 조동종과 같아서 그 무리는 마치 [149]현사사비, 장경혜릉, 보복종전, 고산신안, 안국홍도, 경청도부선사 등이 다 그러하다. 곧 운문문언선사가 비록 기용(機用. 언어로 미치지 못할 기미를 각오하여 학인에게 베품)이 대단히 뛰어났다고 하나 실지 법어는 10프로도 못되며 그 기봉은 저촉될 수 없다.

게다가 [150]조산본적(840~901), 소산광인(생몰미상), 구봉도건(?~921), 월주건봉(생몰미상)선사 등을 역참(歷參. 순방하면서 많은 스승에게 배우고 불도수행을 더함)하니 그 법어도 갖춰져 있다. [151]삼종병(三種病)과 이종광(二種光) 등

---

149 현사사비(玄沙師備. 835~908)선사는 지계가 엄격하여 비두타(備頭陀)라 부르고, 성(姓)이 사(謝)씨의 삼남이라서 사삼랑(謝三郞)으로 칭하기도 한다. 장경혜릉(長慶慧稜. 854~932), 보복종전(保福從展. ?~928), 고산신안(鼓山神晏), 안국홍도(安國弘瑫. 생몰미상), 경청도부(鏡淸道怤. 864~937)선사 모두가 설봉의존선사의 법을 받았다.

150 조산본적(840~901), 소산광인(생몰미상), 월주건봉(越州乾峰)선사는 동산양개선사의 법을 이었고, 구봉도건(?~921)생몰미상)선사는 약산유엄선사의 방계인 도오원지선사의 손자이다.

151 건봉이광삼병(乾峰二光三病) : 당말 조동종 월주건봉선사가 대중에게 훈시하여 이르되 깨달음의 경계에 도달하려면 반드시 해탈이종(解脫二種)과 삼종병(三種病)에서 해탈해야 한다고 하였다. 이광(二光)은 능취광(能取光), 소취광(所取光)이다. 능취광은 주관상에서 일으키는 미세한 미혹을 가르치고, 소취광은 객관상에서 일으키는 미세한 미혹을 가르친다. 삼종병은 미도주작(未到走作)이니 깨달은 경지 앞에 일어나는 가지가지 분별심의 병이고, 이도주착(已到住着)이니 깨달은 경지에 도달하여 일어나는 집착심의 병이고, 투탈무의(透脫無依)이니 곧 깨달음의

의 법어와 같은즉 완전히 월주건봉선사에 근본하였고, 이것은 더욱 그 명백한 것이거늘, 어찌 그 임제와 같다고 하여 마조 아래에 법을 이음이 당연하다고 말할 수 있겠는가? 무지한 무리는 진실로 더불어 분별하기 어렵고 고명한 선비는 고찰하여 알 수 있다. 그래서 이를 지음으로써 천하의 지혜있는 자들에게 고하는 것이니 상세하게 살필 것을 바란다. (영각의 만록에서 보인다)[152]

3. 중수인천안목집후서(重修人天眼目集後序)

一法支爲五宗, 宗各有旨. 透夫旨之所歸, 則一法五宗擧不得遯. 今乃不然, 捕躡五宗之影迹, 掇拾前言之殘賸, 宗旨果在是乎. 古人之句死句也, 而足爲活人之具, 句非死活也, 不則人死句死. 淳熙間, 越山有昭晦巖者, 裒類五宗機語之要, 曰人天眼目. 衲子到今傳抄, 人有其書, 徒珍藏如左券, 魚魯之殊差之不理, 而互有增損糅雜, 獨未知初出之本果何如也. 余病其然, 輟應酬之冗, 蒐酌而是正之, 稍得其所要, 俾後進知從上宗門爪牙之爲人蓋如此. 旣而自軱曰言句窠窟, 今時學者之大病也. 竊以訓徒, 不攻其所重, 而反以益之, 是雍其病蔕也. 然旣病矣, 卽此而藥之, 顧所用何如. 且宗旨果不在是乎, 若吾儕由此而益明夫宗猷, 不讓於古, 豈不是以眼目夫人天哉. 因書其後. 時寶祐歲次戊午休夏後五日 慈雲住山物初大觀序

경지에 도달해서 비록 일체 집착을 여의었어도 아직 실제로 깨끗함을 밟지 못하는 병이다.
152 영각(永覺)은 영각원현((永覺元賢. 1578~1657)선사로 명대 조동종 스님이다. 여기서 볼 수 있듯이 『인천안목』은 시대를 거치면서 많은 내용이 첨가 되었음을 알 수 있다.

인천안목을 재차 교정하고 뒤에 쓴 서문이다.

한 법이 갈라져나와 오가종이 되고 오가종은 각각 종지를 두었다. 그 종지가 돌아갈 바를 깨달으면 한 법의 오가종은 모두 회피할 수 없다. 이제 곧 그렇지 않다면 오가종의 행적을 뒤밟아 찾고, 앞에서 말한 나머지들을 수집하니 종지가 과연 여기에 있는 것인가? 옛사람의 언구는 죽은 글이다. 그러나 충분히 사람을 살리는 도구가 되며, 글이 죽이고 살리는 것은 아닌데 사람을 죽일 뿐만 아니라 글도 죽인다.

남송 순희년간(1174~1189)에 월산 회암지소선사가 있었으니 오가종의 신기한 언구의 요점들을 모아서 『인천안목』이라 하였다. 납자가 지금까지 필사본을 전하여 사람들은 그 책을 가지고 한갓 좌권(左券 둘로 나눈 符信부신 가운데 왼쪽의 것)처럼 진귀하게 소장하니, 어자(魚字)와 로자(魯字)가 다르고 어긋남은 상관없이 서로 더하고 덜고 뒤섞여 있어서 다만 처음에 나온 원본이 과연 어떠한 것인지 아직 모른다. 내가 그 그러한 병폐에 응수하는 무익한 것을 그만두고 모으고 취해서 수정한 것이 이것이다. 조금은 그 곳에 요긴함을 얻어서 후배들로 하여금 위로부터 종문의 [153]조사가 학인들을 위해 대개 이와 같이 하였음을 알게 하였다.

얼마 있다가 스스로 웃으면서 말하였다. "언구는 몹시 구속시키는 틀이니 이때에 배우는 사람들의 큰 병폐이다." 저가 문도를 가르치면서 그 중요한 것은 다스리지 않고 도리어 가르침을 이익으로서 하니 이것이 그 병폐가 꼭지까지 찬 것이다. 그러나 이미 병이 든 것이면 이들에게 나아가 그들에게 약을 주어야 하고 필요한 것이 무엇인지 돌아봐야 한다. 또

---

[153] 조아(爪牙): 조아지사(爪牙之士)이다. 발톱과 잇발은 짐승의 몸을 보호하는 것으로 전하여 국사를 보호하는 신하에 비유한다. 여기서는 조사(祖師)의 상징한 것으로 이해한다.

한 종지가 과연 여기에 있는 것은 아닌가? 만일 우리들이 이로부터 더욱 종지를 밝히려면 옛것을 사양하지 않거늘, 어찌 인천에 안목으로써 옳지 아니하겠는가? 인하여 그 뒤에 쓴다.

때는 남송 이종 보우년(1253~1258) 세차는 무오년(1258) 하안거를 마치고 5일 뒤에 자운산에 머물면서 [154]물초대관 서문 쓰다.

是書之所由作者, 備見於晦岩物初兩翁序跋矣. 雖然, 趙宋全盛之時, 南詢衲子傳寫, 而非無烏焉成馬之誤. 爰有了郜禪人, 銳意克正, 始自傳燈以下, 至於五家宗派尊宿別錄, 莫不傍羅曲探, 點對校讎, 遂成眞本, 所謂孟氏之功, 不在禹下者乎. 淨智道人希顔慕藺, 命工鏤板, 以壽其傳, 其用心亦可謂勤矣. 學者儻思所以扁曰人天眼目, 則功不浪施耳.
乾元癸卯正月八日 挂堂叟瓊林記

이 책을 짓게 된 연유는 충분히 회암지소와 물초대관 두 노스님의 서발문에서 나타냈다. 비록 조송(趙宋)의 전성시기에 [155]남순납자(南詢衲子)가 필사하여 전하였으나 오자(烏字)와 언자(焉字)가 마자(馬字)로 되는 잘못이 없는 것은 아니다. 이에 료고선인(了郜禪人. 생몰미상)이 있어서 마음을 굳게 먹고 능히 바르게 하여 비로소 『전등록』이하로부터 오가종파와

---

154 물초대관(物初大觀. 생몰미상): 물초는 자(字)이고, 속성은 육(陸)씨다. 처음엔 경률을 익히고 외전에 통달하였으나, 나중에 선법을 좋아하여 북간거간(1164~1246)선사에게 법을 받았다.
155 남순납자(南詢衲子)는 선재동자가 문수보살을 뵈옵고 발심하여 남방으로 내려가 53선지식을 찾아뵙고 깨달았다고 한다. 여기서도 그처럼 순행하면서 자료를 수집하여 출간한 회암지소선사의 『인천안목』을 지금까지 필사하여 전한 모든 선승의 애씀을 가리킨다. 다만 필사하면서 오자가 있었음을 지적하는 것이다. 납자는 선승을 말한다.

¹⁵⁶존숙별록에 이르기까지 늘어선 것을 간곡히 탐구하지 않음이 없고, 기록과 실재를 비교하고 바로잡아서 드디어 진본을 이루니, 이른 바 맹자의 공이 우임금의 아래 있는 것은 아닌가.

정지도인(淨智道人. 생몰미상)이 ¹⁵⁷남을 경모하여 장인에게 명하고 판에 새기게 하여 이로써 그 전함을 오래하니 그 마음 씀이 또한 은근하다 이를 만하다. 학자가 만일 『인천안목』으로써 편액하여 말한 바를 생각한다면 그 공은 물결치듯 널리 베풀지 않았을 따름이다.

¹⁵⁸건원사 계묘년 정월 팔일 괘당에서 노인 경림 쓰다.

4. 총송(總頌. 조사 18분에 대한 총체적인 게송)¹⁵⁹

1) 초조(初祖)¹⁶⁰

---

156 존숙(尊宿)은 덕이 높고 나이가 많은 사람에게 붙인다.
157 희안모인(希顏慕藺): '희안'은 공자의 제자 안연을 경모하여 안연에 미치기를 희망함이다. '모인'은 한나라 사마상여가 인상여를 경모하여 이름까지 바꿨다고 전한다. 모두 경모이다.
158 건원(乾元)은 연호는 아닌 듯하다. 다만 당나라 숙종의 년호(758~760)는 있지만 이는 아니다. 아마도 건원은 사원의 이름으로 이해한다. 그리고 이 글을 쓴 시대는 아마도 원나라 대덕1303년으로 세차는 계묘년이 아닌가 추측을 한다. 이러한 이유는 '조송전성지시(趙宋全盛之時)'의 문구에서 그러한 것이다. 만일 당대 송대라면 이 표현은 사용하지 못했을 것이다. 참고로 『국역대장경』에선 원명(元明)시대의 연호라 했다. 그러나 원명 때, 그 연호는 없다.
159 총송(總頌): 『대장경』에선 이 제목이 없다. 번역하면서 편의상 붙였다. 총송 가운데 8수는 양무위(楊無爲)가 지은 시어이다. 나머지는 알 수 없으나 아마도 모두 양무위가 지은 게송이 아닌가 추측한다. 양무위는 북송 무위(안휘성 여주부 무위주)인이다. 이름은 걸(傑), 자는 차공(次公), 호는 무위이다. 가우(嘉祐. 1056~1057)년에 진사, 원풍(元豊. 1078~1085)년 간에 태상(太常), 원우(元祐. 1086~1094)년 간에 예부원외랑(禮部員外郞) 등을 지냈다.
160 초조(初祖): 보리달마(?~ 495, ?~ 436)대사로 서천은 28조이고 동토는 초조이다. 남인도 또는 파사국의 셋째 아들로 태어나 반야다라의 법을 잇고 중국 광주에 도착하였다. 양무제와

제6권 523

老胡多事向西來,　　보리달마가 쓸데없이 서쪽에서 오니
優鉢羅花火裏開.　　청련화가 불 속에서 피었네.
却是梁王贏一著,　　도리어 양무제를 한 수에 물리치고
長蘆水急放船回.　　긴 갈대 급한 물에 배를 띄워 돌아가네.

2) 이조(二祖)[161]　　양무위

小林面壁太多言,　　소림사에 면벽으로 너무 말이 많고
接得門人一臂全.　　받아드린 제자는 한 팔이 온전하네.
京洛至今三尺雪,　　낙양은 지금 석 자나 눈이 내리고
天寒何止普通年.[162]　하늘은 찬데 어찌 보통년에 그치랴.

3) 삼조(三祖)[163]　　양무위

潛溪水碧,[164]　　잠계의 물은 푸르고

만났으나 계합하지 못하고 소림사에서 9년 면벽을 하였다. 사람의 마음은 본래 청정하다는 이치를 깨달아야 한다고 주장하여 이 선법을 혜가에게 전하였다. 대사의 선사상은 당시에 경론 연구와 강연에 전념하는 풍토를 벗어난 공무소득(空無所得)의 실천적인 참선수행을 폈다.

161 이조(二祖): 위진남북조 때, 인물로 혜가(487~593)대사이다. 아명은 신광, 승가이다. 어려서 노장자와 불교를 공부하고 향산 보정(寶靜 생몰미상)선사 문하에 출가하였다. 40세 소림사 보리달마를 찾아가 팔뚝을 끊어 구도의 마음을 보이고 제자가 되어 6년을 수행 정진하였다.

162 보통(普通)은 양무제 연호(520~527)이다.

163 삼조(三祖): 승찬(? ~ 606)대사. 시호는 당나라 현종이 하사한 감지(鑑智)선사이다. 40세 혜가대사를 만나 뵙고 공무소득(空無所得)의 법문을 들은 뒤에 풍병이 다 나았다. 북주 무제의 불교탄압을 피해 일정한 거처없이 10년을 지내다 나중에 수나라 문제 때에 크게 교화하고 수양제 대업 2(606)년 10월 15일에 라부산 큰 나무 아래에서 설법을 마치고 서서 죽었다.

164 잠계(潛溪): 이조 혜가대사로부터 법을 받은 삼조 승찬대사는 나중에 서주 잠환산곡(舒州

天柱峯高,　　천주봉은 높아라

洞然明白,　　분명하고 명백하여

不隔絲毫.　　털끝만큼도 통하지 않네.

由來生計平如掌,　　전부터 생계는 손바닥처럼 공평해

後代兒孫弄海潮.[165]　후대 자손들은 해조음을 희롱하리.

4) 사조(四祖)[166]　　양무위

慈雲之塔,　　자운의 탑

大醫之師,　　큰 의사의 스승

瞻之仰之,　　우러러 바라보니

雙峯巍巍.　　쌍봉이 높고 높도다.

懶融不得西天鉢,　　법융은 서천에 발우를 얻지 못하고

直付黃梅路上兒.　　바로 황매길에서 아이에게 주었네.

5) 오조(五祖)[167]　　양무위

潛皖山谷) 혹은 사공산(司空山)에 머물렀다. 위 시어는 이를 두고 지은 것이다.

165 해조(海潮)는 해조음(海潮音)으로 관세음보살 설법의 음성에 비유한 것이다.

166 사조(四祖): 도신(580~651)대사이다. 시호는 당나라 대종이 하사한 대의선사(大醫禪師)이다. 우두선의 개조인 법융(594~657)선사가 진공의 이치를 깨달은 바 있어 19세에 출가하였다. 그가 우두산 바위굴에서 정진할 적에 도신대사가 찾아와 법을 가르쳐 심요를 깨달았다. 그러나 도신대사의 법은 그에게 가지 않고 황매산 오조 홍인선사에게 부촉하였다.

167 오조(五祖): 홍인(602~675)대사이다. 시호는 당나라 대종이 하사한 대만선사(大滿禪師)이다. 오조홍인의 사상은 심성의 본원에 철저히 본지로 하여 수심(守心)을 참학의 요체로 삼았다. 그는 전세에 재송도자이다. 늙은 몸으로 사조도신을 찾아 법을 청하였으나 늙었다고 하며 기다릴 것이니 다시 찾아오라고 하여 돌아가다가 물가에서 빨래하는 주씨(周氏) 여인

栽松何老.　　재송도자가 어떤 노인인가.

傳衣何少.　　전수한 법의가 어찌 적으랴.

前身後身,　　전신과 후신

一夢兩覺.　　한 꿈에서 둘을 깨닫네.

白玉花開峯頂頭,　　백옥화가 봉우리 꼭대기에서 피고

明月千年冷相照.　　밝은 달이 천년을 맑게 서로 비춘다.

6) 육조(六祖)[168]　　양무위

石墜腰間舂碓鳴,　　돌을 허리사이 매달고 방아 찧는 소리

老盧便重不便輕.　　노행자 중히 하고 가벼이 하지 않았네.

黃梅衣鉢雖親得,　　황매산 의발을 비록 친히 얻으나

猶較曹溪數十程.　　오히려 조계산 수십 로정에 비교되네.

7) 북종(北宗)[169]

의 몸에 의탁하여 다시 태어나서 도신대사와 만나 수학하고 법을 받았다는 고사가 있다.

[168] 육조(六祖): 혜능(638~713)대사이다. 속성이 노씨(盧氏)이기에 노행자라는 호칭이 따른다. 어려서 어려운 환경이라 나무를 하여 어머니를 봉양하였다. 어느 날 시중에서 금강경을 읽는 소리를 듣고 출가의 뜻을 두었다. 홍인대사를 찾아가 방앗간에서 8개월을 정진한 뒤에 법을 받았다. 신주의 옛 집에 국은사(國恩寺)를 짓고 보은탑도 세웠다. 나중에 국은사에서 열반하였다. 혜능대사의 선은 돈오주의로 신수대사의 선은 점수주의로 평하고 있다.

[169] 북종(北宗): 신수(606~706)대사이다. 처음은 유학을 공부하다가 출가하여 삼장을 연구하였다. 50세에 쌍봉의 동산사 오조 홍인대사를 찾아가 그의 제자가 된다. 뒤에 옥천사에 주석하면서 측천무후와 중종황제의 귀의를 받았다. 북방에서 편 신수대사의 선은 북종선이고, 남방에서 편 혜능대사의 선은 남종선으로 부른다. 사상적으론 남돈북점(南頓北漸)이라 한다.

鑑上時時拂舊痕,　때때로 거울 위에 옛 흔적 털어내니
鳥啼花笑幾回春.　새 지저귀고 꽃이 피는 봄 얼마만인가.
白蓮峯頂無消息,　황매산 백련봉 정상엔 소식이 없고
鐵鉢輸他踏碓人.　철 발우 저 방아 찧는 행자에게 전했네.

8) 재송도자(栽松道者)[170]　양무위

日出而作,　해가 뜨면 일하니
栽松爲樂.　소나무 심는 것에 낙을 삼네.
昔栽幾何.　옛적에 심은 것이 얼마인가
今滿巖壑.　이제 골짜기에 가득 찼네.
白頭人去小兒歸,　노인은 떠나고 어린아이 돌아오니
笑倒林梢千歲鶴.　수목가지 기울도록 천세 학이 웃네.

9) 우두(牛頭)[171]　양무위

紫氣氤氳透白雲,　상서로운 기운 자욱이 백운을 통과하고

---

170 재송도자(栽松道者)는 오조 홍인대사의 전신이다. 간단히 말하면 전세 파두산에서 수행하던 재송도자가 사조 도신대사에게 법을 청하였으나 늙었다고 거절하며 다시 오길 기다린다고 하였다. 노인은 돌아가다 옷을 빨고 있는 주씨여인에게 기탁하여 다시 태어난다. 생모와 함께 거지 생활하며 성이 없는 아이로 놀림 받던 아이는 도신선사를 만나 뒤에 법을 이었다.
171 우두(牛頭): 우두법융(594~657道信)선사로 수말당초의 인물이다. 우두종을 열은 선사는 대부반야에서 진공을 알고 "유교의 경전은 지극한 법이 아니다. 반야의 바른 관법이라야 세상을 벗어날 수 있다."하고 출가하여 우두산 바위굴에 드니 온 새들이 꽃을 물어오는 상서가 있었다. 뒤에 사조도신(四祖道信)대사가 와서 "돈교법문을 전하고 이 산에 있으라." 하였다.

因逢宗匠指迷津.　　스승 만난 인연에 잘못 든 길 가르치네.
銜花百鳥空惆悵,　　꽃을 머금은 온 새 덧없음에 낙담하고
不見庵中舊主人.　　암자 속에 옛 주인은 보이지 않더라.

10) 영가(永嘉)[172]

了知生死不相關,　　생사를 깨달으니 서로 관계하지 않고
不到曹溪也是閑.　　조계에 이르지 못해도 또한 한가하네.
剛被老盧延一宿,　　방금 노행자에게 하룻밤 초빙 입으니
重教言句落人間.　　거듭 언구로 하여 생사에 떨어지네.

11) 운문(雲門)[173]

輥出木毬迷了眼,　　나무 공을 굴리니 눈이 미혹하고
借婆裙子拜婆年.[174]　　설봉선사의 법을 빌려 선사에 세배하네.
一瓢惡水猶嫌少,　　더러운 물 한 바가지 오히려 적다하고
欠負蒲鞋舊價錢.　　짚신을 옛 값에 치루게 해 불만하더라.

---

172 영가(永嘉): 영가현각(665~713)선사로 혜능대사를 찾아뵈니 "사문이 어찌그리 도도한가?" "생사의 일이 중하고 무상이 신속해서입니다." "어찌 생멸없음 체득하여 신속없는 도리를 요달하지 않는가?" "체득하면 생멸이 없고 요달하면 본래 신속도 없습니다." "이와 같고 이와 같다." 하룻밤 묵고 가라는 대사의 말에 일숙(一宿)하여 사람들은 일숙각으로 부른다.
173 운문(雲門): 운문문언(864~949)선사이다. 운문종을 연 선사는 설봉의존선사의 법을 받았다. 소주 곡강현 운문산에 30년을 머물렀다. 참고로 『오등회원』 7권에 "설봉선사가 나무 공을 굴리니 현사선사가 즉시 잡아서 이전에 있던 곳에 두었다(師輥出木毬, 玄沙遂捉來安舊處)." 설봉선사는 나무 공을 굴려서 학인을 점검하였다고 한다. 나무 공은 목인을 비유하여 무심이다.
174 파군자(婆裙子): 설봉의존선사이다. 『국역대장경』 참고.

12) 설두(雪竇)[175]

摩醯四日,[176]　대자재한 나흘 만에
混沌入竅,　혼돈이 구멍으로 들어가
尺短寸長,　자는 짧고 마디는 길고
一多二少.　하나는 많고 둘은 적네.
雲去雲來,　구름이 가고 올 적에
日月交照,　일월은 서로 비추고
拈花了也,　염화로 깨달을 적에
不勞微笑.　수고롭지 않는 미소일세.

13) 천의(天衣)[177]

---

[175] 설두(雪竇): 설두중현(980~1052)선사로 송대 운문종이다. 자는 은지(隱之)이고, 지문광조(생 몰미상)선사의 법을 받았다. 경덕전등록을 중심으로 고칙 100여 기지를 뽑아 여기에 송고를 지었고, 나중에 원오극근(1063~1125)선사가 여기에 평창과 착어하여 『벽암록』이라 한다.

[176] 마혜사일, 혼돈입규(摩醯四日, 混沌入竅): '마혜'는 대(大)와 대자재천의 의미가 있다. '4일'은 아마도 장자에서 인용하였다. 참고로 『장자』의 혼돈우화(渾沌寓話)에 "남해의 임금은 숙이고 북해의 임금은 홀이며 중앙의 임금은 혼돈이다. 숙과 홀은 가끔 혼돈의 땅에서 만나면 혼돈 은 극진히 대접하였다. 하여 숙과 홀은 혼돈의 호의에 보답할 것을 상의하였다. '인간은 일 곱개의 구멍이 있어 보고 듣고 하는데 혼돈은 이것이 없으니 그를 위해 구멍을 뚫어주자.' 하루에 한 개씩 구멍을 뚫어 칠일이 되는 날 혼돈은 죽었다.(南海之帝爲儵, 北海之帝爲忽, 中央 之帝爲渾沌. 儵與忽時相與遇渾沌之地, 渾沌待之甚善, 儵與忽謀報渾沌之德. 曰人皆有七竅, 以視聽食息 , 此獨無有, 嘗試鑿之. 日鑿一竅, 七日而渾沌死)" 혼돈은 구멍이 없고 청탁이 나뉘지지 아니한 바 로 자연이다. 혼돈이 죽은 것은 자연에 순응하지 않고 억지로 귀와 눈을 뜬 것이다. 시어에 4일은 시청식시(視聽食息. 보고 듣고 먹고 숨쉬고)를 말한다. 성색에서 벗어나서야 대자재하다.

[177] 천의(天衣): 천의의회(993~1064)선사이다. 참고로 『속전등록』제6권에 "뒤에 도량을 7좌하 여 교화하고 실천하도록 하니 법을 이은 자가 매우 많다(後七坐道場 化行海內嗣法者甚眾)" 하 였다. 시어에선 9좌라 하였다. 천의선사는 설두중현선사의 법을 이었다. 선사의 세업은 고

殘年七十,　　만년에 나이 칠십
九坐道場,　　도량을 구좌하고
棘曲松道,　　가시나무 구부러진 소나무 길
山高水長.　　산은 높고 물은 멀리 흐른다.
兩笠烟簑人不識,　두 삿갓에 도롱이 쓴 사람 알지 못하고
一聲秋笛落瀟湘.　가을 피리 한 곡조 소상강에 떨어지네.

14) 대양(大陽)[178]

狸奴白牯問崑崙,　살쾡이와 암소가 곤륜산을 물으니
金鎖無鬚密閉門.　장식없는 금사슬로 문을 밀폐했네.
如意寶珠沈海底,　여의보주가 바다 밑에 잠기니
隣家收得付兒孫.　이웃집이 거두어서 자손에게 주었네.

15) 투자(投子)[179]　양무위

一隻履 兩牛皮,　　한 짝 신에 두 마리 소가죽

기 잡이다. 선사가 배 후미에 앉아서 아버지가 잡은 고기를 주면 그것을 꿰었다. 차마 못하여 놓아주면 아버지가 때렸으나 개의치 아니했다. 시어에 양립(兩笠)이 이 부자를 말한듯 하다.
[178] 대양(大陽): 대양경현(943~1027)선사로 양산연관(생몰미상)선사의 법을 이은 조동종 6대이다. 대양선사는 임종을 두고 부산법원(991~1067)선사에게 후사를 부탁하였다. 부산선사는 신의를 지켜서 투자의청(1032~1083)선사를 제자로 거두어 나중에 조동종을 잇게 하였다.
[179] 투자(投子): 투자의청(1032~1083)선사이다. 부산법원선사가 인가한 후에 대양경현선사의 제자가 되어 조동의 종풍을 크게 폈다. 참고로 『오등회원』 14권에 투자선사가 임종시에 "일찍이 두 곳에서 주지를 하니 불도에 대해 돕고 이익된 바가 없다(兩處住持, 無可助道)."하였다.

金烏啼處木鷄飛.　　금오가 우는 곳에 나무 닭이 난다.
半夜賣油翁發笑,　　한밤중 기름 파는 노인 웃고 있고
白頭生得黑頭兒.　　백두생이 흑두아를 얻었네.

16) 운봉(雲峯)[180]

眞不掩僞,　　진실은 거짓을 가리지 못하고
曲不藏直.　　굽은 것은 곧은 것을 감추지 못한다.
祖師冤魔,　　조사는 원수 같은 마귀요
人天宿德.　　인천은 전생의 덕이다.
二千八百顆明珠,　　이천팔백 개의 명월주
三生藏裏人誰識.　　삼생 감춘 사람 뉘 알고.

17) 황룡(黃龍)[181]

佛手驢脚,　　부처님의 손과 나귀의 다리

---

180 운봉(雲峯): 운봉문열(998~1062)선사로 임제 문하에 8세이다. 대우수지(생몰미상)선사의 법을 받았다. 참고로 『교외별전』 8권에 수지선사가 말하였다. "흥화스님이 당시에 한 수를 놓으니 가히 정신이 어지럽다 이른다. 지금 어떻게 판단하느냐?" 운봉선사가 "진실은 거짓이 가리지 못하고 굽은 것은 곧은 것을 감추지 못하니 눈 있으면 취하여 분별합니다(芝云 興化當時下一着, 可謂酩酊. 如今作麼生斷. 雲峯悅云 眞不掩僞, 曲不藏直, 有眼底辨取)."라고 하였다.

181 황룡(黃龍): 황룡혜남(1002~1069)선사이다. 선사가 제시한 생연(生緣. 태어나는 인연), 불수(佛手. 부처님 손), 로각(驢脚. 나귀다리)의 시어다. 대립적인 편견을 버리고 철저한 수행에서 각오가 있다. 선사는 늘 학인에게 셋을 질문하였다. "사람마다 태어나는 인연이 있다는데 상좌가 태어난 인연은 무엇이냐?" "내손이 어찌 부처님 손과 같느냐?" "내 다리가 어째서 나귀의 다리와 같느냐?" 이 뜻에 부합하는 이가 없어서 이를 총림에선 삼관사(三關事)라고 부른다.

生緣纏縛.　　태어난 인연이 속박하네.
雲中老鶴唳三聲,　구름 속 학이 우는 세 마디에
海底鯉魚生兩角.　바다 밑 잉어가 두 뿔이 나네.

18) 백운(白雲)¹⁸²

楊岐石牛,　　　양기산에 석우가
先生一犢,　　　먼저 한 송아지 낳으니
或觸淸風,　　　혹은 맑은 바람 쏘이며
或呼幽谷.　　　혹은 깊은 곳에서 소리치네.
轉方作圓,　　　모난 것을 굴리면 둥글게 되고
分三成六.　　　셋이 나뉘면 여섯이 되네.
白雲山下草綿綿,　백운산 밑에 풀이 이어지니
一度春來一度緣.　봄이 온 한 번의 인연이더라.

5. 고산규십무송(鼓山珪十無頌)¹⁸³

---

182 백운(白雲): 양기방회(992~1049)선사이다. 황룡혜남선사와 동문으로 자명초원(986~1039) 선사의 제자이며 각기 일가를 이뤘다. 회선사는 원주 평강현 옥녀봉에 머물면서 선풍을 선양하여 송나라 이후 임제선의 기초가 된다. 선사의 걸출한 제자는 백운수단(?~1072)선사이다.
183 고산규십무송(鼓山珪十無頌): 임제종 양기파 스님인 고산사규(1083~1146)선사의 십무송으로 〈그림자 없는 나무〉, 〈구멍 없는 철퇴〉, 〈구멍 없는 피리〉, 〈이음새 없는 탑〉, 〈밑 없는 광주리〉, 〈장식 없는 자물통〉, 〈눈금 없는 저울〉, 〈밑 없는 발우〉, 〈현 없는 거문고〉, 〈밑 없는 배〉이다. 호는 노선(老禪)이고 자는 죽암(竹菴)이며, 불안청원(佛眼淸遠 생몰미상)선사의 법을 받았다.

1) 무영수(無影樹. 그림자 없는 나무)

秀發春光搖劫外,	빼어난 봄빛이 겁 밖에서 소란하고
根苗曾不染塵泥.	근원은 일찍이 진토에 오염되지 않네.
森森翠幹雲長掛,	빽빽한 푸른 줄기에 구름이 길게 걸치니
密密寒枝鳥莫棲.	촘촘한 찬 가지에 새조차 깃들지 않네.
曉日不明花蓊鬱,	밝지 아니한 새벽에 꽃은 어우러지고
秋風難擺韻長凄.	추풍에 긴 찬기운 운치 파하기 어렵네.
栽培肯向無何有,[184]	재배는 기꺼이 아무것도 없는데 향하니
不落靑黃鎭四時.	지지않는 청황색에 사시사철 안정되네.

2) 무공추(無孔鎚. 구멍 없는 철퇴)

威音那畔曾拈得,	위음나반왕이 일찍이 집어 얻으니
袖裏密藏非黑白.	소매 속에 몰래 숨긴 흑백이 아니네.
三關擊碎浪濤平,	삼관문 쳐부수니 큰 물결 고요하고
萬法鎚開天地窄.	만법을 철퇴로 여니 천지가 좁네.
團團覿面露規模,	둥글게 맞대니 규모가 드러나고
了了圓成無比格.	깨달아 원만히 이루니 견줄 수 없는 격식.

---

[184] 무하유(無何有): 아무것도 없다는 절대적인 무(無)를 가르친다. 참고로 『장자』 소요편, 제4장에 혜자와 장자의 논쟁에서 "지금 그대는 큰 나무를 가지고서 그 용도가 없음을 근심하오. 어찌하여 그것을 아무것도 없는 시골의 끝없이 넓은 들에 심어 아무 근심없이 그 곁을 유유히 거닐며, 또 그 아래에 마음 편히 눕지 아니하는가(今子有大樹, 患其無用. 何不樹之於無何有之鄕, 廣漠之, 野 彷徨乎無爲其側, 逍遙乎寢臥其下)?" 박일봉의 『장자』 내편을 인용함.

高提祖印發光寒,　　높이 조사의 도장 드니 찬 빛이 서리고
直得毘耶口掛壁.[185]　바로 비야성 얻어 입은 벽에 걸렸더라.

3) 무공저(無孔笛. 구멍 없는 피리)

一曲風前格調高,　　바람 앞에 한 곡조 리듬이 고상하고
金簫玉管謾徒勞.　　금소옥관 또 헛되이 수고롭기만 하네.
木人奏得碧雲合,　　목인이 연주하니 하늘구름이 합하고
石女吹回煖氣多.　　석녀가 불며 돌아오니 온기가 많더라.
淸韻逈然超世界,　　맑은 운치는 아득히 세계를 초월하고
妙音忘聽了秋毫.　　묘음은 조금도 깨달아 들을 수 없네.
相逢若遇知音者,　　서로 만남은 지음 자를 만난 듯이
吹起儂家劫外歌.　　내 집에서 불어도 겁 밖에 노래일세.

4) 무봉탑(無縫塔. 이음새 없는 탑)

團欒佛眼不能窺,　　온화한 부처님의 눈 엿볼 수 없고
底事巍巍聖莫知.　　저 일이 높고 거룩하여 알 수 없네.
香霧幾重藏不得,[186]　향 연기 몇 겹도 감출 수 없으니
寒光一點照無時.　　찬 빛의 한 점이 때 없이 비추네.
髑髏識盡方還爾,　　골수에 식정을 다해서야 그에 돌아가고

---

185 비야(毘耶)는 비야리성으로 유마거사가 거처하였던 곳이다.
186 향무(香霧)는 분사하여 나온 미세한 향액을 비유함이다.

色相情忘始到伊. 색상과 정식을 잊어서야 저에 이르네.
覰面堂堂難辨的, 마주하여 당당함에 분명 분별하기 어렵고
曾郞潦倒號難提.¹⁸⁷ 설봉의존선사 초라해도 탑파라 부르네.

5) 무저람(無底籃. 밑 없는 광주리)

不假工夫造作成, 공부할 겨를도 없이 조작함 이루니
功成作略自縱橫. 공 이루고 계략을 지어 스스로 자재하네.
死蛇若遇須盛取, 죽은 뱀을 만일 만나면 반드시 집어 담고
茶圃全提攜便行. 차밭에서 온전히 인도하여 곧 가더라.
劫外好將提日月, 겁 밖에 훌륭한 장수가 일월을 드니
禹門時把撼鯤鯨.¹⁸⁸ 용문엔 때에 큰 고래 잡아 흔들더라.
高懸無影樹頭著, 그림자 없는 나무 끝에 붙여 높이 다니
莫與盲人打葛藤. 맹인과 더불어 시비를 하지 마라.

6) 무수쇄(無鬚鎖. 장식 없는 자물통)

拈來切忌兩頭搖, 집어서 절대 꺼림은 두 끝에 소란이요
覰面機關莫放饒.¹⁸⁹ 마주한 기관은 용서해 놓아주지 마라.
撒手那邊家穩密, 손 놓으니 저쪽 집은 평온하고 고요해

---

187 증랑(曾郞)은 설봉의존선사이다. 선사의 속성이 증씨이다. 난제(難提)는 탑파의 별명이다. 줄여서 탑이다. 방분(方墳), 원총(圓塚), 귀종(歸宗), 고현(高顯), 지제(支提)라 한다. 본래 부처님의 사리를 봉안하고 그 위에 돌이나 흙을 높이 쌓은 무덤 또는 사당이다.
188 우문(禹門)은 지명으로 산서성 하진현 서쪽에 있는 용문이다. 깨달아 큰 작용에 비유한다.
189 기관(機關)은 발동이다. 스승이 공안이나 방과 할을 하여 학인을 가르쳐 인도하는 것이다.

遲疑只箇路沼遙.　　망설이다 하나의 길 아득하기만 하네.
　　靑霄雲外無關鑰,　　하늘 구름 밖에 빗장과 자물통이 없고
　　曠劫春回長異苗.　　광겁에 봄 돌아오니 기이한 싹 자라네.
　　佛祖口開俱鎖斷,　　불조의 설법으로 다 쇠사슬 끊어지니
　　不干唇吻始全超.　　입술 간여 않고 비로소 모두 초월하네.

7) 무성칭(無星秤. 눈금 없는 저울)

　　斤兩不留分買賣,　　무게를 두지 않고 나누어 매매하니
　　商量不到莫饒伊.　　문답이 부족하다 저를 용서하지 마라.
　　定盤光彩星難辨,　　빛나는 저울 눈금 분별이 어려우나
　　平等權衡數自知.　　저울대 평평하면 수자리 절로 아네.
　　聾漢始堪論的當,　　들리지 아니해야 분명히 논할 수 있고
　　盲人方解整高低.　　보이지 아니해야 온전히 높낮이 아네.
　　閑來收掛乾坤外,　　한가히 수습하여 세상 밖에 걸어두니
　　無限天龍暗蹙眉.　　무한한 천룡은 가만히 눈썹 찡그리네.

8) 무저발(無底鉢. 밑 없는 발우)

　　庾嶺全提總謾傳,[190] 유령에서 제시해 모두 헛되이 전하고

---

[190] 유령(庾嶺)은 몽산도명(생몰미상)선사와 육조대사와의 설화가 있는 대유령(大庾嶺)이다. 광동성에 있는 산마루로 매화나무가 많아서 매령이기도 하다. 오조 홍인대사로부터 의발을 받은 노행자가 길을 떠남을 알고 무리를 이끌고 뒤 쫓은 혜명이 대유령에 먼저 이른다. 노행자가 혜명이 오는 것을 보고 의발을 반석 위에 놓고 "이 의발은 신표인데 힘으로 뺐으

收羅萬法未渾崙.　　망라한 모든 법은 혼돈이 아니네.
擎來應供非干手,[191]　응공을 받듦은 손이 간여함이 아니요
飽去馳求不點唇.　　배부르면 달려가 음미해 구하지 않네.
餿飯餕羹誰肯著,　　먹다 남은 음식을 뉘 즐겨 붙이나
騰今耀古自超倫.　　지금을 들어 옛을 빛내니 자연 뛰어나다.
趙州老漢何施設,　　조주에 선승이 무엇을 시설했는지
分付叢林知幾春.　　총림에 분부해 봄기운 낌새 알아 채네.

9) 무현금(無絃琴. 현 없는 거문고)

不勞斤斧雕鐫就,　　도끼가 수고롭지 않게 조각을 이루고
肯使焦桐假合成.[192]　즐겨 거문고로 하여금 가합을 이루네.
絶掛縷絲新格調,　　끊어진 줄을 걸어 리듬이 새로우나
了無聲響奏玄音.　　없는 음향 깨달아 깊은 음 연주하네.
有時彈向靑霄外,　　때로 거문고 타면서 하늘 밖을 향하고
幾度閑懸碧洞深.　　몇 번이나 한가히 산중 깊이 매달았나.
惆悵罕逢穿耳客,　　귀 뚫은 손 드물게 만나 낙담하니
偃溪流水韻沈沈.　　내 흐르는 물소리 운치가 고요하네.

라. 마음대로 가져가라." 혜명이 들려고 했으나 산처럼 움직이지 아니했다. 그래서 가르침을 청하니 노행자는 "선도 생각하지 말고 악도 생각하지 말라. 이런 때엔 어떤 것이 상좌의 본래면목인고." 이에 혜명은 깨닫고 그 뒤에 조사의 이름자를 피하여 도명이라 이름하였다.
191 응공(應供)은 여래십호의 하나이다. 일체의 악을 끊어서야 인천의 공양에 응할 수 있다.
192 가합(假合)은 여러 인연에 의해 임시로 화합이다. 이 화합은 반드시 흩어짐이 뒤따른다.

10) 무저선(無底船. 밑 없는 배)

閑橫芳草深深渡,	한가히 방초가 비껴있는 깊은 나루터
祇接中途趣浪流.	다만 중도에 맞이해 물결따라 흐르네.
不犯淸波還到岸,	청파를 범하지 않고 또 언덕에 이르고
歸乘明月罷垂鉤.	드리운 낚시 파하고 명월과 돌아오네.
蘆花深處和雲泊,	갈대꽃 깊은 곳에 구름과 정박하고
風浪高時任性浮.	풍랑이 높을 때 자유롭게 떠다니네.
緬想華亭煙雨客,[193]	화정에서 가랑비 맞는 손님 생각하니
幾多聲譽謾悠悠.	얼마나 많은 명성 덧없이 흘렀는가.

6. 오가요괄(五家要括. 선종오가의 법계를 요약한 게송)

1) 임제종(臨濟宗)[194]

---

[193] 화정(華亭): 지명으로 지금 강소성 송강현 서평원촌이다. 삼국시대 오나라였다. 손권(孫權)을 섬긴 육손(陸遜)이 무변장군이 되어 이 곳에 화정후(華亭侯)로 봉하였다. 그 뒤에 대대로 이 곳에서 살았다. 육기(陸機)가 명문가의 출신으로 오나라가 망하자, 진(晉)나라에서 벼슬을 하였으나 모함에 죽으면서 탄식하여 읊은 시어가 "화정에 학의 울음을 어찌 다시 들을 수 있으랴?(華亭鶴唳. 豈可復聞乎)"이다. 위의 시어는 이를 염두에 두고 지은 것은 아닌가 싶다. 육기는 무장이면서 시인으로 유명한 인물이다. 또 참고로 부처님이 오신날에 강생상(降生像)을 안치하고 작은 정자를 짓고 여러 가지 꽃으로 장식한 곳을 말하기도 한다.

[194] 남악회양-마조도일-백장회해-황벽희운-임제의현-흥화존장-남원혜옹-풍혈연소-수산성념-분양선소-자명초원-황룡혜남 · 양기방회. 황룡혜남-회당조심-영원유청 · 사심오신. 양기방회-백운수단-오조법연-원오극근.

南岳馬祖百丈運,　　　남악, 마조, 백장선사로 운행하여
臨興南穴首山汾,　　　임제, 흥화, 남원, 풍혈, 수산, 분양선사
慈明南會開二續,　　　자명에서 혜남과 방회 둘이 이어 여니
心出新淸端演勤.　　　조심, 유청, 오신, 수단, 법연, 극근이 나왔네.

2) 위앙종(潙仰宗)[195]

百丈派出大潙祐,　　　백장의 갈래서 열반대의와 위산영우 나오고
香嚴仰山親得紹,　　　향엄지한과 앙산혜적이 친히 얻어 이었으며
南塔芭蕉淸續傳,　　　남탑광용이 파초혜청에게 이어서 전하나
兒孫未見繼其後.　　　자손들이 그 뒤에 이어짐을 보지 못했네.

3) 조동종(曹洞宗)[196]

靑石藥山雲洞祖,　　　청원, 석두, 약산, 운암, 동산의 조사가
雲膺同安丕志附,　　　운거도응, 동안도비, 동안관지에게 붙여서
梁山親得大陽玄,　　　양산연관은 친히 대양경현을 얻었으며
投子芙蓉淳獨步.　　　투자는 부용, 부용은 단하에게 독보적이네.

---

195 백장회해 – 위산영우 – 앙산혜적 – 남탑광용 – 파초혜청 – 파초계철
　　　열반대의　향엄지한
196 청원행사–석두희천–약산유엄–운암담성–동산양개–운거도응–안동도비–동안관지–양
　　산연관–대양경현–원감법원–투자의청–부용도해–단하자순

4) 운문종(雲門宗)[197]

靑石天龍接德山,	청원, 석두, 천황, 용담, 덕산에 이어지고
雪峯雲門香林遠,	설봉의존, 운문문언, 향림징원에 이어서
北塔雪竇付天衣,	북탑에 설두중현이 천의의회에게 부촉하니
二本從玆門大顯.	종본, 선본 둘로부터 그 문이 크게 영달했네.

5) 법안종(法眼宗)[198]

雪峯傍出玄沙備,	설봉은 방계에서 현사사비가 나오고
地藏法眼益尊貴,	나한계심과 법안문익이 더욱 존귀하며
韶國師傳壽與津,	덕소국사가 영명연수에게 법을 전해주나
佛法新羅而已耳.	불법은 신라 땅에서 그쳤을 뿐이네.

『인천안목』終

◉ 역자

雲捲蒼道開,	구름 걷히니 창공의 길이 열리고
嶽吐孤輪寒.	산에서 토해낸 달빛은 차다.
草深生尸巳,	풀 속 깊이 죽은 뱀 살아나니
鷲兒冷眼鑽.	수리의 차가운 눈빛 쏘아본다.

---

[197] 청원행사-석두희천-천황도오-용담숭신-덕산선감-설봉의존-운문문언-향림징원-지문광조-설두중현-천의의회-혜림종본-대통선본
[198] 설봉의존-현사사비-나한계심-법안문익-천태덕소-영명연수

참고문헌

1. 전집류

『電子佛典集成』, 中華電子佛典協會, 2007.
『妙法蓮華經卷一・方便品第二』(大正藏 卷9).
『大般涅槃經卷二十一・菩薩品第十之一』(大正藏 卷12).
『金光明最勝王經卷一・如來壽量品第二』(大正藏 卷16).
『大智度論卷二』(大正藏 卷25).
『大方廣佛華嚴經疏卷二』(大正藏 卷35).
『大方廣佛華嚴經隨疏演義鈔卷四』(大正藏 卷36).
『勝鬘寶窟』(大正藏 卷37).
『維摩經略疏垂裕記』(大正藏 卷38).
『首楞嚴義疏注經卷二』(大正藏 卷39).
『註華嚴經題法界觀門頌卷上』(大正藏 卷45).
『止觀輔行傳弘決卷一之五』(大正藏 卷45).
『大慧普覺禪師書卷二十九・答王教授』(大正藏 卷47).
『大慧普覺禪師語錄』(大正藏 卷47).
『密菴和尚語錄・法語.示覺禪人』(大正藏 卷47).
『法演禪師語錄卷上・住海會語錄』(大正藏 卷47).
『汾陽無德禪師語錄上卷』(大正藏 卷47).
『楊岐方會和尚後錄』(大正藏 卷47).

『龍舒增廣淨土文·長蘆賾禪師勸參禪人兼修淨土』(大正藏 卷47).

『雲門匡眞禪師廣錄卷上·對機三百二十則』(大正藏 卷47).

『圓悟佛果禪師語錄·示曾待制』(大正藏 卷47).

『曹山元證禪師語錄·解釋洞山五位顯訣』(大正藏 卷47).

『鎭州臨濟慧照禪師語錄』(大正藏 卷47).

『萬松老人評唱天童覺和尙頌古從容庵錄·三十六. 七十七則』(大正藏 卷48).

『無門關·迦葉刹竿. 乾峯一路. 達磨安心』(大正藏 卷48).

『碧巖錄·一. 一九. 二二. 四七. 六三. 八〇. 八八』(大正藏 卷48).

『禪關策進·天目高峯妙禪師示衆』(大正藏 卷48).

『人天眼目』(大正藏 卷48).

『釋氏稽古略卷三』(大正藏 卷49).

『歷代三寶紀卷三·少帝正始八年』(大正藏 卷49).

『景德傳燈錄卷四·嵩嶽破竈墮和尙』(大正藏 卷51).

『景德傳燈錄卷五·光宅慧忠國師』(大正藏 卷51).

『景德傳燈錄卷九·仰山慧寂禪師』(大正藏 卷51).

『景德傳燈錄卷九·潙山靈祐禪師. 傳心法要』(大正藏 卷51).

『景德傳燈錄卷十一·大隋法眞禪師. 趙州從諗禪師』(大正藏 卷51).

『景德傳燈錄卷十七·欽山文邃禪師』(大正藏 卷51).

『景德傳燈錄卷十九·雲門文偃禪師』(大正藏 卷51).

『景德傳燈錄卷二十五·天台德韶國師』(大正藏 卷51).

『翻譯名義集三·衆香篇三十四』(大正藏 卷54).

『釋氏要覽·三摩提』(大正藏 卷54).

『盂蘭盆經疏孝衡鈔卷下』(卍續藏 卷21).

『毘盧遮那成佛神變加持經義釋卷第十四』(卍續藏 卷23).

『銷釋金剛經科儀會要註解·普化搖鈴騰去』(卍續藏 卷24).

『仁王經科疏卷二』(卍續藏 卷26).

『閱經十二種・維摩饒舌』(卍續藏 卷37).

『密行忍禪師語錄』(卍續藏 卷38).

『釋摩訶衍論記一卷』(卍續藏 卷45).

『密菴和尙語錄』(卍續藏 卷47).

『天台四敎儀註』(卍續藏 卷57).

『圓宗文類・正趣菩薩讚』(卍續藏 卷58).

『智證傳・雲巖寶鏡三昧』(卍續藏 卷63).

『禪林寶訓合註』(卍續藏 卷64).

『祖庭事苑卷一・康氏.晉鋒八博.卷三・甑人.白蘋』(卍續藏 卷64).

『祖庭事苑卷四・玄沙猛虎.卷六・同安』(卍續藏 卷64).

『列祖提綱錄・白雲守端禪師』(卍續藏 卷64).

『萬法歸心錄卷下・潙仰』(卍續藏 卷65).

『禪宗頌古聯珠通集・祖師機緣』(卍續藏 卷65).

『宗範』(卍續藏 卷65).

『宗鑑法林卷三十九・潙山靈祐禪師』(卍續藏 卷66).

『宗門拈古彙集卷四十・妙峰善云』(卍續藏 卷66).

『宗鑑法林・潙山靈祐.巖頭全豁禪師』(卍續藏 卷66).

『宗門拈古彙集・欽山文邃禪師』(卍續藏 卷66).

『徑石滴乳集・太岡月溪澂禪師』(卍續藏 卷67).

『萬松老人評唱天童覺和尙拈古請益錄卷下・第七十一則』(卍續藏 卷67).

『斷橋妙倫禪師語錄』(卍續藏 卷68).

『拈八方珠玉集』(卍續藏 卷67).

『禪林類聚卷四・祖教』(卍續藏 卷67).

『續古尊宿語要・佛心才和尙語』(卍續藏 卷68).

『正法眼藏・卷三之上』(卍續藏 卷67).

『御選語錄・機緣』(卍續藏 卷68).

『石霜楚圓禪師語錄・雲門云糊餅』(卍續藏 卷69).

『雪峰義存禪師語錄・光化元年戊午』(卍續藏 卷69).

『劍關子益. 無準師範. 天如惟則禪師語錄』(卍續藏 卷70).

『石溪心月. 恕中無慍. 楚石梵琦. 兀菴普寧禪師語錄』(卍續藏 卷71).

『了堂惟一. 投子義靑. 虛舟普度禪師語錄』(卍續藏 卷71).

『湛然圓澄禪師語錄卷六・問答』(卍續藏 卷72).

『永覺元賢禪師廣錄卷二十七・綱宗偈. 化生』(卍續藏 卷72).

『永覺元賢禪師廣錄卷三十・寶鏡三昧註』(卍續藏 卷72).

『雲外雲岫禪師語錄・住智門禪寺語錄』(卍續藏 卷72).

『爲霖道霈禪師還山錄』(卍續藏 卷72).

『淨慈慧暉禪師語錄. 憨山老人夢遊集卷二』(卍續藏 卷72).

『雲谷和尙語錄』(卍續藏 卷73).

『慧林宗本禪師別錄』(卍續藏 卷73).

『建中靖國續燈錄・石霜楚圓慈明禪師』(卍續藏 卷78).

『法華經顯應錄・牛頭山融禪師』(卍續藏 卷78).

『南宋元明禪林僧寶傳・徑山印禪師』(卍續藏 卷79).

『大光明藏』(卍續藏 卷79).

『聯燈會要・覆缸荐禪師』(卍續藏 卷79).

『聯燈會要・雲峰文悅禪師』(卍續藏 卷79).

『聯燈會要・雲門文偃禪師』(卍續藏 卷79).

『月江正印禪師語錄』(卍續藏 卷71).

『五燈會元卷三・關南道吾禪師. 百丈懷海禪師. 福谿和尙』(卍續藏 卷80).

『五燈會元卷四・潙山靈祐禪師. 趙州從諗禪師』(卍續藏 卷80).

『五燈會元卷四・大同廣澄禪師. 石霜山性空禪師』(卍續藏 卷80).

『五燈會元卷四・臨濟義玄禪師. 卷六・鳳翔石柱禪師』(卍續藏 卷80).

『五燈會元卷六 · 同安常察禪師. 白雲善藏禪師』(卍續藏 卷80).

『五燈會元卷五 · 淸平令遵禪師. 投子大同禪師.』(卍續藏 卷80).

『五燈會元卷七 · 德山宣鑒禪師. 福院從展保禪師』(卍續藏 卷80).

『五燈會元卷十五 · 廣濟院同禪師. 般若啟柔禪師』(卍續藏 卷80).

『五燈會元卷五 · 洞山良价禪師. 卷七 · 雲門文偃禪師』(卍續藏 卷80).

『五燈會元卷七 · 雪峰義存禪師. 巖頭全奯禪師』(卍續藏 卷80).

『五燈會元卷九 · 仰山慧寂禪師. 霍山景通禪師』(卍續藏 卷80).

『五燈會元卷十 · 天台德韶國師. 卷十一 · 興化存獎禪師』(卍續藏 卷80).

『五燈會元卷十二 · 義烏稠巖了贇禪師』(卍續藏 卷80).

『五燈會元卷十二 · 楊歧方會禪師. 月庵善果禪師』(卍續藏 卷80).

『五燈會元卷十二 · 超信海印禪師. 顯忠祖印禪師』(卍續藏 卷80).

『五燈會元卷十二 · 黃龍慧南禪師. 超信海印禪師禪師』(卍續藏 卷80).

『五燈會元卷十二 · 瑯邪廣照禪師. 法華全舉岑禪師』(卍續藏 卷80).

『五燈會元卷十三 · 鹿門處眞禪師. 卷十六 · 法昌倚遇禪師』(卍續藏 卷80).

『五燈會元卷十三 · 育王弘通禪師. 卷十八 · 慈航了朴禪師』(卍續藏 卷80).

『五燈會元卷十九 · 五祖法演禪師. 卷二十 · 應庵曇華禪師』(卍續藏 卷80).

『五燈會元續略卷一下 · 瑞白明雪禪師』(卍續藏 卷80).

『古尊宿語錄』(卍續藏 卷82).

『五燈全書卷四十七 · 靈隱石鼓希夷禪師』(卍續藏 卷82).

『五燈全書卷四十八 · 萬菴致柔禪師』(卍續藏 卷82).

『五燈全書卷五十 · 天目高峰原妙禪師』(卍續藏 卷82).

『五燈全書卷八十 · 澗梅翁杲禪師』(卍續藏 卷82).

『五燈全書卷八十七 · 丹霞香林眞禪師』(卍續藏 卷82).

『敎外別傳 · 南泉普願禪師. 興化存獎禪師』(卍續藏 卷84).

『續燈正統 · 雲菴慶禪師』(卍續藏 卷84).

『錦江禪燈 · 峩眉山白長老』(卍續藏 卷85).

『佛祖綱目卷十五・十四祖龍樹傳法迦那提婆』(卍續藏 卷85).

『禪宗正脈・黃龍誨機禪師』(卍續藏 卷85).

『宗統編年・乙亥八年. 卷二十一 壬戌五年』(卍續藏 卷86).

『高僧摘要卷四・釋道悟』(卍續藏 卷87).

『佛祖綱目・道悟禪師住龍冊』(卍續藏 卷87).

『禪苑蒙求瑤林・金牛飯桶』(卍續藏 卷87).

『指月錄・觀音院眞際從諗禪師』(卍續藏 卷83).

『續燈正統・玉林通琇禪師. 育王月江正印禪師』(卍續藏 卷84).

『續燈存稿・育王月江正印禪師』(卍續藏 卷84).

『禪宗正脈・黃龍誨機禪師』(卍續藏 卷85).

『佛祖綱目』(卍續藏 卷85).

『石門文字禪・洞庭秋色.江天暮雪.煙寺晚鐘.山市晴嵐』(嘉興藏 卷23).

『石門文字禪・平沙落雁.漁村落照.遠浦歸帆.瀟湘夜雨』(嘉興藏 卷23).

『大潙密印寺養拙明禪師語錄』(嘉興藏 卷25).

『天岸昇禪師語錄』(嘉興藏 卷26).

『雪竇石奇禪師語錄』(嘉興藏 卷26).

『布水臺集・諸禪人請贊』(嘉興藏 卷26).

『象田卽念禪師語錄』(嘉興藏 卷27).

『古雪哲禪師語錄』(嘉興藏 卷28).

『法璽印禪師語錄』(嘉興藏 卷28).

『三宜盂禪師語錄』(嘉興藏 卷27).

『石雨禪師法檀・佛事』(嘉興藏 卷27).

『百癡禪師語錄』(嘉興藏 卷28).

『雲峨喜禪師語錄』(嘉興藏 卷28).

『介菴進禪師語錄』(嘉興藏 卷29).

『不會禪師語錄』(嘉興藏 卷32).
『雲溪俍亭挺禪師語錄』(嘉興藏 卷33).
『雲外禪師語錄』(嘉興藏 卷33).
『天界覺浪盛禪師全錄』(嘉興藏 卷34).
『百愚禪師語錄』(嘉興藏 卷36).
『晦嶽旭禪師語錄』(嘉興藏 卷38).
『頻吉祥禪師語錄』(嘉興藏 卷39).
『柏山楷禪師語錄卷之四終』(嘉興藏 卷39).
『雨山和尙語錄』(嘉興藏 卷40).

『天童弘覺忞禪師語錄卷第十‧住山東大覺寺語錄』(乾隆藏 卷155).

『禪門拈頌集標註』全二冊, 淨圓 編刊, 도서출판 수미산禪, 2014.

『禪藏』23卷,「五家語錄」39卷,「碧巖錄 無門關」40卷,「從容錄」
    佛光大藏經編修委員會主編, 佛光出版社, 1994.
『校補增集人天眼目』巴壺天, 林義正 校補, 明文書局印行, 中華民國 71年.
『五燈會元』全三冊, 宋 普濟著, 蘇淵雷點校, 中華書局, 1992.
『四家禪語錄』,
『中國佛教學術論典 禪詩研究』1‧2권, 吳言生著, 佛光山文教基金會印行.
『人天眼目』方銘釋 譯, 星雲大師 總監修, 佛光山宗務委員會印行.
『史記全譯』司馬遷 原著 吳兆基 等譯, 中國 黃山書社, 1997.
『五燈會元全譯』宋 普濟 輯, 莊宗福 李海霞 主譯, 中國 西南師範大學, 1997.

2. 단행본류

『楞嚴經註解』 李耘虛 譯解, 東國譯經院, 1974.
『臨濟禪 硏究』 宗浩 著, 경서원, 1996,
『維摩經講論』 金白峰 講著, 星和精版社, 1969.
『無門關』 無門慧開 著, 鄭性本 譯註, 韓國禪文化硏究院, 2004.
『碧巖錄』 圜悟克勤 著, 鄭性本 譯解, 韓國禪文化硏究院, 2006.
『碧巖錄』 圜悟克勤 著, 釋智賢 譯解, 民族社, 2007.
『臨濟語錄』 鄭性本 譯註, 韓國禪文化硏究院, 2003
『임제록강의』 상하권, 이기영전집, 한국불교연구원.
『임제록강설』 무비스님, 불광출판부, 2005.
『從容錄』 한정섭 축역, 김익수 편찬, 불교정신문화원, 2008.
『華嚴經講義』 安德庵 講著, 梨花文化社, 1989.
『孟子集註』 成百曉 譯註, 傳統文化硏究會, 1991.
『論語集註』 成百曉 譯註, 傳統文化硏究會, 1990.
『書經集註』 上下, 成百曉 譯註, 傳統文化硏究會, 1998.
『古文眞寶』 朴一峰譯 著, 育文社, 1986.
『莊子外篇』 朴一峰 譯著, 育文社, 2000.
『老子』 權五鉉 譯解, 一信書籍出版社, 1969.
『삼국지』 月灘 朴鍾和, 어문각, 1985.
『新完譯 詩經』 金學主 譯註, 明文堂, 增補版 1988.
『周易講讀』 金基平 譯註, 亞細亞文化社, 2012.

『國譯大藏經 人天眼目』 編纂者 國譯大藏經編輯部, 昭和 5年.
『人天眼目·釋讀』 宋 智昭 編撰, 尙之煜 釋讀, 中國 上海古籍出版社, 2015.
『人天眼目』 昭和新纂 國譯大藏經 宗典部第22券, 日本 國譯大藏經編輯部.

3. 사전류

『새 우리말 큰사전』 상하, 신기철, 신용철 편저, (株) 삼성출판사, 1989.
『伽山佛教大辭林』 前全14卷, 智冠編著, 伽山佛教文化研究院, 2013.
『韓國佛教大辭典』 全7卷, 韓國佛教大辭典編纂委員會, 1982.
『禪學辭典』 李哲教, 一指, 辛奎卓 編纂, 佛地社, 1995.
『禪語辭典』 鄭唯眞 譯, 경서원, 1995.
『中國語辭典』 民衆書林, 1966.
『泰華禪學大辭典』 全三冊. 淨圓 編刊, 도서출판 수미산禪, 2014.
『漢韓大字典』 民衆書館編輯局編, 民衆書林, 1966.

『古今漢字字典』 四川辭書出版社, 2010.
『佛光大辭典』 全8冊, 慈怡 主編, 臺灣佛光山出版社, 1989.
『佛學大辭典』 丁福保 主編者, 新文豊出版公司, 中華民國 68年.
『辭源』 中國 商務印刷館, 1988.
『中國佛教人名辭典』 上海辭書出版社出版, 1999.
『大明三藏法數·教乘法數』 알타이하우스, 代表趙寬俊, 東大門北阿峴洞, 1982.
『禪學大辭典』 3卷, 駒澤大學內禪學大辭典編纂所編纂, 大修館書店, 昭和 53年.
『俗語詞典』 徐宗才, 應俊玲 編著, 北京 商務印書館, 2011(8次印刷).
『中文大辭典』 全10卷, 林尹, 高明 主編, 華岡印刷廠, 中華民國 62年.
『漢語大詞典』 全三冊, 上海 漢語大詞典出版社, 1997.
『中國歷代年代簡表』 文物出版社, 1994.

후기

오가선종을 한눈에 볼 수 있는 거룩한 『인천안목』을 국역하여 출간하리라고는 생각지도 못했다. 서둘러 출간하게 된 것은 절대로 우연이 아니며 사필귀정이다. 도난당한 자료 가운데 하나가 돌아오고 나머지도 반드시 돌아올 것이다. 그간 국역하면서 마음고생이 많았다. 빈집에 들어온 도둑들에 의해 많은 학술 자료들을 도난당해서이다.

금년 7월 중순 경에도 복사본 『四家禪語錄사가선어록』이 도난 당하였다. 더 있을 가능성도 배제하지 않는다. 자료를 보려는 순간에 발견이 된다. 이처럼 잃어버린 시간이 무려 4·5년이다. 빈집에 들어와서 복사본, 책, USB, 노트, 카드 등 많은 자료와 심지어 책상에 메모해 놓은 것마저 집어갔다. 집을 비우면 답답한 마음에 번역하던 자료들을 다 가지고 다녀야 하는 고충의 생활을 어찌 다 표현하랴.

이『인천안목』은 이미 대학원에서 5학기 동안 다뤄져 7, 80%가 번역되었다. 굳이 이를 가지고 번역에 들어갔다고 하는 정보를 접하고서 화가 났다. 이유는 지식을 닦는 학계에선 학도가 없는 것인가? 상업하는 이들도 상도가 있고 공업하는 이들도 공도가 있다고 하던데, 고상한 지식과 인품을 닦으면서 서로를 존중하고 지켜주는 의가 없는 것인가? 또 불교경전에서 번역할 자료들이 수두룩한데, 그 번역에 있어서 도난당한 정보와 연관은 없는 것인지 의구심에서이다. 우연이라면 진심으로 머리

숙여 사과한다. 그러나 긴 세월 많은 자료를 도난당한 역자의 마음 한구석엔 의구심을 떨칠 수가 없는 것도 사실이다.

지난날 어느 고명한 노학자가 말하였다. "지난날 자신이 준비하고 있던 논문을 제삼자가 대충 보고 갔기에 행여 발표를 먼저 하지 않을까 해서 미완성의 논문을 발표한 적이 있었다."고 한다. 당시는 흘려들었지만 지금은 실제로 도난을 당하고 보니 실감이 난다. 미꾸라지 한 마리가 온 물을 휘젓듯이 이들에게 한마디 남기고 싶다. 자신이 없으면 애초부터 지식인의 학계에 들어오지 말든지, 들어왔으면 빈집에 들어와서 지식을 도둑질하는 추한 모습을 보이지 말고 당당하게 스스로 자료를 찾고 자신의 학문을 연구하라고 하고 싶다. 그리고 지식인의 학계가 빙설처럼 크게 발전하려면 학도를 지켜가는 풍토가 살아나야 할 것이다.

끝으로 급하게 첫 출간하는 한글 번역에서 오역이 없지는 않다. 그리고 시간에 쫓겨 찾은 자료 출처를 하나하나 밝히지 못한 것이 아쉽다. 이 『인천안목』을 소장한 모든 분들이 부처님의 자비공덕이 함께하고 무량한 복과 무생의 법락을 누리길 두 손을 모은다. 그리고 많은 질책과 가르침을 기다린다. 시절 연에 머리 숙이며,

계사년(2013) 8월 1일 청곡서실에서 청원 쓰다.

개정판 후기

『인천안목국역』은『대정장』제48책에 실린 내용 전체를 다룬 것이다. 지난 2013년도 8월에 낸 책에서 미쳐 살피지 못한 부분도 보충하고 역주도 겸하였다. 완성하도록 번역에 도움주신 동방대학 석좌교수 이법산(李法山)스님과 한국선문화연구원 정성본(鄭性本)스님과 평심사 정원(淨圓)스님과 동방대학 석좌교수 박진관(朴眞寬)스님과 사천대학 허지엔핑(何劍平) 교수에게도 머리숙여 감사하다. 그리고『가산불교대사림』전전14권을 빌려준 보리사 진탄공(陳呑空)스님에게도 감사하다. 2013년도 국역은 많이 부족하였다.

지구를 밟고 하늘을 이고 일어서려면 수많은 넘어짐이 요구되듯이 이 아픔을 거울로 삼아 한층 겸손하고 보다 성숙한 계기로 삼을 것이다. 그러나 당시에 성급하게 서둘도록 계기를 만들어준 그 도난에 대한 의구심은 아직도 떨칠 수 없다. 지금도 그 도난은 진행형이다. 다만 힘이 없어 추적하지 못하니 한스러울 뿐이다. 언젠가는 이 아픈 가슴에 시원한 봄바람이 불어 오리라 믿는다. 다시 개정판을 내놓지만 또한 국역에 부족한 점이 없지 않을 것이다. 매서운 비판의 눈초리를 기다린다.

역자가 금년 1월17일 일과성 완전기억상실의증이란 병명으로 고대병원에 입원하였었다. 한 생을 살고 또 마무리를 지어가는 시점에 이같은 일을 경험하고 나니 인생에 대한 무상감이 더한다. 살아선 필요한 것들이 죽음 앞에선 다 내려놓는다. 이를 모르는 이 누구이랴. 하지만 가슴으로 느끼고 실천하는 자 얼마이랴. 살아서 얼마 안 되는 시간을 타에 움직이고 외경에 빼앗기고 살았던 그 시간이 스친다. 자신을 돌아보고 본성에 접근하고자 한 시간은 가난하였구나하는 생각에 정신이 번쩍 들었다. 큰 폭풍이 지나친다.

解語非干舌,　　언어는 혀가 간여하는 것이 아니요
聽音不顫蝸.　　소리 들음도 달팽이관 떨림 아닐세.
高喊也蚊聲,　　고함치는 소리 또한 모기 소리이니
宰身是甚麼.　　이 몸을 주재하는 이 무엇인가.

　숨을 들이쉬고 내쉬던 주인공은 대체 무엇인가. 보고 듣고 말하고 먹고 인식한 그 주인공은 잠시 어디 있었나. 오전 8시부터 오후 2시 사이에 일어난 일은 기억하지 못한다. 지금도 그렇다. 무슨 말을 하고 듣고 하였는지 일체 기억이 없다. 오후 2시 정도 되어서야 "정신차리세요." 고함치는 소리가 모기소리처럼 들린다. "계란 가져왔어요." 마치 가느다란 한 줄기 빛처럼 아주 멀리 하늘가에서 들린다.
　이때부터 정신이 몽롱한 상태에서 바라보는 사물은 흐미하다. 무슨 말을 듣고 무슨 말을 했는지 모른다. 도대체 보고 듣고 인식하던 주인공은 어디 갔었나. 육신은 하나의 빈껍데기에 불과하구나. 나를 주재하던 주인공은 분명히 있었는데, 잠시 떠난 자리에선 숨은 쉬고 있었지만 인식하고 분별하던 나는 없었다. 아, 이 주인공은 무엇인가? 한 생을 먹고 자고 함께 하였지만 그 주인공에겐 가난하였구나.

『주역』 천택리괘에 호미를 밟다(履虎尾). 즉 호랑이 꼬리를 밟은 것처럼 인생의 삶이 이보다 더 위험함이 있겠는가. 한 생을 살면서 허물을 만들지 않고 본성에 접근하여 살아가고자 하는 것이 가장 행복한 삶이 아닌가 싶다. 아마도 이 개정판을 완성하도록 불보살님을 대신하여 신장이 두 손으로 꽉 붙들어 준 것으로 믿는다,

　　폭풍에 쓰러졌더라면
　　폭풍에 쓰러졌다라면
　　얼마나 초라했을가.
　　아,
　　아직 살아있어 고맙다.

이 『인천안목』을 소장한 모두에게 부처님의 가피와 조사의 조사선을 함께 수행하는 큰 시절인연이 되기를 두 손을 모은다.

　　　　　　　　　　　　무술년(2018) 3월 11일 청곡서실에서 청원 쓰다.

　　註: 와(蝸)는 와우관(蝸牛管) 즉 달팽이관을 말한다.

인천안목 국역

초판 1쇄 인쇄	2013년 8월 26일
초판 1쇄 발행	2013년 8월 30일
개정판 1쇄 인쇄	2018년 9월 15일
개정판 1쇄 발행	2018년 10월 8일

편찬자	남송 회암지소
옮긴이	임청원
펴낸곳	향내나는 오솔길
주 소	서울 성북구 정릉로 52길 8-9
등 록	제 307-2017-5 호
전 화	02-912-6845
ISBN	979-11-960245-1-2 03220
가 격	20,000원

- 이 책 내용의 전부 또는 일부를 재사용하려면 반드시 저자와 출판사의 서면 동의를 받아야 합니다.
- 책값은 뒤표지에 있습니다.
- 잘못된 책은 바꿔 드립니다.